编　委　会

MINQIN FEIWUZHI

WENHUA YICHAN

民勤非物质文化遗产

民勤县文化馆　编

樊泽民　主编

敦煌文艺出版社

图书在版编目（CIP）数据

民勤非物质文化遗产 / 民勤县文化馆编；樊泽民主
编. -- 兰州：敦煌文艺出版社，2020.11
ISBN 978-7-5468-1866-5

Ⅰ. ①民… Ⅱ. ①民… ②樊… Ⅲ. ①非物质文化遗
产—介绍—民勤县 Ⅳ. ①G127.424

中国版本图书馆CIP数据核字（2020）第026024号

民勤非物质文化遗产

民勤县文化馆编　樊泽民　主编

责任编辑：曾　红
封面设计：马吉庆

敦煌文艺出版社出版、发行
地址：（730030）兰州市城关区曹家巷1号
0931-8152315（编辑部）
0931-8773112　0931-8120135（发行部）

甘肃海通印务有限责任公司印刷
开本 787毫米×1092毫米　1/16　印张 34.75　插页 4　字数 680千
2023年2月第1版　2023年2月第1次印刷
印数：1~2000册

ISBN 978-7-5468-1866-5
定价：218.00元

民勤县非物质文化遗产概述

樊泽民

文化是民族的魂，非遗是文化的根。中华民族在几千年的漫长历史中创造了光辉灿烂的华夏文明，震铄世界，绵延古今。时光荏苒，沧海桑田。更多的优秀文化以非物质的形态留存了下来，脆弱易逝而又弥足珍贵。保护传承非物质文化遗产，对每个人、每个国家民族而言，都责无旁贷、刻不容缓。

非物质文化遗产，是指各族人民世代相传并视为其文化遗产组成部分的各种传统文化表现形式，以及与传统文化表现形式相关的实物和场所。包括传统口头文学以及作为其载体的语言；传统美术、书法、音乐、舞蹈、戏剧、曲艺和杂技；传统技艺、医药和历法；传统礼仪、节庆等民俗；传统体育和游艺；其他非物质文化遗产。

"中华民族在几千年历史中创造和延续的中华优秀传统文化，是中华民族的根和魂。"非物质文化遗产是中华优秀传统文化的重要组成部分，是民族文化的精粹，是一个地域、一个民族文化的活化石，既是历史发展的见证，又是珍贵的、具有重要价值的文化资源。"优秀传统文化是一个国家、一个民族传承和发展的根本，如果丢掉了，就割断了精神命脉。"保护好、传承好、弘扬好非物质文化遗产，对于延续历史文脉、坚定文化自信、推动文明交流互鉴、建设社会主义文化强国具有重要意义。

民勤县地处河西走廊东北端，石羊河流域下游，南邻古城凉州，西南毗邻镍都金昌，东西北三面与内蒙古阿拉善盟接壤。全县面积 1.59 万平方公里，辖 18 个镇 248 个村，2020 年底常住人口 17.8 万人。民勤历史悠久，文化灿烂，早在 2800 多年前就有人类生息繁衍，创造了举世闻名的"沙井文化"，是陇上有名的"文化之乡"。

一方水土一方人，一方人铸一方文。神奇的土地和神奇的文化养育神奇的人民，神奇的人民开拓神奇的土地创造神奇的文化。民勤，一方神奇的土地。生活在这方神奇土地上的各族人民，勤劳智慧，崇文尚学。千百年来，在这片厚重而又特殊的文化沃土上，民勤人民创造出了独树一帜的民勤文化，璀璨夺目。

非物质文化遗产是民勤文化的根和魂，是民勤人民智慧与文明的结晶，以其丰富厚重的文化内涵、坚韧顽强的生命力、多姿多彩的风貌，集中体现了民勤人的精神、性格、气质、心理和生活习俗、生产技艺、风土人情、思想态度、审美情趣，成为民勤人民的宝贵财富和精神食粮，是联结天下民勤人情感的纽带。

民勤非物质文化遗产如大漠胡杨、戈壁沙枣般扎根于这片淳朴的沙漠绿洲，茁壮成长，根深叶茂，长期以来受到民勤人民的珍视和爱护，并不断输入新的血液，使之传承发展，日益繁盛。

一、民勤非物质文化遗产的地理环境和历史渊源

地灵而毓人杰，天宝则孕物华。纵观人类发展历程，不同人种、不同自然环境、不同文化背景、不同社会形态造就了人民生产生活的千差万别，进而深刻影响文化的发展，形成千姿百态的人类文明。非物质文化遗产的形成、演变、发展，与一个地区的地理位置、自然条件、经济状况、社会形态、文化背景等有着密切的关系。民勤非物质文化遗产的形成，经历了千百年的漫长岁月，在发展中完善，在完善中发展。民勤独特的地理环境、特殊的自然气候条件、悠久的历史进程、深厚的文化底蕴、卓越的人文优势，以及相对稳定独立的文化空间，为民勤非物质文化遗产的产生、形成、发展与衍变提供了丰厚肥沃的土壤，为民勤人民提供了别样厚重的生产生活环境和丰富的精神食粮。

（一）地理环境。民勤位于中国版图的西北边陲，地处巴丹吉林与腾格里两大沙漠之间，是一块典型的沙漠绿洲，素有"沙乡"之称。生活在这片土地上的民勤人民以勤劳智慧著称，创造了丰富的物质财富，留下了绚烂绮丽的文化遗产。特殊封闭的地理位置成就了独特文化。这方土地所产生的文化现象，沉积于绿洲大地，根植在人民心灵。加之民勤地处偏远，三面环沙，是一个沙海孤岛，远离江河都市、交通要道，封闭的地理环境，形成了相对封闭稳定的文化空间，使民勤地域文化得以世代传承，免受外域同化，成为北方文明的活化石。民勤特殊的自然地理环境和多元融合的地方人文环境，艰苦的生存环境，南北交融的文化，多样的民俗风情，千余年来，孕育出了多样的表现形式，造就了种类繁多、内容丰富、形式多样、厚重独特的民勤非物质文化遗产，造就了民勤人淳朴豪放的性格，也造就了民勤民歌、民勤唢呐艺术等民勤非物质文化遗产粗犷优美、高亢悠扬的特色。

（二）历史渊源。民勤在春秋战国时期为西戎地，秦为月氏。西汉前元四年（前176年），为匈奴休屠王牧地。元狩二年（前121年），入西汉版图，在此置郡设县。唐广德二年（764年），为吐蕃所占。宋景祐五年（1038年），入西夏版图。宝庆二年七月（1226年），入蒙古国版图。元至元十年（1273年），属甘肃行省永昌路管辖。明洪武五年（1372年），入明版图。中华民国18年（1929年），易名民勤，寓意人民勤劳。

民勤历史文化厚重悠久，是"沙井文化"发祥地，苏武牧羊故地，世界金氏祖先古居地，悠久的历史孕育了灿烂的文化，"文运之盛甲于河西"。历史上沙漠交通开发较早，地处丝绸之路要冲，是中西贸易、南北文化交流的桥梁，多民族聚居地区，大批军队长期驻守边陲。明朝中期有"天下有民勤（镇番）"之说，清朝初叶有"人在长城之外，文居诸夏之先"之美誉。民勤人的足迹遍及全国各地和西欧、南洋等地。

民勤"十地九沙，非灌不殖"，生态承载能力弱，因此，民勤历史上是一个典型的"双向"移民区。大规模的人口迁徙，促进了文化交流、交融，同时也丰富了地域文化。

明洪武年间和清雍正年间，朝廷为有效管理，大规模从江南、中原各地移民于此。人口的流动促进了文明的交融，中原、华北、江南文化随移民带入民勤，使民勤崇文重教之风世代传承，由此文教昌盛，人才辈出。这些来自江、浙、晋、陕等地的大批移民落籍民勤，一方面他们坚守着故乡的传统文化，一方面又受当地和周边地区文化环境的影响，久而久之，南北文化、民族文化、军旅文化、江河文化、草原文化、沙漠文化相互交流、融合、渗透，善于博采众长的民勤人，在坚持以我为本的前提下，十分自然地以他山之石不断地丰富完善自我之玉，从而在民勤滋生、孕育、创造、形成了众多独具鲜明地域特色、内涵深厚、风格多元的非物质文化遗产及历史文化遗迹。这些兼具北风南韵的珍贵文化遗产，随着历史的演变，不断传承、发展，逐渐形成自身独特的文化基因，成为独具民勤特色的"文化方言"，世代流传，传承至今。清朝中叶、民国时期，以及中华人民共和国成立以来，随着大批民勤移民，流传到河西走廊及新疆、内蒙古等地区，对周边地区和这些地区的地方文化产生了重大而深远的影响。

成批的外来移民，方言俚语各不相同，相互交流十分不便。于是，人们不得不兼顾外来语系，创造出一种新的语言系统，民勤方言由此而生。多姿多彩的民勤方言，是民勤众多非物质文化遗产产生发展的基础，更为其赋予了独特浓烈的地方色彩。

二、民勤非物质文化遗产的种类及主要项目

民勤是"文化之乡"、非遗大县。多元文化汇聚的民勤大地，必然产生门类齐全、内容丰富、特色鲜明、价值珍贵的非物质文化遗产。目前，民勤县挖掘、收集、整理、申报、公布的国家、省、市、县四级非物质文化遗产项目名录有 168 项，基本建立起较为完整的具有民勤地域特色的非物质文化遗产保护名录体系。从级别来看，其中国家级 1 项，省级 10 项，市级 41 项，县级 168 项。从种类来看，十大类都有，其中民间文学 55 项（省级 2 项、市级 4 项、县级 49 项），传统音乐 6 项（省级 3 项、市级 1 项、县级 2 项），传统舞蹈 2 项（市级 2 项），传统戏剧 2 项（国家级 1 项、市

级1项），曲艺4项（县级4项），传统体育、游艺与杂技6项（县级6项），传统美术8项（市级3项、县级5项），传统技艺44项（省级2项、市级16项、县级26项），传统医药5项（县级5项），民俗36项（省级2项、市级4项、县级30项）。

国家级项目民勤曲子戏是民勤非物质文化遗产的典型代表性项目。是流行于民勤城乡及西北部分地区的曲牌体地方戏曲剧种，是与其他各地曲子戏完全不同的地方戏曲流派。起源于明初，形成于明代中叶，兴盛于清代和民国时期。明清时期，流传演唱于河西地区和内蒙古、新疆等地。2021年入选第五批国家级非物质文化遗产代表性项目。剧目丰富独特，知道戏名的就有460多种。唱腔由调、腔和小调三部分组成，有"八调十二腔"，属曲牌联缀体。道白唱词使用民勤方言，优美动听，诙谐通俗，亲切感人。服装有边塞民族融合特色。表演风格独特，带有地蹦子秧歌特色。民勤曲子戏广受戏曲专家赞誉："兼具北风南韵，流传西北五省区""融北方小曲的苍凉刚健与南方小曲的柔美俏丽于一身"，是集民勤民间音乐、舞蹈、杂耍、美术、文学等诸多元素于一身的综合艺术，是西北地方戏曲的"活化石"。

省级项目独具民勤特色。民勤曾经是闻名遐迩的"骆驼之乡"，被誉为"大帮驼铃走天下"的民勤驼队名震西北，在民勤乃至西北的历史进程中有着举足轻重的作用。与民勤驼队紧密相关的非物质文化遗产有民勤骆驼客、民勤驼队传说、驼夫号子。民勤骆驼客是古丝路沿线独树一帜的以驼运商贸为核心的民俗。明代以来，民勤很多男丁以跟随驼队运输货物为业，成为骆驼客。明代中期，民勤骆驼客运输日趋兴盛。清代和民国时期，最为鼎盛。民勤骆驼客长年走南闯北，民勤驼队路线四通八达，遍及丝绸之路甘肃段辐射的整个北方地区，在异国异域都留下远去的背影，形成一整套独特的组织形式、协作规矩、生活方式、生存技巧、交流方法、习俗讲究，这些都是人与自然和谐共生的"宝典"和范例。民勤驼队传说是骆驼客在古丝路驼道留下的流传久远的民间文学。主要有"皇驼"、民勤驼队参与平叛、列宁会见民勤驼队、民勤驼队护送班禅大师、马家驼队捐献飞机支援抗美援朝等传说，内容荡气回肠、悲壮感人、富有传奇色彩。驼夫号子是骆驼客在走南闯北的旅途中自创自唱形成的民勤地方民间音乐。这些用民勤方言自编自唱的驼夫号子，曲调雄壮高亢，节奏舒缓，唱腔粗犷，古朴沧桑，深受世代民勤骆驼客的喜爱，是西北民间音乐宝库中的一枝奇葩。民勤骆驼客深怀家国情怀，参与重大历史事件，担任重要历史角色，为国家安全、民族团结、贸易繁荣、文化传播做出了不可磨灭的卓著贡献，留下了珍贵的驼队传说和民间音乐，形成了独具特色、自成一体的民勤骆驼客文化。

省级项目中的苏武传说，是影响深远的民间文学。民勤县境内有苏武山，相传是汉中郎将苏武牧羊之地，当地流传着许多苏武牧羊的动人传说。主要有羊路、望乡台、蒙泉、鬼井子、无节芨芨、发菜、汉节与毛条、苏武双羔、三果酒的传说等等。千百年来，苏武传说以各种形式在民勤广泛传扬，其人格魅力在百姓心中已经神化，苏武精神塑造和影响了民勤人的基本性格、精神信念，融入民勤人的心灵和思想信念，成为民勤精神形成的主要来源。

省级项目传统音乐中的民勤唢呐艺术和民勤民歌，都具有南北兼融的艺术风格。民勤唢呐艺术是历史悠久、流传广泛、技法独特、群众喜爱的民间乐器吹奏艺术，是集艺术性、娱乐性、地域性和民族性于一体的民间器乐，广泛应用于民间的婚、丧、嫁、娶、礼、乐、典、祭及民勤曲子戏、秧歌社火等仪式伴奏，是西北地区民间音乐宝库中的一种器乐奇葩。曲目数量众多，有 500 多个。曲牌按习俗应用，分为通用曲牌、红事曲牌和白事曲牌；根据感情色彩和使用场合可分为"甜音"和"苦音"；民勤唢呐艺人习惯将其分为曲牌和经牌。曲式结构有只曲、双曲和套曲三类。在吹奏技巧上用一种古老的"鼓腮循环换气法"，不注重控哨，具有高亢豪放之风和婉转柔美之韵。

民勤民歌是传唱于民勤县、流传于周边省区的用民勤方言演唱的独具民勤地方特色的民间音乐。根据体裁，分为劳动歌曲、小调、山歌花儿、社火秧歌、酒曲、其他民歌六大类，主要是劳动歌曲和小调两大类。劳动号子较有特色的一类是提杆号子和打夯号子，另一类是驼夫号子。小调是民勤民歌中数量最多、内容最丰富、色彩最绚丽、流传最广泛的一个类别，是最重要的部分，可分为生活类、爱情类、传说故事类、新词类和杂类等五类。民勤民歌曲目繁多，民勤县文化馆编辑出版的《民勤民歌》收录 560 首。

省级项目传统技艺中，代表性项目有民勤毛毡制作技艺和民勤皮活制作技艺。毛毡制作技艺是一种传统手工艺，有着悠久的历史渊源，独特的制作技艺，广泛的区域影响。在民间，制作毛毡的人被称作"毡匠"。毛毡制作的原料主要是羊毛，主要产品有毡、毡靴、毡帽、毡衣、毡帐等。毛毡的制作工艺流程有选毛、称毛、弹毛、铺毛、洒水、蹂帘子、折边、押花、洗毡、出水、整边搓沿、晾毡等。

民勤皮活制作技艺是民勤流传久远的民间传统皮制品加工制作工艺。民勤皮活分类细致、工具众多、技艺复杂，季节分工明确，工艺流程科学，技艺南北交融，以其悠久的历史传承、鲜明的地域特色、独特的工艺流程、众多的皮活制品而闻名于世。民勤皮匠分为两类，一类是白皮匠，专门加工皮衣、皮袄、皮帽、皮褥等。另一类是臭皮匠，专门利用骆驼、牛、马等大牲畜皮料进行生产生活器具制作。民勤皮活制品种类非常丰富，有生活用品、生产用具、娱乐器材等。制作工具有 30 多种。皮活制作技艺过程主要有选料、熟皮、铲皮、制革、下料、制作等。

省级项目民俗中独具特色的还有民勤元宵灯山会。元宵灯山会是流传于民勤县城的传统灯节习俗。其间，家家户户扎灯，四街八巷游灯，男女老少夸灯，灯山楼上赛灯，代代相传。灯节之时，市民各携灯盏，楼前集结，四街游灯。方家名流，品评优劣。佼佼者悬灯楼上，地面至楼巅，层层摞摞，联成一座灯山，故名之为"灯山会"。灯上着谜，猜者云集，中者有奖，其乐陶陶。真是天上月圆，人间灯繁，人流如织，灯火如海，蔚为壮观。活动非常丰富，主要有扎灯、游灯、夸灯、赛灯、展灯、猜谜等。

市级项目中，民间文学类有民勤民间谚语歇后语、民勤民间谜语、民勤儿歌童谣、民勤民间传说故事。猜谜语，民勤民间也叫"猜古经"。民间谜语来自日常生活，用民勤方言来表述，趣味性、知识性、地域性相融合，通俗易懂，富有韵味，妙语连珠，耐人寻味。按照谜语内容，一般分为物谜、事谜和字谜等。让人们在快乐的猜谜过程中，拓思维，启心智，富有情趣。民勤儿歌童谣用民勤方言诵唱，内容取材贴近生活和自然，主要有：摇篮曲、游戏歌、数数歌、问答歌、连锁调、绕口令、字头歌、谜语歌、颠倒歌。语句通俗，形式短小，词简意明，通俗易懂，有很强的音乐性，朗朗上口。民勤民间传说故事以民勤山川风物、历史人物为主体，主要包括人物传说、历史传说、地名故事、生活故事、古树故事、民勤曲子戏故事等。典型的有苏武的传说、金日磾的传说、卢翰林的故事、蔡旗堡的传说、民勤驼队传说、石羊河的传说、红崖山的传说、红柳和沙枣的传说等等。是最自然、最基础的"母体"文学类型，是生长在民间的文学经典。

传统音乐类主要有号子，分提杆号子和打夯号子，有夯杆、快杆、拾杆等，富有特色。

传统舞蹈有民勤秧歌社火、蔡旗鼓子舞。民勤秧歌社火内容丰富、形式多样，有春歌、高跷队、腰鼓队、唢呐队、划旱船、舞狮、舞龙等。套路丰富多样，程式繁杂多变，有辫蒜、绕八字、蛇蜕皮、二龙出水、双龙摆尾、韩信点兵、六棱剪子等。"大场"秧歌，套路组合千变万化、场面宏大、扭跳欢跃、气势汹涌，有卷白菜、抱脚楼、八角茴香、八门阵、大四门、双牌风、十二连城等。蔡旗鼓子舞是在蔡旗镇流传的群体性舞蹈，表演阵型有一字长蛇阵、两军对垒阵、三足鼎立阵、四门斗子阵、五马控城阵等。鼓手们肩夸鼓子，头戴蟆帽，涂粉画眉，以敲、打、掠、蹭、击敲打鼓的不同位置，场面壮观，气势宏大。

传统戏剧类有民勤皮影戏，目前已处于濒危失传状态。

传统美术类有民勤剪纸、民勤刺绣、民勤沙雕。民勤剪纸由于独特的人文历史渊源和地理环境而与周边剪纸有所不同，简繁并茂、南北共融、质朴大气。工序主要有构思立意、画稿、剪刻、装裱。内容有民间传说"苏武牧羊"、民间戏曲"王祥卧冰"、地方人文"民勤八景"等。沙雕是用民勤本土纯天然的沙粒，采用科学配方，用手工反刻或浇铸模具制成，是自然美与艺术美的和谐统一。

传统技艺类项目较多，有民勤花灯制作技艺、民勤纺棉织布技艺、民勤雕版印刷技艺、民勤街门楼建造技艺、民勤羊毛毯织造技艺、民勤花馍制作技艺、民勤碱面制作技艺、沙米凉粉制作技艺、麦索制作技艺、民勤羊肉宴制作技艺、骨膏熬制技艺、民勤古法制茶技艺、民勤手工挂面制作技艺、油饼卷粽子制作技艺、柳编技艺、芨芨编扎技艺，这些项目地域特色非常明显。民勤花灯制作技艺源于明清，一般用沙竹或毛竹破成有韧性的根条作灯骨材料，用麻线把灯骨捆扎成花灯骨架，外面用纸、绸、纱、绢绷在扎好的骨架上，去除皱褶，剪裁整齐，再请文人雅士在灯罩上题诗作画。20 世纪 80 年代开始，在继承传统基础上，运用现代制灯技艺，加入声、光、电等现代元素，内容更丰富，观赏性更强。其他传统手工艺、饮食制作技艺，内容丰富，技艺繁杂，特色各异，不再一一赘述。

民俗类有端阳节赛诗、苏武山朝山会、端阳节习俗、民勤家谱编修习俗。端阳节赛诗是民勤特有的民俗。明代以来，每逢端阳节，以文社、诗社、书院等为主，文人墨客雅聚一起，郊游登高，写景状物，言志抒怀，赛诗吟诵。活动主要有雅聚、景贤、采风、赛诗、结集等。赛诗形式多以命题、限韵、限格、联句、吟诵、接龙、和诗、擂台赛诗等为主，内容以凭吊先贤、抒情言志、写景状物为主。通过赛诗、咏诗，以纪念屈原，景仰苏武，凭吊先贤。苏武山朝山会民间称苏武山庙会，是明代以来在苏武山举行的集朝山、景苏、祭神、演艺、竞技、商贸、美食等为一体的具有浓郁地方特色的传统民俗活动。时间在三月清明、四月八日、九月重阳，现在主要在四月八日。主要活动有祭拜活动，一为景苏，二为祭神；文艺活动有唱大戏、唱小曲；民间体育活动主要是赛驼、赛羊；商贸活动有农具、工具销售，牲畜交易，地方特色小吃买卖等；游艺活动有登苏山、谒苏庙、赏山景、饮蒙泉。民勤家谱编修习俗由来已久，民勤人普遍重视姓氏族谱的编修，寻根思源、慎终追远。明朝中叶开始，户族兴起编修族谱风俗，清朝和民国时期修谱之风更为兴盛。家谱编修是一项系统工程，要做好组织策划、经费筹措、普查编辑、誊写印刷等工作。一套完整的家谱包括姓氏源流、堂号、世系表、家训、家传、艺文著述、家谱图像等方面的内容。编修家谱可立世系、序长幼、辨亲疏、尊祖敬宗、凝聚血亲，传世珍藏。

县级项目中，民间文学、传统技艺、民俗类的项目较多。民间文学类地名传说有石羊河的传说、蔡旗堡的传说、红崖山的传说、镇国塔的传说、莱菔山的传说、双茨科的传说、泉山的传说、连城的传说、枪杆岭的传说、青土湖的传说等；人物传说故事有金日磾的传说、卢翰林的传说、谢氏一门三知县的传说、翰林知县周兆锦的传说、实业县长牛载坤的传说、聂守仁的传说；还有红柳与沙枣的故事。传统音乐类主要是民勤道教音乐。曲艺类有民勤弹词、春歌。传统体育、游艺与杂技类归纳为民勤民间游艺与竞技。传统美术类有民间彩绘、民勤民间泥塑。传统技艺类工匠类的有木匠技艺、铁匠技艺、石匠技艺、泥水匠技艺、箍炉匠技艺、锥匠技艺、剃头匠技艺；与旧时人们生产生活息息相关的有织口袋技艺、布鞋制作技艺、掐花布技艺、传统农具制作技艺、木轱辘车制作技艺、土寨夯造技艺、民勤纸活制作技艺；饮食类有炸油糕技艺、民勤腌菜技艺、拨拉子制作技艺、民勤土法酿醋技艺、烧蓬灰技艺。传统医药类有民勤民间偏方验方、民勤土法灸炙技艺。民俗类中，时令节日民俗有民勤节日俗仪、春节习俗、元宵节习俗、清明节习俗、中秋节习俗、重阳节习俗、腊八节习俗；人生礼俗有生育礼俗、婚嫁礼俗、寿诞礼俗、丧葬礼俗、保娃娃习俗；还有枪杆岭山庙会、赛驼、农耕习俗、谢土、完愿等。这些都是具有民勤地域特色的项目，值得深入挖掘、研究和保护传承。

三、民勤非物质文化遗产的基本特征

（一）**地域性**。任何一类非物质文化遗产都受一定地域的生产、生活条件和地缘关系制约，与这一地区独特的自然资源及人文社会密切相关。民勤的自然地理环境和悠久的历史人文，是民勤非物质文化遗产赖以产生的土壤和代代传承的基础。民勤在历史上是多民族聚集区，又是典型的移民区，农耕文化和游牧文化、北方文化和江南文化、中原文化在这里交融，民勤非物质文化遗产是在多元文化的长期不断交汇融合中形成的，独具北风南韵。民勤曲子戏、民勤民歌等传统戏剧、传统音乐类非物质文化遗产，这个特征尤为明显。不论语言还是曲调，都是有别于其他地区的，与民勤方言的发音、语调（抑扬）、语气（重音），特别是声调（四声）有着密切的关系，独树一帜，自成脉络，具有独特的艺术风格、鲜明的地域特色和浓郁的乡土气息。由此可见，民勤非物质文化遗产虽门类繁多，最珍贵的还是民勤方言。可以说民勤方言是民勤非遗的母体，正因为民勤方言的天下无二，它所派生出来的戏子曲、民歌等民间艺术才充满民勤风韵，举世无双。

（二）**群体性**。非物质文化遗产具有广泛的群众性和集体参与性。民勤非物质文化遗产具有集体创作的特点，是千百年来一代一代民勤人民集体创造的成果、群体智慧的结晶，或者是由个人创造后经集体响应，丰富和发展而来。民勤非物质文化遗产的记忆、流传也是靠集体行为一代接一代来完成的。民勤曲子戏、民勤民歌、民勤毛毡制作技艺等非物质文化遗产都源于群众的生产生活，无不闪耀着生产生活的光彩，深受民众喜爱。许多民俗类非物质文化遗产，如春节、元宵节、端阳节、中秋节等节日习俗，生育、寿诞、丧葬等人生礼俗，都是人们在共同生活中形成的行为模式，遍及民勤，不管是城市和农村，今天和过去，这些传统信仰、习俗和文化活动，都有着广泛的群众性。

（三）独特性。也就是高度的个性化。民勤非物质文化遗产，在中华文化中只是沧海一粟，其门类也并非民勤独创，许多地方都有，但它弥足珍贵，原因在于它具有独特鲜明的个性。民勤自然地理环境独特，一代又一代的民勤人，在严酷的自然环境下生息繁衍，造就了民勤人民勤劳朴实、坚毅忠勇、豁达豪放的性格特色，这种性格特色，在民勤非物质文化遗产中打上了深深的烙印。如民勤曲子戏，经历本地曲子与外地俚曲小调相互借鉴、互为补充、自我完善的过程。十分重要的一点是，完善过程中糅入和强化了民勤元素，即唱腔白口均用民勤方言，音乐也是引用以民勤方言声韵衍生的民勤音乐并加以改造。就其表演形式而言与外地同类戏曲有相似之处，不少台本各种地方戏均有流传。但它与众不同之处在于其唱、白用的都是民勤方言。再如民勤民歌，也是运用民勤方言演唱，形成了独特的韵味。歌词朴实生动，生活气息浓郁，语言清新明快，朴素自然，又不乏诙谐幽默，唱腔朴实豪放，情感真挚，男腔粗犷豪放，女腔优美动听，皆为原生态唱腔，不矫揉造作，饱含着艺术生命力。

（四）传承性。非物质文化遗产是世代相传的文化现象，表现出非物质文化遗产在时间维度上的纵向流动性。民勤县非物质文化遗产在发展过程中，呈相对稳定性，这种继承和传袭的特点构成了非物质文化遗产的传承性标志。民勤的许多非物质文化遗产特别是一些传统技艺，都有程式化流程，过程程序化特点非常明显，一步紧跟一步，步步相连，不可错乱。传承规范和行规相对稳定，基本是师徒传承制或家族传承制，师傅、长辈口传身授，徒弟、子孙跟随学习，逐渐掌握，心领神会，形成技艺。

（五）流变性。也就是变异性。非物质文化遗产是以人为本的活态文化遗产，它强调的是以人为核心的技艺、经验、精神，其特点是活态流变。非物质文化遗产在流传过程中受社会环境等因素影响，不断产生内容和形式上的变化。民勤非物质文化遗产发生变异主要来自三方面：一是靠口头和行为方式传承的传播方式直接决定了非物质文化遗产总是处于不断变化状态。口头传承带有局限性，它靠人脑记忆保存，在参悟体验中形成主观认知又靠人脑记忆传播，这种认知在传递过程中难以保持原貌，产生变异是必然的。二是受自然、地域环境、生产生活方式影响，同一口头传统在不同环境中流传内容和形式也会发生变异。三是受社会变革、地域观念、民族心理影响，口头传统流传也要产生变异。如民勤曲子戏、民勤民歌等这些传统戏剧、音乐类非物质文化遗产，在流传的过程中，变异性尤为突出。四是作为具有主观能动性的传承主体，不同个体在传承过程中都会充分地渗透个人喜好、情感、价值观乃至生活经历等方面的因素而呈现差异性和流变性，这样的流变更能体现文化传承的价值和非遗传承的意义。民勤曲子戏有些剧目在民间传唱时伸缩性较大，甚至有"十人唱，十个样"的现象。民勤民歌在世代传唱中，不同时期、不同地区的不同歌唱者，常按个人需要，将某首民歌作为蓝本，即兴编词，见啥唱啥，想啥唱啥，"饥者歌其食，劳者歌其事"，唱的内容劳动生活中随处可见，信手拈来。这就是其口头性、即兴性和变异性的特点，既实现了个体的创造性，实现了非遗审美、娱乐的功能，又实现了非遗的与时俱进，与时代的融合发展，同时也丰富了项目本身的内容。

四、民勤非物质文化遗产的作用和价值

非物质文化遗产是人类的无形文化遗产，代表着人类文化遗产的精神高度、地域广度、多样性和差异性。开展非物质文化遗产保护和传承工作，可以充分发挥其应有的价值与作用，不仅对培育中华民族精神、弘扬中华文明、增强中华民族的文化认同、建设中华民族共有精神家园具有重要意义，而且对保持世界文化多样性、促进国际社会文明对话、实现人类社会可持续发展具有重要作用。民勤非物质文化遗产作为中国非物质文化遗产的重要组成部分，有着不可替代的重要作用和价值。

（一）历史价值。历史价值是文化的核心价值。一个民族和地方没有文化就没有历史可言，正是文化的传承让中华民族的历史源远流长，灿烂辉煌。非物质文化遗产是反映民众集体生活并长期得以流传的人类文化活动及其成果，我们所传承的非物质文化遗产，大多数是民间的、口传的、野史的、活态的，可以弥补官方历史典籍记录的不足、遗漏，有助于人们更真实、更全面、更接近本原地去认识已经逝去的历史及文化。这就是它的历史价值所在。民勤的许多非物质文化遗产经过漫长的萌芽产生、传承发展、充实完善，反映了民勤历史和现实的社会生活，犹如一幅幅纷繁生动的历史画卷，是真实生动、原汁原味的原生态文化样本，涉及天文、地理、交通、军事、医学、动物学、文学、音乐、商贸、民俗风物等等内容，是研究中国西北社会形态变迁的鲜活资料，是人类精神财富不可缺失的组成部分，对于研究本地区的历史沿革、风土人情和丝路经济发展、东西文化交流、民俗民风交融，有着重要而独特的历史研究价值和文化价值。

（二）社会价值。社会价值是在传承中久而久之体现的，很多非物质文化遗产都是在一个集体中产生，形成一个良好的社会氛围，有一种凝聚力，这就是社会价值所在。非物质文化遗产有不可再生性、脆弱性、活态流变性，它之所以能被传承，在于它的社会功能。非物质文化遗产承载着丰富的多元文化功能，在呈现出文化多样性的同时体现了它的二重性，即内在精神和社会功能。二者是相互统一的，其内在精神是社会共同价值的体现，通过活态传承来一一实现。民勤非物质文化遗产涉及社会生产生活的各个方面，它们从不同角度以不同方式，反映民勤人真实的生产生活，塑造了民勤人坚毅、朴实、勤劳的性格特征。民勤人民创造了丰富的非物质文化遗产，而民勤非物质文化遗产又鼓舞了民勤人民的劳动、斗争，丰富了民勤人民的生产生活，对人民生产生活有着广泛深入的作用。一些传统戏剧、音乐类非物质文化遗产如民勤曲子戏、民勤民歌等，是人民倾吐心声、抒发情感的有效载体，是劳动人民生活中的教科书，起到了传播知识、寓教于乐、劝化人心的作用，是反映民勤人民生产、生活、心理、爱情、意志、愿望和历史全貌的民间艺术，成为劝善规过、醒世警世的传世佳作。

（三）艺术价值。文化的内涵是一个民族智慧的结晶，也代表着一个民族的精神实质。非物质文化遗产与物质遗产的区别在于它的非物质性，它给人带来的是精神层面的东西，这就突出了它的精神价值，体现了民族的智慧精髓。懂得欣赏非物质文化遗产的人会从审美的角度去享受和感知文化的美。这种古老的艺术形式往往能深深打动人的心灵、触动人的情感。通过这些非物质文化遗产中的艺术作品，可以形象地看到当时的历史面貌、人的生存状态和生活方式、不同人群的生活习俗，以及他们的思想与感情、艺术创作方式、艺术特点和艺术成就。民勤非物质文化遗产基本都有南北交融的艺术风格，具有浓郁的乡土气息，是乡土艺术的精华，是民勤人民珍贵的文化遗产，是研究西北民间艺术的绝美底本，有着不可替代的艺术价值。

（四）人文价值。民勤非物质文化遗产在上千年的传承发展中，直接反映民勤乃至西北地区的历史、地理、社会、科技、劳动生产、风土人情、爱情婚姻、民俗民风、日常生活等方方面面，形式形象生动，内容深刻广泛，几乎无所不包，尽显民勤地方民俗风情。它是民勤人民生活的镜子、人生的伴侣、劳动的助手，是交流情感、传播知识、娱乐消遣的工具，是研究民勤乃至西北地区的历史、社会、民风民俗的宝贵资料。民勤非物质文化遗产在传播交流的过程中产生了大量情节跌宕的传说故事，是文学百花园的奇花异葩，是文艺创作的丰富素材宝库。

（五）科学价值。非物质文化遗产中蕴含着大量的科学知识，是人民群众对科学技术的探索应用，深入研究，会给我们带来很多启迪。这种价值特别珍贵。民勤很多非物质文化遗产特别是一些传统技艺，其工具、材料、制作技艺流程，尤其是技艺诀窍，对技术的发展、成熟产生了重要而深远的影响，对现代科技的发展有着很大的促进作用。

（六）经济价值。非物质文化遗产中有的可以转化成为文化生产力，带来经济效益，在实现文化的经济价值时也会带动文化的传播。非物质文化遗产的开发会带动地方的经济发展，增加地方财政收入，从而实现一种良性循环的经济效益，这样会给自身的发展提供经济条件。有了经济后盾，传承和保护才能更有力度。全面发挥非物质文化遗产的经济价值，是一个很好的经济开发方向。民勤非物质文化遗产中的一些传统技艺，有着很强的实用性，至今仍然广泛使用，具有很高的经济价值。

（七）精神价值。非物质文化遗产是人民长期以来创造积累的重要财富，它不仅是民族自我认知的历史凭证，也是一个民族得以延续，并满怀自信走向未来的根基和智慧与力量的源泉。非物质文化遗产担负着保持民族文化独特性和维护世界文化多样性的双重职责。非物质文化遗产所蕴含的中华民族的独特思维方式，是捍卫国家文化主权和维护国民文化身份的基本依据。保护和利用好非物质文化遗产，对于构建和谐社会、培育民族精神、建立文化自信、全面推动人类文明对话和社会的可持续发展，意义十分重大。民勤千百年来传承下来的文化遗产是民勤社会文明成长于特殊的地域环境的产物，自始至终以文化基因的形式存在于民勤人的生命之中，最终熔铸为民勤人的精神品质，代代相传，历久弥坚，永不褪色。

五、民勤非物质文化遗产的保护传承

民勤的非物质文化遗产保护工作起始于 20 世纪 80 年代初，在全国开展民间"十大集成"编纂工作时，民勤县文化馆经过不懈努力，以杨澄远、张永庆、李玉寿等人为主，采录、整理、编辑了民勤民间故事、民勤小曲戏、民勤民歌、民间歌谣、民间器乐曲、民勤谚语等资料本，为民勤非物质文化遗产保护工作打下基础。2006 年起，随着全国非物质文化遗产保护工作的全面开展，民勤县非遗保护工作亦全面展开，于 2007、2008、2010、2015 年公布了四批县级非物质文化遗产项目，分别为 28 项、30 项、88 项、22 项。由于工作处于起步阶段，很多项目不规范。2014 年以来，多次进行了调查论证、调整规范，县级项目共计 168 项。2007 年申报公布第一批市级代表性项目 5 项，2010 年申报公布第三批市级代表性项目 10 项，2015 年申报公布第四批市级代表性项目 6 项，2022 年申报公布第五批市级代表性项目 20 项，市级代表性项目共计 41 项。2008 年申报公布第二批省级代表性项目 2 项，2011 年申报公布第三批省级代表性项目 4 项，2016 年申报，2017 年公布第四批省级代表性项目 4 项，省级代表性项目共计 10 项。2019 年申报，2021 年公布国家级代表性项目 1 项。

近年来，民勤县深入贯彻落实《中华人民共和国非物质文化遗产法》《甘肃省非物质文化遗产条例》，以工匠之心抓非遗，贯彻"保护为主、抢救第一，合理利用、传承发展"的工作方针，切实加强非物质文化遗产的普查、抢救、申报、保护、传承、展示、培训、传播、交流、研究工作，构建起了较为完整的具有民勤地域特色的四级非物质文化遗产保护名录体系，非物质文化遗产保护传承工作取得了很大成效。民勤县文化馆先后被评为全省非物质文化遗产保护工作和全省地方戏曲普查工作先进集体。

（一）普查抢救，建立完善非遗保护名录体系。注重非遗普查，注重项目申报，注重档案完善。经过多年不懈努力，调查、拍摄、收集、整理非物质文化遗产文字、图片、视频等资料，充实完善非物质文化遗产档案，建立起较为规范的非物质文化遗产档案库并数字化。

（二）多措并举，重点非遗项目保护传承有效推进。注重挖掘抢救，注重项目保护，注重传承发展。开展生产性保护和整体性保护。申报实施省级非遗保护资金项目7项，正在实施国家级非遗保护资金项目1项。编辑出版《民勤小曲戏》《民勤民歌》《民勤端阳节赛诗会作品选》《民勤唢呐艺术》《苏武传说》等书籍，拍摄制作出版《民勤骆驼客》《民勤毛毡制作技艺》《民勤唢呐艺术》《民勤皮活制作技艺》等音像出版物，为重点非遗项目的活态传承、研究宣传和传播利用留下了珍贵资料。对民勤毛毡制作技艺、民勤剪纸、民勤沙雕等实行生产性保护。广泛征集实物，建成民勤骆驼客、民勤毛毡制作技艺展厅；因地制宜，建立省级非遗项目传习所12个，规范化、常态化开展技艺传习。建成省级非遗扶贫工坊1个。

（三）展演展示，非遗影响力不断扩大。注重举办特色活动，注重创新保护载体，注重搭建传承平台。结合传统节日和"文化和自然遗产日"，举办民勤非遗摄影展，组织系列特色非遗展演展示、传播交流活动。新疆"百年曲子丝路行"摄制组来民勤进行曲子戏拍摄交流。考察学习第三届新疆曲子文化节。中央音乐学院、上海音乐学院、西北大学、南京艺术学院等许多院校和科研院所非遗考察采风组多次来民勤，对民勤曲子戏、民勤唢呐艺术、民勤民歌、民勤骆驼客等项目进行考察调研。拍摄制作《民勤小曲戏》宣传片，参加在香港举办的甘肃省"根与魂"非物质文化遗产宣传展示活动；组织民勤曲子戏、民勤唢呐、民勤民歌、民勤毛毡制作技艺、民勤剪纸、民勤沙雕等参加江苏昆山、四川成都、兰州、敦煌等地举办的戏曲百戏（昆山）盛典、第七届成都国际非物质文化遗产节、西北五省区非物质文化遗产展演、第五届嘉陵江灯戏暨地方戏剧节等活动；组织民勤曲子戏参加甘肃省第二届百姓小品艺术节、第四届戏剧"红梅奖"大赛、第五届甘肃"群星艺术节"并获奖。举办6届民勤小曲戏艺术节、2届民勤小曲戏大奖赛、39届民勤元宵灯山会、8届端阳节赛诗会、5届民俗民间文艺大赛、8届"美丽民勤"书法美术摄影剪纸大赛暨展览、民勤唢呐艺术大赛，举办县级非遗节会赛事活动近70届（次）。开展非物质文化遗产进机关、进校园、进农村、进社区、进企业、进景区活动40多场次。坚持办好《胡杨》文化期刊、民勤县文化馆微信公众号"民勤非遗"栏目，开通"民勤非遗"快手、抖音官方账号，点击播放量超过千万次。参加文旅部组织的"文化进万家——视频直播家乡年"活动，2021年、2022年视频播放量居全国第六、第七位，连续两年获文旅部、省市文旅部门通报表扬。排练民勤曲子戏参加省广播电影电视总台《大戏台》栏目春节特别节目录制。

（四）培养培训，非遗传承人队伍建设不断加强。注重传承人认定考核，注重技艺培训交流，注重人才队伍建设。做好非遗项目代表性传承人的认定、推荐、申报工作，积极组织支持传承人开展传习传播活动，严格传承人考核。目前有省级代表性传承人9人，市级代表性传承人43人，县级代表性传承人23人。联合省文化馆、省非遗保护中心、市文广局、市文化馆先后举办武威市非物质文化遗产保护暨民勤小曲戏骨干培训班，举办民勤骆驼客、民勤毛毡制作技艺、民勤唢呐艺术传承人培训班，成立民勤毛毡制作技艺协会，组织毛毡制作技艺传承人赴河北南宫市考察学习，有效提升各级传承人的责任意识和传承技艺水平。建立民勤非遗保护微信群，鼓励以师带徒，拜师学艺，送出去接受高端培训，培养传承人队伍，提高了传承人队伍的文化修养和技艺水平。

（五）创新模式，促进非遗与多产业融合发展。积极探索"非遗＋餐饮""非遗＋旅游"等新模式，充分利用县内外重大节庆、赛事活动广泛开展宣传展示，在苏武沙羊美食街、苏武文化广场、乡村记忆博物馆，通过举办非遗项目展演、非遗摄影展，组织艺人表演民勤曲子戏以及民勤民歌，并通过快手等新媒体进行直播。开办民勤非遗直播间，鼓励传承人通过快手、抖音等平台进行直播，让非遗搭上"互联网＋"快车，实现收入和宣传双赢。申报民勤毛毡制作技艺省级非遗扶贫工坊，组织非遗扶贫工坊参加全国和省、市重大节庆活动期间的非遗产品展销活动，扩大非遗传承人群。

毋庸讳言，由于经济发展、社会变化，生产生活方式改变，文化生态环境变化等方方面面的原因，民勤的非遗保护传承工作还存在许多问题和不足，亟待解决。一是全社会非遗保护传承的合力没有形成。非遗知识普及不够，社会对非遗工作知晓率不高、重要性认识不足，全民保护意识不强，存在重申报、轻保护传承的现象，一些传统的民俗活动和民间艺术面临消亡危机。二是非遗保护传承工作机制不健全。全县非遗保护管理主要靠县文旅局牵头，由县文化馆具体承担保护工作任务，没有专门保护与研究机构，缺乏行之有效的规划和政策措施，多部门联动机制尚未形成。这种局面不能适应非遗保护工作综合性、协作性、专业性、广泛性、长期性的要求。三是非遗保护经费投入严重不足。非遗传习所、展演展览馆等基础设施建设严重滞后，非遗资源普查、整理研究、传承传习、展示展演、开发利用等活动的开展缺乏资金保障。非遗传承人补助经费得不到保障，非遗技艺难以传承。四是非遗保护人才队伍建设亟待加强。全县非遗保护没有独立机构和相应人员编制，非遗保护工作的队伍数量严重不足。大部分非遗传承人年龄偏大，而年轻人受市场经济和就业观念的影响，不愿学习和继承传统文化艺术，传承队伍青黄不接，面临技艺失传的危机。五是非遗开发利用的产业效应不够明显，创意开发相对薄弱。在非遗的产业化开发利用上缺乏生产性保护的统筹发展规划，政府、社会、民间组织和企业间没有形成有效合力，生产性保护和市场化开发利用上探索不够，传承发展的后劲不足，以文养文的良性循环没有形成。

六、民勤非物质文化遗产的发展弘扬

今后，民勤的非遗保护工作继续遵循"政府主导、社会参与、明确职责、形成合力；长远规划、分步实施、点面结合、讲求实效"的原则。要针对非物质文化遗产的不可再生性、脆弱性、活态流变性，以及依托特定人文生态环境的特点，实施抢救性保护、生产性保护和整体性保护。一如既往，积极作为，竭尽全力做好非遗保护传承工作。

（一）创新宣传模式，营造非遗保护工作良好环境。利用各类媒体加大宣传力度，让民勤非遗搭上"互联网+"快车，开办民勤非遗直播间，全方位、多角度宣传、展示民勤优秀非遗。加强对外文化交流，组织民勤非遗项目参加各类文化展演展示及比赛活动。在各类公共文化场所展示窗口开设专栏，开展民勤非遗的传播和展示，把非遗保护传承拓展到大数据领域。

（二）健全完善机制，促进非遗保护工作健康发展。建立合作联动、协调有效的工作机制，建立全县非遗保护工作联席会议制度，定期研究会商，制定非遗保护规划和有关政策措施。建立科学有效的非遗保护传承机制，传统演艺类项目，加强传统剧目曲目的挖掘整理，抢救记录70岁以上老艺人及其代表性剧目曲目；传统技艺类项目，开展生产性保护。促进非遗保护传承与旅游、文化产业融合发展。把非遗保护工作纳入国民经济和社会发展、城乡建设等规划，健全完善检查监督和考核激励机制。建立非遗保护专家咨询机制，广泛吸纳有关学术研究机构、企事业单位、社会团体等各方面力量共同开展非遗保护工作，形成非遗保护工作合力，建立非遗项目档案和数据库，出版一批富有民勤特色的非遗专著、音像制品。

（三）加大资金投入，整合各类非遗保护资源。逐年加大对非遗保护传承的经费投入，对非遗传承人在认定、生产、经营方面给于适当的政策激励，提供必要的传承活动场所和经费保障。加大非遗资源普查工作力度，利用多种手段保护保存，申报一批国家和省、市级非遗代表性项目，规划建设一批各级各类非遗项目传习所和传承基地。鼓励社会力量参与保护，吸纳民间资本投入非遗保护，设立非遗保护基金。

（四）强化业务培训，壮大非遗保护传承队伍。强化非遗保护工作机构和队伍建设，专门从事全县非遗资源调查、档案资料记录、项目和传承人申报管理、传承基地建设、保护传承、教育培训、研究出版、展示展演、传播交流等工作。组建非遗保护工作志愿者队伍。注重培养传承人，支持传承人建设传承基地，开展授徒、传艺、交流等传习活动，使传统技艺薪火不熄，活力永续，壮大传承人队伍，实现活态传承，使非遗保护传承后继有人。开展非遗"六进"工作，在中小学和职业技术学校建立非遗传承基地，将优秀的、体现民族精神与民间特色的非遗内容编入乡土教材，开展教学体验活动，开办兴趣班，打破非遗"口传心授"的传统单一模式，扩大非遗传承的范围，培养一批潜在的非遗传承人。

（五）加强开发利用，推进非遗助力产业发展。挖掘非遗的开发利用潜力，开发具有地方特色的非遗创意产品、服务和旅游项目，使非遗产业化。推动非遗与文化旅游产业融合发展，打造彰显非遗特色的文化旅游景区景点。将非遗保护传承与弘扬优秀传统文化、培育文化旅游演艺精品、举办各类节会活动、旅游特色街区建设相融合，建设非遗特色村镇、街区，将非遗与游客消费需求、时尚创意有机结合。组织非遗走进景区与旅游"联姻牵手"，活态展示民勤优秀非遗，通过看一段戏、听一首歌、动手参与制作、品尝传统美食等多种形式，满足游客文化多样性的需求，重拾传统记忆，在吃喝玩乐中感受厚重的历史文化底蕴，更好地释放出非遗的文化价值和旅游价值，实现非遗与旅游的深度融合。

时间的脚步不会停留。在数千年的开拓和发展中，各族人民创造了丰富多彩的文化遗产。民勤县地域广阔，历史悠久，文化遗产相当丰富。非物质文化遗产是历史文化遗产的重要组成部分，是民勤历史的见证和民族文化的重要载体，蕴含着民勤人特有的精神信念、思维方式、想象力和文化意识。保护非物质文化遗产，就是保护和弘扬文化的多样性。随着时代的发展变迁，城市化步伐的加快，生活方式的嬗变，那些与我们息息相关的文化记忆和民族传统，正在离我们远去，非物质文化遗产面临消亡、失传、后继乏人的重大危机。需要我们付出更多努力，更加凝心聚力，继续挖掘、抢救、整理、研究，保护、传承、发展、弘扬民勤优秀的非物质文化遗产，这是我们不可推卸的历史责任和文化担当，是一项功在当代、利在千秋的不朽事业，也是一项必须长期坚持、艰巨复杂的系统工程，更是一项迫在眉睫、刻不容缓的紧迫工作。从事这项工作，要有持之以恒、孜孜以求、无私奉献的精神，要有继承和发扬民族优秀传统文化的历史责任感，还要有深邃洞察的目光、精益求精的态度。我们时刻投入，尽心竭力。

非物质文化遗产是一个地方和民族古老的生命记忆和活态的文化基因。民勤人民千百年来创造的优秀非物质文化遗产决不能在我们的手中失传。全县人民尤其是文化工作者有必要、有责任、有义务保护好它、传承好它、弘扬好它。

让我们联心牵手，共同守护民勤珍贵的非物质文化遗产，让它们根植于人们的心灵，世代传承发扬，延续民勤的文化基因，传承民勤的深厚文脉，留住民勤的根，守住民勤的魂，继往开来，增光添彩，方不负历史和时代赋予我们的使命！

目　录

传统技艺

传统医药

民俗

附录

国

家

级

民勤曲子戏

　　一曲根植人民心灵的梨园绝唱，一种普通群众最为喜爱的戏曲艺术，一个真正意义上的百姓舞台。这，就是中国西北地区珍贵的戏曲"活化石"——民勤曲子戏。

　　民勤县地处腾格里和巴丹吉林沙漠之间。特殊的地理位置和自然生态环境，导致民勤成为"双向"移民区。民勤历史上地处胡汉交界，在古代就是一个多民族聚居的地区。明代以来，江、浙、晋、陕等地大量移民迁入，带入各地的人文观念、民俗风情、俚曲小调，使民勤本土地域的各类风俗习惯五花八门、异彩纷呈。民勤是陇上有名的"文化之乡"，素有"人在长城之外，文居诸夏之先"的美誉和"令人作武陵桃源之想"的说法。民勤人喜爱戏曲艺术，民勤曲子戏是流行于当地民间的主要演唱形式。

　　民勤曲子戏是流行于民勤城乡、流传于西北的曲牌体地方剧种。因明、清时期民勤县名"镇番"，最初称镇番小曲，又名镇番曲子戏。当地又称之为民勤小曲戏、民勤小曲子、民勤小调。民勤曲子戏是与其他各地曲子戏完全不同的曲子戏剧种。《中国戏曲志·甘肃卷》载："民勤曲子戏虽称曲子戏，与甘肃东部、南部以及敦煌一带流行的曲子戏，实非一脉。"

　　民勤曲子戏历史悠久，源远流长，起源于明初，形成于明代中叶，兴盛于清代和民国时期。源于当地小曲。民勤县明代是流放移民的地区之一。明初，随着大量移民迁入，带入江南苏、浙及中原晋、陕一带的民歌、曲子；民勤与内蒙古交界，来往不断，又逐渐传入内蒙古民歌西调、二人台。这些江南、中原移民的俚曲小调，内蒙古西调、二人台与当地民歌、小调相融合，并与当地的

《中国戏曲志(甘肃卷)》民勤曲子戏记载

人文、民风日益交融，在明代中叶逐步演变为地方曲子戏，形成独立剧种，并形成了民勤曲子戏的特殊风格。清末至民国初年，秦腔、眉户又传入甘肃，流遍全省，民勤曲子戏也受到眉户的影响。

　　民勤曲子戏来源于明初由民间艺人以坐唱形式表演的小曲。早在明初设卫之初，曲艺形式的曲子就逐渐形成。明成化六年至弘治二年期间（1470—1489年），艺人胡明春使用当地民歌小调和从内蒙古地区流传来的民歌"西调"，自弹三弦演唱《九老品茶》《八仙笑春》《赶骆驼》等曲目，吸引许多人前来学唱。胡明春收曹德顺、李勤仲（民间传叫"李二爷"）、杨七十一、杨袖袖（音）等人为徒，行艺于民勤、北衙门、包头、盐池、阿拉善、额济纳、古浪、张掖、高台、武威等地，主要演唱《苏武山传奇》《走驼城》《采茶女》《笑胭脂》等剧目。弘治七年（1494年）夏，曹德顺与杨七十一等人从内蒙古的额济纳、包头等地行艺回乡后，采用双档演唱的方式，演唱《双骆驼》《俏媳妇》《盘锅台》等剧目，被人称为"镇番小曲"而流行于民勤等地。到这一时期，戏剧形式的民勤曲子戏形成。李勤仲和杨袖袖在本地演唱《渡菩萨》《安神讲佛普度众生》《进香普度》《化缘》等剧目，并成立了"普度会"，专为寺庙的佛事活动演唱。到明中叶，民勤曲子戏的演唱活动开始进入庙堂，成为娱神娱人的主要活动形式。正德年间（1506—1521年），民勤曲子戏的演唱活动已风靡甘肃境内的民勤、永昌、古浪、武威、张掖、高台等地，有影响的艺人有曹二蛋、曹光续（音）、李毡匠人（实名不详）、杨化孝、张唯临等。嘉靖年间（1522—1566年），艺人曹二蛋的徒弟张凤德、韩凤山与李毡匠人的侄子李贵富等人吸收流行于内蒙古地区"转台子"的演唱方式，并与江、浙、湘、鄂、晋、陕等地移民的俚曲小调相融合，化小彩妆，分角色在各地演唱《看河灯》《小采茶》《乌龙雨》《师徒相亲》《苏武牧羊》等剧目。当时群众称小曲艺人为唱家（演唱）、弹家（弹奏三弦）或拉家（演奏胡琴）。一人演唱，十数人帮腔，气氛十分热烈。迄明末清初，小曲戏被搬上乐楼、戏台，演出有故事情节的小戏。崇祯七年（1634年），民勤名士孟良允联合山西客商于县城内创建乐楼一座，置办各类乐器多件，竣工日，演唱小曲酬神三天。同年，财神庙戏台建成，唱戏酬神数日。至清雍正时期，专供演唱民勤曲子戏的场所遍布全县，较有名的有大关庙戏台、灯山楼戏台、火神庙戏台、东湖大庙戏台、雷台乐楼、龙王宫乐楼、苏武庙戏台、枪杆岭娘娘庙戏台等。

　　入清后，民勤县盲艺人胡祥民于康熙九年（1670年）学得凉州贤孝后回归乡里，自弹三弦用民勤曲子戏中的〔茉莉花〕〔寄生草〕〔祭腔〕〔哭皇天〕〔红柳根〕〔绕佛堂〕〔甜音柳青〕等曲调，并加入曲胡、二胡、三弦、琵琶、竹笛和唢呐等乐器伴奏，演唱《侯女反唐》《苏武传》《三元记》等长篇曲目，深受观众欢迎。雍正年间（1723—1735年），艺人杨世昌、胡柳子、彩旦娃（实名不详）等从口外（新疆）游艺两年后回到民勤，根据流行于内蒙古等地二人台的表演方式，演唱《鸳鸯谱》

《月光带》《观灯》等剧目。他们的表演带有浓厚的"地蹦子"社火特色，男角演唱时蹦蹦跳跳，女角演唱时摇摇摆摆，擅用扇子、手帕等小道具，走十字步，扭动着演唱，被当地群众称为"秧歌小曲子"。这一时期，民勤曲子戏已发展得相当成熟，可以长期在外进行职业演出。乾隆时期，涌现出 30 多个以当地庙宇命名的"小唱会"，这种"小唱会"使得艺人们可以在一定的时间和场合切磋技艺、交流曲目、融会唱腔等。后由于众多家班的成立，"小唱会"逐渐被"庙会戏"所代替，这些家班除随社火队在地摊"拉小场"演出外，主要以赶庙会唱会戏为主。乾隆三十七年（1772 年），镇番县知县李永熙编写《曲子词初集》。道光十一年（1831 年），"二分沟胡自娱（原名胡兆庠，因性嗜娱故以为名）是年创戏社。领五徒游艺于湖坝。""胡家班"专唱民勤小曲，游艺于湖坝、盐池一带，颇得时人赞誉。道光十五年，"红沙堡孙克强编撰戏本一出，曰《逼婚记》，情理委婉曲回，颇可一览。"同治年间，民勤曲子戏十分兴盛。同治二年（1863 年），"红柳园陈友生创戏社容优堂，游艺口外（今新疆）木垒、奇台诸地，凡历三年乃归。"（《镇番遗事历鉴》）同治十二年，"汪字号张大嘴于王爷府开戏社，名'齐乐社'，凡优人计二十有三。"王爷府当时指阿拉善左旗。同时期创设的戏社还有盈科刘能元、王胜文等的"里愚戏社"，天字号汤玉玺的"永丰戏社"。活动于民勤境内及周边地区的艺人和班社在当时已成"风靡之势"。光绪元年（1875 年），靴匠芦丰山创办芦家靴铺，制作戏靴，远销省内外。自清中叶始，层出不穷的庙会戏和行会戏，也为演唱民勤曲子戏提供了演出的机会和场所。

　　民勤曲子戏各班社赶场子演出较为隆重的是奠台应会戏。这种会戏有许多种，但被视为正会的只有"庙会"与"行会"。"庙会戏"在当时有三种情况：一是农活空闲时演出的会戏，如农历的四月八、五月二十五夏收前、七月十五夏收后、八月十五秋收后的秋台会戏、十月二十八的查河戏等；二是民俗节日戏，如正月初九的上九会、正月十五的元宵节、四月八的浴佛节、五月初五的端阳节等；三是根据各地庙内所供奉神位的特点定时演出，如正月十三的南亭庙会戏、三月二十的娘娘庙会戏、五月十三的关老爷磨刀会戏、五月二十五的三圣母圣诞会戏、七月三十的地藏会戏和九月十三的关帝圣诞会戏等。庙会戏名为祭神，实是娱人，也寄托着人民群众祈求平安、幸福的愿望，艺人们演唱的曲目内容，也与此相关。如农历四月十五的祭虫戏，是想借神力除害虫，艺人们主要演唱《玄奘进凉州》《咕噜拐》《功曹记》《灭蝗虫》等剧目。十月初一的祭鬼戏，是为了消灾免祸，艺人们多演唱《钟馗记》《八洞神仙》《大赐福》等剧目。

　　除庙会戏外，行会戏在民勤曲子戏的演唱活动也是举足轻重的。当时的民勤县商会下属均设同业会组织，各行业每年都要举行一次例会。会间，要请班社演唱小曲戏庆贺，以祈求行业供奉的祖师赐财降福，化吉除凶。在民勤，有两个会戏颇具地方特点：一是枪杆岭山的庙会，一是苏武山的驼羊会。前者是正经庙会，后者实际是行会举办，两者在当地都被称作"山会"，时间也都在农历的四月八和九月九。届时，各班社挂条开演，多则七天，少则五天。正如《镇番遗事历鉴》所记："车马辐辏，观众如云，乃为地方之盛事也。"此外，民勤曲子戏还承担民间的祈雨戏、还愿戏、开光戏、丧葬戏、开市戏、保苗戏等活动的演唱。至宣统年间，民勤曲子戏的剧目日趋丰富，其中《二瓜子吆车》《打懒婆》《怕老婆顶灯》《赃官告状》《王祥卧冰》《闹老爷拜师》《方四娘》《不见黄荷心不甘》《周月月》等都是很受欢迎的剧目。当时，民勤曲子戏的表演形式有三种类型：一为三人演唱，所唱曲目有只说不唱的，如《瞎子观灯》《师徒过河》等；有只唱不说的，如《闹书馆》《闹老爷》等，但更多的则是说唱相兼的。二为双人彩唱，如《亲家打架》《转亲家》等。三为一人自弹（拉）自唱，多唱长篇大书，如《霜毙青枣》《汗衫记》《劝父留母》《王昭君》等。长篇曲目语言淳朴，叙事性强。这期间演唱民勤曲子戏有影响的艺人主要有杨学冬、曹真海、刘福泰、杨学贤、冯富贵、张景堂、裴玉树等。

清末民初，民勤曲子戏的演唱活动经常与秦腔以"风搅雪"的形式同台演出，当时演唱的主要剧目有《杨八姐闹馆》《箍马盆》《麒麟送子》《大保媒》《花亭相会》等，代表艺人有石邦玉、曹兴天、康久久等。民国十年（1921年），民勤名士石关卿编《白亭歌辞搜讨》，收入民勤曲子戏曲目作品40余篇，成为第一个将民勤曲子戏演唱曲目整理成册的文人。民国十二年，民勤县红沙梁小曲戏艺人刘嗣基、刘和基兄弟创办泰和社家班，日演小曲，夜演皮影，活动于民勤县城。民国十四年，民勤曲子戏艺人刘国述在武威县永和社班主李富贵的支持下，请来名艺人玉锭子、张汲三

泰合社班主刘发杰。约摄于20世纪40年代

（张舍儿）、陈来基等当教师，招收李世德、黄根成等十余名玩友学唱民勤曲子戏，戏装部分从城隍行宫租赁，部分由民勤富商马合盛经营的"合盛当"捐赠，故名为行宫合盛社，演唱民勤曲子戏和秦腔，"两下锅"演出，被当地人戏称"一锅搅戏班"，刘国述自任班主。民国十五年，东湖坝艺人刘发杰带领原行宫合盛社黄根成、钟常富诸人返乡，吸收小曲、秦腔艺人30余众，组建起民间业余班社泰合社，刘发杰任班主，农忙务农，农闲演戏。民国十八年，军阀马仲英屠城民勤，部分演员逃散，剧社被迫停演。民国二十三年重组，只召回十八九人，无力排演大戏，遂与德俊社合班演出。主要演员除刘发杰、黄根成、钟常富外，还有刘万镒（艺名刘锁儿，小旦兼小生）、曹开兴（艺名曹旦儿，擅演小曲戏中旦角）等。原行宫和盛社至民国十九年，由

李世德在原班基础上，招收曹开世等青年艺徒，创办德俊社，李世德自任班主，活动于民勤、武威、永昌等地。民国二十三年至中华人民共和国成立前夕，德俊社与泰合社合班演出。民国二十七年，高台县东乐乡艺人辛子平到德俊社，艺徒曹开世由武威学艺返乡，两人均有新戏献演，使该社声誉日隆。该社当时的主要艺人除李世德、陈来基外，还有刘占奎（艺名刘那么，须生兼老旦）、毛寿山（艺名毛长寿，净兼丑）、马极三（艺名马八三，须生兼丑）、曹开世（艺名曹应靠，净兼须生）、陈元儿（永昌人，旦角）、杨生沛（艺名杨生儿、杨旦儿，小旦兼小生）

民勤曲子戏著名艺人刘万镒在阿拉善定远营演出剧照。约摄于 20 世纪 30 年代末

等。后因经营不善，收入锐减，人戏称"讨吃班"，1951 年解体。抗日战争爆发后，大批外来剧种的艺人涌入甘肃河西地区，对民勤曲子戏产生了一定的影响。艺人曹开兴、周玉文、高培阁等人根据许多外来曲种的剧（书）目，改编演唱《打巡警》《华北被人欺》《门当户对》《抗倭记》等，在群众中产生了很大影响。民国三十四年，在一次庆祝抗日战争胜利的演出中，清末秀才、民勤县第一任图书馆馆长李仁堂曾撰有"灭轴心复灭倭奴；唱秦腔也唱小曲"的戏联，可见当时曲子戏和秦腔同时演出。

中华人民共和国成立后，民勤曲子戏受到重视和抢救，在民勤及西北地区广泛传承演唱。在音乐、表演、唱腔等方面经过整理、改进、提高，民勤县文化馆对小曲戏的内容进行了一些改造，曾多次参加省、地、县演出。1951 年，县文化教育馆把《小放牛》《小姑贤》《下四川》《张琏卖布》《卖水》等改换新词，编印成册，分发各区、乡，让小曲戏艺人演唱。1956 年，民勤县召集民勤曲子戏艺人进行集中发掘整理，改编新排的《双放牛》等剧目被武威专署选为地区代表剧目赴兰州参加甘肃省第一

1951 年，民勤县文化教育馆组织成立业余剧团。图为剧团表演民勤曲子戏

1952年，县文化教育馆业余剧团赴双茨科乡演出场景

20世纪70年代末民勤曲子戏《刘秀走南阳》演出剧照

届民族民间文艺调演，引起普遍重视。随后，县文教局和文化馆多次组织业余演出队，以民勤曲子戏的新创作剧目，参加地、县的文艺调演、汇演活动。"文革"时期，民勤曲子戏被视为"封资修"而禁唱，许多曲目抄本被查抄焚毁。十一届三中全会后，文艺百花齐放，小曲戏再次被搬上舞台，演唱活动得以恢复，各地班社开始活动。新编剧目《周月月》对小曲戏剧本、音乐、表演、舞台美术诸方面进行了有益探讨，得到社会各界好评。自20世纪70年代末期开始，县文化馆召集全县名小曲戏艺人召开座谈会，搜集挖掘传统剧本和唱腔曲调，举办业余表演辅导班，由文化馆干部杨澄远、李玉寿从小曲戏剧本、表演、唱腔、乐队伴奏等多方面进行辅导，前后4期共有近200人次参加辅导班，从而使群众业余演员的艺术修养和表

1978年，民勤县文化馆召集全县名小曲戏艺人召开座谈会，挖掘整理剧本、曲目，举办培训班。图为培训班合影

演技能得到很大提高。20世纪70年代末到80年代初，县文化馆干部李玉寿、于竹山、党寿山等人开始搜集、整理民勤曲子戏剧目，至1985年，共收集到60余个剧目，唱词抄本40余篇，编印《民勤小曲戏集成》资料本。1980年，新组建的民勤县剧团，以民勤曲子戏《周月月》参加武威地区的戏剧调演，演出时将吸收到民勤曲子中的眉户曲调全部删除，恢复了民勤曲子的原有风貌，演出受到普遍好评，获得创作奖。进入20世纪80年代，全县到处演唱小曲戏，一时盛况空前。各地艺人除演唱传统曲目外，还编唱了许多宣传爱国卫生、农业生产等方面的新曲目。1994年，邱敬斋整理编印《民勤小曲集》。1995年，

20世纪80年代初，民勤县剧团演出民勤曲子戏《周月月》剧照

民勤曲子戏剧目书籍

2014年，民勤县举办首届民勤小曲戏艺术节暨大奖赛剧照　李军摄

贺学俭整理编印《民勤小调百曲欣赏》。2000年，李玉寿编著《民勤小曲戏》，由黄钟音艺出版社出版。2008年，吴开诚、薛启瑞整理编印《新版民勤小曲集》。同年，民勤小曲戏曾在中央电视台戏曲频道戏曲文化专题片《黄河戏话·陇上行歌》中播出。2008年6月，民勤小曲戏被甘肃省人民政府公布为第二批甘肃省非物质文化遗产代表性项目。2009年，民勤县文化馆整理编印《民勤小曲子戏集》。民勤县先后推荐、申报、公布省级代表性传承人彭保瑞、魏春梅两人，市级代表性传承人9人，县级代表性传承人7人。

民勤县文化馆40多年持续开展春节戏曲调演活动，民勤曲

第五届民勤小曲戏艺术节于2018年春节在县城文化广场举办　李军摄

子戏多次参加地市级文艺汇演获一、二、三等奖。2014年以来，建立了民勤曲子戏专门档案库并数字化，制作《民勤小曲戏》宣传片，参加在香港举办的甘肃省"根与魂"非遗宣传展示活动，拍摄制作民勤曲子戏剧目视频10多种，中央音乐学院、上海音乐学院等院所多次来民勤，对民勤曲子戏进行考察调研。联合甘肃省文化馆、甘肃省文化艺术研究所、甘肃省非遗保护中心、武威市文化馆，连续举办了六届民勤小曲戏艺术节、两届民勤小曲戏大奖赛，举办了民勤小曲戏骨干培训班，成立民勤曲子戏传习所三个，开展传习传播活动，培养传承人才，扩大传承人群。申报省级非遗保护专项资金，注重抢救保护，注重传承发展。新编民勤曲子戏《外甥的婚礼》参加甘肃省第二届百姓小品艺术节获廉政作品奖并获得二等奖，传统民勤曲子戏《兄妹观灯》获三等奖。2015年，李玉寿编著《民勤小曲戏》，由甘肃文化出版社出版。同年，《外甥的婚礼》参加甘肃省第四届戏剧"红梅奖"获二等奖。2017年，民勤曲子戏《双下川》参加甘肃省教育厅"'一节一赛一交流'启动仪式暨国家级非物质文化遗产项目展演"活动和"丝路记忆·敦煌行"全省非物质文化遗产展演活动。2019年，民勤曲子戏代表武威市在敦煌参加"丝路记忆"西北五省区非遗展演武威专场演出；民勤曲子戏《下四川》赴江苏省

民勤曲子戏参加2019年戏曲百戏(昆山)盛典　李军摄

2019年10月，民勤曲子戏参加第七届成都国际非遗节展演

昆山市参加庆祝中华人民共和国成立 70 周年 2019 年戏曲百戏（昆山）盛典演出；《下四川》《张琏卖布》《小放牛》《求婚》等四个传统剧目参加第七届成都国际非遗节展演；新编民勤曲子戏《接老娘》参加甘肃省第五届群星艺术节获三等奖。2019 至 2020 年，民勤县文化馆争取民勤小曲戏申报第五批国家级非物质文化遗产代表性项目。2020 年，民勤县文化馆与甘肃省文化艺术研究所联合开展民勤曲子戏课题研究，两次录制民勤曲子戏传统剧目 19 部、曲牌曲调 76 个。2021 年 5 月，民勤曲子戏被国务院公布为第五批国家级非物质文化遗产代表性项目，属传统戏剧类。目前，民勤曲子戏的演唱活动仍在当地活跃开展，小曲戏民间班社、传唱艺人遍布城乡，长年参加演出活动的表演人员有上千人，群体较大，自发自觉地进行着民勤曲子戏的活态传承。新疆、内蒙古等地大量的民勤移民及其后裔也在广泛传唱民勤曲子戏。

民勤曲子戏主要广泛流传于甘肃省武威市民勤县城乡，西北其他地区也有流传，戏剧专家称其"流传西北五省"。民勤地处两大沙漠之间，特殊的地理位置和生态环境，导致大批民勤人向外迁移，因而"天下都有民勤人"。也使得民勤曲子戏在明代中叶起，特别是清代中

新疆的民勤人演出民勤曲子戏《李彦贵卖水》

叶以来，就伴随着大量移民向外流传。明成化至正德年间，流传演唱于民勤和武威等河西地区和内蒙古阿拉善、包头、额济纳等地及盐池（今属宁夏）。清雍正年间，流传到了新疆，艺人从口外（今新疆）游艺两年后回到民勤。清中叶到民国时期，随着从民勤迁移的大批移民，流传到内蒙古临河、杭锦后旗，新疆哈密、乌鲁木齐、昌吉、塔城、伊犁，青海西宁，宁夏银川等地。同治二年（1863 年），红柳园艺人陈友生组建专职演唱民勤曲子戏的戏班容优堂，"得名于河西之州（即甘州、凉州、肃州）。后游艺于口外（今新疆昌吉一带），历时三年乃归。"20 世纪 50 年代末以来，伴随大批民勤人迁移，流传到内蒙古河套地区和新疆生产建设兵团，在这些地区广泛传唱。对这些地区的曲子戏特别是甘肃河西地区曲子戏和新疆曲子戏的形成发展产生了广泛而深远的影响。

民勤曲子戏剧目。剧目众多，保存剧名的剧目有 460 多种，先后记录到的有上百种，经整理加工的有 50 多种。民国时期潘富堂手抄民勤曲子戏和皮影戏剧本 120 多

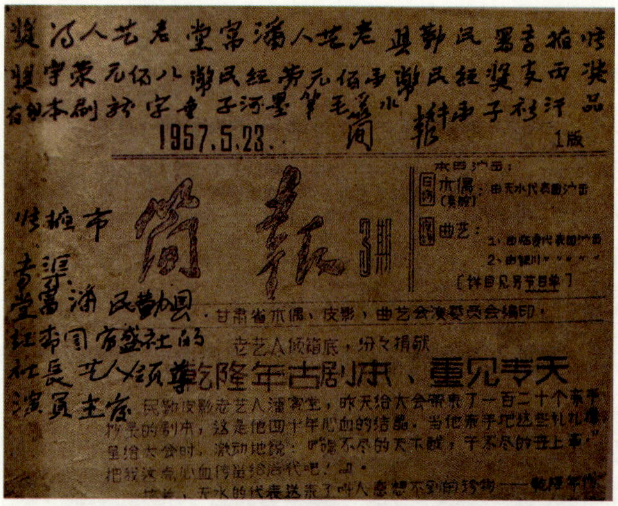

1957 年 5 月，在全省民间文艺汇演期间，民勤老艺人潘富堂捐赠了民勤曲子戏、皮影戏手抄剧本 120 本，受到省文化局表彰

种，1957 年贡献于甘肃省文化局，多藏于甘肃省文化艺术研究所，大部分转藏于甘肃省图书馆历史文献部，由甘肃省古籍保护中心修复 40 多种。小曲戏内容多以惩恶扬善、规劝孝道为主，比较著名的有《二瓜子吆车》《闹书馆》《张琏卖布》《小放牛》《下四川》《三娘教子》《小姑贤》等。

民勤曲子戏剧目有其鲜明的特点：一是特有剧目多。仅现已搜集到的剧目中，属独有剧目 50 多种，其中如《二瓜子吆车》《箍马盆》《麒麟送子》《大保媒》《打懒婆》《怕老婆顶灯》《赃官告状》《杜桶接妹》《赶花轿》等都是西北地区少有的独擅剧目。尤其《二瓜子吆车》，与全国表现苏三起解的其他剧目全然不同，《中国戏曲志》将其列为小曲戏中的代表作品。藏于甘肃省图书馆的民国时期潘富堂手抄本，已修复的 40 多种，大都为民勤曲子戏独有剧目。独幕折戏多。民勤曲子戏传统剧目除失传的《鸳鸯簪》《王祥卧冰》《月光带》《杨栓儿盗马》（清末自创剧目）《图财害命》（民国时期县人常清秀编剧）等外，几乎全部是折戏，适于城乡地摊演出，也是小曲戏广泛流传的主要原因之一。二是神怪狐妖戏多。民勤曲子戏中神怪狐妖戏多的主要原因，是旧时民间班社大多演出于农村的庙会，演戏是为了敬神。三是贤良义士戏多。与宣扬伦理道德观念有关。民勤曲子戏主要以“三小”剧目为主，这些以民间生活为题材的剧目，具有浓烈的乡土气息。传统剧目的诸多特点，与民勤的地理环境、风土人情、文化素养、演出场所以及物质条件等等有着极为密切的关系，它是长

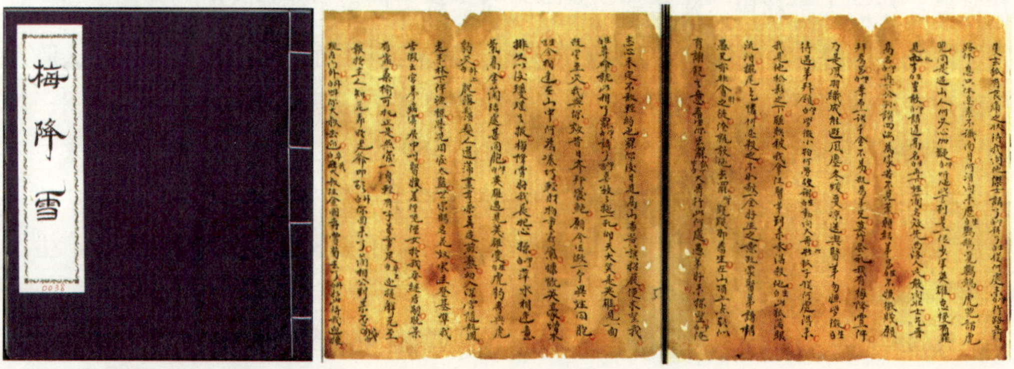

甘肃省古籍保护中心修复的潘富堂手抄民勤曲子戏剧本《梅降雪》

期以来历史形成的一种格局。

民勤曲子戏的原创剧目有很大比例，清末到民国期间，艺人创作的《图财害命》（常清秀班创作并首演）《砸烟灯》《求婚》《打懒婆》等，都是十分流行的剧目。中华人民共和国成立后创作的《姑嫂英雄》《绿化红旗》《门当户对》《周月月》等，也都较有影响。

民勤曲子戏音乐。民勤曲子戏的音乐是在民勤民歌与内蒙古河套地区民歌二人台、西调的基础上，吸收晋、陕、苏、浙移民带来的民间小调而形成，属于曲牌连缀体音乐类型。眉户剧传入民勤后，因其

民勤曲子戏唱腔曲调一览表

类别	唱腔曲调名称		节拍
	甜（硬）音类	苦（软）音类	
调	二曲调　扬调　川调　数调 观风调　划船调　钉缸　紧诉	二曲调	2/4
	四曲调　正四调	四曲调　四平调　正四调 伤感调	2/4
	塌塌调　放牛调	塌塌调	2/4、4/4
腔	衬腔	衬腔　软中腔	2/4
	硬三腔	软三腔	2/4
	拉拉腔　莲花落　硬四腔 硬花腔　紧腔　快四腔	软四腔　慢四腔　行腔 快四腔	2/4 4/4
	慢四腔	软花腔　慢四腔　悲腔 正四腔	
	硬番腔	软番腔	
		软五腔	2/4
		软尼腔	2/4
小调	莲花落　十道黑	六月花	2/4
	上香	走南阳	
	小桃红　害相思	喜今年　哭五更　叹五更 小琵琶　瞌睡多　害相思	2/4、4/4
	喜今年		
	太平年	闹五更	2/4

1980年举办的民勤曲子戏业余演员培训班

音乐风格与小曲戏唱腔曲式近似，故眉户音乐很快被吸收入民勤曲子戏中，相互融合，丰富了小曲戏的表现力。

民勤曲子戏的唱腔由调、腔和小调（即民歌）三部分组成。"调"有甜、苦音（即花、苦音）之分，常用曲调有〔二曲调〕〔四曲调〕〔正四调〕〔四平调〕〔六曲调〕〔扬

调〕〔迷调〕〔塌塌调〕等八种，部分曲调加有"接声"（即帮腔）。"腔"同样有硬、软音（即花、苦音）之分，并依所含唱词句数分为〔三腔〕〔四腔〕〔五腔〕；又依平、侧、缓、急分为〔慢腔〕〔正腔〕〔行腔〕〔快腔〕〔紧腔〕；还依表现情绪分为〔花腔〕〔悲腔〕〔拉拉腔〕〔衬腔〕〔番腔〕等12种。部分唱腔也带"接声"，俗称"八调十二腔"。"小调"主要是被吸收入戏的当地民歌，又称杂调或春歌。

民勤曲子戏演唱。唱腔属曲牌联缀体，曲调丰富，有100多种。在兼融的基础上形成了独特的唱腔形式，曲调形式多为"四句曲""六句曲""八句曲"等。唱腔优美动听，语言通俗幽默，道白唱词使用民勤方言，诙谐通俗，亲切感人。演唱一般均用本嗓（即真嗓），演唱者根据各自嗓子的音域选择音高，扬长避短，在原旋律的基础上灵活处理，巧妙安排。个别调如〔扬调〕〔花腔〕等，则采用真、假嗓结合的演唱方法唱出。独特之处是有些曲调和唱腔的结尾或中间部分采用"接声"（即帮腔）的处理方式，可达到特殊的演唱效果，使曲调更加优美华丽，唱腔更加温婉动听，对于渲染气氛，烘托氛围，台前幕后互动，提振唱腔艺术感染力有其独特之作用。民勤曲子戏的唱腔，除以行腔和唱法来体现行当特点外，还通过对唱腔音区的调整来加以区别。

民勤曲子戏属于曲调联缀体剧种，是将若干相对独立的曲调，按照剧本故事情节的需要联缀在一起进行演唱的。可根据剧情需要灵活选用唱调，调与调之间的联缀也相对比较自由灵活，没有板腔戏那么一板一眼，刻板严谨。曲调在民勤曲子戏中联缀的一般规律和方法是联曲成套，联套成戏，就是单曲联成套曲，套曲联成曲子戏。单曲是指曲调在它的曲体结构上是一个相对独立而完整的音乐唱段。它是根据剧情、唱词配上一个曲调，曲调可多次反复，用来叙述一个事情或事情的某一个方面，表达情感变化的某一个侧面，交代某一个单一的问题。这种表现形式称之为单曲，是曲调在民勤曲子戏中最小的单元和存在形式。套曲是根据剧情的演绎需要，将几个配上唱词的单曲，将剧情发展变化的内容随着曲调的各种感情旋律，依次有机巧妙地联接起来，交代戏剧中某一个完整的情

20世纪50年代初的小曲戏乐队

节，从而形成套曲（或称联曲），是民勤曲子戏联缀成戏的关键一环、重要步骤。两个或两个以上的套曲，按照戏剧情节的发展变化，依次有机地联缀在一起，展现出一个完整的戏剧故事，这就是民勤曲子戏。

民勤曲子戏器乐及乐队　　李军摄于 2019 年 9 月

　　民勤曲子戏对演唱有较高要求，演唱大量借鉴、吸收地方小戏、小曲和当地民歌，曲调欢快、轻松。从它自身的特殊艺术风格来说，是其他音乐形式所不能代替的，演唱起来有着激昂慷慨的情愫或缠绵悱恻的意蕴，或欢乐明快，或如泣如诉，皆能引人入胜。许多曲目都具有其自身的艺术价值，特别是那些反映劳动人民生活的曲目，更是鲜活生动，诙谐风趣，具有很高的思想意义和艺术价值。

　　民勤曲子戏的间奏音乐有一部分是根据民歌改编的，如〔哭皇天〕〔游春〕〔送大哥〕等。一部分沿用秦腔、眉户的曲牌，如〔八谱〕〔纱帽翅〕〔大开门〕〔小开门〕等。

　　民勤曲子戏器乐。乐队称之为"场面"，管弦乐为"文场"，打击乐为"武场"。文场乐器主要有板胡、扬调板胡（四度弦）、三弦、二胡、低胡、扬琴等弦乐和笛子、唢呐等管乐，主奏乐器为板胡与三弦。武场乐器主要有干鼓、爆鼓、战鼓、堂鼓、

民勤曲子戏旦角化妆服装头饰　　李玉寿摄

钹、大锣、小锣、梆子、梆子、四页瓦、摔子（碰铃）等。小曲戏原来用的乐器很简单，后来逐步丰富了起来，至 20 世纪 70 年代末，演出时增加了扬琴、唢呐、阮、鼓、小锣、大锣、铙钹、堂鼓、吊镲等。早期小曲戏板胡定四度弦，称为"扬调"，有鲜明的地方特色。

　　民勤曲子戏服装化妆。服装有边塞民族融合特色，

民勤曲子戏《下四川》服装化妆　　李军2019年6月14日摄于敦煌

多因陋就简，以生活服装代用，但也有一定的规制。化妆彩唱，旦角的化妆为包头、戴"古装楼"发式、贴片子，胭脂化妆（粉妆），即面部描眉、画眼、扑粉、勾鼻，身穿大红窄袖小袄，腰系绿色绸带，下穿彩裤，外罩彩裙。服装颜色多以红、绿色搭配。老旦围裙，套青袄，梳刘海；正旦着红或绿大襟袄，下着花裙，头梳髻，别簪；富贵者插各色花，着昭君裙，两翼插蝶翅白纸花；小旦常着花衣上场，头饰插彩色花枝。旦角头饰有自身特色，常戴"古装楼"发式，线尾子头饰后垂黑色丝绦，长可及地，显得端庄飘逸，是民勤曲子戏的一大特色。生角略施脂粉，在眼、鼻、口等处用白色涂之即可。常着斜襟彩服，下穿彩裤，或着蓝色白边短衣，或着长袍，外罩红或蓝色短大襟棉袄，腰系布带，头戴毡帽或"凉壳""缨帽"；官宦披各色绣袍，戴官帽；小生于白上衣之上套黑色或蓝色背心。小曲戏发展到今天，服装和化妆已有较大变化。服装基本承袭了秦腔的部分行头，化妆吸收了秦腔脸谱的化妆技巧。

民勤曲子戏表演。小曲戏的表演大都经过清唱、坐唱、彩唱等阶段，才发展进入到地摊和舞台表演。民勤曲子戏表演形式为站唱。表演者二至七八人不等。表演风格具有鲜明地域特色，载歌载舞，集唱、念、做、舞为一体的戏曲化综合表演形式。表演生动活泼，大量借鉴地方小戏和二人转的表演技巧，带有地蹦子秧歌特色，动作滑稽自然，带有舞蹈形式。演唱时男角手持"鹅毛扇"或"引路棍"，蹦蹦跳跳，滑稽自然；女角善用彩

2019年第六届民勤小曲艺术节期间民勤曲子戏传统剧目《双放牛》演出场景
李军摄于2019年2月12日

扇、手帕等小道具做戏，走十字步，扭动着演唱，摇摇摆摆，走得飘，俊美飘逸，故又称"地蹦子"戏，当地群众又称之为"秧歌小曲子"。既有社火秧歌中的彩扇表演和蹦蹦跳跳

民勤曲子戏演出不择场地。图为民勤曲子戏以"地蹦子"形式在居民院落演出
李军 2004 年 2 月 4 日摄于东街社区

的十字秧歌步，又有风搅雪、摹声、假嗓和晃步、碎步、蹉步、踢腿、翻身、飞脚、跳步、大跨、提肩、拱肩、抖肩、顶灯、矮子功及手帕功、彩扇功和指法、笑法、眼法、哭法等技巧。演出强调演员的默契配合。艺人表演时面部表情非常丰富，注重眉、眼、口、鼻的细小动作，眼神运用比较讲究。在曲子的表演中，程式规范并不十分严格，动作更多的是接近生活原型。直到今天，曲子仍然保持着它以唱为主的原始特点。曲子本来就是说唱艺术的一种，"一唱到底"的戏占有很大比例。

民勤曲子戏具有很强的包容性与灵活性，在漫长的形成发展过程中既吸收了戏曲化的综合表现手段，又潜移默化地融合吸收了各路移民带来的俚曲小调、舞蹈元素，使小曲戏的表演形式更加丰富，便于适合表演各种情绪、情节。尤其是根据当地题材编演的剧目，艺人们会根据剧情的需要进行大胆借鉴与吸收，使之更加符合当地观众的审美与喜好。

民勤曲子戏风格活泼，不受演出场地、人员、服装限制，每逢唱戏，万人空巷，街头巷尾、庄户院落、田间地头，都可成为舞台；一把三弦，两把二胡，一副梆子，只要唱者嗓子好、唱调准就可以入场献唱；或小生，或花旦，或丑角，咿咿呀呀，就是一台戏；张家请、李家邀，唱的唱、拉的拉、弹的弹，一人演唱，数人帮腔，各显神通，生动风趣，观众

1956 年 8 月,民勤剧团高级班学员毕业

情绪高涨，笑声掌声喝彩声，场面非常热闹，实乃城乡百姓乐事。

民勤曲子戏角色。角色行当最初仅有小生、小旦、小丑，时称"三小戏"，迄清末，生、旦、净、丑等行当发展俱全。旦行，分有正旦、小旦、老旦、媒旦（又称手帕旦、妖旦）等；生行，分有老生、须生、小生、贫生等；丑，有大丑、小丑之别；净，分大净、二净，以移植秦腔剧目为多见，小曲戏自有剧目很少有净角。

民勤曲子戏班社剧团。民勤曲子戏的演出班社，见于载籍的不多。有影响的班社，清代有道光时胡兆庠戏社，同治年间陈友生建立"容优堂"，曾赴新疆演出，三年乃归，可见有一定规模。民

张舍儿演出《刘秀下南阳》剧照

国时期较有影响的有和盛社、德俊社、泰和社等。民勤县文化馆于 1951 年创办业余剧团，1954 年转为民间职业剧团，1956 年转为国营剧团，定名为民勤县群众秦腔剧团，1963 年撤销。1979 年在民勤县文化工作队的基础上，吸收原群众秦腔剧团部分演职人员，重新组建民勤县剧团，1993 年改制解散。20 世纪 80 年代以来，民勤曲子戏班社遍布全县城乡，多达上百个。目前，民勤曲子戏班社有 50 多个，比较有影响的有和谐演艺团、百花艺术团、西湖曲艺社等 20 多个。

民勤曲子戏名角。胡兆庠，清道光年间组建家班，演唱小曲，往来湖坝之间，《镇番遗事历鉴》有载。陈友生，同治间创建"容优堂"，游艺新疆，三年乃归。常清秀，组建家班，自编大型小曲戏《图财害命》，县人为之震动。刘发杰，创办泰合社，将"小曲儿当大戏唱"，培养生徒，桃李满门，对小曲戏发展有突出贡献。曹开兴，人称"曹旦儿"，嗓音甜润，声腔细腻，舞步轻盈，身材姣好，一时为县人称道。张汲三，乳名张舍儿，民勤县城灯山巷人。自幼酷爱戏曲，十五六岁便以唱民勤曲子戏而闻名。后拜李富贵为师，工旦行。三年满徒后，去西安深造，学会跷功。继至张掖、酒泉访师学艺，终于练就一身绝技。他还能扮演生、丑、净行角色。为人正直，洁身自重，艺德高尚，演戏一丝不苟，在同行中享有很高声誉。陈来基（1895—1959），红柳园小西村人。7 岁丧母，11 岁拜师学艺，16 岁登台演出。曾赴张掖、临泽等地访师求艺，参加和盛社、德俊社。记戏 200 多本，有"戏包袱"之称。生、净、丑、旦均能演唱，文武全面，形神兼备。一日内扮演生、净、丑三样角色，连演三场重头戏，嗓音无丝毫嘶哑。从艺 40 多年，蜚声河西。中华人民共和国成立后，曾为新创办的民勤群众秦腔剧团教画脸谱，并充任导演。周玉文（1911—1967），大

20世纪80年代初民勤曲子戏著名老艺人田志书与青年女演员演出《小放牛》剧照

坝乡张茂村人。自幼酷爱小曲，每看戏归，必细心揣摩，暗自练习，是民勤首屈一指的曲子戏丑角演员。唱腔圆润宽厚，道白吐字清楚，表演诙谐活泼。他既能把《小放牛》《钉缸》《下四川》中的小生演得惟妙惟肖，风趣动人，又能把《周文送女》《三娘教子》《阴功传》中的老生唱得哀婉凄绝，催人泪下。不但能继前人之长，而且能创自己之新，形成独具一格的表演风格。高培阁（1912—1982），六坝乡拐湾村人。15岁时就以演花旦崭露头角，曾赴山丹访师学艺，归后，将所学眉户调与小曲戏老调糅合一体，变为新调演唱，深受观众欢迎。下苦学习秦腔旦角表演及化妆技巧，自制头饰，成为曲子戏第一个贴片子包头的演员。唱腔高远细腻，真假嗓应用自如；表演生动传神，扇帕摇动，婀娜生姿；眉目俏丽，身材细削端方。曾多次远赴内蒙古临河、左旗以至兰州等地演出，蜚声艺坛，备受赞赏。另外，有刘万镒、潘发魁、王家同、张鹤仙、田志书、杨继周、张耕、李恒润、李百祥、王曰寿、许有刚等名艺人。当前较有名的艺人有苏武镇川心村彭保瑞、苏武镇西湖村魏春梅，还有青年演员陆永辉、柳生军、赵海霞、潘红等。

民勤曲子戏演出场地。起初只在地摊子演出，最早常以坐唱、走唱形式演出。明末，县中始有关庙戏台，自此逐渐入庙堂，成为敬神娱人的艺术品类。崇祯七年（1634年），孟良允联合山西客商于城内创建乐楼一座，置办各类乐器多件，竣工日，演戏三天酬神。同年，财神庙戏台建成。迨清，戏台遍布全县，较有名的有灯山楼戏台、火神庙戏台、东湖大庙戏台、雷台乐楼、龙王宫乐楼、苏武庙戏台、枪杆岭

20世纪70年代的民勤县城群众剧场

民勤曲子戏以地摊形式在县城文化广场演出　　李军摄于 2014 年

山娘娘庙戏台等。大关庙戏台在县城内东南隅，创建于明崇祯元年之前，原名"乐台"。民国十年左右，庙内改修学校，戏台拆除。1957 年，县城东大街建成群众剧场。20 世纪 80 年代以来，各乡镇有群众舞台，长年演出民勤曲子戏。目前主要演出场所为各镇乡村舞台，县城苏武文化广场、东湖体育公园、苏武沙羊美食街演出舞台。

民勤曲子戏经过 600 多年的传承演唱，形成了与其他地方戏曲完全不同的艺术特征。一是剧种风格独特，兼具北风南韵。在其形成过程中，不断融合南北各地民歌、小曲的优秀元素，大量借鉴地方小戏、二人台的表演技巧，形成了兼具北风南韵的剧种特色，体现出独特性和融合性艺术特征。二是历史悠久，受众面广，是当地最重要和最具特色的文化形态之一，传承群体庞大，遍布全县城乡，是根植人民、当地群众最为喜爱的舞台艺术。三是文化承载厚重，艺术特色鲜明。剧目丰富独特，反映了当时生活的风貌，极具文史价值。带有"地蹦子"特色的表演和民族融合风格的服饰都显现出独特的艺术特质，其音乐大量融合吸收了西北地区优秀的音乐艺术，以曲调明快，唱腔优美动听，表演诙谐幽默，赢得了观众的喜爱。

民勤曲子戏具有很强的包容性和鲜明的地域特色，是民勤最具代表性、最有地方特色的非物质文化遗产。

历史价值：明代中叶特别是清代以来，民勤曲子戏伴随着大量移民向外流传演唱，其剧目、曲调、表演形式等被甘肃河西地区曲子戏、新疆

民勤曲子戏参加 2016 年武威市第六届民族民间文艺展演　　李军摄

曲子戏大量借鉴吸收应用，对这些地区曲子戏的形成发展产生了广泛而深远的影响。民勤曲子戏的起源、发展、成熟和传承、衰微、复兴，典型反映了中国地方戏曲的发展历史，是中国西北地方戏曲的"活化石"。

民勤曲子戏 2019 年赴敦煌参加"丝路记忆·西北五省区非遗展演"　李军摄

艺术价值：民勤曲子戏融合各地的地方特色、人文观念、戏曲表演技巧，独具特色，风格活泼，异彩纷呈，艺术特色突出，被戏曲专家赞誉"兼具北风南韵，流传西北五省""融北方小曲的苍凉刚健与南方小曲的柔美俏丽于一身"，是集民间音乐、舞蹈、美术、文学等诸多元素于一身的综合戏曲艺术，不仅对于补充完善国家级非遗项目地方传统戏剧的完整性、完善中国戏剧体系、研究南北地方戏曲融合有着独特的历史和艺术价值，而且对于深入研究丝绸之路沿线文化遗存，推动"一带一路"人文交流具有重要的历史和现实意义。

人文和社会价值：民勤曲子戏遗产丰富，其浓郁的艺术魅力和寓教于乐、寓理于情的内容，既诠释历史、反映现实和民俗风情，又传播社会经验、讲述人生哲理，与民勤人的生产生活息息相关，深刻影响着人们的道德观念、思维方式、价值取向，生动传递着中华民族的价值追求。民勤曲子戏流布民勤县城乡，口口相传，代代传唱。田间院落，都是舞台，男女老少，皆是演员，是当地群众最为喜爱的文化娱乐项目，起到了很好的惩恶扬善、规劝孝道的社会功用。

民勤小曲戏骨干培训班　李军摄于 2014 年 6 月

　　随着现代化进程加快，民勤曲子戏面临着前所未有的挑战。民勤曲子戏没有专门的演出团体，没有职业化的表演团体，也没有专业的培训机构，以口传心授、业余教唱或师带徒的形式传承，限制了人才的培养。演员多为农民，农忙务农，农闲演戏。现在的年轻人都到外地求学或打工，愿意学戏的人越来越少。由于多媒体技术、网络技术和众多现代电视节目的冲击，观众对小曲的关注度和热情逐渐下降。加上现在的年轻人喜欢追逐时尚，不热衷于观赏、学习和表演小曲戏，民勤曲子戏面临着剧目失传、曲调流失、师资匮乏、演员断层、经费困难、设施缺乏、场地限制等诸多问题。目前，全县50多个班社中40岁以下的青年演员仅有十数人，经常演出的剧目不到30个，保护传承工作任重而道远。

　　做好民勤曲子戏的保护传承是一项非常重要而紧迫的工作。为此，民勤县文化馆将制定民勤曲子戏保护传承规划，实施民勤曲子戏保护传承"十个一"工程：开展民勤曲子戏普查记录并建立数字化档案资料库，新建民勤曲子戏传习所，每年举办民勤曲子戏艺术节，编辑拍摄出版"四书两盘"(《民勤曲子戏剧目》《民勤曲子戏音乐》《民勤曲子戏曲调》《民勤曲子戏研究》和民勤曲子戏剧目、民勤曲子戏曲调光盘)，组建民勤曲子戏业余剧团，成立民勤曲子戏协会，组织民勤曲子戏研讨会，举办民勤曲子戏骨干培训班，举办民勤曲子戏大奖赛暨新编民勤曲子戏创作大赛，成立民勤曲子戏培训中心，保护传承民勤曲子戏，发展弘扬民勤曲子戏，为民勤曲子戏传承发展营造良好的生态环境，推动这一珍贵的非物质文化遗产走出民勤、走向全国，让四海友人品味民勤曲子戏，感受勤朴民勤人，广交天下民勤人，使民勤曲子戏这一艺术奇葩永放异彩！

（樊泽民）

MINQIN FEIWUZHI
WENHUA YICHAN

民勤非物质文化遗产

省 级

苏武传说

"高山仰止，勒石燕然，上多美景，下多飞泉。名花勃勃，芳草绵绵。古祠高树，黄河盘旋，吞毡卧雪，皓首苍颜。羊归陇上，雁断云边，持旄节而不遗，叹帛书之难传。回日原非甲帐，去时乃是丁年。老骨侵胡月，孤忠吊南天。白亭留芳名，麟阁表云烟。一生事业，谁敢争先。"这是明成祖永乐七年（1409年）镇番卫镇抚李名撰写的《苏武山铭》，因正好100字，故亦称《百字铭》。"十九年身老羊群，

蘇武山上蘇武廟
——明駝攝于民國廿三年十月

民国时期苏武山苏武庙

仗节不移匈奴事；三千里书传雁信，生还犹是汉廷臣。"这是清末镇番贡生许致庆题写的苏武山苏武庙山门楹联。"三千里持节孤臣，雪窖冰天，半世归来赢属国；十九年托身异域，韦鞲毳幕，几人到此悔封侯。"这是清末镇番学人马子静题撰的苏武山苏武庙山门楹联。这些文字，无不反映出民勤人对"一代忠良"苏武的民族气节、爱国情操的深切敬意和热情赞颂。

苏武山在民勤县城东南12公里处，是全国唯一以西汉名臣苏武命名的山，相传是西汉中郎将苏武牧羊之处，当地流传着许多有关苏武的传说，颇具传奇和神话色彩。

苏武的传说在民勤流传已有千余年的历史。民勤在西汉前元四年（前176年），为匈奴休屠王牧地。汉武帝天汉元年（前100年），中郎将苏武奉皇命持节护送匈奴使者归胡，不料被匈奴单于无理扣留，并派卫律劝降，苏武大义凛然，义正

苏武山苏武庙前的苏武牧羊雕像   李军摄

民国时期苏武山苏武庙苏武塑像

词严地痛斥卫律的卑劣行径。单于意欲降武，置武于大窖中，绝饮食，迫使屈服。天雨雪，武啮雪与毡毛咽之，数日不死。单于以为神，乃徙北海（民勤白亭海）牧羝。到北海后，单于为威逼苏武投降，竟给苏武放牧一群羝羊，放言只要羝羊下羔，苏武方可回汉。北海人迹罕至，旷野千里。苏武赶着一群羝羊，晨曦初显手持汉节登上山顶遥望长安，皓月当空与羊为伴思念故乡，风沙撕破了他的衣裳，岁月染白了他的鬓发，连北海的水也干涸了，在海边留下一条长长的牧羊小道。春去秋来，光阴荏苒，转眼过去了19年。公元前86年，昭帝即位，遣使求武，佯言天子射上林，得雁，足系帛，知武所在。单于惊，始还武。始元六年（前81年）春，武至京师，上嘉其节，拜典属国。

由于苏武留胡节不辱，遂以"一代忠良"名扬天下，民勤百姓更是仰慕至极，盛赞其"英爽疑随川岳去，传闻尽与史书同"（《镇番县志》），把苏武牧羊处之山命名为"苏武山"。为纪念这位"忠肝百炼"的名臣之英德，县人在苏武山修苏公祠。《镇番卫志》记载："苏武山有苏公祠，洪武初，犹觑其遗迹，因知为先朝之制。"明成祖永乐七年，镇番卫镇抚李名募资兴建苏武庙，立"苏武山铭"。崇祯十二年（1639年），县人杨大烈、刘道揆等募资整修，于庙前立"汉中郎将苏武牧羝处"石碑一通（现藏于民勤县博物馆）。民勤人把苏武视为"忠贞"化身，世世代代奉之为神，以求护佑国泰民安，风调雨顺，世道兴旺，事遂人愿。在民勤，流传着许多关于苏武牧羊的感人传说，世世代代口口相传，日渐丰富多彩。苏武山因苏武而闻名，因苏武而精彩。

苏武的传说主要有：

苏武地名传说。在苏武山附近，有许多与苏武有关的地名，流传着许多传说。苏武山下，白

现藏于民勤县博物馆的苏武牧羝碑　　李军摄

2007年重修的苏武庙　李军摄

亭海边，有一条长长的牧羊小道，当地人叫"羊路"，传为苏武牧羊时走的小路，民勤境内原有"羊路乡"，后改为"苏武镇"。苏武常常牧羊的山丘当地人叫"苏武山"，山脚下有村名"苏山"。山下有"龙潭""蒙泉"，相传泉水甘冽，饮食沐浴能除百病，苏武常来此饮羊。后人敬仰苏武坚贞不屈的民族气节，在山上修建苏武庙、苏公祠，庙内塑苏公仗节牧羊神像，怀念忠臣，祈求苏武保佑庄稼丰收，畜群平安。

羊路的传说。匈奴兵押送苏武，一路跋涉至茫茫大漠边的北海，故意给了苏武一群羝羊，说什么时候羝羊生出了小羊，就放他回汉廷，企图把苏武困死在荒野之中。此地人烟稀少，大漠边有一座土石山丘。苏武就在这里赶着羊群，手持旌节，开始了牧羊生活。后人为纪念苏武，将此山命名为"苏武山"。苏武每天早出晚归牧羊，天长日久，他的羊群在山上山下和白亭海边走出了一条长长的牧羊小道，后人就把此地称之为"羊路"。

望乡台的传说。苏武长年在荒野牧羊，受尽磨难，吃尽苦头，无日不思念中原故国、家乡亲友，每天登高远眺，痴心不改。为了登得更高看得更远，苏武在山丘的最高处垒起了一座高高的土墩，常常登台远眺家乡。后来人们就把这个土台称为"望乡台"。土墩上飞来了许多野鸽子，在这里安家，成了苏武的亲密伙伴。鸽子久而通灵，为苏武传书，汉昭帝得到信息，与匈奴修好，苏武才回到了汉廷。人们又把这个土墩叫"野鸽子墩"。

蒙泉的传说。苏武在山下牧羊，因天气暴热，口渴难忍，羊群也奄奄一息。苏武仰天长叹："苍天有眼，就赐给你的生灵于水吧！"节杖在地上一插，却见插节杖的地方冒

《羊路》沙雕　刘平创作

苏武山望乡台　李军摄

出一眼泉来。泉水源源不绝，甘甜无比，苏武高兴极了。羊儿奔拥而来，尽情地喝起了清淳的甘泉。从此，苏武常把羊群赶到这里饮水。那眼神泉天涝不增，天旱不减。后人称它为"蒙泉""苏泉"，也称"神泉""灵泉"，并在旁边修了一座彩亭，叫"蒙泉亭"。《镇番遗事历鉴》载："尝闻野老相传，苏泉水冬温夏冽，色淡味甘，可治腹疾。本土驼人，每有远行，即驱驼泉上，取水满壶，谓其可伏渴魔。"

　　鬼井子的传说。苏武牧羊，东游西转，没有个定点。一天，天气炎热，他赶着羊群转游到了沙窝里，口渴乏困，羊也渴得咩咩直叫。危急之时，忽然眼前一亮，发现不远处有个小水洼，清泠泠的水满荡荡的，苏武一声呼哨，羊儿跑过来，挨个饮好喝足了。那坑水照样满荡荡的，一点儿也不见浅。苏武趴在水边，美美地喝了一顿，立刻精神焕发，一点儿也不疲乏了。小水坑很是奇怪，舀不干也填不住。可是，专门去找它，却又找不着。拉骆驼或放羊的人只有无意之中而且是十分口渴时，才能碰到。因此，人们把它叫"鬼井子"。

苏武传说连环画——蒙泉　石荣创作

　　柴鼠洞与碱柴籽的传说。苏武在荒原大漠牧羊，缺衣少食，饱受饥寒。时值严冬，苏武赶着羊群，边走边寻觅食物。突然，发现一墩柴稞根旁有个洞，洞口探着一只柴鼠。苏武蹲下去用手刨洞，刨到洞底，鼠"仓"中有一小堆粮食、草籽。他如获至宝，挖出来充饥。这些"鼠粮"成了他的救命粮，让他度过了饥寒岁月。北海边有大片大片的碱

苏武传说连环画——鬼井子　石荣创作

滩，苏武发现碱滩上有种柴稞，捋了一把枯叶，揉一揉，吹去壳皮，剩下几粒米颗似的东西，嚼起来微甜，是充饥的好物品。苏武把这种植物取名"碱柴"，一边牧羊，一边收集碱柴籽。从此，羊食碱柴，人食碱柴籽，人羊都得以活命。后来，人们把碱柴又叫作"苏武草"。

苏武传说连环画—碱柴籽　石荣创作

　　无节芨芨的传说。苏武在山上放羊，成天在石滩上跑来跑去，寒来暑往，风吹日晒，衣衫褴褛，鞋帮跑散了，鞋底磨通了，只好光着脚跑，苦楚难忍。苏武想把破烂的鞋锥补一下再穿，找来马莲、冰草、沙竹，可这些东西都是一拉就断，或是一撅就折，根本不能用，实在无计可施。苏武找来找去，发现山坡上长着一种茎细秆长的芨芨草，芨芨草无节，柔软坚韧，就拔下来，搓成绳子，用来缝补衣服和鞋子。从此，苏武就把无节芨芨草收集起来，补衣锥鞋。后世相传，只要是忠诚信义之人，就能在苏武山遇上这种灵异的无节芨芨神草。

　　发菜的传说。苏武牧羊，"心存汉社稷，旄落犹未还，历尽难中难，心如铁石坚"，日日夜夜，手持或怀抱使节标志的旄旌。这一带风大沙多，刮起风来，飞沙走石，使节上的旄旌脱落光了。苏武就剪下自己的头发，系于杆头，白天拿着它牧羊，夜里抱住它睡觉。风吹沙打，把节杖上的头发也吹落了。落下的头发，在荒原上、草墩下，一束束、一丛丛，扎根生长成了色泽乌黑、丝长柔韧、酷似头发的植物。这些"头发"落在哪里，便长到哪里。苏武发现了，就采拾它，系在杆头，不仅使节杖上的旄旌经久不衰，还能用它来充饥，滋养身体。苏武把它取名"发菜"，并带回长安。

苏武传说连环画—无节芨芨　石荣创作

苏武传说连环画—发菜　石荣创作

汉节与毛条的传说。苏武以汉节激励自己，终日相伴，从不离手。长年累月的风吹沙打，汉节上的旄牦日渐脱落，经过长期握磨，汉节的节杆由粗变细。一日，苏武牧羊到大漠深处，遇上恶狼扑向羊群。苏武只得用节杆与恶狼搏斗，谁知用劲过猛，恶狼倒地死去，节杆也从细处一折为二。一场春雨过后，节杆遗落处长出丛丛植物。长大之后，样子极像汉节，枝杆坚韧，羽叶毛茸茸的，恰似牦牛毛做的穗子，苏武就将它取名"毛条"。从此，这一带长出了大片大片的毛条，花黄枝翠，防风阻沙。毛条的生命极其顽强，坚如汉节，是与风沙搏斗的勇士，人们都说它是苏武汉节的化身。

三果酒的传说。苏武在大漠之中、白亭海边游走牧羊，发现山坡上、沙窝中长着

苏武传说连环画——三果酒　　石荣创作

一些刺墩，刺墩上结着酸胖、红果、紫果等。夏秋时节，这些果子成熟了，红的紫的，晶莹剔透。苏武摘下来一尝，鲜美多汁，特别好吃，就采来充饥。这些野果子采得多了，苏武就积存下来，一部分晾干，到了冬天熬成茶喝，一部分盛在坛子里，试着酿成酒。果酒酿成了，一开坛子，香气四溢，盛来品尝，不仅酸甜可口，还能解乏提神。苏武把这种酒取名为"三果酒"。

苏武双羔的传说。匈奴单于派人给了苏武一群羊，一半母羊，一半公羊，但却要求不论公母，每年都要一羊一羔。否则，就永不得回汉廷。以此为难苏武，威逼苏武投降。苏武明知这是故意刁难，但也只能听天由命。谁知道羊群里的母羊，只只每年都下双羔，而且双羔中的母羔又特别多，单于对他无可奈何。从此，传说苏武山上放的羊，母羊下的都是双羔，人们叫"苏武双羔"。每当羊只生下双羔时，人们就说："这是苏武爷赐给我们的。"苏武回到汉廷后，他放牧的羊逐渐野化成了无人照料的"天羊""自然羊"。相传，当地的黄羊就是由苏武所牧的羊群繁衍而来。

相传，当年苏武牧羊，羊鞭丢到哪里，哪里就长出花棒、梭梭。另外，还有苏武与红嫒的传说、神怄显灵的传说、干河墩苏武脚印的传说等等。

苏武的传说富有传奇，撼人心魄，有鲜明的特征。一是传承性：苏武传说有其历史史实，在民勤流传了近2000年。二是群体性：苏武牧羝的传说是

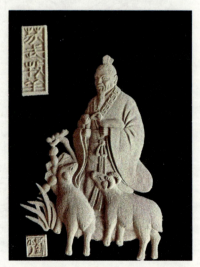

《苏武双羔》沙雕　　刘平创作

民勤人民千百年来集体创作的结晶，具有广泛的群众性和民间传承性，世代相传，在相互传说的过程中，不断丰富。三是活态性：苏武传说世世代代、口口相传，有较为自由的传说形式，没有固定时间和场合，在民勤人的日常生活中，在不同的时间和地点，都可以聊天或表演的形式来传承苏武的传说，成为民勤人茶余饭后、劳动、生活中不可或缺的一项文化交流活动。

苏武的传说有着重要的价值。一是历史文化价值：苏武为和平使命出使匈奴，19载饮雪吞毡、风刀霜剑，牧羊北海，雁断云边，依旧不改其节、不堕其志，遥思故国，忠贞不屈。苏武凭着对故国的深情、坚贞的信念、超人的智慧和胆识，演绎出可歌可泣的感人传说，传颂 2000 年而不衰。这种崇高的爱国情操，坚贞不屈的民族气节，坚忍不拔的钢铁意志，渴饮雪、饥吞毡的吃苦精神，代代相传，对于激励和鞭策勤劳智慧的中国人民在漫长的征途上不屈不挠，勇往直前，创业立功，有着不可替代的历史意义和现实意义。二是民间文学价值：苏武的传说是由民勤人世代相传，集体创作的具有浓郁地方特色的民间文学。以此为题材，或受其影响，产生了丰富多彩的文学作品，如大型剧目《苏武牧羊》、歌曲《苏武牧羊》、长篇小说《苏山魂》（杨澄远著）和《苏武牧羝赋》《牧羊泽赋》等等。三是社会精神价值：千百年来，苏武的传说以各种形式传扬，其人格魅力在百姓心目中已神化得完美无缺，成为永远不朽的榜样，已和民勤人的精神、信仰、价值密不可分。苏武的精神在 2000 年的传说过程中塑造和影响了民勤人民的基本性格、精神信念，融入民勤人的心灵和实践，形成了"勤朴、坚忍、尚学、求真"的民勤精神，可以说塑造了民勤人的根本性格，也反映了民勤人民敬仰英雄、传承美德的淳朴民风。

苏武传说兴盛于明清和民国时期。20 世纪 50 年代初，苏武庙还香火旺盛，庙前的骆驼、牛羊交易市场一片繁荣。"文化大革命"前后，苏公祠、苏武庙等遭到破坏，苏武庙会等活动消失。70 年代末 80 年代初，民勤县文化馆副研究馆员杨澄远等人采录苏武传说，部分收入《民勤民间故事集成》。1989 年，苏武山诗社成立，创办《苏武山诗词》季刊。

21 世纪以来，民勤县重修苏武庙、苏公祠，举办苏武文化节，成立苏武文化研究会。2007 年，中国工程院院士、兰州大学教授任继周与张自和、陈钟两位学者撰写《苏武牧羊北海故地考》发表于《武威日报》，从七个方面论证"民勤应为苏武北海牧羊故地"。政协民勤县原主席张尚忠编著《状物记事苏武山》。民勤县地方志办公室主任孙明远整理部分苏武传说，被录入《民勤史话》。新河中学教师柴永贤研究撰写《苏武牧羊故地新考》。近年来，苏武山庙会恢复，每年农历四月八、端阳节举行庙会，但形式和内容过于单一。2011 年，苏武传说被公布为第三批甘肃省非物质文化遗

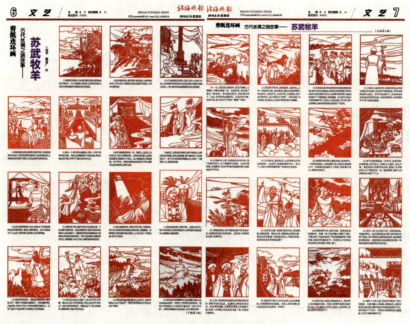

《北海晚报》发表的苏武牧羊剪纸连环画

产代表性项目，属民间文学类。2020年，民勤县文化馆申报争取苏武传说省级非遗保护专项资金项目，挖掘、搜集、整理苏武传说，成立苏武传说传习所，开发制作苏武传说沙雕文创产品四种、剪纸连环画文创产品两种，创作苏武传说连环画，录制苏武传说音频十个，举办"苏武传说"书法美术大赛暨展览，编辑出版《苏武传说》。民勤县政协原副主席、文联原主席李玉寿，多年从事地方文化整理研究，是苏武传说的省级代表性传承人。

随着社会发展和变迁，人们观念的变化，一些古老的、带有宗教色彩的传统文化遭到遗弃，苏武传说不断流失，濒危状况更加严重，亟须挖掘、保护、传承。

民勤县正在有计划地调查采录苏武的传说；组织恢复历史上形成的农历四月八苏武山庙会活动，尽可能恢复传统祭奠仪式，形成文化活动惯例；对苏武文化进行研究，整理出版苏武文化丛书；编写发行苏武传说及相关文化通俗读本，开展进校园活动，在中小学生中进行宣传教育，使苏武传说、苏武精神、苏武文化后继有人，代代传扬。

（樊泽民）

民勤驼队传说

民勤古称"骆驼之乡"，民勤驼队在古丝绸之路有"大帮驼铃"之美誉，走南闯北，为国家安全、民族团结、文化交流、抗日战争做出了不可磨灭的重要贡献，留下了许多珍贵的传说故事，以其流传久远、富有传奇、脍炙人口而成为宝贵的非物质文化遗产。

民勤养驼历史悠久，史有汉马唐驼之说，爱驼养驼风靡一时。历史上民勤驼队名扬天下，驼道四通八达，东至京津，北至库伦、莫斯科，西至西藏、新疆伊犁，南至河南等地，行程数万里，往返时间长，这为民勤驼队传说的产生提供了得天独厚的条件。古丝绸之路的开辟、通达和繁荣与民勤驼队

沙漠中行进的民勤驼队

分不开，在漫长的驼道上，留下了许多荡气回肠的传说故事。

民勤驼队传说产生于明代，清代和民国时期尤为兴盛。广泛流传于民勤城乡，并伴随民勤驼队，由民勤县境内传播开去，传至丝绸之路甘肃段辐射的中国北方地区，并流传到古丝路沿线地区。现在，甘肃河西走廊地区，内蒙古阿拉善、河套地区，新疆北疆地区，以及青海、西藏一带，均见流布。

民勤驼队传说内容非常丰富，最为有名的当数马家驼队，享誉西北，马家驼队传说众多，也最具代表性。主要有：

"皇驼"的传说。明太祖朱元璋举行开国大典，需八匹白马作为吉祥物，因多年战乱，一时在全国挑选不出来。官府从甘肃行省小河滩城（今民勤）精选上贡白骆驼九峰，不但替代了吉祥的白马，也预兆国家将繁荣昌盛。明太祖大喜，赐封白骆驼为"皇驼"。从此，白骆驼戴上了"贡驼""皇驼"的桂冠。

马家驼队传说。明末清初，以小本生意起家的马合盛，由陕西客籍民勤。为选择

民国时期的民勤马家驼队运载货物，远赴京津

最佳运茶工具，他独具慧眼，相中了水草丰茂的民勤牧场，作为骆驼的饲养繁育基地，进而垄断了河西走廊茶叶市场。其商号陆续发展到北京、张家口、绥远、包头、南京、上海、杭州等各大商埠，往来于各地商路上的驼队，也许就是这个家庭兴旺发达的奥秘。由于马家驼队人强驼壮、组织严密、训练有素、处众谦和、办事果敢，在驼道上颇有名望，是"大引商人"的金字招牌，他们在漫长的驼道上留下了许多脍炙人口的动人传说。

马合盛发家的传说。马合盛家族始祖明代居于山西洪洞县焦马店，开油坊卖油为生。为人忠厚老实，童叟无欺，方圆几百里都知道马家油坊的油质好、价格公道，生意很是兴隆。相传有一日，一位白须老翁，鹤发童颜，身背一褡裢风尘仆仆来到马家油坊，主人热情招呼，让座，沏茶，让老人歇息。老翁说："我不是买油的，是走亲戚路过这里，实在有点累，想把身背的褡裢暂时寄存在油坊柜台上，过几日来取，不知掌柜是否同意？"掌柜满口答应，就把老翁的东西小心翼翼收藏起来。冬去春来，又是一年年关将至，掌柜扫房除尘，搬家具打扫卫生时翻出一个落满灰尘沉甸甸的褡裢，猛然想起这是两年前的事情，两年不见老翁来取，想必不是什么重要的东西吧。打开褡裢，里面是一个黄色包袱，解开包袱，大吃一惊，里面包着很多金元宝，还夹着一个发黄的字条，上写"乐善好施，天命所归"八个字。马氏用这笔资金继续经营油坊外，还养骆驼，开当铺，家业不断兴旺起来。尔后复迁陕西，与有识之士设私塾，栽培人才，聘用有真才实学的人，经营商业，开办茶庄，生意遍布全国十三省。

马永盛的传说。清雍正初年，青海的罗卜藏丹津阴谋独立，欲脱清廷。川督年羹尧闻讯，飞草奏报。雍正授年为抚远将军，提督岳钟琪任奋威将军。年羹尧拟集精兵四万，由西宁、松潘、甘州（张掖）、疏勒河四面夹击。岳钟琪冲锋陷阵，率精兵四千，以"乘春草未生时，捣其不备"，丹津全军覆没，青海始定。当时，军事紧急，辎重不济。民勤马氏急国家战事之急，减百姓徭役之苦，自告奋勇唤河西、川陕所有马家驼队一律援军，解决了军用物资后勤运输保障，为讨伐罗卜藏丹津立下"汗驼功劳"。年岳诏封受爵时，将马氏功绩奏明雍正，雍正赐马氏"永盛"二字，赐勉马氏茶号永盛不衰。从此，马氏世家被誉为"马永盛"家。

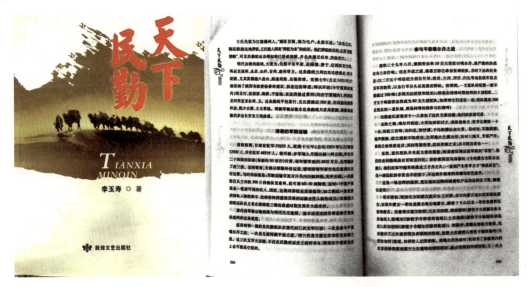

《天下民勤》记载民勤驼队运送军粮，参与平定葛尔丹叛乱

"福"字中堂的传说。清道光二十年（1840年），中英鸦片战争失败，清廷割地赔款，致使国库亏空，清廷遂向全国富户摊派"战争捐款"，当时马氏茶庄义捐白银十万两。这种爱国精神，博得道光皇帝嘉奖，亲书"福"字中堂，配以两幅金色龙条赐予马家，以示表扬。

"护国员外郎"的传说。清光绪初年（1876年），左宗棠发兵西征，收复新疆，因粮饷和运输困难，"永盛号"马家慷慨捐银十万两，骆驼数千峰，供部队调遣，解决了西征的燃眉之急。朝廷为标榜其忠义，封"永盛号"马家为"护国员外郎"，钦授马家西北五省茶叶专营权。马家自此兴旺发达，成为西北五省富豪之一。

"黄马褂"的传说。光绪二十六年（1900年）八月十四日，八国联军入侵北京，慈禧太后挟光绪帝西逃。商务大臣张之洞筹办官米饷银向西安运送，因车马驮力不足，一筹莫展。马合盛茶庄驻北京东家马香甫捐白银十万两，骆驼数百峰，保驾到西安。次年慈禧太后返回北京，特赐马香甫黄马褂一件，

《民勤文史资料选辑》记载的马永盛与"护国员外郎"

诰封资政大夫，以褒扬其功德。夸奖说："真不愧为一个大引商人！"光绪帝赐宫中二女与马香甫的两个儿子（长子马彤卿、次子马选生）联姻。民勤人由此传言，马永盛家娶了公主媳妇。

范长江与马合盛驼队的传说。1936年夏秋之交，日本帝国主义窥我国土，《大公报》资深记者范长江受报馆指派，不远千里孤身一人深入内蒙古额济纳、阿拉善采访。在穿越腾格里沙漠时与马合盛包绥茶号大帮驼队不期而遇，同舟共济，一路攀谈国事兵运，共话忧国忧民衷肠。范长江由衷敬佩他们的爱国举动，称其是"真正的爱国主义"。

马家驼队救于右任的传说。于右任原籍陕西三原，因家境困难，于父无以为生，遂逃荒到甘肃静宁为人佣工。及壮，与静宁赵氏结为伉俪，生子取名右任。于右任五岁时，父母变卖静宁家中物什，买驴一头作为脚程，返回陕西三原。路经六盘山时，忽遇强盗，掠其盘资衣物脚程将其父母捆绑起来，投到山沟里。一家人忍饥挨饿，听天由命。须臾，驼铃乍响，由远而近，他们大喊：救命！救命！解救他们的恩人就是镇番马合盛骆驼队。镇定之后方知驼队是去三原送盐，返回时到泾阳驮茶叶，和他们走的是同一条路。母子骑在骆驼上，其父披了一件短皮袄，与驼队同行。走了几天，才到三原。在三原县他家有两间老宅，驼队帮他们收拾好房子，并送给不少烧柴和食物。

列宁会见民勤驼队的传说。辛亥革命初，孙中山为和苏联政府增进国际友谊，派员去苏联洽谈，民勤驼队承担运输任务。民勤商会会长魏永坤担任总领队，配备随队向导、翻译和保镖。驼队分两路从西安和甘肃境内装茶启程，在酒泉集中，骆驼数百峰，迤逦数里，浩浩荡荡，驼铃不绝于耳，满载中国上好茶叶，历时两年，经过长途跋涉，到达莫斯科，顺利完成任务。民勤驼队全体成员受到加里宁的接见和热情款待，列宁等苏联领导人和各界友好与驼队成员合影留念。民勤人由此声名鹊起，这是民勤驼队的骄傲。

《驼路神卦女》的传说。1937年抗日战争爆发，

《民勤文史资料选辑》记载列宁会见民勤驼队

民勤人民深明大义，节衣缩食募捐黄金五千两支援抗日，委派神勇无敌的马合盛茶号驼队头爷驼龙押送。贪婪的山贼、昏庸的军阀，不念祖国安危，前堵后追，拦路抢夺，绿林好汉拔刀相助，喋血驼路。驼龙历经艰难险阻终将捐资送到天津抗日前线，有力支援了抗日战争。西安电影制片厂将这段扣人心弦的历史搬上银幕，于 1991 年摄制发行电影《驼路神卦女》，反映了民勤人民在抗日战争中所做的贡献和巨大牺牲。

西安电影制片厂《驼路神卦女》海报

班禅大师与民勤驼队的传说。1950 年，为和平解放西藏，护送班禅大师从西宁返藏，政府在民勤征集骆驼 3600 峰，驼工 360 人。以永盛马氏族人的骆驼为主的民勤驼队很快在西宁编成四队，配备解放军战士 30 多人。1951 年 12 月 19 日，班禅大师及其堪厅近 2000 人，浩浩荡荡从西宁出发。民勤驼队为护送班禅进藏作出了巨大贡献。1953 年，为支援西藏经济建设，民勤人民又为西藏运粮队贡献骆驼 6000 多峰。

马家驼队捐献飞机抗美援朝的传说。1951 年，马合盛后裔将兰州的"合盛谦"茶号变卖，捐献飞机一架，支援抗美援朝。

民勤驼镖传说。有"驼镖宗师"曹振清的故事、驼镖大侠任毛头的传说等。《镇番遗事历鉴》载：清高宗乾隆十二年（1747 年），沙漠强盗猖獗，辄啸聚数十喽啰，伏于驼道之阴，杀人越货，劫掠驼群。九月，柳林湖杜昆仁自设武馆，揭帐收徒，教习武技，凡邑中商家，多有输捐之举。据闻，三年功成，可充为路镖。杜公擅枪棍，名闻当时，故从习者甚伙。又载：高宗乾隆四十五年，邑人曹振清中武举。振清，字剑锋，幼嗜武功，师从凉州镖王严复龙。苦练凡十余寒暑，技艺日进，名噪五凉。有年贼犯柳湖，振清领命往剿，贼惧其威，闻风而遁。振清捷道围堵，得十数众入关彀，随侍者欲击

民勤驼队驼镖

之，阻之曰："振清一人足矣。"遂横马擎槊，突入贼阵，左挑右刺，如屠羔羊。而间有贼首马奎远者，颇识攻守韬略，所执狼牙双铜冷光逼人，挥之风生电掣。振清与之战数合，知不能轻取，佯做不敌之态。贼战愈勇，趁势相逼，振清忽翻身落马，蜷曲腾滚之时，突出飞镖，正中贼胸，顿教命归黄泉矣。庚子年荣膺武举，荐职不就。先设镖局，锄强暴而扶贫弱。居三年，因事与游击署理论相左，遂撤局偃旗，深居简出数十年，不入公府，拒交权贵，潜心习武，精研战法，有《剑锋楼战法演习图志》书稿传世。邑人尊其为"驼镖宗师"。

民勤驼队传说有其鲜明的特征。一是活态性：民勤驼队传说内容丰富，许多跌宕悲壮、脍炙人口，令人荡气回肠，如《驼路神卦女》的故事、大侠任毛头的传说，富有传奇色彩。二是传承性：民勤驼队传说具有广泛的群众性和民间传承性，以骆驼客为主体，在民间广泛流传，以口口相传的方式一代又一代流传至今。三是综合性：民勤驼队传说折射出民勤人的精神、信仰、价值取向等方方面面，反映出民勤人的诚实厚道、勤劳质朴、勇敢智慧、负重奋进的集体性格。四是群体性：民勤驼队传说是历代骆驼客集体创作的结晶，独具地方特色，大都脍炙人口，人们喜闻乐道，代代相传。尤其是大侠任毛头的传说，更是家喻户晓，成为民勤人民的骄傲。五是历史积淀性：数百年来，民勤驼队传说故事众多，以马家驼队传说故事最多，也最有代表性。许多传说故事关乎国家稳定、民族团结、文化交流，十分珍贵。

民勤驼队传说世代流传，有着重要的价值。一是历史价值：民勤驼队传说记载和反映了民勤驼队在丝路古道走南闯北，为国家稳定、民族团结、抗日战争、文化交流做出的不可磨灭的重要贡献，成为宝贵的历史遗存，具有重要的史料价值。加强保护研究，对于推进"一带一路"建设有着重要的历史价值和现实意义。二是文学艺术价值：民勤驼队传说播撒在民勤大地和丝路古道上，具有突出的丝路大漠地域特色和审美价值，是文艺创作用之不竭的民间文学素材宝库。三是精神价值：民勤驼队传说中的驼队英雄人物强悍、勇敢、智慧，表现出民勤人民艺高胆大、不怕困难、敢于吃苦的精神品质，反映出民勤人的勤朴、勇敢、智慧。四是学术价值：民勤驼队传说内容丰富精彩，许多传说故事关乎国家稳定、民族团结，对于研究丝绸之路、东西经济文化交流、南北民族融合以及民族学、民俗学研究有着重要的学术价值。

民勤驼队传说主要以口口相传的方式流传至今，很少以文字形式记载。20 世纪七八十年代以来，一些涉及民勤驼队传说的文章分散见诸报刊书籍，民勤县文化馆副研究馆员杨澄远等人采集整理的《民勤县民间故事集成》（资料本），民勤县政协文史委于 1988 年、1991 年、1996 年、2012 年编辑印行的《民勤文史资料选辑》《民勤文史》，2010 年出版的《民勤史话》，2011 年出版的《天下民勤》（李玉寿编著），2012

年编辑发行的《民勤文史》中，收录记载了部分民勤驼队传说。1991年，西安电影制片厂摄制了电影《驼路神卦女》，把民勤驼队故事搬上了银幕。

2017年，民勤驼队传说被公布为第四批甘肃省非物质文化遗产代表性项目。当代主要传承人有：杨澄远、李万禄、李玉寿、樊泽民、邸士智等人。

民勤县文化馆工作人员深入巴丹吉林沙漠采录民勤驼队传说。李军2015年5月摄于西山庙台子驼场

中华人民共和国成立后，尤其是20世纪80年代以后，交通运输日益发达，民勤驼队衰落，淡出历史舞台，民勤驼队传说逐渐失传，抢救保护任重道远。

今后，我们计划开展民勤驼队传说抢救性记录，调查、挖掘、搜集、采录、整理民勤驼队传说资料，建立文字、图片、视频资料库和电子档案库；采录整理，编辑出版《民勤驼队传说》；举办民勤驼队传说学术研讨会；开展民勤驼队传说传习传播活动，举办民勤驼队传说故事会。通过努力，让民勤驼队传说更加久远地传承下去。

（樊泽民、邸士智）

民勤唢呐艺术

民勤唢呐艺术是民勤历史悠久、流传广泛、技法丰富、群众喜爱的民间乐器吹奏艺术，是集艺术性、娱乐性、地域性和民族性于一体的民间器乐，广泛应用于民间的婚、丧、嫁、娶、礼、乐、典、祭及民勤小曲戏、秧歌社火等仪式伴奏，是西北地区民间音乐宝库中的一枝奇葩。当地将唢呐艺人俗称"吹匠"，又称"吹响"。

民勤唢呐参加沙漠公园关帝殿落成庆典　李军摄

民勤历史上是一个典型的移民区，有着深厚的文化底蕴及相对稳定的文化空间。特殊的、相对封闭的自然地理环境和多元融合的地方人文环境，造就了民勤人淳朴豪放的性格，也造就了民勤唢呐艺术高亢悠扬的特色。艰苦的自然环境，多样的民俗风情，造就了民勤唢呐艺术古老的吹奏技法和丰富多样的曲牌曲调。民勤唢呐艺术按照区域划分，可以分为坝区唢呐和湖区唢呐。特别是民勤湖区，历史上自然环境更为封闭，风俗习惯更为古朴，唢呐曲牌曲调保存更为纯正。

民勤唢呐艺术源远流长，兴起于明代，成熟、兴盛于清代和民国时期，广泛流传于民勤城乡。明、清时期，来自江、浙、晋、陕一带的移民落籍西北的民勤，随之把当地的唢呐艺术带入民勤。久而久之，相互交流、融会贯通，于是便滋生和孕育了地方特色鲜明的民勤音乐文化品类，内涵深厚的民勤唢呐艺术便是其中典型的乡土艺术之一。这些南北交融的文化、风俗习惯，不同的心理、不同的感受，宣泄在唢呐声中，便有了不同的表现形式，产生出众多让人体味无穷的精致曲牌。

明代中叶，唢呐已在曲子戏、贤孝、宝卷中伴奏。明代后期，民勤唢呐已在戏曲音乐中占有重要地位，用以伴奏唱腔、吹奏过场曲牌。而在以戏曲音乐为基础的民间器乐中，唢呐成为不可或缺的主奏乐器。

清代和民国时期，民勤唢呐艺术演奏队伍不断扩大，经过长期的实践、探索创造了一种特殊的循环换气方法，曲牌也有了很大的改进，发展到数百种，可以根据不同的场面，运用不同的曲调。

2007年民勤唢呐参加苏武山庙会　　李军摄

清中叶以来，随着大批民勤移民，民勤唢呐艺术流传到河西走廊及新疆、内蒙古等地区，对周边地区和这些地区的唢呐艺术产生了重要影响。

数百年来，随着时代的变迁，民勤唢呐艺术经过历史的熔铸与历代艺人的发展，不断传承、演变、发展，积累自身的音乐传统，强化自身的地域风格，留下了大量丰富多彩的曲牌曲目，形成了独特鲜明的特色和习俗，以其独特的曲牌音乐体系、庞大的演奏群体、广泛的民俗应用、浓郁的地方风格、悠扬悦耳的众多曲牌，成为我国民间音乐中不可缺少的内容。

民勤唢呐

民勤唢呐的构造与性能。唢呐都由哨、芯子、杆、碗口组成。民勤唢呐在乐器形制上属于不定调中、大唢呐。哨通常用红崖山水库、青土湖、头道湖的上好芦苇制成，这种苇哨发出的声音柔和、响亮，刚柔相济，且较容易控制音准；杆多为木杆，长40至50厘米，各个音孔距离相等；喇叭口通常用薄铜片制成，碗口嵌有纹饰。这种唢呐音色既有木管的柔和，又有铜管的嘹亮，音量适中，音色洪亮，音域宽广，吹奏出的乐曲悠扬高亢，近听不噪，远听清晰，尤其在丧葬道场的表现可达到天遂人愿、尽善尽美的程度。

民勤唢呐曲牌。民勤唢呐艺术的曲牌溯源，大致来自三个方面：传统曲牌的继承、民间歌曲的衍变及地方戏曲牌子。从曲牌源流看，民勤唢呐曲目中有一些相当古老的曲牌。对民勤唢呐音乐影响最

大开门

1=bB 4/4

3̲2̲3̲1̲2 - | 3̲2̲3̲1̲2 - | 3̲6̲5̲3̲2̲5̲3̲2̲1̲ | 6̲i̲5̲4̲3 - |

5̲2̲1̲2̲3 - | 2̲3̲1̲2 | 3̲5̲1̲2 - | 6̲i̲6̲5̲3̲5̲6̲ |

i̲2̲i̲6̲5̲3̲2̲ | 6̲5̲3̲5̲2̲3̲5̲ | 2̲5̲3̲2̲1 - | 5̲6̲i̲2̲i̲6̲5̲ |

6̲5̲4̲3̲2 | 5̲6̲i̲6̲5̲ | 6̲i̲6̲5̲1̲2̲3̲ | 5̲2̲1̲2 |

6̲2̲5̲1̲2̲1̲ | 6̲5̲i̲2̲i̲6̲5̲ | 6̲5̲4̲3̲2̲3̲ | 5̲i̲3̲6̲5 - |

6̲i̲5̲4̲3̲5̲2̲1̲ | 3·2̲1 - | i̲6̲i̲5̲i̲6̲5̲ | 1̲2̲3̲5̲2̲3̲1̲ |

6̲i̲5̲4̲3̲5̲2̲1̲ | 3·2̲1 - | 2̲3̲1̲2̲3̲2̲3̲ | 6̲i̲5̲6̲5̲3̲2̲ |

6̲5̲3̲5̲2̲3̲5̲ | 2̲5̲3̲2̲1 - ‖

为深刻的是民勤民歌和民勤曲子戏，民歌和曲子戏中的民勤小调、小曲，许多被直接移植或吸收为唢呐曲牌，广为流传。再次，来源于道教音乐。

民勤唢呐曲目数量众多，经过长期传承发展，有 500 多个曲目，代表曲目就有上百个。曲目之众多，演奏之特别，在甘肃乃至全国也是少有的，其中《过江》等曲目，为当地独有曲目。

民勤唢呐曲牌按习俗应用，可分为通用曲牌、红事（寿诞、婚姻、庆典等）曲牌和白事（祭祀、超度等）专用曲牌，民勤唢呐艺人习惯将其分为曲牌和经牌。曲牌应用十分广泛，在各类场景都有运用，数量居多；经牌专用于诵经时吹奏，也有相当数量。

民勤唢呐曲牌基本上都有鲜明的音乐形象。通用曲牌红事、白事都可演奏，情绪中性，且数量多，如《小开门》《大开门》《担水》等，其大部分乐曲所表达的意境往往不能从名目上得到完整启示，却能从音乐演奏中领会其形象意趣，实际上是一种无标题的纯器乐曲。红事曲牌用于喜庆场面，情绪热烈、欢快，常常透出欢快奔放、活泼明快的气氛。白事曲牌旋律悲哀凄凉，节奏平稳缓慢，与肃穆悲伤的祭奠场面配合贴切，相互感应。

民勤唢呐曲调。民勤唢呐属不定调传统唢呐，音调接近于专业定调降 B 调，后以降 B 调唢呐为例。吹奏一般筒音作"5"，也有作"1"或作"3"的。曲调多为徵（5）调式，宫（1）调式次之，再次是角（3）调式。筒音和主音一致的比例很大。

民勤唢呐与人们生活息息相关，根据不同的场景分为"甜音"和"苦

紧流水

1=F 2/4

5̲·3̲5̲6̲ | i̲·6̲5̲i̲ ‖: 6̲5̲3̲·5̲ | 3̲2̲1 | 1̲6̲5̲·6̲ |

3̲2̲1 | 1̲6̲·i̲ | 5̲4̲3 | 2̲3̲1 | 1̲·2̲3̲3̲ |

2̲3̲1 | 1̲6̲5̲ | 3̲5̲6̲i̲ | i̲3̲2̲3̲ | 2̲3̲2̲3̲ |

2̲i̲6̲5̲ | 6̲i̲3̲2̲3̲ | 5̲5̲i̲ | 6̲5̲6̲3̲2̲ | 1̲·2̲3̲3̲ |

2̲·5̲3̲2̲ | 1̲1̲6̲ | 5̲6̲1̲ | 3̲2̲1 | 3̲2̲3̲5̲·6̲ |

5̲3̲2̲3̲ | 5̲5̲i̲ ‖: 6̲5̲3̲·5̲ | 3̲2̲1 | 1̲6̲5̲·6̲ |

渐慢

3̲2̲1 | 1̲6̲ | 6̲4̲3 | 2̲3̲5̲6̲3̲2̲ | 1 - ‖

音”两大类。“甜音”多用于寿诞、婚嫁、考取功名、官运亨通、添丁加口、乔迁新居、开张庆典、宴席等喜庆事宜和场面，主人择吉日把“吹匠”邀请到场，按照规模、档次、家庭经济状况，指定演奏精选曲牌，如《大开门》《纱帽翅》《大福寿》《步步高》《满天星》《紧流水》《白菜根》《银纽丝》等。吹奏时，节奏明快、高亢、洪亮，场景激越、祥和、喜庆，一曲曲喜庆祥和的声调，如喜鹊报喜，似龙凤和鸣，令人心情激扬，增添活泼明快的气氛。

　　“苦音”多用于丧葬、祭奠仪式和民勤曲子戏、民勤民歌悲伤忧愁的气氛中，如《哭皇天》《祭灵》《劝亡人吃饭》《浪淘沙》《哭长城》《天尊》《西方赞》《铙子赞》《三关赞》《七字赞》《五字赞》《四字赞》等，吹奏时，曲调低沉、郁闷、悲切、哀痛，旋律悲哀凄凉，节奏平稳

哭皇天

1= C 4/4

缓慢，气氛庄严、肃穆、低沉，一曲曲低沉悲哀之情调，似雁落沙滩，如寒风号叫，如泣似怨，使人禁不住“泪水盈眶、面色苍白、周身战栗、悲痛欲绝”，唤起人们思念惋惜之情，哀伤悲痛之情无法克制，悲哀怜念之情油然而生。

　　民勤唢呐曲式。民勤唢呐音乐的曲式结构，可分为只曲、双曲和套曲三类。只曲，是指结构独立完整的一首曲牌，或由一个旋律自由衍展而成的乐曲。民勤唢呐乐曲，大部分是只曲结构。在实际演奏中，艺人们常给只曲“穿靴戴帽”，形成“头、身、尾”三个部分。有的只加头，也有的只加尾。“身”型，即未经穿靴戴帽的只曲，这种类型占只曲的大多数；“头、身型”，即具有“引子”和“正身”两个部分的只曲，如《山坡羊》《菩萨登殿》《朝天子》；“身、尾型”，即具有“正身”和“尾巴”两个部分的只曲，如《转十献》就是由“正身”和“结束曲”构成，《一炷真香》就是由“正身”和“跟曲”构成。

　　双曲是指由两种曲牌连缀而成的乐曲。如《透碧霄》与《一炷真香》连缀联奏，一般不单独吹奏；《春雪秋雨》由引子、《春雪》《秋雨》、尾声组合而成。

　　套曲是指三首以上曲牌按照严格的程式或一定的布局要求组合而成的乐曲。如《三皈依》由三首曲调连缀组合而成；《春夏秋冬》由四首曲调连缀组合而成；《四

一炷真香

$1=^\flat B$ $\frac{2}{4}$

$\underset{\cdot}{7}\ \underset{\cdot}{6}\ \underset{\cdot}{7}\ 2\ |\ 3\ \underset{\cdot}{5}\ 2\ \underset{\cdot}{5}\ |\ 3\ \underset{\cdot}{6}\ 5\ |\ \underset{\cdot}{7}\ 2\ \underset{\cdot}{7}\ \underset{\cdot}{6}\ 5\ \underset{\cdot}{6}\ |\ 2\ 3\ 2\ \underset{\cdot}{5}\ |$

$3\ \underset{\cdot}{6}\ 5\ |\ \underset{\cdot}{5}\ \underset{\cdot}{7}\ \underset{\cdot}{6}\ \underset{\cdot}{7}\ |\ \underset{\cdot}{2}\ \underset{\cdot}{5}\ \underset{\cdot}{7}\ 2\ |\ \underset{\cdot}{6}\ \underset{\cdot}{5}\ \underset{\cdot}{6}\ |\ \underset{\cdot}{5}\ \underset{\cdot}{5}\ |$

$2\ 3\ \underset{\cdot}{5}\ |\ 6\ \underset{\cdot}{5}\ 2\ 3\ |\ \underset{\cdot}{5}\ -\ |\ \underset{\cdot}{7}\ \underset{\cdot}{3}\ 2\ \underset{\cdot}{7}\ \underset{\cdot}{6}\ |\ \underset{\cdot}{5}\ -\ \|$

民勤唢呐技艺交流　李军摄

季调》由《春日景正好》《夏夜星宿高》《秋月复涟涟》《冬雪漫天飘》四首曲调组合而成。

丧葬中的唢呐通常都有相对固定的曲牌，何时用何曲牌都有一定的定制，不可紊乱，更不得滥用。

民勤唢呐演奏方法。以循环换气、不控哨为特征，在吹奏方法上用一种古老的"鼓腮循环换气法"。为了保持呼气与吸气的连贯性，要求在不断往外吹气的同时进行吸气，即在吹奏进行中换气，俗称"抢气"。这样做的目的是让吹奏延续不断，将一个很长的乐句、乐段，甚至整个乐曲能够连贯不断、毫无间歇地"一气"吹完。这种技巧一般人不易掌握。其方法是：用小腹的力量控制呼吸，吸气用鼻，呼气用口。鼻子迅速吸气时，横膈膜收缩，腹部鼓起，使胸廓下部相应增大，牵引肺叶扩张完成吸气动作。与此同时，鼓起腮帮，口腔空间向后向下扩张让其容纳较多的空气，用颈部、咽部和下颌肌肉一齐收缩挤压，将口腔内的空气逐渐压入哨片带动发声完成吹气动作。要注意在第一个过程最后，不等控制在口腔里的气呼完之前就要用鼻子吸进第二口气。如此循环往复，形成呼气不停、吹奏不断。这样才使两个过程之间衔接得非常连贯，听不出换气的痕迹，很好地保持长音的持续。

在初练这种呼吸法的时候，有一种简易的方法可帮助快速掌握换气技巧：可先准备一根芦苇管和一碗水，将芦苇管插在碗里，按照上述循环换气的方法往芦管里吹气，直练到水里能连续不断地冒泡，方法基本上就对了。这样练好之后在唢呐上进行练习。这种换气法非短期内能掌握，在民勤有着极强的生命力。

民勤唢呐的演奏技法比较丰富，最基本的有指、舌、气三类。指法主要有指颤音、指滑音、指打音；舌法主要有吐音、舌顶音，很少有花舌；气法主要是循环换气法。民勤唢呐指法淳朴别致，换气循环顺畅，特技较少。

民勤唢呐中"不控哨"的传统一直延续至今，舌头的技巧几乎不为人们所看重，而对循环换气则是"霸王硬上弓"，要求极高。民勤唢呐繁音促节，连贯顺畅，粗犷而委婉的风格与连音吹奏、循环换气的技法有着直接的关系。

民勤唢呐乐队　李军摄

民勤唢呐乐队。以唢呐为主奏乐器，配合打击乐器组合而成。吹奏乐器中，至少用双唢呐，一般为 4 至 6 杆，最多 8 杆；打击乐器主要有鼓、钹、镲、大锣、小锣、云锣、木鱼等。吹奏的曲目既有声乐的伴奏，也有单独的曲牌，后者占比较大。一般为齐奏，声音洪亮，场面壮观。

民勤唢呐的传谱。民勤唢呐艺术的传承以民间唢呐艺人口传心授为主，基本没有乐谱，艺人们大都不识谱。

民国时期，红柳园艺人潘富堂（谱名发魁）收集、整理的《富堂工尺谱集》共 8 册，全部用工尺谱法记录，是民勤鼓乐曲牌相对完整的乐谱资料，其中约有三分之一为民勤唢呐曲牌工尺谱，人称"潘家谱"。20 世纪 50 年代，甘肃省文化局组织了文化遗产整理调查组，征集到了潘富堂唢呐乐班所演奏的曲牌，谱本共抄有唢呐乐曲 43 首，有乐谱的 27 首，有《西方赞》《王强发兵》《四面景》《香炉牙儿》《豹子令》《禄帽令》《撼动山》《扒山令》《中军令》《丙句详》《耍孩儿》《红纱船》《到春来》《上小楼》（正调）《凉州大开门》《水龙吟》《上小楼》（楚调）《山坡羊》《苦音开门》《小柳青》《小开门子》《上争春》《泣颜回》《滴溜子》《流水》《老达儿别妻》《状元令》。另外一些只有曲名，有《春宴开》《赏宫花》《迎仙客》《讲道》《起云霄》《连起驾》《百尾》《起銮驾》《上逍遥》《下逍遥》《天王令》等等。《中国民

泣颜回

六五上一五。工尺上工六尺。五。六上五六
工尺六。六工尺工尺上尺。工六尺。尺工尺
上六上五尺六。上尺上五六。工六。尺工。上
五六。工尺六。工六五上六。

丧葬仪式上吹奏民勤唢呐　　李军摄

族民间器乐集成·甘肃卷》中收录了潘富堂唢呐工尺谱曲谱15首。这些工尺谱的谱式基本采用以"上"为调首的固定调唱名法。这种固定调记谱方式，即唢呐以筒音作"六"（低八度即"合"（火））来记谱。

民勤唢呐艺术从明代传入民勤，经过数百年的传承发展、创新积淀，清代渐趋成熟，并逐渐定型，清代至民国时期，达到兴盛。这份宝贵遗产，世世代代都靠口传心授而保留传承下来。

民勤过去有首歌谣："铜碗碗，木杆杆，八个指头压眼眼。走的人前头，吃的人后头。"说的就是唢呐艺人。民勤唢呐艺人旧时属于"乐户"，处于社会的底层，学艺从业者全部是男人，主要靠自己的手艺为"事主""应事"，事情过罢，"事主"家酬以馒头、烟、酒之类道谢，并付给预先谈好了的报酬费用。唢呐艺人就是靠这种技艺赖以生存和养家糊口，从而形成了专为祭祀、丧葬服务的相对固定的职业化班社，"吹匠"成了一种职业，成为特殊艺人。

唢呐在民间的传承方式都是相同的，学艺主要是家传和师传，口传心授，也有个别自学的。家传主要是长辈传给晚辈，父传子，子传孙，也有同辈中先受艺者或技艺高者为师的。

20世纪80年代以来，民勤县对民勤唢呐艺术采取了一些有效保护措施，整理、印制了部分唢呐曲谱，对县境内的唢呐吹奏艺人做了调查统计。2002年，民勤县文化馆举办了全县唢呐大奖赛。2008年，民勤唢呐艺术被甘肃省人民政府公布为第二批甘肃省非物质文化遗产代表

2002年民勤唢呐大奖赛　　李军摄

性项目，属传统音乐类。2015年，民勤县文化馆举办了全县民间文艺大赛，乡音唢呐队获得一等奖；民勤唢呐曲目《三环套月》获得武威市第五届民族民间文艺

2019年民勤唢呐艺术大赛暨展演活动　李军摄

展演二等奖。2017年，赴兰州参加了甘肃省教育厅举办的"'一节一赛一交流'启动仪式暨非物质文化遗产项目展演"活动，赴敦煌参加了甘肃省文化厅举办的"丝路记忆"展演活动。2018年，民勤县道教协会在苏武庙举办了民勤唢呐大赛。2019年6月，赴敦煌参加了"丝路记忆·西北五省非遗展演"活动；10月，赴天祝县参加了武威市庆祝新中国成立七十周年非遗展演活动；11月，民勤县文化馆举办了民勤唢呐艺术大赛暨展演活动。2020年6月，参加了在武威南城门广场举办的武威市2020年非物质文化遗产宣传展演活动。

民勤唢呐艺术传承历史久远，从业艺人众多，"吹匠"层出不穷。目前，县境内约有200多名唢呐吹奏艺人。历史上，民勤唢呐艺人高手辈出，民国晚期东渠的许三爷曾被誉为"神吹"。中华人民共和国成立后，有名的唢呐艺人有西渠镇李绪国，技艺超群，曾参加全省民族民间音乐汇演获奖。东湖镇郭开孝、桑俊瑞，技艺远近闻名。大滩镇潘竟瑞擅长唢呐吹奏，整理民勤唢呐曲目近60首；夹河镇黄福本自幼受家传，熟悉民勤唢呐曲目及吹奏技法，是民勤唢呐艺术省级代表性传承人。

随着社会的发展，群众文化生活的日益丰富，生活审美情趣的改变，人们对传统唢呐的兴趣越来越淡漠，唢呐技艺受到了很大的冲击，唢呐吹奏主要用于丧葬仪式，

民勤唢呐艺术传承人培训班　李军摄

唢呐曲目不断失传，唢呐艺人不断减少，青少年不愿学习唢呐吹奏技艺，民勤唢呐艺术传承人群逐渐缩小，有断代失传的危机，保护传承亟须加强。

民勤唢呐参加春节文艺汇演　李军摄

民勤唢呐艺术经过600多年的传承、发展，形成了一个独特的艺术体系，有着鲜明的地域性、群体性、独特性、流变性。

唢呐曲目众多。民勤唢呐艺术曲目非常丰富，代表曲目就有上百个，如《过江》《上南坡》等曲目，为当地独有曲目。曲目之众多，在甘肃乃至全国也是少有的。

吹奏技法独特。民勤唢呐艺术吹奏所用的循环换气法，是当地特有的一种吹奏技法。吹奏上有"不控哨"的艺术传统。

艺术风格独特。民勤唢呐艺术意深韵长，自成体系，独具风格。受移民文化影响，具有高亢豪放之气和婉约优美之风，独具南北兼融的艺术风格。曲调优美、动听、粗犷豪放，表现情感丰富率真。曲牌内容丰富，曲调变化多样，很多有鲜明的音乐形象，有的欢天喜地，有的情悲意哀，有的幽默诙谐，时缓时急，跌宕起伏，初似淙淙流泉，渐如惊雷奔电，具有很强的感染力，仅凭唢呐吹奏的曲牌，人们就可以推断活动的内容和性质。

曲牌流变多样。民勤唢呐的很多曲牌具有流变性，即使同一个曲牌在长期的流传过程中也会因人而异或因地而异，所谓"一人一把号，各吹各的调"，每一首唢呐曲都蕴含着唢呐艺人的"二度创作"。一些传统曲牌在漫长的流传过程中，衍生出不同的演奏形式。很多曲牌在坝区和湖区不一样，正是民勤唢呐流变性的体现。

民勤唢呐艺术作为南北唢呐音乐融合的活化石，以其独特的风格、诱人的艺术魅力，代代久传不衰。作为传统的民间器乐演奏艺术和最具有

2018年苏武山庙会期间举办的民勤唢呐比赛　李军摄

民间艺术魅力的宝贵非物质文化遗产之一，不论从传承渊源、演奏技巧、曲目积累等多个方面，都展现出不同凡响的独特魅力，有着重要的价值。

民勤唢呐参加2016年武威市第六届民族民间文艺节目展演获奖　李军摄

历史价值。民勤唢呐艺术历史悠久，源远流长，历经数百年南北文化的交流、融合，博采众长。民勤唢呐曲牌许多不同于其他地区的曲牌，在长期的历史发展中形成了独特鲜明的特色和习俗，其中蕴含的历史、传统、民俗、信仰等内涵，把人类的人本情态与人的生活融合为一体，成为独具地域特色的民间艺术，对于研究西北民间音乐有着重要的历史价值。

艺术价值。民勤唢呐艺术蕴藏丰富，厚重精湛，具有南北融合的艺术风格，既有黄河文化的流韵，又有荆楚文化的古风，兼有吴越文化的迤逦，形成了自己独特的风格特征。民勤唢呐吹奏方法独特，演奏风格独特，质朴豪放，高亢激昂，凄婉幽怨，刚中有柔，柔中带刚，更符合民勤人的个性和审美习性，让人入心入骨，如痴如醉，是真正的天籁之音，具有较高的艺术价值。

民俗价值。民勤唢呐艺术根植于民间民俗文化之中，开朗豪放，高亢嘹亮，具有浓郁的乡土气息，与人们的生活、地方民风习俗息息相关。联系最紧密的是人生礼仪习俗。民勤人的一生离不开礼俗，而礼俗则离不开唢呐，唢呐流淌出来的旋律，吹出了世上苦乐、人间悲欢。民勤唢呐艺术与民勤民间习俗仪式之间存在千丝万缕的联系，唢呐作为传统习俗的灵魂体现，已经成为一个民间音乐艺术的活化石和博物馆。民勤唢呐在旧时，广泛应用于人生

民勤唢呐在敦煌参加西北五省区非遗展演　李军摄

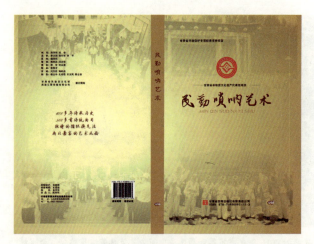

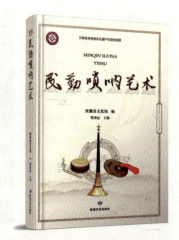

民勤县文化馆拍摄出版的《民勤唢呐艺术》音像出版物　　　民勤县文化馆编纂的《民勤唢呐艺术》

礼仪中最重要的婚礼和葬礼。特别是葬礼，因为那是一种生命完结的仪式，任何人都有幸接受的最高档次的送行礼仪。唢呐最能表达人们深入骨髓的亲土、恋土、入土为安的意识。随着时代的推移，人们观念的变化，现在，民勤唢呐主要用于葬礼，婚礼中几乎不用唢呐伴奏了。

人文价值。民勤唢呐艺术是唢呐艺术的一种独特品类，与民勤唢呐艺人的天赋情感紧密相关，主要是以喜、怒、哀、乐等人类心声与感情及一些民俗生活作为情感表达的内容。其高亢激昂的旋律音调，婉转悲情的表达方式，委婉地表达出人们在特定背景下的情绪与感受，是深受民勤人民喜爱的民间音乐，既反映民勤精神，又体现了民勤的民俗特色。

近年来，民勤县文化馆申报了民勤唢呐艺术省级非遗保护专项资金项目，开展民勤唢呐艺术抢救性记录，深入田野采风，调查、挖掘、搜集、记录、整理民勤唢呐艺术资料，建立图片、视频、文字资料和电子档案库；举办民勤唢呐艺术传承人培训班，培养传承人；举办民勤唢呐艺术大赛暨展演活动；建成民勤唢呐艺术传习所三处，开展传习活动；采录、整理民勤唢呐艺术曲目，特别是一些即将失传的老曲目，编辑、出版《民勤唢呐艺术》；拍摄、制作、出版《民勤唢呐艺术》音像出版物，改变民勤唢呐过去口传心授的传承方法，推动民勤唢呐曲牌演奏规范化。通过不断努力，使这一独具艺术魅力的宝贵非物质文化遗产得以保存、传承、弘扬。

（樊泽民）

民勤民歌

　　民勤民歌是传唱于民勤县、流传于周边省区的独具民勤地方特色的民间音乐。民勤民歌曲目数量繁多，音乐语言简明洗练，音乐形象鲜明生动，短小精悍，易于传唱，优美动人，以其独特的艺术风格、多姿多彩的风貌，表达着民勤人民的悲欢离合，抒发着民勤人民的生活情感，集中体现了民勤人的精神、性格、气质、心理和生活习俗、风土人情、思想观念、审美情趣等，是根植于民勤大地的民间艺术，是西北地区音乐宝库中的瑰宝，是西北民间音乐的活化石。

　　民勤的地理环境、气候条件、文化传承、历史沿革等因素，为民勤民歌的萌生、形成、发展与衍变提供了凝重而浑厚的底蕴，是其产生的丰厚而肥沃的土壤。民勤特殊的、相对封闭的自然地理环境，造就了民勤人淳朴豪放的性格，也造就了民勤民歌粗犷优美的特色；艰苦的自然环境，多样的民俗风情，造就了民勤民歌纷繁的题材、丰富的内容和多样的形式；多姿多彩的民勤方言，造就了民勤民歌浓郁的地方色彩。

　　民勤历史上地处丝路要道，是一个多民族聚居地区。明洪武初年和清雍正初年，政府大规模向民勤移民，戍边屯垦的军队、大批移民来到镇番（民勤古称），把他们家乡传唱的一些民歌陆陆续续带到民勤。民族文化、东西文化、军旅文化长期相互交流、融合、渗透，当地民歌和苏、浙、晋、陕民歌及西域民歌不断融合，催生出了一大批具有鲜明民勤地域特色，兼具北风南韵的民勤民歌。千百年来，历经沧桑，随着时代的变迁，民勤民歌不断传承、演变、发展，更具地域风格，留下了大量丰富多彩的民歌，在民勤代代传唱，延续至今。清中叶及民国时期，随着大批民勤移民，流传到甘肃河西走廊及新疆、内蒙古等地区，对周边地区和这些地区的民歌产生了重要影响。

　　民勤民歌品种繁多，题材广泛，形式多样，内容庞杂，曲目丰富，数量可观，千姿百态。根据体裁，民勤民歌分为劳动歌曲、山歌花儿、小调、社火秧歌、酒曲、生活音调六大类，主要包括劳动歌曲和小调两大类。

　　劳动歌曲类。民勤民歌中的劳动歌曲基本是劳动号子，是直接伴随着劳动歌唱的民歌，通常是在集体劳动时歌唱，与劳动节奏紧密结合。这些劳动号子节奏鲜明有力，音调单纯流畅，情绪乐观豪放，恣肆粗犷、简朴自然，旋律婉转优美，节奏平稳舒缓。演唱方式多为"一领众和"，领唱、合唱交替进行，大都无固定唱词，唱词都是在劳动进行中领号人见景生情，随时即兴编唱的。它既能统一号令，协调动作，组织指挥劳动，又能鼓舞情绪，振奋精神，助气出力，缓解疲劳，有一种号角的作用。虽然也有曲调，但主要是强调节奏以便人们在统一的有规则的节奏中进行劳动，具有较强的实用性与表现性。

民勤劳动号子数量不多，有特色的主要有两种类型，一类是提杆号子和打夯号子，另一类是驼夫号子。

提杆号子流行于全省，其中民勤的提杆号子最有特色。提杆号子，以杆作为劳动工具。参加打墙劳动的人数多少不定，人手一杆。有不分组的，一人领唱，众人和腔，边打边唱。领唱者是打墙劳动的指挥者，一般由经验丰富、技术较高的人担任。也有全用齐唱而不用领唱的。也有分两班的，每班二人以上，人数可多可少，分别站在墙基两端，由右向左，边移边打。号子也分作甲、乙二组分别演唱。提杆号子的歌词有如下几种形式：一是领为主词，和用衬词；二是全为衬词；三是以衬词为主的。提杆号子的曲调结构大部分为单句体，或变化重复式单句体。少数是双句体，或变化重复式双句体。节拍整齐，节奏规整，多为2/4拍。每小节打一杆，强拍提起，弱拍落下。

打夯号子，也叫打墙号子，以夯作为劳动工具，是最常见和最普遍的劳动号子。民勤地处偏远，曾长期遭受兵匪侵扰，人们很重视修堡筑寨，寨墙既高且厚。其打法是一人一杆，排作两班，分别站在墙基两端，由右向左，边移边打。所唱号子虚词多、实词少，曲调的乐句结构一般较简单，基本上是上下两个乐句或变化式的乐句连接，甲乙两班先后接唱，一高一低，即兴变化，此起彼伏，

提杆号子

1=C 2/4

打墙号子
（快杆调）

1=C 2/4

煞是动听。节奏铿锵有力，与举夯、落夯的动作协调统一。歌词由领唱者根据劳动目的、劳动情绪、劳动场所等多种因素，随情之所至，即兴编唱。众人以"嗨哟""哎嗨""嗨呀""哟嗬"等虚词和之。在打墙劳动中，往往以号子重复的次数来衡量墙土的疏密程度；以曲调速度的快慢来决定打夯的进度；以演唱力度的变化来调节劳动强度等。打夯工作过程单调，

打墙号子

（础杆）

1=C 4/4 2/4

（歌谱）

体力劳动又很繁重，这类歌曲节奏明显，曲调豪放，充满动感和力量，起到了鼓舞干劲，达到协调一致的劳动效果。

民勤的打夯号子基本上是单乐段，大都为双句体结构。由上下两个乐句组成，在每个乐句中，领、和可各自为一个乐节，或领一乐节和两乐节，也可领、和各为一个乐句等，形式多样。按曲调速度的快慢，分为慢音、快音。按构成旋律的音阶，分为苦音、花音。苦音，音阶中有两个带游移性的偏音；花音，旋律以五声音阶或清乐音阶所组成。

另外独具特色的是驼夫号子。民勤驼夫号子历史悠久、流行广泛，歌词简单洗练，曲调豪迈抒情，极富乡土气息。旧时代的"骆驼行"是它的摇篮。那些长年漂流在外的"骆驼客"到各地运输货物，驼夫们在旷远而寂寥的原野上，为排解行旅的寂寞，消除远征的劳顿，常会唱起一种"骆驼号子"。歌曲的旋律和节奏，逐渐与骆驼行进时的节律相附合，叮咚、叮咚，一起一伏，缓慢沉重，强劲挺拔。常常是头驼的"把式"领唱，其他驼夫接声，自由反复，遥相呼应。歌词不固定，即兴发挥，随心所欲，但须合乎曲调要求，歌曲音调高亢、辽阔、豪放。

还有一些其他劳动号子，如《赶车调》，音调奔放、自由，演唱时也较随意。如《抬木号子》，基本上是一句领唱，

赶车调

1=C 2/4

（歌谱）

太阳啊当头哱哟嗬
哟嗬火呀火燎燎，
车把式哼起了赶车（的）
调，世间的个穷人有多少？

绣荷包

1= C 2/4

```
5 5 4 5 6 | 5   4 2 | 5 5 6 5 2 | 2 1 ♭7 1
初 一 到 十 五（哟）， 十五的月儿 亮，

i 6 5·4 | 2 2 1 ♭7 | 2 2 2 2 1 ♭7 6 | 5  -
那 春 风 摆 动 了 杨（哩 嘛）杨 柳 梢。

4 2 4 2 1 | ♭7 1 | 2 2 4 2 1 ♭7 6 | 5  -
（哎    哟） 杨（嘿 嘛）杨 柳 梢。
```

一句和唱。因要统一人们抬木头的步伐，因而歌曲节奏比较平稳、整齐。还有《撵毡调》《打场调》《锄草令》等，这类歌曲因不太需要规律性强的节奏形式限制，因而它的音调就更自由了些，随歌者的心意和演唱兴趣而变。

小调类。民勤当地人习惯称为"小曲子""小调子"或"春歌子"，是民勤人民在休息、娱乐、节庆等场合随时可以哼唱的各种小曲，是民勤民歌中数量最多、内容最丰富、色彩最绚丽、流传最广泛的一个类别，是民勤民歌中的最重要的部分。

民勤小调有些曲目在全国普遍流行，如《孟姜女》《茉莉花》等。有些则是西北地区共有的，如《绣荷包》《织手巾》《五哥放羊》《刮地风》等。更多的民歌还是本土产生的，特色较突出的如《闹五更》《光棍哭妻》《周月月》《看妈妈》《走宁夏》《打沙枣》等等。

织手巾

1= F 2/4

```
5 3 5 | 6 i 6 5 | 3 5 1 | 2  2
榆 木 机 老 鼠 新 会 又 打 新 （哟），
织 上 个 个 蜜 蜂 展 翅 飞 绿 （哟），
织 上 个 个 杨 柳 遍 地 里 长 （哟），
织 上 个 瓜 菜 地 里 长 （哟），

3 5 1 | 2 3  2 | 3 5 | 5 6 1
新 会 又 新 洞 （哟）， 支 动 起 米 娃儿
展 打 翅 飞 绿 （哟）， 织 上 个 燕 子
遍 地 里 长 （哟）， 织 上 片 烟 囱 子

3 2 1 6 | 5 6 5 | 6· 1 6 1 | 2 3  2
织 手 巾 （哟）哎 哎 咳 哎 咳 （哟），
会 叫 归 筒 里 （哟）哎 哎 咳 哎 咳 （哟），
春 烟 上 （哟）哎 哎 咳 哎 咳 （哟），

5 3 5 | 5 6 1 | 3 2 1 6 | 5
支 动 起 来 织 手 巾 （哟）。
织 上 个 燕 子 春 归 回 （哟）。
织 上 个 乡 麦 子 上 场 （哟）。
```

民勤小调的题材。小调反映的社会生活面非常宽广，其思想内容也非常庞杂，精粗杂陈。小调是"里巷"之曲，占主要地位的绝大多数小调反映了劳动人民的喜、怒、哀、乐以及当地的世情风物和历史事件。

民勤小调的分类。民勤小调的内容涉及劳动生产、爱情婚姻、历史事件、现实生活、自然风物等等方面。根据小调歌曲的题材可分为生活类、爱情类、传说故事类、新词类和杂类五类。生活类的数量很大，曲调和表现内容也较为丰富深刻、生动感人，流传较广，主要有《闯山关》《闹土匪》《纺棉线》等等，其中流传最广的是《小白菜》《庄稼歌》《瞌睡多》。爱情类的数量最多，形式也较多，主要有《周月

月》《害相思》《绣香袋》等等，其中更突出一些的是《山萤子灯》《闹五更》，篇幅最长、流传最广的是《十里亭》。传说故事类的小调比较典型的有《孟姜女哭长城》《秦琼卖马》《刘秀走南阳》等，其中《十盏灯》最受群众的喜爱。

民勤小调的特点。民勤小调在长期演唱中，经历了无数艺人的修改加工，其艺术形式形成了结构匀称、韵律整齐、曲调优美等特点。小调歌曲在结构方面，基本上呈多段体的结构形式。歌曲的句式结构也较对称，以二句式、四句式乐段结构为其基本形式，体现着"起、承、转、合"的规律，而这种乐段结构的变化形态又

闯 山 关

十二月对花

是多种多样的。

民勤小调的歌词大多比较长，为多段分节歌，有较强的叙事性。每一曲的词，有几段、十几段，甚至几十段，比较完整地叙述一个故事或事件，但也有不少一两段词构成的较短的曲目，歌词通常由两句或四句构成一段。还有不少混合结构或由长短句构成的歌词。

民勤小调的歌词中绝大多数加有不同的衬字（衬词、衬句）。常用的衬字（衬词、衬句）大多来源于感叹词、助词和象声词，如

打沙枣

1=♭E 2/4 3/4

5 5 4 5 | i i ♭7 i 2 | 5 2 i 2 | i 2 i 6 | 5 4 5 - |
清晨　早起　无活　干　　（哟
拿上　个杆　杆打　沙枣

i 2 i 6 | 5 4 5 - | i i 5 i | 5 i 5 4 | 2 5 2 1 |
哎　　　哟），　　　提上　个筐　筐走　河
哎　　　哟），　　　打下　的沙　枣真　是

2 5 2 | i 2 i 6 | 5 - | i i 5 i | 2 1 2 5 |
湾（哎　咿儿哪儿　哟），　　走一啊步　嘣三啊嘣
小（哎　咿儿哪儿　哟），　　打一啊杆　跌三啊跌，

5 4 5 2 | i 2 i 6 | 5 4 5 - | i 6 5 4 | 2 5 2 1 |
嘣三（啊哎）嘣（哎　哟），　　　就好比那　西施
跌三（啊哎）跌（哎　哟），　　　就好比那　织女

2 5 2 | i 2 i 6 | 5 - | 2 5 2 1 | 2 i 2 | i 6 5 - ‖
上了　西　街（哎　　哟咿儿哪儿哟）。
上了　鹊　桥（哎　　哟咿儿哪儿哟）。

特色。在调式上也是较多样的，不同的调式有着不同的特点，这与民勤移民很多来自陕西、山西、河南等中原地区有一定关系。总体来看，"宫"（1）调式及"徵"（5）调式较多，"商"（2）及"羽"（6）调式次之。民勤小调中宫调式曲调较多，在整个河西小调中，宫调式曲调多半出自民勤县。

小调的演唱形式灵活、多样，有独唱，也有对唱，还有齐唱或一人唱众人和的演唱方式。演唱不受时间、地点、有无伴奏的限制，适于在田间地头歌唱，亦适于在乡间社火场上配乐表演。

民勤小调数量很多，感情真诚、朴实，曲调不拘一格，词曲的结合非常紧密，表现手法多样，曲调悠扬动听，而且有多样的风格，听起来顺畅入耳。曲调的节奏富于变化，多用乐汇、乐节的重复和各种跳进，并且常用一些摹拟音调来描绘歌词欲表达的内容，具有当地的独特情调。尤其是象声词的运用更为别致。有驼

"哎、嗨、哟"等；衬词如"哎嗨、呀呼嗨、咿呀嗨、咿儿哟"等；衬句如"咿儿哪儿哟、哪呀哈咿呀哈、齐不楞噔生"等，常在歌词的中间或句子后面出现。在加强语气、活跃气氛、加深音乐情感、调节节奏、扩充曲体结构和增强地方特色方面发挥了重要作用，也使得民勤民歌调式丰富多彩，使整个歌曲的节奏和情调显得格外欢快热烈。

民勤小调的风格也有独到的

车夫调

1=♭E 2/4

5 5 5 5 i | 5 5 5 5 i | 5 5 5 5 i i | i 2 2 i ♭7 |
牦儿哞嘁吼　牦儿哞嘁吼　牦儿哞嘁吼哎　往前（哎）

i 5 | i i i i 5 | i i i i 5 | i i i i i 5 |
走（哎），　吡哩哐噔响，　吡哩哐噔响，　吡哩哐噔响哎

5 4 2 1 | 2 2 2 2 5 5 | 2 1 ♭7 1 ‖ 2 2 2 2 5 5 4 |
响叮　当。　咯喊喊喊①晃荡　荡　（哎），　哔唏哔唏②上南

5 5 5 5 i 2 i | ♭7 i 6 | i · ♭7 ‖ 2 2 2 2 5 5 4 |
坡　　　（哎），　　嘿哧嘿哧过搅

2 1 ♭7 1 ‖ 2 2 i 2 2 i | ♭7 i 6 i · ♭7 | 2 2 2 2 5 5 4 |
窝③哎。　天上的星星　密麻麻，消消停停头上
　　　地上的人心　数不　清，有始无终不消

2 1 ♭7 1 ‖ 2 2 2 5 5 4 | 2 2 i ♭7 | i · 2 |
挂，　　　有始无终不消　停　（哎），
停。

5 5 5 2 i ♭7 | i · 6 V | 5 4 2 i 5 4 2 i |
还是几个命苦　人。　　　　牦儿哞嘁吡哩哐噔

5 4 2 2 ♭7 | i 0 | 0 5 4 2 2 | i ♭7 i ‖
嘿哧嘿哧往前　行。哎　咨！嘿哧嘿哧　往前行。

铃的"叮咚"声（《上京城》），有吆喝牲口的"牠尔哞拾吼"，大辘车行驶的"呲哩垮塌"（《车夫调》），纺车的"嗡嗡"（《纺线》），等等。不仅使歌词语言生动俏皮，增强了歌曲的趣味性，烘托出了情绪，而且给人以新鲜之感。

山歌花儿类。在民勤流行的山歌、花儿很少，内容大多是反映人们困苦生活的，如《走口外》《花儿菜》《纳花歌》《蚂蚱姑娘》《瞎子闹三荒》等，朴实真挚，歌词凄苦，曲调悲凉，听来令人唏嘘泪下。这些山歌形式短小、单纯，词、曲格律均较自由。

走口外

1=C 4/4

拉上个骆驼　走口外，

走到嘉峪关　（咿儿哟）　两眼泪不干，

两眼泪不干　（咿儿哪儿　哟）。

闹社火

1=F 2/4

正月里来过年（咿儿）闹社火，在门口玩，

往年过年（咿儿）王哥他出一忧愁，

今年出门（咿儿）王他玩发愁，

有心回来在家（咿儿）发一忧愁，

猛然间想起了我的人受与门外，

他挨无忽人听在冻人听门外，

（哎　哟）心（哪）心里叫凉了的我的又，

（哎　哟）好（哇）好想起大心喜里回，

（哎　哟）想（啊）想起兴我原来，

（哎　哟）扫（哇）扫却（呀）却原我来，

截，（哎咿儿）哟　哟）凉了的又，

欢，（哎咿儿）哟　哟）我的原来，

疼，（哎咿儿）哟　哟）我原，

飚，（哎咿儿）哟　哟）我原，

大心半喜心里转回风飚

截，欢，疼，来。飚。

社火秧歌类。专门演唱"社火秧歌"的歌曲比较少，流传下来的主要有《闹社火》《四曲子》等，热闹诙谐，风趣幽默。社火队所唱的秧歌调，多是当地流行的一些民间小调，许多小调由于曲调优美、结构匀称，节奏鲜明、适于歌舞而常常被用在扭秧歌、耍社火之中，又说又唱，且歌且舞。这些小调，大都是红火喜庆的，或热闹逗笑的，更显民歌的灵活与多变。

酒曲类。酒歌，也叫猜拳调，是民间喜庆饮酒宴席上推杯换盏、互相敬意之时用于助兴时所唱的一种小调，如《猜酒令》《数麻雀》。它既能增添酒场的欢

猜酒令

1=F 2/4

（曲谱）

嘚　嘚　嘚的哩嘚，九连升登
嘚　嘚　嘚的哩嘚，五子魁首

嘚的哩嘚，四季发财　嘚的哩嘚
嘚的哩嘚，三星高照　嘚的哩嘚，

嘚的哩嘚　嘚　嘚　嘚。
嘚的哩嘚　嘚的哩嘚　嘚。

乐气氛，使兴高采烈的场景更趋热闹，又能锻炼饮酒者敏捷应变的思维能力，并延缓饮酒时间，减小酒醉伤身的不良作用。

其他类民歌。民勤民歌中还有生活实用类的歌曲，即生活音调，如哄孩子睡觉的《哄儿歌》《哄娃娃》《哄小人》，吆喝鸟雀不准啄食庄稼唱的"吆鸟歌"《咕噜噜》《麻雀儿寻食》等。还有反映宗教内容的道教、佛教歌曲，甚至巫家的歌曲，如《仙家乐》《朝斗》《南无祥云》《十炷香》《天公天母》《布续调》等，带有浓厚的宗教色彩。另外，还有一种民勤当地人叫《口歌子》的歌曲，是歌者一时兴起而把自己的生活遭遇及感情欲望随时填唱词的一种民间歌唱形式，"想啥唱啥"，其内容涉及很广泛。

千百年来，民勤民歌受到民勤人民的珍视和喜爱，并不断输入新的血液，使它不停地发展，日益繁盛，具有鲜明的特征。

地域性。民勤的自然地理环境和悠久的人文历史，是民勤民歌赖以产生的土壤和代代传唱的基础。民勤在历史上是多民族聚居区，农耕文化和游牧文化在这里交融，民勤民歌由本地民歌、小调和江、浙、晋、陕民歌及西域民歌长期不断交汇融合而成，独具北风南韵。民勤民歌无论从歌词语言还是曲调旋律，都有别于其他地区的民歌，与民勤方言的发音、语调（抑扬）、语气（重音），特别是声调（四声）有着密切的关系，独树一帜，自成脉络，具有独特的艺术

哄儿歌

1=bB 2/4 3/4

（曲谱）

咾　咾　咾（连子）咾，娃娃乖乖
的　咾，咾　咾　咾（连子）咾
娃娃乖乖　的　咾　咾。走城的
买个馒馒①子咾　咾　咾（连子）咾，
娃娃叫个胡席席，馒馒子馒馒子
没底底，咾　咾　咾（连子）咾。

风格、鲜明的地域特色和浓郁的乡土气息。

群体性。民勤民歌具有集体创作的特点，是民勤人民表达自己喜怒哀乐的产物，是千百年来一代代民勤人民集体智慧的结晶。民勤民歌源于生活，无不闪烁着生活美的光彩，深受民众喜爱，代代有传人，男女老少皆可参与，有大众性和参与性。随着时代的前进，其思想性、艺术性都在不断地提高和丰满。

咕噜噜

独特性。民勤自然地理环境独特，一代又一代的民勤人，在具有鲜明的季节差异和严酷的自然环境下生息繁衍，造就了民勤人民勤劳朴实、坚毅忠勇、粗犷豪放的性格特色。这种性格特色，在民勤民歌中打上了深深的烙印。民勤民歌运用民勤方言演唱，是语言与音乐的结合体，形成了独特的韵味。歌词朴实生动，生活气息浓郁，语言清新明快，朴素自然，又不乏诙谐幽默，曲调优美朴实，唱腔朴实豪放，情感真挚。男腔粗犷豪放，女腔优美动听，皆为原生态唱腔，不矫揉造作，词句与生活贴近，充满着艺术生命力。

流变性。民勤民歌具有口头性、集体性、即兴性和变异性的特点。在世代相传中，不同时期、不同地区的不同歌唱者，常按个人需要，将某首现成民歌作为蓝本，进行即兴编词，见啥唱啥，想啥唱啥，这就是民歌创作和歌唱中的即兴性。在即兴编词的同时，民歌的曲调必然发生不同程度的变异，因此出现了一首民歌有许多变体的现象。

诗乐性。民歌是诗与乐的高度结合。民勤民歌诗味浓郁，具有极高的文学鉴赏价值。民勤民歌紧贴生活、主题明确、形象鲜明、感情真挚；歌词篇幅短小、通俗易懂，属歌谣体；一般句式整齐、押韵、平仄不严；以七字句为多，兼有其他句式，在结构上以两句体、四句体为多。在短短数句歌词中运用比喻、比兴、对比、夸张、叙事等手法，使主题思想得到鲜明突出的体现。民勤民歌长于抒发人的内心世界，运用短小的结构，凝练的音乐语言，极为经济的音乐素材来表达深刻的思想感情。

数麻雀

1 = G 2/4

一个麻雀一个头，两个 爪爪 挖墙头；

两个眼睛 明秀秀①，两个 膀膀 嘡嗞 嗞②；

一个尾巴 在后头，兄弟们相 好就来喝 酒。

十个十个 都 不 喝，五个五个 都不 喝，六位高升

该你 喝。该我喝 我就喝，哥们喝酒 不啰 嗦，

滴点罚三 真快活。

民勤民歌是民勤人民在生产生活中运用民勤方言，通过口传心授，经过几百年的传承发展，在长期的流传过程中不断加工完善而逐渐形成的民间音乐，兼具历史、社会、民俗、文学和音乐价值，是充满才情与智慧的艺术创造，是中国民歌不可或缺的民间艺术瑰宝。

历史价值。民勤民歌经过漫长的历史积淀、民间艺人的加工和外来文化的结合，开放出绚丽多姿的艺术之花。在题材上反映了历史和现实的社会生活，犹如一幅幅纷繁生动的风俗画，是真实生动、原汁原味的原生态文化样本，对研究本地区的历史沿革、风土人情、文化民俗有着重要的价值。

社会价值。民勤民歌千百年来在民勤城乡广泛流传，不论男女老少，都曲不离口，时不时喊上几句，吼上两腔，唱喜唱忧，唱乐唱苦，直抒胸怀，用歌曲表达他们的思想、感情、意愿、理想、祝愿和期盼，成为陶冶情趣、愉悦性情的最佳文艺活动形式。民勤民歌来源于民间，涉及到社会生活的各个方面，它们从不同的角度并以不同的方式，反映了民勤人真实的生产生活，塑造了民勤人坚毅、朴实、勤劳的性格特征。民勤人民创造了民勤民歌，而民勤民歌又鼓舞了民勤人民的劳动、斗争，丰富了民勤人民的生活，对人民生活有着广泛深入的作用，是人民倾吐心声、抒发情感的得力工具，是劳动人民生活中的教科书，起到了传播知识、寓教于乐、劝化人心的作用，是反映民勤人民生产、生活、心理、爱情、意志、愿望和历史全貌的民间艺术。在民勤民歌中，有一部分民歌属于劝善规过、醒世箴言的传世佳作，这些民歌在轻松愉快的歌声中，把传统的道德观，很自然、融洽地传授到群众中去，从而达到了寓教于乐的效果。

艺术价值。民勤民歌具有主题鲜明、题材广泛、民俗多样、语言独特、歌词朴实、曲调优美等特点，无论在音乐还是文学上，都有很高的艺术价值，是乡土文学的精华，其艺术价值是不可估量的。民勤民歌与方言紧密结合，音乐表现按照"依字行腔"的原则，语言特点突出，唱者顺口，听者悦耳，韵味十足，具有较高的审美价

编花绳

1=C 2/4

五月里来（呀）　　五　　　端炕里礼荷
哥哥进房（呀）　　坐　　　哪拿花
爹问哥哥说的（呀）
哥哥又掏（呀）

阳（啊），　　　　杨柳枝枝娘插门一
上来（呀），　　　二哥哥爹说陪从上样
当（呀），　　　　扇子做的花清又
包（呀），

上（呀）。　　　　听的王家哥哥来，哥
旁庄（呀）。　我给哥哥凉清干绿　哥
样（呀）。　　　又问点点儿边边　来?
爽（呀）。　　　红香袋子拿出五　对，

赶紧出门迎进房（啊）　　　　　　呀），
哥说的凉一凉（啊　　　　　　呀），　哥
哥哥言说贺端阳（啊　　　　　　呀），
胡麻盐子放中央（啊　　　　　　呀），
花绳拿出整三丈（啊　　　　　　呀），

赶紧出门迎进房。
哥说的凉一凉。
哥哥言说贺端阳。
胡麻盐子放中央。
花绳拿出整三丈。

值。表现手法采用比兴、反复、排比、重叠、对称、双关、夸张等，抒发生活的喜怒哀乐。民勤民歌的节拍以2/4、3/4拍为主，调式的使用以徵调式、宫调式为主，曲式结构以对应性结构和起承转合结构最多，其音阶、调式、旋法、节奏及曲体结构等诸多要素，构成了自己的艺术特点，旋律简单、优美，音调高亢、辽阔，节奏比较自由，演唱形式有独唱、对唱、一领众和，有伴奏演唱和表演唱，演唱技巧丰富，吸收运用了诸多传统民歌唱法的精妙之处。民勤民歌南北交融的艺术风格，其独特的曲目、唱腔、曲调，对于研究西北民间音乐有着不可替代的艺术价值。民勤民歌具有浓郁的乡土气息，曾哺育过文人、音乐家和职业艺人，今天仍是音乐人不可缺少的养料。

人文价值。民勤民歌直接反映民勤乃至西北地区的历史、社会、劳动生产、风土人情、爱情婚姻、民俗民风，形式形象生动，内容深刻广泛，几乎无所不包，尽显地方民俗风情。民勤民歌是民勤人民

1978年民勤文化馆第一期文艺骨干学习班民歌培训

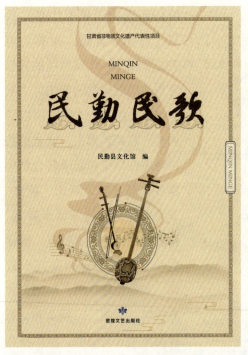

甘肃省非物质文化遗产代表性项目

MINQIN
MINGE

民勤民歌

民勤县文化馆 编

敦煌文艺出版社

民勤县文化馆编辑出版的《民勤民歌》

生活的镜子，是人民的喉舌，是人民的亲切伴侣，劳动中的助手，交流情感、传播知识、娱乐消遣的工具，也是研究民勤乃至西北地区的历史、社会、民风民俗的宝贵资料，具有重要的人文研究价值。

民勤民歌千百年来在当地百姓中口传心记，延续至今，数量以千计，采录整理的有近 600 首。1976 年，民勤县文化馆李玉寿等人在民间广泛征集采录，1980 年 12 月整理形成《民勤县民间歌曲集成》资料本，收录民歌 403 首，部分被收录到《武威地区民歌集成》和《甘肃民歌集成》。2011 年，民勤民歌被公布为第三批甘肃省非物质文化遗产代表性项目，属传统音乐类。2015 年，民勤县文化馆申报争取民勤民歌省级非物质文化遗产保护资金项目，整理编辑《民勤民歌》，收录民歌 560 首，2019 年由敦煌文艺出版社出版，部分被收入甘肃文化出版社出版的《甘肃民族民间歌曲全集》。2016 年以来，民勤民歌歌手参加每年举办的民勤县春节文艺晚会、民俗民间文艺大赛，2016 年、2017 年参加武威市第六届、第七届民族民间文艺展演并获奖，2019 年，赴敦煌参加"丝路记忆·西北五省非遗展演"活动。

民勤民歌在清代和民国时期，演唱群体较大，截至 20 世纪 80 年代，尚有不少民歌艺人，主要有高培阁、张鹤仙、李百祥、柴宗明、许有刚、王成己、李恒润、王曰寿、俞存厚、王成默、柴兆福等人。东湖镇红英村曹宗让、夹河镇肖案村曾祥道是民勤民歌省级非遗项目代表性传承人。

随着时代的发展，社会文化生活在不断发生剧烈的变化，老艺人大部分已去世，青年一代受流行歌曲影响，不喜爱民歌，传承人急剧减少，鲜有能唱原味民歌的民间歌手，

民勤民歌赴敦煌参加西北五省区非遗展演　　李军 2019 年 6 月摄于敦煌

民歌曲目、曲调、唱词失传严重，没有业余或专业演唱民勤民歌的班社团队，舞台包装、曲目"老土"，缺乏创新。民勤民歌正在慢慢淡出我们的记忆，面临被历史湮没的危机，亟须进行抢救性保护。

民勤民歌参加 2019 年民勤春节文艺晚会演出　　李军摄

我们要开展民勤民歌及代表性传承人抢救性记录，建立民勤民歌电子档案资料库；走访采风，请老艺人演唱，现场摄像录音、记谱记词，采录、整理民勤民歌曲目，特别是一些即将失传的老曲目；拍摄、制作民勤民歌专题片和曲目音像片、MP3；组织民勤民歌学术研讨会；举办民勤民歌培训班，培养传承人；举办民勤民歌大赛，组织展演活动，普及民勤民歌；在文化旅游产业中组织民勤民歌表演。通过努力，使这一民间音乐得以保护传承，成为永不凋谢的民间艺术之花。

（樊泽民）

驼夫号子

驼夫号子是发祥于甘肃民勤的汉族民歌中的一个独特种类。民勤驼夫号子以其悠久的历史传承、广泛的流传地域、雄壮的曲调唱腔、丰富的节奏变化、独特的美学价值而成为我国民间音乐宝库中的一枝奇葩。

历史上，民勤驼队被誉为"大帮响铃闯天下"，来往于北京、西安、乌里雅苏台、库伦等各大商埠。"驼队上的民勤军团"把民勤驮到了天下，也把天下驮到了民勤。这为驼夫号子的产生提供了得天独厚的条件。在走南闯北的旅途中，为了相互传递信息，消除路途寂寞，表达思想情感，驼夫们吼起了号子，豪放淋漓、回肠荡气的驼夫号子由此产生。

唱着驼夫号子行进的民勤驼队　李军摄

驼夫号子是中国古老的地方民间音乐之一。起源于明朝初年，由明清两代多元积淀而形成。民勤驼夫号子是自明朝中叶开始，在民勤骆驼客用民勤方言自编自唱的基础上，随着驼道的延伸，不断与内蒙古、新疆以及江南、华北地区的地方音乐交汇融合而逐渐丰富起来的。传至清中叶和民国时期，逐渐成熟，向外广泛传播。

驼夫号子发祥于甘肃民勤，主要流行于民勤全境。伴随着民勤驼队走南闯北，由民勤县境内传播开去，传至丝绸之路甘肃段辐射的中国北方地区，并流传到古丝路沿线地区。现在的甘肃河西走廊地区，内蒙古阿拉善、河套地区和新疆、青海等地，还有民勤驼夫号子的遗韵。

驼夫号子的曲调风格。曲调雄壮高亢，音域宽广，节奏舒缓，唱腔粗犷，豪放激昂，古朴沧桑，极富变化。与南方的船夫号子、北方的打墙号子有所不同。既有节奏紧张的快板，又有舒缓悠扬的慢板，大多数是进行曲速度，偶有快节奏的二四拍、四四拍，间有规整的二四拍节奏，还有三四拍、六八拍等，常与骆驼有规律的步伐和驼铃有韵律的铃声相吻合。

驼夫号子的演唱形式。不拘一格，朴实生动，用典型的民勤方言演唱，有领唱、独唱、齐唱、对唱、呼应等形式。主要是"领、合"式，即一人领，众人合；或者众人领，众人合。独唱则由驼把式一人演唱，合唱一般是驼把式先唱一句，驼队其他人众呼应一句；齐唱是驼队所有人一齐演唱；呼应是由驼把式唱一句，其他的人呼应一句，可以一人呼应，也可以多人同时呼应。

驼夫号子的唱词内容。通常比较简单，或表达相思之情，或抒写路途见闻，或感叹人生艰辛，内容诙谐而不低俗，情趣高昂乐观。句式不长，一般只有二至四句，中间加以衬词，反复咏叹。有一段，也

驼夫号子

1=D 2/4

哎 嗨 哟　　上 了 哇
路 呀 动 起 了 身，　驼 夫
连 年 呀 走 衙 门，　叮
叮 咚
咚　　走 衙 门，　走 衙
叮 咚 呀 走 衙 门（哪嗬 叮 咚
门 （叮 啊嗬 咚 咚）。
啊嗬）（叮 啊嗬 咚 咚）。

拉 骆 驼

1=F 2/4

拉 骆 驼，　走 四 方，　走 哩嘛 走 四 方。
拉 骆 驼，　走 他 乡，　走 哩嘛 走 他 乡。
拉 骆 驼，　走 四 方，　走 哩嘛 走 四 方。

一 年 我 受 上 三 哩嘛 三 年 的 苦，
一 年 我 穿 上 三 哩嘛 三 年 的 鞋，
前 半 夜 想 起 我 的 那 个 爹 和 妈，

三 年 我 回 不 上 一 哩嘛 一 年 的 家。
三 年 我 见 不 上 一 哩嘛 一 年 的 妻。
后 半 夜 想 起 屋 里 的 娃 娃 呀，

你 说 我 这 个 拉 骆 驼，　是 不 是 个 好 营 生。

上京城

1=♭E 2/4

拉 上 个 骆 驼 上 京 城（啊），

叮 咚 叮 咚 叮（啊 哪 哈）咚，

哥（呀） 哥（呀）你 把 路（哇 哈）引，

妹（呀） 妹（呀）就 后 边（哪 哈）跟。

芦 叶 儿 青（啊）刺 玫 红，

不 觉 那 个 来 到 老 君 门，

（哎 哟 哎 哟）上（啊）京 城。

有多段的，多段的唱词变化不大，只变换几个词语，其余的尽数重复。

驼夫号子的主要曲目。驼夫号子依靠一代一代的驼夫口口相传来传承，因为没有系统地记录整理，流传下来的不多，只有二三十首。曲目主要有《驼夫号子》《拉骆驼》《走十省》《上北山》《走宁夏》《上京城》《走西口》《驼夫叹十声》等。

驼夫号子是人与自然、骆驼以及劳动相结合相碰撞而产生的古老的精神、艺术之花，具有鲜明的特征。一是独特性：其曲调风格独特，雄壮高亢，节奏舒缓，唱腔粗犷，古朴沧桑，与其他号子有所不同，常与骆驼有规律的步伐和驼铃有韵律的铃声相吻合。二是活态性：演唱形式多样，不拘一格，朴实生动，用典型的民勤方言演唱，有领唱、独唱、齐唱、对唱、呼应等形式，主要是"领、合"式。三是传承性：流传至今已有600多年的历史，以骆驼客为主体，在民间广泛流布，口口相传，代代传承。四是流变性：驼夫号子是在民勤驼夫自创自唱的基础上，随着驼道的延伸，同南北的民间音乐交汇融合，不断丰富，明清两代多元积淀而逐渐成熟。

驼夫号子是丝绸之路经济文化交流的产物，具有永恒的历史价值、文化价值和很高的学术研究价值。历史价值：是研究明清时期人类学、民俗学、中外文化交流的珍贵资料。文化价值：驼夫号子既是

拉骆驼

1=F 2/4

拉 骆 驼，上 了 工，路 过 了 第 一 个 省。

骆 驼 多，链 子 长，事 事 要 操 心。

你 说 我 这 个 拉 骆 驼，是 不 是 个 好 营 生。

民勤人生命形态的体现，也是民勤人的生存方式，具有文化身份认同的意义，是联系当地人与在外游子的精神纽带。艺术价值：其曲调风格、演唱形式等等，对于研究西北民间音乐有着独特的艺术价值。不但为民勤听众所喜爱，而且受到音乐界专业人士的高度赞赏。

驼夫号子产生于明代，清代和民国时期尤为兴盛，广泛传唱于民勤城乡。明清时期，演唱驼夫号子的群体较大，有记载的清代有李百川，民国时期有李发祥，1949 年后有柴宗明、王兆明等。大坝镇曹城村柳生军，出身驼户世家，自幼跟随父亲柳德泉拉骆驼，学习驼夫号子及民勤民歌，擅长演唱

驼夫柳生军、张元生、曹宗让演唱驼夫号子　　李军摄

《驼夫号子》《拉骆驼》等驼夫号子。民勤县文化馆李军，喜爱民歌，长年深入驼户家采风，采录驼夫号子并能熟练演唱。

20 世纪七八十年代，民勤县文化馆对驼夫号子进行了挖掘搜集，请驼户现场演唱，进行录音，采编整理了《民勤民歌集成》，收录了少量驼夫号子曲目，部分被收入《甘肃民歌集成》《武威地区民歌集成》。近年来，民勤县文化馆整理编辑《民勤民歌》，由敦煌文艺出版社出版，收录了部分驼夫号子，部分被收入甘肃文化出版社出版的《甘肃民族民间歌曲全集》。驼夫号子逐渐受到专业人士的重视，西北师范大学考察组来民勤采风，对驼夫号子古朴的演唱形式、强烈的穿透力感到震撼。2017年，驼夫号子被公布为第四批甘肃省非物质文化遗产代表性项目。

中华人民共和国成立后，特别是

西北师范大学考察组来民勤采录驼夫号子　　樊泽民摄

民勤县文化馆工作人员采录驼夫号子　李军摄

20世纪80年代以来，随着民勤驼队的衰落，老一代驼夫绝大多数已去世，会演唱驼夫号子的驼夫逐渐消失，驼夫号子淡出人们的记忆，日渐式微，其生存空间变得狭小，演唱群体越来越小，传承人严重断层，濒临失传的边缘，抢救保护工作迫在眉睫。

今后，我们计划开展驼夫号子及代表性传承人抢救性记录，调查、挖掘、搜集、记录、整理民勤驼夫号子资料，建立图片、视频、文字资料和电子档案库；走访采风，请驼夫现场演唱，现场摄像录音、记谱记词，采录、整理驼夫号子曲目；拍摄、制作民勤驼夫号子专题片和曲目音像片、MP3；组织民勤驼夫号子学术研讨会，研究驼夫号子的历史渊源、保存现状、艺术特点等；举办驼夫号子现场培训班，培养传承人；创建驼夫号子保护传承和培训基地，恢复保存驼夫号子的曲调风格、演唱形式。通过不断努力，使这一濒临消失的民间音乐保存传承下去。

（樊泽民）

民勤毛毡制作技艺

蹬哩蹬哩蹬呀

脚往下头蹬呀

人往下头跟呀

手往高里提呀

人往上头起呀

……

沉郁而铿锵的《擀毡调》像历史的回声响彻大地的深处，唱出了毡匠们工作的艰辛，也折射出民勤毛毡制作技艺曾经的辉煌与悠远的传承。

毛毡制作技艺是民勤的一种传统手工艺，有着悠久的历史渊源，独特的制作技艺，广泛的区域影响。

民勤三面环沙，大陆性沙漠气候特征明显，是牛羊繁衍的理想场所。胡汉交融的社会背景，农牧并举的生产模式，十地九沙的地理状况，相对苦寒的气候和自然环境，为毛毡制作技艺的产生、发展、成熟提供了丰富的原材料和得天独厚的条件。

毛毡制作技艺在民勤流传久远。明代以来，随着大量移民的迁入，经济社会空前繁荣，毛毡需求骤然增多，毛毡制作技艺更加兴盛、成熟，产品种类、花样不断增加。

清朝中期及民国时期，大批居民移居外地，民勤毛毡制作技

擀 毡 调

1 = D 2/4

```
5  5   5   5  | 1   1  | 5   5   5   5  |
蹬 哩  噔  哩   蹬  呀    蹬  哩  噔  哩

1   1  | 5   5   5   5  | 1   1  |
蹬  呀    脚  往  下  头    蹬  呀

1  2  1  2  | 1   1  | 5   5   5   5  |
人 往 下 头   跟  呀    手  往  高  里

1   1  | 1  2  | 1  2  | 1   1  |
提  呀    人 往  上 头   起  呀

5   5  | 1  2  | 5  | 5  | 2  5  | 2  4  |
三 块 钱 儿   蹬 呀     一 呀   一 升

2   2  | 5   5  | 1  2  | 5  |
米  呀    盖  的   头 就   蹬  呀

2  5  2  4  | 2   2  | 5   5   5   5  |
没 呀 没 法   数  呀    蹬  哩  蹬  哩

5   5   5   5  | 1   1   1   1  |
蹬  哩  噔  哩   蹬  呀  蹬  呀
```

艺随之传播到河西走廊、新疆、内蒙古等地，为当地及周边地区人们的生产生活提供了很大便利。

在民间，制作毛毡的人被称作"毡匠"，是专门靠制作毛毡谋生的人。在民勤，毡匠各处都有。

毛毡制作的原料主要是羊毛，也有用牛、马、驴等家畜毛的，但不常见。羊毛又因节气和产地的不同而表现出质量和毛性的差别。就节气而言，秋毛比夏毛好，秋毛干净、成型快、出活率高，毡匠行里有"夏不过六，秋不过七"的说法，意思是说夏毛杂质大，出活率最多只有六成，秋毛则能达到七成，所以秋毛更适于擀毡。就产地而言，西山、北山的羊毛质量最好，家养的次之，东麻岗最差。另外，不同产地、不同节气的羊毛"洗头"也各不相同。所谓"洗头"就是由于毛的"蹿劲"造成的洗毡过程中的收缩率。

毛毡制作工具　陶积忠摄

毛毡制品主要有家用的小条毡、大方毡，头上戴的毡帽，脚上穿的毡靴，身上穿的毡衣，住人用的毡帐，牲口背上盖的鞴，鞍子下边的毡屉，出外铺的脚蹬毡等。

毛毡制作使用的工具主要有弓、拨子、案子、竹帘子、毛叉、压扇、提绳等。

弓。形似古代的兵器，但是要大得多，七尺多长，桑木制作，民间有"枣木锤子桑木弓"的说法。取一致的两截弧形桑木，或两截弧形桑木中间夹一截直木，用卯榫连接，卯榫外面用牛皮包裹或铁环箍紧，使其坚固耐用。弓弦一般用驼皮捈线三股拧在一起做成，张力好，韧性强。弓好，出毛率就高，一个熟练的匠人用一张好弓一天能弹160斤毛，若是弓不称手，一天弹60斤都很费事。

拨子。是一截一把稍长的枣木棒，在距离一端一寸左右的地方装有铆钉，铆接两根铁丝，铁丝连接一根套形皮条，铁丝和皮条总长一肘，具体长度因人而异，总之要使用者肘套皮带、手拿拨子拨弦舒适为好。

案子。是一张简易桌子，桌面平整宽大，是毡匠弹毛的地方。毡匠如有固定场所，则案子固定，相对宽大平整，若是出门揽活，则在事主家中用门板等临时搭拼。

竹帘子。用柔韧的细竹条纬编而成，三米见方，是专门用来铺毡、卷毡的工具。

　　毛叉。用三根 70 厘米长、一指宽的竹条做成，竹条的一头削尖，另一头叠在一起，先用铆钉铆住，再用皮条扎住，呈辐射状展开，是铺毡的专用工具。传说毛叉是神仙用的法器，有杀气，能辟邪，所以毡匠们又把毛叉叫"杀杖"。

　　压扇。像一把笤帚，安有一根长把，头用竹篾子扎成扇形，长约 70 厘米，铺毡时用来压毛，使毛平整。

　　提绳。是一根宽而扁平的带状绳子，大多用皮条做成，匠人把它叫做"洗皮"或"洗带"，洗毡时缠绕住毡卷上下提动，使毡卷滚动。

　　除此之外，还有门板、条凳、连枷、晾杆、水盆、楦头、毛针、长木尺等，大都因陋就简。

　　毛毡的制作技艺一般有以下工艺流程：

　　选毛。就是挑出羊毛里的皮头，提净杂质。首先择掉劣质毛和杂物，如脚梢毛、肚囊毛、丁台毛、腿板毛、杂色毛等；其次进行分类，大致分出毛质的优劣，好一些的用作面子毛、压茬毛，差一些的当作芯子毛；再用细长的红柳条把羊毛打松、打散，使沙子、杂物等与羊毛分离，落在下面；最后是抖毛、择选，使杂物等与羊毛彻底分离。毡匠们常说"抖毛如剥葱"，经过抽打、抖择，羊毛就只剩下八九成了。

　　称毛。就是根据事主要求，将选好的毛过秤。一般规格是小条毡，宽 1 米，用毛 14 至 16 斤；中毡，也叫三五毡，宽 1.2 米，用毛 18 至 20 斤；大毡，也叫四六毡，宽 1.8 米，用毛 28 至 30 斤。不论大小，长度均为 2 米。这些都是大致的做法，有时也根据用户的具体要求，临时调整薄厚长宽，自然用毛的数量也就变化了。

　　弹毛。首先摆好案子，将弓吊在房梁上，弓背与案子相距五寸，横放在案子上，并将一半伸出案面，利于拨子拨弦弹毛。在案子上铺好羊毛，毡匠一只胳膊伸进缠绕在弓背上的带套中，扶住弓背，通过手腕的提按控制弓弦的上下，另一只手用拨子来回拨弦，随着弓弦的震动，案子上的毛就一缕一缕变得松散了。弓弦在羊毛里面震动的时候，毛会缠在弦上，缠得多了，就会影响弓弦的震动，所以每隔一段时间，就要停下，撕掉或者剪掉

选毛　　陶积忠摄

弹毛　李军摄

铺毛　陶积忠摄

喷水　陶积忠摄

缠在弦上的毛。"一样的弓、一样的毛，不同的毡匠不同的劳。"技术好的毡匠弹出的毛，不但质量高，而且出活率也高。正常情况，一条床毡一个人弹，大约需要四个多小时。羊毛有油性，粘在衣裳上不容易洗掉，所以，毡匠们一年四季都穿不上干净衣裳。行话说："脏毡匠，臭皮匠，冻死晒死的是口袋匠。""毛毛匠，叮叮当，羊毛装了两裤裆。"说的就是他们这种又苦又脏的活计。

铺毛。找一块干净的地，铺开竹帘子，按事主的要求在帘子上确定尺寸和范围，并留够"洗头"。毡匠一只手戴着护掌拿毛，另一只手拿着杀杖抽打护掌和毛，经过抽打的震动，毛松散均匀地洒落在帘子上。撒的过程中，要不断调整薄厚均匀，一层撒完，就用压扇压平，再铺下一层。

洒水。毛压平后就要洒水使其踏实。洒水方式有两种，一种是水含在嘴里喷洒，一种是拿笤帚蘸水甩洒。要保证每一处都均匀吃水，但又不致过湿。老一辈的毡匠，大都练就了一手喷水的绝活，他们口对盆沿吸足水量，然后身体前倾，猛然用力，口中的水以雾状喷出，均匀地洒落在帘子上。然后挪个地方继续喷洒，一圈圈、一遍遍，直到羊毛全部"浇醉"。现在的毡匠，多用洒壶喷洒，均匀而不费力。铺毛过程中要铺毛、洒水三四次，直到达到预定厚度。然后把帘子卷起，用

"洗皮"扎紧。

踩帘子。踩帘子需要三四个人配合完成。先要滚帘子，目的在于"匀水"，通过滚动，让毛坯中的水流动，均匀分布到毡坯各处。然后是踩帘子，将卷好的竹帘子放在中央，毡匠们分站两边，依次蹬踩竹帘子的不同部位，使毡坯逐渐密实。

踩帘子　陶积忠摄

折边。等毡坯达到适当的密度就开始折边，要根据毛质预留一定的"洗头"，确定折边的尺寸。毛质不同，蹿劲不同，洗头也就不同。山毛蹿劲大，容易成毡，洗头也大，2米的毡洗头能达到80厘米。家毛要小一些，甜草毛洗头最小，只有50厘米，但成型速度慢。预留洗头的大小，往往考验一个毡匠的水平。预留好洗头，就将毡坯毛边按尺寸划线对折叠起，在接茬处再撒毛，再喷水，再卷帘，再蹬踩，最终使对折的毛边与毡坯连接成为一个整体。

折边　陶积忠摄

押花。有些家户，因为一些节庆、礼俗、喜好等，会对毡匠提出一些特别的要求，比如儿子娶媳妇、女儿出嫁，要

压茬　陶积忠摄

求在毡上压个"囍"花；遇到老人的寿辰，要求在毡上压个"寿"字，这就是押花。通常的图案有"寿"字、"囍"字、"卍"字、"福"字、云纹、双保成、拐子龙、三环套月、中国结、二方连续、牡丹、龙凤、鸳鸯、金鱼等图案。押花是毡匠们手艺的展示，也是对一个毡匠艺术创作能力的考量。押花毛毡既是一件瓷实耐用的家当，

押花　陶积忠摄

洗毡　陶积忠摄

又是一件精美的艺术品。押花过程分为三步：先是捻毛，捻子的粗细松紧要根据图案的要求而定，也要考虑与毡坯的连接融合。其次是贴花，就是用毛捻子在毡坯上勾勒图案，然后在图案上面撒毛接茬，毛要薄而透，不能影响图案显示。最后洒水压实，再次踩帘子使图案与毡坯衔接固定。

洗毡。是将毡坯蹬踩碾踏成型，洗净毡坯中的沙土油垢的过程，因其重要，所以民勤人把擀毡又叫做"洗毡"。首先要支设板凳、门板。板凳一般为能坐三四人的木头条凳。门板与条凳并列支放，门板靠近板凳的一侧稍稍高起，有利于洗毡时毡卷可以向下自然滚动。把卸去竹帘子的毡卷放上门板，提绳绕过毡卷，一头拴在凳子腿上，一头提在手中，开始蹬洗。三四人同时坐在长凳上，手提提绳，脚蹬毡卷，蹬下去，提上来，如此反复，毡卷不断翻滚，逐渐成型。蹬洗也有一定的要领，头一遍蹬是"才卷子"，须轻而柔，防止脱毛开洞；洗上两遍的叫"戳卷子"，蹬踩时要力量加重，使毡卷尽快踩紧碾实。蹬踩的动作看似简单，其实有着很深的窍门。有经验的毡匠能够通过蹬踩的轻重缓急、节奏变化，改变羊毛的穿插、结合、走向，从而擀出不同质感的毡。这种诀窍不是程序化的操作规范，而是长期的蹬踩过程中感受研磨的结果，是毡匠们安身立命的技能。卷毡也有一定的诀窍，向哪个方向卷，就向哪个方向蹬踩，哪个方向的收缩也就大一些，所以蹬洗时要不时地量尺寸、掉头、转方向、翻卷，每隔一会儿就要将毡卷摊开，洒上水后再蹬。行里有句话叫做"九倒十八次，二十四个大要次，三十六个小卷子"，就是说蹬洗的过程环节复杂，反复次数特别多。蹬踩时为防止鞋子伤毡，毡匠们要脱掉鞋袜，光脚板踏在毡卷上。

出水。经过反复的蹬踩，毡坯的表面出现了密密麻麻的皱褶，表明毛毡的致密瓷实程度达到了要求，接下来就开始出水。出水就是把毛毡"饮饱浇醉"，通过蹬踏挤出毡内脏污。羊毛上有油污，冷水化不开，须用滚水。过去出水，事主家要找好大锅，柴火烧沸，沸水浇毡三四次就差不多了。现在有了洗涤用品，二三次就能洗净。出水次数的多少也决定毡的硬度，若是事主要求软一些，就多出一次水；要求硬一些，就少出一次水。

整边　陶积忠摄

整边搓沿。整边搓沿这是个眼工活，直接关系到毡匠的口碑。农村人夸奖一个毡匠技术好，就说他的毡边沿整齐，"插不进针"，铺在炕上"恰尺等寸"。整边就是调整毡的大小尺寸和规整，一般是将毡长边对折，再短边对折，看边沿是否整

搓沿　陶积忠摄

齐重合，四角是否规整。如果不整齐不规整，就用拉拖、捶打的办法进行处理。"毡匠短了一把，铁匠短了一锤"，就是说的这种处理方法。经过对折看清欠缺之后，毡匠就一手拖住毡边，一手拿棒槌向外捶，直到毛毡四边笔直，四角方正，尺寸精准方才停手。搓沿是通过手工搓、捋、踩毛毡的边沿，使毡的四边形成粗细匀称的棱线，整沿的窍门是让棱线微微向上翘起，为两条毡边的拼接挤兑留有伸缩的余地，容易达到严丝合缝、"针插不进"的效果。

晾毡。经过铺毛、踩帘子、押花、洗毡、整边搓沿等多道工序，毛毡最终成型，这时就要把擀好的毡拿到外面搭到椽子上将水控尽，将毛毡晒干，这就是晾毡。这时要注意轻拿轻放，不可斜拉横拖，导致毛毡变形。"干毡匠、湿染匠"，毛毡晾透晒干了才能不变形，白净好看。

民勤地处蒙汉交界地带，畜牧业发达，丝绸之路穿境而过，再加上位于沙漠腹地，气候严寒，故此毡制品在防御寒冷当中的应用十分广泛，毡匠们不光会擀毡，大

晾毡　陶积忠摄

制作毡衣　陶积忠摄

搓毡帽　陶积忠摄

多还会毡衣、毡帽、毡靴、毡房的制作技艺。

毡衣。制作毡衣首先要制作毡毯，方法与擀毡大同小异，只是毡毯相对轻薄、柔软。其次是裁剪，和裁衣一样，先画样裁剪，再用事先捻好的羊毛线一针一线缝制。技术娴熟的毡匠，往往不用毛线缝制，而是直接撕边搭茬，通过蹬踩融合，使整个毡衣天衣无缝。有些用心的毡匠，在制作毡衣时，还会在袖口、前胸、衣襟处押花，使毡衣有了鲜艳的色彩，非常好看。

毡帽。旧时，在民勤的严寒沙漠地带，毡帽最为常用，几乎家家都有。毡帽制作也有两种方式，一种是缝制，和缝制毡衣一样。另一种是搓制，先按用料大小铺成毛片，然后将毛片捏到一起，做成帽子形状，在接茬处撒毛接茬，再洒上开水反复搓揉，使毛片相互连接成型。

毡靴。民勤是"骆驼之乡"，明清时期有大批的青壮年跟随驼队走货，沿途戈壁沙漠，气候寒冷，故此，毡靴成为每个驼夫的必要装备。毡靴制作也有缝制、搓制两种方法，但由于搓制的毡靴耐用程度高，所以大多以搓制为主。搓制时要在毛坯内附上纸或衬布，使搓揉时能大胆操作，提高效率。搓揉基本完工后用楦头或装沙的方式楦装毡靴，最后晾干定型。楦头一般有鞋头、鞋跟、楔子三样，每个部分各有型号，使用

搓毡靴　　陶积忠摄

时选好型号进行组合，依次楔入，放置几天成型后取出即可。

毡房。就是毛毡制作的帐篷，工艺简单，只是毡毯使用量大，工作量也大，制作过程相对艰苦漫长。

民勤毛毡制作技艺产生于特定的历史条件和特殊的地理环境中，在漫长的流传过程中形成了非常鲜明的特征。一是师徒传承制：特殊的行当造就了毛毡制作技艺独特的师徒传承规范，师傅口传身授，徒弟长年跟随学习，逐渐掌握，心领神会，形成技艺。二是程式化流程：擀毡的过程程序化特点非常明显，从选毛到成毡，一步紧跟一步，步步相连，不可错乱。三是技艺流变性：随着时间推移，毛毡制作也在不断改造创新，技艺更加精湛，工艺更加精良，不断适应新的生活需求。

民勤毛毡制作技艺是民勤社会文明成长于特殊的地域环境的自然产物，是先民们战天斗地、适者生存的智慧结晶，是中国北方地区丝绸之路沿线人民独特的生产生活技能，是弥足珍贵的非物质文化遗产。历史价值：毛毡制作技艺在1000多年的传承发展中，和许多重大历史事件紧密相连，融入了中国西北各民族的风俗风情，对于研究西北历史和民族风俗风情有着重要的社会历史价值。经济价值：毛毡有着极强的实用性，具有保温、耐寒、防潮、耐用、经济、实惠等特点，是家庭生活用品，至今仍然广泛适用，具有很高的经济价值。文学价值：在毛毡制作技艺的传承过程中，随

毛毡制作技艺培训班　　陶积忠摄

《民勤毛毡制作技艺》音像出版物

着民勤人民的移民迁徙，对周边乃至整个西部地区产生了巨大的影响，很多毡匠仗义疏财，义薄云天，留下了许多情节跌宕的传奇故事，是民勤文学百花园内的奇花异葩，是文学创作的丰富素材宝库。

民勤毛毡制作技艺自产生传承至今，经历了酝酿、发展、兴盛、衰微的过程。尤其是明清之际，民勤大地毡匠遍布，技艺鼎盛，弓弦乐音处处荡漾。

进入 21 世纪，随着社会的进步发展，一些聪明的毡匠发明创造了梳毛机、弹毛机、揉帘机、洗毡机等一些专用机械，在很多制毡环节取代了人工劳力，提高了擀毡效率。同时，人们生活观念改变，生活水平和审美情趣不断提升，机械制品代替手工制品，很多机制毛毯以其样式新颖、花色斑斓、携带方便、舒适宜人而受到人民群众的欢迎，毛毡式样单调，制作繁琐，逐渐被人们抛弃，使毛毡制作技艺传承受到了极大的冲击，渐趋衰微。目前，毡匠在民勤城乡越来越少，毛毡制作技艺有断代失传的危机。因此，抢救保护这一技艺迫在眉睫。

2011 年 3 月，民勤毛毡制作技艺被公布为甘肃省第三批非物质文化遗产代表性项目。

西渠镇首好村赵登生、收成镇泗湖村李仁德，自幼受家庭影响，跟随父辈学习擀毡技艺，辗转各地从事擀毡营生，技艺成熟，深受乡民喜爱，是民勤毛毡制作技艺省级代表性传承人。

近年来，民勤县文化馆开展了毛毡制作技艺及传承人抢救保护工作，进行毛毡制作技艺调查、记录、整理保存，采用文字、图片、音像等方式，建立资料库并数字化；征集相关实物，建设毛毡制作物品展厅；拍摄制作《民勤毛毡制作技艺》音像片；建立毛毡制作技艺传习所；举办毛毡制作技艺培训班，培养传承人；出外考察、学习先进技艺，购买新式器具。通过一系列措施，抢救保护毛毡制作技艺，让这一珍贵的非物质文化遗产传承留存下去。

（石　荣、邸士智）

民勤皮活制作技艺

　　民勤皮活制作技艺是民勤流传久远的民间传统皮制品加工制作工艺。民勤皮活分类具体，工具众多，技艺复杂，季节分工明确，工艺流程科学，技艺南北交融，以其悠久的历史传承、鲜明的地域特色、独特的工艺流程、众多的皮活制品而闻名于世。

　　历史上的民勤，是闻名的"百工之乡"。民勤古时隶属武威郡，曾有"畜牧甲天下"之称，地处胡汉交界的边塞地带，冬寒夏热，水草丰美，可耕可牧，农牧业兴旺发达。这种农牧并举、农牧互补的生产模式，独特的地理环境和气候条件，民族融合的生产生活习惯，人们对皮衣、皮具大量需求，为皮活制作技艺的产生、发展、成熟提供了丰富的原材料和得天独厚的条件。

　　民勤皮活历史悠久，源远流长。早在 2800 年前，皮活制作技艺就在民间兴起，秦汉时期已在民间普遍应用，唐宋时期广泛使用。明代以来，随着大量移民的迁入，经济社会不断发展，皮制品需求骤然增多，皮活制作技艺更加成熟、兴盛，产品种类、花样不断增加。清中期及民国时期，大批民勤人移居外地，民勤皮活制作技艺随之传播到河西走廊、新疆、内蒙古等地，为当地及周边地区人们的生产生活提供了很大便利。

　　民勤皮活制作技艺分布于民勤城乡。在民勤历史上，皮匠被尊为木匠、铁匠、石匠、毡匠等"五匠"之首，可见民勤人对皮活制作技艺的重视和对皮匠的尊重。民勤皮匠分为两种：一种是大皮匠，又叫臭皮匠，专门利用骆驼、牛、马、驴等大牲畜皮料进行生产工具、娱乐器材等的制作；一

《中国乡土手工艺》关于民勤皮活制作技艺的记载

民勤皮活制作技艺使用的各种工具　李军摄

种是白皮匠，专门加工皮衣、皮袄、皮帽、皮褥等生活用品，所用的皮料有狐皮、狼皮、兔皮等，最普遍的是羊皮。

民勤皮活制作技艺的主要器具有：铁锅、大刮刀、半圆小裁刀、锥子、钩针、黄羊角、绳车、绞板、转刀、线扣、扣绳、剪子、缝纫机、楦头等三四十种。材料主要有：各种动物皮料、芒硝、石灰、畜物油、水等等。

民勤皮活制作技艺一般有选料、浸泡、铲皮、熟皮、制革、下料、制作等工艺流程，但也因行当制品不同有着很大差异。

大皮匠技艺

一般来说大皮匠技艺更为原始，工艺相对粗糙简陋。

选料。大皮匠活生选用大牲畜皮料作为加工材料。皮料因牲畜的齿龄、地域、宰杀季节、宰杀时的存活状态等诸多因素而质量各不相同。一般选择秋冬季宰杀的成年大牲畜皮作为材料。

浸泡。浸泡的目的是软化皮料，一般要浸泡七八天。浸泡的过程要时时"点检"，不断翻动，既要防止腐烂变质，又要使皮料浸润均匀。

铲皮。又称"推里子"。用铲刀铲去皮料上残留的油、肉和表面的毛，让皮板清洁。铲皮时将皮子搭在一根木权支起的斜杆上，一头顶在墙或柱子上，另一头套一只破

熟皮　李军摄

铲皮　李军摄

鞋底顶在匠人的小腹上使铲杆固定，然后双手持铲刀，像木匠推刨子一样，沿铲杆推去皮板表面的油、肉和毛。

　　裁皮。裁皮和熟皮两个程序可视情况前后调整，大多数情况是先裁后熟，这样皮料体积小翻动轻松，熟皮速度快。裁皮要根据皮子的大小、质量和要制作的器具统筹规划，一般原则是"先大后小，先精后次"。裁皮时徒弟拉紧皮子的一端，师傅一手拉皮一手持刀，先按预定的尺寸在皮子上划开一个刀口，然后由下而上从刀口处向内运刀裁取。一张皮子，在皮匠的精心筹划下不会有一点浪费，都能被充分利用。

裁皮　闫万伦摄

　　熟皮。熟皮有两种方式，一种为"灰水皮"，另一种叫"硝水皮"。灰水皮使用生石灰加水和成糊状，把皮投入石灰浆中充分翻动熟制。硝水皮的熟制，就要架锅生火，将芒硝置于锅内加热融化，把皮料投入其中不停地翻动，直到皮革腐熟为止。硝水皮熟好晾干后还要浸油才能使皮子柔韧耐用。

熟皮　闫万伦摄

　　灰水皮和硝水皮各有优劣。灰水皮皮板白净，干燥过程中收缩大，但皮质脆，易折裂，承力性差。硝水皮看起来油腻，但是柔软而有韧性。

　　制作。料备足熟好就开始各种器物的制作。

　　1.拥子。拥子制作先扎芯子。准备一根3尺5寸的粗麻绳，将捶打好的胡麻秸秆逐层锥缝在粗麻绳上，使其成拥子状，再用布料包缝定型。然后将预先裁制好的一巴掌宽、三尺五寸长、中间稍窄的硝水

制作骡马拥子　李军摄

皮，从拥子的一头沿一边起针，缝完一边沿另一边折回，将皮料边沿与芯子紧密地缝合在一起。最后绱耳瓜、顶头。耳瓜有两个，在拥子两边最胖的地方，呈月牙形拼接在皮条的外沿。顶头也有在皮条上预留了长度，直接包裹在顶子上缝制的，就更加浑然一体，牢固耐用。绱好后再扎拥绳上楦子给拥子整形定型。

2.笼头、靮子。笼头，顾名思义，是用皮条做成约束大牲畜头部的笼子，便于牵引使役。笼头一般由裹过牲畜耳朵后面到达口角的一根竖向倒"U"形长皮条，和横向的裹住额头半环形皮条，以及裹住鼻梁的环形皮条，外加连接额头、鼻梁的一根竖向皮条交叉连接围合而成。五花笼头要将皮子裁剪成一指宽的皮条两股并在一起编扎。普通笼头用两指宽的皮条，合成两层，交叉穿眼编扎而成。

靮子制作和笼头大致相同，只是裹住鼻梁下颌的环形皮条变成了只裹住鼻梁的半环，另外口角处安装了小铁环，连接牲畜口中铁质的嚼子和约束牲畜用的提绳。

3.鞴、襻、拉扣、肚带。鞴、襻、拉扣是连接牲口和农具的套具，承担畜力输出的作用，必须牢固耐用。鞴是倒车和降低车速的传动套具，制作时先用七拃长的一根宽皮条双折或者三折叠成两寸宽的带状，用斧头捶打使其定型。然后在皮条的两端各绱一尺多长的拉扣。揽搭子是由三个小铁环和六根皮条组成的等边三角连接在鞍子和鞴套上，使用时提住鞴套使其始终处于和车辕平行的高度不至掉落。拉扣是夹板子的附属，用两尺多长的宽皮条双折，两端分别系在夹板子上下两个凿眼中。用时夹板子套在牲畜脖子上拥子前，拉扣套在辕环上，传导牲畜的拉力。

制作鞴、襻、拉扣　　陶积忠摄

襻搭在鞍子上承受车辕传导的压力，肚带穿在牲畜肚子下，防止车辕扬起。襻和肚带都套在车辕中间位置上下对应，制作的重点是要做好连接车辕的套或者系扣。

4.皮绳。制作皮绳用的都是2到3毫米的细皮条，在皮料刚熟好时就要趁湿拉皮条合股。拉股时先根据绳的长度确定绳车两端的距离，再把皮条接续起来双根捋齐在

编皮绳　　陶积忠摄

拧绳器和拧股器之间来回拉，一根绳一般四股。四股拉好后摇动拧股器上劲拧股。股合好先把绳股置于太阳下晾晒使其干透。合绳时先把绳股潮一点水分，使其软化，然后重新装上绳车，解开绳股中的皮条结，将接头缠绕编入绳股。最后把分股器装在绳股之间，拧绳器、拧股器同时转动，中间一人移动分股器掌握绳股拧紧的程度和拧绳的速度。绳子拧好后，固定住绳车的两头，拿旧鞋底夹在皮绳上来回挦，使绳子各处股劲一致，表面光滑，趋于定型。

编皮鞭　闫万伦摄

蒙鼓　闫万伦摄

5.鞭子。准备一尺多长的鞭把，一端中间开缝，把一根较宽的皮条装入缝隙固定作为鞭芯子，在周围一圈平均地固定八根皮条。鞭把挂在高处，把周围的皮条按席子编制的花纹交叉编制。编上一米多长省去两根，变成六根继续编制。再编上一米多长就收官，打一个核桃结，再续上一段鞭梢子就算完工。最后放在地上用脚滚蹂使其花纹匀称，鞭体更加浑圆。

6.鼓。蒙鼓要在皮熟完后趁湿进行。先把皮料蒙在鼓面上，用铁钉按十字方向把皮料拉展抻平固定住。然后依次用小泡钉把鼓沿钉密钉实。最后取掉铁钉，剪掉多余的皮沿，将鼓置于太阳下暴晒收缩，逐渐定型。

大皮匠技艺适用的地方很多，如装饰车驾、包扎固定农具等。技艺要求较高的如絓线、弓弦的制作，一根两毫米粗细的弓弦竟有多达六根皮线合成，其制作精细、难度之大可想而知，被皮匠视为密不外传的"绝活"。

白皮匠技艺

相对于大皮匠，白皮匠制作的都是人们的穿戴用品，技术要求更高，程序也更为复杂。

皮袄。"皮袄穿在身，冰上能过冬"。民勤是"骆驼之乡""大帮驼铃走天下"。民勤骆驼客大多秋冬季走货，常常行走在冰天雪地的极寒之地，皮袄自然成了走南闯北的护身宝物。普通人家更是把皮袄当做传家之物，代代相传。

1.选皮。皮袄都用羊皮制作，一般来说秋冬皮最好，毛长绒密、皮板厚、耐磨耐用，春皮次之，夏皮最次。就地域而言，沿边乡镇和沙漠草场放养的羊，皮毛相对较好，圈养的次之。另外，必须选择活羊皮，病羊、死羊皮坚决不可用。

2.泡软去肉。浸泡的目的是通过清水浸透，使皮子软化，一般要浸泡数天之久。将泡软的毛皮捞出，铲去油脂与残留的肉。

3.熟皮。把毛皮投入缸中，加入米面粉、食盐、水等，浸泡10至13天左右，每天翻动两三次，禁忌把缸直接放在太阳下暴晒。

4.晾晒。把熟好的皮子搭在缸沿上控干水分后晾晒一天。晒干后叠放在一起放置数日就可使用。

5.回潮拉软。在皮板上喷洒热水后折叠起来放置24小时回潮。然后把皮子吊起来，用专用的滑钩从上到下反复拉动，将皮子拉软。再用木棍捶打，将毛皮中留存的米面粉和食盐捶打干净。

6.裁剪和缝纫。裁剪之前还要用铲刀把皮板清理一遍，然后根据客户所需的样式、大小，裁剪缝纫。缝制皮袄时要用皮条夹缝子，这样处理既美观，又结实耐穿。

皮大衣、皮卡衣。20世纪六七十年代开始，随着生活条件的改善，人们对穿着的审美也有了更高的要求，开始流行在皮袄上挂布面子，这样制作的长皮袄叫皮大衣，短皮袄叫皮卡衣。皮大衣、皮卡衣制作过程与皮袄制作大同小异，但为了避免皮板油渗透在布面上影响美观，更注意皮毛的脱脂处理。一般选用老墙朽土或者芒硝调和成糊状，均匀地涂抹在皮板上拔除。最后是挂面子。一般要与缝纫师傅配合完成，

皮袄　陶积忠摄

选皮　闫万伦摄

也有心灵手巧的皮匠师傅精通布料缝纫技术，就一手包制，更加完美了。

皮夹克。20世纪80年代后期，皮夹克逐渐成为穿衣的时尚。民勤皮匠也与时俱进地改进了皮衣制作技艺，创造出了复杂科学的皮夹克制作技艺，皮匠作坊也在技术改造中逐渐具有了相当的规模，一般都有皮料加工作坊和裁剪缝纫作坊两部分。皮料加工作坊有蓄水池，两三个清水池，一个小型锅炉，三四个浸泡池，若干水缸，去肉机、刮脂机、削匀机等，占地面积二三百平方米。缝纫作坊有裁剪案、缝纫机、锁边机、皮料架、皮鞋架、成衣挂架等，占地面积100多平方米，已经初步具有流水作业的雏形和规模。

皮夹克加工有净皮、鞣制、染色、裁剪缝纫四个步骤。

1.净皮。净皮有浸水、去肉、复浸水、脱脂、包灰脱毛等五个步骤。先把羊皮浸泡36个小时，铲去皮板上残留的油肉。再把皮投入池中浸泡12小时，使其达到泡软状态，然后加入一定量纯碱、

熟皮　闫万伦摄

拉软　闫万伦摄

裁剪缝纫作坊　陶积忠摄

洗衣粉，将皮料脱脂。最后调配一定比例硫化碱、石灰和水，搅拌成糊状，均匀地涂抹在皮板上，放置三四个小时后蜕毛。

2.鞣制。皮料鞣制有浸灰、复灰、脱灰、软化、浸酸、油预鞣、铬鞣、提碱、加温、削匀、复鞣等11个步骤。

浸灰。在池水中调配硫化碱、石灰粉，搅拌均匀，投入皮料，每隔30分钟搅拌一次，共搅拌六次出池。

复灰。在池水中调配石灰粉，投入皮子每个小时搅拌一次，8至12小时后出池冲洗干净。

脱灰。在水缸中调配氯化铵，投入皮料，搅拌30分钟，再加入一定量的盐酸，继续搅拌90分钟，同时洗净浸灰。

软化。先倒去缸中一半的浸泡液，补充热水，温度达到37至39摄氏度，再加入适量的平平加、氯化铵、胰酶，连续搅拌两小时，皮料的软化程度和透气性达标后，用清水清洗干净。

浸酸。先在水中加入一定比例

浸水　　闫万伦摄

脱灰调浆　　闫万伦摄

的食盐，搅拌10分钟，再加入甲酸搅拌20分钟，再加入硫酸搅拌90分钟，以后每隔30分钟搅拌一次，共搅拌五至六次，PH值要求控制在2.6至2.8之间。

削匀　　陶积忠摄

油预鞣。加入一定比例阳离子油，每间隔一小时搅拌一次，共五次。

铬鞣。在浸酸过程中进行，按一定比例加入铬液、醋酸钠，每小时搅拌一次，共五至六次。

提碱。在水调配小苏打。每隔30分钟搅拌一次，共五次，将PH值保持在3.8至4.2之间。

加温。将热水加入缸中，使配液达到二倍，温度在38至42摄氏度之间，PH值要求在3.8至4.2之间。浸泡8至12小时，捞出皮料摞垛堆放48小时以上。

削匀。使用削匀机削匀，削匀后双层皮料厚度在1.5至1.6毫米之间。

称重。称取重量，按增加30%作为后面配料的依据，然后水洗干净。

复鞣。用1.5至2倍的水量，温度控制在40至45摄氏度，逐渐升温至55摄氏度，依次加入阳离子油、铬液、醋酸钠，每次搅拌60分钟，浸泡18至24小时后，捞出洗净。

回潮抻板　陶积忠摄

3.染色。染色有中和、水洗、染色、加油、水洗、晾晒、回潮抻板、刷浆、固色等程序。

中和。用2倍的水量，加入适量醋酸钠后搅拌20分钟，再加入石灰铵，搅拌60分钟，然后水洗干净。

染色。用3倍水量，加入适量平平加搅拌，温度控制在55至60摄氏度，后升温至70摄氏度，依次加入各种酸性染色料，反复搅拌上色。

裁剪　陶积忠摄

加油。在染色废液中调配，依次加入一定比例含硅加脂剂、混合油、阳离子油、甲酸、铬鞣粉等，每次搅拌30分钟左右。完毕后浸泡3个小时，搅拌3次后水洗降温，洗去表面浮色。

晾晒。把染好色的皮料搭在木杆上晾干，晾干后码放整齐，用塑料布盖严，静置48小时。

回潮抻板。用热水均匀喷洒在皮里上，堆放24小时使潮湿均匀。然后把皮子拉展拉平钉在木板上，待晾干后取下，堆放整齐静置两三天后修边。

刷浆、固色。用稀释的酒精擦净皮面，然后用调好的开光浆把皮子轻刷两遍。用专用固色剂轻刷一次。

4.裁剪缝纫。将皮子用铲刀或机器轻铲一次，使其进一步软化，然后根据客户订做的样式制作。过去流行样式较为单一，2000年以后，成衣种类越来越丰富，皮衣师傅就从市场上购来新款样式，比照着加工，逐渐丰富了式样。

其他皮革服饰。山羊皮服装制作工艺与绵羊皮大致相同。牛皮服装制作由机器分层，其他工艺基本相同。其他物品如狗皮褥子、皮裤、皮地毯、车内装饰等，制作工艺流程大同小异。

民勤皮活制作技艺在漫长的流传过程中形成了鲜明的特征。

传承人刘应森和他制作的皮衣　陶积忠摄

独特地域性。民勤三面环沙，冬寒夏热的地理气候环境，农牧并举的生产模式，多民族融合的生产生活习惯，使皮活制作技艺独具地方特色。

师徒传承制。特殊的行当造就了皮活制作技艺的师徒传承规范，师傅口传身授，徒弟长年跟随学习，逐渐掌握，心领神会，形成技艺。

程式化流程。从选料、熟皮、铲皮、制革、下料至制作成品，技艺复杂科学，一步紧跟一步，步步相连，不可错乱。

技艺流变性。随着时间推移，皮活制作技艺不断改造创新，技艺更加精湛，工艺更加精良，不断适应新的生活需求。

民勤皮活制作技艺是中国北方地区丝路沿线人民独特的生产生活技能，是珍贵的非物质文化遗产，有着重要的价值。

历史价值。对于研究西北地区，特别是移民地区历史上人们制作、运用皮活的生活、生产、商贸习俗，以及民俗民风的交融有着重要的历史价值。

文化价值。民勤皮活制作涉及历史、地理、科技、人文等各方面内容，是研究东西经济文化交流、南北民族交融的重要切入口。皮活在历史的商贸交流中产生的传说故事，是文学创作的丰富素材宝库。

科学价值。研究民勤皮活制作的工具、材料、制作技艺流程，特别是技艺诀窍，对当今皮活的制作技艺有不可替代的科学价值。

民勤皮活制作技艺传承人马继光在中央电视台《留住手艺》栏目组接受采访

经济价值。民勤皮活制作技艺经过几千年的传承，技艺不断发展、成熟，对当地和周边地区人们，以及丝绸之路沿线人们的生产生活，产生了重要而深远的影响。

民勤皮活制作技艺流传久远。西湖马家是民勤知名的皮活世家，"马家皮坊"已有百余年的历史，是远近闻名的皮活作坊，马继光是马家第五代皮匠，擅长皮鞭、弓弦、皮鼓等制作，人称"马皮"。著名作家高星的《中国乡土手工艺》和《河西走廊先行而后思》两书，收录了民勤皮活技艺。2003年，中央电视台对民勤皮活制作技艺及其传承人马继光进行专题采访，在《留住手艺》栏目播出。苏武镇川心村刘应森，出身皮衣制作世家，自幼跟随父辈学习皮衣制作技艺，擅长各种样式皮衣制作。

民勤皮活制作技艺相关制品　　李军摄

　　民勤皮活制作技艺对民勤农牧业生产、生活、娱乐等起到了积极的推动作用。20世纪80年代初期，农村土地承包后，农业耕作生产基本用牲畜，车马农具、皮活用量供不应求，民勤皮活制作技艺广泛应用。90年

民勤皮活制作技艺传习所　　陶积忠摄

代以来，随着现代化进程加快，农业机械普及，牲畜使用量下降，皮活用量减少，皮活生意远不如以前，皮活制作技艺在民间渐趋衰微。目前，民勤皮活制作技艺传承后继乏人，濒临失传，亟须抢救保护。

　　2017年，民勤皮活制作技艺被公布为第四批甘肃省非物质文化遗产代表性项目。2019年，民勤县文化馆申报民勤皮活制作技艺省级非物质文化遗产保护专项资金项目，开展皮活制作技艺及传承人抢救性记录，拍摄、制作《民勤皮活制作技艺》音像出版物，建成民勤皮活制作技艺展厅和民勤皮活制作技艺传习所两个，组织开展皮活制作技艺交流展示活动。今后将继续调查、搜集、记录、整理民勤皮活制作技艺资料，建立图片、视频、文字资料库和电子档案；建立皮活制作技艺保护传习基地；组织皮活制作技艺培训，培养传承人；征集皮活制作技艺器具、材料、皮活制品，充实民勤皮活展示厅；开设民勤皮活网店，扩大民勤皮活影响。通过不断努力，留住民勤皮活制作技艺这一传统手工艺。

（樊泽民、石　荣）

民勤骆驼客

民勤骆驼客是古丝路沿线流行的以驼运商贸为生的一个特殊群体。清代武威籍著名学者张澍写过《橐驼曲》："草豆为刍又食盐，镇番人惯走趁趄。载来纸布茶棉货，卸到泾阳又肃甘。"这首诗正是西北地区久负盛名，在丝绸之路上拉起驼队奔走四方搞长途运输的"镇番骆驼客"凝练真实的写照。

民勤古称镇番，地处塞上边陲，东西北三面被腾格里和巴丹吉林两大沙漠包围，特殊的自然环境和典型的温带大陆性沙漠气候，是骆驼生息繁衍的理想场所。《甘肃通志》记载：镇番"粮棉繁盛，驼羊成群"。民勤是闻名的"骆驼之乡"，豢养使役骆驼历史悠久，到明代逐渐兴盛。明代开

民勤县巴丹吉林沙漠驼场　李军摄于 2015 年

始，政府鼓励养驼。《镇番遗事历鉴》记载："明成祖永乐十一年，始定养驼例。每五丁养一驼，三年增倍。凡五丁养二驼者，免应差，地亩征粮一半；五丁养五驼者，征粮皆免；一丁超养一驼者，按例奖赏。以故镇邑橐驼日有增加，不几年，其数至于十万计。"民勤成了远近闻名的"骆驼之乡"，素有"骆驼不可不养，经书不可不读"之风。随之兴起了赛驼之风。史载："明代宗景泰二年（1451 年）重阳，邑民于城北教场赛驼，红柳岗牧民刘玑如夺其冠。"

《镇番遗事历鉴》记载养驼历史

《镇番宜土人情记》载："镇番地方，民风多近胡俗。重阳赛驼，其为一也。今四、九月苏山有驼羊会，疑即源于赛驼。"苏武山朝山会有驼羊会，每年在苏武庙举办赛驼活动。清顺治九年（1652 年）"九月重阳，遵古之遗义，恢复'驼羊会'。至时，阖县士庶官民，云集苏武庙前，百乐杂伎，各显其能；车马辐辏，在在成市。驼羊牲畜，蚁集山上山下；叫卖之声，此起彼伏。并有赛驼之举：选精壮骟驼五十峰、列阵如堵，锣声为号，颠狂奔竞，沙尘蔽日，以优胜者为冠。县事为挂绶带，鼓乐演成升平……凡七日"，盛况空前。清道光九年（1829 年）"九月十日，苏武山橐羊会赛驼，武举唐灏国夺魁"。这些活动极大地促进了养驼业的繁盛。

骆驼被称作"沙漠之舟"。耐饥渴严寒，即使几天不吃草饮水，仍可照常使役。嗅觉特别灵敏，往往能把迷路的客人带到有人烟的地方。性情温和宁静，擅于长途跋涉，适合在沙漠戈壁行走，比之骡马，不择路，不带草料，不怕干旱，是长途运输最好的脚力。

历史上的民勤地处丝绸之路要冲，是边贸交通要道。民勤三面环沙，长期的人驼沙漠共处，使得驼户掌握了一套相对独立完善的沙漠驭驼技能。民勤骆驼大量用于长途运输，境内很多男丁以跟随驼队运输货物为业，成为骆驼客。被誉为"大帮驼铃走天下"的民勤驼队独领风骚，享誉丝路。

翻越天山的民勤驼队

民勤骆驼客广泛分布于民勤县全境，从明清传承至今，经历了兴起、发展、兴盛、衰微的过程。明代中期，民勤骆驼客日趋兴盛，清代和民国时期，达到鼎盛。高峰期，驼户有 3000 家之多，养驼达到 10 万峰以上。民勤骆驼客参与了清初平定噶尔丹叛乱、罗布藏丹津叛乱，清末跟随左宗棠收复新疆。最负盛名的马家驼队开办茶庄，创造了一次次商旅辉煌，名震西北，曾被雍正赐封"永盛"。清末，政府颁旨，以护

1920 年在张家口集结的镇番驼队

国员外郎诰封马香亭为"资政大夫"。民国时期，民勤驼队受孙中山派遣远赴苏联，民勤商会会长魏永坤等人受到列宁接见。马合盛后裔马玠壁继承祖业，兴业报国。中华人民共和国成立后，民勤组建了国营驼运队，民勤骆驼客积极投身国家建设，组织驼队护送班禅大师返藏，为修筑青藏公路驮运物资，为抗美援朝捐献飞机。

民勤骆驼客在600多年的历史中，形成了一整套独特的组织形式、协作规矩、生活方式、生存技巧、交流方法和习俗讲究。民勤骆驼客擅长养驼、驯驼、用驼，掌握长途运输、野外生存、人与自然和谐共生、同异地异族交流等技能。

骆驼客等级分工。骆驼客是分工明确、团结协作的团体。也叫"驼把式"，多为贫寒壮丁，依据其驾驭技术和旅途经验把骆驼客分成几等，各司其责，分为领房子、骑马先生、锅头、水头、拉链子等。领房子是驼队的首领，总管驼队事务，负责货物交易。技术全面，经验丰富，熟悉骆驼习性和疾病的治疗，能够应付各种严酷的气候条件，熟悉路线和"井头"，通常也是身怀绝技的武林高手，如果遇到强寇土匪，能够保证驼队人员和货物安全。骑马先生，顾名思义，骑马而不骑驼，地位仅次于领房子，负责联络、探路、寻找水源客栈等事务。锅头、水头，也叫"大头""二头"，负责牵拉驼队的头链、二链，保障驼队的生活起居。拉链子是驼队中最底层的劳动力，负责拾粪、砍柴、值夜、放牧骆驼、骆驼牵引、物品装卸等事务。

驯骆驼。这是每个骆驼客必备的本领，程序比较繁杂。

扎鼻棍。骆驼体型高大，难以驾驭，先民们采取在鼻腔中穿木棍的办法对其制约。鼻棍选材以霸王为最，红柳次之，拐枣再次之。鼻棍长20厘米左右，大拇指粗细，一头较粗，削制成元宝形，一头细，削有细槽，驼缰缠绕其上，名为鼻钥。扎时，绑住骆驼四肢，绊倒地上，一人骑压住驼头，用锥子刺穿鼻腔，再拿鼻棍穿过鼻腔，绕好驼缰。锥子为丁字形，驼骨制作，长的一端磨成针状。

骟骆驼。儿驼长至三岁以上，性功能趋于成熟，入冬开始，就对儿驼进行骟割。骟骆驼的方法有三种：抽骟，劙开骆驼阴囊，摘除睾丸，然后缝合伤口，再用熬制的花椒水清洗消毒；扎骟，从阴囊系子处扎住，劙开

驯骆驼　李军摄

编队　李军摄

阴囊，摘除睾丸，任其自然风干脱落；烫骟，用铁钎夹住阴囊系子，劁掉睾丸，用烫烙铁烫住伤口，冰糖融化其上，再用熬制的花椒水清洗消毒。

烫印。驼户为了便于区别骆驼，把铁制的烫铃烧红，在骆驼的屁股处烫上记号。各家各户烫铃的图案各不相同，有的是花，有的是字，有的是姓氏。

调骆驼。生驼长至三岁后，开始调训，使其熟悉各种技能。首先训练操卧，接着训练跟队，然后训练骑乘。

生驼经过扎鼻棍、割骟、操卧、跟队、骑乘训练后，成为熟驼，就能上鞍子搭垛子，担任货运任务了。

编队。民勤驼队的编队多采用奇数，7至11峰拉成一链，俗称"一把子"。数把子骆驼串联在一起，形成一支驼队。头驼驼背上披鞯，挂有铁制脚蹬，供驼把式骑乘，脖子下吊一铜制碗状咋铃子，起信号作用，使其他骆驼清楚行走方向。尾驼夹杆末尾吊铁制桶状驼铎，声音浑厚，与咋铃遥相呼应，骆驼客以此来判断驼队是否安全、完整无缺。

驼队装备。主要有夹杆、鞍子、鼻键子、帐篷、驼毛口袋、火镬子、裁毛褥子、脚蹬毡、毛捣儿、毡帽、毡靴、皮袄、毛绳、水桶、铜锅、水瘪子和锅灶碗盏等等宿营、饮食设备。

起场。经过数十代骆驼客的摸索和积累，驼队多是头年寒露起场，次年谷雨放场，起场不停，风雪无阻。

骆驼客必备的相关器具　李军摄

夜间骆驼吃草，往往多有霜露，很容易拉稀致病。白天睡觉暖和，夜间走路能防止骆驼负重发汗。所以，民勤驼队一般采用夜行昼宿的起居方式，日落启程，拂晓歇息，避免了骆驼吃霜露草的弊病。

驼队线路。民勤骆驼客长年走南闯北，驼道四通八达，其行进路线主要有六条。一条向东北，经内蒙古阿拉善、包头、杭锦后旗、呼和浩特、

1936年北上蒙古的民勤驼队

河北张家口至北京、天津；一条向北，至蒙古的乌兰巴托；一条向东南，经甘肃兰州至陕西西安、汉中和泾阳；一条向西南，经青海至西藏；一条向西，经甘肃张掖、酒泉至新疆哈密、乌鲁木齐、昌吉、伊犁等，直至西亚；一条向西北，经新疆，至吉尔吉斯斯坦、哈萨克斯坦，直至俄罗斯的莫斯科。最繁忙的驼路当数历史

1935年民勤马合盛茶号驼队在张家口进纳关税

悠久的包绥商道，是我国北方通向西域的主要线路，也是连接华北与西北的陆路交通枢纽。干买卖的大户人家和商贾字号，走新疆、翻汉中、走四川、闯京津、通山东、达汉口，往外发运皮毛、土布、甘草、沙枣、食盐、枸杞、沙米、苁蓉等土特产，把内地的铜铁、茶叶、棉花、丝绸、布匹、药材、木料及各种生产生活用品源源不断地转运至新疆和西亚，口外的干鲜瓜果、地毯、毛皮、作物种子输入内地。除极少数驼户兼营商业，由自己商号销售外，大部分是受雇于大商号，驼户只收运输费，俗称"脚钱"。还有的驼队受雇运输家眷，民勤人过去

民勤驼队在途中歇息　约摄于民国时期

大量迁赴新疆、内蒙古河套等地，都是骑骆驼去的。

骆驼客野外生存技能。骆驼客还要掌握探路、大风天气辨识方向、打踪、寻找水源、盖井、立照子、风雪宿营、续火、防狼、人与骆驼常患疾病的治疗、器物的制作修理、与异地异族交流交融等等诸多生存、旅途技能技巧。民勤驼队起场时，要给骆驼灌大黄、甘草、黄连等药物，还有一套随时医治骆驼疾病的针灸技术，"驼把式"们还积累了许多符合骆驼习性的养护措施。这些宝贵经验，是人与自然和谐共生的"宝典"和范例。

驼队护卫。为防范强盗抢劫，一般驼队的驼把式都会一些功夫，可以保障驼队安全。大户商号的驼队，如果运送贵重物品，往往会雇用专业的镖师。清代和民国时期，武师曹振清、大侠任毛头，都是有名的"驼镖"。

民勤，"人勇而知义，俗朴而风淳"（《甘肃通志》）。民勤人勤朴、忠厚、勇敢，民勤骆驼客甘于吃苦、智于应变、艺高胆大，正是具备了一整套奇特高超的生存技能技巧。民勤驼队东进西去，走南闯北，可以数千里跋涉，人员不累不困，骆驼不塌膘、不疲乏，长时间保持旺盛精力，这也是民勤驼队走遍天下而为其他地区驼队所不及的根本原因。民勤骆驼客在悠远的历史中，在艰苦的环境下，克服艰难险阻，在丝路驼道上行程数万里，足迹遍布亚欧，往返数月至半年，用坚实的脚板丈量无垠的土地，以刚毅的精神拓展生存的空间，在四通八达的漫长驼道上写下了艰辛而辉煌的历史，形成了民勤骆驼客精神：爱国兴业、勤朴忠厚、智慧勇敢、仁善诚信。这种品质，就是民勤人的品质；这种精神，就是民勤精神。

民勤骆驼客作为长期的历史过程中的一个特殊群体，有其独有的特征。

独特的地域文化。地域环境是骆驼客产生的根由，也是骆驼客的鲜明标志。民勤独特的沙漠生存生活环境孕育了民勤骆驼客这一特殊群体，是民勤人与自然、骆驼及劳动相结合、相碰撞所产生的独树一帜的地域文化，造就了民勤骆驼客勤劳朴实、忠厚诚信、善良友爱的美好品质。

厚重的丝路民俗。民勤骆驼客由历代民勤驼夫集体构成，这一群体形成了一整套独特的行业规矩、习俗讲究、生活方式和生存技能，创造了独具特色、自成一体的民勤骆驼客文

西上新疆的民勤驼队
民国二十二年照像

1933年西去新疆的民勤驼队

民勤援藏驼队　　摄于 1951 年 12 月

化，涉及天文、地理、交通、军事、医学、动物学、文学、音乐、商贸、民俗风物等内容。骆驼客也是文化交流交融的使者，他们通过长期的货运，把当地的文化传播出去，带来其他地域的语言、饮食、风俗、技术等。民勤骆驼客走到哪里就把骆驼客文化带到哪里，由民勤县境内传播开去，传至丝绸之路甘肃段辐射的中国北方地区，并流传到古丝路沿线地区。

活态的群体传承。民勤骆驼客数百年薪火不断，其习俗规约、驼队传说、驼夫号子由历代骆驼客集体创作，折射出民勤人诚实厚道、勇敢智慧、负重奋进的集体性格，代代相传，持续完善，至今流传于民众中。

民勤骆驼客是在特定的历史条件和特定的地理环境中形成的一种职业，是丝绸之路影响深远的以驼运商贸为核心的民俗，是弥足珍贵的非物质文化遗产，有着重要的价值。

历史价值。民勤骆驼客深怀家国情怀，与国家共命运，参与重大历史事件、担任重要历史角色，为国家安全、民族团结、商贸交流、文化传播做出了卓著贡献，立下了"汗驼功劳"，有重要而独特的历史研究和文化价值。

文学艺术价值。民勤骆驼客丰富奇特的阅历、民勤驼队传说、驼夫号子中蕴藏着丰富的口头传统母题类型，具有突出的丝路大漠地域特色和审美价值，是文艺创作的丰富素材宝库。

科学研究价值。民勤骆驼客是一定历史时期特定区域、特定群体的驼运商贸民俗。骆驼客及其负载的骆驼客文化涉及天文、地理、医学、文学、音乐、商贸、民俗风物等内容，对于研究西北社会形态变迁、丝路经济发展、东西文化交流、民俗民风交融和丝路驼道沿线的自然环境、风土人情、生活习俗、商贸历史、生产技术等有独特的民俗价值和重要的科学价值。

当代文化意义和社会功能。民勤骆驼客作为一个特殊群体，数百年跋涉于漫长驼道，秉承坚忍自强的拼搏精神、团结协作的组织规矩、与自然和谐共生的理念，形成了爱国兴业、勤朴忠厚、智慧勇敢、仁善诚信的民勤骆驼客精神，成为人类精神财富的有益构成，对于激励人们爱国创业，增进东西方文化交流，推动"一带一路"建设，有着重大而深远的历史和现实意义。

20世纪80年代以来，随着道路交通不断改善，大规模行商货运的民勤驼队逐渐退出历史舞台，从事驼运业的骆驼客也急剧减少，仅有极少量的"末代骆驼客"。然而，受民勤特殊地理的影响，民勤骆驼客依然在活态传承，骆驼客还在饲养骆驼、使

民勤骆驼客从事骆驼客体验和骆驼客旅游服务　2003年李军摄于民勤红崖山水库

用骆驼，到现代交通工具不能抵达的偏远区域从事小型短途驼运贸易。近年来，随着旅游业发展，一批新的民勤驼驼客适时出现，从事驼运体验和骆驼客研学旅游服务，骆驼客民俗以文化记忆和旅游体验的形式融入丝路文化旅游。

为了抢救保护传承民勤骆驼客这一即将消亡的特殊群体，民勤县文化馆申报了民勤骆驼客项目，2011年，被公布为甘肃省第三批非物质文化遗产代表性项目。东湖镇红英村曹宗让，有丰富的骆驼客经历，熟知驼队掌故；西渠镇芥玉村张元生，养驼大户，熟悉养驼、驯驼、编队等，一直从事内蒙古阿拉善与民勤湖区的短途驼运业务，是民勤骆驼客省级代表性传承人。2016年，申报争取民勤骆驼客省级非遗保护专项资金，开展民勤骆驼客项目及代表性传承人抢救性记录工作，采取文字、图片、音像等方式，拍摄视频、图片资料1600多GB，建立档案资料库并数字化。建成民勤骆驼客展厅，建立民勤骆驼客传习所，举办民勤骆驼客传承人培训班。拍摄制作《民勤骆驼客》音像片，2018年由甘

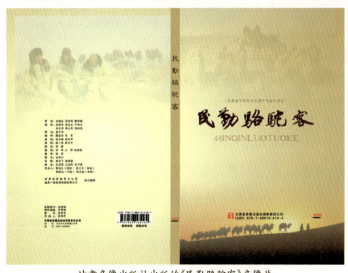

甘肃音像出版社出版的《民勤骆驼客》音像片

《中国影像方志·民勤篇·传承记》采访民勤骆驼客

肃音像出版社出版。中央电视台中国音像方志栏目组来民勤拍摄民勤骆驼客，西北大学、西北师范大学等院校多次对民勤骆驼客考察采风。历史文献《镇番遗事历鉴》《民勤县志》（兰州大学出版社，1994年）《民勤史话》（甘肃文化出版社，2010年）《天下民勤》（敦煌文艺出版社，2011年）《民勤文史资料选辑》（1988年、1991年、1996年）《民勤文史》（2012年）等，记录了民勤骆驼客。西安电影制片厂根据民勤骆驼客故事，于1991年摄制了电影《驼路神卦女》。中央电视台科教频道2019年4月27日播出的《中国影像方志·民勤篇·传承记》，记录了民勤骆驼客。

民勤县正在有计划地开展民勤骆驼客及代表性传承人的抢救性记录工作，进行民勤骆驼客调查、记录、整理、保存，建立完善文字、图片、音像档案资料库并数字化。采录、挖掘、搜集、整理民勤骆驼客口述史，编辑出版《民勤骆驼客》。拍摄、

民勤县文化馆工作人员深入巴丹吉林沙漠驼场，采录民勤骆驼客　李军摄
于2015年5月

制作《民勤骆驼客》纪录片。征集相关实物，充实民勤骆驼客展厅展品。新建民勤骆驼客传习所，建立民勤骆驼客保护传承和培训基地，开展骆驼客技艺传习传播活动，举办民勤骆驼客传承人培训班，传授骆驼客技艺，成立民勤骆驼客协会，扩大传承群体。争取恢复苏武山赛驼会，开展骆驼客体验和研学旅游，促进非遗与旅游融合发展。举办民勤骆驼客学术研讨会，探讨新时代保护传承工作，出版研究成果。通过一系列措施，抢救保护民勤骆驼客，让这一珍贵的非物质文化遗产传承留存下去。

（樊泽民、邱士智）

民勤元宵灯山会

　　民勤元宵灯山会是流传于民勤县城的传统元宵灯节习俗。一般从正月十四开始"开灯"，持续到正月十六"谢灯"。其间，家家户户扎灯，四街八巷游灯，男女老少夸灯，灯山楼上赛灯，代代相传，成为民勤一年一度不可或缺、民勤人民最为喜爱的元宵佳节盛会。有着悠久的历史传承，深厚的文化底蕴，精彩的艺术形式，独特的民俗价值。

　　民勤历史上属于边塞要冲和多民族交融之地。明初以来，政府屯垦戍边，大量江、浙、晋、陕等文化发达地区的移民定居民勤。当地民俗文化活动历来十分兴盛，并具有南北交融之风，元宵灯山会就是随着明代大量移民的进入而兴起，成为流传当地的独具特色的节日民俗。

　　民勤元宵灯山会兴起于明代，兴盛于清代，发展于民国，复兴在当代。据《镇番县志》载：明洪武五年（1372年），江淮、中原和山西等地移民迁于民勤，各地文化风俗随之而至，元宵聚集扎灯、赏灯之俗兴起。

　　清代，据《乾隆镇番县志·风俗志》载：农

《武威通志》关于民勤元宵灯山会历史渊源的记载

历正月十五日，古称"上元节"，也称元宵节。正月十四日黄昏后，里门竖坊悬灯，迤逦连接，三夕乃已。烟花、局戏间有。又云：元宵节，旧称上元日、灯节。这一日，闹社火、吃元宵、献长面，晚上观焰火、挂灯笼、游行逛灯、猜灯谜。

　　《镇番遗事历鉴》载：明成化二十三年（1487年），元夕，城市观灯，以山西张氏"德义商号"为最著。观者比肩，啧啧称赞不绝。又载：清康熙四十七年（1708

灯山楼　樊泽民摄

年），元宵赛灯，晋商技高一筹。有李道民者，取沙竹篾片制鱼鹰，其状栩栩。走马灯尤精善，彩绘《水浒》《西游》人物，衣冠行止，盎然成趣，观者啧啧称绝。王复礼者，亦晋人，以沙枣巨枝结扎成树，悬玲珑灯笼数百枚，繁星点缀，灯花耀眼，成一时之盛景。乾隆三十八年（1773年），县有灯山巷，巷有灯山楼，规制恢宏，造工奇巧。灯节之前，市民云集于此，悬灯楼上，观赏浏览。黄昏，先是铺面商号、机关学校，到处燃起明烛，耀如白昼，火树银花，灯火通明。晚上，天上月圆，人间灯繁，男女老少手提灯笼，从四面八方向灯山楼会集，然后结成游行队伍，游大街、串小巷，锣鼓喧天，欢声雷动，移灯耀晖，人流成河。同时在四街八巷摆设灯架，置放明灯蜡烛，亮如白昼，从远处望去，灯火如海，闪闪烁烁，似同银河。游后，纷纷集聚灯山楼前，各自把彩灯依序悬挂，从地面直至楼巅，层层摞摞，联成一座灯山，故名之为"灯山会"。

民国时期，元宵灯山会更为鼎盛，花灯的种类越来越丰富，夸灯、赏灯之风兴盛，灯笼的悬挂由灯山楼、灯山巷及其周边街道蔓延至四街八巷。

民勤元宵灯山会活动丰富多彩，主要有扎灯、游灯、夸灯、赛灯、展灯、猜谜等。

第 37 届元宵灯山会　李军摄

扎灯。又叫做灯，多以沙竹做骨，纱或纸做面，然后装饰绘画。民勤是南北、胡汉文化交汇区，受崇文重教风气影响，花灯制作技艺具有精工绵密之气和粗犷豪放之风，具有很高的艺术造诣。

元宵灯山会彩灯　李军摄

游灯。是花灯展示的一种民俗形式，史志记载：明清时期，"县有灯山巷，巷有灯山楼，规制恢宏，造工奇巧"。元宵之时，县城男女老少将做好的各式灯笼提到灯山楼前集结，然后结队游行。这是元宵灯山会开始的序曲。

夸灯。由花灯制作的佼佼者，各自表述自己花灯的制作优势、艺术性、寓意等，有很多文人参与其中赋诗作文，或现场题诗题文，将灯展推向高潮。

赛灯。由县城名流贤达、制作高手对参与展示的花灯进行品评，分出等次，优者奖励。

元宵灯谜晚会　李军摄

展灯。将制作精良的花灯全部挂在灯山楼上，从地面直至楼巅，层层摞摞，形成一座灯山。

猜谜。又称"射虎"，由地方文人制谜，在花灯上悬挂灯谜，元宵晚开谜，猜者云集，中者有奖，其乐陶陶。

元宵灯山会走马宫灯　李军摄

民勤元宵灯山会作为独具地方特色的传统民俗，具有鲜明的特征。传承性：元宵灯山会具有久远的历史渊源，兴起于明代，代代相传，传承至今已有600多年的历史。综合性：灯山会具有丰富的民俗内容，活动精彩纷呈，丰富有趣，不仅有扎灯、游灯、夸灯、赛灯、展灯等活动，还连接了民勤本土的一系列丰富的元宵民俗活动，花灯多寓意社会和谐、事业辉煌，保佑新年平安，灯名也多有求吉祈福之内容。群体性：元宵灯山会具有广泛的群众参与性，历史上元宵节期间民勤家家做灯，户户展灯，人人观灯，全民参与，已成为当地最热闹的传统春节文化活动，参与人数以十数万计，几乎民勤人人到场观灯，流连忘返，并吸引大量外地游客前来分享。独特性：民勤为民族交融之地，江、浙、晋、陕移民与原住民汉族、蒙古族、回族多民族杂居，花灯工艺具有南北兼融的制作风格。活态性：民勤灯山会是民勤传承较为良好的传统民俗活动，已成为民勤人民一年一度不可或缺的文化盛会。

第39届元宵灯山会　李军摄

作为传承历史悠久的传统年节民俗，元宵灯山会有着重要的价值。历史价值：元宵灯山会传承至今已有600多年的历史，有着深厚的文化底蕴，弘扬了优秀的传统文化，具有很高的历史价值。民俗价值：元宵灯山会传承了丰富的节日民俗，对研究移民地区民俗文化有极其重要的学术价值。艺术价值：受移民文化影响，元宵灯山会花灯制作技艺具有精工绵密之气和粗犷豪放之风，独具南北兼融的花灯制作风格，有着独特的艺术价值。社会价值：民勤元宵灯山会为群众提供了丰盛的节日文化盛宴，满足了人民殷切的文化需求。

元宵灯山会历史上主要场所在民勤县城灯山楼、灯山巷和临近街巷。20世纪80年代，主办任务由民勤县文化馆承担，灯会场所迁至南街。2008年文化广场建成，元宵灯山会迁至灯山巷临近的步行街。

在过去，元宵灯山会曾一度停止。20世纪80年代初，元宵灯山会恢复，延续至今，已举办39届。民勤县文化馆每年都结合农历生肖、传统习俗、经济社会形势，融合传统技艺，并结合现代光、电、传动设计技术，制作出多组美轮美奂的大型灯组，农历腊月二十六装灯，除夕亮灯，正月十七拆灯，展出大型灯组十余组，如七彩牌楼、祝福民勤、旺财旺福、盛世丰年、美丽家园、灯山彩楼、春满绿洲、印象民勤、跃马争春、金蛇狂舞、嫦娥奔月、马踏飞燕、劲帆远航、双龙降瑞、走马宫灯、

大型电动宫灯　　李军摄

金鸡报春彩灯　　李军摄

财神赐福、三羊开泰、
金鸡报春、金猴闹春、
金猪送福等等。这些彩
灯气势雄宏，造型逼真，
或弘扬民俗文化，或展
现民勤形象，灯火辉煌，
流光溢彩，使元宵灯山
会内容更丰富，规模更
宏大，质量档次更高。
更有爱好此艺者，自己

新华社发布民勤 38 届元宵灯山会盛况　　姜爱平摄

制作玲珑剔透的小灯，在灯会期间游灯把玩。正月十五晚，设"元宵灯谜会"，悬挂
灯谜数千条，射中者手捧奖品，神采飞扬，踌躇满志；射偏者说着失误，评头论足，
英雄不服，其情也浓浓，其乐也融融。是晚，观灯猜谜者接踵摩肩，人山人海，驻足
翘望，游目骋怀，真是人在灯海中，灯在人潮里。近些年又兴起了驼羊游街，县城周
边农民制作漂亮羊车，挑选健壮公羊驾辕，在灯会上供游人乘坐，寓意"乘羊车，发
羊财"。还有的把体格健美的骆驼装扮漂亮，供游人乘骑拍照。

2017 年，民勤元宵灯山会被公布为第四批甘肃省非物质文化遗产代表性项目，属
民俗类。

双龙降瑞 姜爱平摄

民勤元宵灯山会以群体形式传承。花灯制作代有高手，至清代，花灯制作技艺已十分精湛。据《民勤县志》记载："邑人赵氏玉珍，为河西丹青高手，制作灯技艺名噪城乡。"民国时期，马寿山为花灯制作技艺佼佼者。中华人民共和国成立初，赵光文为花灯制作工艺集大成者，出身于丹青世家，具有很高的书画造诣和工艺美术成就。20 世纪 80 年代以来，县文化馆承担了元宵灯山会的设计、制作、布置任务，组织举办了 39 届元宵灯山会。甘肃省工艺美术大师、中国工艺美术协会会员、县文化馆副研究馆员刘平，著有《花灯制作技艺》，将民勤花灯制作技艺的传统工艺和现代科技相结合，擅长现代花灯光、电、传动设计制作，是民勤花灯制作技艺继往开来，开拓创新之人。县文化馆馆员石荣、张小军和李军等人，擅长各种传统花灯制作技艺，兼擅现代彩灯设计制作。随着时过境迁，传统元宵灯山会的内容形式都有了较大变化，旧时盛行的游灯、夸灯、赛灯之风逐渐淡去，传承人才断层，保护势在必行。

为了保护传承民勤元宵灯山会，今后计划挖掘、采集、整理相关资料，建立元宵灯山会图片、视频、文字资料和电子档案库；协调各方资源，办好每年一届民勤元宵灯山会，为群众提供丰盛的传统文化盛宴；成立民勤花灯制作技艺传习所，建立民勤花灯传承展示基地；组织传承人参观、交流，举办培训班、研讨会，传承花灯制作技艺，提高保护传承水平；深入研究元宵灯山会的历史渊源，争取恢复传统形式。通过努力，恢复传统民俗，提升制作技艺，让民勤元宵灯山会更精彩、更亮丽。

（樊泽民）

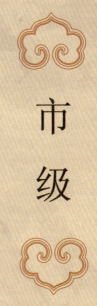

市级

民勤民间谚语歇后语

谚语是流传于民间、反映人民生活实践经验的言简意赅的短语。

民勤谚语是民勤人民在长期的生活实践中创造的，包含对自然现象的规律总结、对社会状况的观察思考，生动活泼，风趣幽默，充满哲理，富有智慧，是民勤人民日常生活中的主要用语，是民勤地方文化的重要组成部分。

民勤谚语俗语内容丰富，品类繁杂，主要分为几下方面：

气象类。如：朝霞不出门，晚霞千里行。瓜趟子云，淹死人。八月十五云遮月，正月十五雪打灯。早雨不多，一天的啰唆。猫儿睡觉面朝天，阴云连绵不见天。狗打喷嚏天爷晴。

春耕类。如：深谷子，浅糜子，胡麻种在浮皮子。清明前后，种瓜点豆。九九加一九，铧头满地走。头水浅，二水满，三水过来洗个脸。地犁七次（cai），睡的吃饭。

农作物成长类。如：七月十五枣红皮，八月十五枣半干。小暑大麦黄，大暑小

老农在讲述农耕谚语　　李军摄

麦晾上场。处暑不出头，拔了喂老牛。针扎的胡麻卧牛的谷，扁豆子一个望的一个哭。

农作物收获类。如：七月核桃，八月梨，九月柿子上满集。三月不在家，七月不在地。秋分糜子寒露谷，过了霜降拔萝卜。

节气时令类。如：三月三，换单衫。一天长一线，十天长一箭。该热不热，五谷不结。青蛙不叫，明日霜到。

婚嫁类。如：新媳妇娶进房，媒人没（mu）望想。男大当婚，女大当嫁。嫁丫头攀高，娶媳妇就低。姐姐不嫁，耽搁了妹妹。

治家类。如：从小看大，三岁知老。打人不打脸，骂人不揭短。家贫出孝子。小小偷油，到大偷牛。娘有慈习，儿有孝心。活着孝顺给一口，胜过死后献一斗。

睦邻类。如：远亲不如近邻，近邻不如对门。低头不见抬头见。跑了老婆怨四邻。

水果类。如：桃三杏四梨五年，想吃苹果十八年。枣树不害羞，当年红丢丢。桃养人，杏害人，李子树下埋死人

商业类。如：不怕不识货，就怕货比货。酒好不怕巷子深。买卖不成仁义在。让客三分礼，不说满口话。

学习类。如：秀才不出门，能知天下事。从小不努力，到老没求事。文章滚滚，离不开本本。师父不高，徒弟凹腰。师父领进门，修行靠个人。师傅二尺五，徒弟没处擩。

卫生保健类。如：病来如山倒，病去如抽丝。每餐八成饱，保管身体好。

养殖类。如：狗三猫四，猪五羊六，鸡鸡鸡，二十一。借来的猫儿不逼鼠。九斤的猫儿降千斤的鼠。老鸡儿不上灶，小鸡儿不乱跳。

人生哲理类。如：少活聪明，老活德行。人心要实，火心要虚。亏是人吃的，便宜不是人占的。驴怕的一卧，人怕的一豁。一撅尾巴就知道屙几个驴粪蛋。

工匠类。如：檩子丈三，不折就弯。檩子再粗，也压不到椽子上。匠人不是官，来人得跟伴。匠人多了盖塌房，兽医多了治死驴。大夫搂的个病婆娘，木匠住的个塌塌房。铁匠浇水甩的个手，木匠吃饭扣的个斗。

人们在茶余饭后交流民勤谚语歇后语　李军摄

歇后语是汉语的一种特殊语言形式。它将一句话分成两部分来表达，前一部分是隐喻或比喻，后一部分是意义的解释。在一定的语言环境中，通常说出前半截，"歇"去后半截，仍可领会本意，故称歇后语。

歇后语也叫俏皮话，可以看成是一种文字游戏。幽默风趣，给人启迪，带人深思，品味生活，明晓哲理，提升智慧，为广大人民所喜闻乐见。

民勤歇后语是民勤人民在漫长的社会生活中创造的、用民勤方言表述，是民勤人民对天文、地理、物候、生活、人生、事业、治家、睦邻等方面长期观察、体会、总

结的智慧结晶，同时又反过来指导人民生活。分为谐音类、事理类、喻物类、故事类、数字类、情绪类、气象类等几个方面。

谐音类。利用同音字或近音字相谐，由原意引申出他意。这类歇后语，需要转几个弯子才能体会其本意。如：空棺材出葬——目（木）中无人。孔夫子搬家——净是输（书）。贼娃子打官司——堂堂输。

事理类。用客观的或想像的事情作比方。如果对设比事情的特点、情状有所了解，即可领悟后半段的"谜底"。如：劁猪娃骗耳朵——两头受伤。老鼠钻到风匣里——两头受气。瞎子点灯——白费蜡。

喻物类。用某种或某些物件、动物作比方。了解设比物的性质，即能领悟意思。如：过街老鼠——人人喊打。狗吃刺猬——没处下嘴。大水冲了龙王庙——不识自家人。

故事类。引用常见典故、寓言和神话传说等作比方。如：刘备借荆州——只借不还。打周仓屁股——羞的是关老爷的脸。林冲棒打洪教头——专看你的破绽下手。

数字类。在歇后语中嵌入数字。究其内容，仍属事理一类。如：二郎神放屁——神气。三九天吃杨梅——寒酸。四十里地不换肩——抬杠的好手。五台山上拜佛——烧高香。六月里的萝卜——少窨（教）。八十岁老翁挑担——心有余而力不足。

情绪类。用生活中的一些现象，说明人的情绪、心情等。如：做梦娶媳妇——想的好事。穿着孝服拜天地——悲喜交加。香炉前打喷嚏——扑了一鼻子灰。

气象类。用气候现象作比，说明一种事理。如：雨天打麦子——难收场。半夜打雷心不惊——问心无愧。三九天种小麦——不是时候。

民勤谚语歇后语是民勤人民在漫长的生活过程中，经过对自然现象的长期观察、对社会生活的精深思考，然后总结出的带有规律性的方言土语，地域色彩浓厚，涉及生活的方方面面，伴随着社会的进步而发展，贯穿民勤社会文明进程，源远流长。

2010年8月，民勤民间谚语入录第三批武威市非物质文化遗产代表性项目名录，属民间文学类。

随着经济社会发展，区域交流和普通话的推广，民勤民间谚语歇后语传承遇到一定困难。以民勤方言土语为表现形式的民勤谚语及歇后语在中老年群体广泛传承，青少年中流传的越来越少，后继乏人。

（邸士智）

民勤民间谜语

谜语，叫灯谜，又称文虎。猜谜语，亦称打虎、射虎等，民勤民间叫"猜古经"。谜语，是暗射事物或文字等供人猜测的隐语，是民间测验智慧的短小作品。

谜语最初起源于汉族民间口头文学，由汉族民间集体创作，口传心授，形成了长期流传在劳动人民口头上的民间谜语。后经文人加工、创新，有了文义谜。一般称民间谜语为谜语，文义谜为灯谜，也统称为谜语。

远古时代，人们在进行语言交流时，偶尔会由于某种特别的原因，不便直截了当表达思想，而要通过拐弯抹角、迂回曲折的语言来暗示另一层内容，这便有了"谜语"。谜语历经千百年的演变、发展、完善，博大精深，特别是民间谜语，深受人民大众的喜爱。

谜语由谜面和谜底组成，谜面即猜谜语时说出来或写出来供人做猜测线索的话，是隐喻；谜底则是谜面所指的事物，即谜语的答案，是要猜谜者回答的。谜面在前，谜底在后。如谜面：麻屋子，红帐子，里头住着白胖子，谜底是花生。谜面都要表清谜目，谜目是指谜语中所要猜射事物的属性、分类范围和数量，是谜面和谜底之间的媒介及纽带。有些谜语还有谜格，就是要猜谜的人按照规定的格式，把谜底字的位置、读音、偏旁进行一番加工处理后，来扣合谜面，这是因谜语向着更高难度的方面发展而创造的。

元宵灯谜会群众猜谜语场景　樊泽民摄

猜谜语是民勤民间倍受群众喜爱的一项文化活动。民勤民间谜语的内容丰富多彩，题材广泛，谜面全部来自生活，通俗易懂，风趣幽默，生动形象，富有知识性，谜底涉及自然界和社会生活中的各种事物和现象。按照谜语内容，可分为物谜、事谜和字谜等种类。

物谜是民勤民间谜语中数量最多的一类。基于丰富的生活体验，民勤民间谜语往往体物入微，而其联想又活泼自然，构思奇巧，富于诗的情趣。有些谜面在一定程度上反映了现实生活，寄寓了思想感情，具有一定的认知作用，特别对儿童有启蒙之用，如民间有一则启蒙谜语：山里来了个豹子，穿的一身套子，谜底是骆驼。蒜骨嘟脚，柳条腰，蹲下还比站着高，谜底是狗。让人们在快乐的猜谜过程中，拓思维，启心智。

物谜中有自然物象类，如：一个大圆球，挂的天上头，从东滚到西，从来不知愁。谜底：太阳。天冷我出来，白毡到处盖，不怕风来吹，就怕日头晒。谜底：霜。一墩黄蒿，长的房高，刀斧砍不断，风来折断腰。谜底：炊烟。小白花，没人栽，随北风，到处开。谜底：雪。一物生的怪，天生怕日晒，不晒硬铮铮，一晒泪盈盈。谜底：冰。抓不着身子，看不着样子，小了摇树叶，大了推房子。谜底：风。像云不是云，像烟不是烟，风吹轻轻飘，日晒慢慢散。谜底：雾。弯弯一座桥，架在半天腰，颜色摆的巧，一会不见了。谜底：彩虹。青石板，石板青，青石板上万盏灯。谜底：星星。千条线，万条线，落到河里看不见。谜底：雨。针扎没眼，刀砍没缝，八十老汉，也能嚼动。谜底：水。

有人体类，如：弟兄两个一般大，隔着个毛山不说话。谜底：耳朵。上毛毛，下毛毛，当中包的个水葡萄。谜底：眼睛。小时软塌塌，中年毛扎扎，老了灰又白，还要用刀刮。谜底：胡子。高高山上一蓬草，十个老牛吃不了。谜底：头发。红门楼，白门槛，锁不住，关不严。谜底：嘴。白天开箱子，夜里关箱子，箱里有镜子，镜里有影子。谜底：眼睛。一个葫芦七个眼，谁猜不着是没羞脸。谜底：头。高高山上种韭菜，不稠不稀就两排。谜底：眉毛。一家人口多，住在一个窝，先生小弟弟，后生老大哥。谜底：牙齿。红门楼，白吊窗，里头住的个搅二郎。谜底：嘴巴、牙齿、舌头。

还有的谜语谜底一样，谜面有几种，如：一棵树，五股杈，不长叶子不开花，会写会算又会画，读书写字不离它。谜底是"手"。十个丫杈，分了两家，光会干活，不会说话。谜底也是"手"。五个兄弟，住在一起，名字不同，高矮不齐。谜底还是"手"。

有农作物或植物类，如：红公鸡，绿尾巴，一头钻到地底下。谜底：红萝卜。红口袋，绿口袋，有人爱，没人爱。谜底：辣子。大哥圆，二哥吊，三哥头上一撮毛，四哥穿的个紫袍袍。谜底：西瓜、葫芦、玉米、茄子。小小树，田里栽，金花谢了银花开。谜底：棉花。兄弟一伙子，抱着团子过，听说要分家，衣裳都撕破。谜底：

蒜。头戴尖尖帽，身穿绿袍袍，腿穿白裤子，脚底一撮毛。谜底：葱。穿青褂，骑白马，泥里坐，水里拔。谜底：白萝卜。紫藤绿叶满地爬，天生就开紫花花，紫花长出万把刀，人人爱吃人人夸。谜底：扁豆。春长绿芽，夏开紫花，人爱吃芽，牛爱吃花。谜底：苜蓿。铜锤子，铁把子，歪头子，黄褂子。谜底：梨。小小青铃铛，大了黄铃铛，石头山里脱衣裳，镇番城里圪嚷嚷。谜底：黄米。高高个儿一身青，金黄圆脸喜盈盈，天天对着太阳笑，结的果实数不清。谜底：向日葵。有个矮将军，身上挂满刀，刀鞘外长毛，里面藏宝宝。谜底：大豆。冬天蟠龙卧，夏天枝叶开，龙须往上长，珍珠往下排。谜底：葡萄。

同样，也有同一个谜底，而谜面有几个的。如：木头锅，木头盖，当中做的好香饭。谜底：核桃。层层木头层层柴，多能的木匠也做不来。谜底：核桃。一物生的怪，胡子满脑袋，揭开衣裳看，珍珠抱满怀。谜底：玉米。一个老汉八十八，先长胡子后长牙。谜底：玉米。从中可见大众之智慧。也有谜底相同，谜面相近的，如：身子丈八高，长节不长毛，穿着红绸裤，戴顶红缨帽。谜底：高粱。身体足有丈二高，瘦长身节不长毛，下身穿条绿绸裤，头戴珍珠红绒帽。谜底：高粱。

有动物类，如：头戴双尖帽，身上穿皮袍，说话带鼻音，总爱哞哞叫。谜底：牛。岁数不大，胡子一把，滩上吃草，见人叫妈。谜底：羊。背黑肚白尾巴长，银白项圈围脖上，谁家有了大喜事，它就飞来报吉祥。谜底：喜鹊。千里飞翔爱热闹，常在空中打呼哨，光送信来不送报，见谁都把姑姑叫。谜底：鸽子。浑身黑又亮，嘎嘎叫得响，不管冷和热，走路扇翅膀。谜底：乌鸦。圆圆空空一座城，城里城外都是兵，个个穿着黄马褂，不知哪个是统领。谜底：蜜蜂。一个黑鬼，蹲在墙上搓腿。谜底：苍蝇。剪毛没毛，杀肉没肉，上树卿溜。谜底：蚂蚁。一身毛，四个手，坐下像人，走起像狗。谜底：猴子。耳朵长，尾巴短，光吃菜，不吃饭。谜底：兔子。十字路上一队兵，乱七八糟不成形，不怕刀来不怕枪，就怕火烧和烟熏。谜底：蚊子。远看一座楼，近看没木头，凡人修不起，五鬼发忧愁。谜底：喜鹊窝。石灰堂，没缝缝，当中包的个黄芯芯。谜底：鸡蛋。黑子包丞相，下的白布帐，摆的八卦阵，捉的飞虎丁。谜底：蜘蛛。身披花棉袄，唱歌呱呱叫，田里捉害虫，丰收立功劳。谜底：青蛙。小小姑娘满身黑，秋去江南春来归，从小立志除害虫，身带剪刀满天飞。谜底：燕子。胡子不多两边翘，开口总是喵喵喵，黑夜巡逻眼似灯，粮仓厨房它放哨。谜底：猫。天热爬上树梢，总爱大喊大叫，明明啥也不懂，偏说知道知道。谜底：蝉（知了）。

动物类谜语中，谜面不同而谜底相同的更多。如：尖嘴尖牙齿，留着小胡子，贼头又贼脑，夜里干坏事。谜底：老鼠。土门土窗儿，里头住的个老丈儿，翻穿的个皮袄儿，眼睛眍的个胡椒儿。谜底：老鼠。山里来了个鬼子，穿的一身锥子。谜底：刺猬。从南来个小胖子，不卖别的单卖针，大针卖了十来个，小针卖的数不清。谜底：刺猬。一个大先生，摇儿摆儿进街门。谜底：猪。耳朵像房子，鼻子大又圆，身子肥又矮，吃饱只会睡。谜底：猪。耳大身肥眼睛小，好吃懒做爱睡觉，模样虽丑浑身宝，生产生活不可少。谜底：猪。

还有生活用品类的谜语，如：又扁又圆肚里空，有面镜子在当中。人人用它要低头，搓手搓脸又鞠躬。谜底：脸盆。上不怕水，下不怕火；家家厨房，都有一个。谜底：锅。

事谜在民勤民间谜语中数量也不少，内容基本来自日常生活，可以看出人们对生活细致入微的观察，智慧风趣的表达。如：弟兄几个人，各进各的门，若要进错门，就要笑死人。谜底：系扣子。揎个哈，探个哈，抓住他，掼死他。谜底：擤鼻涕。你眼望我眼，我手抓你腰，后生搡一哈，老人推一早。谜底：穿针。一个弓腰老汉儿，头上顶的个火蛋儿。谜底：烟锅子。一个大公鸡，清早起来刨土吃。谜底：笤帚扫地。一个麻奶奶，拧她一把水出来。谜底：抹布。一个白马儿，现吃现屙儿。谜底：推刨子。一个铁板板，满滩转的喊奶奶。谜底：铲子。一个铁猴猴，满地转的磕头头。谜底：馒头。一个蚊蚊儿，屁股里吊的个绳绳儿。谜底：针。奇里巧，巧里奇，搂着脖子抱着腰。谜底：护巾子。一个黄狼儿，屁股里抽肠儿。谜底：梭子。石板对石板，当中淌白矾。谜底：磨面。上上蒸笼，下下蒸笼，揭开蒸笼，一天爷星宿。谜底：蒸馍。领兵到长沙，长沙兵如麻，噼里啪啦打一仗，谁都累的张嘴巴。谜底：炒豆子。小天爷，下白雪。谜底：箩面。一个小伙子，穿着个皮袄子，嗤的一笑，皮袄子脱掉。谜底：放鞭炮。一座长方城，住着两家人，一家人数多，一家人数少。谜底：算盘。头上光塌塌，一敲笑哈哈，说他功夫好，肚子里啥没啥。谜底：木鱼。一人独自做，谁也不搀和，只要你不说，谁也识不破。谜底：做梦。

事谜中还有把一些比较文雅的事，用非常通俗有趣的语言表达出来。如：三朋四友坐拢堆，各人肚才现出来；不是歌来不是曲，从前古文传下来。谜底：猜谜语。张家房上一碗水，过来过去抿哈嘴。谜底：写毛笔字。四四方方一座城，城里兵马城外人。阴兵不动阳兵动，口口声声要吃人。谜底：下棋。

民勤民间谜语中的有些事谜，非常有趣，能将一个小小的事情描绘得有声有色，让人们在猜谜中哈哈一笑。如：一个叮当锣，跌下去找不着。谜底：放屁。弯弯曲曲一条龙，烟雾腾腾不刮风，呼隆响雷不下雨，潮水滚滚一点红。谜底：抽水烟。镇番城里有妖精，身子小的一伶伶，五个将军拿夹剪，除掉妖精就太平。谜底：挑刺。

事谜中，也有谜底相同或相近，谜面不同或相近的，很有趣味。如：一个猪娃子，不吃麸麸糠糠，撅屁股打了一枪枪。谜底：锁子。一个铁狗，把在门口，客人见它，掉头就走。谜底：锁子。一人拉，一人推，雷声响，雪花飞。谜底：木匠拉大锯。一条黑路，你去我来，黑路走完，两边分开。谜底：锯木头。一个媳妇子，吊的个长辫子，欢欢喜喜去，哭哭啼啼来。谜底：柳条漏斗。一个麻汉儿，吊的个长辫儿，笑上去，哭上来。谜底：柳条漏斗打水。

事谜中还有一则，谜面一样，而谜底不同。一伙白鸽子，客人来了上桌子。谜底：白面馍。一对白鸽子，亲戚来了上桌子。谜底：酒盅。从谜面和谜底看，都很相符，很形象，也很有趣。

字谜在民勤民间谜语中有重要的份量，谜面常常用十分通俗的语言表述，或拆字，或组合，或会意，扣合谜底，有趣有味。如：一个人，他姓王，口袋里装的两个糖。谜底：金。老大老二和老小，弟兄三个闹着玩，老大踩了老二头，老小蹲在最下头。谜底：奈。一字九横六直，天下文人不识，有人去问孔子，孔子想了三日。谜底：晶。一对鸳鸯平齐飞，一个瘦来一个肥，少者一年飞一次，多者一月飞三回。谜底：八。三人同日去观花，百友原来是一家，禾火二人迎面坐，夕阳桥下两个瓜。谜底：春、夏、秋、冬。夫人回娘家，头戴两朵花，去了整一月，骑马转回家。谜底：腾。一个王老汉，背的个白老汉，背不动了坐到石头上。谜底：碧。卷尾猴。谜底：电。他有你没有，地有天没有。谜底：也。

民勤民间谜语中还有民勤地名谜语，谜面都很简短，谜底都是民勤地名。如：粮食持续增产。谜底：连丰。天泰地泰人泰。谜底：三合。乡试会试殿试连中。谜底：三元。盲人重见天日。谜底：复明。北海（遥对格）。谜底：南湖。

民勤民间谜语来自日常生活，用民勤方言来表述，将趣味性、知识性、地域性相融合，涉及生活的方方面面，一般不用典，通俗易懂，富有韵味，易于猜射。很多谜语谜面就是一首动听的歌谣，朗朗上口，易诵易记，运用比喻、拟人、夸张、起兴、摹状、双关等表现手法，妙语连珠，耐人寻味，猜射需要联想丰富，不论男女老幼，还是文人农夫，都爱听好猜，广受人们喜爱。

民勤民间方言谜语有启蒙、知识、情趣、文学教育价值，是大众茶余饭后富有情趣的娱乐活动，人们在劳作之余，相聚一起，你出谜，他猜射，斗智益智，机趣多多，让人们在轻松的猜谜活动中，会心一笑，其乐无穷。

猜谜更是民勤民间启蒙教育的一个悠久优良的传统，日常生活中，为了从小锻炼孩子的机智，培养孩子的想象力，增长知识，增添乐趣，人们使用一些文学趣味颇浓的语言，将某些生活现象或事物特点作出形象简短的叙述，让孩子去联想、去猜测。冬闲季节，长夜漫漫，老人领着孙儿们，燃一豆油灯，围坐在大热炕上的火盆周围，边取暖，边猜谜，真是一幅诗情画意的暖冬图。

民勤民间流传的经典谜语很多，已整理的有近 200 条，涉及自然景象、风土人情、日常生活等等，是浩瀚的民间谜语海洋中的绚丽浪花，是中国民间谜语宝库的重要组成部分。

2015 年灯谜晚会   李军摄

民勤自古有元宵灯山会的传统习俗，每年正月十五元宵节的元宵灯山会上，都举办元宵灯谜晚会，制谜数千条，供人们猜射，谜语的内容和形式有了很大的创新，灯谜真正成了扎根群众的艳丽花朵。

随着时代的发展，娱乐活动日益丰富，老人们也陆续离世，过去的许多"古经"已不为人所知了，民勤民间谜语逐渐被人们淡忘了，需要挖掘保护，传承弘扬。2022年 7 月，民勤民间谜语被公布为第五批武威市非物质文化遗产代表性项目。

（樊泽民）

民勤儿歌童谣

民勤儿歌童谣，是民勤人民代代口耳相传的用民勤方言诵唱的具有一定韵律的童言歌谣。它诙谐幽默、音韵和谐、形式简短，读来朗朗上口。叫法很多，还称"童子歌""儿童谣""儿谣""小儿谣""小儿语""孺子歌""孺歌"等等。儿歌童谣的创作者未必是儿童，不论是成人还是儿童创作的歌谣，只要是被儿童乐于接受或模仿而活跃于儿童口耳之间的，都可以视为儿歌童谣。

民勤儿歌童谣由来已久，世代传唱于儿童之中。现有记载最早的儿歌童谣是《雪儿下》。《镇番遗事历鉴》载：清世祖顺治十一年（1654年），冬大雪，连日不止。天地浑然，乌鹊与人争食。方霁，奇冷无比。西风瑟瑟，人每畏寒而不敢出户。童谣："雪儿下，雪儿大，七天八夜才下罢。树低头，房压塌，老汉冻的不说话，儿媳妇冻的叫达达。哎哟，叫达达。雀儿飞，鹞儿追，一追追到屋里边。柳根火，光是烟，呛的雀儿泪涟涟，抓住鹞儿犒犒嘴。哎哟，犒犒嘴。"这首儿歌童谣形象生动，堪比南北朝民歌，是长期以来流传于民勤民间的优秀儿歌童谣的代表。

民勤儿歌童谣的内容取材于生活和自然，浅显易懂、思想单纯。儿歌童谣是在乳儿的摇篮旁伴着母亲的吟唱而进入儿童生活中的。孩子们随着年龄的增长，由感知到模仿，最终学会诵唱儿歌童谣，并从中获得审美享受。儿歌童谣的内容往往非常显浅，易为幼儿所理解，或单纯集中地描摹、叙述事件，或于简洁有趣的韵语中表明普通的事理，有趣、好玩，让孩子们感兴趣。

民勤儿歌童谣想象丰富，富有情趣；整首篇幅简短，结构划一。幼儿对周围事物的认识还比较单纯，又限于口

老人们讲述儿歌童谣　　李军摄

耳相传，因此，儿歌童谣的篇幅大都短小精巧，结构单纯；一般只有短短的四句、六句、八句，当然也有较长的。就每句所组成的字数看，有三言、四言、五言、七言、杂言。三字句、五字句、七字句是基本句式。短小、单纯，自然易学易唱。如流传非常广泛的《小老鼠》："小老鼠，上灯台，偷油吃，下不来，哭着叫着喊妈妈，叽哩咕噜滚下来。"形象、生动、简短、单纯，通俗易懂，易诵易记。

儿歌童谣语言活泼，富有韵味，是孩子们的诗。孩子们在游戏、娱乐、玩耍时，口中吟哦唱诵，配合动作，唱出了儿歌童谣，传播了儿歌童谣。幼儿好动，又处于学习语言、提高语言表达能力的阶段，富有音乐感、节奏明朗、生动活泼的儿歌童谣语言可以引起幼儿的美感、愉悦感，激发他们学习语言的积极性。因而，儿歌童谣大都有鲜明的音乐性和节奏感，具备合辙押韵、节奏明快、易于诵唱、语言活泼的特点。

民勤儿歌童谣在千百年的传承中，经过一代又一代人自觉或不自觉的润色加工，形成了多种倍受儿童喜爱的特殊的传统艺术形式，有摇篮曲、游戏歌、数数歌、问答歌、连锁调、绕口令、字头歌、谜语歌和颠倒歌。

摇篮曲。也称摇篮歌、催眠曲，属"母歌"。是一种由母亲或其他亲人吟唱给婴幼儿听的，用于催眠、教话、认物的简短儿歌童谣。如《夜哭郎》："天皇皇，地皇皇，谁家有个夜哭郎，张家的外甥王家的郎，行人过了念三遍，一夜睡到大天亮。"《肚肚疼》："肚肚、肚肚不了疼，一泡稀屎浪出门，黄狗吃了黄狗疼，黑狗吃了黑狗疼，娃娃的肚肚不了疼。"《娃娃定定的》："娃娃定定的，街上来了个定秤的；娃娃悄悄的，街上来了个劁猪的。"《娃娃乖乖的》："唠——唠，唠连唠，我的娃娃就乖乖的，街上来了个买卖的，买了个檽檽没底底，娃娃想浪泡热屎屎。"

游戏歌。是儿童游戏时伴随着一定的游戏动作而吟唱的儿歌童谣。如《点窝窝》："点、点、窝、窝，黄羊过河；鸭鸭吃水，扑喽——地飞了！"《点屁星》："点啊点啊点屁星，谁家门上过事情，一炷香，一炷蜡，谁放屁，就是他。"《上山打老虎》："上山打老虎，老虎不在家，放屁就是他。"还有民勤及各地都广泛流传的《小白兔》《找朋友》《丢手绢》《拍手歌》等等。

数数歌。是以适合儿童审美心理的形象描写来巧妙地训练儿童数数能力的儿歌童谣。如《一二三四五》："一二三四五，上山打老虎。老虎不在家，见到小松鼠。松鼠有几个？叫我数一数。数来又数去，一二三四五。"《排排坐》："排排坐，吃果果，你一个，我一个，弟弟睡着留一个。"还有流传于民勤乃至全国的儿歌童谣《一二三》："一二三，爬上山，四五六，翻跟头，七八九，拍皮球，张开两只手，十个手指头。"等等。

有的数数歌除能用来进行知识教育外，还渗透了一定的思想教育的内容。数数歌的特点是：变数字为形象，化抽象为具体。

问答歌。指采取一问一答或连问连答的形式来叙述事物、反映生活的儿歌童谣。如《姓谁家》："搓啊搓啊搓垢痂，灯笼门子姓谁家？——姓王家。王老汉，开门来。——门开哩进来来。进来做啥哩？——捉个狗娃子哩。"《蛋蛋还小哩》："蛋蛋还小哩，长大铲草哩；铲草做啥哩？铲草喂马哩；大马拴到大树上，小马栓到小树上。"

问答歌的特点就在问答。既然要回答问题，总得动点脑筋，所以问答歌能启迪儿童的心智，唤起儿童对各种事物的注意，帮助儿童认识理解周围的世界。

连锁调。即连珠体儿歌童谣。它以"顶针"的修辞手法结构全歌，就是将前句的结尾词语作为后句的开头，或前后句随韵粘合，逐句相连。如《当哥子当》："当哥子当，当新帐；新帐贵，当猪鞭；猪鞭螺，当牛角；牛角尖，挑上天；天又高，跌把刀；刀又快，切芹菜；芹菜长，撂过房；房动弹，狗叫唤；哥哥、嫂嫂都出来；哥哥穿的袜袜鞋，嫂嫂穿的嘟噜噜裙；裙背后，女儿多；扎花儿，缠小脚。"连锁调的特点是随韵接合，易唱易记，对培养儿童的思维和语言能力十分有益。

绕口令。也称拗口令或急口令，是把一些发音容易混淆的字联缀成有一定意义的儿歌童谣，可用来训练儿童发音的。绕弯、咬嘴，又要求读得快，重在声母、韵母和声调的训练。如《小娃娃》："小娃娃，戴红帽，四个老鼠抬红轿。花猫儿打灯笼，黄狗来清道，一路喊到城隍庙，城隍老爷吓一跳。"《小比家》："小比家，小比家，囊下的馍馍焦疙瘩，蒸下的馍馍酸疙瘩，养下的娃娃黑疙瘩。"《一骨都蒜》："一骨都蒜，两骨都蒜，跟上哥哥走南山。南山背后一座庙，庙里蹲的个长老道。铺的毡，盖的毡，放的头上煽一煽，煽出火，冒出烟。杀公鸡，叫鸣哩；杀母鸡，下蛋哩；鸭子丢到锅里打颤哩。擀白面，舍不得；擀黑面，人笑话。"

字头歌。是指每句尾字几乎完全相同，多以"子""头""儿"作为每句结尾的儿歌童谣形式，以其独特的句尾区别于其他类型儿歌童谣，受到儿童的欢迎。如《十二月》："一月里嗑瓜子，二月里放鹞子，三月里清明豆包子，四月里种田套骡子，五月里油饼卷粽子，六月里走路带扇子，七月里贵人拿银子，八月里月饼切牙子，九月里说个媳妇子，十月里葫芦包包子，十一月穿上皮褂子，腊月里冻死草花子。"《拉大锯》："拉大锯，扯大锯，奶奶家，唱大戏。接姑娘，请女婿，就是不让娃娃去。不让去，偏要去，坐着马车赶上去。"

谜语歌。是一种文学趣味颇浓的益智游戏，人们将某些生活现象或事物特点作出形象简短的叙述，让孩子去联想、去猜测。可以对儿童进行知识教育，歌中准确生动的语言，形象有趣的描述，又有利于儿童语言的发展，还可以促进儿童分析、综合、推理、判断能力的发展，促进儿童记忆、联想能力的提高，从小锻炼孩子的机智，培养孩子的想象力，增长知识，增添乐趣。如："一家人口多，住在一个窝，先生小弟弟，后生老大哥。"（打一人体器官：牙）"有个矮将军，身上挂满刀，刀鞘外长毛，里面藏宝宝。"（打一植物：大豆）"老大老二和老小，弟兄三个闹着玩，老大踩了老二头，老小蹲在最下头。"（打一字：奈）"白天开箱子，夜里关箱子，箱里有镜子，镜里有影子。"（打一人体器官：眼睛）。

颠倒歌。也称滑稽歌、古怪歌或倒唱歌，指故意把事物的本来面目颠倒过来叙述，使其具有幽默和讽刺意味的儿歌童谣，其特点是正话反说，内容机智，联想丰富。

民勤儿歌童谣常见的修辞手法有：比喻、拟人、夸张、起兴、摹状、反复、设问等等。

民勤流传至今的儿歌童谣有数十首，这些儿歌童谣经过千百年来的传唱，大都是一些久传不衰的精美佳品，其共同特点是语句通俗，富有生活气息，形式短小，词简意明，通俗易懂，有很强的音乐性，音韵铿锵，节奏明快，积极乐观，想象丰富，妙趣横生，易诵易传，朗诵起来异常顺口，有歌唱之风韵，只要儿时记熟了，到老仍记忆犹新。

民勤儿歌童谣有着不可替代的知识、情趣、文学、品德教育价值。儿歌童谣的内容，不但生动有趣，合乎儿童胃口，而且题材包罗万象，更能满足儿童好奇的心理，儿童可以从中获取新的经验和知识。儿歌童谣特别重视情感和趣味，能够陶冶儿童性情，培养儿童的气质，使他们养成活泼、爽朗、优雅、天真的性格。儿歌童谣语言浅白而简练，使儿童容易了解其中的意思，领略其中的情趣，欣赏其中的意境，能丰富儿童的词汇，增强儿童的表达能力。有些儿歌童谣蕴含着伦理道德或劝勉讽诫的教育性内容，有利于儿童陶铸品行、美化性灵。

儿歌童谣是人类文明早期口头文学的重要内容，是文学的早期雏形，是诗歌的原生标本，对于研究历史、社会、人文的演进有着重要的参考价值。这些儿歌童谣与农耕文明之下的农业生产和生活关系十分

老人为儿童讲述儿歌童谣　　李军摄

密切，在一代代人的成长过程中，产生过良好的启蒙教化作用，在生命的记忆中留下深刻的文化烙印。

民勤儿歌童谣寄寓着乡土社会中人们耕读传家、祈求幸福安康的朴素愿望；儿歌童谣里包含着教训，寄托着希望，陈述着古老朴素的道德；儿歌童谣更以其灵动的想象力，丰沛的游戏精神，为孩子们构筑起一方快乐的天空。无论是摇篮曲中母亲对孩子的殷殷期许，还是游戏曲中孩子们在嬉闹中朴素的相互祝福，每一首儿歌童谣都在对最平易、最寻常的人间情景的吟唱中，寄寓着对纯美、淳厚的人生之境的向往，勾勒出一幅幅人与自然、人与人和谐相处的温馨画面。儿歌童谣是极富研究价值的乡土文本。对于今天的孩子而言，儿歌童谣则是一座传承民族文化的桥梁。儿歌童谣中对正义、勇敢、善良的歌唱和浸润于儿歌童谣中的"天人合一"意识、乡土意识及乐观的生活态度等则反映出民族文化中深层的价值取向和思维方式。

随着时代的发展，人们娱乐、阅读的渠道更多，范围更广，民勤儿歌童谣逐渐为人们淡忘，孩子们能诵唱的民勤儿歌童谣已不多，需要保护传承。2022 年 7 月，民勤儿歌童谣被公布为第五批武威市非物质文化遗产代表性项目。

民勤的各小学和幼儿园要结合实际，把民勤儿歌童谣传唱与校园文化、课堂学习、课外活动结合起来，开展"学儿歌童谣、唱儿歌童谣、编儿歌童谣、画儿歌童谣、演儿歌童谣"活动，让优美的民勤儿歌童谣在城乡校园诵唱起来，让孩子们在声声儿歌童谣中度过快乐的童年，留下终生难忘的美好记忆。

（樊泽民）

民勤民间传说故事

　　民勤民间传说故事是民勤人民在生产生活过程中有感而发的文学创作行为，与民勤地域文化和谐统一，是最自然、最基础的文学类型，是生长在民间的文学经典，鲜活自然，魅力无限。这些传说故事优美动人，带给人们丰富的想象和无限的遐想，寄托了人们善良美好的生活向往和对幸福未来的追求，形成了朴素的道德理念，凝成了人们血脉传承的文化性格，弥足珍贵。

　　民勤是一块被沙漠三面包围的绿洲，是沙井文化的最初发现地。自汉武帝正式设行政建制以来，民勤地区随着整个河西走廊的开发而逐渐发展起来。历经两汉、魏晋南北朝、隋、唐、吐蕃、西夏、元、明、清等政权的先后统治，中华民国 18 年（1929 年），以"俗朴风淳，人民勤劳"易名民勤。民勤历来就是一个充满历史传奇和热血精神的土地，纷繁壮阔的历史潮流和异彩纷呈的多民族文化交流融合，给民勤积淀了丰富宝贵的历史文化遗存。民勤独特的历史过往，深厚的文化积淀，特殊的自然条件形成的生产、生活方式，这些特殊的社会生活内容，总是通过文学的创造得到反映。一个个栩栩如生的人物被创造出来，一个个精彩生动的故事在人民中间永久地传诵，激情在心灵的飞翔中转化为光彩夺目的传说故事。这些传说故事产生于民间，流传于民间，发展于民间。由于广大的人民群众坚持不懈的创造和积累，民勤民间传说故事形成了蔚为大观的文学宝库，成为一个民勤人民的精神生产原点。

　　民勤沧海桑田的地理生态变化，三面环沙的独特区位特点，胡汉交融的历史过往以及"人居长城之外，文在诸夏之先"的文化沉淀，影响了民勤民间传说故事的产生和创作特点，反映和记载了民勤不同历史时期的地理人文特征和社会文化信息。传说所弘扬提倡的传统道德理念是中华民族传说中的瑰宝，具有极强的文学文化价值和积极的社会历史意义，是民勤独特的精神文化财富。民勤民间传说故事植根在民勤历史文化土壤的深层，是民勤人民的精神生活和心灵表现的重要的形式，也是民勤在历史发展的过程中，凝聚起来的地方意识形态的重要组成部分。民勤民间传说故事和民勤人民的生活距离最近，是民勤人民在生活过程中有感而发的文学创作行为，生动活泼，淳朴自然。民勤民间传说故事是生活在社会底层的人民群众直接创作的，在审美特征上与民勤的地域文化的审美情调和谐统一，是民族文学的根，是生长在民间的文

苏武传说相关书书籍

学经典。

民勤民间传说故事以民勤山川风物、历史人物为创作主体，传承相对完整的民间传说故事数量有近 200 个，主要包括六个类型：

人物传说。这类民间传说取材于民勤历史上的人物事迹或传略，并以此进行文学加工处理，充实扩展，人物忠君爱国、热血慷慨、鲜活生动。如《苏武的传说》，讲述的是西汉中郎将苏武牧羊北海的传说，包括苏武山、羊路、望乡台、蒙泉、发菜、双羔羊、碱菜籽与柴鼠洞、无节芨芨、鬼井子、三果酒的传说等一系列传说，再现了苏武持节牧羊 19 年矢志不渝的节烈忠诚，读来让人热血沸腾，感慨不已。《金日磾的传说》《卢翰林的传说》《实业县长牛载坤的传说》等历史人物传说，篇篇感人，个个精彩。

历史传说。这类民间传说与民勤的历史文化遗迹、遗存有着密切的关联，它是在民勤实有的风物遗迹或文化遗产基础上传承保存下来的传说，贴近实际，鲜活真实，代代相传，延续至今。包括《镇国塔的传说》《连古城的传说》《蔡旗堡的传说》《莱菔山的传说》，民勤八景传说等，《民勤驼队传说》是其中的典型，讲述的是与民勤驼队在漫长的时间里相伴相生的诸多轶闻旧事，包括皇驼、马永盛、

记载民勤驼队传说的相关书籍

"福"字中堂、护国员外郎、黄马褂的传说等十数个传说，新奇别样，饶有趣味。

地名传说。这类民间传说与民勤人文地理、地方风物密切相关，映射观照民勤历史演变、地理变化、文化遗存。如《青土湖的传说》，讲述的是青土湖由水波浩渺、鸥鹭翔集的汤汤大湖，变成盐碱遍地、草木不生的滩涂黄沙的传奇过往，寄托着民勤人民对北国大侠任毛头为保护金水牛英勇献身精神的崇尚，也有金水牛被盗，往日仙湖不在的痛惜。读来令人荡气回肠，余味无穷。《石羊河的传说》《红崖山的传说》《枪杆岭的传说》等民勤地名传说，都有异曲同工之妙。

生活故事。浓厚的浪漫主义色彩是这类民间故事的一大特征，如《瓜牙儿的传说》《沙枣和红柳的故事》《高才人的故事》等故事，故事情节跌宕精彩，寓意隽永深刻，教益颇多。

古树故事。这类民间故事取材于民勤古树名木的传说轶闻，采用夸张拟人手法和寓情于景的方式，奇情异事与实物形态对比对照，既富于生活气息，又离奇动人。其中的代表有《飞来柏的传说》《昌宁古榆的传说》《九叉神树的传说》《红沙梁古槐的传说》等。

民勤曲子戏故事。这类民间故事取材于民勤曲子戏剧本剧情，或与曲子戏相关的人物轶闻趣事，其中以《张舍儿别家》《演戏告贷》等十数个故事流传较为广泛、影响深远。

民勤民间传说故事是民勤人民在生活劳动过程中有感而发的文学创作，与民勤地域文化和谐统一，是最自然、最基础的"母体"文学类型，是生长在民间的文学经典，具有鲜明的艺术特征：

较强的思想性。民勤民间传说故事与民勤周边的人文地理、地方风物有关，其思想性比较深广，这些传说或歌颂优秀人物的崇高品质，或把故事依附在具体的地方风物上，以此为寄寓或依托，伸张正义，弘扬真善美，鞭挞假丑恶，传播中华民族的优良传统美德，这对当前我们倡导的加强思想道德建设、构建和谐社会具有重要的借鉴意义。

语言的通俗性。民勤民间传说故事内容上生活化，形式上口语化，文字通俗易懂，易为平民百姓接受和传讲，现有的传说故事都是通过口口相传的形式传播下来的。

故事的传奇性。民勤民间传说故事虽多数取材于地域性人物、民间民俗生活或地方风物，但由于赋予了奇特的想象和神话色彩，因而具有很强的传奇性。

传播范围的广泛性。民勤民间传说故事产生于以民勤为中心的区域内，具有一定的地域特点，传播比较广泛。在武威、永昌、内蒙古、新疆等地群众中有很多人会讲民勤传说故事，流传范围比较广。

风格的浪漫性。浓厚的浪漫主义色彩是民勤民间传说故事的一大特征，在故事中可让沙漠变成绿洲、呼风唤雨、可移山填海，故事情节神秘精彩；故事人物忠君爱国、热血慷慨、鲜活生动；故事传说与民勤历史演变、地理变化、文化遗存息息相关，无生硬造作之感；把历史人物和神话人物的故事通过拟人化手法或寓情于景方式，使民勤民间传说故事既富于生活气息又离奇动人。

民勤民间传说故事来自乡土，是典型的民间口头文学，主题主要是对亲情、乡情、温情的呼唤，主张和谐和睦，劝善弃恶，弘扬正气……醒人醒世，播洒人间亲情、真情、真爱，以传统的道德观念去规劝人心向美，人心向爱。民勤自古就是一个崇文重教，民族融合、文化繁盛之地，客观上也让民勤民间传说故事越传越广，越传越神奇。民勤民间传说故事不但影响、感化着历代古人，如今仍然影响感化着诸多现代人，具有重要的价值和意义。

民勤民间传说故事的特点是把历史人物和神话人物的故事地方化，具有重要的社会价值。如苏武的传说，金日磾的传说等都属于这一类型。此类传说，歌颂了历史名人，宣扬了他们的美德，为人们树立了效法的榜样，对发扬中华民族的传统美德具有重要作用。

民勤民间传说故事形式上口语化，内容上通俗易懂，具有较高的文学价值。故事多用拟人化的手法，把一般民间故事依托于特定的地方风物上，演绎出许许多多独具特色、引人入胜的传说故事。这些传说故事贴近现实，凝聚着劳动人民的智慧，闪耀着传统道德的思想光芒，主题大都是摒恶扬善，宣扬亲情、真情和仁爱，寄托了世代人民的美好愿望和祈求，为熏陶、感化世代人民起到了不可估量的作用，至今仍对人们起着极大的感染教化作用。

民勤民间传说故事既富有生活气息，又离奇动人，真实情景和奇情异事达到了有机的统一，流传广泛、影响深远。这些口头文学不但是当地精神文化的宝贵财富，也是中华民族传统文化宝库中

金氏始祖金日磾造像

的瑰宝，为弘扬中华民族最具特色的传统美德做出了巨大贡献。

民勤民间传说故事提倡传统的道德文化理念，对于构建和谐社会具有较强的历史意义和现实的社会意义。作为劳动人民口头文学结晶的民勤民间传说故事，它是中华民族优秀传统文学的重要组成部分，认真抓好传承和弘扬，对于保护和发展民间文学，弘扬传统道德观念，具有非常重要的现实意义。

民勤民间传说故事属社会传承。各种传说故事产生于民间，发展在民间，流传于民间，分布民勤各乡镇及周边县市，是典型的乡土文学、口头文学。民勤民间传说故事都是经由群众传承，口口相传流传下来的。但是，民勤民间传说故事作为一种口头文学，至今没有很好地、系统地进行整理挖掘、研究和宣传，有的故事已不能恢复原貌，有的在流传过程中已经遗失，给保护工作带来很大困难。随着科技的进步，网络、电视等传媒的普及，对传统口头文学造成了极大的冲击，传统的口头文学已很难有立足之地，口头文学作为农耕文化的产物，亟需拯救。而且，口头文学作为弘扬传统美德的一种载体，现在的年轻人很少能接受这种传统理念，对民勤民间传说故事知道的也很少，原有的传说故事讲述人文化水平低、年龄大，传承上出现了后继乏人的现象，民勤民间传说故事面临渐趋消失的危险。

文化是土地最丰厚的馈赠。目前，民勤青土湖、连古城、红崖山、石羊河、枪杆岭等地貌遗迹的真实存在；古树、梭梭、芨芨草、红柳等自然风物的现实观照，赋予了民勤民间传说故事极其传奇真实的印证。民勤民间传说故事除了历史人物的传说，更多的是因景生出的风物传说，这些传说以特定风物为依托，运用奇妙的幻想、超自然的形象、神奇变化的手法，创作出引人入胜的故事，抒发了人们的生活理想、喜好善恶，歌颂了人间真情和忠贞的爱情。这些传说，大多反映了人们对美好生活的追求，颂扬劳动人民勤劳、勇敢、质朴的优秀品质。深入挖掘、整理、保护、传承民勤民间传说故事具有重要的历史意义和现实意义。2022年7月，民勤民间传说故事被公布为第五批武威市非物质文化遗产代表性项目。

民勤民间传说故事必将在不断传承和发展中绽放更加瑰丽的色彩，成为民勤非物质文化遗产大家园里的耀眼明星。

（杨立中）

打夯号子

　　打夯号子是劳动号子的一种，伴随人们的劳动过程产生、发展。民勤打夯号子是流行于民勤乡村的劳动号子，大多在打墙筑基、修堤筑路等土建工程打夯时为鼓舞士气、提振精神、号令节奏所唱。

　　民勤自古就是胡汉交界之地，身处恶劣的自然条件和安全环境中，民勤人防敌、防匪、防风沙的意识根深蒂固。高大的夯土"庄笼"，便于取材，易于建造，适合民勤自然环境，并且坚固耐用，所以在民勤随处可见。

打夯号子

1=F 2/4

```
i i i 6 6 5 | 5 5 6 5 4  5 | 5· 2 5  3 |
（领）大伙 儿 加 油 地  干呀      哟，（合）咳      哟
（领）夯 往    高 里  抬呀      哟，（合）咳      哟
（领）再来 就 一 家（的）伙呀      哟，（合）咳      哟
（领）大伙 儿 没 偷（的）懒呀      哟，（合）咳      哟

4 3 2 1 | 2 5 1 2 5  5 | 2 4 3 2 1  1· 4 | 2 1 7 6  5 ‖
咳    哟    咳， 哟 哟 咳    哟   咳      哟！
咳    哟    咳， 哟 哟 咳    哟   咳      哟！
咳    哟    咳， 哟 哟 咳    哟   咳      哟！
咳    哟    咳， 哟 哟 咳    哟   咳      哟！
```

庄笼，其中大的类似小城，属村里人共有，如暑适堡、东沟堡、大滩堡、红沙堡、青松堡、黑山堡、蔡旗堡、昌宁堡、永安堡等，小的如一般人家的庄院，但夯墙也一丈有余，十分高大。中华人民共和国成立后，虽然没有了御敌防匪的需求，但由于文化习俗的惯性和防盗防沙的作用，家家户户还是愿意筑起高大的庄院居住。在频繁的筑寨打庄过程中，打夯号子也就应运而生，流传兴盛。

　　修筑庄寨是一项十分浩大的工程。过去农村，是讲究守望相助的，凡有大事，亲朋好友、四邻八舍甚至整村人都要前来帮忙。尤其夯

吼着号子打夯

提杆号子
（一）

1=A 2/4

（甲组）咳 呀 哈 咳 呀 哒 咳 咳，咳 呀 哪 咳 咳，
咳 呀 咳 呀 咳 呀 咳 咳 呀 哈 咳 呀 咳 咳 呀
咳 呀 哟。（乙组）咳 呀 咳 呀
咳 呀 咳 咳，咳 呀 咳 呀
咳 咳，咳 呀 哈
咳 呀 咳 呀 哟。（甲组）咳 呀
咳 呀 咳 咳，咳 呀 咳 呀
咳 呀 咳 呀，咳 呀
咳 呀 咳 呀 咳 呀 咳 哟。
（乙组）咳 呀 咳 呀 咳 呀 哟
咳 呀 咳 呀 咳 咳 呀 咳 呀
咳 呀 哈 咳 呀 咳 咳 呀 咳 哟。

墙建院，很有些"众人拾柴火焰高"的气氛。打夯的时候，几十上百的人整齐地提杆打夯，齐声呼喊号子，那场面真是震天动地、热火朝天。若领号人声音洪亮且呼号词语妙趣横生，必然占尽风光，赢得乡亲的赞颂。有时候两班人马，分列两边，同时打夯，交替呼号，那号子呼喊的也就不免暗含了一较高下的劲头，此起彼伏的号子变换着不同的旋律，时而高亢、时而悠长，令人玩味无穷。

民勤打夯号子曲目大多是以口口相传的形式在劳动者中流传演绎、变化丰富起来的，流传较为广泛的有10首左右。曲调高亢粗犷，多为四句，大多符合起承转合的走势，旋律简单朴素、抑扬顿挫、铿锵有力。节奏分明沉着，根据打夯技术需要的不同，有"慢杆""快杆"之分。其打法是一人一杆，分作两班，分别站在墙的两端，相对行进，边移边打。演唱形式有以下三种：

在打夯时多名壮汉列队同时进行，其中选出一领夯人领唱，其他人应和。

对唱轮唱式：即把打夯人分为两队，一高一低，即兴变化，你方唱罢我登场，此起彼伏、相互应和，煞是动听。

齐唱式：打夯者节奏

一领众合式打夯号子　李军摄

打墙号子
（夯杆）

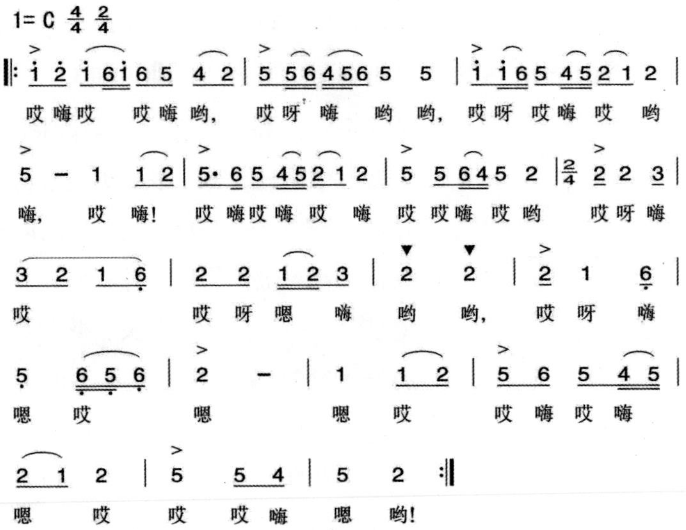

1= C 4/4 2/4

哎嗨哎　哎嗨哟，哎呀嗨哟哟，哎呀哎嗨哎哟

嗨，哎嗨！哎嗨哎嗨哎　哎嗨哎哟　哎呀嗨

哎　　　哎呀嗯嗨哟哟，哎呀嗨

嗯哎　嗯　　嗯哎　哎嗨哎嗨

嗯哎　哎　哎嗨嗯哟！

打墙号子
（快杆调）

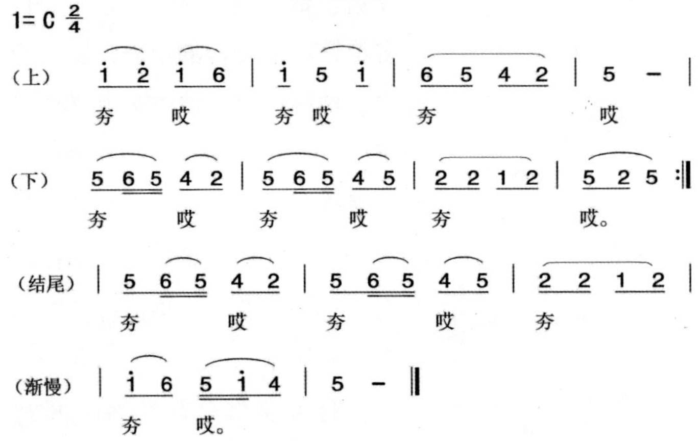

1= C 2/4

（上）　夯　哎　夯　哎　夯　　　哎

（下）　夯　哎　夯　哎　夯　　哎。

（结尾）　夯　哎　夯　哎　夯

（渐慢）　夯　哎。

打墙号子
（拾杆）

1= C 2/4

嗨哟　嗨　嗨哟　嗨，哟　哟　嗨哟　哎　嗨哟

哎　哎嗨哟　嗯嗨哟，嗯哎　嗯哎　嗯哎嗨哟，

哎嗨哎嗨　咿呀嗨，嗯哎嗨嗯哎嗨咿呀嗨！

一致，齐声吼唱，气势雄宏、令人振奋。领唱者的唱词多为即兴的鼓动性唱词，也有才艺超群的领唱即兴编唱，内容除与劳动有关外、几乎古今中外，天上地下都可能唱到，随情之所至，尽情发挥。众合者的唱词多为力量型的衬词，或以"哎""呀""嗨""呦"等语气词为主，烘托气氛，制造声势。高强度的劳作往往消耗了即兴演唱的兴致，所以最常见的打墙号子大多是以叹词为主不断重复的呼号，用以规范节奏、号令行动。

在比较单调的耕作生活中，庄稼汉子偶尔在红红火火的打墙筑院场地聚集，在激情夸张的运动中肆意地放声高歌，实在是一种畅快的宣泄张扬。在一领众和、领和交替、对唱轮唱齐唱的演唱形式中，加强了劳动者的情感交流，保证行动的一致，提高劳动效率。这些不正是庄稼人最为质朴的

夯　歌

1=D　2/4

（领）我　们　吗　就　抬　起　的　来　哟，（合）嗬　　嗬　　哟　嗬，
（领）夯　子　么　就　抬　的　个　高　夯，（合）嗬　　嗬　　哟　嗬，
（领）一　夯　子　就　压　一　的　夯　哟，（合）嗬　　嗬　　哟　嗬，
（领）头　夯　子　就　压　了　个　圆　哟，（合）嗬　　嗬　　哟　嗬，
（领）二　夯　子　就　压　个　月　牙　哟，（合）嗬　　嗬　　哟　嗬，

（合）嗬　呀　么　嗬　的　个　哟　嗬，　　嗬　嗬　的　个　哟　嗬！
（合）嗬　呀　么　嗬　的　个　哟　嗬，　　嗬　嗬　的　个　哟　嗬！
（合）嗬　呀　么　嗬　的　个　哟　嗬，　　嗬　嗬　的　个　哟　嗬！
（合）嗬　呀　么　嗬　的　个　哟　嗬，　　嗬　嗬　的　个　哟　嗬！
（合）嗬　呀　么　嗬　的　个　哟　嗬，　　嗬　嗬　的　个　哟　嗬！

文化娱乐享受吗？这种忙中寻乐的做法，也反映了民勤人民不畏艰难、乐观豁达、积极向上的精神风貌。

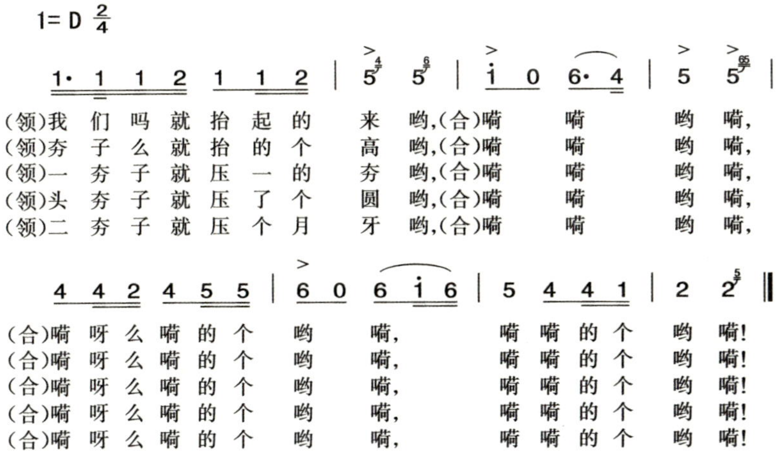

随着经济的发展，楼房和砖木结构建筑已在民勤普遍崛起，夯土建筑已很少用到，因此，失去了应用的场所，打夯号子这种劳动者最质朴的音乐、最纯粹的艺术、最贴近心灵的呼号也面临濒危的困境。2010 年，打夯号子被公布为第三批武威市非物质文化遗产代表性项目。

（石　荣、甘　平）

民勤秧歌社火

　　社火是我国各地流行的一种民间文化娱乐活动综合性很强。民勤社火已成为春节、元宵、其它节庆的重要文化活动之一，有着悠久的历史传承，丰富的民俗内容，广泛的群众基础，活动区域遍布民勤城乡。

　　秧歌、社火本来有不同的渊源和内容。秧歌源起先民们插秧耕作、庆祝丰收等劳动生活；而社火又和先民们祭祀社神、农神，祈求丰收、祈福禳灾时所唱的颂歌、禳歌有关，两者都与农事相关。在发展过程中秧歌、社火相互融合又逐渐吸收了农歌、牧歌、民间武术、民间曲艺、民间舞蹈、杂技等技艺与形式，逐渐演化为综合性的文化娱乐活动。

　　社火在民勤流传已达 600 多年历史，明代就有流传，多用来庆

20世纪80年代民勤社火　　陶积忠摄

节、庆丰。到了清代更为兴盛，特别是每年春节、元宵节和四月八庙会，社火成为一项重要活动。民国时盛行春歌，社火内容更加丰富。中华人民共和国成立后由于政府对群众活动的重视，民勤社火从内容、形式、艺术性都达到了前所未有的高度。

　　民勤社火内容丰富、形式多样。春歌。又叫事曲子，一般秧歌

中华人民共和国成立初期民勤文化馆组织的春节社火　　李万修摄

表演时都有一位学识、威望较高者做指挥。指挥者手持伞头，上面扎一些彩绸彩带，上下抖动以指挥鼓点节奏和秧歌步伐。指挥者的另一项任务就是巡演时每到一处都要即兴唱出一首祈福、助兴的春歌，多为祝愿新的一年家庭和睦、事业兴旺、庄稼丰收、身体健康等内容。春歌有一些常用调式，填词多是每句七字，或四句或八句，讲求押韵和谐。

高台。每个高台均有一主题。有杂耍，如表演顶灯、顶碗、顶缸等；有滑稽表演，如《十五贯》中的娄阿鼠表演钻凳子，也有民勤小曲戏选段表演。

秧歌队进了城 1983 年春节拍摄

1983 年的民勤秧歌社火中的高跷队

高跷。高度从 50 厘米到 1 米多不等，参与者有十多人至数十人，大多扮演某个古代神话或历史故事中的角色形象，多穿着戏曲服饰行头，手持扇子、手绢、木棍、刀枪，多男女对舞，技艺高超者还要炫耀舞步甚至武艺功夫。

锣鼓队。简单的一般有一鼓一锣一钹或镲，规模较大的有一面大鼓几面小鼓组成，锣钹镲铙根据条件配置，大鼓负责节奏，小鼓配合鼓点花样，气势撼天动地。

腰鼓队。大多为花式腰鼓，也有表演攻鼓子的。过去蔡旗一带打腰鼓较为盛行，一般是由多人组成的方队集体表演的。表演时，演员腰间斜挂小鼓，双手持鼓槌，随锣鼓、唢呐的伴奏声挥臂击鼓。其动作，时而腾挪跳跃，热烈奔放；时而轻敲慢打，柔和灵巧。其队形，时为长龙，时为方阵，变换有序，步伐齐整。特别是年轻小伙，表演龙腾虎跃，充溢着阳刚之气，往往博得观众阵阵喝彩声。

划旱船。"旱船"是依照船的外观形状用沙竹或竹竿做架子，一般带有彩楼，要轻巧美观，周围缀上彩裙，

20 世纪 80 年代舞狮表演　陶积忠摄

船的上面装饰以红绸、纸花等各种装饰物，打扮得艳丽不凡。驾船者多是姑娘、媳妇，前面有一个人拿桨划行领航，前行后退、摇摇曳曳、煞有介事地表演，后面彩船追随，舞步轻盈、身法飘逸、九曲十拐、鱼贯而行。有时晚上表演，就在旱船两头放上蜡烛照明，又称"明船"，走动起来灯火流明，别是一番热闹景象。旱船的表演步伐简单，但表演的形式不少，一般采用绕八字、蛇蜕皮、跑圆场、二龙出水、双进门、三环套月、八角茴香等套路。

1997年民勤北大街的舞狮队

舞狮。舞狮一般由二到五人共同完成，有单狮和双狮舞法，每个狮子由两人配合，另外由一人舞彩珠配合表演。舞法分为文狮、武狮两类，表演过程具有很强的技术性和艺术性。文狮子一般是戏耍性的，擅长表演各种滑稽喜人的动作，比如挠痒痒、舔毛、抓耳挠腮、打滚、跳跃、戏球等等。武狮子则重在耍弄技巧，最普通的是踩绣球、滚跷跷板、上高山（用条凳边舞边搭，一直到四五米高），甚至要做武术性的表演，这种表演过去民勤较多，现在较为少见。

舞龙。舞龙是舞龙者在龙珠的引导下，手持龙身木柄，随鼓乐伴奏，通过人体的运动和姿势的变化完成龙的各种动作的群体舞蹈。有穿、腾、跃、翻、滚、戏、缠等动作套路，充分展示龙的精、气、神、韵。龙身长一般十多节不等，节数多为单数，节与节之间以1到2米绸布相连，再用色彩绘成龙的形象。节下装有木柄，长一两米，供舞时握持。舞龙时，一人手拿"宝珠"在龙头前引领，由一条或两条龙一起表演"抢龙球"。舞弄起

舞龙　李军摄

来，左起右伏、九曲十回、时
缓时急、蜿蜒翻腾，动作快、
幅度大、舞姿轻捷矫健，热闹
非凡。

　　唢呐队。唢呐队以民勤唢
呐为主，吹奏民勤本地曲牌，
参加到秧歌队里以增加气氛、
制造声势。

　　汉服队。汉服队是秧歌队
的主体，因穿着鲜艳的传统汉

社火表演中的戏曲人物　　李军摄

服而得名。主要有两部分，一部分统一着装，另一部分主要是传说、戏剧人物，三星
五福、《西游记》人物、滑稽人物等应有尽有。其主要表演各种各样的秧歌舞动作花样。

　　民勤秧歌社火套路十分丰富。

　　编蒜。编蒜是两列队伍左右穿插，如两条蜿蜒的长蛇相互缠绕。

　　绕八字。两列队伍相对站立，两人一组以"8"字形绕行扭跳。

　　蛇蜕皮。蛇蜕皮是两列队伍并列前行，走到一定位置排头分开向后边跳边退，跳
到队尾再从队伍中间穿插，如此循环，样子就像蛇蜕皮而出。

　　二龙出水。二龙出水人数要多，两列队伍从前面分开向外绕到队尾，再从中间穿
出直行，然后回头从队伍中间再次穿行，内外交替进行。

　　双龙摆尾。双龙摆尾是由两队人马对称地走出左右往复的曲线，然后再从外沿绕
回到起点循环进行。这类图案既像万里长城的垛口，又像道人符纹的曲线，更像两盘
游走的巨龙。

　　红五星。红五星是中华人民共和国成立后兴起的一种跳法，是以单列队伍走直线
穿插形成五角星图案，并在每个角上安放"角子"（在转折处向外翻转，从后面队伍中穿
插前行）。

　　大生产。大生产阵法较为简单，一般为两列，按人数多少在跳的过程中变为四
列，再变为八列。大生产的动作较为独特，都是根据劳动动作艺术地改编而来，有
"开荒""撒种""除草""割麦""捆麦"等，是劳动生活的艺术再现。

　　韩信点兵。韩信点兵有三种阵型。第一种是直线阵型，分两队人，其中一队一男
一女为一组，背靠背站立原地扭跳，一字排开站4组或8组，另外一队从其中蛇形穿
行；第二种阵型是站位的一组按抱脚楼角子的位置站位，穿行的一组按抱脚楼的阵法
线路穿行。第三种是内四外八站位，穿行的一组按逆时针方向连续绕过两个外面的站

2010年乡村社火汇演　李军摄

位，再向内行顺时针绕过一个里面的站位，如此规律连续跳出既像八角又像双头四角的图案。

六棱剪子。六棱剪子有两种跳法，第一种跳法是两队人马各跳一个带角子的菱形，两个菱形各有一角相对并套在一起；第二种跳法也叫"洋八字"，是一队人马以绕八字的方式绕出两个连接的菱形，除去连接的角其他的六角都要安放角子。

民勤社火表演时，一般是多种套路组合表演，这样就又形成了更为复杂的综合性套路表演。在变幻莫测的鼓点催动下，套路组合千变万化，场面宏大、扭跳欢跃、气势汹涌，所以民勤人又叫"跑大场"。特别是"大四门""十二连城城套城"等大场表演，具有很高的艺术价值和显著的地方特色。

卷白菜。卷白菜是单列队伍由外向内绕圈，逐渐缩小，等排头绕到中心再调头由内向外绕圈，像线团抽线一样一直到完全拆开为止。舞动时人流像巨大漩涡，又像飞转的陀螺，云卷浪涌，催人奋进。

四门斗子。四门斗子有正四门、斜四门之分，形式一样，只是相对于场地的角度不同。一般是单列队伍走正方形，在走过四角或四门时前面一人向外绕圈，然后从后面一人（或两人）身后穿插后走向另一边（这种外绕穿插而行的跳法也叫角子），如此连续不断，跑出四角带有小圆的正方形图案。

抱脚楼。有些地方把抱脚楼也有叫四门斗子的。抱脚楼和四门斗子基本相同，只是把四条边向内折靠向场地中心，并在中心拐角处安放角子，这就形成了队伍由中间走向四角或四门，然后从四角或四门折返到中间，如此连续不断，跑出大体像四角星的图案。

八角茴香。八角茴香也叫"八门窝子"，阵法上相当于抱脚楼由四角变为八角，其他跳法一样。

大四门。秧歌队伍分成两支，先分头从左右两边围绕场地走出一个大圆圈后两队交叉，并排走完圆的直径，再以"蛇蜕皮"的队形折返，然后再行交叉，走入下一圈，从另外两个方向相对而入，对向扭跳，到达中间两列队伍并列后向下一门交叉而出，进入下一循环（另一种套路没有这几处交叉，都是相对而行）。这样一个循环为一"门"，按东西南北不同的方向走完四个循环为大四门。寓意四门大开，四方来财。大四门是一个大的阵型套路，里面可以穿插多种小的套路，如"蛇蜕皮""编蒜"等，花样更为丰富，更具观赏性。

五马控城。五马控城这个场子，是一队人马连绵不断地跑出四个三层回纹，四个三层回纹拼成一个大型方阵，每个回纹方阵有 12 个"角子"，加上大方阵 4 个"角子"总共形成 52 个"角子"。"角子"多，安放的位置就十分考验"伞头"的功夫，要使"大城"套"小城"套的整齐，回纹间隔大小合适均匀，这功夫不但要眼力好，没个三年五年的磨练是做不好的。五马控城用到的人数多，阵势大，结构复杂，舞动起来阵势恢弘似海，人流滚动似潮，角子翻转似浪、卷云滚滚、气势磅礴。

双牌风。双牌风又叫双卷云、卷双圈，和卷白菜基本相似，只是分两队人马左右对称的同时进行，而且每一边要连绵不断地跑出多个卷云图案。

十二连城城套城。十二连城城套城是一个较复杂的场形，大的构型是有四个正方形拼在一起构成一个大方形阵，每个正方形的外沿缺一角，少半边，然后通过正方形的中线与邻近的 2 个正方形相连。这样每个正方形变成了 3 个小正方形，正方形阵内就有 12 个小正方形

热闹的民勤秧歌社火表演　李军摄

环环相连。秧歌队以单线形式走出这 12 个正方形，每一个拐角处安放一个角子，舞动起来，线条纵横、人流穿梭、角子翻转，让人眼花缭乱。

跑大场时鼓点节奏较快，步伐轻快矫健，场面热闹。阵法之间的变换由一领队指挥，领队手持伞头或两面小红旗，口中含口哨，通过旗语和哨音指挥鼓点和队伍。领队有时走在队伍排头，有时站在场边，指挥起来精神抖擞，神采飞扬，带动着整个队伍的气氛。

民勤秧歌社火的步伐一般有两大类，一类是由自由步为基础演变来的步伐，一类是由十字步为基础演变来的步伐。

其基本动作扭、摆、跑、跳，讲求"走得要轻巧，摆得要花哨，扭得要活泛，踢得要麻利"。"秧歌儿扭的俏，脚把骨放上跳。"

民勤社火的鼓谱有 30 种之多，主要以鼓、锣为主，隆重时就鼓、锣、镲、钹齐

全，还要配上民勤唢呐，吹吹打打，热闹非凡。

民勤社火的服装道具过去因为条件所限，一般因陋就简，没有戏装就以生活服装代替，但要装扮得喜庆滑稽，吸引观众眼球。现在生活条件好了，人们对文化娱乐的要求也高了，服装道具要么自己专门制做，要么网上订购，要求美观合体，喜庆滑稽，五彩缤纷。化妆男士夸张搞怪，女士青春靓丽，扮演角色的更是要求滑稽，总之为了博得观众的喝彩，娱乐自己娱乐观众，赢得无数的欢笑。

民勤社火一般从正月初二开闹，一直到元宵节后结束，长达半月之久。表演时着装艳丽、奇特，动作夸张、滑稽，节奏鲜明，阵法变幻丰富。你方演罢我登场，纷纷以独具特色的造型装扮，展示各自对生活的挚爱和对新年的美好憧憬。欢庆热火的秧歌，铿锵有力的锣鼓，盘旋飞舞的长龙，闹出了辞旧岁，迎新春，共贺新年美景的喜悦心情。围观者人山人海、热闹非凡。

2005年社火舞狮比赛　李军摄

民勤社火经过世代传承形成了鲜明的特征。一是具有悠久的历史传承和独特的地域特色：社火随着民勤移民开发流入，在民勤流传已达600年历史。在这过程中汉、蒙、回等多民族相互交融形成了独特的地域特色。二是具有丰富的民俗内容：有高台、高跷、旱船、舞狮、舞龙、秧歌舞等，也有三星五福、戏曲人物等。三是具有变幻莫测的套路和阵法、丰富多样的秧歌舞蹈步伐等民俗民间的原生态群众舞蹈形式。四是有广泛的群众基础：社火规模从几十人到上百人。群众热情参与，燃放爆竹迎接社火队伍，并赠予烟酒等礼物。社火经过之处，爆竹声声，锣鼓喧天，人山人海，气氛热烈。五是夸张、滑稽的艺术风格：民勤社火着装艳丽、奇特，动作夸张、滑稽，节奏鲜明，注重喜庆娱乐。

2001年东湖镇红英村秧歌队到县政府拜年　李军摄

　　发展传承民勤社火具有重要价值。一是艺术价值：民勤社火具有鲜明的地方特征。挖掘、抢救、保护这一民间艺术瑰宝，对研究本地历史文化，丰富和完善传统文化都将产生一定的推动作用。二是实用价值：秧歌社火是一种集群体娱乐性、艺术

民勤秧歌社火调演　李军摄

性、民族特色为一体的民间舞蹈，观看和表演能给人鼓舞精神、愉悦心情的作用，切实满足人民的精神需求。三是社会价值：它是受众最为广泛的民间艺术，是人民喜闻乐见的群众文艺，保护民勤秧歌社火对构建和谐社会具有重大意义。

2015 年社火表演《开门红》　李文泮摄

　　由于社火群体性、娱乐性本质，至今活动较为兴盛，但随着文化娱乐的丰富，现代媒体的冲击，年轻一代对社火活动参与较少，一些技艺性、艺术性较强的内容逐渐遗失，如春歌、高台杂耍、高难度的舞狮等都鲜有传人，有些较为复杂的阵型也逐渐消失了，影响了秧歌社火艺术的继承和发展，必须进行针对性的保护传承。2010 年，民勤秧歌社火被公布为第三批武威市非物质文化遗产代表性项目。

（石　荣）

蔡旗鼓子舞

　　蔡旗鼓子舞是流传于民勤县蔡旗镇的一种民间鼓乐舞蹈，历史悠久，风格独特，集民族性和艺术性于一体。历代相沿，承续不衰，深为当地人民喜爱。

　　蔡旗是民勤县唯一一个三县交界的镇，位于民勤县城西南53公里处，西接永昌县，南邻凉州区。

　　蔡旗因"蔡旗堡"而得名。民勤有"先有蔡旗堡，后有民勤城"之说。历史上，蔡旗曾是匈奴休屠王驻地，也是马王爷金日磾的出身地。到了明代，才有确切的建堡记载。据《镇番遗事历鉴》等史料记载，明朝嘉靖年间，守备蔡勋于此筑城。蔡勋以卫守备兼理地方小官总旗，地方百姓把姓名与官职一起称呼，省略以后便是"蔡旗"。

　　民间相传，汉武帝元狩二年（前121年），汉武帝派骠骑将军霍去病出征河西，在今蔡旗地界和匈奴休屠部落展开激战。战势陷入僵局后，霍去病命后方士兵排阵敲鼓。数百兵士同时敲打，鼓阵雄弘，鼓声震天，匈奴士兵被鼓阵气势震慑，溃散而逃。当地百姓感激霍去病将军，每逢节日或重大庆典，即编排鼓子舞进行庆祝。

　　另说。匈奴族休屠部落世居于此，遇有节庆，跳鼓子舞呐喊娱乐。霍去病收服休屠部落后，部落与地方百姓共同生活，鼓子舞即成地方习俗。庆贺丰年，重大节日，民众跳起鼓子舞，喜气洋洋，全族皆欢。

　　另说。霍去病大败匈奴，俘虏休屠王阏氏及太子至长安。太子被充马监，后获赐姓名金日磾。金日磾闲暇时教马监马伕跳鼓子舞。金日磾去世，其后人辗转来到祖居地蔡旗定居，带来鼓子舞与当地民众共享，流传至今。

　　蔡旗鼓子舞表演阵容声势浩大，阵型变化多样，鼓点变幻莫测，步伐矫健迅

2004年蔡旗鼓子舞社火队在县城表演　　李军摄

捷，装束严整威武，风格浑厚豪迈，给人以威武雄壮、粗犷豪放的美感，具有强烈的西部特色。

蔡旗鼓子舞是群体性舞蹈，表演人数 20 多人至上百人不等。鼓手肩夸腰鼓，头戴幞帽，涂粉画眉，敲打鼓的不同位置，作出各种动作，场面壮观，气势宏大。

2011 年蔡旗鼓子舞参加全县社火表演　　李军摄

表演时 2 人 1 对，4 对 1 组，4 组 1 阵。表演阵型有一字长蛇阵、两军对垒阵、三足鼎立阵、四门斗子阵、五马控城阵等。

蔡旗鼓子舞鼓点多样，技巧丰富，声势浑厚激昂。鼓棒的使用有敲、打、掠、蹭，击法多变。敲打的位置有帮、面、边、沿，各不相同。再配合丰富的节奏，敲打起来变化万千。几十上百的表演者，抡圆臂膀，一起搧动。鼓点节奏统一，声音洪厚。鼓手们时而由轻而重，时而由缓而急，时而骑打，时而对打，时而转打。鼓声"咚咚""哒哒""唧唧""咔咔"交替，中间穿插"蜡花"手持铜锣敲击出的"叮当"声音，融合在一起，即变幻莫测，又气势恢宏。似惊雷滚动，震耳欲聋；似雄狮怒吼，辽远浑厚，具有排山倒海、雷霆万钧之势，给沉睡的大地带来了生机。

蔡旗鼓子舞表演　　李军摄

蔡旗鼓子舞表演时要求手眼协调自然，仪态潇洒威武。威武剽悍的鼓手们身着战袍，头插野雉翎，身背牛皮鼓。表演时的闪、展、腾、挪、对鼓、射鼓动作，如鹞子翻身，似凤凰展翅，美不胜收。前跳四步虎扑食，后退四步龙摆尾；左腾如蛟龙出水，右挪似猛虎下山；进步连环十几锤，勒马回头高望；退步转身六七下，雄鹰展翅高飞。观众仿佛置身于铁马金戈的古战场，嘶鸣的战马，如雷的呐喊，惊心动魄，似有万马千军冲杀过来，所向无敌。

表演者穿灯笼裤，头戴黑色幞帽，帽子左

右两侧插上野雉翎，帽两边缀以白色绒花，脸上涂脂擦粉，眉毛画得粗黑上翘，俨然是古代的武士，杀气腾腾，威严不可冒犯。

蔡旗鼓子舞集表演性和娱乐性于一体，融艺术美于力量美于一身，是不可多得的群体性鼓乐表演舞蹈。在长期流传过程中形成了粗犷豪放，剽悍威武，刚劲有力，铿锵激昂，气势磅礴，浑厚雄壮的风格。同是又具有姿态优美、潇洒威武、流畅飘逸的特点。表演过程有张有弛、群而不乱，变化多端。

蔡旗鼓子舞表演　　李军摄

过去蔡旗乡，每年正月闹社火时，乡民们就自发地组织起鼓子舞队伍，走村串户进行表演，活跃节日气氛。有时十几支鼓队还要举行汇演，叫作"会鼓子"。"会鼓子"场面宏大壮观，方圆十几支鼓队汇聚一地，大鼓配合掌握节奏，外加锣镲烘托气氛。几十个鼓手东南西北各站数名，轮番上阵，相互咬打，鼓手们如勇士攻城一样，随着鼓点，步步为营，口中发出"嗨，嗨"的吼声，声声紧逼，如排山倒海，势不可挡。十几支鼓队的几百名鼓手，同敲一个鼓点，同走一种步伐，气势雄壮，撼人心魄，给人以极大的鼓舞与鞭策，令人奋发，催人奋进。

明、清、民国时期，鼓子舞在蔡旗十分盛行。新中国成立后至80年代，当地仍跳鼓子舞。进入本世纪，随着年轻一代外出求学，在外地生活，一些青壮年常年到外面打工，还有电视与网络的普及，民众娱乐方式发生改变，老辈艺人年事已高，不能从事大幅度的体力表演，年轻人多不愿学习，很难组织起大型的舞蹈队伍，蔡旗鼓子舞渐趋式微，至今已到濒危境地。另外，鼓子舞的表演服装、直桶腰鼓，价格较贵，加之表演阵容庞大，人数众多，购置费用难以开支，成为制约鼓子舞发展的瓶颈。现在，鼓子舞沉寂，抢救保护不能迟疑。2022年7月，蔡旗鼓子舞被公布为第五批武威市非物质文化遗产代表性项目。

（邱士智）

民勤皮影戏

"三尺生绡做戏台，全凭十指逞诙谐，有时明月灯窗下，一笑还从掌中来。"小小的一张皮影，简单的布幕舞台，操作者灵巧的手指，加上一点光亮，就能表现出生活中的人生百态，历史上的无数逸事。

皮影戏，又称"影子戏""皮猴戏"或"灯影戏"，它以平面傀儡取形，故属傀儡艺术一种，是一种以兽皮或纸板做成的人物剪影来表演故事的民间戏剧。过去在民勤境内流传较为广泛，有悠久的传承历史，精美的表演道具，丰富的表演剧本，独特的艺术特色，众多的表演班社，浓厚的乡土气息。

皮影戏演变于中国古代秦、汉、魏、晋、南北朝时期方士、道士的"弄影术"。《汉书·外戚传》记载："李夫人少而蚤卒……上思念李夫人不已，方士齐少翁言能致其神，乃夜张灯烛，设帷帐，陈酒肉，而令上居他帐，遥望见好女如李夫人之貌。"据《中国影戏史略及现状》记载："中国影戏之

民勤皮影戏演出场景　　李军摄

发源地为陕西，自秦汉至隋唐当皆以其最盛。"《燕京岁时记》载曰："陕西皮影戏历史悠久，关中则是中国影戏的发源地。近代陕西皮影戏流派极多，粗略言之，东路有碗碗腔皮影，南路有道情皮影，西路有弦板腔皮影，北路有阿宫腔皮影。"

皮影戏于明初随着陕西、山西移民传入民勤，并逐渐流传开来。流传之初，民勤皮影戏更多地继承了秦、晋一带皮影流派中的碗碗腔、道情、弦板腔的音乐元素。在发展过程中，民勤皮影戏又伴随民勤小曲戏的产生、发展而相互影响、逐渐融合，经历了一个较长的过程，逐渐形成了独特的唱腔和本土艺术特点，形成了以民勤小曲戏为主要唱腔的民勤皮影戏。

　　到了清朝，县中已有相当规模的影戏班社经常活动于山会、庙会，流行甚广，班社众多。《镇番遗事历鉴》载："仁宗嘉庆十五年，县人潘大年以驴皮镂皮影，琉璃剔透，玉洁水浣。人物花鸟，备极形态；狼虫虎豹，每能张牙舞爪。演殷周故事，唱唐宋传奇。神怪假于人形，鬼喊白说当代。狐妖极尽缱绻之能事，相公每常夜卧于荒冢。痴女吁叹，谯楼又响更鼓；情郎寄诗，江天偏遭风急。曲尽人间别离，参破世上荣辱。有枯藤老树，画栋朱帘，杜鹃啼血，老猿数舟。黄芦岸白苹渡口，绿杨堤红蓼滩头。道是马嵬坡，却是刿颈河。三阕后宫曲，一首敕勒歌。云笼月，风弄铁，两般儿助的人凄切。剔银灯还将后话说，长吁一声灯吹灭。""嘉庆中，大年周历五凉，寻常百姓，辄喜观之。庚午七月，演《莺莺西厢记》，倾城争观，士女云集，上下数里间，地无寸隙。县署各房吏胥，并邀观看。时，鼓钹喧阗，溷聒声沸，极一时之盛。教长奚双璧，邑人谢集梧、卢金润，欣然咏诗志之。"

　　然而当民勤皮影发展至最兴盛的清道光、咸丰时期，音乐唱腔却发生了一次裂变。这一时期，随着秦腔、弹词的流传，一部分影戏班改唱秦腔，一部分影戏班改唱弹词，而民勤小曲戏的唱腔也是在此时已基本定型，所以几乎所有班社都同时唱民勤小曲戏剧目，其它杂腔杂调则被悉数摒弃。

　　弹词本是南音的一种，由江浙移民传至民勤，在流传过程中加入了民勤民歌的成分，又形成了不完全等同于苏州弹词的风格，如流畅的平调、华丽的花调、哀婉的悲调等等，使得弹词腔调的皮影音乐及唱腔具有了明显的民勤地方特色，当然弹词的很多艺术元素也自然而然地被民勤小曲戏吸收采用。

　　民国年间，民勤皮影戏发展到了有一个兴盛时期，县境内影戏班社众多，各班社多则十余人，少则三四人。湖区较出名的班社，民国初为石板沟的"黄家影子"，民国中后期为枪杆岭山"王家影子"。坝区早期为三坝"刘家影子"，后期为蔡旗"王家影子"和"冉家影子"。"就声腔而论，以柳林湖'王家影子'享盛名；就'猴人'的质量论，蔡旗'冉家影子'的白马皮'猴人'最佳；就班社阵容、演出规模以及上演剧目的丰富性来看，当数红柳园的'潘家影子'"。

　　"潘家影子"，即潘富堂影戏班社，创办于民国初年，兴盛于民国中后期。

潘富堂捐献的民国时期民勤皮影戏朗本

潘富堂，谱名发魁，生于 1890 年，世居红柳园复明村，平生喜好文艺，尤擅影戏艺术，造诣良深。可自谱曲，独具风格。能创作，所编"朗本"（古称"话本"），易于表演。1957 年夏，潘富堂参加甘肃省文化局举办的全省民间艺人学习班期间，主动捐献出平生皮集的"朗本"120 余出，受到表彰奖励。

皮影戏演出是一门综合性很强的艺术，不但要有精美的演出道具，还要有变魔术般的操控技巧，更得有高超的演唱和器乐演奏功夫。

演皮影的屏幕，是用一块 2 平方米大小的白纱布做成的，白纱布经过鱼油打磨后，变得挺括透亮。表演时，表演者在白色幕布后面，将皮影紧贴屏幕活动。一边双手操纵人物车马道具，由灯光将人物车马投影到白色幕布上，一边用本地流行的曲调或演唱或道白，演绎故事，同时配以打击乐器和弦乐。两三影人，将一台戏演绎得跌宕起伏、扣人心弦。皮影子的四肢和头部是分别雕成的，用线联缀而成，以便表演时活动自如。一个皮影艺人，要用五根竹棍操纵一个皮影子，甚至两把手各操纵一个皮影子，难度可想而知，皮影艺人手指灵活，常常玩得观众眼花缭乱。他们不仅手上功夫绝妙高超，嘴上还要说、念、唱，脚下同时制动锣鼓，真是从头到脚，一身是"戏"。观众于幕前观影、听戏，武打场面是紧锣密鼓，影人枪来剑往、上下翻腾，热闹非凡。而文场的音乐与唱腔却又是音韵缭绕、优美动听。或激昂或缠绵，有喜有悲、声情并茂，动人心弦。

高超的操耍技巧，过硬的唱念功夫，熟练的器乐演奏技能，这其中每一项功夫都不是一朝一夕可以练就的，所以一般皮影戏演员多是从民勤小曲戏演员中擢拔。这些演员，都已经具备较高的唱功和器乐演奏技能，再通过勤学苦练，学习好皮影操控技巧，才能进行皮影戏的表演。由此可见，要培养皮影表演人才，甚至最终能组成一个皮影剧团，是一件多么不容易的事情。

演皮影戏的设备相对轻便，场地限制较小，演出方便。皮影班子大多用一个挑担，一头挑着盛放皮影的戏箱，一头挑着镲锣铙钹走南闯北，所以人们会亲切地称它为"挑担儿"。皮影戏班流动演出的优势很强，不论在剧场里还是在大厅、广场、庭院以至普通室内，架起影窗布幕和灯箱就能开戏。演员

民勤皮影戏演出　　李军摄

民勤皮影戏影人　　李军摄

大多是爱好此艺的农人，既唱小曲戏，又演皮影子，同时具有戏曲表演技巧和熟练的皮影操作技巧，深受人民的喜爱。一个戏班六七人和一箱影人就能演几十出戏。演出完毕，全部行头装箱就走，辗转十分便捷，这也是其广泛流传、普及于民间的原因之一。

皮影戏艺人大都会自制皮影子。民勤皮影的制作多以驴皮为主，俗称"驴皮影子"，也有用羊皮制作的，透光性相比驴皮稍差。高超的艺人通过合理的变形、大胆地夸张、巧妙的象征、稚朴的装饰制作出各种典型的艺术造型。

制作皮影通常要经过选皮、制皮、画稿、拷贝、镂刻、敷彩、发汗熨平、缀结合成八道工序。其制作过程是：先将生皮外面的毛和里面的肉剔干净，然后经药物熟制处理，进一步铲薄成半透明状，涂上桐油，压平。绘制好画稿式样，再把"皮猴子"的头、胸、腹、臂、腿的图样，衬于皮下，拓出影子。用针尖打点刻画后，再用刀刻镂空成多种人物图像。雕刻时，一般都用阳刻，有时也用阴刻。着一些透明色后撑平烘干，俗称"发汗"。然后找准各个部件的结合点，打孔并穿上连接的铆钉装箱备用。人物动物多采用侧影五分的表现法，即采用形象侧面图像制作皮影，布景道具则多采用立体剪影的图案。

皮影戏的人物道具必须提前制就，随时取用，不能因戏化装，所以刻制的人物和布景、道具都是多种多样的。如头帽有清朝头、鬼神头、纱帽头、锦雕头、盔稍、雉鸡、罗帽、脑头、巾子、旦头等。身衣，文的有敞衣、要衣、五色龙、蟒袍、官衣、花旦衣、青旦衣、内官衣等；武的有五色靠、汉兵、番兵、水兵、黄裾子、衙役、五色袍子等，生、净、丑、旦和文武、番、汉的头影

皮影子　　李军摄

和身影。坐骑有五色马、
驼、牛，还有供神仙骑坐的
如龙、凤、鹤、象、虎、
狮、牛、四不象等。车轿有
四抬桥、八抬轿、轿子车、
龙凤辇等。布景有山、云、
花、树、桌、椅等。桌分帅
桌、龙桌、官桌、绣桌、群
桌、书桌。以及宫殿、汉
帐、番帐等等，品种繁多，

民勤皮影戏道具   李军摄

应有尽有。总之要提前准备，满足每一场戏演出时即取即用为好。

皮影剧本的传承形式有两种。一种是口口相传，即师徒传承，全凭记忆。过去唱戏的艺人，大多是贫寒人家子弟，上不起学，识字的很少，所以大多数是师徒口授心记传承。另一种是纸质剧本，有多种名称，如影卷、唱本、台本、朗本等，虽然都是皮影戏文剧本，但称谓不同，形式也略有所异。唱词不完全，只是提示作用的文字脚本叫提纲本；照本宣科的皮影戏称为翻书影；完整的皮影故事唱本叫足本，其中单个皮影故事唱本称为单台本，系列皮影故事唱本称为连台本；只有道白，没有唱

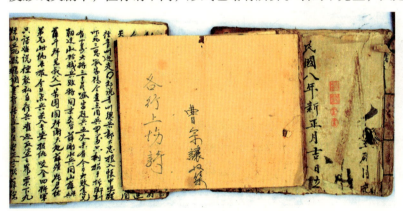

民国时期的民勤皮影戏剧本   李军摄

词的叫"朗本"。民间艺人往往是先学一本戏的唱腔唱词，待唱腔烂熟于心，方才再学道白，而道白不仅篇幅巨大，而且较唱腔难背，因此，专门抄写道白用于记忆就形成了专门的"朗本"。

由于过去的皮影艺人一般先熟练掌握唱腔，而后再抄写记忆唱词。另一方面，多数艺人对于曲谱的学习也是通过师徒口授的形式进行，也并不识谱。因此绝大多数手抄本中不标注唱腔，只记录唱词。

民勤皮影戏的剧本大多源于民勤小曲戏、秦腔、眉户，以民勤小曲戏居多。由于皮影戏表演更容易突破时间空间的限制，所以皮影戏剧本题材较普通戏剧更为广泛，

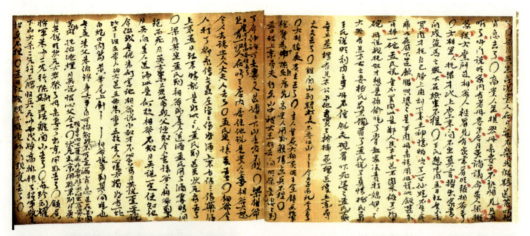

甘肃省图书馆藏民勤皮影戏民国时期潘富堂手抄本

有历史演义戏、民间传说戏、武侠公案戏、爱情故事戏、神话寓言戏、时装现代戏等折子戏、单本戏和连本戏，剧目繁多，数不胜数。

过去县内各家"影子"所演剧目，虽多寡不一，但内容大多相同，较为有名者如《槐阴会》《聚仙阵》《金沙阵》《万宝阵》《香山卷》《双魂梦》《得胜图》《反五关》《五子魁》《五雷沟》《西门豹巧医河伯妇》《三打汉阳城》《五打九焰山》《劈华山》《反山东》《马陵道》《观画》《九焰山聚义》《山海关》《百子图》《夜打登州》《飞龙传》《麒麟图》《火牛阵》《出汤邑》《荆州堂》《破洛阳》《破鸿州》《失潼关》《伐冀州》《平北海》《牡丹亭》《天仙配》《过五关》《苏武牧羊》《杀庙》《五典坡》《韩湘子出家》《卖道袍》《忠孝图》《牧羊卷》《九华山》《下河东》《沙陀国》《封神》《隋唐》《征东》《征西》《扫北》《薛刚反唐》《万花楼》《天宝图》《地宝图》《英烈传》等。常见的小曲戏独有剧目有《小放牛》《下四川》《钉缸》《二瓜子吆车》等。上演较多、群众喜爱的还属《白蛇传》《牛郎织女》《杨家将》《岳飞传》《水浒传》《三国演义》《西游记》《封神榜》等群众耳熟能详的传说故事。从革命战争年代起，新发展出的现代戏，常见的剧目有《兄妹开荒》《白毛女》《刘胡兰》《小二黑结婚》《红灯记》等等。

民勤皮影戏以民勤方言为演唱语言，使民勤皮影戏更具地方特点。特别是民勤小曲戏剧本当中对于民勤俗语、谚语、溜嘴话的应用，使得演出语言更上口、押韵、生

民勤皮影戏传承人曹宗让展示收藏的皮影戏剧本和皮影　李军摄

动、滑稽，演出效果更接地气。观众更是百看不厌，往往台词都烂熟于心。每逢演出，台上唱上句，台下接下句，帮腔的、念词的，台上台下互动，相互插科打诨，演出气氛十分热闹。

民勤皮影戏的主要特征：一是历史悠久、影响广泛。民勤皮影戏随着民勤移民开发流入，由于其技术性与艺术性结合的特点，较为吸引观众，流传广泛。二是剧目丰富。表演剧目涉及民勤小曲戏、秦腔、眉户，内容涉及历史、传说、神话、爱情、生活等十分广泛。三是浓郁的乡土气息。民勤皮影戏表演剧目多以小曲戏为主，语言采用民勤方言，具有浓郁的乡土气息。

民勤皮影戏集绘画、雕刻、文学、音乐、舞台表演于一体，有着很高的历史、文化、艺术价值，是民间艺术的"活化石"。民勤皮影是民间工艺美术与民勤小戏曲、眉户、秦腔等巧妙结合而成的独特艺术品种，是传统民族艺术殿堂里不可或缺的一颗精巧的明珠。皮影戏中的平面偶人以及场面道具景物，是民间艺人用手工，刀雕彩绘而成的皮制品，是珍贵的工艺美术品，既具有艺术欣赏性，又有收藏价值。皮影戏是我国出现最早的戏曲剧种之一。它的演出装备轻便，唱腔丰富优美，表演精彩动人，千百年来，深受广大民众的喜爱，流传甚广，影响了一代又一代的民勤人。

民国末期，皮影戏已现衰落势态。及至现在，由于现代传媒的冲击，加之老艺人相继离世，传承出现断代，民勤皮影戏几乎处于销声匿迹状态。20世纪80年代在县文化馆的组织下，只有几个班子活动了几次。目前基本上没有了能开展正常演出的皮影戏班，虽几经抢救，也无济于事，大有灭迹之状态。

2010年，民勤皮影戏被公布为第三批武威市非物质文化遗产代表性项目。

（石　荣、甘　平）

民勤剪纸

甘正业剪纸作品《爱我中华》

民勤剪纸属于西部剪纸的一种，由于独特的人文历史渊源和地理环境而与周边剪纸略有不同。它历史悠久，种类繁多，取材宽广，内容丰富多彩，表现手法灵活多样，形成了简繁并茂、南北共融、质朴大气的独特艺术特点。

民勤剪纸传承久远，据《镇番县志》记载，明洪武五年，江淮、中原和山西等地移民迁于民勤，各地文化风俗随之而至。民勤文化由于南北交融的原因而相对兴盛，剪纸艺术也在这一时期随着大量移民的进入而兴起。

到了清代，随着经济文化发展繁荣，剪纸更加兴盛，逢年过节、娶媳嫁女、满月祝寿，妇女们都要打扫庭室、裱糊墙壁，又要执剪铰纸，制作窗花。在窗框、炕围、墙壁、门扇上贴上红红绿绿的各种剪纸，把自己的居室打扮得五彩缤纷、红红火火。

民勤剪纸制作工序主要有构思立意、画稿、剪刻、装裱。构思立意往往反映人们趋吉避凶的民俗观念和美好追求，通过从生活中寻求可以借助和隐喻的物象来表现。民勤剪纸的"可爱之处"正是巧妙地运用了这一点，采用谐音、象征、寓意的表现手法来完成对美好祝愿的表达，如"多子多福""年

魏金广剪纸作品《让沙漠变绿洲》

年有余"等一系列用吉祥语的谐音隐喻的表现主
题。也有通过表现故事情节的方式，刻画典型人
物、事物的方式表现主题、寓意。还有刻画一些
纯粹的装饰花纹表达对美好生活的祝愿。总之，
构思立意方式多种多样，方法不一而足。稿子是
一幅作品的关键，完稿之后不足的地方以白粉修
正以达到完美。从前的老艺人一般不画样稿，一
张彩纸一把剪刀拿在手上，不多时就能剪出精美
的作品来。但在今天剪纸技法和要求更高，由于
内容的复杂化必须事先画好样稿。剪刻是把画稿
附在彩色纸上用刻刀或剪刀剪刻完成，作品的优
劣都要通过刀工表现出来。作品刻剪好了，再熨
平装裱，一幅作品才算完成。

　　民勤剪纸表现内容丰富。有表达吉祥喜庆、

陶玉香剪纸作品《前程似锦》

反映传统民俗的"二龙戏珠""骆驼进宝""鱼跃龙门""老虎下山""狮子滚绣球"；有反映美好爱情的"孔雀戏牡丹""蝴蝶恋花""喜鹊踏梅""鸳鸯戏水"；有保佑平安康乐、祈求幸福的"福禄安康""三星高照""送福娃娃"；有民间故事"苏武牧羊""武松打虎""王祥卧冰"；有表达对劳动果实喜爱的麦穗、谷穗、瓜果、葡萄、桃杏等等。

　　民勤剪纸种类繁多，因用途不同而各异。大体有喜庆剪纸、礼仪剪纸、祛病剪纸、生活剪纸、福寿剪纸、婚禧剪纸、生殖剪纸、丧葬剪纸、巫术剪纸、图案剪纸和现代生产劳动剪纸等等。特别是用于丧葬的剪纸直到现在都十分流行，内容丰富、花样百出，金银钱斗、鸡只鹅鸭、金童玉女、经幡招引、花树灯瓜、亭台楼阁、车船舟马应有尽有。

骆向宁剪纸作品《绿洲的坚守》

魏金广剪纸作品《民勤八景》局部

民勤剪纸取材宽广。日月星辰、山水花木、人物鸟兽、故事传说都是剪纸的素材，特别是具有生活情趣的男女娃娃、牛羊骡马、猪狗猫兔、瓜果蔬菜，因为天天见，对它们观察细致，因而成了妇女们剪刀下永久的题材。

民勤剪纸风格南北兼融。民勤为民族交融之地，江、浙、山、陕移民与原住民、蒙、回多民族杂居，民勤剪纸也具有南北兼融的风格。民勤剪纸具有广泛的群众参与性。

民勤剪纸传承久远，紧密联系人民生活，有大量反映历史的内容，具有独特的历史价值。民勤剪纸传承了丰富的民俗，对研究移民地区民俗文化具有极其重要的民俗价值。民勤剪纸南北兼融的风格和阴阳、虚实、黑白、疏密相依相生的特征，具有很高的艺术价值。民勤剪纸是群众的艺术，具有十分广泛的群众参与性，同时满足了人民殷切的文化需求，也因此具有很高的社会价值。

中华人民共和国成立后，民勤剪纸得到新的雨露和阳光，获得了新的生命，表现火热生活的创作、组画、连环画不断涌现，以及报头、书籍的封面、插图、墙报等形式多样。剪纸已不只是单纯地作为装饰之用，也同其它美术作品一样担负起宣传教育的作用。

民勤剪纸技艺培训交流　李军摄

20世纪，最具代表性的剪纸艺人是收成乡的石桂芳。她忠实传承了民间传统剪纸艺术，并创造性地建立了自己的艺术风格。作品古朴典雅、构思新颖、造型美观、线条流畅，形象生动并富有装饰之美。第二代传承人是儿媳陈月梅，作品最突出的是窗花剪纸。第三代传承人是孙子王明己，不但是

甘正业剪纸作品《牧歌》

《北海晚报》发表的刘平、魏金广创作的剪纸连环画《苏武牧羊》部分作品

剪纸高手，而且是民俗油画高手，2001年他的米塑作品、剪纸作品入选甘肃省美术展览。

大滩镇红墙村剪纸艺人甘正业，是民勤剪纸市级代表性传承人，副高级剪纸艺术师。其作品在传统剪纸艺术的基础上逐渐融入了现代宣传画、版画的艺术元素，表现手法更为丰富。有多件作品在全国刊物、报纸发表，多次获得国家、省、市、县级奖项。

年轻一代最具代表性的剪纸艺人当属大坝镇青年魏金广，是民勤剪纸市级代表性传承人，陇原巧手骨干，中国民间文艺家协会会员，中华文化促进会剪纸艺术委员会会员，甘肃省民间文艺家协会会员。他充分继承了民勤剪纸的传统技艺，深入挖掘了民俗内容，并在题材上能够关注当代、表现现实、与时俱进。有数十幅剪纸作品入选国家、省、市级展览并获奖。2017年举办魏金广剪纸艺术展，创作《苏武传说》剪纸连环画。

2007年，民勤剪纸被公布为第一批武威市非物质文化遗产代表性项目。

随着经济社会发展和传媒文化繁荣，传统文化受到了极大的冲击，剪纸也不能幸免，老艺人逐渐离世，年轻人志趣于此艺者寥寥无几，保护传承刻不容缓。

（石　荣）

民勤刺绣

　　民勤刺绣，是民勤优秀的传统工艺美术之一，内容丰富、用途广泛、工艺独特、题材众多、传承久远。民勤刺绣在民勤境内流传广泛，各乡镇均有传承。

20世纪70年代民勤刺绣　　陶积忠摄

　　刺绣工艺随着绘画艺术和丝织工艺的发展而兴起，与人类生活紧密相关，在我国已有几千年历史。民勤刺绣随着明初民勤的移民开发兴起。清代、民国时期随着民勤人口繁衍、文化繁荣而兴盛。中华人民共和国成立后，随着人们生活的改变而有新形式、新内容，在有关部门的支持下，对民勤刺绣进行了不断整理挖掘。1955年，由裴庆龄、裴慧龄为代表的八人刺绣小组参加了全国民间刺绣展。改革开放以来，随着社会经济的发展，在刺绣的内容、形式、针法、风格等方面都有较大的突破与发展。

　　民勤刺绣的工艺流程一般是：1.绢、布上架固定；2.描摹样稿；3.勾描拷贝；4.精细刺绣；5.调整收拾；6.装裱完成。

　　民勤刺绣的针法最为独特并常见的是剁针（也叫扎针），这种针法使用的是注射用针头，针身上套一截细细的塑料管或缠上胶布，针头只留1到2毫米（这样做是为了做到扎针时深浅一致），然后将丝线从针头中间穿出就可以刺绣了。刺绣时将针密密麻麻地在勾画好的区域内扎下、拔出，丝线通过针眼一揆一揆留在布上。

刺绣被单

剁针刺绣一般采用勾线填色的方法，色块一般为单色，如果需要过渡也是用邻近色拼接的方法完成，也有心灵手巧的姑娘媳妇用两色相杂的方式绣出色彩过渡效果，但由于剁针刺绣精度低等天然缺陷，这样的处理不但效果欠佳，而且也有损剁针刺绣质朴、大气，版画般的装饰效果，渐渐地也就少有采用。不过这粗犷的风格也许更加符合西北人的审美意趣，加之制作也相对简单，所以这种剁针刺绣在民勤流传十分广泛。剁针刺绣的最后一个程序是用

刺绣团花

小剪刀将剁下的线褙剪开剪齐剪平，产生一种绒质的效果就算基本完工。

民勤人作为江浙晋陕移民后代，民勤刺绣自然也传承了江南、中原地区特色，传统的刺绣针法上以平针、齐针、纳丝、铺绒等针法为主，也有错针绣、乱针绣、套针、长短针、打子针、平金、锁丝、刮绒、戳纱、洒线、挑花等等各种技艺。这些刺绣在尚有留存的清末民国刺绣中十分常见，但在简单、大气、质朴的剁针刺绣兴起的 20 世纪 80

清末的绣花桌裙

年代之后就逐渐式微了。

民勤刺绣的工艺要求是：顺、齐、平、匀、洁。顺是指直线挺直，曲线圆顺；齐是指针迹整齐，边缘无参差现象；平是指手势准确，绣面平服，丝缕不歪斜；匀是指针距一致，不露底，不重叠；洁是指绣面光洁，无墨迹等污渍。

民勤刺绣内容丰富、用途广泛，

绣花鞋垫　李文沣摄

香包　李文泮摄

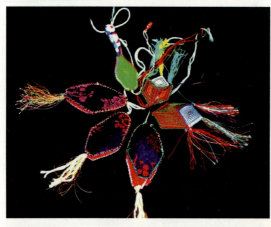

针扎　李文泮摄

清末民国时期的绣花荷包

联系人民生活的方方面面，如与婚嫁相关的盖头、鞋垫、盖被单、手帕、香囊、绣花鞋、被面、绣花枕头、衣服胸花、裙襟，生活中常用的门帘、桌布、墙围等等。

特别是民勤的婚嫁习俗，对民勤刺绣有着广泛而深刻的影响。过去，由于男耕女织的生产方式，传统婚嫁对女工女红十分看重。结婚时，喜客们大人要向新媳妇讨要鞋垫，小孩讨要香囊、荷包、针扎子。如果哪个新娘女工不好，是很丢脸面的事。所以女子一般十来岁就开始学习女工，早早地刺绣结婚用的鞋垫、荷包香囊。其间女人们之间还有比学帮带，特别到农闲季节，谁家有就嫁的姑娘，就邀请街坊邻居老少几代人一起，描样的描样、绣的绣、缝的缝，十分热闹。刺绣是其中最为重要的一项工作。

民勤刺绣题材繁多，如"丹凤朝阳""双龙戏珠""龙凤呈祥""花好月圆""荣华富贵""福寿双全"等等，不胜枚举，这些也多与婚嫁有关。

由于民勤独特的历史渊源和环境，造就了民勤刺绣鲜明的特征：一是浓郁的乡土气息。民勤刺绣是民勤人民对生活的憧憬与希求，它的题材、内容、形式都是适应民勤人民日常生活形成，具有浓郁的乡土气息与地方特色。二是独特的艺术风格。受移民文化影响，民勤刺绣具有南北兼容的艺术风格，既有典丽精工绵密之气，又有大气质朴

简约之风，相较周边
与众不同。

民勤刺绣有着重
要的保护价值和意义。
民俗价值：民勤刺绣
是民俗文化的一种传
承形式，是民勤传统
文化的典型代表，具
有很高的民俗学价值。
艺术价值：刺绣工艺

农村土炕上的刺绣被单　李军摄

的表现形式与表现内容，很多是几代流传，多人创作，反复修改，具有程式化、抽象
化、典型化的特点，具有很高的艺术审美价值。实用价值：民勤刺绣用途广泛，联系
人民生活的方方面面，可以说生活中装饰、实用，方方面面，处处皆有。

十二生肖刺绣　李军摄

20 世纪 80 年代
以来，随着生活改
善，人民对婚嫁的重
视，对生活的艺术化
要求不断提高，刺绣
工艺也得到了空前的
发展，其形式、风
格、内容更加丰富多
彩。2000 年之后，人
们生活节奏加快，加
之工业品在市场上的

极大丰富，刺绣等手工制品逐渐失去了生活基础，刺绣工艺面临生存发展的危机。
2010 年，民勤刺绣被公布为第三批武威市非物质文化遗产代表性项目。

（石　荣）

民勤沙雕

　　民勤沙雕属室内工艺品沙雕的一种，多以浮雕为主，是以民勤本土纯天然的沙粒，采用科学配方，用手工反刻的模具或浇铸模具翻制而成。

　　沙雕在民勤是一项地方特色文化产业，也是大自然对民勤人的一种恩赐。在民勤有着取之不尽、品类纷繁的天然沙粒，能工巧匠经精心构思，大胆设想，反复雕琢制作出模具，然后把天然沙粒依据创意认真筛选，以科学的配方调制后，用模具制出一幅幅立体、鲜活的画作。

　　民勤十地九沙。民勤人祖祖辈辈与沙结下不解之缘，既与沙为敌，战沙、斗沙，又与沙为友，用沙、玩沙，使用沙的历史源远流长。民勤沙雕在历史上多以手办游戏的方式存在，并不是一项独立的艺术门类。随着经济社会的发展和旅游产业的兴起，人们逐渐认识到它独特的商业价值和艺术价值，才逐渐发展为独立的艺术门类和一项产业。

　　民勤沙雕创作以自然沙的色彩和质感为主要的审美元素，所以相比于其他雕塑艺术，对材料有更高的要求，对沙的选择尤为重要。

苏武牧羊　　刘平创作

　　民勤沙子色彩种类丰富，因地域和形成原因不同而各不一样。如青土湖的沙子因富含湖底动物尸骨风化形成的氧化钙而呈现白色；红砂岗的沙子因含有氧化铁成分而呈现红色；扎子沟、茅山个别地方的沙子因混合了风化的玄武岩而呈现黑色；也有个别地方的沙子呈淡绿色、金黄色；大多数沙子以土黄为主。另外，根据盐碱度不同可以分为湖沙、河沙、流沙。民勤属于内流沉积区，所以沙子里面除了二氧化硅和钙以外，还含有盐碱等多种矿物质。湖沙盐碱度高，流沙次之，河沙相对纯净一些。

沙的密度、纯度、黏性直接影响到沙雕的品质。一般而言，沙雕创作尽量选择密度大、纯度较高、黏性较强的沙。密度大的沙较细，凝聚力强、质感细腻，能够创造出各种丰富的肌理和质感。纯度高的沙，透水性能好，更能制作出表面整洁的沙雕作品。黏性强的沙，可塑性强，有利于翻制脱模。

丰富的色泽和种类是民勤沙雕创作的优势，但较高的盐碱度却是不利因素。因为金属矿物质较为活跃，容易参与到沙雕用胶的固化反应中来，从而影响固化的时间和固化的强度。

吉祥四屏沙雕　石荣创作

民勤沙雕的模具制作，一般有反刻模具和浇铸模具两种方式。反刻模具要用高密度的板材直接反刻制作模具；一般先雕塑工艺品原型，然后用硅胶、树脂浇铸模具。一般程序是：

确定创作主题。沙雕作品从构思到设计，必须要有一个鲜明的创作主题。一是具象化，是指沙雕的内容必须是可以辨认的具体形象作为表现主题的承载。二是通俗化，民勤沙雕一般表现通俗易懂的历史人物、神话故事、地域风貌，还有古今中外的名胜建筑等。三是系列化，是指沙雕表现形式上必须有相同特征。如"梅、兰、竹、菊""吉祥四屏""人文三杰""民勤八景"等每个系列都要考虑应用相同的表现手法。四是主题化，是指沙雕表现的内容必须有一个健康积极的主题。如"美丽民勤""绿洲新貌"等都是较好的选题。

绘制效果图。要紧密结合主题，充分考虑表现技法和审美元素的应用，如写实性的、传统工艺性的、民间工艺性的，不同的题材就要尽量选用相应的表现手法，才能达到完美的表现效果。

制作原型或者反刻。浇铸模具就要先制作原型，可用油泥塑，也可用较为质密的材料雕刻。反刻模具就直接用质密的不易变形的材料反刻。

浇铸翻制模具。一般用硅胶和树脂制作，制作过程中要防止模具表面出现气泡影响模具造型。

民勤沙雕的制作流程因反刻模具和浇铸模具的区别而不同。两种方式各有利弊。反刻模具直接用模具翻沙成形，再修整补胶完成。这种方式的好处是效率高，可选用化学性能稳定的气凝性胶，不用担心沙子中的金属矿物质对于固化过程的影响。但不利的是反刻难度大，工艺要求高，另外沙雕成形的精度低。另一种方式是浇铸模具铸造成形，制作过程因为要考虑沙子中的矿物质对自凝胶固化反应的影响以及胶水对沙子颜色质感的影响，所以程序比较复杂，周期相对较长。但制作出来的沙雕工艺品精度较高。一般的程序是：1.选沙：根据工艺要求选择不同色泽、不同粒度的沙子，并用筛子去除杂质。2.洗沙：要经过水洗、化学溶液洗、再水洗几道工序，洗去沙子中的杂质并将沙子中的活性金属盐碱中性化。3.晾晒、烘干，去掉水分。4.按

苏武牧羊　　石荣创作

一定比例添加特制的胶水。5.浇铸，这一过程要先去气泡，然后浇铸压实。6.脱模。7.脱去表胶。8.拾掇毛刺、缺陷。9.装帧完成。

民勤沙雕使用的工具主要包括制模工具与翻模工具，主要有雕刀、塑刀、喷壶、吸管、盆子、抹子、刮尺、托叉等。雕刀、塑刀，主要用于制模，要求质地坚硬锋利。用法与雕刻雕塑大同小异，只是模具制造相比一般雕刻雕塑作品要更加精细。喷

苏武牧羊　　刘平创作

昭君出塞　　刘平创作

敦煌乐舞　刘平创作

马到成功　刘平创作

壶、吸管，用于调配和浸溶胶水。盆子、抹子、刮尺，用于和沙、翻模、刮平。托叉用于沙雕作品的起板转运。

民勤沙雕大多是室内工艺品，所以一般使用环保胶水，胶水配方因制作方法不同而不同。以翻砂工艺为制作方法的沙雕对胶水选择限制较少，水性胶、气凝胶均可，只要环保、能达到需要的强度就行。以浇铸工艺为制作方法的沙雕作品使用胶水要求较高，要有较长的初凝时间便于操作和较短的终凝时间缩短开模时间。另外还要考虑沙子中的矿物质对于固化的影响，胶水对于沙子色泽质感的影响等，所以一般都有独特的配方和操作技巧。

民勤沙雕工艺品格调高雅，产品精致，是自然美与艺术美和谐统一，具有很高的艺术价值。民勤沙雕适合于室内装饰、礼品馈赠，具有丰富的商业价值。另外，民勤沙雕的开发利用促进地方经济转型发展，促进就业，丰富和满足人们日益增长的物质和精神需求，具有广泛的经济价值、社会价值。

民勤县文化馆副研究馆员、甘肃省工艺美术大师刘平是民勤沙雕艺术的杰出代表，他在艺术上涉猎广泛，沙雕作品先后荣获第五、六届天马艺术节新产品开发奖、二等奖、优秀奖。其沙雕代表作有《飞天》《敦煌乐舞》《苏武牧羊》《沙漠之舟》《瀚海明珠》等，并创作有大型沙雕壁画《甘肃印象》。

2022 年 7 月，民勤沙雕被公布为第五批武威市非物质文化遗产代表性项目。

（石　荣）

民勤花灯制作技艺

民勤花灯制作技艺的传承发展源于民勤传统元宵灯山会的兴盛，兴起于明代，兴盛于清代，发展于民国，传承至当代，具有悠久的传承历史、广泛的参与群众、鲜明的制作风格。

灯山楼，石荣设计制作　　姜爱平摄

民勤花灯制作技艺由来已久，据《镇番遗事历鉴》载：明洪武五年，江淮、中原和山西等地移民迁于民勤，各地文化风俗随之而至，元宵聚集扎灯、赏灯之俗兴起。明清时期，逢年元宵家家户户都要制作花灯。据《乾隆镇番县志·风俗志》载：正月十四日黄昏后，里门竖坊悬灯，逶迤连接，三夕乃已。烟花、局戏间有。又云：元宵节，旧称上元日、灯节，俗称大破五。因此花灯制作技艺也十分精湛，据《民勤县志》记载："邑人赵氏玉珍，为河西丹青高手，制灯技艺名噪城乡……"清末民国时期，唐德福、马寿山为花灯制作高手，当时以县城灯山巷的灯山楼为中心举办灯山会，四街八巷摆设灯架，悬挂灯笼，置放明灯蜡烛，亮如白昼。从远处望去，闪闪灼灼，似同银河。

过去做灯一般用沙竹（一种沙生植物，形似竹子，故名沙竹）或毛竹破成有韧性的根条作灯骨材料，根据制作花灯的造型、尺寸，用麻线把灯骨捆扎成为花灯骨架，外面用纸、丝、纱、绢、绸绷在扎好的骨架上，去除皱褶，剪裁整齐，再请

元宵灯山会正门"七彩牌楼"，石荣设计制作　　李军摄

文人雅士在灯罩上题诗作画，把一盏盏花灯装扮得或古朴典雅，或新颖别致。形制一般较小，但工巧别致，与书画相结合，文化气息浓厚。

传统花灯制作　　李军摄

自 20 世纪 80 年代开始，民勤文化馆工作人员在继承传统花灯制作的基础上，大胆创新，学习现代制灯先进技艺，采用现代花灯光、电、传动设计，将民勤花灯制作技艺的传统工艺和现代科技完美结合起来，内容更丰富，规模更大，档次更高。

特别近几年，随着现代光电技术的应用，规模、质量、复杂程度都较过去有大的发展。一般制作过程是：先利用电脑或传统工美设计方式设计出效果图；然后将效果图转换为施工图纸；再根据施工图纸利用钢材依次制作各个部件；再组装成型，并安装调试声、光、电、传动等设备；最后再用丝绸、布料、喷绘等蒙皮装饰，这样一盏灯才算基本完成。相较过去的传统花灯，现代花灯形制更为壮观，灯光更加辉煌，色彩更加绚丽，加之声、光、电、机械传动的应用，技术含量更高，更加新颖别致、引人入胜。

焊接骨架

民勤花灯品种较多，有传统的宫灯、船灯、龙灯、十二生肖灯、福寿灯、荷花灯、如意灯、走马灯等，也有现代抽象造型寓意灯、建筑灯、故事情节场景灯、大型电动灯，应有尽有。

民勤花灯制作技艺经过 600 多年的传承，形成了鲜明的特征：一是具有广泛的群众参与性。历史上元宵节期间民勤家家做灯，户户展灯，人人观灯，县域之内无不参与其中。现在元宵灯会已成为当地最热闹的传统春节文化活动，除了文化馆每年制作大型灯展外，民间

元宵灯山会花灯制作架设场景　　李军摄

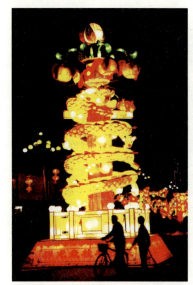

2012年蟠龙花灯，石荣设计制作

李军摄

大型电动宫灯，刘平设计制作

做灯也十分广泛。二是具有南北兼融的花灯制作风格。民勤为民族交融之地，江、浙、晋、陕移民与原住民蒙、回多民族杂居，花灯工艺也具有南北兼融的制作风格。三是综合性。民勤花灯制作技艺工艺性与诗、书、画相结合，并广泛应用现代声、光、电技术，具有很强的综合性。

民勤花灯制作技艺是民勤独特的传统技艺，与民勤灯山会等特有元宵民俗息息相关，保护传承民勤花灯制作技艺具有重要的意义。历史价值：传承了600多年的民勤花灯制作技艺，是优秀传统文化的重要组成部分，见证了民勤历史上经济社会的兴衰、工艺技艺的发展、年节民俗的变迁。民俗价值：以民勤花灯制作技艺为依托传承了民勤元宵灯山会这一独具地方特色的民俗节日活动，对研究移民地区民俗文化具有极其重要的价值。艺术价值：民勤花灯制作技艺具有南北兼融的花灯制作风格，对传统工艺美术研究有着重要的艺术价值。社会价值：为群众提供了丰盛的节日文化大餐，满足了人民殷切的文化需求。

民勤花灯制作技艺人才辈出，代有传人。当代代表性传承人有：

1.刘平，中国工艺美术协会会员，甘肃省工艺美术大师，副研究馆员。从事工艺美术研究与创作40余年，设计举办了30多届大型灯会，开创了民勤县传统灯到现代大型电动彩灯的设计和制作，2012年出版专著《花灯制作技艺》。

2.石荣，甘肃工美协会会员，民勤县美术家协会副主席，县文化馆馆员，2008年以来创作"七彩牌楼""走马宫灯""蟠龙降瑞"

"非遗展示走马宫灯"，石荣设计制作　　李军摄

2013 年主题花灯, 石荣设计制作　　李军摄

甘肃省工艺美术大师刘平所著《花灯制作技艺》

2016 年主题花灯, 张小军设计制作　　姜爱平摄

2008 年元宵彩灯, 刘平设计制作　　李军摄

"劲帆远航""中国梦""鼓舞人心""玉兔迎春""火树银花""一帆风顺""非遗展示走马宫灯""灯山彩楼""春满绿洲"等大型彩灯 20 余组，受到广泛好评。

3.张小军，县文化馆馆员，在历年的元宵灯会中设计制作"三羊开泰""金牛迎春""果实累累灯笼红""花香蝶飞奔小康""金猪送福""旺财旺福""金鸡报春"等大型彩灯 10 多座。

现在，元宵灯山会已成为当地最热闹的传统春节文化活动，除了文化馆每年制作大型灯展外，民间做灯也十分广泛，花灯制作技艺随着社会发展有了很大的进步，但传统制作技艺有逐渐冲淡消亡的趋势。

2010 年，民勤花灯制作技艺被公布为第三批武威市非物质文化遗产代表性项目。

（石　荣）

民勤纺棉织布技艺

民勤纺棉织布技艺是流传民勤境内的传统纺织技艺，主要有纺线和织布这两个重要工序，传承久远、技艺复杂，实用性强，过去是家庭妇女必备的生活技能之一，流传十分广泛。

民勤古时处于胡汉交界之地，生产方式为半耕半牧，自然盛产原始的纺织原料毛和麻。纺织技艺在民勤的历史最早可追溯到沙井文化时期，在沙井文化遗址出土的器

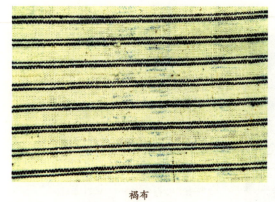

褐布

物中，有麻、毛纺织、革席纺织等实物，肯定了沙井文化时期，民勤地区已有纺织业的存在。

民勤人称毛织品为"褐"，其原料是驼毛、羊毛，称麻织品"麻布"，麻织品的原料是自种的大麻和苎麻等。清康熙以前，民勤人用褐子缝被褥，麻布做衣服，已习以为常。当时，纺线使用最简单而又最普通的工具是"纺坠"。"纺坠"也叫"拨吊"，绕上线时也叫"线砣子"。最初的拨吊线砣为石质或者陶制，馒头状，比拳头略小，中间有孔。后来用羊大腿骨中间穿一个铁丝钩替代，用时更为方便。也有用五六寸长的木头棒子做的，用时将打好的线绕在棒子上，然后在钩子上一挂就不会拆开了。但这种拨吊有点轻，往往会因为轻而使拧紧的毛线收缩打结。再后来有了现成的钢筋，就用一截钢筋代替木棒绕线并压重，用一个别针别线防止拆开。配合拨吊用来绕毛条的工具叫"捻杆子"，捻杆子是一截一尺多长的木棒上安羊角形铁叉组成，也有直接用一截带叉的木棒代替的。这些纺线工具，在民勤沙井、柳湖墩、三渠柴湾等处均有发现。

织褐布和麻布，原来有一种简陋的织机，后来被引进的棉织机所代替。明代为充实边防，对民勤进行移

陶制线陀

民开发。随着移民，各地纺织技艺带入民勤，并不断融合，逐渐兴盛。民勤的棉花纺织，是从清朝康熙以后才开始的。镇番

民国时期的毛业传习所

（今民勤）改卫设县，首任知县杜振宜，把江南一带的纺线车、织布机仿制出来，亲自试验，又亲自给百姓传授。他还提倡植棉，并号召驼户从陕西泾阳及新疆等地购进大量棉花作为原料，大力提倡纺棉织布。不数年，就普及全县。这是民勤纺织从原料到技术上的一次飞跃性变革。

1952年合作社组织起纺织小组

1952年合作社组织起纺织小组

民国时期，县长牛载坤开办毛业传习所，引进脚踏式纺线车，机械化织布机等对民勤纺织技艺的进步有极大地促进作用。但由于不适用于家庭生产模式，没有走进普通农家。

中华人民共和国成立后，全县各地农业合作社纷纷成立纺织小组，开展纺织比赛，在劳动者建设社会主义的高涨热情中，手工纺织的发展也空前的兴盛。

民勤纺棉织布技艺的工艺流程比较复杂，从采棉纺线到上机织布要经过轧花、弹花、滚捻子、纺线、拐线、浆线、晾线、倒线、绕穗子、拉经、整经、投篦子、挂陆角、麻丝挞线、提绞、装梭织布、缩水、染色等大小几十道纯手工工序，程序明确，技艺要求很高。

纺线。纺线要用到纺线车，纺线车是用

搓捻子　陶积忠摄

来把棉花纺成棉线的一种工具。在上纺车之前棉花还要经过轧花（取掉棉花籽，制成皮棉）、弹花（用一张大弓，将棉花弹蓬松）、滚捻子（用筷子将棉花滚成拇指粗的均匀棉条）等几道工序。纺线时将棉条的一端捻成细线绕在纺线车锭子上，然后右手摇动纺车驱动锭子均匀地旋转，左手拉着棉条一边用食指和拇指捻，一边既均匀又很有节奏的一抽一送。抽时，把线赶到锭子尖端，捻棉条吐线的同时给棉线拧紧。送时，手高高抬起，纺车倒上半圈，线赶到锭子中部，然后再把拧足劲的线绕在锭子上。左手的捻、抽、送，与右手摇车配合协调，才能纺出又细又均匀的线来。这样很有节奏地周而复始，线轴大约绕到比拳头稍大就取下锭子，换上另外的锭子继续纺。由纺线车纺织出来的线是织布的原始材料，其中一部分作经线，一部分作纬线。

纺线　陶积忠摄

　　拐线、浆线、晾线、倒线。先进行的是拐线，将纺好的线绕在竹或木制成的拐子上（也叫桄子），绕好取下扎成一把把线，为浆线做准备。浆线法据说这是民勤人的独创。浆线的作用，是改善经线的织造性能，如增大强度、光滑度，减少摩擦和伸缩等，也是为了好分经投筬做准备。浆线首先要做好浆，调浆时所用的面粉，要求细白，先加水反复搓洗，抽出面粉中的胶质（淀粉）部分，俗语称"面筋"。用除去淀粉的面浆放入锅中熬到黏度合适时，倒入浆盆中。将线把子置于其中反复搓揉，至均匀后，以木杆作架，挂起晾干。也有的地方制浆时先打成凉粉，然后加入冷水搅拌均匀使用。晾干后，再将线把子套在倒线车上，线头绕在套在纺车锭子上的竹筒上，利用倒线车和纺车配合，重新将线绕成线轴。

线拐子

梭子　徐世雄摄

　　绕穗子。绕穗子是用来做纬线的，这时要用到穗核。穗核为枣核状，由致密的木头做成，中间打孔，穿一根粗细长短和筷子差不多的光滑木棍，整个呈不太协调的"十"字形。穗核的一头打一小孔，绕线时将线的一头穿进小孔系好，然后从十字对角交叉绕起，依次排列最终绕成中间粗两头细的形状，且要适合梭子空腔的形状和大小。绕完后先抽出穗子中间的木棍，再顺着穗核的一尖顶出穗核，同时也拉出了里面的线头，解开线头，继续绕下一穗。

拉线、整经。拉线也叫经线或拉经。先要根据布幅的长宽计算好经线的根数和长度，然后确定线轴和"营"的个数。一般经线的数量比较大，或者场地有限，拉线用的线轴数只有经线数的几分之一。另外，线轴数过多，将来整经就比较麻烦，所以一般线轴数在20以内。拉经的方法民勤各地稍有不同，但大同小异。拉线时用筷子长的细铁棍钉在地上，细铁棍下面套一枚铜钱，上面套上线轴，铜钱的作用是防止线轴转动时陷进土里去。将线轴一字排列固定好，然后在一字排列的线轴的一边以"之"字形钉几根空轴，民勤话称之为"营"。最后一营和倒数第二营之间钉一根分经杆。营的数量根据场地的大小和布匹的长度确定。将所有线轴的线头拉到一起以"之"字形依次绕过每个营，经过分经杆过去时走一边，到达最后一营绕回时走另一边，不可混乱。分经杆两边的线就是将来的上下经线。线将在每一营的次序不可混乱，以便于下一步整经上织机。等经线数量拉够了就开始整经。整经时将最后一营的线一缕一缕的依次取下，然后一根一根地套在经线杆上，分经杆两边的线始终不可混淆。

投篦子、挂陆角。投篦子是把经线一根根地从经线杆上取下，挨个从篦子缝隙穿过，再依次打结系在经线杆上。然后把经线的另一端依次系在陆角的挂线轴上。这时要再次整经防止有两端经线次序不一致。等所有经线都系好后就转动陆角将经线绕到陆角的轴上。在这

篦子

个过程中，每绕几圈就要沿轴的方向压一根竹条以防止经线上下线层之间窜层，导致经线长度不齐，一直到经线全部绕完。

提绞。提绞也叫掏综，一般用麻丝挝线，民勤所使用的织机采用只提下经的办法，也就是用细麻丝或者专用提绞线穿过上面经线的缝隙掏过下面的经线将下面的经线吊在绞杆上。织布时通过提绞杆提下经，赶棍压上经实现上下经线变换，换回来时是通过经线张力恢复原状。

装梭、装机织布。先要装好梭子，把预留的线头穿出梭眼，然后把穗子压进梭中。由于浆过的线干后直硬，因此织布时，要把纬线的穗子泡入水中，稍拧一下乘湿使用，并随时蘸水湿润，由此称为"水织布"。这也是民勤土布以质地紧密、平整有光泽、耐磨耐穿而享有盛名的主要原因。昔有民谣"面带菜色衣履新，纺线织布不亏人"，正是这方面的写照。最后装机要先把绕满经线的陆角装在织机前端的架子上，并用一根细杆穿在陆角的齿与机架之间防止陆角转动。另一端的经线杆绑在方头腰杆

织布　陶积忠摄

上，织布时腰杆的方头铆在连着布带的挂头方眼里，就能防止腰杆转动，腰带再挂在织布者的腰间就能张紧经线。等织上一段再把布的一头放在腿前的空地上，并在合适的位置双折布匹绕在腰杆上来张紧经线。篦子用两根绳子拴在织机最上面的吊杆上且要高度适宜。再将分经杆穿进机架上的卯眼中，使上下经分开一定距离并形成一定夹角。最关键的是装提绞杆和赶棍，先将提绞杆用绳子连接到织机上端的"工"字形等臂杠杆的一端，然后杠杆另一端用绳子连接到上层经线上面的赶棍上，再向下连接到脚踏板上，并使脚踏板处于抬起位置。现在就可以开织了，踏下脚踏板拉动赶棍压下上层经线，同时拉动"工"字形杠杆，继而带动连在杠杆另一端的提绞杆提起下层经线，实现换绞。这时穿梭，拉篦子打纬。松开脚踏板，上下经线恢复原位，再次穿梭打纬。如此不断重复，累线成匹。

缩水。把织好的布匹浸泡在水中一两天，然后脱水晾干，使布脱胶软化，且不易变形、缩水。

染色。染色有染线和染布两种方式。染线要在浆线前染，若要织条纹或方格布就要提前将一部分线染色。若是染布就是最后一道工序。民勤土布（包括毛、麻织品）的印染技术，是很有特色的。在沙井文化时期，就用矿石和炭黑，染成红、黑二色，尤其以赤铁矿和朱砂涂染为最多。明代以后，采用染草（即植物染料），其中以蓼蓝、茜草、地黄及荩草最为多用。蓼蓝为一年生草本植物，茎红紫，叶长圆形，干时呈蓝色，其中含蓝甙，从中提取靛蓝素。提取法是将蓼蓝草叶浸入水中发酵，使蓝甙水溶解出，即成吲哚粉，然后在空气中氧化，缩合为靛蓝即可染布。这种染色法最普遍，也最实用。可染成深蓝、浅蓝、月蓝等色，以入缸次数多寡分为头蓝、二蓝、三蓝等。过去民勤开染房者甚多，主要染靛蓝。民间也有用茜草染红色，荩草染绿色，地黄、姜黄、槐花染黄色，红花染红色，黑葵花、黑花子染黑色等，可谓品种繁多。还有用点浆法染花布，用蓝线、白线相间织花格布或花条布，用蓝经白纬或白经蓝纬织麻色布的，更是五花八门，各异其趣。后来引进成品原料，如煮青、煮绿、煮蓝

彩色棉布　李军摄

等，则采用煮染法，更简便易行。专业染匠只靛染青蓝二色，其它的红、黄、紫、绿等诸色由妇女们自己买了颜料煮染，也可在城上拓染各种花纹图案。缺钱的人家，就用棉花花儿、黑葵花籽儿、野紫果子等土杂色料来染，供老奶奶们和娃娃们自穿自用。

民勤纺棉织布技艺主要工具有：纺线车、织布机、倒线车。

纺线车主要构件由支架、纺轮和锭子三部分组成。其原理是通过驱动纺轮，由纺轮带动锭子旋转，锭子绕丝成线。具体构造是，约50厘米的前轮架，栽在一长约50至60厘米的竖平支架前端。约55厘米的后轮架，在下端5厘米处凿眼，与竖平支架后端开铆套接。竖平支架中间开眼，装一长约120厘米的横平支架，另一端装一长约20厘米的竖平木

纺车　　李军摄

块，名曰车头。车头上又竖装两个小木条，称为车耳。车耳上各装一个牛筋线扣，是装锭子的机关。纺轮由轴和八块梭形的轮板构成，前后轮板呈放射状，端部用畜筋或麻绳以"M"形缠连，上面还裹一层布，以使经久耐用。然后用一根转弦，将车轮和纺锭连起，纺轮轴的前端装一木拐，木拐另端开一圆眼，眼里放一个红柳搅把子。这样就可以摇起纺车纺线了。

民勤的织布机，是明代很著名的脚踏提综开口式织布机，其机械原理是利用脚踏板带动"工"字形等臂杠杆，继而带动连接在杠杆两端分别控制上、下层经线的赶棍和提绞杆做逆向运动，实现换绞，从而穿纬织布。过去也曾有在此基础上，加一道提综织成斜纹布的织法，这在其他土布中实属罕见。织布机结构简单，它的座架是由两条长约80至90厘米扁平的稍有弧度的木板和两个长约170厘米的竖立扁平的木板构成。弧形木板一端开卯，与竖立的扁平木板在约50厘米处凿眼相套接。弧形木条另

倒线车　　李军摄

端开眼，下面安两个约50厘米的木棒，名曰机腿。再装一宽约20至30厘米，长约60至70厘米的薄木板相连，名曰座板。机架竖木板约150至160厘米处，各装一个向前伸出的长约50至60厘米的木条。木条中间开一凹槽为置陆角处，木条前端开眼各装一个弓形柳棍，向后伸到机座上方正中相连，是为吊棍，上系两绳，作吊筦子用。座架两根竖立的木板顶端，各开新月形豁口，置一横木，名曰天

梁或高梁。天梁两端，各装一长约 20 至 30 厘米的木条，与天梁呈"工"字形，两端开眼各拴一根绳子，前端的绳子拴在提绞杆上，后端的绳子拴在赶棍上，再向下连接在脚踏上。脚踏是一两耳开眼的"凵"形木条，套装在机座竖板下端内侧约 10 厘米处的小木桩上。它是织机的"动力"部分，通过踏下、松开脚踏，带动绞棍、赶棍交替运动，实现换绞，织机就可以启动织布了。

20 世纪 50 年代的织布能手

倒线车形状和纺线车纺轮相仿，型制要小得多。其周长要刚好等于拐子长度的两倍，这样从拐子上取下的线才能正好套在倒车上。

过去男耕女织的生产模式决定了其应用十分广泛，民勤境内多数农家女孩从八九岁就开始学习这门技艺，终其一生都离不开纺车织机。纺棉织布是人民解决穿衣问题的必备技艺，成了民勤妇女的主要家务活生，也成为农户除耕田以外的主要经济来源。民勤土布除了自穿自用外，还通过布市和民勤驼队在本地和外地流通，换取钱粮和其它生活物资，以补家用。清朝中期以来，民勤土布随着民勤驼队大量贩运到内蒙古河套、包头、绥远，山西太原，新疆和河西各地，解决了一代又一代民勤人的衣食问题。

民勤纺棉织布技艺流传久远，发端于沙井文化时期，兴盛于明、清、民国，有着清晰的演变过程。民勤纺棉织布技艺创造了不同于其他地方的"浆线法"和"水织法"，以及斜纹布，其工艺独特，优点突出。

保护传承民勤纺棉织布技艺有着重要价值。科学价值：民勤纺棉织布技艺是一项工序复杂、技术性、工艺性高的技艺，是民勤人民聪明才智的具体反映。历史价值：民勤纺棉织布技艺的产生、发展、演变反映了民勤社会文明和技术历史的进程。实用价值：手工土布应用广泛，现在亦可作为工艺品生产，丰富本地文化产品，带来经济收益。

随着现代化工业不断发展，人民群众生活水平不断提高，绝大多数人已不穿土布衣服。改革开放以后，现代化的纺织技术逐步取代了过去传统的手工纺织技艺。现在，这种土布已完全被淘汰，过去的纺线车、织布机也走进了历史的博物馆，能够熟练掌握这项技艺的人越来越少，手工纺纱织布行业已经消亡。

2010 年，民勤纺棉织布技艺被公布为第三批武威市非物质文化遗产代表性项目。

（石　荣）

民勤雕版印刷技艺

　　雕版印刷技艺是将文字、图像反向雕刻于木板，再于印版上刷墨、铺纸、施压，使印版上的图文转印于纸张的工艺技术。

　　雕版印刷术的发明源于秦汉时代的印章，到了隋朝逐渐完善。民勤雕版印刷技艺始于何时，已无处可考，但从现在留存的实物来看，大多指向明初，随着民勤移民开发，由江、浙、晋、陕流入。印版以官刻居多，到了清代，随着民勤文化的繁荣，官刻、家刻印刷都非常兴盛，民国初期，依然普遍流行。民国以后，随着现代印刷技术的应用，逐渐式微。现存最为完整的为完成于清道光五年《续修镇番县志》印版和民国八年的《续修镇番县志》印版。

雕版印刷《续修镇番县志》　李军摄

民勤县文化馆馆藏雕板　李军摄

　　民勤雕版印刷技艺的工艺流程主要分四个环节，每个环节又有若干程序，共有二十多道工序，整个流程工序明确、操作严谨。一是备料，即制版胚、备纸、备墨；二是雕版，即写版、校正、上版、雕刻；三是刷印与套色，上墨、铺纸、拓印，个别也有套色；四是装帧。

　　民勤雕版印刷有单色印刷，也有多色套印。按制作主体分，主要有两类：官刻，是由官方从各地征集优秀匠人集中刻印图书；家刻，以家族传承或拜师

覆版印刷

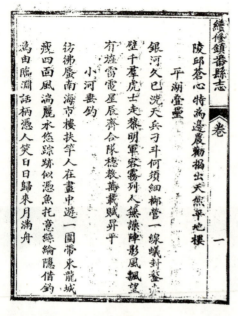

雕版印刷品

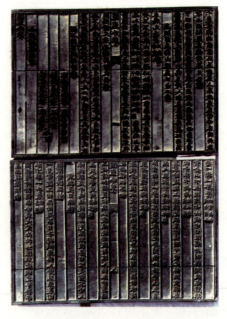

民勤县文化馆馆藏雕版卢生华、卢生薰
兄弟合著《兰言斋诗集》　李军摄

带徒的方式传承下来。

民勤雕版印刷在明清时期比较普遍。民勤县文化馆馆藏雕版 346 块 692 个版面，其中道光年间雕版 175 块 350 个版面，内容为《续修镇番县志》，多以仿宋字体，字体秀丽，刻工精美，保存基本完好。民国年间刻制的正楷体雕版 171 块 342 个版面，内容一部分为《续修镇番县志》；一部分为民勤历史上文人学士写作民勤的诗歌。字体工整，刀法精练，干净利落。

民勤雕版印刷技术以严谨的工艺流程和精湛的雕刻技艺而闻名河西。民勤雕版印刷技艺作为印刷技术发展历史和民勤文化历史的一个阶段的代表，对民勤社会文明发展有着突出贡献，具有重要的历史价值。

民勤雕版印刷技艺较为出名的技师有三雷乡孙存珠，双茨科乡王曰寿，其子王元和自幼酷爱雕版技艺，得其父王曰寿传艺，继承了雕版印刷技艺。

2010 年，民勤雕版印刷技艺被公布为第三批武威市非物质文化遗产代表性项目。

随着现代印刷技术的兴起，雕版印刷技术已完全失去了实用价值。一些家传的雕版技师也转刻为邻近的刻印业务谋生。民勤雕版印刷技艺濒临失传的危机，保护势在必行。

（石　荣）

民勤街门楼建造技艺

　　街门楼是庭院建筑的一部分，是每户的临街建筑，往往代表了一户人家的经济实力、社会地位、家风面貌等，有"门第""门面""家门"等说法，所以很多家庭，无论贫富，街门楼子都要修得漂亮大气。

　　民勤的街门楼是民勤传统建筑的突出代表和一大特色。街门楼在民勤的兴盛有着深远的历史渊源，它与民勤人崇文重教的传统和历史上地处塞上边关的地理位置密切相关，从更深一层去思考，是民勤移民文化背景和历史变迁的反映，不仅是建筑艺术，更是一种文化现象。

　　明初，为实行移民实边政策，政府组织向民勤移民，移民来源多是江淮、中原和山西的浑源、汾阳、沁源、潞城、沁水、翼城、曲沃、洪洞、襄汾等地。移民活动一直贯穿了明清两代。考稽今天民勤的户族，大部分来自于中国历史上的南北文化中心地带的晋、陕、江、浙地区。

　　移民是文化最活跃的载体，经过漫长的时空历程，民勤绿洲的自然环境变了，但迁出地深厚的人文传统却永久地被承袭下来，在与本土不断交融发展中，逐渐形成"人在长城之外，文居诸夏之先"的文化盛景。

　　民勤历史上处于胡汉交界之地，除了文化的交流融合以外，也有着切实的防御需求。建筑作为文化的主要载体，也自然而然地打上了历史文化的烙印。反映在建筑上，民勤各地堡、寨建筑盛行，而其内部又是回廊飞檐、斗拱重梁、彩绘雕刻。在继承中国传统建筑风格上而又有应时应地之变，可以说是南北交融。

　　民勤住宅，昔有"庄笼"之称。庄笼，

20世纪80年代的靠山歇顶式街门楼　　石荣摄

其实是一种堡子，其中大的类似小城，属村里人共有，至少有两个大门，可盖若干四合院，四周围墙上有较完备的城防设施，如暑适堡、东沟堡、大滩堡、红沙堡、青松堡、黑山堡、蔡旗堡、昌宁堡、永安堡等。小的形状如前，规模较小，但至少也在三院以上，属大户人家所有，如大坝文化的卢家堡子、三雷新陶的瑞安堡、苏武龙潭的临丰堡等。第二种是寨子，也叫台庄，形如堡子而低小，一个大门，个别的还有小腰门，四角有墩，周围有转台、拦码、垛口。堡子、寨子都有着较强的防御功能和军事性质，是在民勤较早出现的居住方式。第三种是大庄子，墙比寨子低，高不过一丈九尺，其中有大小各一院或两个大院、一个大门院，有街门、大门两层门。第四种是半庄子，墙高不过一丈二尺，有街门无大门，进了庄子就是四合院。

四合院是堡、寨、庄子的基本单元，从整体外形到内部结构与中原、南方地区亦有所不同。从外形上看，四合院亦如庄笼，院墙高大，注重防匪防盗。从房屋结构上看，脊顶、卷棚顶与单坡顶兼有，且越到后世越是更多应用单坡顶结构。这是因为民勤地区少雨，造价更低的单坡顶房也能满足出水的需求。单坡顶房屋亦采用全廊柱结构，一般向院内出水，后墙比前墙高出二尺左右，前面拔廊或延伸出防雨的屋檐。根据贫富地位势力不同，四合院可分为几类。最阔气的一类是四面都出廊，名曰转廊。厦房三五间不等，前门墙都是装板花墙，名曰满装修。屋内大梁上面正中间放有二架梁，名曰起脊子。堂屋两道梁下托着一道方木小梁，叫随梁。第二类是堂屋和倒座都有廊，叫做上下廊，厦房满装修。第三类是吊廊，大梁超过门墙往前伸出三尺左右，多铺半槽椽子，厦房满装修。第四类是平立匣口满装修，前门墙椽子下面立方木，方木下面立平方木，平方木下面放檩椽。第五类是四梁八柱全檩全椽正圈棚，大梁上面都有二架梁，前门墙是土坎泥的，堂屋和倒座的廊檐上都和廊房一样有飞头。第六类是土梁土柱单坡顶，即胯墙无梁，或作假梁头，装饰门面，这是普通人家最常用的房屋形式。但无论贫富，每个四合院都建有堂屋，供奉各路俗神和先人灵位。

从这些"庄笼"、四合院的建筑形制和风格来看，基本融合了中原和南方江浙一带的建筑文化特色，也因地制宜地发生了改变，体现了北方地域文化特

传统财神庙式街门楼　　陶积忠摄

色。这种南北交融的建筑风格在
门楼建设中也得到了传承和发展。

堡子和寨子的大门，都是用
砖鼓的，比城门洞子浅一些，样
式基本相同，具有很强的防御功
能。也有的在门洞顶上盖有门楼，
住人防盗，据说湖区刘茂盛家的
一座大门门楼有三间屋大，高及
三层楼房。庄子的大门也有鼓的，
形制较大的一般是阁楼式门楼，

传统街门楼角花雕刻　　陶积忠摄

而多数是起脊子的一体顶戴式门楼，民勤人叫财神庙式，栽上飞头，刻上图案装饰。
街门则风格多样，简单的在两面倒座中间挤上门框，安上门扇了事。或盖个简易的斜
坡顶凉棚，比起阁楼式，梁、檩、椽、檐的结构都要简单得多。高级的如"五彩"门
楼大多采用财神庙式，据说是因为有五层雕刻，层层花纹各现其异，油漆色彩每层五
色，各层点缀交相辉映。新门落成，看似一簇纷繁的花丛。甚至还有更为豪华的"七
彩星"门楼，美轮美奂，极尽工巧之能事，但相比大门楼要显得小巧玲珑。

民勤人世代传承而时时不忘来路，建街门必定要请书法家写上郡望名称，镌刻于
门勒，如王家的"三槐"、杨家的"清白"、谢家的"玉树"、戴家的"注礼"等等。
这些都为后来的民勤街门楼建筑风格烙印下文化基因。即使到了没有防御需求的时
代，注重打庄修门的传统，也成了一种文化的惯性。而南北交融的风格更成为其主要
的建筑特色。

20世纪50年代后，民勤的门楼建造再无大门和街门之分，逐渐地合二为一。到
80年代，随着生活条件的改善，全县各地都开展了新居民点的建设。在促狭的经济状
况下，家家户户争相修建美观别致的街门楼建筑，充分体现了民勤人"讲究门面"、
重视文化、注重传承、勤劳持家的文化基因。

20世纪80年代的街门楼可以说是在传统街门楼建筑艺术上的传承、创新和发展。
由于门内大多都有街门道，街门楼只修门外部分，所以街门楼的建造格式也由过去的
阁楼式门楼变为由传统建筑形式发展而来的"靠山歇顶式"门楼。即在建筑形式上还
是传统的高脊飞檐、雕花重彩，但却变柱廊结构为砖混结构取代，变脊顶为单坡顶、
是高脊、靠山、单坡顶的结合。这种结合为靠山装饰留下了很大的空间，成了巧匠们
发挥艺术才能的主要场地。"靠山"脊一般高出墙头一到二尺，廊檐低于墙头三到四
尺，坡顶出水一尺左右，靠山高度达到了四到五尺左右。在材料上，传统的砖雕、木

雕纹饰变为预制的水泥倒模花格。特别是门楼"靠山"纹饰及脊兽、门前吉兽，均为水泥预制。这与当时木材紧缺、成本因素不无相关。一些心灵手巧的工匠，制造了各种各样的纹饰、脊兽、门前吉兽的预制品出售，大大地减小了街门楼的建筑难度，丰富了街门楼的装饰及形式。当时水泥预制的脊兽如狮子、"寿"字、兽头、和平鸽、貔貅，门前大狮子的装饰品等，形态生动、纹饰精美、雕工精致，具有很高的艺术价值。门楼的木结构也较阁楼式大大简化，但也要力求美观。一般以墙代柱，二到三道檩子，最前面一道檩子要适当的做一些美化处理。简单的在檩子下面制作假枋、角花，檩子上面安装花板、飞檐。复杂一点就仿照传统门楼，挑檐檩、额枋、雀替、撑拱、花牙子、撩檐枋、花板一应俱全，甚至两侧还要加装垂莲柱，少则一层，多则三层。完工后适当油漆彩绘，多以赭红、天蓝、明黄为主，简单大方，也有的五彩描绘，富丽堂皇。门多以赭红为主色，门楣刻有门勒，彰显祖德家传。门扇上下铁艺包勒，门面泡钉加固、中间吉兽衔环，或描金、或漆黑，庄重大气。特别是民勤城区的一些新居民点，由于大多是一些文化人，对门楼的建筑有着更高的要求，街门楼建筑更是一家一景，力求古朴大方，装饰华美，还要新颖别致、与众不同，走在巷道给人一种游园尚美的享受。一些心灵手巧之人，在自家门楼的"靠山"上，制作"二龙戏珠""丹凤朝阳"等图案，更是惟妙惟肖，引得四方居民争相观看。

　　过去修街门楼有很多讲究，首先还是要从打庄子说起。

农村庄院的传统街门楼　　陶积忠摄

　　打庄子开街门，是人生大事。民勤人为求大吉大利、生产致富、人丁兴旺、万事如意，讲究很多。如打庄盖房时，必须避开当家者的本命年。必须选好庄底子，也就是所谓的风水宝地。对四周的环境、道路、水行等，皆不可忽视，应该相得益彰。择定良辰吉日，在新庄底子上献盘馍、焚香、化表、放炮。让道人下罗盘按阳宅子定向、定院落规模、定房舍格局，同时亦定出打墙取土的方位，街门的位置。若是单庄子四合院，又带大门院，则街门必定于前墙中间，大门、街门与堂屋门三者处于同一中轴线。若是大院子又带一小院，则街门偏左开，同堂屋门为一中线。若是同一方向的并排庄子，中间仅隔一道公用墙，此类庄子不带小院子，各开正街门，但大门院仅一个，至于偏左偏右开，据环境、水行而定之。

当方向格局定好后，同样择良辰吉日，献盘、焚香、化表、鸣炮、领牲、宰白公鸡，并以羊血拌入黄米干饭及掰碎的盘馍，另加朱砂撒到墙基上，尤其四个角落撒得更多，也撒铜钱。一应讲究完成才能开工建设。不管谁家打庄子，都先打前墙以安街门。木匠土工按方向位置竖起新街门，在棚板（过木）上放红布一方、银子或银元、铜钱、书两本、墨两锭、毛笔两支、砚台一方、红筷子一双及五谷杂粮等，连街门一同打入墙中，以此来象征发财致富、子孙广盛、人才辈出。

庄墙合拢，又要择吉日开街门，门前设香案，献上大盘馍、斗米斗面，从老屋井中汲来一桶水，架一盆火，并在合拢处也献上盘馍、香表、牲羊等。在新门边贴上对联，于两扇门缝间贴上红封，内容有：红封"开门大吉"。对联："门映苏峰，百福千祥来云集；星迎天翳，三奇六仪作障屏。""启户时千祥云集；安门日万事亨通。""三阳日照兴隆地；五福星临吉庆门。""新建高门，可光前，亦可裕后；大启尔宇，欲植桂，更欲培兰。"

一切准备停当，开门时还要邀请一位文化人或德高望重的老人至门前，在门楣上挂一块红布，拿起金银钗子，边诵开门吉祥语，边顺门缝划红封。在鞭炮声中双手推开新财门，由专人将香案、盘馍、斗米斗面等端起蜂拥而入。此时，街门打开，庄子合拢，大炮小炮震天响，土工、亲邻、主人全家一片欢声笑语，新庄院的氛围喜气洋洋。当家者忙将盘馍掰开让大家分享，进来的人越多越好，以示庄子人财两旺、万事顺利。

等开门大吉了，门楼建设才会进入议事日程。

过去修建廊柱阁楼式门楼，一般前墙就不修倒座和街门道，因为是两面出廊，互相有冲突。这种门楼是门、楼一体的木结构形式，用工用料都很多，就要请木匠花一两个月的工夫，提前制作斗拱梁柱、檩椽檐头、枋格雕花、门楣牌勒等。主人还要准备砖瓦、吉兽、装饰等。装门立木的时候，除了木匠师傅，还要请泥瓦匠一同施工。这时前墙上取开相应的豁口，校

传统街门楼撑拱、额枋、花板、雀替雕花　陶积忠摄

传统财神帽式街门楼的垂莲柱　　石荣摄

准水平、尺寸位置，安放基石、立门立柱，依次搭建枋梁、斗拱、檩椽、飞檐、格板雕花等。木结构安装完备，再有泥瓦匠挂瓦、安装脊子、廊檐、吉兽装饰等。最后一切停当，还要彩绘装饰才算完工。这种阁楼式门楼虽然美轮美奂、庄重大气，但花费大，无法建设倒座、街门道，地方利用率低，所以只有大户人家才会修建，一般的富人家大多修建门楼一体的财神庙式门楼。财神庙式门楼一般是门框边并门柱，门柱上部向前各架一个向前伸出一尺左右的小型枋梁，枋梁前段各装一个垂莲柱，垂莲柱之间连接额枋、花牙子。上面搭建三到五层撑拱、雀替、花板，一直到檐枋。上面起脊子，前面装飞檐，向后与街门道相连接。

普通人家都是靠山歇顶式门楼。靠山歇顶式门楼是在"开门大吉"之后依门靠墙而建，结构形式多为砖混土木结构。修建时先由泥瓦匠修建门楼侧墙，侧墙大多采用转包土的形式，即基脚为砖，修三到五层后外沿继续砌建为砖墩子，靠墙的部分以土坎砌墙。这是一种节约成本而又注重美观的做法，当然条件好的就全部用砖修建。砌到出檐的高度再以全砖砌，外沿依次伸出四分之一砖，使侧面看形成一种飞檐的趋势。一直到顶，计划好出水角度，木匠安放檩椽以及相应的格式花样，铺房席、挂瓦或者待后上房泥。在房顶以上继续修建"靠山"装饰。靠山装饰一般都提前预制，有砖雕的碑牌、纹饰镶建的，有水泥预制各种花格图案砌建的，也有现做雕塑的。靠山一直要高出墙头一到二尺才收脊，从靠山脊子向下延伸成优美的弧度做成侧墙脊子。靠山脊上面和侧墙脊前缘对称的安装吉兽装饰，侧墙前地下安放门兽，最后上漆彩画才算基本完工。

街门的门勒是民勤街门楼必不可少的部分，不管修的豪华简陋，也不论富贵贫穷，几乎家家户户都不忘制作门勒，就像家风、祖训一样世代传承。门勒一般都是请书法家书写，如姜家写"渭水遗风"；王家写"开闽传芳""三槐世第""槐堂世瑞"；李家写"陇西望族""陇西衍派""犹龙世泽""道德传家""太白遗风""青莲世第""青莲望族"；赵家写"天水遗风""琴鹤遗风""清献遗风"；张家写

20世纪80年代的街门楼和门勒 姜爱平摄

"两铭世泽""横渠派衍""横渠世第""横渠苗裔""百忍传家""百忍家风""百忍流芳""黄石授书""圯下传书""谷城授策";刘姓门楣为"丰沛世胄";陶姓为"五柳遗风";郭姓为"德昭汾阳";程姓写"重黎遗风",等等,都是彰显先辈祖德,表明家族渊源和传承。

民勤的街门楼是对中华传统建筑艺术的传承和创新,是在继承传统建筑艺术的式样和审美元素的基础上,结合了本地的文化、经济、环境等因素而发展形成的,是民勤特色的传统建筑,是西北建筑艺术乃至中华建筑艺术的有机组成部分。

民勤街门楼是民勤经济社会发展的历史见证。从堡寨大门,到四合院的门楼;从城门楼式、阁楼式,到靠山歇顶式现代式,都反映了民勤历史的演变轨迹,是物化的历史。

民勤街门楼是民勤地域文化的载体。无论是建筑文化、习俗讲究、家族传承、遗德家风,在街门楼的建设中均有鲜明的展示,是物化的文化。

现在,大多工巧精美的门楼,如牌坊、堡寨门楼都已倒伏在历史的尘埃中了,仅存的几座,如城区小东街的赵家门楼、孔家门

渐趋消失的老式街门楼

楼,北街上的韩家门楼,大坝张五的祁家门楼,东镇调远的富家七彩星门楼,都像是风烛残年的老人,随时会撒手尘寰。20世纪80年代居民区的新式门楼,也在城市改造建设中相继消失,保护工作刻不容缓。2022年7月,民勤街门楼建造技艺被公布为第五批武威市非物质文化遗产代表性项目。

(石 荣)

民勤羊毛毯织造技艺

民勤是养羊大县，民勤羊毛毯织造技艺是在民勤流传久远的用羊毛线织造毯子的传统手工艺。

据史料记载，羊毛线编织地毯约在新石器时代就已出现。东汉时期地毯编织已达到很高水平。唐代，地毯织造已相当成熟，地毯大量使用，宫廷和富豪宅第均铺设地毯。

清光绪年间编修的《光绪镇番乡土志》中的《物产志·动物天然产》记载：羊，毛洁白肉肥美，畜之者殆遍户云。《物产志·动物制造产》记载：毡袄、毡褐子，以羊毛制造者，亦坚固……羊毛在本境仅为织褐做毡之用，价亦廉，平民赖以衣被。近来，西商以巨价购去，以驼由草地运至天津出口，以给外洋制造。由古籍记载可知，历史上的民勤羊只繁盛。羊多，羊毛就多，为羊毛毯的产生提供了丰富原材料。

明清两代，民勤养驼盛行，先民们组建驼队外出走货，到新疆，到内蒙古。先民们从蒙古族、维吾尔族人处学得羊毛毯织造技艺，在民勤本地组织人员纺织，自此，羊毛毯织造技艺在民勤落地、生根、发芽、结果。

民勤羊毛毯是民勤人手工织造的一种取暖生活用具，纯羊毛织造，冬暖夏凉，民勤人们普遍使用。

名为羊毛毯，选料当然是羊毛。工具有机架、染锅、倒线车、砍刀、耙子和剪刀等。

机架先为长方型木制机架，高二至三米，宽二至六米不等，可坐五六人同时织造。后改为铁制机架，用大型钢管、槽钢焊制。

倒线车和纺线车形似，小巧，将梳好的羊毛线套在倒线车上，手拉动毛线时倒线车转动把

羊毛地毯织造场景　　邸士智摄

毛线绕成毛线球。

织造羊毛毯，大致过程为：

选毛。挑选质地优良的羊毛，抖去沙粒、尘土、草渣等杂质。

洗毛。用一大锅，盛满水，烧开，羊毛入锅内，放入洗涤剂，洗去羊毛上面油脂，然后晾干。

捻线。用坠子，也叫拨吊，为一手指粗细木杆，多用红柳，上端安一铁钩，下端插入圆形石坠，转动石坠，羊毛捻成细线。

画样子。在方格绘图纸上画出羊毛毯花形图案，分中式图案和波斯图案。中式图案多以古代名画、神话传说为主，比如以石榴、佛手、仙桃三果组成的"福寿三多"、花鸟等图案等，每种图案都有不同的寓意。进入 21 世纪，样子图上开始出现书画，即把名人墨迹绘于图上，羊毛毯成为艺术品。

染线。根据羊毛毯织造样子图标注的色号，用颜料把毛线染成红黄蓝绿等不同颜色。早先用植物泡制，后改用化学颜料。

倒线。把染完色的毛线套在倒车上，转动倒车，把毛线绕成毛线球。

拉活。在机架上用棉线绳子拉好经线。

起活。先要匀好经，稍后绑棕。接下来锁素，用棉线绳子固定好经纬线。然后打素织档头，用耙子敲打，使经纬线固定不动。接下来

20 世纪 90 年代民勤地毯厂工人在修剪地毯　李军摄

开始拴活。羊毛线以"八字扣"绕过经线打结，再在羊毛线上过一道粗纬线，拾绞后过一道细纬线，用耙子拍打压实，剪断高出毯面的线头，使其表面平整。如此反复，直到一块毯子全部织完。一块标准规格床毯，一个人织造，需要四五十天；多人共同织造，十多天就能完成。故此，手工织造地毯是一种特别辛苦的活计。

平毯。用剪子把毯子剪平。平毯机出现后，效率提高，平整程度亦好，平毯机一过，毯子平平整整。

洗毯。毯子在织造过程中，由于人为因素、环境因素等影响，毯子上会粘上许多毛渣、灰尘等，需要清洗。将毯子平铺在地板上，撒上洗涤剂，反复刷洗，使颜色鲜艳。

剪花。织好的毯子，上面的图案不太明鲜，拿剪子在图案的不同色彩之间剪出凹槽，使图案逼真，有凹凸感。

修活。检查有无错色、漏头，把羊毛毯边沿毛头修剪整齐，绾好穗子。至此，一块羊毛毯即算织造完成。

民勤羊毛毯原料上乘，采用半粗毛，羊为当地的优良异质半粗毛羊品种，毛质纤维粗而不粘，坚韧而富有弹性，耐拉耐压，强度大，宜织造，光泽如丝，染色鲜艳。用这种毛线织造出的地毯，毯面薄平、工艺考究，长久不变，使用年限可达百年之久，用民勤当地话说"可以传辈"。

毛线颜色用天然植物色素染成，色彩柔和，经久不褪，古朴大方。20 世纪 60 年代后期，采用了酸性媒介染料和蒸汽染色工艺，丰富了染色毛纱的种类，能染出 400 多种不同色彩，使地毯图案设色更加绚丽多彩，协调明快。

毯子图案自成一格，多以绚丽多彩的植物花、果、枝叶为纹样的基本造型，也有各类动物纹样。往往把各类植物和动物纹样加以扩张变型，并辅以有变化的几何形纹理，构成了别致新奇而充满民族风味的图案。图案题材广泛，内容纷繁，联想丰富。按图案内容和形式可分为石榴花、蜡花式、波浪式、波斯式、散点排列式、洋花式、五枝花式和博古式 8 大类。此外，还有人物、花鸟和风景挂毯等。

毯子按规格大小有 100 多种，有长廊地毯，客厅、卧房、书房铺毯和挂毯。按品种划分地毯有十余种，如艾德亚力、克里昆、恰其麻、石榴花、伊朗、盘子花、花园式、阿里班树枝等。

民勤羊毛毯采用立机织作方式，通常采用"森纳"结扣法（八字结扣，或称伊朗结扣法），用这种结扣法织造的地毯，即使局部破损，整体地毯的使用寿命也不会受到影响。地毯图案上的打结，全是手工编织，织工精致细密，须经过十数道复杂的工序。

民勤羊毛毯有冬暖夏凉、隔潮、隔寒的效果，除室内家用外，还用于野外宿营。另外，羊毛毯以其紧密透气的结构，可以吸收及隔绝声波，有良好的隔音效果；羊毛毯表面绒毛可以捕捉、吸附飘浮在空气中的尘埃颗粒，能有效改善室内空气质量。羊毛毯具有精美的图案、绚丽的色彩、多样化的造型，可以美化居室装饰环境。

民勤羊毛毯，最初为纯手工织造，多为民间小作坊，规模小，自己织造，自己使用，织造时间长，生产数量少。20 世纪 70 年代末期，县上成立地毯厂，民间作坊式微。县地毯厂引进大型机器设备，细化织造流程，从捻线、染线、倒线等都专用的机器设备，织造速度大大提高。使用范围扩大，一些酒店、宾馆、办公室等开始使用，甚至在各类场所普遍使用。生产的纯羊毛手工地毯，商标为"苏武牌"，由甘肃省外贸公司进行检验，均为优级品，远销全国各地及国外。有些挂毯，成为国家赠送外国贵宾的艺术品。

2002年，民勤县地毯厂改制，手工织造羊毛毯下架。部分女工出于对手工织造技艺的钟爱及生计问题，在家中或在外租赁场地，只有一个机架，或一人织造，或两三人合作，不太景气。

21世纪初期，化纤地毯进入民勤市场。化纤地毯价格低廉，色彩绚丽，样式繁多，民众可根据自身需要任意大小裁剪，对原本处于危急状况的手工织造羊毛毯形成毁灭性冲击。反观民勤手工羊毛毯，过程繁琐，耗费时间漫长，生产成本大，再加上技艺传承后继无人，手工织造技艺面临断代失传危机。

2022年7月，民勤羊毛毯织造技艺被公布为第五批武威市非物质文化遗产代表性项目。

（邸士智）

民勤羊肉宴制作技艺

　　民勤相传是汉中郎将苏武牧羊之地，羊文化与饮食文化源远流长，蒙汉民族长期交往，杂处融合，从古至今，民勤人待客宴席无羊不成席，以民勤羊肉宴为最。

　　民勤养羊的历史源远流长。"水草丰美、可牧可渔"是民勤养畜产业衍生发展的真实写照，苏武牧羊的传说是民勤羊只养牧的历史见证。据《尚书·禹贡》记载："潴野匈奴驻牧"，潴野即今之民勤，足见春秋战国时期，民勤便有人类生存繁衍并从事畜牧业生产。秦汉时匈奴称雄河西，那时的民勤羊就是匈奴人向中原天子进贡的"贡品"，也是其食物的主要来源。长期以来，养羊、吃羊肉和用羊肉招待贵客，早已约定俗成为民勤的民俗传统和习惯，羊肉系列菜肴也自然地成为民勤饮食文化的重要组成部分。悠久的养羊历史和优异的羊肉品质积淀了民勤底蕴丰厚的羊肉文化，也奠定了民勤肉羊产业发展的社会基础。

　　民勤位于石羊河下游，东西北三面被腾格里沙漠和巴丹吉林沙漠包围，北纬38

规模化养殖场　李军摄

度特殊的沙漠气候与天然的盐碱性水草造就了民勤羊体质结实，骨骼粗壮，肌肉丰腴，精髓充盈，耐寒耐旱的优良品质。民勤羊肉具有"无腥不膻，蛋白质含量高，肉内脂肪含量适中，肉质鲜嫩，鲜香带咸，醇厚鲜美"的独特风味。屠宰后的民勤羊肉色泽均匀，有光泽，脂肪呈乳白色，肌纤维纹理清晰，有韧性，肉外表微干或有风干膜，不粘手，指压后的凹陷立即恢复，拥有更理想的外观和优良的贮存稳定性。煮沸后，肉汤透明澄清，脂肪团聚于液面，不用调味品遮盖就鲜香无比，是制作美味佳肴的上等食材。脂肪含量适宜，胆固醇含量远低于其他肉类，所含氨基酸种类和比例符合人体营养需求，具有明显的滋补功效和食疗保健功能，营养学价值极高。民勤羊肉可煮可焖、可炒可烤，民勤羊肉系列套餐不仅成为民勤饮食文化中最重要的内容，而且在五湖四海的宾朋中留下了"杭州风景美，民勤羊肉香"的美誉。

民勤羊肉宴席就是以民勤羊肉为主料制作的宴席。将整羊分解后，分类取料，适当添加配料，运用煮、炒、烤、涮、焖、爆、炸等技法，分别制成冷、热、汤等各色菜肴，组成多种搭配的全料宴席。在民勤人眼中，羊浑身是宝，

民勤有机羊肉

肉、骨、头、蹄、肠、肚、血，无不可入菜。民勤羊肉宴，以一羊百品、一羊百做见长，遵循"食不厌精、脍不厌细"的理念，配以其他食料，达到味美质佳的烹饪效果，同时注重营养食疗兼备，从而形成了独具特色的民勤羊肉宴文化。近百道佳肴，把农耕和游牧饮食文化中肉食的烹制技法发挥到极致，让民勤羊肉系列菜肴更加丰富多样，回味悠长。

民勤羊肉宴可分为肉、菜、饭、汤四个系列，每个系列都有丰富的品类、精细的做法。肉品有手抓羊肉、清炖羊排、清蒸羊脖、清汤羊肉、黄焖羊肉、大鏊子羊肉、馕坑羊肉、炕锅羊肉、菜锅羊肉、涮羊肉、烤羊肉，清水羊头、胡辣羊蹄、手撕羊肚等等，这些特色羊肉，做法各异，风味鲜香，最能代表民勤羊肉宴的风味特点。菜品有爆炒羊肉、葱爆羊肉、爆炒羊肚、爆炒羊杂、红烧羊腩、酱爆羊肝、辣炒肚块、麻辣三脆等等。炒法多样，鲜香嫩爽，美不可言。饭有羊肉揪面、羊肉米面条、羊肉臊子面、涮羊肉拉面、羊肉米稠饭、羊肉水饺等等。最为经典的要数全羊汤沙米面条。汤有全羊汤、羊杂汤、羊血汤、羊肉萝卜汤、羊肉粉丝汤、葫芦羊杂碎等等，汤淳味美，不可方物。

民勤羊肉宴，其中最具盛名的是手抓羊肉、黄焖羊肉、清汤羊肉和烤全羊。

手抓羊肉制作方法：

1.羊肉取块，用清水洗去血渍及表面附着的羊油。

2.将肉放入锅中，不加任何调料，凉水武火煮沸，水要没过肉。

3.开锅后将沫子打干净，否则会影响肉汤颜色和口感。

4.打沫后在锅中加入由花椒、大香、干姜和盐等包成的料包，佐以大蒜、辣椒、萝卜、鲜姜、红葱等辅味。

手抓羊肉　　李军摄

5.文火煮 90 分钟左右，羊肉烂而不老，开锅收汤，将汤收浓即可出锅。

羊肉蘸汁的调法：蒜泥加土醋，喜欢吃辣的可再加点民勤本地的油泼辣子。也可以沾食椒盐，就着蒜瓣一起吃，真是极好的美味。

民勤手抓羊肉是受蒙古族影响而产生的饮食方式，而做法却趋于中原文明的食不厌精，脍不厌细，更加符合汉族人的口味。民勤手抓羊肉也有大水煮羊肉、开锅羊肉一说。顾名思义，就是将分割好的手掌大小的羊肉块，下到盛水颇多的大锅清水中，加水姜、大香等调味，再加蒜苗、萝卜、红葱等提味，文火煮熟，开锅即可食之。民勤手抓羊肉颜色清淡、原汁原味、肉香浓郁、鲜嫩润滑，佐以调料，鲜美无比，汤味醇厚、清甜鲜香，是民勤羊肉最本土的做法之一。

锁阳是民勤羊肉美食不可或缺的重要辅料。锁阳羊肉是根据中医理论，在传统烹饪基础上发展起来的一种保健食品，具有滋补肾阴、轻身养颜、温中壮阳的独到功效，是外地游人客商在民勤必吃的特色美食。俗语云："不吃锁阳羊羔肉，不算曾经到民勤。"

全羊汤黄米面条是民勤羊肉宴饭食中最具特色的。煮过羊羔肉的高汤，掠去浮油，加入香菜提味，佐以葱韭压腥，兑以清水适量，待锅将开未开时，下入黄米，文火煮绵。做汤前，先用高筋小麦精粉，加入适量食盐，和成面团，反复揉制，置放片刻饧面，手工擀制成面皮，待稍干，切制成三寸长、二分宽的面条，待用。黄米滚绵后，加入少量食醋，伺火候下入面条，待锅沸圆后，加入香菜、葱蒜等，大碗盛来，尽可作狼吞虎咽。一腕下肚，便觉大汗淋漓，胸腹阵阵舒畅。中医理论认为，全羊汤黄米面条，温中和胃，补脾益肾，填精充髓，常食之可轻身健体，益寿延年。

黄焖羊肉制作方法：

1.准备好食材，粉条用水泡软备用。

2.羊肉切块，胡萝卜、土豆切滚刀块备用，葱姜等调料备用。

3.羊肉焯水备用。

4.炒锅内放油，待油热后放入葱姜大料和羊肉煸炒。

5.煸炒到羊肉微黄的时候，加入老抽上色，待上色均匀后，加入适量开水，加入干辣椒、大料、小茴香、葱段、姜片，然后将羊肉倒入高压锅内，压 15 分钟。待高压锅自然放气后待用。

6.将炒锅加入油放入葱姜煸炒，再放入土豆和胡萝卜煸炒，加入羊肉汤，再加入粉条一起炖。

7.待土豆、胡萝卜、粉条都熟透后，加入羊肉一起炖，放入适量盐调味，待汁收得适当后关火。

黄焖羊肉　　李军摄

8.放入香菜，即可食用。

黄焖羊肉是由新鲜的羊腿肉，民勤特产的土豆，筋道的手擀粉，配以洋葱、青蒜和红绿辣椒焖制而成。黄焖羊肉口味特色取决于当地的特色食材。羊肉自不必再说，还有民勤特有的"洋芋"。生长在民勤土地上的土豆，日照时间充沛，个头大而圆润，芽眼浅，颜色呈浅黄色，并且富含淀粉和微量元素，特别适合和肉类一起烹饪，越"沙"越好吃，越面越好吃。指宽的手擀粉，柔韧有嚼劲，尤其是挂上汁，融入羊肉的鲜味之后，更是美味。吃羊肉，配菜茶酒是必需的，来一盏自产的茴香茶，上一盘野生的沙葱或自家腌的咸菜，来点白的或是啤的酒水，边喝边吃。待这盘黄焖羊肉吃得只剩下配料和卤汁，茶喝完了，酒也见了底，这时候再扯上一锅拉条子拌在卤汁里，筋道的拉条子挂着浓香的汁，"滋遛滋遛"下肚，一盘黄焖羊肉吃到最后连汁儿都不剩，这满足感绝对爆棚！民勤黄焖羊肉口味香酥，肥而不腻，是暖中补气、养血御风、生肌腱力的上善菜品。

清汤羊肉制作方法：

1.整羊剔骨，分成几大块，把羊骨和剔下来的肉放入一口大锅中，加满水煮到出沫，打净上面的浮沫，否则会影响汤的色泽和味道。

2.按照传统方法加入一定量的不同调料，煮一两个小时不等，肉熟而不烂为宜，将骨头和肉分别捞出，把汤盛在一个大盆子里备用。

3.捞出的肉风凉冷却后，切成薄片，也可用手撕扯成合口的肉丝，以一碗或半碗的量等份，码在案板上，方便更多的人等享口福。

4.把盆子里的汤倒入锅中加水调和，然后把捞出的骨头放进去熬，加上生姜粉，味精，葱末和香菜提味。

5.肉丝片盛碗，依口味添加熟萝卜片、汆熟细粉丝、青蒜末、米椒粒不等，浇上熬好的汤，就可以享用了。

民勤清汤羊肉的制作，方便简单，风味鲜美独特。既适合三五知己享用，也能应酬排场筵席。

羊骨也是大补，民勤农家常将羊骨熬成骨膏，用来孝敬年老体弱的长者，或为病患者补充营养，真正是汤水不剩，颗粒归仓，酣畅淋漓。吃民勤羊肉就是这么节约和实在。

烤全羊方法步骤：

1.挑选体重 30 至 40 斤的本地家户散养羯羊为上，绵羊次之，这种羊腿脚细长，肌肉发达，不肥不瘦。

2.将羊宰杀，去皮、头、蹄，取出内脏，刮洗干净。用刀将羊从腹部中间切开，整只羊趴伏放置在铁制的托盘上。在羊的腹腔内和内外侧肉厚的地方用刀割若干小口。羊腹内放入葱段、姜片、花椒、大料、小茴香末，羊腿内外侧的刀口处，用盐、姜片、葱段、洋葱、花椒等多种调味料，加入料酒反复涂抹擦搓入味。刷酱油、糖色略凉，再刷上香油，腌制一个小时，充分浸透。烤制前均匀地涂刷一层鸡蛋液，有助于保留肉汁，烤出的颜色更加黄亮诱人。

3.烤炉可以选择大容量电烤箱，最好是民勤当地用来烤馍用的馕坑。烧馕坑最好选取果木，果木木质细腻，烟少火旺，温度高，自带香味。待柴火烟气去尽，成木炭火，火力稳定旺盛时，将盛着全羊的铁托盘推入馕坑，将馕坑入口盖住，用黄泥或用蘸水麻袋堵好入口缝隙，防止漏气，利用坑内热气闷烤。馕坑烤羊过程虽无法用眼睛全程目测，但有经验的厨师大都可以准确判断羊肉的烤制程度。初学者也有火候掌握不好，烤焦或者半生不熟，口味不佳。

4.大约 1 至 2 小时，待羊皮烤至黄红酥脆，肉质嫩熟时，打开封口，取出烤好的羊肉，用刷子涂抹上孜然、辣椒面等烧烤佐料，抹上调料后再回炉烤制 10 分钟，即可出炉。

5.食用时先将整羊卧放于特制的木盘内，抬至餐室，由厨师将羊肉割下切成厚片，

羊骨剁成大块分别装盘，配以葱段、蒜泥、饼子上桌。当然也有豪放不拘者，用刀割或手撕食之，别有情味。

民勤烤全羊色泽黄红油亮，皮脆肉嫩，肉汁丰富，焦香可口，别具风味。民勤人选取大葱、大蒜、白酒作为吃羊肉的标准配

烤全羊用料　闫长仕摄

置，也是特色的吃法。

民勤羊肉宴烹制技艺有别于传统意义上的羊肉制作，兼具少数民族和汉民族肉食文化的精髓，方法考究，选料讲究，制作精细，菜式多样，特色鲜明。

民勤羊肉宴制作技艺作为民勤地方饮食的重要组成部分，它反映了民勤人民的

处理好的烤全羊食料　闫长仕摄

生存状态、生产习俗、生活风貌、伦理观念以及不同历史时期的社会形式、自然环境、宗教信仰和科技发展状况，具有极高的历史文化和商业科学价值。

历史价值。民勤羊肉宴制作技艺兼收并蓄，吸取了不同民族、不同历史时期的羊肉烹饪技艺精华，反映了长期以来民勤人民的生存状态、生产习俗、生活风貌以及社会自然状况。民勤羊肉宴制作技艺是历史的产物、时代的印记，有助于人们更真实、更全面、更接近、本原地认识和了解民勤的历史过往，具有重要的历史价值。

文化价值。民勤羊肉宴制作技艺蕴含着丝路文化最深厚的历史根源，它所代表的独特的文化样式、文化形态、文化标准、文化观念在很大程度上丰富和维系着民勤文化的多样性，对其保护、发展，具有十分重要的文化价值。

科学价值。民勤羊肉宴制作技艺作为历史文化的产物，与人类学、烹饪原料学以及食疗养生学等都有联系，是对民勤历史上不同时期生产力发展状况、创造能力和生活水平的活态保留和反映，也为其后续创新、发展奠定了基础，具有重要的科学价值。

把全羊送入烧好的馕坑中烤　闫长仕摄

社会价值。民勤羊肉宴制作技艺是一种广视野、深层次、多角度、高品位的悠久地域文化，其巨大的泛涵性，深刻影响和丰富了民勤人民的饮食生活，也给民勤人民带来了"杭州风景美，民勤羊肉香"的美誉，还对周边其他县市人们的饮食文化心理产生了重大影响，对构建科学、健康、文明的饮食文化，具有不可估量的社会价值。

烤好的全羊　　李军摄

商业价值。民勤羊肉宴制作技艺是民勤羊肉品牌的内涵和外延，具有极高的商业价值和发展潜力。县域各乡镇及周边省市县生意火爆的民勤羊肉品牌店铺及餐饮企业就是最好的明证。

民勤羊肉宴制作技艺传承历来靠言传身教，全凭感觉、经验和秘诀进行。和许多传统技艺一样，法无定法，艺无止境，且门类众多，方法各异。近年来，民勤县肉羊产业发展，为民勤羊肉宴制作技艺的传承发展带来了难得的历史机遇。民勤县域及周边武威、永昌、金昌、兰州、内蒙古、新疆等省县市均出现了许多以民勤羊肉宴菜品为核心竞争力的餐饮企业商铺，生意火爆，民勤羊肉宴产业体量逐年激增，表现出不错的发展势头。2022年7月，民勤羊肉宴制作技艺被公布为第五批武威市非物质文化遗产代表性项目。

民以食为天。美食不仅是一种文化，更是一种生活的态度。民勤羊肉宴是民勤本土饮食文化的自信和黄金招牌，民勤羊肉宴制作技艺需要我们更好地保护和传承。

（杨立中）

民勤花馍制作技艺

民勤花馍制作技艺是利用民勤所产小麦加工成高筋粉，再通过发面、兑面、制作、蒸腾等工序，加工成色彩艳繁、形状多样、雪白暄腾的花馍的一种技艺。

民勤位于沙漠地带，是典型的温带沙漠气候，日照时间长，昼夜温差大，适于农作物小麦永良4号、七三二、哈什白、武春1号等生长。加工而成的小麦面粉筋骨大，粘性强。用面粉蒸腾的花馍暄腾、口感好。由此，花馍成为民勤人的一种最爱。

早先，并无所谓花馍，只有面粉团制而成的馒头。明清两代，朝廷不断向河西地区进行移民实边，大批的中原、江浙人迁徙河西走廊。这些中原移民带来当地农业生产力技术，带来当地民俗，馒头制作技艺随即带到民勤。馒头制作技艺与民勤当地馍馍制作技艺碰撞，逐渐衍生诸多面制品做法。民勤花馍遂遍地开花，渐趋丰繁。

民勤花馍制作过程有做糟子、做酵头子、兑面、制作等。

做糟子。制作花馍，首先需要发面。发面要用糟子。糟子做法，一般是每年六月天，用黄米面制作发酵剂。先用旧糟子当引子，把白面和糟引子和成面团，盛盆子中放热炕上发酵。同时把黄米微泡，在半干半湿状态，碾碎，等待糟面发酵后，把碾碎的黄米面和糟引发酵面和在一起，揉条，切块，风干，即成糟子。

做酵头子。碾碎糟子，放小盆中，倒入温开水，拿到热炕上发酵。发酵后清掉酵头子表层黄水。面粉加入温开水搅成糊状，俗称死面糊糊。两者掺匀，再放到热炕上发酵。以此类推，直至有半盆子之多，酵头子准备完毕。

兑面。把新和的面与已发酵的酵头子和在一起，揉匀，放到热炕上发面。发面后再加水加面，再搅再发，多次反复。兑面多少根据做馍馍多少而定。

一、花馍制作

1.扇子。扇子是一种节令性食品，只在端阳节蒸制。把饧好的面揉成拳头略大圆团，擀杖擀成薄饼，抹上清油，撒上颜料，依次重叠五层，每层颜料各异，通常有姜黄、红曲、薄荷、香豆、胡麻盐等。至最上层，双手拍面，直至光滑。用切刀切成几个小长方形，再把每个长方形双手掌住长边向一面弯曲一下，短的一边向上卷起再稍压一下，用木梳在三个边上压双道印线。再经过修正，拿到热炕上少饧片刻放入锅中开蒸，上面盖上面皮，保持色泽鲜艳。出锅后，用点戳子在扇面点上红色九宫格小

月饼

点。

端阳节扇子是民勤亲友相互馈赠的节日礼品，也是过去妇女们相互借鉴、考量手工的一种方式。

2.月饼。发面擀成圆饼，饼面抹清油，撒姜黄、红曲、薄荷、香豆、胡麻盐等颜料。依次叠许多层，一般有五到七层，放到热炕上饧。同时烧锅，锅开，蒸屉热透。端出蒸屉，在蒸屉上抹清油，撒一层面粉，俗称面薄。把饧好多层面饼放蒸屉上入锅，面饼上盖一层薄面皮。面皮起保护作用，防止蒸汽过猛使月饼表面起皱。烧锅蒸腾，约1个小时，月饼蒸熟。端出月饼，揭掉盖皮，点剜在月饼上点几上红点。待稍稍冷却后切成方子，也可不切。这是普通月饼。

另外一种，是边缘翻成猫耳朵状的花瓣，层层堆叠，配料各异。如此做五层或七层；最上层铺上一层有花牙的盖面，绘以花鸟虫鱼及日月星辰和阴阳太极图，蒸熟后，即成民勤花牙月饼。

3.卷糕子。种类很多，名堂各异，皆因不同用途寓意而言，做法大同小异。

（1）祝福卷。又名薄片卷糕子，取"福寿康宁""祝哽祝噎"之意。面团发酵好，擀薄如面片，上涂香油，撒上黄绿色料，表面制"五佛捧日"图像，上面一个大圈，圈内一红点如拇指大，象征光芒四射太阳；四角和中下部各一小圆圈，圈上部一小红点，示五佛。据传，旧时，朝廷为表示尊敬优礼老人，每年重阳、年关宴请德望隆、有功名、年80岁以上的"三老"（尊者）"五更"（平辈）吃饭、饮酒。因老人多哽噎，使人"祝哽祝噎"。祝哽在前舒胸，祝噎在后捶背。老人举箸不便，食物为薄片卷糕，让老人用手慢慢剥吃，以防哽噎。过去民勤大户人家，多是明代下层官员莅职来此（也有军垦戍边来的），沿袭朝廷礼制，祝福老人与显官，必用祝福寿卷，以示尊贵和敬老。

（2）百衲卷。又名百寿

卷糕子　李军摄

卷，寿星卷，贺寿拜礼专用食品。将发酵适度面团擀成薄片，涂抹香油，分片、段轻撒五色颜料，卷起饧片刻，擀开抹油略涂黄色做成卷，底和皮子另做，表面制"众仙上寿"图，中间一寿桃，示寿星，周围小圆圈，示众仙。此卷据说是唐代僧人法照大师送无箸禅师归暹罗、朝观音时赠百衲衣一领，百衲卷一盒。禅

卷卷子　李军摄

师身着百衲衣，口食百衲糕，身轻如燕，渡海而去。后世之人向老人祝寿，因做百衲卷，祝愿老人体健身轻，长寿百年。

（3）同心卷。多为妻子做给外出丈夫。用青赤黄白绿五色，表示男儿志在四方，妻子坚守操理家室。表面制作篆书"心"字，周围双环套映，示意"同心永结"，再用点剜戳花。

（4）益友卷。又名油友卷，多是寄送好友。表面制一书图，示"义结金兰"，下制"三环套月"，取义"桃园结义"，情如兄弟。用点剜子戳花，花不宜多。

（5）慈心卷。又名卷卷子，小的意思。花色显露，有四棱角，示意"头角峥嵘"。每年春节闹社火，挨户拜年，跑场子的多数是十几岁的娃娃。每到一家，场子跑完，拜年毕，户主用烟、酒、茶、果等食品招待，场子上的娃娃们每人散一小卷卷子。此卷玲珑别致，是儿童们年节里极喜欢的食品，老人们常带身上散邻友家娃娃。

4.大卷子。将发酵适度面团擀成薄片，上抹香油，上面分段撒上不同颜料，像彩虹一样，一般不用胡麻盐。卷起面片，成圆柱状，中间切开，成两半圆柱形。把两半圆柱切面朝上卷成厚的圆饼，两手周围转圆轻轻挤压，使紧凑，不松散，热处少饧片刻即放入锅中开蒸，上面盖面皮，保持色泽鲜艳。

大卷子用途广。人家打庄盖房献盘，婚娶贺喜祝贺、

大卷子　李军摄

保娃娃对干亲家、给出嫁女子催生等都要蒸大卷子。

5. 灶卷子。发好的面团擀成大薄饼，抹上清油，上面撒上胡麻盐、香豆、薄荷等，一般不撒红曲、姜黄。卷成圆柱状，切成很多小截。小截平放案板，两手四周团拢收紧，上面用掌轻轻按平，热炕饧好。锅里抹上清油，文火加热，放入饧好灶卷。一边烧火，一边转动。待一面差不多，翻过，继续文火。待翻过两三次，就可出锅。

灶卷不似其他食品，不亦过大，往往小巧玲珑，以婴儿拳头大小为宜。

灶卷只在祭灶时吃，其他节令不做。有关祭灶，民间说法颇多。旧社会，家家供奉灶君，据说灶老爷主"东厨司命"，掌管一家祸福，每到腊月二十三，"月晦之夜，灶君上天白人罪状"，故家家户户备"灶马"（草料）、饴糖、灶卷，填写"灶书"，焚香化表欢送"灶老爷"上天。灶君体形艳美，似妇人，喜穿红，爱甜食，性嫉妒，灶卷子也要做成甜的，企盼"上天言好事，下地送吉祥"。灶卷子须祭灶时临时制作，切忌提前，以防他人先吃，灶君怪罪。灶卷子足数为 30 个，习惯上却做 36 个，示意家中大小人等，三十六行，行行通行，且家中无闲废之人。腊月二十三祭灶用 15 个，祭后全家人分食；除夕之夜，"灶老爷"回宫，要迎灶，再用 15 个，已吃掉的，也可用年糕代替。咸丰四年，山西夏县来一道人，腊月祭灶前向各户散发"灶书"，说："送灶君上天，每家须备足来回七天食品，以免灶君途中受饥。"此后，每年祭灶各户填"灶书"，敬备灶卷 7 个，以足灶君 7 天膳食之用。

6. 结子。蔡旗、重兴离县城较远，靠近武威、永昌，风俗自成一体，与坝区、湖区迥然不同，结子馍馍便是典型代表。

结子

做结子和做其他馍一样，也需饧面、发面，区别只在最后成形阶段。发好的面搓成粗细均匀长短一致圆柱，抹上调配好的清油姜黄，捏住两头，弯成一个圆圈，一头伸进中间一掏一位，两头再折放到底部中央捏平，双手四周团住，拢成长方形。一个结子七个环，环环相扣，大小对称。

做结子有一定难度。面要发好，不硬不软。太软，结子瘫成一堆没样调；太硬，绳结之间不配合，出现缝隙。饧面过头，味道发酸。挽不好，环大环小不对称。

蔡旗、重兴结子不进蒸锅，用馕坑烧烤。馕好的结子，颜色黄亮黄亮，略带焦皮，味道酥脆可口，温润怡人，深受人们喜欢，成为一大品牌。

结子

以上几种花馍，月饼、大卷子只用农家大锅蒸制，扇子、卷糕子可蒸可炕，灶卷子烙制，结子用馕坑烧烤。

二、其它馍馍制作

1.馒头、刀把子、墩墩。

把面团揉成胳膊略粗圆柱，切成分量相同几截，双手拢住，使面团成圆锥形，按住面团轻揉，成截面朝下的半圆球状，饧好蒸熟，出锅后在馒头尖上染个红点，就是馒头。

把面团揉成胳膊略粗圆柱，切成分量相同几截，双手拢住，转圈揉搓，使面团成短圆柱，饧好入锅开蒸，出锅就是墩墩。

发酵好的面团揉成胳膊略粗圆柱，切刀在圆柱前后面、上面荡平，切成分量相同几截，每截成钝小长方体，饧好入锅开蒸，出锅就是刀把子。刀把子主要在机关、学校大灶上做，蒸作简便，个人家中一般不做。

2.大馒头、大馍碗碗、小馒头

大馒头体积有平常馒头三四个大，做法一样，农家大锅蒸制。大馒头主要用于白事祭奠、农村打庄盖房献盘，其他时节多大做。因大馒头多用于白事，也叫大斋。

将面擀成薄饼，覆于大馒头之上，一起入锅蒸腾，出锅后手蘸颜料染一红点即为大馍碗碗。与大馒头一起用于白事祭奠，无其它用途。也与大馒头一起统称大斋。

馒头　李军摄

小馒头有婴儿拳头大小。是用于白事祭奠的大斋随品。

3.高馍馍。将发面擀成厚圆饼，饧好入锅蒸熟后趁热撕去表皮，稍微冷却后切成方子。也叫白水高馍馍，意思就是没有其他任何味道。也可在撕去表皮后点上红点，一般不点。

4.锅盔、饼子、干粮。发酵好的面团擀成厚饼，热炕上饧好，放入涂满清油平底铁锅中。锅下文火。锅中面饼过一会儿用手转动一下。感觉差不多了，面饼翻个过儿，把没有烫烙的一面朝下，贴在锅底，继续文火，继续转动。来来往往翻个三四次过儿，视具体烫烙情况，取出面饼。烙好的面饼两面油油的、黄黄的，略带点焦。表皮脆硬脆硬，因为清油浸润，吃起来特别香，这就是锅盔。烙锅盔火不能大，火大，表皮烙得焦黑焦黑，成了"包爷脸"。锅盔的焦黄是恰到好处，还是焦黑如墨，是评判一个家庭主妇馍馍手艺的重要标志。过去生活条件差，吃食紧张，即使烙焦了，也舍不得丢，得吃掉。娃娃们不吃焦的，大人哄骗说：焦馍馍吃上拾钱儿哩。

发酵好的面团擀成略薄圆饼，热炕上炀好，放入涂满清油平底铁锅中。锅下文火。和锅盔一样，边烧边转动，翻过儿，直至出锅，就叫饼子。与锅盔相比，饼子薄一些，实际上是一回事。所以民勤有句老话就说：翻过来饼子，掉过去锅盔，说的就是这种情况。这句俗话的意思是，尽管表像不同，实则一回事。

发酵好的面团擀成碗口大小厚饼，和锅盔一样烙熟，叫做干粮。锅盔面积过大，要切成方子食用。切口出现馍渣，造成一定浪费。所以，锅盔多是居家食用，干粮体积小，常常作为外出携带食品，诸如腰食、饷午，亦或旅行等。

也可掺入色料。发酵好的面团擀成案板大小面饼，抹上清油，分段撒上红曲、薄荷、胡麻盐等颜料，卷起，二次混揉，擀成稍厚的，烙成锅盔，或干粮；擀成稍薄的，烙成饼子。在烙饼子的时候如果多抹点油，多撒点胡麻盐，入锅后掌握火候，出锅的饼子非常酥软，撕下一块，里面全是胡麻盐，这就是人们口中的"草花子脱皮袄"。县城现有专门做这种饼子的，因面层薄，又叫千层饼。也可在面里擩入葫芦花、红花等，特别好吃。

5.沙枣馍、枣儿馍。做法简单，做墩墩时加入沙枣即可，关键要加工好沙枣。一般选择稍干、略有涩味沙枣，淘净，碱水略泡。碱水过后沙枣经过蒸腾，变得湿润可口，不存涩味。

包包子

枣儿馍也简单，择好枣儿，淘净，揉到面里，一起揉成墩墩就行。

6. 包包子、角（guo）角子。包包子、角角子，因里面瓤子不同而起不同名字。比如说，里面包葫芦，就叫葫芦包包子、葫芦角角子。包包子、角角子里面可以包很多东西，因而名称也就很多。

油瓤包包子。先做油瓤。锅中放适量清油，油滚后倒入适量面粉，撒点盐，反复搅拌。待清油与面粉充分融合，成豌豆大小颗粒，油瓤做好。也可放入献葱。献葱切碎，一起搅拌即可。发面擀成碗口大小薄饼，油瓤放饼上，面饼四周拢起，捏紧，按平，饧好，入锅蒸熟。有的家庭主妇手法好，面饼四周拢起后能捏出旋转的花纹，不仅味道好，形状也好，堪称艺术品。

角角子的做法在于形状，内容完全相同。发面擀成碗口大小薄饼，瓤子放饼上，面饼对折叠起，捏紧封口，饧好，入锅蒸熟。有的妇女把角角子捏成金鱼、小鸟形状，惟妙惟肖，栩栩如生。

葫芦瓤子。葫芦挖去籽，切成细丝，撒盐拌好。包包子、角角子两者皆可。

糖菜瓤子。糖菜就是甜菜，切成细丝，胡麻盐拌好。

芽面瓤子。把出芽的麦子推成面粉，开水烫成瓣状。欲增加甜度，还可加糖。芽面角角子在民勤是一个特殊存在。过去，没有现代化机械，麦收后不能按时打完，遭遇阴雨天气，麦子出芽，无法正常食用，加工成芽面，勉强可以食用。当下，为调节生活，专门用青稞发芽，加工成青稞芽面。芽面瓤子只做角角子，不做包包子。蒸制手段有大锅水蒸、烤箱烧烤、油炸三种，依当下接受度，油炸成为主要手段。

也可用韭菜、沙葱等做瓤。沙葱做瓤，把沙葱择净淘好就行；韭菜做瓤，通常先妙鸡蛋，炒成碎小疙瘩，再把韭菜淘尽切碎，两者混在一起做瓤。韭菜角角子是民勤一大特色食品，只要韭菜出地，随时可做。过去，水蒸与油炸同时存在，当下，全部油炸。

湖区的东湖镇大量种植茴香，茴香幼苗水汆后拌适量盐、十三香等调料，然后包皮，油炸，为茴香角角子。

7.蒸透面卷卷。过去，保鲜技术差，馍馍发霉长毛，扔掉可惜。或一次做得有点多，没有按时吃完，干掉，口感变差。将发霉长毛馍馍与干馍馍浸水泡软，捞出攥净水份，掺面揉匀擀饼，撒上胡麻盐，卷成卷卷子入锅水蒸，即为蒸透面卷卷。此做法为民勤先辈在节约意识支配下的发明创造。当下农村偶有为之，县城不存。

三、馍馍的馕法、鏊法

1.馕馍

馕馍做法，制作方式无二，只在最后送进馕坑火烤，烤熟取出。馕坑泥法，用土坯

馕干粮　　姜爱平摄

馕馍　李军摄

泥 1 米高低长方体小房子，长度依自家馕板长度而定，一般在 1 米以上，宽度 80 厘米以上。一端泥有烟囱，烟囱高 50 厘米左右；一端开口，只有半截墙体。馕板铁质，长方形，长宽均与馕坑长宽匹配，送入取出不受阻碍。馕棒亦为铁质，二至三根，粗于拇指，长短与馕坑长度相埒。

馍馍做好，放至热炕去饧，开始烧馕坑。烧材为麦秸、麻秆、玉米秆、果木等。点火后，馕坑内壁先是变黑，然后变白，坑内温度达到要求。此时，擦净馕板，抹上清油，把饧好的馍馍放馕板上。在馕坑内安上馕棒，馕棒一端搋到烟囱处后墙内壁留好的棒眼里，一端担在前墙半截墙体上。两人抬好馕板，从前墙开口处推进小房子，担在馕棒上。准备好的几截土坯或砖头放在前面半截墙上，用麦草泥，抑或是咸水泥快速封住开口，同时封住后面烟囱。约摸 1 个小时，馍馍馕好，启开封口，抽出馕板。馕板上的馍馍黄黄的，亮亮的，有一层脆脆的硬皮，吃起来特别可口。

2.鏊馍

鏊和农家炉子配套，故只在冬季炉子生火时使用。鏊铁质或铝质，平底，广口，1 尺有余。鏊底抹上清油，馍饧好放鏊中，置炉口上方，炉火加热，鏊发烫升温，中间须不断转动馍馍，一面烙好，翻过再烙。和馕的一样，非常可口。用鏊炕馍馍的这个过程，人们在口语中常说"鏊馍馍的哩"，把用鏊炕出来的馍馍叫"鏊馍馍"。农村人把炉子又叫煻子。鏊放在煻子上烧，所以也说"煻馍馍的哩"，煻出来的馍馍也就叫作"煻馍馍"。锅盔、饼子、干粮多用鏊烙。鏊小，费工费时，现在已多不采用。

除月饼、高馍馍、大馒头、大馍碗碗、小馒头、包包子外，前面所述几种馍馍都可馕、鏊。

随着社会发展，生活节奏加快，馍馍制作花费功夫，如今家户多不动手自做，多到城镇专业做坊购买。乡村里面，各镇亦有专门蒸制馍馍小门

煻馍子

店。不论县城，还是乡村各镇门店，馍馍蒸制器具大都已抛弃原有农家大锅，改用现代化的蒸车、电烤箱等。这些门店大多依节令蒸制扇子、月饼、灶卷等。平时多为卷糕子、高馍馍，再就是丧事用的大斋、包包子，皆为应时之作，没有多的花样。

民勤花馍须依农时节令，由政府部门倡导，举行节日比赛等，以此推进花馍样式创新。

2022 年 7 月，民勤花馍制作技艺被公布为第五批武威市非物质文化遗产代表性项目。

（邸士智）

民勤碱面制作技艺

民勤人的待客之道是：羊肉碱面茴香茶。民勤人的日常吃饭是：碱面素炒茄辣菜。

习惯了吃面的民勤人，在千百年的长期制作经验积累、制作技艺改进创新中，形成了品种繁多、技艺精湛、营养丰富、风味独特、美味可口、色香味俱全的特色。这些具有独特地方风味的各色饭食，已经积淀为民勤人稳固的饮食习惯，并通过民间家庭式传承世代延续下来。在众多的饭食中，民勤人最喜爱、最钟情的还是民勤碱面。

民勤碱面独具特色，除了传承有序的独特制作方法外，与民勤小麦面粉的品质密不可分。民勤地处北纬38度，三面环沙，特殊的地理位置和气候条件，使民勤农畜产品品质优良。民勤高筋硬粒小麦属春小麦，品种以永良系列为主，籽粒饱满，形状硕圆，表面光滑，色泽纯正，营养成分全面、平衡，各类营养指数均高于其它春麦区产品，面粉细润，富有弹性和延伸性，筋度高，吸水力强，是制作碱面的不二之选。

不管是逢年过节、敬神祭祖或是招待客人、家常便饭，民勤人都会制作各种手工碱面。常见的碱面种类有碱面、挽面、臊子面。民勤碱面从选择原料到制作流程再到饭食成品，都有相当的讲究。其中包含着独特的手工技艺和民勤饭食文化内涵。民勤碱面制作技艺花样繁多，各具特色，已成为一种独特的饮食艺术，具有很高的实用性和保护传承价值。

碱　面

民勤碱面是民勤饭食的突出代表。因用碱和面，故名碱面。碱有两种：食用碱和蓬灰。蓬灰是农家秋冬之际用野生蓬秸烧制而成，用这种天然碱溶液和面制作的碱面，也叫灰面，民勤人更喜欢吃。

民勤碱面制作主要流程。选用民勤优质小麦面粉、蓬灰、茄子、辣子、西红柿、芹菜、萝卜、土豆、蒜苗、辣椒粉等。用蓬灰溶液和面，反复揉压，稍饧一会。将和好的面擀成薄厚均匀的面皮，再将擀好面皮切成细长面条后，把面条下锅水煮，漂浮熟透后过水捞出。炒菜首选素炒茄辣菜。茄子萝卜土豆切片，辣子切丝，西红柿切块，芹菜斜切段。锅内倒少量清油，油开后，倒入茄子、辣子翻炒至变色，放入西红柿翻炒，放入盐，加适量水，放入芹菜、萝卜、土豆，盖上锅盖，焖一会，待土豆萝卜快烂时，用民勤醋打面芡，倒入锅中，再焖一会，菜熟装盆。

吃碱面时佐以油泼辣子、油泼黄蒜、油泼葱花、青蒜末，拌上茄辣菜，面黄亮如金，筋道滑爽，菜酸辣可口，色香味俱

碱面茄辣菜　　李军摄

全，诱人食兴，吃后上瘾。

挽　面

挽面是民勤碱面的一种，也是民勤饭食的一大特色。和挽面一般用黄蒿籽和碱水。先把黄蒿籽泡开，研磨成黏糊状，再加入碱水和面，面和得比较硬，反复揉匀。面和好后，置于案板上，两个人相对立着，用擀面杖压面。力量大的人也可手持擀面杖两端压，压的时间越长，力量越大，面越有筋道。将压好的面擀成薄厚均匀的面饼后切成面条。把面条搭在擀杖上，一个人将擀杖举起来，另一个人用两手匀力攥捏面条，打撒面粉防止粘连或中断，同时挽拽面条，慢慢由短变长，由粗变细。面挽好后，分成几把，撒上面薄，绕成碗大的坨，放在大盘子里，端到凉房，待臊子做好后下锅。

挽面吃法讲究，需搭配臊子汤。做臊子用民勤本地羊肉，切成指甲大小的肉蛋。以萝卜、胡萝卜、土豆为主菜，配适量木耳、小芹菜、圆葱、豆腐等，全部切成指甲大小的蛋蛋子，民勤人叫"臊蛋子"。热锅冷油先将生姜末、红辣椒丁炸香，倒入肉蛋翻炒至变色，将配菜入锅，加酱油等调味品混炒入味。加水，锅开后，加点豆腐丁、粉条，小火滚一会儿，调入陈醋，最后撒上青蒜苗末或香菜，臊子汤就做好了。

把挽面下锅煮熟，挑到碗里，浇上民勤羊肉臊子汤，下个民勤咸菜、沙葱，挽面筋道，臊汤爽口，吃起来堪称一绝。

挽面是民勤饭食中风味独到，口感舒爽，色味俱佳的上品。远方的客人亲友来了，吃完民勤羊肉，再来一碗民勤羊肉臊子汤挽面，敬上民勤腾格里酒，让人大饱口福，真是赛过神仙。

臊子面

臊子面，顾名思义是由臊子汤和面两部分组成。臊子汤是重中之重，所谓一碗面七分汤，汤是灵魂，说的就是臊子汤的重要性。

臊子面　李军摄

臊子汤的做法同挽面臊子汤。面以民勤当地产的小麦高筋粉为最佳。清水加一点儿盐，碱（蓬灰更好），面要和得硬一些，揉匀，揉光，揉出劲道来。擀薄切细，搭到擀杖上用手轻轻地捏一捏、押一押，挽成又圆又细又长的面条。烧水煮面，面漂起后点一点凉水，待再次漂起后捞出，放入温开水里过一下，盛碗，浇上臊子汤，一碗香喷喷的臊子面就做好了。再配上油泼辣子，一盘青椒萝卜丝或沙葱就完美无缺了。看起来面黄薄筋亮，吃起来汤味酸辣，筋韧爽口，堪称绝佳。

民勤碱面倍受欢迎，与它讲究的做工，合理的搭配，独特的风味是分不开的，更多的是与它传承的文化内涵和精神情怀密不可分。民勤碱面的工艺与文化特征，对于研究民勤人的体质特点、性格特征、风俗习惯、地域方言，尤其是研究民勤古代岁时年节、人生礼仪习俗具有重要意义；对于研究民族习俗融合、古烹遗风和西部边塞农牧发展和民族文化有一定的学术价值。

民勤碱面是妈妈的味道，盛放着亲情，承载了乡愁，成了让民勤人口舌生津、魂牵梦萦的家乡记忆，成了天下民勤人的情感纽带。在物质极大丰富的今天，人们追求吃得美味、吃得健康。民勤碱面做工讲究，搭配合理，风味独特，绿色健康，作为民勤传统饭食文化的典型代表，必将得到很好的传承发展。

2022 年 7 月，民勤碱面制作技艺被公布为第五批武威市非物质文化遗产代表性项目。

（甘平）

沙米凉粉制作技艺

凉粉是夏季的时令小吃，古已有之。地域不同，风味各异。凉粉有白粉、青粉、黄粉几种。白粉是用普通小麦面粉做的，粉的筋道与小麦的品种有很大关系；青粉是用扁豆粉或绿豆、洋芋粉制成的；黄粉是用豌豆粉做的，比青粉绵软。沙米凉粉，就是以野生沙米为原料做成的凉粉，是民勤传统的特色美食珍品。

腾格里和巴丹吉林沙漠里生长着一种叫"沙蓬"的植物。这种野生棘草，耐旱，生命力顽强，当地人叫沙米墩。叶子上有刺，籽粒比小米还小，像沙子般大小的米粒儿，沙米因而得名。金秋十月，沙米成熟，是采集沙米的最好时节。住在沙漠边上的庄户人，便带着布单子、柳木棍去"打

沙蓬

沙米"。将布单子铺在沙滩上，把沙蓬稞摊在布单上，用棍子敲打，沙米便落在布单上。采回晒干、碾去皮，收集盛装备用。

做凉粉时先用清水将收集好的沙米浸泡七八个时辰，拢一把白净光洁的麦秆揉搓粉碎，置瓷器内揉搓取汁三次，再用细箩过滤。粉浆入锅用草木文火加热成浆，加热时要不停搅动，以

沙米凉粉　　李军摄

免粘锅，把握好度，既要煮透，又不能焦糊。关火后，把粉浆舀入敞口的瓷器瓦盆，冷却，至清秀晶亮时翻转倒取，或摊晾于案上制成粉皮。好的粉灰中透青，滑爽筋道。食用时用一方带刃的薄铁片或菜刀，在粉坨上削下一块。放在面板上，手艺足够好的也可搁在手心里，切成棱子条，装盘盛碗，配以葱、蒜、辣椒、民勤陈醋、油泼辣子，配以素卤，芳香扑鼻，口感爽滑，令人口舌生津。

饮食是一门饶有趣味的文化，它带给人们无尽的口福享受，也丰富了人们劳动的意义。小小的沙米粒变成风味独特的美食佳肴，谁能说清楚，究竟经过了怎样繁琐复杂的尝试创造，经历了怎样多舛漫长的时间检验。这样说来，每一样特色美食的产生，都凝聚着祖先们劳动的创造和思想的精血，这就是饮食文化。

2022年7月，沙米凉粉制作技艺被公布为第五批武威市非物质文化遗产代表性项目。

（杨立中）

麦索制作技艺

麦索是一种季节性食品。过去生活困难，每到农历五月，储粮告罄，需要一种救急食品进行过渡缓解，先民们便把处于灌浆期将熟未熟的小麦、青稞等制作成麦索食用。

清乾隆六十年（1795 年）凉州进士郭楷诗句云："莫嫌贫舍无兼味，尚有青青麦索餐。"可见，麦索在清初已在古凉州地区出现。

民勤麦索的制作过程有摘穗、搓芒、蒸穗、搓皮、磨索等。

搓穗　陶积忠摄

摘穗。农历五月，麦穗灌浆，籽粒饱满。到田地中摘回青稞、小麦、芨芨薹等麦穗。

搓穗。把摘回的麦穗放入簸箕、筛篮，或在地上铺一块大布单子，麦穗置其上，摊开，戴上手套或包一层布，揉搓麦穗。搓完，用簸箕簸去搓下的麦芒和麦壳。连续几次，直到麦芒和麦壳大致搓净。

蒸青粮食。在锅中加入适量水，麦穗置笼屉上，盖上锅盖，生火烧水。水沸腾约半个时辰，青粮食蒸熟。

搓皮。将蒸熟的青粮食倒入簸箕、筛篮，手上蒙一块布，再次揉搓。揉搓一阵，簸箕簸去脱落的麦壳，掠出取皮的粮食，叫青粮食。多次揉搓簸掠，直到麦壳全部去尽。

磨索。将青粮食堆放在

磨麦索　陶积忠摄

石磨上，用牲畜拉转或人力推转磨盘转动，青粮食自磨眼滑入磨盘中间凹槽，经过碾搓，滑出凹槽，成为麦索。

麦索

青稞、芨芨薹、小麦等是陆续灌浆成熟，前后时间延续近一个月，故麦索亦是成熟一部分，加工一次，再成熟，再加工，前后亦近一月时间。就品质而言，青稞最优，小麦次之，其它再次之。

煮熟的青粮食可直接吃，民勤人习惯撒点盐再吃，吃起来满口生津。麦索，佐以蒜泥、油泼辣子、芥末汁、食醋，酸酸的，辣辣的，老少喜爱。麦索亦可晾干放至冬天。食用时取出，放入锅中蒸饧，再拌以蒜泥、油泼辣子、芥末汁、食醋等，特别上口，成为待客佳品。

青粮食、麦索上市　　陶积忠摄

过去食用麦索，一为接济生活，二来科技水平低下，无法科学选育麦种为净化麦种，需将田间的青稞、芨芨薹等杂麦摘除。时下，麦索成为特色食品，用作生活调节，全县各地都在食用。为满足食客需求，县城周围苏武镇西湖村、东湖村，三雷镇上管村、下管村，个别农户专门种植青稞加工麦索，形成专业家庭制作作坊。庄稼生长期用麦穗加工，冬春秋季用粮食加工。粮食泡软、蒸熟，加入蒜叶，再用小型石磨加工，名曰全季麦索，食客亦多。

随着生活质量不断提高，人们追求原生态食品的层次越来越高，麦索需求只会更多，制作方式及食用花样也会越多，会以更加丰富的形式传承下去。

2022年7月，麦索制作技艺被公布为第五批武威市非物质文化遗产代表性项目。

（邸士智）

油饼卷粽子制作技艺

　　民以食为天。中国是一个有着悠久饮食文化的国度，每逢过节都会讲究吃喝。端阳节民勤主要吃油饼卷粽子。用油饼代替粽叶，别有一番风味。

　　油饼卷粽子是民勤最有特色的传统节日美食，是最受喜爱的地方风味小吃之一。端阳节要吃油饼卷粽子，在民勤由来已久。因其油而不腻、香甜可口，成为很多民勤人的最爱，也是民勤众多特色面食类别中的典型代表。

　　民勤油饼卷粽子做法很讲究，工序也多。先做粽糕，粽糕用糯米煮成，也可用普通大米替代。糯米粘性好，大米分离性大。提前一晚上泡好糯米、红枣、莲子、葡萄干。先将红枣洗干净后放入锅中煮一段时间，红枣煮到

民勤油饼卷粽子　　李军摄

鼓起来为宜，将糯米淘洗干净后倒入锅中，煮好的红枣放在糯米上面，然后加水，水最好高于糯米3厘米左右，然后开始像煮米饭一样煲粽糕，也可使用笼屉上锅蒸1小时左右。待煲好粽糕之后，在上面撒上红糖，一般一碗糯米兑三四勺红糖，酌量即可。蒸制时也可添加葡萄干、花生仁、莲子之类的辅料，将这些和糯米用面

民勤粽糕　　何永葆摄

杖混合搅匀,其一是为了颜色好看,其二是味道均匀。

粽糕做好了,接下来是做油饼。做油饼和蒸糕相比是较为复杂的,因为面食对火的要求比较高,太大容易糊,太小炸不好。首先将面粉过筛后倒入容器中,然后将开水倒入容器之中,把面和成团。需要特别注意的是,用开水烫面,不要直接用手,建议用筷子之类的辅助工具。将和好的面揉制均匀,切成大小均匀的面团,放凉后,饧发 15 分钟备用。用面杖擀制切好的小面团,擀匀,擀薄,擀圆,擀成面饼。面饼大小薄厚可以根据自己的习惯爱好控制。在锅里倒入适量香油,待油开了之后,将擀好的面饼放入锅中,正反两面来回翻炸,单面炸半分钟左右即可。因为是烫面,油饼在锅中不需要炸的时间太长,否则影响口感。民勤人也喜欢在烫面和面时,添加一种自己晒制的叫做薄荷叶的纯植物香料,浅绿颜色,香味浓郁,口感极佳。当然,添加锁阳,这样的油饼会更上档次,更具营养价值。

用油饼卷粽子　　何永葆摄

油饼和粽子做好后,就可以开吃了。用敞口盘子把炸好的油饼铺展,把粽糕放在油饼里,卷成卷,油饼卷粽子就做好了。松软香甜,油而不腻,实在让人口舌生津,欲罢不能。粽糕可以根据自己喜好,加花生、桂花、百合等不同的干货。粽糕中加的红糖,可以换成白糖,只是颜色没这么好看。有人说,民勤油饼子撒点白糖更香;还有人说,和民勤油饼卷粽子相比,超市里卖的南方粽子就是朵花,中看不中吃。不管怎么说,能尝尝民勤的油饼卷粽子,实在是极不错的美食享受。

2022 年 7 月,油饼卷粽子制作技艺被公布为第五批武威市非物质文化遗产代表性项目。

(杨立中)

骨膏熬制技艺

民勤自古就有熬制骨膏的传统。骨膏熬制技艺是民勤人长期以来总结形成的用牛羊骨头熬制骨膏的传统技艺。

民勤肉牛常年食用天然碱性草料，体魄健壮，心肺功能好，牛肉所含氨基酸种类比例符合人体营养需求。牛骨髓含有 Ca、P、Fe、Zn、Cu 等元素，以及软骨素、卵磷脂、多种维生素等营养成分，还含有多种氨基酸，包括人体内不能合成的必需氨基酸，具有补充机体营养成份和提高免疫力的作用，特别是其中含有人脑中不可缺少的磷脂质、磷蛋白与防止人体老化的骨胶朊和软骨素，而且钙磷比例合理，易于人体的消化吸收。食用牛骨熬制的骨膏，有预防骨质疏松、牙齿松动、降低血脂、软化血管、增强造血机能等多种功效。

牛骨膏膏方出现于秦汉，完善于宋元，兴盛于明清。在众多膏方中，牛骨膏独表特出，可谓膏方中的活化石。元代忽思慧在其《饮膳正要》一书中说："牛髓膏子，补精髓，壮筋骨，和血气，延年益寿。"康命吉在其《济众新编》中记载："牛骨膏补中益气，强筋骨，健行步；益髓填精，气力健壮，肌肤肥泽，益寿延年。"可见，牛骨膏不仅有着很奇特的滋补作用和营养保健价值，而且还能增强人体免疫力，延长人的寿命，故而历来被古代帝王和达官显贵视为"御用圣药""养生国宝"。

民勤古法熬制牛骨膏，以黑犍牛牛骨为上，黄牛骨次之。工序考究严谨，经 20 多道工序，一般用农家大铁锅熬制，主要步骤有：

选料处理。选取新鲜牛骨头，反复清洗，大盆盛装注水，浸泡 10 小时以上，去除血水杂质，沥水晾干备用。

剔除筋肉。将备用的牛骨下锅，大火水煮四五小时捞出，去除骨头上附着的筋丝肉屑。

分解骨头。用锤子、锯子、斩骨刀

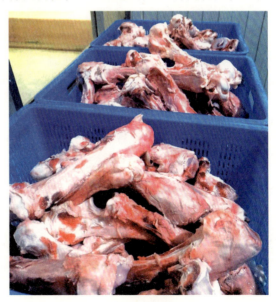

民勤牛骨头

剔除筋肉

等将骨头分解，以便增加牛骨与水接触断面，减少后期熬制时间。

熬煮骨膏。碎骨下锅，大火熬煮，期间及时撇去浮沫杂质，熬至骨汤呈牛奶状，出骨清汤，过滤杂质，再次盛水入骨继续熬煮，如此连续重复6次。需要连续熬煮四五天，直到牛骨头酥软、易碎，牛骨头横截面呈海绵形网状为止。再把所有牛骨汤液汇集一起，文火熬制，使骨汤中的水分逐渐蒸发，期间不能断火，勺子连续搅动，集中精力，注意控制火候，以免上锅焦糊，需要连续熬煮两三天时间，一般情况下需两人替换，轮班值守。

入皿盛装。熬煮完成，恢复至常温后，在冬季即可得到皮冻状的成品牛骨膏。

牛骨膏最基本的食用方法是冲汤化水，入盐少许，加调料，加醋，或和牛羊肉食之。吃牛骨膏的量因人而异，成年人一日一次，一次50至100克；睡眠不好的人睡前半小时吃上约50克，利于睡眠。有少部分人吃了以后有上火的症状，可以减少用量，或隔一天吃一次。民勤古法熬制的骨膏，最适合中老年人食用，一般不建议体质正常的年轻人、小孩食用。

熬制好的牛骨膏要冷藏保存。取用牛骨膏，勺子不能沾上生水，否则容易发霉。

食用牛骨膏属于养生食疗，具有调节身体机能的作用，药性不是太大。为更好发挥牛骨膏功效，民勤人食用牛骨膏根据自身身体情况，往往会在老中医建议下与中药配合进行。像精髓亏虚，肢体痿弱，肌肉瘦削，皮肤松弛，腰膝酸软，遗精盗汗；精血亏虚，皮肤干燥，状如鱼鳞；肺肾亏虚，咳嗽日久不愈，虚劳羸瘦；命门火衰，下元亏损，

食用牛骨膏　李军摄

面色苍白，目眩耳鸣，畏寒肢冷，腰膝酸软，夜尿频多等都可在医生指导下食用牛骨膏配合药物治疗。

骨膏熬制技艺，经过千年传承、创新改进，在传承过程中不断加入新的元素，如加入苁蓉、锁阳、牛鞭、枸杞、红枣等，可增强牛骨膏疗效。因牛骨膏中含有对人体更容易吸收的钙，小孩子食用了可补钙、增强身体免疫力；因其含有牛筋、牛鞭和人参等材料，成人食用有壮骨强筋、益髓填精、固本培元、益寿延年之功效。

牛骨膏产品　李军摄

民勤民间古法熬制牛骨膏，在 20 世纪以前，乡村普遍盛行。进入 21 世纪，人们生活节奏加快，城市化进程加快，古法熬制牛骨膏由于过程繁琐，耗费时间长，再加上整套牛骨价格昂贵，普通居民难以承受，古法熬制牛骨膏渐趋式微。

近年来，原中渠乡西金村任培寿在多方搜集、多方求证骨膏熬制技艺基础上，于 2016 年组建成立甘肃犇旺旺生物科技有限公司，专门从事牛骨头回收再利用，深加工牛骨膏、牛骨肽等。把用农家大铁锅熬制牛骨膏的传统工艺，进行科学创新改进，运用现代真空负压、冷淋循环等高科技手段，研发创造出高精度牛骨膏专用熬制设备，全程密闭，实现生产工艺智能化、工业化、规模化的转化，有效提高牛骨膏营养品质，最大程度保留牛骨里面所含对人体有益的各种微量元素和矿物质有效成分。完成牛骨膏加工工艺、牛骨膏加工技术、牛骨膏生产设备设计以及牛骨膏生产执行标准四大国内首创，使牛骨膏加工时间缩短，生产成本降低，产品质量提高，节约了社会资源，保护了生态环境。2022 年 7 月，骨膏熬制技艺被公布为第五批武威市非物质文化遗产代表性项目。

（杨立中、邱士智）

民勤古法制茶技艺

　　中国是茶的故乡。茶文化是茶与文化的有机融合，中国茶文化糅合佛、儒、道诸派思想，独成一体，是中国文化中的一朵奇葩。民勤茶文化与民勤特殊的地域位置及历史文化有着密不可分的关系。历史上的民勤地处胡汉交融的边塞之地，受移民文化影响，民勤人逐渐崇尚南方茶文化，以茶水为尚，冲和淡雅，舒闲多趣。

　　民勤古法制茶主要有：小茴香茶、枸杞芽茶、酸胖茶、枸杞茶、苁蓉茶、锁阳茶、黑枸杞茶、茵陈茶、蒲公英茶、水果茶等。其中，小茴香茶澄澈清亮，幽香致远，温辛和甘，回味悠长，最受民勤人喜爱。

　　民勤是全国重要的茴香产区，是"中国茴香之乡"。茴香有大茴香、小茴香两种，前者属木兰科，后者属伞形科。小茴香，又名香丝菜，蘹香（《药性论》）、小茴香（千金方）、土茴香（《本草图经》），多年生草本，高 60 至 150 厘米，全株表面有粉霜，无毛，具强烈香气。小茴香为长日照、半耐寒、耐旱、喜冷凉的双子叶春性作物。小茴香是十大陇药之一，以民勤种植面积最大。民勤小茴香产于腾格里与巴丹吉林沙漠腹地，光照时间长，昼夜温差大，颗粒均匀饱满，气味芳香，品质上乘。小茴香性温、微辛、颇干，具有祛寒止痛、理气和胃的功效。长期饮用，可温肝肾、暖脾胃，起到行气止痛的作用。小茴香的主要成份有茴香脑、茴香酮、甲基胡椒酚、茴香醛等，具有文胃、活肠、行气、驱风、平喘、利尿、安神、止痛、预防口臭及动脉硬

茴香之乡　　李军摄

化，治疗打嗝等功效。用盐炒后，还有温肾之功，益于肾虚腰冷痛之症。《本草汇言》记载"茴香为温中快气之药"。《唐本草》也记载"茴香善主一切诸气，为温中散寒、立行诸气之要品"。

喝小茴香茶可以刺激胃肠神经血管，增加胃肠蠕动，排除胃肠中积气，促进全身血液流动，因而可达到中医所谓的祛风祛寒，暖胃行气的作用。小茴香的食用、医用和药用价值还有很多，常饮小茴香茶可以促进消化吸收；将少许茴香生汁加葱沫汤喝下发汗，可预防感冒；用小茴香茶漱口，可治扁桃体炎；将小茴香叶捣碎，贴于患部，每天换 3 次，可自然消退脓

炮制好的小茴香茶

肿；可用小茴香生汁涂于患部，按摩，可治冻伤等，不可枚举。

小茴香茶的炮制技艺极为简单。在小茴香成熟的夏秋相交之时，收集成熟的小茴香籽粒和秸秆，经过晾晒后，把秸秆寸截，与籽粒分开保存。收集晾晒过程要防潮防湿，防雨水浇淋，否则籽粒和秸秆会发霉变黑，影响茶的色泽和味道。

小茴香茶制作技艺过程：选用颗粒饱满干净的小茴香籽，用清水洗去小茴香籽上的尘土和杂物后晾干（若考虑药用价值可忽略此步骤）。用铁锅文火炒制，炒制过程中不断翻炒，使小茴香籽受热均匀，防止炒糊，待炒制淡黄色即可出锅。将炒好的小茴香籽均匀的放在箅篮中静置，自然冷却至常温。取适量小茴香茶放入壶中，98 摄氏度开水冲泡三五分钟后饮用即可，冰饮口感更佳。

小茴香秸秆茶炒制方法与小茴香茶制作相同。

闲暇之余，可用铁锅把晾晒收集好的籽粒、秸秆文火焙黄，用器皿盛装，随时取用。饮用时用沸水冲泡三五分钟即可饮用，冰饮更佳。用籽粒泡茶，茶色橙黄，茶香浓郁，畅爽解渴；用秸秆泡茶，茶水清亮，浅香淡雅，别有情味。

枸杞芽茶制作技艺过程：先要摘取优质枸杞嫩芽，一般芽长控制在 2 厘米左右最佳，用清水洗去枸杞芽上的尘土和杂物后沥干水分，再将淘洗干净的枸杞嫩芽放入蒸锅中蒸制 15 分钟出锅，晾晒至 50% 水分后，用大铁锅文火炒制，炒制过程中不断翻炒，使枸杞芽受热均匀，防止炒糊，待水分除干炒制淡黄色即可出锅。将炒好的枸杞芽茶均匀的放在箅篮中静置，自然冷却至常温。取适量枸杞放入杯中，98 摄氏度开水冲泡，搭配红枣、红枸杞、冰糖饮用，口感更佳。

茵陈茶和蒲公英茶的制作方法与枸杞芽茶制作方法相同，但要注意采摘季节，俗话说：三月茵陈四月蒿，过了时节可就不是茵陈了。

苁蓉茶、锁阳茶制作方法简单，将其洗干净切片后晾干即可泡茶饮用。

用酸胖熬茶在民勤已有上千年的历史。酸胖是白刺的果实，有健脾开胃、治疗感冒之功效。冬季熬茶饮用，效果奇佳，故人们常在深冬季节用之熬茶以治疗感冒。民勤人用酸胖熬制的酸胖茶，因其地域唯一、用料和熬制技艺的独特而闻名遐迩。

除此以外，还有水果止咳茶。选取新鲜梨果，配以柿把、薄荷叶、生姜、大蒜、大葱胡子、冰糖、蜂蜜等，也有用萝卜替代梨果熬制的，主要用于治疗小儿老人止咳、消化不良等。

在民勤本地，民勤古法制茶已成为家喻户晓的养生技法，一些讲究养生的人们往往会在小茴香炒制时，搭配少量野生锁阳、苁蓉，精细加工，这样的小茴香茶往往会成为人们馈赠亲友的保健佳品，在此基础上，也衍生出了不少以民勤小茴香茶为主导产品的特色企业。近年来，下里巴人以民勤小茴香茶为主的土特产茶也因为其独特的风味和显著的养生保健作用，越来越多地出现在更多人的生活里。

2022 年 7 月，民勤古法制茶技艺被公布为第五批武威市非物质文化遗产代表性项目。

（甘平、杨立中）

民勤手工挂面制作技艺

手工挂面是传承于民勤境内的一种传统方便食品，历史悠久、工序繁多、工艺精湛、品质优良、口感醇绵，深受群众喜爱。

挂面之"挂"全在于晾晒方式，湿面成型，挂而待干，故曰挂面。

挂面传承的历史十分悠久，远在唐代，中国人就已经在食用这种"快餐"了。敦煌文献中不止一次出现"须面"，并被装入礼盒送人。如当时敦煌的一户人家将"须面"用作了婚俗中的聘礼，今日中国仍有很多地方将挂面称作"龙须面"，这也许是对挂面的最早记载。在元代成书的《饮膳正要》卷

挂面技艺   李军摄

第一"聚珍异馔"记载"羊肉（一脚子，切细乞马）挂面（六斤）蘑菇（半斤，洗净，切）鸡子（五个，煎作饼）糟姜（一两，切）瓜齑（一两，切）"，可见在元代挂面已是相当的普遍。

对于挂面的起源有这样一个传说。相传古时，军卒和百姓不分酷暑严寒日夜苦干，家人为使亲人能吃上面条，便把擀好切细的面条挂在竹竿上晒干捆把，连同调好的酸汤送到工地，让亲人在劳动之余，下锅煮熟，入酸汤食之。这种吃法既能充饥又能解渴，被誉为上等慰劳饭食。后来有人将晒面条改进为手工挂面，在酸汤中加入"漂稍"（鸡蛋煎饼、嫩韭菜、白菜心切碎即成），就成了如今在民间及宴席上广为流传的酸汤挂面。

民勤的手工挂面始于何时、源于何处已无从考证，在民勤人的记忆中是"古已有之"。大概也与民勤历史上的驻军与移民有关，传承历史至少有600多年了。

过去，家中应急，挂面为先。只要条件允许，家家户户都备有挂面。临时来了亲

朋好友，煮上一锅热气腾腾的挂面，既方便又不失为一种隆重的待客之礼。

民勤人挂面一般在冬天，冬日农闲，正好办理吃食准备过年。或者在婚丧嫁娶之前，挂挂面待应宾客。有谁家请来挂面匠，村里的人都会趁着现成的设施和暖和的屋子去挂面。屋子里砌上饧面的仓子，院子里搭起晾晒的架子，挂面匠带着他的家什来到村里，大人小孩子都来凑热闹围观，十分热闹。如果天公作美，有连天的好日头，就能连着挂十几架面，满足家家户户的需求。

民勤挂面盛行还有两个方面的原因：一是饮食习惯。民勤地处北方，饮食习惯以面食为主。二是气候与原料优势。挂面所用原料主要有优质小麦面粉、食盐等。民勤的气候特点是光照时间长，日夜温差大，所产小麦蛋白质含量相对较高，淀粉含量适宜，面粉筋骨大，制作的挂面较别处品质更好。另外，民勤及其周边盛产食盐，特别是盛产结晶度很高的青盐，这是挂面用盐的上等品种，制成的挂面筋道，口感醇正。

手工挂面生产的工具很简单，可以就地取材，随时搭建。主要有案板、压面杠、

和面　何永葆摄

大盆、羊头子、小榘架、轴轴子、饧面仓、挂面架等。

挂面的制作过程较复杂，其流程是：

和面。和面是挂面制作最为关键的一个步骤，直接关系到挂面的成败和质量口感。要考虑面粉的质量和品种、水的多少和温度、天气状况、盐度等几个方面因素。这几个方面的因素相互影响，共同对挂面的质量产生影响。首先，不同品种的面粉筋骨不同，如过去常种植的五春、哈什白筋骨大，用这些粮食生产的面粉就要适当减少盐的使用比例，制作的挂面口感也更好一点。另外头次面蛋白质含量低，面粉筋骨相对较小，使用时也要考虑勾兑比例。其次，气温和水温对饧面的软硬也有着直接影响，水温相对于气温高，和的面就会越和越硬，反之就会越和越软。盐的选择和用量最关键，现在市场上有精制盐，过去人们都喜欢用青盐，味道纯净，食用口感好。盐放得太多了，和的面就收缩，拉不开，一拉就断了；盐太少了，挂出去的面就软，上了架提不住条，晾晒时就会一根根往地上落。和面时也可以添加一些其他辅料，使其营养更为丰富，味道鲜美，但也要考虑对面粉筋骨的影响。如有些挂面匠在面粉中加入一定比例的鸡蛋，适当提高蛋白含量，使面条更筋道。但不是越高越好，一定要掌握好度，否则反而会降低挂面质量。好的挂面匠和面时就要综合考虑以上各

种因素，掌握好面粉、水、盐及其它佐料的使用比例，以及天气温度的影响。一般每架挂面称取面粉 50 斤，用盐大约 2.5 斤，兑水适量。和面时先将盐和佐料放在水中充分溶解，然后用一个大面盆盛面粉，逐渐将水掺和到面中。这时挂面匠挽起袖子，使劲翻动面团，拳头、手掌不停地揉、按、拖，并感觉着面团的软硬，直至盆不粘面，面不粘手为宜。刚和住的面还很不均匀，延展性拉伸性差，还要将面团取出放在案板上用手揉、杠子压、饧面反复交替进行的方式将面和到细润如羊油脂，柔韧似牛皮糖方为合适。面和好后放在一个大瓷盆里，用锅盖或塑料薄膜盖起来饧上一个小时左右，就可进行下一个步骤。

压面　李军摄

饧面　李军摄

打条、搓条、排条。面饧好后，

搓条　李军摄

放到案子上压平，进行抹油、打条、搓条、盘条等一系列工序。先将饧好的面团放在案板上，两人用一根粗木杠子把面团反复碾压成块状，用手搓光抹平，抹上香油。用刀将这一大张面块划割成宽约 7 厘米的长条，然后一边搓一边绕劲，使之成为圆柱形。然后以环状依次层层叠叠地盘入大盆内，同时要在表面抹足香油，防止粘连。这个过程谓之"盘大条"。盘好后再用湿布蒙住大盆饧上大约一小时。

搓小条。把饧好的大条取出，逐条搓揉成直径两三厘米左右的圆形长条，再依次环绕盘入另外一大盆内，同时也要抹好香油，防止粘连。再

排条　李军摄

用湿布蒙住大盆饧上大约一小时。

上羊头、开小条、饧条。所谓的羊头，是一块长30厘米，宽15厘米、厚10厘米左右的木头，一侧长边安两条腿，正面相距20厘米钻两个指头粗的眼。用的时候，把羊头依靠在墙边，将红柳或竹子制成的长约65厘米的挂面轴轴子插在两个眼中，样子就像羊头的两个角。将盘好的小条拉细拉长，缠绕在两根挂面轴轴子上，就叫"绕羊头"。绕的方法是以"8"字形交叉绕两圈再顺时针绕一圈，交替进行。这样做的目的是减少小条相互之间的接触面，防止粘连。绕好以后，紧接着要进行"开条"，也有叫"开小条"的。这

时要从"羊头"上把两根绕好面的轴轴子同时拔起，转插在"开条架"的上下两个孔中。"开条架"是固定在墙上的一块木板，木板上下留有一排小孔，将绕好面的轴轴子中的一根固定在"开条架"高处的孔中，拉动另一根木棍，固定在"开条架"低处的孔中。匠人拿两根面轴沿高

上羊头　李军摄

开小条　李军摄

处的轴轴子伸入小条中间，然后左右上下抖动分离、拉长小条，并抖开粘连。达到一定的长度就对折将两根轴轴子合并在一起，面条垂挂在下面，放入饧条仓饧条。饧条仓一般用自制的炕面子依墙搭建，是长四五块炕面子，宽和高一块炕面子的一个长方形槽子，长槽里面上沿各搭一根椽子，饧面时挂面轴轴子两头挂在椽子上依次排列。饧条仓要能容得下一架挂面的面轴，挂好后，盖上湿布饧条一二小时就可以上大架了。

　　"绕羊头""开条""饧条"这个过程程序多，技术要求高，很是费时费力，一架挂面需要四五个小时。要想天亮开始上大架，好趁整天的日头晾晒，就需要夜里三点起床，可见挂面匠也是十分辛苦的营生。

　　上大架。挂面架是由椽子扎成的宽六七十厘米、长3米左右的两个长方形木框构成。挂面时，上面的木框固定在室外廊檐上，与屋檐同高，下面的木框放在地面上与上面的对应。上面时，匠人站在高凳上，另有一人将饧面舱内的面轴取出，递与匠人。匠人将其中一根面轴挂在和房檐齐平的木架上，地上一人拉着另一个面轴子，慢慢往下拽，拽到快够着地面了，就把面轴子挂在地面上的木架上，然后再挂下一轴。直到挂满整个面

上小架　　李军摄

架，挂完仓子里饧的面轴。这时，下面的木架在面条的收缩力下已经被拉起，匠人再加重施压，使其落到地上，再固定住下面的木架，进行晾晒。

　　晾晒。冬天气温低，挂面要从早上一直晾到下午日头偏西，方可晾干。

上大架　　何永葆摄

有整天的好日头就完美了，一旦起风，就会有很多折条落下。另外，如果配料和和面饧面的功夫不到也会导致落条，所以要提前在地下铺上单子，防止落下的挂面弄脏，等干透后与卸下的挂面一并收拾。

晾晒风干　　何永葆摄

切挂面　何永葆摄

卸架。待面干后，再将挂面一轴轴取下。方法还是和上架一样，一人在上一人在下，只是要多加一人，接住匠人传下来的上轴，然后和下面的两人配合，把挂面舒展地平放到旁边平铺的单子上，层层叠齐。切面时先切去上下面轴，再把中间的部分切成 20 厘米至 24 厘米长的截子。然后将中间的细面和两头的粗面分开进行捆把、包装。过去扎把用马莲叶子，现在多用专用的包装纸。每捆的分量因匠人不同，各不一样，有一斤的、八两的，也有半斤的。最后，剥下轴轴子上的面头，民勤人叫"挂面碗碗子"。这时"挂面碗碗子"并未干透，还要用筛子盛放，继续晾晒。

农家人过日子精细，中间细而均匀的挂面只有来了客人，或者隆重的节日才会食用。大多数情况，自己家中都是食用两头的粗挂面和"挂面碗碗子"。不过饮食各有喜好，粗挂面和"挂面碗碗子"虽然看起来不够"装人"，但吃起来却更有嚼头，

挂面成品　李军摄

别有一番滋味，反而有很多人更喜欢食用。

手工挂面大多是细若发丝的圆柱形，也有宽而扁的韭叶形挂面。现在更有特殊工艺加工的空心挂面，易于蒸煮，筋道、口感好，深受人们欢迎。

对于以面食为主的民勤人来说，挂面的好处主要在方便。比如春夏时节，农田地里忙的时候，顾不上擀面，就拿把挂面煮上，用香油炝个葱花，放点醋，加开水做成酸汤，浇在挂面上，就是一碗美味的酸汤挂面。或者炒个鸡蛋西红柿，拌着吃也不错。农闲时节，大多做鲜美的肉臊子，煮好挂面，浇到上面，真是金齑玉鲙，受用无比。

更有人对挂面的保健作用做过一些研究，认为挂面具有补血益气、养阴补虚、增强免疫力的作用。适于人们长期食用，特别对体征虚弱者是温和的滋补食品。

挂面成品　　徐世雄摄

民勤手工挂面传承悠久、工序繁多、工艺精湛、品质优良。保护和传承这项技艺，具有历史、文化、民俗价值，同时也具有一定的经济价值，有利于丰富人们的精神和物质生活，提高生活质量。

随着市场经济发展，生活水平日益提高，人们更加追求生活的丰富多样和轻松安逸，很多青壮年不愿意从事这些技艺复杂、工作劳累、收入并不丰厚的工作，挂面技艺面临被机制挂面取代的危机，影响技艺、产品的继承和发展。

民勤手工挂面传承较有影响的有戈壁雪挂面，谢氏挂面四代传承，品质优，口碑佳，还有刘长春挂面，技艺精湛，口感筋道醇绵，深受人们喜爱。

2022年7月，民勤手工挂面制作技艺被公布为第五批武威市非物质文化遗产代表性项目。

（石　荣）

民勤柳编技艺

柳条柔软易弯、粗细匀称、色泽高雅，通过巧妙的设计，可以编织成各种朴实自然、轻便耐用的实用器具和造型美观、精致高雅的工艺产品。

民勤柳编技艺大多以制作实用器具为主，其产品包括：簸箕、筛篮、漏斗、柳条箱、柳条筐、饭篮、菜篮、笊篱、针线笸箩、炕席、房笆等。

民勤地处石羊河下游，居住耕作区域主要位于石羊河东西两大河之间，由于河水的滋养，盛产杞柳、红柳、毛条等灌木。过去由于经济困难、物品匮乏，柳编制品因其取材方便、坚固耐用而成为民勤农家主要的家用器具，柳编技艺在民勤流传十分广泛。民勤东西大河的沿河乡村，如东坝、收成的一些村社，很多农民就以编制出售柳编制品为业，柳编技艺十分兴盛。特别是东大河沿岸的东坝镇白古村，村民世代以柳编为业，几乎家家户户都通过出售簸箕、筛篮补贴家用。

民勤柳编制品

柳编制品的生产过程大体分为选料、剥皮、炙烤或熏蒸、编织、晾晒、刷漆等几个环节，全部采用手工制作。

笊篱　石荣摄

选料。杞柳，民勤人叫"柳棵"，柳编主要用新发的"柳杞（民勤人读 ji）芽"和一到两年生饱满的细柳枝做材料。编制一些小型柳编器具，一般是当年生的柳杞芽剥皮后使用，以伏天柳杞芽为最佳，这时的柳条质地柔软，韧性强，颜色白净，

漏斗　徐世雄摄

剥皮容易。一些较大的柳编器具一般都用秋分后收割的相对较粗的一到两年生带皮柳条编制。秋后的柳条生长得更加饱满，木质坚硬耐磨，表皮与木质连为一体，不易脱落。根据需要在适当的时节采集粗细长短适宜的柳条，然后进行进一步的择选、加工。对于剥皮使用的细柳枝，择选的要求就是挑选出粗细均匀，长而柔韧的柳条。对于带皮的柳枝，由于相对较粗，很多上面生长有偏枝、柳芽，选料时先挑选出符合使用条件的柳条，然后用柳镰把上面的偏枝和柳芽削去，一根根码放整齐备用。也有一些相对粗笨的器物，为了更加坚固耐用，选用质地更加坚硬的红柳或者毛条作为编制的材料。

剥皮、熏蒸、炙烤。这三种不同的材料处理方式，分别对应三种情况。首先，剥皮处理只用于伏天收割的柳条，一过大暑节气以后，柳条木质与皮层就无法剥离了。剥皮时，一手拿着自制的简易夹板（大多用较粗的柳枝一剖为二）夹住柳条，另一只手使劲一捋，柳条就剥得干干净净。

晾晒锁阳的柳编笟篮　李文泮摄

对于带皮柳条的处理一般是熏蒸，熏蒸处理的好处是不缩水，不变形。熏蒸时将备好的柳条盘圆放入蒸锅内，加入少量的水后封闭蒸锅，将水烧沸后放置一到两个小时，冷却后取出柳条掰直备用。也可用硫磺熏蒸，效果更好，只是过去硫磺获取困难，所以使用较少。编漏斗、笟篮、簸箕等

红柳筐子

要求编制致密，严防缩水变形，熏蒸处理的技术要求也十分严格。对于红柳、毛条等材料的处理，一般采用炙烤的办法。由于红柳、毛条刚性大，只有用火炙烤才能使其柔软，易于编制。

编制。编制则按照一定的形状和规格进行，编法因器物不同而各异。所用的工具有锥子、柳镰、剪刀、特制的规尺等。

晾晒。编好的成品要及时地进行晾晒。熏蒸和晾晒都是为了防止产品发霉和缩水变形。

刷漆。刷漆只限于具有观赏性的柳编工艺品，过去民勤并不多见，只在一些富裕农家中偶尔能见到一些桐油浸制的柳编器物。现在多用普通清漆刷，使其经久耐用、美观好看。

米字桩编制法　　徐世雄摄

米字桩编制法　　徐世雄摄

柳编制品的编制方法因品种不同而方法各异，大致可分为以下三种。

盛物类编织工艺。这些器物的编制在器物的底、帮、沿等部位，采用不同的编织工艺。底部有圆、椭圆和长方等形状，分别以葵花桩、"米"字桩、"丰"字桩、麻花绞桩、筛子眼、经纬编及绞、圈、挑、压等工艺绞桩打底。器物的帮部多采用经纬编，包括单篾和双篾转编、旋编，还有胡椒眼、三角眼等相互挑、压和反、正绞编等工艺。器物边沿多采用窝桩、缠、辫等工艺。有些较矮的器物则采用边、帮互代的工艺，别有风格。个别器物在编制过程中还要配以提把，以方便提拿。

编织组装工艺。这类工艺主要用于较大的器具，多采用多年生或当年生的粗柳条为主要原料，并与细柳条配合，采用烘烤、圈拉定型，并以螺钉连接、木钉涂胶暗接、绑扎等工艺组装而成。如藤椅、凳子、藤条箱子等，多数还要涂饰上漆。

经纬编工艺

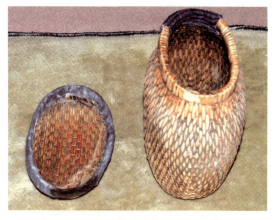

柳编器具

经纬编工艺。这是民勤人采用最多的柳编技艺。经纬编织虽然方法简单，但技术要求却非常严格。制成品紧密平滑，多用于厨具和农具。它以线绳作经，柳条为纬，采用经纬挑压、拿形、包沿等工艺编织而成。如簸箕的编制，一般先要用柳树根或者白杨根、榆树根制作五六厘米宽、半厘米厚的簸箕舌头，在上面每三厘米左右打眼穿三股双根麻线做经线。用特制的簸箕尺把簸箕舌头和选好的柳条并列绑缚在尺子上，尺子长度正好是簸箕的进深，尺子两端各有一个豁口是穿线绑缚的位置。然后从尺子的两边开始一把把的上下穿经、拾绞、拉紧，直至全部完成。最后整形扎沿，要用四到六根粗柳条夹包边沿，再用沙竹缠绕包扎。有些为了簸箕方便拿取，还要在簸箕左右抓手的位置绑上两根羊腿骨。筛篮、漏斗的编制方法和簸箕基本一样，但由于形制不同，各有各的规尺。采用这一工艺编成漏斗，并涂以猪血，能常年使用而几乎不漏。常用农具如耱，也多是采用经纬编制方法，只是农具都要求坚固耐用，所以多以木质框架为经，红柳毛条做纬编制。

柳编技艺在民勤县经历代民间艺人的传承、革新，已成为具有广泛代表性的民间艺术形式，其实用价值、审美价值和社会价值得到普遍认可，具有

簸箕　李文泮摄

柳编针线筐篮　李文泮摄

以下特征：一是柳编技艺的民众性。柳编技艺是在长期的劳动实践中产生和发展的，每件工艺品的创作过程与流传过程，是在共同劳动的基础上形成的。二是质朴天然的审美追求。柳编制品取材于自然，追求色泽、肌理质朴天然，体现了劳动民众的淳朴、淳厚、真诚的品性。三是实用与审美的完美结合。与一般的传统艺术相比，柳编是简单的工具与高超技艺的结合，是实用性与审美的结合，是民间实用技术和民间工艺美术的有机结合。

柳编技艺是劳动人民在长期的社会实践中形成的民间技术，是广大劳动人民的智慧结晶。

现在，随着商品的极大丰富，柳编制品的实用性逐渐消失。柳编制品已经在民勤人的生活中不再是主要家什，但还有一部分人不愿放弃这祖辈传承的柳编技艺，制作一些小巧玲珑的实用工艺品出售，艰难地担负起保护传承民勤柳编技艺的责任。民勤县东坝镇白古村的魏国伦是坚守祖辈传承的柳编技艺的民间老艺人，老人已年逾七旬，一生以柳编为业，对于柳编技艺有着深厚的感情，常常编制一些玲珑别致的小型器物拿到街上出售，以衰老的体魄孤独地坚守着柳编技艺的传承。

注重实用的柳编制品逐渐丧失了生存空间，注重工艺性突出观赏性的柳编产业由于种种原因没有很好地发展起来，民勤柳编技艺遭遇严重冲击，熟练的柳编艺人都渐渐老去，保护工作刻不容缓。

2022 年 7 月，民勤柳编技艺被公布为第五批武威市非物质文化遗产代表性项目。

（石　荣）

芨芨编扎技艺

旧时民勤，芨芨编扎技艺是每个庄稼汉必备的一项技术。芨芨草在农村随处可见，芨芨编扎的器具在生活中用途十分广泛，其编扎技艺也应运而生，每当农闲，农民们就"编筐插笼，闲时准备忙时用"。

民勤地处沙漠边缘，气候干旱，芨芨草耐碱耐旱，生长相对旺盛，成了随手可得的生产生活资源。农家庄户，到处可见芨芨器物的影子。草房里、大车上用的草圈子、房上的房笆、炕上的炕席、门前的篱笆、盛物的大筐小篮、扫帚、蒸馍馍用的锅圈等等，都是用芨芨编扎而成，它既经济耐用，又大方好看，是老百姓家里不可或缺的生产工具，不可替代的生活用品。

芨芨编扎技艺一般有芨芨草的采集、晾晒、去皮处理和器物编扎几个环节。

芨芨的采集一般在九十月份。芨芨都是野生无主之物，所以，为公平期间，采集芨芨都要到秋收后相对清闲的日子，等村长一声令下，大人小孩一起上阵，个个争先恐后，多采多得，各归各家。芨芨的采集一般要连根拔起，有经验的农民采集时都要带一根一米多长的木棍，根据各人力气大小，抓住粗细不同的一缕芨芨拦腰绕在木棍的中间，木棍一头支在地上，一头向上一抬，就将芨芨连根拔起。芨芨收拢堆放要根据质量分开晾晒存储，以备后用。芨芨一般以细而饱满质密者为优，这样才坚韧耐用。为了让芨芨生长的细密柔韧饱满，每年采集完要进行烧荒，烧去老茬，新生的芨芨才能长得细密饱满柔韧。

芨芨制品   徐世雄摄

芨芨的晾晒一般以阴干为好，阴干的芨芨柔韧耐用，所以农民一般都要把编制用的芨芨挑选出来，先在室外晾晒一个阶段，等逐渐变黄了以后就扎成捆放在草房里慢慢阴干。

除了晾晒，还要进行去皮处理。去皮时斜立一根粗重的木头在墙边，在一人高的位置绑上刷墩，刷墩上密密麻麻地钉满了铁钉，操作者倒抓一把芨芨先从根部刷起，用刷墩的钉子，将芨芨叶子根须统统刷尽，只留下精亮的芨芨茎备用。

芨芨编扎技艺因制作器物的不同，技术要求差异很大，可分为编制和扎制两类。结合器物用途可分为：席笆、筐篮、草绳、扫帚、锅圈等几类编扎技艺。

席沿　　石荣摄

席笆主要包括炕席、房笆、车上的圈笆、粮仓的围笆、围栏篱笆等。席笆在应用时受力比较频繁，所以要选用细而柔韧的上好芨芨。编制时五六根芨芨并列为一股，三股交叉以编麻花的形式起边，朝向席子中间的芨芨股以45度的角度留用，再从股下插入新股编入席边，依次类推，编到合适的宽度翻折收头，这样席子的一边就起好了。继续编制席面就要从留好的股下依次以90度角度搭入新股，和预先留的股上下穿插。为了花型漂亮，一般隔两股穿插一次，席边处的股拧紧翻折收编，编短了的股从下面接续。席子达到预定的长度，再将上下两层芨芨股以编麻花的方式收边，也有为了平整只收编一层的，然后将多余的芨芨剪去就完成了。

民勤芨芨筐篮常见的有：扁斗、筐子、菜篮等。选料要挑选细而饱满的上好芨芨，编制技法大同小异。一般打底方形多采用"井"字法，圆形采用"米"字法。底部边沿大多直接以90度的角度折经，然后打纬做帮，较为讲究的在底部边沿以编麻花的方式镶沿，既美观又坚固。编制帮围的时候有些要安装拱形的提把，就要横跨底部预先固定在正中的经上并拴好绊。编制帮纬有单纬编纬法，双纬拧绳编纬法，极少数也采用三纬麻花编纬法，每纬一般三至四根芨芨。等到预定高度就采用顺时针由外而内窝桩挑眼的方法收经编沿，有些为了牢固，还要将收入框内的芨芨梢以麻花编法再编一道，最后剪去多余的梢，这样才算全部编制完成。

辫草绳对芨芨的要求相对较低，但要预先做一番处理。首先要把芨芨的根剁掉，然后在水中浸泡一段时间使芨芨更柔软，最后要用棒槌捶去芨芨刚性。搓草葽也可直接用未长饱满的绿芨芨连茎带叶直接手搓。辫草绳就相对复杂一些。首先用处理好的

芨芨筐子　李文泮摄

芨芨通过手搓辫细绳，然后将搓好的细绳三合或四合的方式辫粗绳。辫粗绳的时候就要借助一些工具，先将合在一起的几股绳子的一端固定在车轮子上，另一端固定在绳车上，还要用分股器夹在几股之间。编绳时，一人摇绳车，一人根据辫的速度慢慢移动分股器，固定在另一端的轮子在绳子的扭力下自然转动，完成编股成绳。为了辫得更紧密，等全部辫股完成后还要继续推动车轮，使辫好的绳子充分拧紧，然后，用两个旧鞋底夹住绳子来回反复搓使其光滑，再从两端用力拉扯使其定型。

栽扫帚是个技术活儿，也是个体力活儿。栽扫帚用的芨芨最讲究，应当是老而细、茎秆黄亮柔韧、薹心充实饱满的芨芨。在正式开栽之前，还要把剥好的芨芨一把把整理，长短搭配备用。再用一个专门的铁箍子，将芨芨一把一把地填进铁箍里，使铁箍距芨芨根部大约二寸，根部齐。而后把一个状如牛角、直溜光滑的木头栽桩，插在装在铁箍里的芨芨草把子根部的中心位置，再用一把铁锤对着栽桩的屁股，"梆梆梆"地敲打，使栽头尽量深地插进。然后从扫帚箍的另一边分开芨芨找准栽桩的尖，用扎好的芨芨股对准栽桩的尖，一边退栽桩一边塞一股芨芨进去，然后抽掉扎股的绳子，把伸出的部分蹾整齐。接着再把木头栽桩插进扫帚头，重复以上的过程，一直要达到铁箍能装进芨芨的极限。所以这敲打是绝对不能偷懒的，敲劲不足铁箍子里的芨芨就挤不紧，使用上几天，就会一根一根地往外掉，一把新扫帚用不了几天，就散落得不成个样子了。在确认铁箍里的芨芨挤足后，就把一个长约五尺、粗约一把的木棍一头削尖，将尖的一头插进扫帚头的根部，放在一块表面较平整的石头上蹾紧安结实，然后找一根细

扫帚　何永葆摄

锅圈　徐世雄摄

麻绳，在芨芨的半腰一缕一缕地绊起来，让散开的芨芨收拢一些，以便使用。这样，一把扫帚就制作完成了。用长芨芨草栽成的长扫帚叫掠扫，是在打场时用来掠去麦堆表面上的杂质，稍短一点的就用来打扫卫生或冬季清扫积雪了。

编扎锅圈对芨芨的质量要求较低，甚至大多数人家是用麦秆制作，芨芨制作的相对较少。用芨芨制作锅圈先要把芨芨泡软捶绵，然后用麻绳扎成比锅沿稍大的草圈子，在上面接续上草股一层层叠起。这时用针很有规律，先用一道扎紧草股，再用一道固定上下两股的位置。这样一圈圈叠加五到七层，一层比一层稍微内收，直到最后收平沿口就算完工。

另外，有些心灵手巧的农民用芨芨编一些针线筐篮、果篮之类的，所用方法就千差万别，不一而足了。

民勤芨芨编扎技艺应运而生，并无过多的花样，芨芨编扎的器物也多注重实用之美。另外，因为民勤芨芨草编扎技艺的实用性使之涉及的生活品类十分丰富，相应的技艺也相对众多。

民勤芨芨编扎品类众多，使用广泛，几乎成了庄稼人必备的一项技艺。过去，芨芨器物在农

芨芨、柳编制品

村是一份必备的家当，对农村的生产生活都做出了巨大贡献。即使现在也可以作为传统工艺发展，制作出质朴高雅的工艺产品。

随着社会发展，芨芨器物逐渐消失在农家院落，熟悉编扎技艺的老人也逐渐老去，芨芨编扎技艺的实用性逐渐丧失，工艺性又未得到很好的开发应用，传承面临断代的尴尬。

2022年7月，芨芨编扎技艺被公布为第五批武威市非物质文化遗产代表性项目。

（石　荣）

民勤端阳节赛诗

　　端阳节赛诗是民勤特有的民俗。明代以来，每逢传统佳节端阳节，文人墨客雅集一起，郊游登高，写景状物，言志抒怀，赛诗吟诵，以纪念伟大诗人屈原，景仰汉代忠臣苏武，凭吊民勤历代先贤，成为风行当地的传统民俗。

　　民勤历史上是移民区，明清时期，江南、中原各地大量移民于此，各地文化随之带入，南北文化交融，由此文教昌盛，人才辈出。民勤历来崇文重教，礼贤尚学，悠久的历史人文、厚重的文化积淀和众多的名胜古迹，为端阳节赛诗的产生、传承、发展提供了得天独厚的条件。

　　民勤端阳节赛诗已有600多年的历史，起源于明代，兴盛于清代，发展于民国，复兴于当代。

　　《镇番县志》《镇番遗事历鉴》载：明代，为纪念屈原，景仰苏武，凭吊先贤，文社、诗社、书院的文朋诗友每于端阳雅集，赛诗吟咏。或命题，或限时，或联句，赋诗填词，吟唱咏诵。永乐进士王慎机，聚众赛诗，有《镇番胜景诗》传世。明末名士王扶朱，邀友赛诗，有诗集《三笑草》《忧违草》。

　　清代，端阳节赛诗蔚然成风。清初，邑人孙克恭有诗集《南征草》《西归吟》。雍正时邑人康来庆，常命题赛诗。最著名的是雍正乾隆时期的卢生华、生莲、生薰、生荚兄弟，中进士，入翰林，登山赛诗，合著《兰言斋诗集》。卢翰林生薰所作《苏武山访牧羝处》，尤为脍炙人口。雍正十三年（1735年），崇文社邀诸名士作修禊之会。学政张兴、举人卢生华、名士孟良胤等各制"镇番八景"诗八首，公推卢公为最。乾隆时县令浙江会稽县举人陶廷珍，登苏山，吊子卿，多有题咏。值端阳，

《续修镇番县志》关于民勤端阳节赛诗的记载

公游枪杆岭，诗兴勃发，口占不绝，间有佳句。道光时翰林知县周兆锦，兴崇文社，修景苏楼，有《苏武山高》诗名世。

民国时期，端阳赛诗之风依然盛行，知事刘朝陛有《陇塞吟草》刊行于世。著名报人聂守仁有《景阳诗文集》《旅雁声诗草》等多种诗集。湖区名士石关卿著有《霜毙青枣》。

民勤端阳节赛诗常由多项活动组成：

2010年端阳节采风赛诗留影

雅集。县内文朋诗友结文社、诗社、书院，每逢端阳，雅集一起，联谊吟咏。

景贤。赋诗填词，撰文作记，纪念伟大诗人屈原，景仰汉代忠臣苏武，凭吊民勤历代先贤，弘扬苏武精神，传播优秀文化。

采风。或郊游，或登高，游名胜，入乡野，上苏武山，游石羊河，拜耆宿，访乡农，采风吟诗，不一而足。

赛诗。分多种形式，一是命题赛诗。由主赛者拟定题目、题材等，进行创作比赛，限定交稿时间，由评判者评定等次。二是限韵赛诗。限定韵律、主题、时间等，进行比赛。三是限格赛诗。由主赛人限定格式，如绝句、律诗、词牌、曲牌等，常要限定题材、内容或格律。四是联句比赛。由主办者出句，参赛者接句，多限题、限韵、限时。五是吟诵比赛。或吟唱，或朗诵，或咏颂，老少参与，佳者获胜。六是接龙比赛。由主赛者出上句，参赛者接下句，准者、快者、多者获胜。另外，还有和诗比赛、擂台赛诗等。赛诗花样翻新，老少皆宜，富有趣味性，乐趣多多。赛诗中，奖励形式多样，或奖书，或罚酒，或证书，或奖金，以激励参赛者，扩大赛

2013年举行的首届端阳节赛诗会　李军摄

诗影响。其内容或凭吊先贤，或抒情言志，或写景状物，或颂扬针砭时世。

结集。将赛诗获奖、优秀作品结集，印刷发行，交流传播。

民勤端阳节赛诗具有鲜明的特征。群体性：赛诗多为群体活动，以文社、诗社、书院等为主，文人墨客、诗朋联友集集，赛诗填词，撰文作赋，斗酒吟咏。多样性：赛诗多以命题、限韵、限格、联句、吟诵、接龙、和诗、擂台赛诗等为主，形式多样，花样翻新。趣味性：赛诗形式、内容充满

2014年民勤第二届端阳节赛诗会颁奖晚会现场　李军摄

趣味，老少皆宜，其中联句、接龙，尤为风趣。胜者奖励，输者罚酒，乐趣多多。地域性：景贤主要是景仰汉代忠臣苏武，凭吊民勤历代先贤；采风多为游览地方名胜景点；赛诗大都以本地名胜、名人为题。传承性：端阳节赛诗在当地已传承600多年，代代相传，明清尤盛，至现代渐趋衰微，当代逐渐复兴。历史积淀性：民勤端阳节赛诗经过数百年的传承发展，形成了丰厚的历史积淀，留下了大量优美的诗篇。

民勤端阳节赛诗代代传承，具有重要的价值。历史价值：端阳节赛诗数百年传承不息，保护传承这一优秀地方非遗，对于传承中华传统文化，保护地方优秀文化有着重要的历史价值和现实意义。民俗价值：端阳节赛诗以雅集、郊游、登高等活动，以多种形式赛诗，以此纪念屈原，景仰苏武，凭吊先贤，成为风行当地的传统民俗，有其独特的民俗价值。文学价值：端阳节赛诗数百年留下的优秀诗篇，成为民勤宝贵的精神财富。精神价值：民勤端阳节赛诗是一种高雅的群体活动，对于弘扬国学，诗化民众，打造群众精神高地，传承中华文化基因有着重要的精神和教育价值。

端阳节赛诗相关诗集

1958年，诗擂台风靡一时，无论工人、农民、干部、学生都引

吭高歌，诗作数以万计。1989 年，成立了苏武山诗社，创办《苏武山诗词》，出刊 120 期，编辑刊行《民勤诗歌选》《民勤吟》等 9 集，出版个人诗词集 10 多种，在机关单位、学校、农村开展赛诗活动，端阳节赛诗之风逐渐复兴。2002 年天马旅游节，在苏武山公园举办"品名优瓜果，颂苏武精神"品瓜赛诗会。2013 年以来，民勤县连续组织举办七届端阳节赛诗会，举办颁奖朗诵晚会；编印《经典诗歌 200 首》2000 册，下发基层诵读；创办综合文化期刊《胡杨》，端阳节赛诗的影响扩大到武威等周边地区乃至全国。从传承现状来看，端阳节赛诗参与者多以老教师、老干部为主，青少年传承队伍正在培养壮大。

民勤县文化馆编辑出版的《民勤端阳节赛诗会作品选》

2015 年，民勤端阳节赛诗入录第四批武威市非物质文化遗产代表性项目名录，属民俗类。2020 年，民勤县文化馆整理六届端阳节赛诗会优秀作品，编辑《民勤端阳节赛诗会作品选》，由敦煌文艺出版社出版。

端阳节赛诗在当代渐趋复兴，主要传承人有民勤县文化馆副研究馆员杨澄远（1920—2003 年），曾任苏山诗社社长，主编《苏山诗友自选集》。县人大常委会原副主任马维乾（1929—2012 年），曾任苏武山诗社社长，著有《马维乾诗词集》。县人大常委会原副主任白生庆，曾任苏武山诗社社长，主编《民勤诗歌选》（6 至 8 集）。中华诗词学会会员吴农荣连续获得三届民勤端阳节赛诗一等奖。民勤县文化馆副研究馆员、中华诗词学会会员、武威市诗词楹联学会会长樊泽民，曾获第五届华夏诗词奖，连续主持举办八届民勤端阳节赛诗会。

民勤县将持续组织举办端阳节赛诗会，开展创作、吟诵比赛；举办诗词骨干培训班；举办民勤端阳节赛诗研讨会，恢复保存端阳节赛诗的独特形式；发展苏武山诗社，开展讲座、采风活动，办好《胡杨》《苏武山诗词》，扩大民勤端阳节赛诗传承群体；创建端阳节赛诗传承基地，推动诗歌进校园、进机关、进企业、进农村、进社区，启动创建"中华诗词之乡"；编辑出版《民勤诗歌选》《古今诗人咏民勤》等；保护好文化馆馆藏《镇番县志》《兰言斋诗集》《陇塞吟草》雕版，影印出版。通过不断努力，弘扬民勤端阳节赛诗之传统。

（樊泽民）

苏武山朝山会

苏武山朝山会，民间称苏武山庙会，是在民勤县苏武山举行的集朝山、景苏、祭神、演艺、竞技、商贸、美食等为一体的独特的传统民俗活动。有着悠久的历史渊源，丰富的各类活动，宏大的仪式规模，独特的民俗价值。

苏武山朝山会场景　　李军摄

苏武山位于民勤县城东南 12 公里苏武镇境内，是全国唯一以苏武命名的山。相传汉中郎将苏武牧羝于此，因以名山，有羊路、牧羊泽、蒙泉、龙潭、望乡台等遗迹。明清以来，山上建有苏武庙、百子娘娘庙、真君庙及苏山书院、苏武山戏楼、蒙泉亭等建筑。留有庙址、古石碑，上大书"汉中郎将苏武牧羝处"。

明清之际，县人常于每年三月清明、四月八及九月九，倾城出户，登山朝拜，追念前贤。据《镇番遗事历鉴》记载：明洪武间，"逢三月清明，倾城出户登山，男女接踵，车马阗集，游客络绎。并有百戏娱乐，戴柳抛球，纷然杂集；小摊买卖，盲女丝弦，在在成市"。

清顺治九年（1652 年），"九月重阳，遵古之遗义，恢复'驼羊会'。至时，阖县士庶官民，云集苏武庙前，百乐杂伎，各显其能；车马辐辏，在在成市。驼羊牲畜，蚁集山上山下；叫卖之声，此起彼伏。并有赛驼之举：选精壮骟驼五十峰，列阵如堵，锣声为号，颠狂奔竞，沙尘蔽日，以优胜者为冠。县事为挂绶带，鼓乐演成升平。蒙泉处汲水者摩肩擦踵，牧人得之，六畜可保无疫；人饮之，则四季安康和顺矣。凡七日"。

清代至民国时期，于山上开设朝山会，推举主持人，逢佛诞之期，献牲献盘，一则景苏、一则酬神。是日，城乡群众，携儿带女，纷至沓来。有焚香顶礼者，有送花

鞋神袍者，也有求子者，还
有学校学生、机关职员，参
观游行，或表演戏剧，或举
行体育比赛，或登山赏景、
参观古祠旧宇。还有小商小
贩，杂耍角技，车马辐辏，
热闹如市。"车马络绎，人
烟辐辏，小戏杂耍，极尽所
能。""红男绿女，比肩接
踵，台上一呼，台下百应。"

苏武山上驼羊会　　约摄于 1903 年重阳节

　　清嘉庆元年（1796 年），科试贡生卢荣著录《岁余佳话》云：镇地登高，有在三
月清明，俗谓之"踏青""歌山"，在四月八日，谓之"赴男会"，在九月重阳，则谓
之"祝秋"。凡上坝民人，登高每诣苏山，湖地登高，则必至枪杆岭。苏山之会名曰
"纛羊会"。届时，民人驱驼羊争相登山，其势浩荡，连绵数十里。辄有百乐相辅，喧
阗声色，接踵辏辐，谒苏庙，饮蒙泉，凭栏把樽，徜徉羊路，遥吊前贤，暗托荫庇。
道光九年九月（1829 年 10 月），苏武山驼羊会赛驼，武举唐灏国夺魁。

　　民国初年，每逢四月、九月在苏武山麓按例举办驼羊会，四邻八乡或骑马、或徒
步、或坐车，齐聚苏武山赛驼场。节日的赛驼场周围搭起高低错落的毡房，铺上素洁
的驼毛单子，摆上醇香的驼奶酒、牛羊肉等食品，人来人往，俨然市井。驼手身着黄
马褂和镶着金丝条的箭裤，个个威风凛凛，英姿飒爽，伫立于自己的爱驼之旁，整装
待发。比赛开始，选手驾爱驼长驱直入，玩硕肥绵羊于掌心之间，赛场内人头攒动，
摇旗呐喊。人们说驼事、论驼道。赛驼结束，集市贸易方才开张，牲畜农具、锅碗瓢
勺、针头线脑一应俱全，拨浪
鼓、叫卖声、还价声不绝于
耳。夜幕降临，苏武山麓燃起
一堆堆篝火，文人雅士，或怀
古凭吊苏公于祠上，或吟诗作
联于毡房，喜庆气氛洋溢于每
个角落，互市贸易几日不绝。
如此场景，一直延续到民国晚
期。后驯驼、赛驼技艺近于
失传。

苏武山朝山会举行祭奠苏武仪式

苏武山朝山会是民勤独特的传统民俗活动，延续到清末民国，发展为具备诸多功能的民俗活动，主要包括朝山、景苏、祭神、演艺、竞技、商贸、美食等等。

民间祭奠活动。一为景苏。拜谒苏公祠，瞻仰苏武神像，祭拜名臣苏武，祈求苏武爷保佑民众骡马成群，驼羊满圈。苏武在此牧羊多年，留下了许多苍凉感人的传说，苏武成了当地牧人崇敬的牧神，每年上山凭吊祭奠，景仰其气节精神，祈求护佑百姓年丰人寿。善男信女则四月送花鞋，重阳登高坡。久婚不育的夫妻、病魔缠身的男女、事有不顺的家庭常常借庙会之际，向苏武爷烧香许愿、还愿。准备远行的驼客商旅，往往先去苏武山蒙泉采集泉水，带在身边，用来降伏旱魔。二为祭神。乡民自带香表，拜谒山神水神，祈求风调雨顺，五谷丰登；儿女顺遂，老人安泰，家人平安。或拜谒百子娘娘庙，祈求早生贵子，多生贵子。庙会成了一场民间祭典祈神大会。

2018年苏武山庙会民勤唢呐艺术展演　　李军摄

民间文娱活动。各地小曲戏班、曲艺社在苏武山戏楼昼夜唱戏，也有在苏武庙前搭起简易舞台或围起地摊，有唱大戏的，也有唱小曲的，有唱《苏武山传奇》的，也有演《苏武牧羊》的，有木偶戏表演，也有皮影戏表演，还有杂耍、猴戏等，五花八门，应有尽有，是地方民间文化展示大会。

民间体育活动。主要是赛驼、赛羊，这是民勤独有的项目。赛驼比赛骆驼奔跑的速度和耐力，比赛骑手的驾驭技能。赛羊其一是展示羊只的体型和膘分，其二是比赛公羊的角斗能力。届时，由公众推选的人士评选。还有民间自发的拔河、竞走、瘸房子、登山等游艺竞技活动。庙会成了一场民间体育比赛和游艺竞技大会。

周边乡镇群众赶来参加苏武山朝山会　　李军摄

民间商贸活动。各行

匠人带着自制的生产工具、生活用具销售，农户商客进行牲畜交易，小吃商户支锅架灶，卖沙米凉粉、糖油糕、清炖羊肉、羊肉面片等地方特色小吃。庙会成了一场民间物资交流大会。

民间游艺活动。乡人民众，登苏山、谒苏庙、赏山景、饮蒙泉；文人墨客，徜徉羊路，参观祠宇，凭吊歌咏，遥吊前贤。是一场民间旅游大会。

苏武山朝山会作为一种独特的地方民俗活动，有其鲜明的特征。悠久的历史渊源：苏武山朝山会从明洪武年间兴起，清代至民国时期开设朝山会，趋于兴盛，一直

延续到20世纪50年代末，渐趋衰微，到21世纪初逐渐复兴，迄今已有600多年的历史，历史悠久。丰富的各类活动：活动形式多样，内容丰富，有景苏、祭神，有朝山、游乐，有演艺、竞技，还有商贸、美食，集各类传统民俗活动于一体。宏大的仪式规模：朝山会参与人数

苏武山庙会放斋　李军摄

之多，场面规模之大，在当地民俗活动中首屈一指。景苏祭神，仪式庄严；赛驼赛羊，竞赛激烈；演艺游玩，热闹非凡。

苏武山朝山会作为民勤传承久远的特有民俗活动，有其重要的价值。民俗文化价值：苏武山朝山会作为一个文化包容性很强的独特民俗现象，以其流传久远，活动丰富，仪式神秘，人数众多，规模宏大，成为古老民俗最直观的记忆，成了民勤不可或缺的一项民俗活动。爱国教育价值：景苏，拜谒苏公祠，瞻仰苏武神像，传承弘扬了苏武忠君爱国、矢志不移的爱国情怀，让人们牢记前贤，继往开来。祭神，寄托了人们的美好愿望，起到了净化心灵的功效。文化传承价值：驼羊会是苏武山朝山会独有的民间活动，通过赛驼等大型赛事活

2007年,中国道教协会会长任法融参加苏武山朝山会　李军摄

动，表彰养殖户和骑手的技艺，增强了人民体质，强化了民众的竞争意识，推动了农牧业的健康有序发展。演艺，是民间文化的展示会，推进了民间文艺的繁荣发展，增进了民间情感的交流。

20世纪50年代初，苏武庙还香火旺盛，苏武山庙会依然举行，尚有骆驼、牛羊交易活动。"文革"期间，苏公祠、苏武庙等古迹被拆除，朝山会停止。

2003年，中国道教协会将苏武山确定为"中国道教生态林基地"。2007年，民勤县重修苏武庙、苏公祠，举办首届"苏武文化旅游节"，苏武山庙会恢复。近些年，每年农历四月八、端阳节，苏武山周边乡镇民众，境内外的旅游爱好者，以及景仰苏武爱国主义精神的人们，数万人云集庙会，或祭祀苏武，或游山，或祭神，或唱戏，或做生意，十分热闹。人们以庙会的形式，缅怀先贤苏武，传承弘扬苏武精神，再次展现了历史上朝山会的宏大场面。但是，驼羊会、竞技等朝山会的不少活动失传。因此，恢复、保护、传承苏武山朝山会势在必行。

2015年，苏武山朝山会被公布为第四批武威市非物质文化遗产代表性项目。

2007年，全国道教界人士参加苏武山朝山会　　李军摄

苏武山朝山会以群体形式传承，旧时传承群体比较复杂，现在主要的传承群体是民勤县道教协会，甘肃省道教协会副会长、民勤县道教协会会长柳仓德是代表性传承人。

今后，我们计划挖掘、搜集、整理苏武山朝山会资料，建立文字、图片、视频资料和电子档案库；持续组织举办每年一度的苏武山朝山会；举行大型祭拜苏武仪式，弘扬爱国主义精神；举办丰富多彩的各类文艺体育活动；争取恢复苏武山驼羊会；举办苏武山朝山会研讨会，恢复保存苏武山朝山会的独特形式。通过不断努力，恢复保护苏武山朝山会，让民勤这一独特的传统民俗更加久远地传承下去。

（樊泽民）

民勤端阳节习俗

农历五月初五为端阳节，俗称端午节，又名重五节、五月单五、五毒日、五月节，也称浴兰节、地腊节、天中节、午节、女儿节、娃娃节。古时，五月称恶月、传月，这月里常瘟疫滋生，人们又把五日看成五月中最不吉利的日子。

端阳节的由来，各地解释不尽一致，广为流传的是"纪念爱国诗人屈原"说。据梁朝吴均《续齐谐记》记载，春秋战国时楚国三闾大夫、爱国诗人屈原，遭谗不用，于五月五日投汨罗江而死，人们为了纪念他，在端阳节包粽子、划龙舟。这一传说家喻户晓，影响深远，民勤也不例外。

《乾隆镇番县志·风俗志》载："五月五日，插柳，饮雄黄酒。医者每于此日采制药饵。"

民勤的端阳节继承了古老的传统，古风盎然，颇有情趣。这一天，人们穿上新衣，在门上插艾条柳枝，吃粽子，以此来纪念屈原。除此以外，民勤还有几种与其他地方不同的富有地方特色的特有习俗，主要是蒸扇子、做油饼卷粽子、插柳枝、编柳秧帽、戴花肚兜、戴花绳、抢荷包、赛诗等。

扇子

蒸扇子。民勤端阳节蒸扇子、送扇子的风俗由来已久，至少有600多年的历史。史载，民勤很多户族是明代洪武到成化年间从浙江宁波和江南应天府迁徙而来。在浙江宁波一带，自古就有端阳节发庚帖和制扇子、送扇子的风俗。这种风俗也传到了民勤，但当地没有竹扇和芭蕉扇，人们就创造出了面扇子，蒸上扇子，在端阳节这一天，亲友们相互赠送，以寄托美好的愿望和祝福。

"扇子"也叫五色馍，是把发面揉好，擀成半寸厚的面层，抹上香油，常分五层，分层撒上研细成粉的姜黄、红曲、薄荷、胡麻盐等，五层五种颜色，五层叠加在一起，切成大小匀称的扇形，表面用手捏或用木梳齿压上各式花纹，染上颜色，适度发酵，蒸制而成，造型别致，精巧玲珑。看时，五彩闪烁白面之

油饼卷粽子

上，令人赏心悦目；吃来，美味荟萃面层之中，顿感清香满口。既有祝愿亲友避五毒、祈五福的美好意愿，也恰恰迎合了五月初五过端阳的习俗。

油饼卷粽子。端阳节各地都有吃粽子的习俗。相传爱国诗人屈原投江而死，为了纪念屈原，使屈原不被江中鱼类所食，人们就做粽子，以粽子投江祭奠。

民勤人吃粽子与别处不同，是用炸的油饼卷上粽糕吃。先将上好的糯米配上民勤红枣用温水浸泡，加上白糖、蜂蜜，有时加些葡萄干，用锅蒸煮半小时左右，搅拌均匀，就成了粽糕。再将面粉加上薄荷叶粉用开水搅烫成黏稠状，擀成薄饼，用胡麻或麻籽清油文火煎炸成油饼。最后用油饼把粽糕卷起来吃。油饼酥软而腻香，柔软有弹性，粽糕白中透红，甜糯可口，吃起来外香里甜，堪称绝配。

插柳秧、戴柳帽。端午这天，家家户户清早出门，折来柳秧，插在家门口。也有采来艾蒲插在家门上的。民勤多沙枣树，端阳节正是沙枣花开的时候，家乡人"因地制宜"，在门头插上一把沙枣花，其义也和插柳枝、艾蒿相同。大人用柳秧编个柳圈帽给小孩戴在头上，相传可以亮睛。大人饮雄黄酒或青稞酒，并用雄黄酒涂抹家中每个人的发际、耳朵、眼睛、鼻子，以此避邪除疾，驱虫避害，以求岁岁平安。

戴花肚兜。端阳节前，祖母、母亲都要为自己的孩子精心绣制花肚兜，到端阳节时戴出来。这一天，孩童们穿戴一新，兴高采烈地聚在一起，敞开新衣衫，亮出花肚兜，互相攀比议论。这些肚兜的花样，有莲生贵子、五福捧寿、鸳鸯戏水、瓜果飘香等等，也有绣成五毒肚兜的。其制作方法，有的用丝绣，有的用彩拼，有的用剁花，再用金线圆出花边。真是异彩纷呈，争目夺光，可说是一次手工艺品的大展览。俗话说的"五月端午穿出来，八月十五端出来"就指这个。

戴花绳。五月端午前一天，奶奶和妈妈用五色丝线搓成花绳子，叫五彩丝，又俗称五色丝。端阳这天，把露过露水的花绳子戴在小孩子的脖子、手腕、脚腕上，俗称

"戴五彩绳"，名曰"五彩续命"，以示吉祥，据说可以辟邪和防止五毒近身，保孩子长命百岁。民勤歌谣中有"一愣儿、二愣儿，娃娃脖儿里戴的花绳子"的唱法。老人们说，花绳要一直戴到七月七的那一天，取下来撂到房上，让喜鹊叼着给在银河相隔的牛郎织女搭桥，让他们每年相会一次。也有佩戴香囊、艾虎的。

抢荷包。端阳节这天，姑娘们把平日精心制作的花荷包、花绣球、香包、香袋等，成串成对地戴在胸前、衣襟间，男孩子们就瞅机会去抢。尤其在庙会上和登高游玩的地方，姑娘们成群结队聚在一起，有意亮出各自精制的荷包、香袋，供人去抢。照例，姑娘们是不能生气的。这个习俗，是古代男女趁游春之际选择伴侣、互赠信物的遗风。

苏武山诗社端阳节"话苏武，咏民勤"赛诗雅集活动

赛诗。明清以来，民勤有端阳赛诗之风。民国时期，曾以端阳节为诗人节，举行诗会。每逢端阳节，文人墨客聚集在一起举行赛诗会，作诗填词，吟咏比赛，其内容或凭吊先贤，或抒情言志，或写景状物，或颂扬针砭时世。

游艺。明清至民国时，端阳节当天学校自行放假一天，让师生旅游。学生为先生送节日礼，如扇子、油饼卷粽糕等，先生亦招待学生。城内学校、机关公务人员及市民，于下午登高，或攀城墙，或登沙窝游玩，或到圣容寺、雷台及苏武山一游。

随着时间的推移，戴花肚兜、抢荷包等习俗逐渐淡化。端阳节的特有习俗需要保护、传承、留存下去。2022年7月，民勤端阳节习俗被公布为第五批武威市非物质文化遗产代表性项目。

（樊泽民）

民勤家谱编修习俗

　　家谱，又称族谱、家乘、祖谱、宗谱等，是一种以表谱形式，记载一个以血缘关系为主体的家族世系繁衍和重要人物事迹的特殊图书体裁。民勤人自来"人勇知义，民风淳朴"，虽为边塞偏远之地，但"文运之盛甲于河西"，姓氏宗族文化同样兴盛发达，让人赞叹。

　　明清两朝，江浙晋陕等地移民大量迁移民勤地区，形成了民勤文化南北交融的特点。明代移民多以江苏、安徽、浙江为主，清代移民则大多来自晋陕两省。胡汉交融的历史过往和崇文重教的人文性格形成了民勤人慎终追远、寻根思源、重视族姓历史的文化传统。旧时，一个姓氏就是一部英雄史诗。民勤有一百多个姓氏，几乎每个姓氏都有自己的族谱。每逢春节和清明节，许多姓氏家族都要举行各种祭祖活动，定时编修家谱，举行颁谱仪式，长辈主持，族人参加，使广大族人相互了解沟通，相互交流切磋，相互守望扶持，共谋事业发展。民勤人，无不重视姓氏族谱的编修。

　　受南北文化的影响，民勤家谱体例演变与内容更新经历了时间的洗练和修正，一套完整的家谱大致包括七个方面的内容。

一、姓氏源流

　　姓氏源流就是同一族得姓的来源与变迁。中国人的姓氏渊源大多极为古老，假若没有古书或旧谱

民勤詹氏宗谱颁谱仪式　　李军摄

的记载，后人很难考究清楚。从一姓到一国一家，不能不知晓自己根源来自何处，认清自己的姓氏来源，况且民勤人的祖先大多是来自天南海北的谪迁之人或是汉夷杂处的衍生苗裔，所以民勤人的家谱都详细介绍自己姓氏源流，这样才能世世代代承继，也能将族系根源流传千百年。家谱中有"叙本系、述始封"的传统，它的目的也在于"明世次、别亲疏"以及考订姓氏源流。家谱均有记载姓氏的一章，以叙述家族得姓

清乾隆年间刘氏宗谱

的来源，所以家谱中的姓氏源流就显得很重要，它是明辨家族血统的证明文献。受封建传统文化的影响，民勤许多姓氏为了抬高自己的门第和郡望，习惯与名人扯上关系，或生硬追溯到某皇帝作自己的祖先。如俞氏家族自誉为俞伯牙的后人，马氏家族自称是汉代"伏波将军"马援的后代，李氏家族说是青莲居士李白的后人，不一而足，不能不说是一种很有趣的文化现象。

二、堂号

堂号是一个姓氏的特殊标识，它能显示姓氏发源的地缘关系。在家谱中，堂号具有联系姓氏与宗族关系的意义，也是后代寻根问祖的重要线索之一。

堂号名称一般取自于郡号名或为纪念家族始祖或名人而自创。郡是秦、汉时期对行政区域的建置，郡号名又取自于郡名，或诸侯国名，地方府、州、县名。随着姓氏家族的发展壮大，就出现了以各姓氏门望族发祥地的郡名作为郡号的由来。

大家族日久人众，或因天灾或因经商，族人就会迁徙流离散布各地。于是就有了在"总堂号"之下，再加入"分堂号"名称的方法。"总堂号"代表家族（姓氏）的发祥地，寓后人以不忘本源；"分堂号"则是族人迁徙至新地，成为当地有名望家族后，以该地的郡号作为堂号。"总堂号"和"分堂号"统称为"郡望"。

因为各族姓基本上都是以郡名作为自己家族的郡号，所以就有了若干姓氏同为一个堂号的现象。例如：王、胡这两个姓的郡望都是"清河堂"。

堂号名称的另一出处是自创堂号。该堂号名称一为有别于各姓氏的分支别派，二为铭记祖先或名人的公德事迹或教诲，这一类堂号在民勤是最多的。例如：杨氏的"四知堂"寓意"天知、地知、我知、子知"的为人风范。

三、世系表

作为家谱中最重要的内容，"世系表"简而言之，就是说明一个家族成员，如父子、兄弟间的相互关系，写清楚祖先后代每一个家族

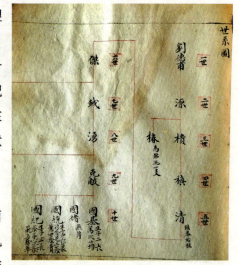

世系图

成员名字的图表。它有四种基本的记述格式：欧式、苏式、宝塔式和牒记式。

欧式。又称横行体，是北宋文学家欧阳修创立的。欧式的特点是世代分格，由右向左横行，五世一表，用起来很方便。欧式中，每个世代人名左侧都有一段生平记述，介绍该人的字、号、功名、官爵、生辰年月日、配偶、功绩等。

苏式。又称垂珠体，是北宋文学家苏洵创立的。苏式世系表的特点是世代直行下垂，世代间无横线连接，全部用竖线串连，图表格式也是由右向左排列的，主要是强调宗法关系。

宝塔式。顾名思义，就是将世代人名象宝塔一样，由上向下排列。宝塔式采用横竖线连接法，竖线永远处在横线的中间，这对人多的大家族来说，因人名不可能排在同一页纸上，兄弟之间长幼关系不清，会为写谱、看谱带来很多不便。

牒记式。不用横竖线连接世代人名间的关系，而是纯用文字来表述这种关系。每个人名下都有一个相关的简介，如字、号、功名、官爵、生辰年月日、功绩等。牒记式的世系形式固定，次序分明，比较节约纸张。

以上四种世系表形式都各有特色，是民勤族谱中比较常见的几种世系表，但也有其它的变化，在记述家族世系表时，各家族可根据掌握材料的多少、家族成员的多少等灵活采用。总之，世系表要易看易懂、内容真实、层序分明，这才是最为重要的。

四、家训

一个家族为了维持必要的法制制度，就拟定一定的行为规范来约束家族中人，这便是家法家训的最早起源。家谱中记录了许多治家教子的名言警句，成为人们倾心企慕的治家良策，成为"修身""齐家"的典范。在家谱中有不少详记家训、家规等以资子孙遵行的。最为人称道的名训，如颜氏家训、朱子治家格言等，至今脍炙人口。家训之所以为世人所重，因其主旨乃推崇忠孝节义，教导礼仪廉耻。民勤人更多是把家训同堂号、家族渊源等联系起来，推敲凝炼，统一概括为四字，作为同一家族的图腾或是标志，代表渊源、家训、堂号，亦或是血脉标记，民勤人称"门勒字"。请书法高人裱描镂刻于街门正堂之上，以为神圣之事，成为民勤当地独特的文化现象。如杨氏家族的"清白传家"、李氏家族的"胜继陇西"、马氏家族的"伏波望族"、张氏家族的"百忍流芳"、王氏家族的"三槐世第"等等，都有一定的历史渊源和家族故事在其中，文韵悠长，让人不胜赞叹。可以这样说，看人家街门上的"门勒字"，就可以知晓这户人家的姓氏。

五、家传

家传，是用来记述家族中有名望、有功绩人的事迹的文体，是一种正式的传记。"传记"记述了一个人一生的功绩品德，从对国家、民族、社会的贡献，到对地方、

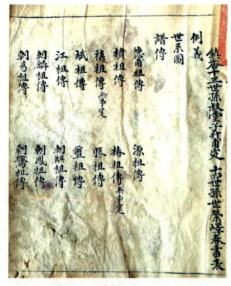

谱传目录

家族做的每一件业绩，以作为后人学习之榜样，并荣耀家族。

家传一般分为列传、内传和外传等。列传是记录家族中有功绩男子的传记；内传是记录家族中有品行女子的传记；外传是记录家族中已出嫁有品行女子的传记。传记中多配有画像或故事图画，让后代读起来倍感生动形象。家传之用词以真实平朴为重，最忌溢美之词。这也是评价一部"家传"水平高低与否的重要标准。

六、艺文著述

"谱乃一家之史"，其中少不了族人的艺文著述。到了明朝，此风更盛，内容更加丰富，涉及史学、文化、经济、宗教等许多领域，在形式上甚至堪与"经典史料"相媲美。

家谱中的艺文著述，在体例上一般称作艺文志、辞源集、文征集等。艺文著述以家族中名人所写的诗文著作为主要内容，也收集本族人与外人的书信来函，以及经籍、表策、碑文、书札等，有的还有版画、肖像画、版本作品、名家书法、歌曲等，从形式到内容十分丰富。

艺文著述是家族先人的心血结晶，其中大量的珍贵史料文献，有着非常珍贵的参考和欣赏价值。但是，由于艺文著述的种类、内容繁多，难免良莠不齐，需后人用心整理，方能使家族中的艺文精品得以流传和利用。

七、家谱图像

家谱之体现，能合书、图、史、表、志为一体者，它的利用价值就显得大些。家谱主要以文字内容为主，图片资料为副辅。将图片、照片纳入家谱的意义在于，为家族传承提高了一个最直接的环境背景，使家谱不再局限于文字记录，整体概念也变得鲜明而生动起来。主要包括：

老照片。家中存有的古老黑白照片、一家人的合照等，都有其历史价值，也是见证家谱

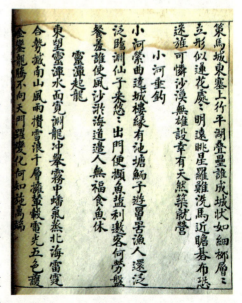

艺文

的最原始材料。

祖先图片（遗像、人物画、肖像画）。中国历代以来多有大量的人物画及肖像画，其中有大部分是为了纪念先人，或表达对圣贤亲人的追慕。也有些家谱将家族先人中显达之人画出其仪容，置于卷首，以求达到光大族望、启迪后人的目的，有些也刊载一些先人的手泽遗墨。

风水图（祠堂图、墓图）。祠堂是供奉先人的地方，在古代更是家族聚会之所，所以一般的家谱均有记载和刊载建物版图、描绘实状，有些更是附刊墓图，有些甚至详记地理方位。人们相信一个家族的兴衰和祖辈所居住、埋葬的地点有很深的关系，这些都蕴涵着丰富的“风水”内容，所以也被称为“风水图”。

故居（村庄图）。明清族谱中不但记述居址迁徙，很多富家所修的谱书中，还以精美的版图，印制出他们家族的庭院、楼阁、书斋、房舍等。

一部完整的家谱要包括谱名、谱序、凡例、谱论、图像、恩荣录、源流考、祖规守法、世系五服图、先世考、祠堂、传纪、族产、契据文约、坟茔、年谱、吉凶礼、艺文、名绩录、仕宦记、字辈谱、续后篇、领谱字号等多项内容。

新譜序
昔司馬遷好學深思作帝籙而修史記而著族譜者
往往宗焉誠以族有譜則祖德宗功所由識聖子賢
孫所由詳所由歷千百祀而莫之或易後世不察猥
以祖宗之譜牒視為具文東沉西擱不數傳而子孫
遺忘竟不知其何所自始視骨肉為路陌等彝倫為
弁髦是尚可以為家訓耶吾邑劉氏為河西巨族簪
纓繼美忠孝傳家世襲指揮使捐軀報國迄今三百
餘年其人皆忠厚肫誠流風未艾但世遠族繁而故
典湮没宗孫春元蔭芝公動追遠報本之心向余祈
文以補残闕余生也晚奚能識大家巨族之所自始

谱序

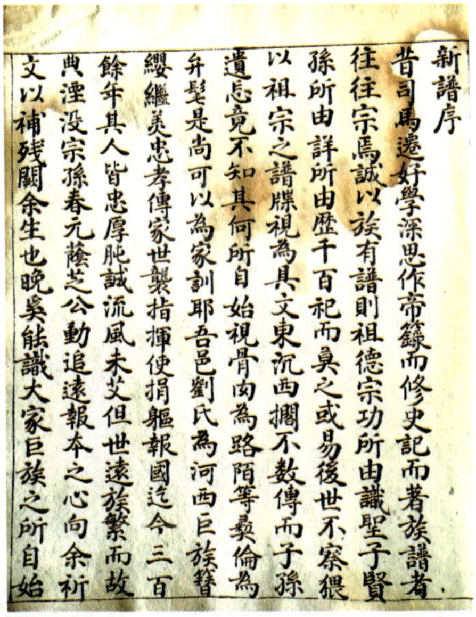

经过多年的演变革新，新时期各族新修家谱已远没有祖辈那么严谨和繁杂，内容也主要精简为三个部分。第一部分是世系图，若想知道谱中某人世系所承，属于何代、其父何人，一看此图便即了然。第二部分是家谱正文，是按世系图中所列各人的先后次序编定的，分别介绍各人的字号、父讳、行次、时代、官职、封爵、享年、卒日、谥号、姻配等，实际是人物小传。使人知其本源，而世系表也因此更加完整。第三部分为附录。对研究姓氏的源流、迁徙、分布、文化等都有较大价值。

需要特别说明的是民勤姓氏家谱中的字辈排行。字辈是中国人传承千年的重要取名形式，也是古代一种特别的“礼”制，一直延续到现代。字辈谱，又称昭穆、字派、行派、派序，即用以表明同宗亲家族世系血缘秩序的命名字辈序列。一般来说，字辈谱所选之字是由开基祖（始迁祖）定的，并被写入家谱，具有宗族的权威性，后裔子孙按照字辈谱取名，一辈一字，世次分明地传承下去。即使家族分迁，散居各

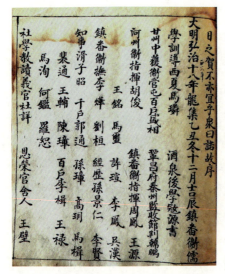

明弘治年间创修的刘氏宗谱

方，或年代久远，支派浩繁，世系庞杂，只要按字辈谱取名，就可保证同宗血脉的一气贯通，世系井然而不致紊乱。"字辈"就是一个人客观存在的血脉依据，也是民勤人姓氏家族延续的重要特点。续字辈、修族谱在民勤是一项极为严肃而浩繁的家族工程，以及在此基础上形成的吃本家会、修家族祠堂等地方习俗，很有文化内涵。实际上，续字辈的范围已经因为地理或者历史的原因，早就无法做到同姓统一，分割成了不同的几个族群。同姓不同宗，字辈也就显得各行其是，这也是没有办法的事。民勤人把同姓却字辈不同的情况叫做"不是一家"。至少在小范围内，人们力争做到了同姓人字辈遵循统一。还有些因特殊原因背井离乡、远走他乡的独门独户，好长一段时间脱离家族，成了无根无由的浮萍，现在交通通讯发达，大多都追根溯源，找到了自己的家族根源，认祖归宗了。

家谱像其他传家宝一样，都有秘不示人的规矩。先辈们遵循家谱 30 年一小修，60 年一大修的惯例。由于历史灾祸战乱等因素影响，很多家族古旧家谱损毁殆尽，给族谱修续造成了不可估量的损失和麻

民勤王氏宗谱开谱典礼

烦。尽管如此，家谱作为生活轨迹的记录，仍有不少古旧族谱被保存了下来。早期族谱大都是用老旧纸张，毛笔誊写的线装本，言辞简约，内容严谨，刊行考究，书法俊雅，不论从哪个方面讲，都是值得我们用心收藏的珍品缮本。现在的族谱大都变成了电脑排版的印刷字体，装帧样貌都带上了浓郁的工业气息，总让人觉得少了些厚重，多了些虚浮。不得不说，这既是时代的进步，同时也是民俗文化的遗失。

2022 年 7 月，民勤家谱编修习俗被公布为第五批武威市非物质文化遗产代表性项目。

（杨立中）

县 级

石羊河的传说

石羊河，古名谷水，发源于祁连山脉东段冷龙岭北侧的大雪山，全长250公里。全水系自东而西，流经河西走廊腹地，最后注入腾格里、巴丹吉林沙漠深处的白亭海和青土湖。石羊河是民勤的母亲河。不论是昨日大河汤汤，可耕可牧的塞上奥区，还是现在沙大风多，滴水滴金的干渴绿洲，民勤与水的关系从来就血肉相连，密不可分。或许正是民勤沧海桑田、大起大落的传奇变化，加深了民勤人对水的情感和甜蜜向往，赋予了民勤人民更多更富于想象的思想创造，衍生出一个又一个神秘感人的水故事，让人叹为观止。

说是有一年天气大旱，一冬无雪，三春无雨，庄稼无法下种，耕牛皮包骨头。沟头沟尾的庄

石羊河鸟瞰　李军摄

户人，奏请德高望重的县令带领一班水佬到祁连山脚下的龙王庙祈雨。十多天过去了，仍然是天上空有薄云，河里没来山水。这位视老百姓为衣食父母的县令心急如焚。一日，新月如钩，春寒料峭。县令横竖睡不着，便披衣来到龙王庙外，身随脚转，路随心转，来到了一片草木茂密的地方。忽见一只大白母羊，长角巍巍，雍容安详，腹下有三只可爱的小羊羔双膝跪地悠然地吮吸着甘甜乳汁，十分幸福和美。小羊羔吃得肚饱腹圆，放开乳头，欢奔戏闹，自得其乐，但母羊的乳汁却依旧喷涌不止，落在地上，叮咚有声。只见母羊回过头来，用母亲关爱孩子般的眼神看了一眼县令，便突然消失了。

县令十分惊奇，赶紧扑到母羊哺乳的地方，却什么也没有发现，只好做了标记，

怅然离去。

第二天清晨，县令带人来到做了标记的地方，挖出了一只白色大石羊和三只小石羊，与昨夜见到的一模一样。人们正在惊异之时，挖出石羊的土坑里突然叮咚作响，一泓清泉喷涌而出，紧接着周围的草地上，又有多处泉水叮咚涌出，汩汩清泉渐渐汇成浩浩荡荡的大河，石羊母子随水而化。县令恍然大悟，赶紧五体投地叩谢上苍，之后带领水佬分赴各乡引渠灌溉，开犁播种。从此，民勤大地河水丰盈，五谷丰登，人民富裕。这满河珍贵的泉水因石羊而生，人们便把这条大河叫作石羊河。

人们对美好事物的来源总是充满好奇和探索的愿望，并赋予更多的想象和热情。对于石羊河的得名，民间还有一个传说。传说早年间人们把祁连山称作南山，山上山下住着许多牧民和种地的庄户人，他们一起生活，勤俭忍让，俗朴风淳。山下一户姓石的人家，石匠手艺祖辈相传。遗憾的是人丁不旺，八代单传，唯有石福这一代生了两个儿子，老大叫金钻，老二叫银钻。石福一生为人诚实，手艺高强，教子有方。他家打的石磨，推出的面又白又细；他家制作的碾子，碾出的米没一粒碎的，也没一粒带壳的；他家打的手磨，磨出的麦索不粗不细，磨出的豆腐不软不硬，色正味香；他家雕的柱顶石，放进地基，顶起木柱，稳如泰山；他家雕的石狮，威风凛凛，活灵活现；他家雕的飞龙能腾云驾雾。由于手艺精湛，干活卖力，为人厚道，石福一家人赢得了左邻右舍的信任，生意兴隆，日子过得红红火火。正当金钻银钻血气方刚、手艺娴熟之时，父亲石福突然生病，卧床不起。尽管儿子请医抓药，一心想把父亲的病治好，可是石福的病情却日益恶化。他自知医治无效，就把一对儿子叫到身旁，再三叮嘱："你们兄弟俩已长大成人，记得为民造福，千万不能把咱家祖传的手艺丢掉，记得勤劳忍让，千万不能自私自利，为祸乡里。"老人连连叮嘱后，闭上两眼咽气了。料理完父亲的丧事，金钻、银钻请一位秀才把父亲的遗言写在一块石碑上，立在堂屋，每天叩拜，时刻提醒自己记在心头，落在手上。乡亲们都夸奖他俩说："石家风水好。后生一代比一代强，真是百里挑一呀！"每年庄稼一丰收，乡亲们就纷纷到石家门上，请他们去剥石磟、打石磨、雕石狮、刻龙鸟，哥俩真是应接不暇。

突然有一年，老天爷像是翻了脸，秋不下雨，冬不落雪，春天老刮风，夏天热死人。每到夏末秋初，庄稼入面结籽的紧要时候，还动不动落下核桃大的冰雹。平日里山上涓流不断的雪水也断了流，四方百姓眼巴巴看天望山，干急无奈。老人们说，这是老天爷在考验人心呢！南山腰的十几户牧民依仗山势，把仅有的一点雪水截留在自家的水池子里，浇灌草场。北原上的庄户人一看水源断绝，三五成群敲响龙王庙上的大钟，集合一起去跟牧民理论，希望能匀些水，救一救快要枯死的庄稼。关键时候就是考量人心的时候，牧民们见草场萎缩，天燥地热，早没了忍让的心思。庄稼就是庄户人的命，救庄稼就是救自己的命。关乎收成身家，救命的事不能救也得救。就那么一点雪水，僧多粥少，谁也不让步，怎么能分得太平？庄稼人的脾性，一言不合，打了起来。打架从来就不是解决问题的方法，坏事倒是肯定的。双方从山下打到山上，又从山上打到山下。有人见打不赢，索性豁了水坝，放火烧了山林。摔了罐子，谁也别想快活。大火烧了好几个月，难以扑灭，把林间的石羊和野兽都烧焦了。自此以后，火烧过的南山如铁石一般，水源断绝，寸草不生。山下大片草场变成了戈壁沙滩，牧民们只得引着几只乏瘦的牛羊，逐水草辗转游牧，居无定所。北原的庄户人眼看不能务农，不得不组织骆驼队背井离乡，长途贩运，谋求生计。石家门上也断了人迹。仓里无粮，谁还找石匠打磨制碾、建庄盖房呢？

金钻、银钻失业了，也只好跟随乡亲进南山淘金。兄弟俩来到一个叫双龙沟的地方居住下来。人们都说南山双龙沟的水是从深山老林里流出的两股神水，时分时合，因此叫"双龙"。这个名字，颇为神奇。乡亲们在泥里水里淘挖金砂，而金钻和银钻却心绪不定，整天发呆，吃不下，睡不稳。有天夜里，兄弟俩仰卧在双龙河畔，眼望苍天，月明星稀，耳听河水，声如雷吼。老大扯扯老二的衣角说："银弟，你听这河水的声音多大呀！这双龙河水不知流向何处？要是能流到山下田里该多好呀！"银钻翻了个身说："是呀！要是乡亲们有这条河，还跑到这里干啥！"金钻跟银弟合计："我们沿着双龙河看看，它究竟流向何处。"兄弟俩整理好行李就上路了。

双龙河左拐右转，绕过高山峻岭，穿过峡谷，忽而向西，忽而向东。兄弟俩沿着河道逢山过山，逢峡过峡，不知道绕过了多少座山，穿过了多少条峡。他们随河水来到一座大山前，便无路可走了。双龙河被大山挡住，形成一座偌大的海子。这山遮天蔽日，险峻异常，像是凭空被放到这儿，故意堵住山上雪水的。他们在海子边站定，抬头仰望大山，山头高耸入云霄，山腰云遮雾绕；看脚下的双龙河注入海子，天光云影，倒映其中，深不可测。恍惚间水中有一只石羊在晃动着身子，白爽爽的毛色，雄赳赳的盘角，锐利的角尖，高高的鼻梁骨，一双圆突突的眼睛，似卧非卧，似站非站，真真切切。老二吃惊地喊道："金哥快看，半山腰有一只石羊，像卧着，又像半站着。头上的双角，一圈圈儿地盘起来，露出的角尖锐利如刀，还闪着银光呢！"金哥看着水中倒映的石羊，他心里琢磨着："要是把这水引到家乡，该多美呀！可它偏偏让这光秃秃的大山拦住了。这山不知究竟有多高，有多宽，能不能打通。"他手摸着装在褡裢里的铁钻头，心里痒痒的。"银弟，我们想办法察看一下这山的情况，看看能不能钻通它。"金哥说。两兄弟向山上爬去，爬了三天三夜才爬了上去。站在山顶上向下看去，家乡的景物尽收眼底。原来山上的雪水都汇聚到这儿了。只要把这大山凿通，水就能一直流到山下的草场田地里了。兄弟俩说干就干，老二从山外边凿，老大从水面那边开钻，迎着银弟凿去。兄弟俩一干就是几个月。

有天夜里，老大和衣睡下，梦见一只石羊向自己走来，走到跟前说："金钻哥，你别那么费力气了，你帮我修好腿和角，我帮你把山顶个小眼，把双龙河的水引到你家的田里去！"金钻翻了翻眼说："我和银钻凿山，并不是为了我们自己。乡亲们这几年日子太难过了，我们是想把南山的雪水引到山下的田地里去。"石羊点点头说："我是天庭派到人间来司水的，我的两只神角，就是用来疏通河道的。上次村民们抢水，毁了水坝，毁了山林，我的一只角也被大火烧坏了。乡民们如果懂得忍让，山下的草场和田地根本就不会缺水。这山也是不存在的，这山就是存在人们心里的私心啊！"金钻从梦中醒来，天刚麻麻亮，看着半山腰的确有一只石羊，像梦中的一样，一只角毁坏了，他边看边回忆着石羊托梦之事。他端详半天，自言自语道："说不定，这真的是一只神羊呢！"他准备去找银弟，为石羊修补破损的角。这时，银钻手提斧凿，气喘吁吁跑来说："金哥，我这几天每天夜里都梦见一只石羊跟我说话。"金钻一听，银弟说的跟自己梦见的一样。于是，他俩花了好几天终于给石羊修好了角，石羊呼地跃起，用高高的鼻梁顶着金钻银钻说："金哥银弟，你们快回双龙沟，让乡亲们快回家吧！我尽快把这海子的水引到山外的地里。"说着，石羊扑通一声跳进水里，只见地动山摇，齐天大山从两边的凿口处开了一道口子，一股巨浪冲出山外。石羊在前头引路，它走到哪里，双龙河水跟到哪里。一直来到北边的沙原上，流进金银俩兄弟的田里，流到乡亲们的田里。石羊并没有停步，带着双龙河的水，一直向腾格里、巴丹吉林大沙漠走去，消失在厚厚的沙层底下，形成了一个方圆数百里的大湖。从山上下来的庄稼人又在家乡的沙原开荒造田，植树造林，防风固沙，打庄盖房，休养生息。水，日夜不停地流，浇灌着他们的田土庄稼。金钻、银钻凭着记忆雕刻了一只石羊，供在众人新修的龙王庙里，时时提醒人民不忘勤劳忍让的本性。从此，人们就给流出山外的双龙河，更名为石羊河。

民勤的故事就是水的故事。青土湖干了，白亭海没了，石羊河被空前发达的人类文明拦腰斩断，在她不再丰满的胸腹派生出纽扣般晶亮的大大小小的水库，当年水波浩荡、气象万千的石羊河已渐趋式微，但是每个民勤人的心里都有属于自己的石羊河的传说。看时光过去，岁月更迭，石羊河会永远在每个民勤人的心里日夜澎湃，青春不老……

（杨立中）

蔡旗堡的传说

民勤一直流传着这样的民谣："先有蔡旗堡，后有镇番城。"

在民勤县城西南约百里的地方，有座古城堡，名蔡旗堡。蔡旗堡古来就是兵家争战之地，为明、清时营所，驻重兵防守。是在原休屠王城和阔端太子行营的基础上，加宽加高加固，扩展而成，墙垣高厚，镶层板筑。同时，在四围约5000米的地方建有四座烽火台。堡内有公署衙门、仓、场、商铺和道观寺院、文武圣庙，一应俱全，规模较大，号为"镇番首堡"。蔡旗堡处于民勤、武威、永昌三县交界，素有"鸡叫三县明"的说法。

关于蔡旗堡的由来，当地流传着一个传说。据说很早以前，此地山水秀丽，草木丰茂，气候适宜，是一块种植庄稼、放牧牛羊的好场所。这就引来了许多中原的老百姓在这里开荒种地，安家立业，渐渐繁盛起来。那时候朝廷离得太远，鞭长莫及，因此，北地的匈奴常常到这里来侵袭，附近的土匪贼盗，也常常到这里来骚扰，害得人

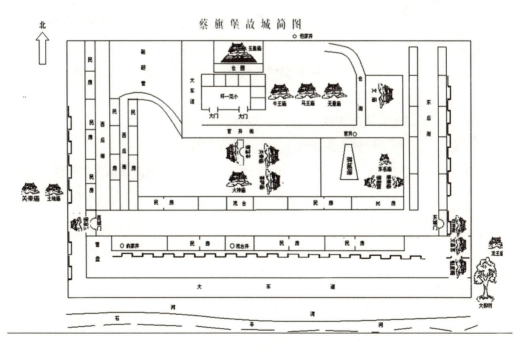

蔡旗堡故城图

们不得安生。

有一个姓蔡的后生，生得魁梧英俊，自幼练下了一身好武艺。他有心出来保卫自己的家乡，可惜只身一人，孤掌难鸣。敌人来了，还是没办法抵挡。他气愤不过，就备了一点盘缠，只身进京去搬兵。走呀！走呀！不知走了几天几月，吃尽了千辛万苦，好不容易走到京城。有一天皇帝上朝的时候，他冒着生命危险，闯进了金銮宝殿，差点叫御林军抓起来杀了头。幸亏有一位清正的大臣救下了他，问明情况，把他领到皇帝面前。皇帝问他干啥来了？他就把家乡遭受匈奴侵扰，百姓受苦受难，派他进京搬兵的事情说了一遍。皇帝听了，把他夸奖一番，封他为镇远将军，允许他就地招兵买马，镇守家乡。

姓蔡的后生回来以后，四处宣扬，得到了家乡老百姓的拥护。真是"插起招兵旗，就有吃粮人"，没过几天，就有好几百年轻小伙子报名当兵，很快立起了旗帜，成立了蔡旗军。老百姓不但筹集了军饷，而且自愿奉献，出人出力。很快又筑起了一座蔡旗堡，修了营房，让蔡旗军驻在里边，终日操练。

北地的匈奴王听到了，怕他们真的成了气候，就带领三千骑兵攻打蔡旗堡，想把蔡将军的队伍消灭干净。蔡将军率领他训练的八百蔡旗军，迎头痛击。蔡将军用兵得当，一马当先，武艺超群，八百壮士个个奋勇杀敌，终于把匈奴三千骑兵打得落花流水，丢盔弃甲，向北逃窜。蔡将军率领将士，直追到白亭海以北，方才凯旋。这一下，蔡将军威名远扬，附近的土匪贼盗闻风丧胆，一个也不敢冒犯。

蔡将军又在蔡旗城周围几十里的地方修了好几个烽火台，随时报警。在蔡旗城南门外修了一座蔡旗墩，把蔡字旗高高插在墩上。从此，这地方安静了好多年。

后来，蔡将军年老去世了，可蔡旗墩上的蔡字大旗永远插在上面，随风飘扬。这座城堡，就叫蔡旗堡，一直到现在。

蔡旗堡的传说主要流传于蔡旗镇，口口相传、代代流传了上千年。这既是蔡旗堡由来的传说，又寄托了民勤人热爱和平，向往安宁的愿望。

随着时间的推移，而今，蔡旗堡的传说已被人们淡忘，亟需加强保护传承。

（樊泽民）

红崖山的传说

　　红崖山，坐落于古丝绸之路重镇武威以北 60 公里处，距民勤县城 30 公里，海拔 1750 米，山色赤红，故名红崖山。红崖山的来历得名，自来众说纷纭。据谢树森（清末）、谢广恩（民国）编纂，民勤文化学者李玉寿整理校注的编年体方志《镇番遗事历鉴》"明代宗景泰四年（1453 年）癸酉"条目引述《奥区杂记》中的说法"红崖山有铁石，可冶铁"。意思是红崖山有可以冶炼铁的铁矿石，因而呈现出赤红色。那么这些赤红的铁石又从何而来呢？传说汉武帝时期，匈奴休屠王去世后，尸体用铁棺装殓，葬于城北。后来国家灭亡，铁棺化为一座山，山石皆为铁矿石，呈现赤红颜色。还有一种说法是早些时候，这里水草丰茂，生活着月氏人的一支。他们安居乐业，耕牧自足。多年后，北方匈奴为争夺这片水草，与月氏人发生大战。月氏人为守护家乡倾族出战。由于强弱悬殊，月氏战败，妇孺皆丧，尸横遍野。匈奴人把月氏人的尸体投入水中，堆积如山。再后来，河水枯竭，河床日渐凸起，山岳般耸入云端，山体赤红，人们说那是生活在这片土地上的祖先用骨骼血肉幻化浸染成的。毋庸讳言，一百个人心中有一百个关于红崖山的传说，但是不得不说，对于民勤人而言，流传最广、最盛、最深入人心的还要数"红崖隐豹"的传说，"红崖隐豹"也被列为民勤古八景之一。

　　相传很早以前，民勤县城正南六十里有黑山、白山两座山，像两扇大门一样，左右相对。

　　白山的山坡下，有一个村庄，庄户人都靠种田打柴过日子。其中

红崖唱晚　姜爱平摄

有一个中年寡居的妇女，名叫红媛，专给人家接生和给小娃娃看病。遇到家境困难的人家，非但不要礼金，还要施医赠药。因此人人都敬重她，夸她是个好心肠的人。

有一天，她到白山上去拾柴火，忽然听到山崖后面像是有人"啊啊"地呻唤。她过去一看，几乎吓昏过去。原来山崖下有一个石洞，石洞前面的草滩上，躺着一只比牛犊还大的黑豹。呻唤的声音，正是从那只豹子的嘴里发出来的。红媛本来想逃走，可是两条腿直打哆嗦，浑身软得像棉花条一样，连一步也挪动不开，心想这下完了。停了半天，只见那只豹子并不起身，只是左磨右蹭，四只爪子乱抓，张嘴长嚎，像是很难受的样子。红媛忽然明白了，这只豹子像是要下小豹子了！她胆子一壮，腿也不抖了，随手拾一块石子，向豹子抛过去，那豹子不躲避，不发怒，反而向她不住点头，两眼滚出泪珠。红媛知道自己猜对了，就走到跟前去，用给人接生的手法，帮助母豹顺利产下小豹。红媛因为没带什么用品，只好脱下自己的一件单褂子，扯成两半，一半擦拭干净豹崽身上的污物，另一半包住豹崽，抱进洞去，安放到草窝里。红媛处理完，就离开了那个山洞，走了好远，还能望见那只母豹在洞口向她点头张望。

过了大约一月光景，一天早晨，红媛起身出门，猛然瞧见窗台上放着一个耀明锃光的东西。近前一看，原来是一只金镯，做工十分精致，像是刚从手上脱下似的。红媛大吃一惊，心想这么贵重的东西，从哪里来的呢？她向地上一看，只见窗根下一直到街门外，留着一对对圆坨坨形状的豹子脚印。心想必是那只豹子送来的谢礼，这么贵重的东西，让红媛心里慌慌的。她想起前几天邻居张大嫂因难产去世了，留下一个刚掉下炕的小娃娃，张大哥实在是没办法抓养。为这事，红媛非常不忍心，可也没法帮助他，现在既然有了这个宝物，就想拿去换些银钱，为乡亲们做点好事。主意打好，红媛第二天就只身进城，到一个银匠铺里去了。她刚把明晃晃的金镯拿出来，忽然柜台旁边窜过来一个黑脸大汉，一把拉住她，呲牙咧嘴地大喊："好啊！杀人劫财的凶手原来是你！"不容分说，就把她拉到县衙大堂。

县官一听逮住了杀人凶手，立刻坐堂审问，县官一拍惊堂木："大胆刁妇，图财害命，还敢公然销赃，快把你杀人劫财的经过从实招来！"

红媛哪里见过这样的阵势，早已吓得浑身打颤，只得把金镯怎么来的如实说了一遍。县官哪里肯信："完全是胡编乱造。来呀！大刑侍候！"衙役们应了一声，板子、夹棍一齐上，把红媛折磨得死去活来。诬告她的那个黑脸大汉对她低声说："那天我们少奶奶从河东路过，你拦路杀人，抢去金镯，还想抵赖不成？我说你还是招认了，免得挨打受刑。"红媛实在受刑不过，只得承认杀人劫财。县官取了口供，吩咐押入死牢，定案上报。

红媛屈打成招的消息传到白山脚下，乡亲们不约而同地赶到县城，在衙门口齐声喊冤："红媛是好人，她绝不是杀人凶手，我们愿意拿性命担保！"县官哪里理这个茬儿，派衙役用棍棒把喊冤的乡亲赶出衙门。一连三天见不上县官的鬼面，乡亲们只好哭着回去了。

处决红嫒的期限到了，县官把红嫒提到堂口，验明正身，亲口问："红嫒，我知道杀人的另有其人，收了别人的银子，我也没办法，认命吧！上路的时间到了，你还有什么说的？"红嫒说："我是冤枉的，我的罪名完全是你们给我硬栽上的。现在，我只要求你把我拉到白山上，叫我看看生我养我的地方，叫我看看众乡亲。我死后，我的血会喷溅三丈，染红白山。"县官冷笑一声："我答应你！我倒要看看，你的血怎么个喷法。"

他们押解红嫒到白山坡上，乡亲们扶老携幼，含泪悲啼，相互簇拥着上山来祭奠红嫒。县官怕人多出事，午时还不到，就传令开刀问斩。只见刽子手钢刀过处，红嫒腔子里喷射出鲜红的血液，一直喷到最高处的山崖上，山崖上一派红光，耀得人睁不开眼睛。就在这时候，忽然就地刮起一股狂风，接着吼声如雷，山摇地动。从崖上跳下一只牛犊般大小的豹子，扑到人群当中，一口就把县官的脑袋咬掉，回头又把黑脸大汉和几个刽子手一齐咬死，然后前爪扑地，趴在红嫒的尸首前面，长嚎了几声，跳上山崖没了踪迹。

事后，乡亲们把红嫒的尸体装入棺材，吹吹打打，葬在白山脚下。白山的山头从此变成赤红赤红的颜色，鲜艳夺目。人们就把白山改名为红崖山。

红崖山水库鸟瞰　李军摄

"红崖隐豹"也由此成为民勤古八景之一。多少年过去了，山壁依然血红。据说，有奸人作恶或好人蒙难时，山顶都会隐隐现出黑豹，惩恶扬善，庇佑一方安宁。

1958年，这里建成了亚洲最大的人工沙漠水库——红崖山水库，也是民勤县唯一的水利调蓄工程，被世人誉为"瀚海明珠"。对于民勤来说，红崖山不仅仅是一座山，水库也不仅仅是一洼水，它是民勤人民抗击风沙、维系生存的根本依仗，是民勤人的精神筋骨和文化魂魄，也是民勤人千百年来的生活信仰和精神庇佑。

（杨立中）

镇国塔的传说

民勤县城西门处有座塔，远远看去，像一位魁梧雄伟的将军，把守着西门，人们称之为"镇国塔"。其来历，有一个神话传说。

镇国塔　李军摄

早年西门外很荒凉，出门向西走不远，便是边墙——古长城。长城内外，不仅是沙丘盘踞之地，而且也是土匪强盗出没的场所。每每刮起大风，天昏地暗，吼声震地，飞沙走石，好端端的古长城被吹打成残垣断壁。散兵败将，钻进沙窝，昼伏夜出，与土匪强盗狼狈为奸，偷盗抢劫，杀人放火，闹得人心惶惶，不得安宁。

每天太阳一落，城门关闭，大街小巷，店门上锁，户门上闩。不仅平民百姓这样，就连县太爷也提心吊胆。

有一天，天刚麻麻亮，县太爷就慌忙起床，召集衙内官员、地方绅士，惶恐不安地说："昨夜，老天爷托梦于我，说是从今夜起，要刮七天七夜狂风，盘踞边外的黄龙要吞没县城。伴随黄龙来的还有土匪强盗。今早，把大家请来，就是商量如何阻龙防盗……"

大家惊恐不安，七嘴八舌议论起来。有的说沙是黄龙，不治不行；有的则说沙是黄龙，越治越凶；有的悲观丧气地等待束手就擒；有的主张杀猪宰羊，祈求老天保佑。众说纷纭，莫衷一是。县官一时竟拿不定主意。

正在县太爷左右为难之时，忽然闯进一位老人，禀报："昨夜有人向我托梦，从今夜起，老天爷要刮七天七夜大风，黄龙吞没城池，土匪强盗，行凶作恶……"

"你说的这些情况，我早知道了，用不着你再唠叨。"县太爷打断老者的话，"我们正在商量对策。你有良策，就献上来，若无，就快出去。"

"我有……我去……迎……"老人紧张口吃，话还没有说完，县官不耐烦了，他大吼一声："你胡言什么？你要迎接黄龙、强盗？好吧，今夜把你关在西门外，让你去迎接黄龙、强盗。"说完，命衙役把他推出门外。

这天，太阳一西沉，就被乌云吞没，天黑得格外早，西城门不仅关得早，而且顶得特别牢实。城楼增岗加哨，大街设立道道人墙。

早上被县官赶出去的那位老人来到西门外，一边溜达，一边想着昨夜梦境。天刚擦黑，他看没什么动静，打算歇息一会儿，再去巡夜。他来到挂铃的大沙枣树下，身靠一座新月形的沙丘，不觉迷糊过去，不一会儿，就进入梦境：他踩着软绵绵的沙地，艰难地向西走去，一直来到古长城边上，举步登上烽火台，向西瞭望动静，一旦发现可疑情况，就跑到大沙枣树下，敲铃示警。老人正准备攀登这唯一幸存的烽火台，忽然从台上走下一位彪形大汉，站在他的眼前。老人上下打量，这位汉子身披盔甲，腰挎宝剑，像是一位将军。他拦住老人说："老翁，你这么大年纪，深更半夜跑到这儿干啥？"

老人说："这些年来，西城门外不太安宁，县衙按户派夫，日日站岗，夜夜放哨。有些鳏寡孤独难以承担，我只好顶替他们，来这一带巡夜守更。"

"今夜西门外要出大事，你竟敢独自一人来登烽火台？"

"昨夜有一汉子，就在此处托梦于我，说是黄龙吞城，坏人作乱，他前来力斩黄龙，赶走坏人，为城民解忧排难。我专程前来迎接这位大仙。"说罢，老人从上到下打量一番，心里暗想：此人莫不就是昨夜托梦于我的那位汉子？

"他不是什么大仙，而是普通一卒。本是吃着沙乡水长大，得知今夜黄龙吞没家乡城池，才从遥远的异乡星夜赶来，斩妖除怪，报效家乡父老……"说着，年轻汉子上前搀扶老翁。

"看来，你就是……"老翁确信无疑了。

"我是沙乡的一位平民。"青年汉子搀扶老翁向西城门走来，"我送你进城安睡，替你巡夜守更。"

"城门早顶上了。"说着，老翁同他一起来到大沙枣树下，倾诉乡情。

说话间，树动铃响，老人从梦中惊醒。睁眼一看，果然有一位将军模样的人坐在自己身旁。他看黄龙伴随风神向西城门扑来，忙把老人推到树旁，说："你依树躲避，千万别动。"然后抽出宝刀，向黄龙出击。黄龙向将军挑战。一会儿扑上，一会儿扑下。将军挥舞宝刀，忽上忽下，劈斩砍杀。双方缠斗，难分胜负。

老人躲在沙枣树旁，目光随着刀光剑影移动着，看得双眼发麻。一阵狂风吹来，一股沙浪冲入他的眼中。他揉眼窝时，忽听一声巨响，把他震晕过去，倒在树下，不省人事。在昏迷中，还听到杀声震天，喊声动地。

过了许久，老人仍昏迷不醒，只是隐约听见有人说话："黄龙已被斩断，它的前半截向北飞去，后半截留在长城之外。我要永远守在西城门外，为全城父老巡夜守更。"

老人起身一看，身边出现一座高塔，挂在沙枣树枝上的风铃，也飞到塔角，正随微风摆动，发出清脆悦耳的声音。

老人踩着风铃节奏，便去打鼓。"咚咚"鼓声，向城里报捷。

在城楼上站岗的兵卒眼看大风渐弱，平安无事，便命令守门人打开城门，把老人迎进城内。

老人将昨夜的所见所闻，一五一十地报告众人。城民一听，冲城而出，抬头一看，一座巨塔拔地而起，颇像一位将军，便异口同声地说："这是镇国将军守护家乡来了。"

原来，城里有一位武艺高强的青年，从军上疆场，为国捐躯，名声大振，朝廷封他为镇国将军。

人们都说这塔就是镇国将军的化身，便命名为"镇国塔"。

自此，黄龙静卧，匪贼胆怯，西城门日夜大开，店铺从不失盗，家家夜不闭户，城民不再巡夜守更。人们在镇国将军血染的沙场上，耕田务农，繁衍生息，安居乐业。

（樊泽民）

莱菔山的传说

　　民勤西边的沙漠中有座山，早先叫"来服山"，后来变成了"莱菔山"。"来服"二字为啥加草字头，说起其来历，还有一段神奇的传说。

　　此山处在风沙线上，大漠深处的狂风受到来服山的阻拦之后，沙尘沿山往上升腾，顷刻笼罩山头。当天刮起黑风时，远远看去，山头好似黑云萦绕；当天刮起黄风时，远远看去，好似黄云压山头。这些被当地乡民误为"云"，只看闲云飘动，却不见天落雨水，因而称其为"来服闲云"。

　　相传，八仙之一的韩湘子，去西天赴蟠桃宴会途中，在乌鞘岭上降服雪妖后，驾祥云继续西行，穿过险关古浪峡，飞过

莱菔闲云　　韩小军摄

凉州绿洲，抬头向北一看，一团黄云笼罩山头。他感到奇怪，这次西行途中，所到大山，大都飘着乌云，为啥此山升起的是黄云？为了探明情况，他驾祥云向这黄云笼罩的大山赶来。到跟前一看，原来是狂风吹起大漠中的沙尘，把山头笼罩。他钻入黄尘之中，向下细瞧，透过呛人的沙雾，看见这山光秃秃的，寻不到一草一木，再向山下的沙原看去，更是荒凉。韩湘子叹气道："这地方，天上无鸟，地下无草，实在太荒凉了。为啥这么荒凉呢？莫不是缺水之故？要不，就是风沙太大，草木难以生存，要是有抗风沙、耐干旱的草木该多好！"他一边西行，一边想着，为改变来服山的荒凉

面貌而绞尽脑汁。

胸中有愁事，吃喝也不香。尽管西天的蟠桃会热闹非凡，可韩湘子却忧心忡忡，面带愁容，他一直在想如何才能在那荒凉的山上耕云播雨，栽花育苗。

正在忧愁之际，不知谁把一颗桃核扔在了地上，发出吧嗒的声响。这一响动，把韩湘子提醒了。他暗暗思忖，要是那座光秃秃的沙山上能长出桃树来多好呀！想到这儿，他乘各路神仙大吃大喝之际，把他们扔在地上的桃核、樱桃籽拾起来，都装在自己口袋里。

西天盛宴收了场，韩湘子对铁拐李说："铁仙翁，请把你的宝葫芦借我用一下。"铁拐李紧抱胸前的宝葫芦，吃惊地问："韩仙，你借它干啥？""借它大有用场！"韩湘子如实地说出了自己的想法。

因为他们是一路仙兄仙弟，平日亲密无间，互帮互助，况且，韩仙又是为民谋利，铁拐李更不能推辞。爽快地从肩上解下一对宝葫芦，把一只交给韩湘子，并说："韩仙，你可千万不能小看它。用它可装神药，能治百病；用它可装神水，扑灭大火；用它可……"

韩湘子背着宝葫芦，来到碧波荡漾的天池，装上神水，驾起祥云，匆匆离开天宫，向那座荒凉沙山出发了。走了三天三夜，终于来到来服山上空。说来也巧，刚接近山头，一条黑色巨龙拔地而起，迅速旋转着，呼啸着，向韩湘子驾的祥云窜来，像是要吞没他似的。韩湘子暗自思忖，这是不是龙卷风恶魔？看来一定是这妖怪。西行途中碰到的是黄色妖龙，今天又是黑色妖魔。怪不得这一带天上无雨露，地上无草木，皆因这些妖魔行妖作怪。

黑色妖魔裹挟着草木、羊只、野兔而来，发出千奇百怪的声音，把所挟持之物忽儿抛向天空，忽儿扔在地上，有的向韩仙扔来。

韩湘子稳住祥云，看清黑色妖魔的来龙去脉，瞅准方向，打开宝葫芦的金塞，向黑妖头颅泼了一股神水。它顿时瘫痪在地，沙尘化作乌有，青石山顶堆起一堆堆黄黑沙丘。

韩湘子解开种子袋口，向下撒去，有的落在山上，有的落在沙原上。他又将宝葫芦的神水随种子洒去。这时，刮起一股不大不小的清风，沙随风走，给落地的种子盖上一床棉被。

没过几天，来服山长出了嫩绿的芽儿，沙原上的种子也顶破沙土，冒出了尖儿。又过了些日子，原来光秃秃的山头披上了绿装。遍地是繁花盛开的山核桃、绿叶红果的沙樱桃。

沙乡的百姓发现，来服山头有了绿色，都感到奇怪："是哪位神仙给光秃秃的来服山披上了绿装?"

这件事像长了翅膀，很快传到城里，当地文人墨客听后，个个惊叹不已，灵感迸发，有的填词，有的作诗。其中一个年龄最大的长者，提议在"来服"二字上加上草字头，大家一致赞成，从此，来服山变成了"莱菔山"。人们把"来服闲云"改为"莱菔闲云"，又称"莱菔仙云"，列为"镇番八景"之一。

现在，莱菔山一带还有韩湘子播种的仙草，随处可见开着小花的山核桃，还能吃到味美可口的沙樱桃。

（樊泽民）

双茨科的传说

民勤有个地方，叫双茨科。镇上有一对精美玲珑的木楼，一样高，一样大，一样好看。人们把这对小楼称为"姊妹楼"。

双茨科二分姊妹楼　樊泽民摄

这地方，因为四面被黄沙包围，所以就叫沙村。沙村的人把黄沙称为黄龙。这地方，一年一场风从春刮到冬。

居住在村里的百姓，眼看良田一天天被黄龙吞没，人人都很着急。青年人提出要整治整治黄沙，老人们却说，沙是黄龙，越治越穷。

有一年农历二月二，据说这天是龙抬头的日子。天一亮，狂风大作，齐天浊浪，从西滚滚而来。进入沙村后，旋转呼啸，掀掉房顶，拔掉树木，如一根顶天立地的黄柱，转动了三天三夜。卷入天空的人畜财物，有的落入本村地面，有的被刮得无影无踪。

全村百姓，死的死了，逃的逃了，只剩一户人家。这家四口人，老两口生有一对孪生姐妹。这双姑娘，聪明伶俐，活泼可爱，手脚勤快，样样能干。二月二的那场龙卷风，揭走她们家的茅草房顶，黄沙埋压了生病的父母，唯有姐妹俩幸免。因为她们钻在窖里，所以没被狂风刮走，也没让黄沙埋住。她们钻出窖外，跪在沙上，刨呀刨呀，终于把父母从黄沙里刨出来了。父亲咳嗽不止，母亲吐血不停，但人去村空，无医无药，眼看父母奄奄一息。

　　"你们姐妹，千万不要离开沙村。没吃的，就去西沙窝……"父母没把话说完，双双同时咽气。她们按父母生前的叮嘱，把他们埋在自家沙地头。可怜的小姐妹，趴在父母的坟上，哭得天昏地暗。

　　姐姐拉起哭得像泪人儿的妹妹，来到家里，举目无亲，不知该怎么办。姐妹面对灶老爷哭着说："爹娘没了，村里人跑掉了，土地全让沙压了，只剩下咱姐妹讨饭了。灶老爷，你可怜可怜我们吧！"

　　这时，忽听门响，姐妹转身一看，进来一位老太太，走到她俩眼前，拍着她们的肩膀说："小姐妹，今天刮的是东风，你们顺风向西沙窝里去，那儿有两墩青茨棵，正结上红果果，用手捋着它吃。吃饱肚子，再捋上两筐，提回家来熬着喝。"说罢，忽然不见了。

　　姐妹俩拭干泪水，各提一个芨芨筐子，按老太太的嘱咐出门向西走去。

　　沙路难走。她们踩着昨天西风刮到路上的新沙，深一脚，浅一脚，艰难地行走着。因风越来越大，她们借助风力，所以越走越快。

　　走了半晌，抬头望去，沙原上无一草一木，像黄色海洋翻着层层细浪。姐妹心里一阵阵苦楚，这么大的沙滩，上哪儿去寻那两墩茨棵呢？这时，老太太的声音又在姐妹俩耳边响起："因你们家姓沙，所以世代住在风沙线上。你姊妹一个叫沙樱，一个叫沙桃，合起来叫樱桃。你们今天去寻的就是沙漠樱桃。它是蟠桃核变成的。天上七仙女把王母娘娘的蟠桃核撒在人间，有两颗落在沙原，因为沙漠里缺水，棵儿才变得那么瘦小，味儿才变成又酸又甜……"

　　她们想起老太太的话，浑身又生了劲儿，咬紧牙关，走呀走呀，走了大半天，还不见沙漠樱桃。

　　正当她们疲倦不堪、难以抬腿的时候，又忽听老太太说道："去摘樱桃，不是那么容易的事儿，不吃苦，不流汗，是找不到那两墩茨棵的。"

　　姐妹互相鼓励，要吃苦中苦，要不怕流汗，一定要找到那两墩茨棵。她俩互相搀扶，走呀走呀，又走了好大一阵，实在走不动了。妹妹"扑通"一声栽倒了，姐姐急忙去搀，也顺势栽倒了。

　　这时，茫茫沙原上有两棵青茨，像有两辆木轮大车载着，一直来到小姐妹身旁，刷地停稳，一动不动。一棵，停在妹妹头前，一棵，停在姐姐身旁。

　　青漆似的秆儿，灰绿色的叶儿，枝头结满了一串串红艳艳的果子，颗颗像玛瑙，水灵灵的。那结满果的枝儿，向姐妹俩干裂的嘴唇移动，移到嘴边，轻轻晃动，一颗颗樱桃掉进小姐妹的嘴中，连掉几颗，小姐妹渐渐从昏迷中醒过来，抬起沉重的眼皮，一看眼前是串红果果，忽然，精神一振，倏地从沙地上坐起来，双手扶着果枝，看呀看呀，看不够，喜得眼睛成了一道缝儿。

姐妹俩说着，笑着，吃着，摘着。她们的肚子吃饱了，筐子装满了，而后双膝跪地，向这两墩茨棵磕了三个头，站起身来，转身要回家。

妹妹忙扯一把姐姐的衣襟，小声细气地说："姐姐，我想折两枝带回去，插到爹妈的坟上，让他们也尝尝这樱桃。"

姐姐觉得妹妹说得对，好不容易找到这两墩茨棵，如果能折两枝回去，插在二老的坟头，接上灵气，能成活该多好呀！

于是，姐妹又调回头，对双茨棵说："你们原谅我们吧！我们可怜的二老要是能尝到沙漠樱桃，也算尽到了我们女儿的一点孝心。"

两棵青茨同时点了点头。

姐妹俩各折一枝，举着它，高高兴兴地回家了，一直来到父母坟前，恭恭敬敬地插在坟顶，姐妹双膝跪倒，磕着头，流着泪，说："爹妈，你们尝尝咱们带来的樱桃吧！"

她们刚到家，风住了，天阴了，一阵响雷过后，老天爷下起了毛毛细雨。这喜雨连下了三天三夜。姐妹俩跑到坟前一看，两棵青茨突然长高了，变胖了。红果果落尽了，果枝上长出了新芽芽。她俩低头一瞧，坟地上冒出了一个个新芽儿，她们刨开一看，原来这新芽儿是从母籽上长出来的。

坟头的两棵青茨一天天长大，风刮来的沙，被它挡住了，沙越积越高，这两墩茨棵一个劲儿往上长，变成了一个个绿色的堡垒。这绿色碉堡从这坟前向四面扩展，形成了一条绿色长城，挡住了风，挡住了沙，保住了良田。

消息传到外逃乡亲们的耳朵里，他们听说家乡发生了可喜变化，一个个都返回沙乡，重建家园。

从此，人们把沙村起名叫"双茨棵"，常叫"双茨科"。为纪念这对姐妹，乡民们修了庙，庙旁筑起了两座木楼，称它们为"姊妹楼"。

（樊泽民）

泉山的传说

　　民勤县城东 60 里有片沙窝，人们叫"东沙窝"，沙窝里有座小山，跟苏武山遥遥相对。此山本无名字，相传有只狼犬刨出了泉水，后来就叫成了"狼刨泉山"。山泉边有株红柳，叫泉山柳，泉水流在哪里，哪里就长出红柳。于是，便出现了一片又一片的红柳林，像一座又一座园子，人们又把这地方叫红柳园。

　　早年，泉山一带并无庄园，山西山东是白花花的盐碱滩，山南山北是茫茫无际的沙原，碱滩上有零零星星

红柳园　　李军摄

的碱菜，沙原上有稀稀落落的沙生植物。山下有户人家，世世代代以牧羊为生。据说他家的羊就是当年苏武流传下来的，所以，母羊怀羔，母的多，公的少，双羔多，单羔少。俗话说，牛下双犊抵人呢，羊下双羔起群呢。母羊下母羔，三年一群羊。

　　羊只繁殖很快，人的生育却不景气。延续到羊倌这一代，只生了一子，而且生下不久就夭折了。妻子伤心过度，也去世了，只留下羊倌孑然一人。从此，这位牧羊人没有别的企望，一门心思经营着他的羊群。羊群每年都是百母百羔，连着几年，羊就超了千。这些羊全靠他和一只狼犬照管。

　　这只灰色狼犬忠于主人，白天跟羊倌放牧，不让一只羊离群。哪只调皮羊乱跑，它立即跟上前去，汪汪叫几声，向它发出警告。若再不归队，就会轻轻咬住羊的耳朵，或羊的角，拉回到群里。夜里担任着巡逻放哨任务，有什么响动它马上发出狂吠，不怀好意的人会闻之丧胆，休想接近羊圈。至于恶狼，更怕它三分，无论来多

少，它都能对付。

这位羊倌，生来一副慈善心肠，在他年老的时候，山下相继迁来几户人家，新来乍到，很不适应沙漠水土气候，羊只发展缓慢。老羊倌把他们视为亲人，经常帮助这些困难人家，教他们养羊经验，使他们的羊群一天天多起来，日子也越过越富裕了。

可惜好景不长。原来，山下的沙漠里有很多海子。沙漠里春天风多，夏日炎热，日久天长，有的海子蒸发干了，有的海子被黄沙埋压。羊倌们只好挖井取水，好在这儿地下水不深，有的地方挖半人深就出水，有的地方挖一人深水就很旺。他们用红柳编的漏斗提水，以供人畜饮用。到了后来，井水逐日下降，井里再也打不出水了。天上不下雨，山上也不来水。沙漠里无水，天上无鸟，地上无草。从外地迁到这里的人家又都迁走了，唯有这位老羊倌死活不愿离开这里。转眼到了夏天，不挂一丝儿云彩，火红的太阳把沙原烤得火烫。

羊倌带着狼犬，赶着羊群，上了小山，想给羊找个避身之处，躲躲烈日。他来到一座不高的山崖前，这里有株红柳，在骄阳下矗立，火红的柳枝，把嫩叶衬得更加翠绿，那枝头开放的粉红色花朵蓬蓬松松，很是好看。

被烈日晒得晕头转向的羊儿一见潮湿的山崖，就跑去把红柳连枝带叶吃了个精光。吃过了红柳枝叶的羊只，个个欢蹦乱跳，老羊倌却感到很是心痛。他对红柳早就有了深厚的感情，一次狂风把他吹到山崖前，手抓住一株红柳，才没让龙卷风卷走。清醒过来，这株红柳变成了他手中永不丢弃的拐杖。从此，他常到山崖前看看，盼望从根上长出新枝。今天盼到了，却被羊吃光了，好不惋惜。他用红柳拐杖把羊群撵到另一面背阴的山崖下。待羊卧定，他便带着狼犬向山崖走去。他一路走一路琢磨：好多日子没下雨，天又这么热，山下的沙生植物都晒死了，而山上的这株红柳为啥长得这么旺？是不是生在水源头？想着想着，来到崖前，用手中的红柳拐杖捣一捣柳根，又"扑通"一声跪下，伸手沿着柳根刨去。刨呀刨呀，双手磨掉了一层皮儿，指尖磨破了，流出了殷红的血，十指跟那羊吃的柳枝一样红。多日饮水不足，使他的身子骨也变得十分虚弱，加上一连几天干活，体力实在难以支持，几次昏迷过去又醒过来，但最后一次却再也没有苏醒。他手拿红柳拐杖，躺在崖边，一动不动。羊儿似乎懂得主人的境遇，都跑过来，对着他的耳朵"咩咩"地叫个不停。可不论怎样叫，还是没把它的主人叫醒。狼犬对着主人耳朵"汪汪"号叫，可主人还是木然不动。

这狼犬有灵性，它仿佛意识到主人是因缺水而昏迷，便顺着主人刨的坑道，用前爪刨起来。刨了三天三夜，它也感到力不从心，难以支撑，倒在了崖边。就在这时，从坑道里"嘟"地冒出了一股清凉的泉水。这时，羊只死了，狼犬死了，它们的主人也死了。可那叮咚作响的山泉，却流下了山冈，流进了沙漠，使死寂的沙漠复苏了。夏去秋来，秋去冬来，这山泉从不结冰，冒着热气儿，滔滔奔腾，滋润干渴的沙原。转眼到了春天，老羊倌手中的红柳拐杖竟扎下了根，抽出了枝，杆儿变得更红，叶儿长得更绿，不久就开出了粉红色的花朵。花朵开了又败，败了又开，花籽随水漂去，撒遍了沙原。就这样，过了一冬又一冬，过了一春又一春，凡是泉水浇过的沙原，都会冒出红红的芽儿，长成红红的杆儿，抽出绿绿的叶儿，最后又开出了粉红色的花儿。茫茫的沙原变成了一片又一片火红的海洋。

走南闯北的驼户路过此地，发现了沙漠奇景，他们到处讲述，原来从这里迁走的羊倌听到消息，纷纷把家搬回来了。他们到山泉边一看，心想一定是老羊倌和狼犬一起在山崖刨出了山泉。

饮水思源，吃到这甘甜的泉水，怎能忘记老羊倌和他的狼犬。于是大家在山上埋葬了老羊倌和狼犬，并修起了庙宇，在泉边立了碑，刻上羊倌的事迹，还用一块大石头雕刻了狼犬，让它日夜守在泉边。从此，人们就把这眼泉叫"狼刨泉"，把这座山叫"狼刨泉山"，又名"泉山"，还把泉山的红柳视为神柳，把它叫"泉山柳"，把长着茂盛红柳的沙原命名为"红柳园"。

未至其地，先闻其名。每个地名都有其来历，地名是一个地方自然、历史、人文的活化石。民勤的地名丰富多彩，来历各异，妙趣横生，传承着民勤悠久沧桑的历史和多样性的灿烂文化。有许多如"泉山"这样"大名鼎鼎"的地名，都有民间传说，或神奇，或悲怆，亦真亦幻，感人动人，流传久远，记载了一方历史，积淀着一方文化，需要我们积极挖掘、研究，保护、传承。

（樊泽民）

连城的传说

连古城遗址位于民勤县泉山镇西北 12.5 公里的荒漠沙海中，距县城 42 公里。因有东西两座城址相连而得名。老人们说，有文明遗存的地方都有故事。据传，民勤北面柳林湖一带就是唐时的沙陀国，连城就是李靖王的王都。又说连城还是一个"鬼城"，每当风大沙狂之夜，如有人误入其中，再也别想出来。

连城遗址　李军摄

传说连城城门位置藏有一个硕大的金碌子，是当年李靖王存储的军饷。据当地人说，月上枝头或是烈日当空时，还有人看见过那只几个人合抱不住的金碌子在沙海废墟里熠熠发光，照亮好大一片地方。谁想据为己有，是万万不行的。有一次，一个附近的农民打柴从连城经过，无意间发现了金碌子。他万般惊喜，就用镢头砍下了碌子的一个棱角。在回家的路上，农民不时从衣袋里摸出那块拳头大小的金子观赏。看着看着，他愈来愈后悔自己不该只砍这么小小的一块，应该多砍点才是，或者干脆把那个金碌子弄回家里去。于是，他急忙返回连城，可是，找来找去，再也找不到那个金碌子。他气得一跺脚，不料装在衣袋里的那块金子蹦了出来，一晃眼，也不见了。农民哭喊着用镢头在那里刨啊刨啊，刨了好几尺深，仍然不见金子的影子。后来人们说，李靖王的金子是专门救穷的，如果贪心不足，那就穷死也得不着。

连城西南面有残留的一段城墙，老人们说那是一条白蛇，是李靖王的魂灵所化。一旦边疆不宁，干戈兴起，白蛇就会从地下腾空而起，庇佑乡民。

连城一带，大侠任毛头最为有名，尚武知义，以勇猛闻于乡里。任毛头系清末柳林湖人，祖上数代，皆习武功。毛头幼承父教，武艺日益精进。二十多岁就已名闻千里之外。据说任毛头大半生都为北上包绥的驼队做保镖。那时候，北面驼路常有强人出没，驼队不时遭到洗劫。武艺不甚高强的人，多不敢担任北路驼队保镖。自从任毛头来往于北路沙漠以来，情况发生了很大变化。强悍的盗匪几经与任毛头交锋，无不惨败。据年长的人说，有一次，一伙强人不知任毛头的厉害，半道上截住驼队，要以驼运的财货为押，与驼镖单挑比试。他们先请任毛头来到一个"查赤"房子里，摆下酒肉，用匕首戳肉往毛头嘴里送，企图趁其不备捅死他。没想到任毛头口衔刀肉，只听"嚓"的一声，刀尖被咬断。随即将肉吞进肚里，将刀尖"嗖"地吹出，剁在屋檩上。这一手惊傻了强人，连忙伏地求饶，拜认师傅。自此以后，北路盗匪一听是任毛头保镖的驼队，便远远避开。其他驼队也常假以任毛头威名走货。每个驼队的头驼身上都插一面写有"北路任大侠保镖"的黄色旗子。沙盗们摸不清真假，始终不敢轻举妄动。

清末时期，连城城南有个叫杨桩儿的人，聪明伶俐。有一年赴京赶考，因盘资亏绌，耽搁了时间，误了考期。无奈，便乞讨进京，期望能谋找个小差事，图个长远生计。为了能度日活命，他在一家酒馆做了杂役。有一个被称为七王爷的主儿常来这酒馆里吃喝。一来二去，七王爷发现经常来伺候他酒饭的这个杨桩儿，虽身为贱仆，但出言不俗，聪明机灵，甚合心意。于是，他出钱将杨桩儿买了出来，收入王府，为自己当差。八国联军打进北京，君臣纷纷逃离京城，出走西安。王府主仆一个个夺门奔命，不知所去。杨桩儿没有见着七王爷回府，不愿擅自离去。后来得到七王爷出走的消息，他便穿戴上王爷朝服，拿好王爷的印信，带足银两，骑上王爷的高头大马，一股旋风似的冲出北京城，扬马来到山东，便以王爷身份闯州入县，惩治贪官，解救民苦，做了一路的好事。他到了山东省府，被巡抚大人识破，设计将他捕拿入狱。待王府人员转返北京之后，巡抚将此事呈报七王爷。七王爷令山东省府将人犯解送至京。到了半途杨桩儿趁人不备，从马上滚下来钻入树林，避开了差役的追捕，取小道转入绥远、包头，后来又逃到了新疆，下落不明。

多少年过去了，当年喧嚣一时的连城已经在时间的长河里风化成了一地荒沙。

1963年2月11日，连古城遗址被甘肃省人民委员会公布为省级文物保护单位，1981年9月10日，被甘肃省人民政府再次公布为省级文物保护单位。

（杨立中）

枪杆岭的传说

　　民勤县城东北 90 公里处，有山名曰枪杆岭，古称"金牛山"。登上山顶眺望，东南有一条横亘的山脉与之相对，当地人管这儿叫"上山"，对面的山自然为"下山"。"下山"上曾经有庙宇、喷泉和苍郁的树林。明永乐四年（1406 年），邑绅王甫等捐资三千贯，于枪杆岭山筑"凤来""龙堆""浴泉""沐风"四亭，并凿盘石一方，镌有四字，曰"法界十方"。邑人杨大烈《镇番宜土人情略记》中载："巨石若盘，高一丈四尺，宽八尺有奇，重六千六百六十六斤。"当然，这方盘石，现在已不知所踪，山下的柳林湖也仙踪不在了。《镇番遗事历鉴》记载明英宗正统十四年（1449 年），枪杆岭生新泉，水涌而出，击石波下，数里可闻叮咚之声。清康熙十三年（1674 年），枪杆岭山倏生一泉，岩间泻下，行三四里汇为一潭，清鉴毫发，气象诱人。乾隆十六年（1751 年），枪杆岭山遽生新泉，泉水喷涌，数里可闻。泉是沙漠的眼睛。沙漠中有泉，实在让人赞叹天工自然、造化神奇，一饮一啄，莫不相辅相成。汩汩不息的泉水，跌宕而下，还滋生出一片芦苇荡，清清荡荡，苇草依依，飞鸟翔集。不知道有多少人仰视过枪杆岭霸气威武的名字，它究竟从何而来？老人们告诉我们，它的名称与消失的青土湖息息相关，与一位北国大侠紧紧相连，听来让人唏嘘不已。

　　传说当年青土湖有金水牛的事，传到了一个外国传教士的耳朵里。这个洋教士神通广大，法术超群，可就是不行正道，贪婪成性，只要听到哪里有奇珍异宝，总是千方百计地想弄到手。他派了两个武艺出众的徒弟，打扮成老百姓的模样，趁金水牛出水的时候，下到湖里捞出这件宝贝，连夜向北飞逃。

　　正当他们打捞金水牛的时候，叽叽喳喳的洋话鸟语惊动了岸边居住的一位老农民。他跑到湖边看到这情景，大吃了一惊，知道大事不好，就连夜跑去告诉当地有名的武师任毛头。任毛头一听，顿时火冒三丈，操起一把单刀、一根五尺棍，带了一个徒弟，连夜向北追来。一直追了三天三夜，才把两个歹徒追上，经过一场恶战，终于打败了两个强贼，夺回了金水牛。

　　金水牛可是乡亲们的宝贝，为了安全起见，大家在离湖岸不远的北崖山上修了一座金牛祠，祠内凿了一个石匣，把金牛藏在里面，只留牛头在外，牛嘴直冲湖口，让它继续喷水。石匣上竖立着一根神枪，这神枪，可非同小可，一到晚上，就会大放神光，若有人触动石匣，神枪就会戛然发声。任毛头还派徒弟轮流看守，一有响动，立刻撞钟报警，附近的弟子都会前去金牛祠，击退那些敢于来犯的强贼。但那位洋教士一直不肯善罢甘休，不断派遣武士前来偷盗，前后一共九次，都因为神枪发声，报警及时才没有得逞，反而折了三四个高手。后来经过秘密策划，洋教士派一个大力士在东湖镇摆了一个擂台，公开扬言，要和任毛头比个高低。这个大力士，力大如牛，武艺非凡，三天之内，把好几位武林英雄都击败了，任毛头的徒弟也不能取胜，大家请求任毛头出面惩治那个狂妄之徒。任毛头出于一时的义愤，答应亲自出马，谁知这正中了洋教士的诡计。就在任毛头和大力士打得难解难分之际，洋教士却带着一个法师偷偷地窜到北崖山上，缚住守祠的和尚，推倒金水祠，闭住神枪的毫光，砸开石匣，拽出金水牛，连夜向北地逃走了。

当任毛头得知金水牛再次被盗，不由悲愤交加。立即带足干粮，带领一众徒弟起身向北路追赶。每条小道，挨个搜遍羊房井头，追了七八天，一直追到与外国交界的地方，还是没有踪影。任毛头一时肝气淤结，再加上昼夜兼程，累坏了身体，终于一病不起，不久含恨而逝。北崖山上，金牛祠虽然倒了，可那根神枪还突兀地立在北崖山上，老远就可以望见，人们就把北崖山改称"枪杆岭"。这个名字一直沿用到现在，青土湖由于没有金水牛喷水，渐渐干涸，竟成了一片荒沙，只留下一地惨白的鱼骨，还有一个神枪金牛的故事，世代相传。

时至今日，那杆神枪早已在某个不知名的夜里不翼而飞。21世纪初，一些热心高义的人士捐资重建法幢寺。农历四月八，山上都要举行庙会。数千上万的群众，沿着沙丘间曲曲折折的小路，涌向枪杆岭山，或摆摊设点做点小买卖，或求神问佛虔诚跪拜，或游山、或看戏，或赶这一场热闹，谁能说这不是一种文化和精神的自觉呢？

（杨立中）

青土湖的传说

青土湖距民勤县城向北约 180 里，原名潴野泽，后称白亭海。《尚书·禹贡》和《水经注》均有记载，称潴野泽碧波万顷，水天一色。民间相传大禹治水，到潴野泽方告功成。潴野泽是《尚书·禹贡》记载的 11 个大湖之一，水域面积不小于 1.6 万平方公里，是一个最大水深超过 60 米的巨大淡水湖泊，后来一分为二，其中西面的叫西海，也叫休屠泽，民国时期改名为青土湖。青土湖碧波荡漾 4000 多平方公里，水域面积仅次于青海湖。

20 世纪 50 年代初，青土湖面积也有 100 多平方公里，是民勤绿洲最大的一个湖泊。后因地表水急剧减少，地下水位大

青土湖里打鱼人　约摄于 1943 年

幅下降，1959 年前后完全干涸沙化，成为巴丹吉林和腾格里沙漠的一部分。曾经粼光波影，水鸟争鸣的汤汤大湖，只剩得一片荒漠，一道秃岭，一地鱼骨，一滩盐碱。但

1959 年的青土湖

是，关于青土湖的传说却和她曾经美丽多舛的过往一样，历久弥新，令人神往。

传说青土湖早年有金水牛潜伏于水下，每当风清月朗的夜晚，湖里就会哗啦啦掀起一股浪头，浪头过处，一头金光闪闪的水牛显现而出，两眼射出寒光，直冲天空。口里不断喷出白花花、亮晶晶的水柱，向四面八方散射开来，霞光万道，蔚为奇观。因为有了这头金水牛，青土湖的水位，一天天增加，湖中芦苇密布，水鸟翔集，鱼虾成群，湖畔良田千顷，粮米无算，物阜民丰。即使时逢天年干旱，青土湖周围也水汽蒸腾，时雨不断，五谷丰登。当地人说，湖中金牛是当年镇守民勤的李靖王留下的镇湖之宝，庇佑乡亲们风调雨顺，安居乐业的福星宝贝。

金水牛的名气传到了一个外国传教士的耳朵里。这个洋教士贪婪成性，哪里有奇珍异宝，总要千方百计地弄到手才甘心。他派了两个武艺出众的徒弟，打扮成老百姓模样，从北地悄悄窜到青土湖，趁金水牛出水的时候，进湖捞出这件宝贝，连夜向北飞逃。

贼人打捞金水牛的响动惊动了湖边居住的一位老农民，他连夜跑去将这事报告给当地有名的武师任毛头。任毛头一听，直横不说，操起一把单刀、一条五尺棍，带一徒弟，直追不歇气。追啊！追啊！一直追了三天三夜，才把两个歹徒追上。经过一番恶战，终于打败了两个强贼，夺回了金水牛。

任毛头把金水牛抱回来，想来想去，觉得放在湖里太不牢靠，于是在湖岸北崖山上的寺院里修了一座金牛祠。祠内凿了一个石匣，把金牛藏在里面，只留牛头在外，牛嘴直冲湖口，让它继续喷水。石匣上竖立一根神枪。这神枪非同小可，一到晚上，就会大放灵光。若有人触动石匣，神枪就会戛然发声。不用说，这自然是一件镇寺之宝。任毛头还派徒弟轮流看守，一有动静，立刻撞钟报警。

那个洋教士依然不肯善于罢休，派武士不断前来北崖山偷盗。前后一共九次，都因为神枪发声报警而没有得逞，反而折了三四个高手。后来经过密谋策划，派一个大力士在东湖镇摆了一个擂台，公开扬言，要和任毛头比个高低。这个大力士，果然力大如牛，武艺非凡，三天之内，把好几位武林英雄都击败了，任毛头的徒弟也不能取胜。大家撺掇任毛头出面惩治那个狂妄之徒，任毛头出于一时的义愤，答应亲自出马，谁知这正中了洋教士的诡计。那一天，任毛头来到擂台下，只见那个大力士在台上趾高气扬地说："敝人到贵地摆擂台，以武会友，今已三日，还没遇见一个像样的对手。听说贵地有一位任大侠，英雄盖世，高徒如林，怎么也不来较量较量？岂非徒有虚名，不敢露面不成？"任毛头听了，不由得七窍生烟。乡亲们都在旁边极力撺掇。任毛头脱掉外衣，一跃登台，通报姓名之后，相对扑打起来。

这时候，三大渠的乡亲们都来为任毛头助威。任毛头的徒弟和远近武林英雄也几乎全拥到台下，真是人山人海，把会场围了个水泄不通。

就在任毛头和大力士打得难解难分之际，洋教士却带着一个法师偷偷地窜到北崖山上，缚住守祠的和尚，推倒金牛祠。闭住神枪的灵光，砸开石匣，抱出金水牛，向北地逃走。

寺院里还有一个打杂做饭的和尚，平素住在金牛祠旁的小阁楼里，那天因为患了感冒，睡在阁楼上养病。把洋牧师毁祠偷宝的情景，一一看在眼里。等这伙强盗走后，急忙忍着病痛，一口气跑到东湖镇擂台下报信。

擂台上，任毛头和大力士走了几十个回合，任凭大力士使出多少阴招绝招，都被任毛头轻松地化解了。逗得大力士气急败坏，哇哇直叫。台下观众，一齐哈哈大笑。这时候，忽见一个和尚气喘吁吁地挤进人群，跑到台下大喊道："任师傅，不好了！金牛祠让人推倒了！金水牛被人偷走了！"

"啊！"任毛头心里明白，"这下上了人家的当了！"他双目圆睁，满腔燃起了熊熊烈火，运足神力，一掌向大力士拍去。大力士听到和尚喊声，知道大事已成，不由心里一阵高兴，就在他稍一愣神的当儿，那一掌正好拍到他的小腹之上。大力士一声"哇呀"还没顾上喊出来，他的身躯就像风车儿似的，几个跟头栽到台下，掼得一口恶血，咕嘟嘟冒了出来，眼见活不成了。

任毛头从台上一跃而下，带领徒弟直奔北崖山。看到祠倒匣毁，金水牛杳然无踪的情景，不由悲愤交加。他对徒弟们说："我们没有识破这伙强贼的诡计，造成这个弥天大恨，这是我们的奇耻大辱。现在我们分头回家，带足干粮，连夜起身向北路追赶，誓死要把金水牛追回来。"

.2016 年的青土湖　李军摄

任毛头带着徒弟，向北路的各个小道，每个井头，分头紧追。一直追了七八天，最后聚集到和外国交界的地方，还是没有贼人踪影。原来那洋教士这回是做了周密的安排，来的时候骑的是走驼，在沙窝里来去如飞，日行八百，他们当然追赶不上。任毛头一则由于肝气淤结，再则昼夜兼程，累坏了身体，在回家的路上，就患了重病。徒弟们把他扶帮到家里，终于一病不起。这位北国大侠，为了保护金水牛而献出了生命。

金牛祠虽然倒了，可那根神枪还是突兀地立在北崖山上，老远就可望见。于是人们便把北崖山改称"枪杆岭"，一直沿用到现在。青土湖呢，由于没有金水牛喷水，渐渐干涸，到现在竟成了一片盐碱荒滩，寸草不生，仅留下这个凄凉悲壮的传说，代代相传。

为了使青土湖重现生机，民勤县从 2010 年起，向青土湖注入生态用水。干涸了半个多世纪的青土湖重现碧波，水天一色，蒹葭苍苍。每当夜深人静之际，湖中笙歌弦音，悠扬悦耳，数里可闻。每个民勤人都有属于自己的那个青土湖的传说，有说八仙之一的的韩湘子的玉笛遗落此处，还有人说与当年驻牧青土湖畔的匈奴休屠王的祭天金人有关。但是每个民勤人都愿意相信，那些神奇迷人的传说都是真的，因为那就是青土湖不可分割的一部分，这也将成为民勤人代代相传的乡愁记忆。

（杨立中）

神沙窝的传说

距民勤县原中渠乡政府北向约30里的地方，有一座高高的沙窝，巍峨峻拔，沙粒洁净，沙线柔曼绝妙，处在腾格里浩瀚无边的壮阔背景里，依然显得孑立不群，卓尔不凡，老人们把那儿叫做"神沙窝"。

神沙窝　李军摄

据说当年唐宗室李靖王驻守在民勤连城、古城、三角城一线，屯兵养马，训练了3000黑旗军，护卫着一方安宁。

距离李靖王城池不远处有一个白亭海，水草丰美，一望无垠。李靖王动员当地军民在白亭海边上建修了一座庙。庙按照八卦布局，建有8座陪殿，中间是一座太和殿，供奉着伏羲帝，人们把这座庙叫做八卦庙。八封庙建成后，善男信女，逢三六九日都来上供礼拜，香火旺盛，李靖王本人也常常前来进香。

一日，天色将明，庙里的和尚们正在做早课，诵经声、佛号声不绝于耳，焚香化表的阵阵烟气慢慢升腾到空中，一片肃穆祥和。突然，天空里"砰"地响了一声，伴着一团耀眼的白光，紧接着掉下来一个金光四射的东西，落在供案之上。和尚们的眼睛让那光华耀得一阵眩晕。过了好一会儿，才看清落下来的竟然是一只黄澄澄的小牛犊儿，口里还不停地往外吐着水。和尚们不敢隐瞒，连夜去给李靖王报告。李靖王听了，十分惊异，立刻到庙里查看。看着牛犊儿，李靖王满脸虔诚："这是金牛，是上天降下来造福地方的神物，我们要好好供奉。"他下令在庙门前修建金牛祠，把金牛供在中间，供案下面修了一个水池，让金牛吐出来的水流在池内，再修一道水渠连接水池，直通到青土湖。小金牛一天天长大，喷吐的水量也越来越大，青土湖水域面积因此增加了许多。满湖长着几丈高的芦苇和水草，密匝匝成群的水鸟和黝黝的鱼虾，在那样物质匮乏的年代里，呈现出难得的富足和生机。每逢八月中秋，李靖王都会派人到湖里捕鱼捉虾，捞鸭蛋，犒劳将士。乡亲们在湖边耕牧渔猎，日子好过了许多。

十多年以后，朝廷颁下圣旨，要求李靖王班师回朝。李靖王尽管对这里有了感情，不想离开，但是圣命难违。在他心里最放不下心的还是八卦庙里的那只金牛。这只金牛是上天赐下来的神物，他这一走，恐怕金牛难保，肯定会有盗贼觊觎的。他考虑再三，思得一策，派几个心腹连夜把金牛悄悄投到了青土湖的最深处。办完这件事，李靖王就带上 3000 黑旗军回朝廷去了。

八卦庙的和尚们，发现金牛祠的金牛不见了，吓得失魂落魄，赶快派人给李靖王送信，谁知道李靖王早就带兵离开了。连城、古城、三角城只剩下空城。

金牛虽然不见了，可青土湖的水依旧在上涨，水草照样繁茂，鱼鸭越来越多。每当风清月朗、湖水平稳的夜晚，湖周围的老百姓，还有人听到过湖深处有金牛的哞叫声。于是，大家都安下心来。

过了许多年，李靖王担心的事还是发生了。青土湖里的金水牛让一个外国传教士偷走了。从那以后，青土湖渐渐干涸了，鱼虾绝迹，水草枯萎。绿洲城镇因为失去湖泊植被的屏障，沙漠侵袭，长驱直入，连城、古城、三角城被风化侵蚀，形迹难觅。

神沙窝　李文泮摄

地势高伟的八卦庙也被掩埋在了茫茫黄沙之下，和尚们只得远走他乡，香火不在，只留下一个沙丘堆积在那儿，越积越高，越堆越大。

不知道又过了多少年，八卦庙旧址上堆起了一个高耸入云的沙峰，周围沙丘围聚，沟梁纵横，蔚为壮观。时常会有一些人拿着铁锨锄头，在沙窝上探掘深挖，再也没有人找到过八卦庙的影子。只是在那些雨后天晴的日子里，常听有人说在高沙窝顶端的云天里望见过八卦庙原来的样子。再后来，人们就直接把这座高高的沙窝叫做神沙窝了。

（杨立中）

金日磾的传说

金日（mì）磾（dī）（前134年—前86年），字翁叔，西汉武威郡休屠县（今民勤县蔡旗镇）人，匈奴休屠王太子，汉昭帝刘弗陵四大辅臣之一，是民勤第一个在朝廷为官的人，也是迄今为至民勤人任职官衔最高的人。

金日磾画像　朱冰作

西汉时期，河西一带为匈奴占据。匈奴时常骚扰、掠夺地方居民，居民生活苦不堪言。西汉武帝元狩二年（前121年），汉武帝派遣骠骑将军霍去病出击匈奴，匈奴大败，降众一万余人，斩获休屠王祭天金人，俘获匈奴休屠王阏氏及太子。霍去病带领降众、祭天金人、阏氏及休屠王太子返回长安（今西安）。因祭天金人，休屠王太子被赐姓"金"，叫金日磾，从此开始在长安的汉族生活。

金日磾的传说故事主要有：

黄门养马的传说。金日磾14岁到长安，被安排至黄门养马。黄门是一种官署，由宦官充任，专门负责侍奉皇帝及其家族。身入黄门，身世命运凄惨之极。金日磾不沉沦，不消极，把马匹养得膘肥体壮。时隔几年，汉武帝到黄门检阅御马，嫔妃佳丽站满两侧。十多人各自牵马经过殿下。其他人不住转头向上偷看，看汉武帝的神武，看嫔妃们的美色，只有金日磾目不斜视，牵马昂首而过。其牠的马瘦骨嶙峋，金日磾的马又肥又壮，再加其身材高大，相貌威严，引起武帝注意。武帝招座前问话，金日磾据实从容答对。武帝感觉奇特，当即命他沐浴，赏赐官服，任命为马场负责人，不久又升为侍中、驸马都尉、光禄大夫。职位变化后，金日磾办事更加谨慎，不曾有过半点过失，汉武帝越发信任，赐给他1000多两金子，出入陪侍左右。

怒杀弄儿的传说。金日磾娶了汉族妻子，生有两个儿子。两个儿子生得活泼可爱，汉武帝特别喜欢，经常带在身边玩耍。有一次，小儿子从后面抱住汉武帝的脖子使劲向后拽，恰好金日磾看见，就狠狠瞪了儿子一眼，小孩子吓得大哭，边跑边喊："老头子发怒了。"汉武帝不满，质问："你为什么对孩子发怒？"金日磾说："皇帝千金之躯，哪能让小孩子任意摆弄！"慢慢地，孩子长大了，朦朦胧胧地知道了男女之事，就有意无意跟宫女玩。有一次，大儿子跟宫女玩，还对宫女动手动脚，金日磾看见后，认为孩子思想不纯、行为不

武威天马广场金日磾养马雕塑　　王曙摄

端，任其成长必成祸患，遂杀了儿子。汉武帝听到后大发雷霆，金日磾叩头请罪，详细陈述了自己的观点。汉武帝听后特别悲伤，对金日磾越加敬重。

　　救驾武帝的传说。大臣莽何罗与江充关系很好，他们散布谣言说，太子要举兵造反，武帝深信不疑。江充设计诱太子造反，莽何罗的弟弟在逮捕太子时作战勇敢得到封赏。后来武帝得知详情，知道太子是被冤枉的，就把江充的宗族与同党全部灭门。莽何罗兄弟因与江充关系好，害怕武帝怀疑他们，就想故伎重演，及早谋划，加害武帝。他们的举动被金日磾察觉，就在暗中静静观察。为防止出现意外，出宫入宫，金日磾始终跟在莽何罗身边，莽何罗也发现了金日磾的意图，很长时间都找不到发难的机会。有一次，武帝驾幸林光宫，金日磾因患有痢疾身体虚弱就在宫中休息。莽何罗兄弟看到机会来临，晚上假传圣旨闯出皇宫，杀掉同行使者，发兵谋反。第二天早上，武帝还在休息，莽何罗从林光宫东面腰门进入。金日磾听到动静，立马感到情况不对，就站在武帝寝室外面的廊柱后面静静观察。一会儿，莽何罗袖藏短刀气势汹汹直向武帝跑去。金日磾突然从廊柱后面冲出，从后面拦腰抱住莽何罗，并高声大喊："莽何罗造反了！莽何罗造反了！"喊声惊醒了武帝，武帝的侍从想要上前击杀莽何罗，武帝害怕伤着金日磾，喝令侍从不要动手。金日磾用尽浑身力气把莽何罗摔到台阶下面，侍从冲下台阶抓住莽何罗。事后廷尉追查，所有参与的人都认了罪，受到了惩罚。金日磾作为一个少数民族的人在朝廷任职，忠于皇帝的名声更加显著了。

　　在民间，因为金日磾养过马，被人们敬称为马王爷。金日磾在朝廷任职，恪守尽忠，不存私心，及时发现一些不规现象上报武帝。在捉拿莽何罗一事上，更是心思缜密，眼光犀利，将大祸化于无形，所以民间就说金日磾长着三只眼，可以看到心怀叵

始祖汉秺侯日磾公像

秺侯金日磾

测之人。金日磾就成为后来民勤人传说中的马神——长着三只眼的"马王爷"。民间有句俗话："不给你点厉害，你就不知道马王爷有三只眼"，表达了民勤人民对金日磾的敬仰和尊重。

辅佐少帝的传说。金日磾在武帝身边，踏踏实实做人，兢兢业业做事，武帝对他越加赏识。赏赐他服侍宫女，从不亲近。武帝想把他的女儿娶进宫纳为妃子，他不答应。金日磾高尚的人品，勤俭的做事态度，深得武帝欣赏。后来武帝生病，感觉自己将不久于人世，就嘱托大臣霍光与金日磾一起辅佐年幼的君主。霍光推让金日磾担任正职，金日磾说自己是少数民族，担任正职会让匈奴这些少数民族看不起中央朝廷。最终霍光担任辅政大臣，金日磾作了副手。汉昭帝临死前下诏，以救驾平判的功劳封金日磾为秺侯，他认为昭帝年少，自己辅政时间不长，不愿接受加封。又过了一年多，金日磾病了，特别厉害。大将军霍光上奏昭帝加封金日磾，金日磾在病榻上接受了印绶，第二天，金日磾病逝。昭帝赐给安葬用具和墓地，派出军队车辆送行，追赠谥号敬侯。

金日磾死后，他的后人陆续迁出长安，其中一支向西寻根，几经漂流，迁移到现在民勤蔡旗一带定居，他们认为，这里就是他们的祖先金日磾出生的地方。安居此地后人丁逐渐兴旺，形成一个地名"金家庄"。这几年，不断有全国各地的金氏族人到金家庄寻根，也有朝鲜、韩国的金姓人到此寻根，他们自称和中国的金姓是一家，也是金日磾的后代。

金日磾的事迹在《汉书·霍光金日磾传》中有大篇幅记载，成书于清乾隆十四年的《乾隆镇番县志》中亦有记载，清道光五年刊行的《道光重修镇番县志》中也有记载，清光绪三十一年修成的《光绪镇番县乡土志》中也有记载。我们应当持续挖掘整理金日磾及其后人事迹，用以联络国际友谊，教育世人，使金氏精神传承下去，发扬广大。

(邸士智)

卢翰林的传说

"谢家一门三知县，卢家拿了翰林院，惟有马虎不成材，襄阳府里做道台。"这是广泛流传于民勤县的一首妇孺皆知的民谣。为民勤赢得这一千载盛誉的，就是被誉为"第一翰林"的卢生薰。清代民勤方志学家谢广恩在《镇番遗事历鉴》中写道："夫镇邑之民，举凡说文，必以卢氏生薰为最；说武，则必推马公昭为巨魁，何耳？盖卢公为镇邑第一翰林，而马公则为镇邑第一将军也。"

卢生薰，字文馥，号月湄，镇番（今民勤）人。生于康熙二十八年（1689年）二月二十一日寅时，卒于雍正二年（1724年）十月初十日子时，是民勤历史上唯一的翰林。

少年颖异誉神童

卢生薰从小聪敏颖异，博闻强记，"过目成诵"。五岁开始，就由父兄教书识字，六七岁时就能联句作对，出口成章，八岁能文。一次跟父亲到大哥二哥躬身务育的小菜园辅助劳动时，其父见麻叶分五瓣，即兴出上联："路旁麻叶伸手要啥？"要他接对下联。他瞧见花椒开绽，随口答云："园内花椒睁眼望谁？"他的父亲和两位兄长非常高兴，惊叹他小小年纪才华不凡，对他慰勉有加。平日里，塾师时常面试联句，他常常随口应对，佳句连连，传到乡里，名盛一时，誉为"神童"。

八岁那年端阳节，三嫂忙着在堂前端献粽子，他贪馋向三嫂要吃粽子。三嫂有意考他，要他对句，信口出五五上联："五月五日五叔堂前要五粽五谷六味。"如能立即对出，就给五个粽子，对不上则无粽子可吃。他略加思索，得三三下联，当即笑对："三更三点三哥床上教三嫂三从四德。"三嫂羞红了脸，只得践信给了他五个粽子，一时在乡里传为趣对佳话。

驱鬼斥神显大志

卢生薰十岁这年，上学时，每天起得很早，路过邻家门口，老是听到邻家的中年农妇的纺线车声，时断时续，农妇总是唉声叹气不止。有一天，他起床上学有些早，大约是冬天的四更天左右，又路过时，听到农妇的悲叹声比往常更加凄苦。他就停步从窗缝观看，发现农妇对面跪着一个凶神恶煞的男人，嘻皮笑脸地长伸着舌头。农妇每一抽线，他就用手勾断。她越悲叹，他越嘻笑。农妇气极，停下纺车不纺线了，找了根绳子悬到房梁上。那男人就帮着她端椅子上吊寻死。在这关键时刻，卢生薰大声喝止。那凶汉慌忙扑墙而出，农妇随即倒在地上昏迷了过去。卢生薰赶紧喊起家人，把农妇救醒，并细述了经过。于是，十里八乡传出了卢生薰驱走"冤枉鬼"的怪诞故事。

康熙年间，县人在城内营街口建成三官阁，祀赐福、赦罪和解厄三神。经会众多次邀请卢生薰作序。因众意难违，遂援笔成文，还在原稿后批有"不信鬼神究天人，姑从众意作斯文。他日若遂凌云志，敢教天人驱鬼神"四句。

甥舅联吟留诗篇

卢翰林和四哥生莲，是殿试进士；三哥生华和弟弟生荚，都是乡试举人；外甥刘叔堂，也是殿试进士（曾任清康熙朝刑部主司，太仓知州）。其甥舅五人，几度同乘赴考，旅游京师，遍览名山大川，饱赏各地名胜古迹。参仿名都内外八景后，利用旅途余闲，针对镇番风物情景，吟成镇番外八景诗，即：（一）苏武牧羝；（二）平湖叠垒；（三）红崖隐豹；（四）灵窟卧龙；（五）小河垂钓；（六）莱菔闲云；（七）黑山积雪；（八）红寺农耕。其外甥刘叔堂提议，先联吟第一首苏武牧羝，为七言八句律诗。依诸舅次序分别联吟两句，前吟后续，音连意贯，要求如串珠交映。大家同意，公推由刘叔堂限定起落韵脚，并限立即联答，速则评先，迟则比差。刘以"中"字起韵，以"空"字落尾，顿时按次序各联两句，联成七律云：

生华句：小埠荒丘沙漠中，留芳全藉汉苏公。

生莲句：天开八景吾呈相，地号三边古属戎。

生薰句：英爽疑随川岳在，传闻尽与史书同。

生荚句：当年事迹分明在，岂似齐谐好凿空。

同场论定以生薰接句最速，生莲联句精工。再分题点韵，各吟两景诗。仍以七律为准，限即日完成交评。还是卢翰林吟成交评最早。尤以他的"红寺农耕"诗，切实而得体，全诗如下：

万里黄沙陇畔头，尚缘红寺度春秋。

岫云深处陶潜啸，野马尘间许父游。

眼底如披龢馆画，意中浑到武陵邱。

苍心特为边农劝，揭出天然平地楼。

翰林及第赢美誉

卢生薰敏而好学，清康熙五十三年（1714年），考中了副贡生（副榜）第一名。雍正元年（1723年），考中了举人，名列第13名。意气风发，又于同年高中进士，联捷会试第17名，殿试名列二甲第54名，被雍正皇帝钦点为翰林院庶吉士。雍正二年，皇帝派出的川陕使者到陕、甘两省视察，发现卢氏兄弟生华、生莲、生薰、生荚在会试中都名列前茅，名震河西，特加奖赏。主考官在卢氏兄弟考卷总批："人在长城以外，文居诸夏之先，历阅诸名作，令人作武陵桃源之想，其文章动人如此。"当时，民勤仅开设小学，因为卢生薰兄弟文名大噪，第二年，使者和学政奏请皇帝，特开大学。从此，镇番科第接踵，文运兴盛，真正是"人在长城以外，文居诸夏之先"。

巧辩雍正传佳话

雍正二年夏季的一天，卢生薰正在翰林院专心致志做馆课，不意雍正便服简从突然来到馆里，站在他的背后，检阅他的举动和室内陈设等，发现他的对面放着一个柳条篮子，就问："这是什么？"他漫不经心，殊不成礼地边作业，边答道："是东西。"侍从驱前怒报"圣驾到，是陛下在问话"，他才从容离席下跪请罪。雍正又问："为啥不叫南北？"他随口答道："南方丙丁火，放火必烧；北方壬癸水，放水必漏。东方甲乙木，西方庚辛金，只有木和金篮子才能盛着。"当场引得侍从转怒为笑，雍正皇帝龙颜大悦，笑道："幸得嘴巧舌辩的翰林。"他仍然从容再拜而奏："谢过腹大量宽的天子。"在宫廷中一时传为佳话。

英年早逝陨文星

雍正二年十月初十日，卢生薰因为疾病，在翰林院英年早逝，年仅 36 岁，真是天妒英才。雍正三年，奉皇帝圣旨，朝廷派了 12 名人员、马 2 匹、车 1 辆，护送灵柩到镇番，礼部撰写了回籍入城治丧咨文。二月初八日，灵柩回到镇番。四月初六日，在他父亲的墓旁，开了新茔安葬。人们都为之痛惜，感叹"倾泰山梁木之悲"。

翰林院修撰、当朝大儒于振公撰墓志文云："镇番自有明以来，凡四百余年，始有一琼林人物。"卢生薰初选庶吉士时，因其来自西北边陲的区区镇番，有许多文人很瞧不起。翰林京官张考等所作《月湄卢公生薰行状》云："及其选入史馆也，虽公文名素著，论者总不免边方之目。及读其文，光芒万丈，一时无两，不啻登山观海。御试馆课，人人甘拜下风。于是，本朝一代文人之俎豆，争奉之边方公座下，而两闱墨艺，与夫灯窗杂咏，俱脍炙于南北文人齿颊间矣。"附哭词：

及第步琼林，名震当今，万言锦绣一场空。屈指草鸢曾几日？才大难容，才大难容。

附吊诗：

文章博大最风流，翰院声名谁与俦？

不独近科俱下拜，即教先辈亦低头。

延津忽失衡星剑，天上想成白玉楼。

史馆朝廷今缺一，乾坤何事使人愁。

卢生薰是民勤历史上唯一的翰林，尽管英年早逝，但对民勤崇文尚学风尚、"文化之乡"美誉的形成有着不可替代的重要影响。在翰林世家的影响带动之下，近三百年来，民勤科第蝉联，人才辈出。

卢翰林的传说在民勤流传了近三百年，影响深远。但随着时间的推移，青年一代知晓翰林传说的已很少，需要我们进一步传承弘扬。

（樊泽民）

谢氏一门三知县的传说

民勤过去流传着这样一首民谣："谢家一门三知县，卢家拿了翰林院，惟有马虎不成才，襄阳府里做道台。"这首民谣中讲了谢氏、卢氏、马氏三个民勤名门望族的故事。

"卢家拿了翰林院"是说清代翰林卢生薰家族。卢生薰聪颖好学，清康熙五十三年（1714 年）考中副贡生（副榜）第一名，雍正元年（1723 年）考中举人，意气风发，又于同年高中进士，是民勤历史上唯一的翰林。卢翰林排行为五，他和四哥生莲，都是殿试进士；三哥生华和弟弟生荚，都是乡试举人；外甥刘叔堂，也是殿试进士。可谓一门进士举人，因而民勤人都说"卢家拿了翰林院"。

"惟有马虎不成才，襄阳府里做道台。"说的是武将马虎。马虎出身武将世家，先祖马麟、马昭，是民勤历史上赫赫有名的武将。马虎武学员出身，熟读兵法，善于用兵，家境贫衰，因荫功在军中任职。乾隆年间，适逢武科开考，赴京应试，因无礼金拜见考官而未及第。郁闷之际病倒在客栈，病愈后流落京城，靠出卖苦力杂耍、替人代写文书家信聊以度日，以期时来运转。第二年朝廷特开恩科扩召人才，马虎更名马永锡，演练十八般兵器，样样得手，武经答询，字字珠玉。因其武学才能卓著，破格提拔为五品官员，任湖北襄阳镇总兵（同兵备道台），世人称马道台。

"谢家一门三知县"说的则是谢葆霈和谢集成、谢集梧父子三人。民勤谢氏是明朝万历年间从浙江绍兴山阴迁来的，世居城西大坝。民勤谢氏以"敬宗，亲本，明礼"为族训，世代尚学，勤耕苦读，家族重教好学蔚然成风。到清初，谢家出了一位重要人物——谢鳌。

谢鳌，字文山，父亲宗孔，庠生出身，谢鳌年幼时过继给叔叔世福为子。世福很是喜爱他，视如己出。谢鳌与兄弟族亲友爱和睦，家里的田产，把肥沃的良田让给族人，并不计较多寡，族人无不称赞他孝悌友爱。少时博闻强志，嗜学不倦，遍览四书五经等古代经典；写文著作，有先秦诸子和汉代文史学家的风格，不落俗套，不受时代潮流影响。但是他的科举仕途并不顺利，先后参加了七次乡试，全部以落榜而告终。其后，安心故乡，创立书馆，教授生徒，先教做人，后教作文，其生徒"多成大器。"数十年间，绝大多数生徒通过科举走上了仕途，慕名投馆拜师者络绎不绝，以至于书馆私塾无法容纳。当时因科举而成为士宦的贤达名流李宗泌（举人，官教谕）、聂子烈（恩贡，官教谕）、谢登科（官知县）等都是谢鳌的生徒。每次乡试放榜，谢鳌的门生徒弟占很大一部分，时人称他"谢半榜"。不仅如此，谢鳌的儿子谢葆霭，孙子谢集成、谢集梧都以读书为乐，先后中举，人才辈出，家声闻名乡里。

谢鳌特别重视子弟的思想修养。长子谢葆霭在山东安丘任知县时，他曾写信："行可以告天下之事，存无欲害人之心。"勉励儿子爱民培士，教诲儿子要"平性气，体人性"，做清白官吏。谢葆霭为官清正勤勉，深受士民爱戴。

谢鳌平生仗义疏财，文友同事聚会诗文，资费往往由其提供，哪位有了经济困难，他总是慷慨相助。过些时日债主无力偿还时，他便将借条焚毁，士林钦佩不已。晚年被推选为隆德县训导，以年老体衰不堪大任的理由而婉辞。清嘉庆五年（1800 年）正月在家逝世，享年 84 岁。

谢葆霭是谢鳌的长子，字雨甘，又字莲湖。清乾隆三十六年（1771 年）举人，在家乡设帐授徒，成就甚多。当时，县上有公塾苏山书院，但年久失修，他发动士林募集资金，将苏山书院进行了维修扩建，开馆讲学，"士林戴德"。他创建"谢氏书屋"，供士林学子借阅攻读，利用学馆、藏书的有利条件，振兴学风，并亲自授课。一时，镇番县崇文重教、礼贤尚学之风大振。

清乾隆五十二年，朝廷大挑，谢葆霭选为一等，他被分发山东，代理临朐、益都等县知县，政声卓著。乾隆五十四年出任安丘知县。在政期间，勤于民事，善恶分明，兴利除弊，不稍懈怠。尤其善于审理判决案件，邻县有大案要案，上级往往派他前去审理判决，"莫不明允"。他把"政事文学相为表里"，坚持"崇学校以励俗，锄强暴以卫良，立法严明，恩威并济"，和当地士绅倡修学宫，极力振兴安丘地方文教事业。倡议编修《安丘县志》，建立修志馆舍，拨款采集、撰校，"邑人士闻之，莫不踊跃景从"。嘉庆六年（1801 年），他在乡试中任副考官，发现了一份特异的试卷，便热情推荐，而"主事疑用事或讹"，采取不信任的态度。他引证古籍，据理力争，录取了这个考生。发榜后，才知道这名考生名桂馥，后来成为著名的学者。安丘东北的郑公乡，是汉儒郑玄的故乡。这里的田地被风沙埋压，无法耕种，乡民们四处逃荒。他极力申请免除了沙压田地的赋税，召回了外逃的郑氏后裔，使他们安居乐业。因"治行第一"受到推荐，称他"精勤慈惠，守洁才优。民情爱戴，舆论翕然"。

清嘉庆五年遭逢父亲丧事，后又遭逢母亲丧事，停职守制。嘉庆十五年（1810 年），到京城补授官职，沿途到山东东明县拜访朋友，不幸因为疾病而去世，终年 66 岁。谢葆霭为地方建设做出了历史贡献，当地人民感其言行，为表彰他的功德曾为其建祠立传。

　　谢集成是谢葆翯的长子，字振之。聪慧好学，文章写得好。嘉庆三年，在顺天乡试中考取了举人。写出的关于经史方面的文章，可以与其父亲所作之文相媲美，自成一家。他在父亲创建的基础上，和弟集梧扩充"谢氏书屋"，藏书数万卷，供子弟攻读，士林争相借阅。当时，本县科甲鼎盛，谢氏一家称最。在苏山书院主讲时，说经论文，循循善诱，孜孜不倦，如同父亲兄长教诲弟子一般，一时镇番文风大振。学宫倒塌，他倡导募捐重修，并亲自规划监修。为了给本县参加乡试会试者赞助盘缠费用，又集资设立了文社。于全县之文教，多有建树。他担任《镇番县志》总修，与弟谢集梧一起编修，多方搜求，参以见闻，事赅文简，成书于道光五年（1825 年），完成后雕版印行，共五册十卷，分地理、建置、田赋、水利、学校、师官、宦迹、选举、人物、杂记等，集中真实地反映了民勤的历史、地理、政治、经济、军事、文化、风俗、人物、物产等，是一部比较完整的县志，在全陇志书中亦属上乘，是研究民勤历史的极为重要的史籍。后任陕西鄜州州同，道光五年（1825 年）升任商州知州。所到之处，勤政为民，受到民众的爱戴。后升任陕西西汉厅通判，没有到任就不幸逝世了，士民挥泪为其树"德政碑"，表彰其功德。

　　谢集梧是谢葆翯的次子，字东园。嘉庆丁卯年（1807 年）考取举人，品性正直，学有根底。道光五年与兄谢集成编修《镇番县志》，完成后交付刊印。倡导募捐资金，修理圣庙、学宫，继往开来，受到当时士林的极力推崇。到陕西渭南县任教谕后，制定学校的规章制度，并刻石立碑，整顿秩序，严明纪律，促进了教育事业的长足发展。言传身教，治学严谨，为人师表，为渭南人民所称道。

　　"谢家一门三知县"是民勤谢氏宗族尚学，世代耕读传家，以读书为乐，笔耕不辍，人才辈出的写照，更是民勤人爱读书、好藏书、善著书，勤学苦读，重教尚学的缩影。"谢家一门三知县"在民勤乃至陇上影响深远，在谢氏读书群落的影响带动之下，民勤遍地兴学堂，结文社，"文社寒暑不辍，书声昼夜相闻"，崇文尚学，蔚然成风，数百年来，人文蔚起，科第蝉联甲于河西，文人墨客风流陇上，成为陇上闻名的"文化之乡"。这种优良的传统和风气，需要我们世世代代永久传承，弘扬光大。

（樊泽民）

翰林知县周兆锦的传说

周兆锦，字古渔，直隶大兴（北京）人。清道光进士，国考成绩优异，选调翰林院庶吉士。他博学多才，文好诗精善书法。翰林期间，谨慎从事，呈写公文，编史修书，文笔出众，皇帝赏赐一眼花翎，以资嘉奖，得此殊荣者，例不多见。后，周兆锦由翰林改官知县，派往远离京城的镇番（民勤）县。有幸的是朝廷并未收回赏赐他的花翎。

周兆锦任职镇番，春去秋来，前后八年，这在清代官制中是绝无仅有的，几乎被朝廷遗忘。但是为官一任，造福一方，周公做到了。他"爱民如子，利弊所在，无不尽心筹划，力求实际。尤注重人才，士有可造就者，格外嘉惠。暇，辄讲习讨论，循循如师友然，士林德之。去时，以清介称"。他在改良畜种，发展农业；振兴教育，培养人才；重视水利，协调纠纷等诸多方面卓有政绩。

改良畜种，发展农业

道光十九年（1839年），周兆锦到任民勤，替换了只做了两个月的知县王有成。下车伊始，入境问俗，翻阅前任积案，微服私访，了解庶民疾苦，查看山川地理，安抚民生。时值鸦片战争开始，江河日下，国难当头，周兆锦只能尽自己绵薄之力，拯救黎民百姓。他拿出自己的俸禄银两，购买了一群山羊，利用县府的空房子作了羊舍，并抽空闲自己放牧喂养，示范带动民间养羊业发展。民勤本地牛小驴瘦，需要改良。周公倡导由驼羊大户组成"驼羊会"，筹资捐献，在北山湿地草原，修建马王庙，引进牛、驴、马等公畜，培训畜牧人员，在马王庙配种改良，成为民勤第一个官办畜牧站。鼓励民勤农户多配骡子，有功者受奖，改变了"牵公子"是下贱营生的错误观念。

振兴教育，培养人才

道光以来，民勤未出一名进士，因灾荒与教育的失误，一个文化之乡，没落下来，周公深感惋惜。经调查，前人创办的"崇文社"，是县学士准备参加省试举人、国考进士的进修之所，因缺师资，冷落无人；"谢氏书屋"藏书数万卷，沉睡闲置，无人借阅。

周公走访有识之士，动员大家同心协力，利用学馆、藏书的有利条件，重振学风，并亲自授课。分设经文、诗词、书法三科六门以及人伦之道，相互讨论，切磋学问。一时，民勤县崇文重教、礼贤尚学之风大盛。

道光二十二年（1842年），鸦片战争结束。民勤农业丰收，社会安定，衣食有余，读书人有了发愤图强、努力用功的良好环境。道光二十三年，周公治县五年，邑地已是牛羊满圈，骡马成群，农事兴旺。趁此盛况，周公倡募修筑"景苏楼"，落成于县城北街，中列苏武子卿塑像，神采奕奕。登楼眺远，与"苏山书院"相互辉映，是城中最新景观。

汉朝使节苏武，字子卿。奉命出使匈奴，沿着张骞走过的路，途经民勤并客居。他不辱使命、百折不挠的英雄气概，激励着一代又一代的人。周公修"景苏楼"，意义深远，即作《景苏楼记》并《苏武山高》诗一首倾吐衷肠：

遥望崔嵬近却平，苏公高节比嵘峥。

何年塞草看羝乳，终古边云有雁声。

朔漠秋风麟阁貌，胡天春梦牧人情。

河梁挥泪伤离别，未必牵心只少卿。

他在镇番已为官五年，得不到朝廷的音信，好似一个失群的孤雁，宿在寒林。然而，百姓生活安泰，学风大振，人才辈出，为官一任、造福一方的政绩，对周公来说，却是一个极大的安慰。周公的文友学弟，经过努力深造大都考取了功名。为官之后，以先生为楷模，廉洁自守，为国为家做出了应有的贡献。他们是蓝云峰、张奋翼、赵生禄、傅培峰、谢树森……

重视水利，协调纠纷

民勤"十地九沙，非灌不殖"。自清雍正由卫改县，知县杜振宜教民纺织，解决了穿衣问题。乾隆五十年（1785年），知县文楠制订水规水法，有序灌溉，水利纠纷便回缩到石羊河上游的主要支流，民勤与武威水案不断。

道光二十四年，洪水河上游武威乡民，堵坝截水，造成石羊河断流，与下游民勤护河民工发生争斗，打伤数人。两次告官，凉州府袒护武威，审案时放水，案结后堵水，反反复复，出尔反尔。周公心急如焚，冥思苦想，计上心来。

周公自己扮作百姓，组织水利头人，再次到凉州府喊冤。大清律法规定，击鼓喊冤者要先挨四十大板，再行问案。府台发现堂下跪有周知县，便问何故。周公说："我身为镇番知县，也是朝廷的臣民，百姓是我们的衣食父母，他们有难，我责无旁贷。"知府让差役端过来一条板凳，给周公开座。周公请府台稍等，说自家需要更衣。师爷早将准备好的官服，给周公穿戴整齐，特别是官帽上安了一眼花翎。入堂后，府台惊得目瞪口呆，一时说不出话来。

府台是有冠戴而无花翎的州官，为何知县却有花翎，而且从来没有见他戴过。此情此景，周公解释："我从翰林院改官知县，朝廷并未摘除皇帝赏赐的一眼花翎，平时无用，今日大人以礼相待，戴上它还礼了。"府台高度重视，决定次日由知府、道台和周大人三堂会审，明断水案。

次日开堂，知府先要责打带头闹事者。周公劝解："上游与下游，如同兄弟，兄不能夺弟碗里的饭。我做知县是有时限的，百姓生产生活却是天长日久的，责打积怨，仇恨越深，两败俱伤，反为无益。"众人请教周大人高见。周公正色曰："从今往后，洪水河上游乡民，只许垒石护岸，不许堵坝截水。立字为据，严格遵守。"

周公宽宏大量，明辨是非，有理有节，乡民感动，官员称赞。洪水河一场水案就此了结。从此以后，洪水河多年以来，再未发生过水利纠纷。

周兆锦是民勤历史上有名的翰林知县，为官清廉，爱民如子，政绩卓著，是少有的循吏，在民勤影响深远。民勤人把纺纱的杜公、治水的文公、翰林周公，并称"三公"，永远纪念。

翰林知县周兆锦的传说在民勤流传了近180年，民勤人将把他的为官故事世代颂扬、世代传承。

（樊泽民）

实业县长牛载坤的传说

　　牛载坤（1886—1934 年），字厚泽，甘肃临洮西乡八松庄（今属康乐县）人。7
岁就学塾师，天资聪颖，19 岁即应童子试，名列前茅。1902 年赴兰州考入国文高等
学堂。1908 年入京师大学堂（北京大学前身）学习测绘。1912 年 8 月京师大学堂毕
业后，到东南各省考察教育后回到甘肃。邀集热心文化教育事业的地方人士筹集资
金，在兰州辕门西街（今张掖路）中段，开办
"正本书社"。民国五年（1916 年），任甘肃省教
育会长，在全省设立师范学校 9 所，促进了甘肃
国民教育长足发展。民国六年，筹办手工传习
所，开启甘肃工业教育的先河。后赴日本考察实
业教育。回国后，恢复停办的"甘肃织呢局"，
改名为"甘肃织呢公司"，任坐办（副经理）。织
呢公司生产的毛呢和毯子曾风行一时。民国十
年，再次赴日考察工业，回国后在兰州小西湖办
起"陇右公学"，后来校址迁到兰州中山林，又
办起中学部，中小学统称"陇右中学"，任常务
董事。继而筹办甘肃省银行，任协理。1931 年，

牛载坤

在兰州筹办"甘肃国医分馆"，邀请柯与参、权爱棠等医师，开展医疗活动和医务人
员培训。

　　民国二十二年六月，牛载坤出任民勤县县长。在任期间，走访各界人士和地方父
老，关心民间疾苦，整顿吏治，改革陋习，创办学校，兴修水利，造林防沙，颇得民
勤人民爱戴。民勤雨量稀少，气候干旱，水源缺乏，粮食产量低而不稳，百姓十分穷
困。对百姓的穷苦，他深感不安。县府的"倒仓粮"，向来都被一些贪官私吞。牛载
坤颗粒不取，悉数用来兴办公益事业。当地产粮不足，向来由武威一带籴进。粮价稍
有波动，群众莫不叫苦连天。他倡办义仓，粮价低廉时，组织骆驼队运进粮食，大量
存仓。青黄不接时，原价卖出，使贫苦农民避免了粮商的盘剥。

　　民勤"十地九沙，非灌不殖"，故水利之兴，为民勤农务之急。牛载坤莅任后，

牛载坤县长推行的脚踏式水车　　拍摄于1931年

带领群众疏浚原有水道，大兴河水之利。看到农民用斡杆漏斗提取地下水灌田困难，便从兰州聘来能工巧匠，大量制造"木刮子"（一种木制的畜力牵引汲水机械），利用畜力汲水灌田。召集地方有丰富经验的老农献计献策，制定造林计划，设立苗圃，专门育苗。还向民间收买各种树苗，从其他地区购买大量槐、榆树种，分发各乡和城周围栽植，积极进行绿化。东关水车园一带，最为显著，树木葱茏，郁郁成荫。

民勤原先无一所中学，小学亦寥寥无几，且师资缺乏。牛载坤利用"杜公祠"为校舍，创办"师范讲习所"（后改为民中），培养师资，普及国民教育，提高民众文化水平。并根据地方需要，分区增设完全小学数所，全县学生倍增，文化程度日渐提高，使民勤教育蒸蒸日上，气象一新。

民勤毗连沙漠，牧业较为发达。所产驼毛、羊毛除群众絮制衣被外，多为外商收购牟利，不能就地加工制成商品以获实惠。他积极倡导创办"毛业传习所"。聘用技工，购买机器，并亲自手把手地给毛业传习所工徒传授捻驼、羊毛线的技术。生产出毛褐、毛毡、毛衣、毛裤、围巾、毛袜、手套等毛织品，虽然质地较粗，但坚实耐用，风行一时。毛业传习所后来发展成为职业学校和惠民工厂。还将在兰州"惟救工厂"生产的脚踏纺线车带来，让木工大量仿制，推广民间，进行毛织品生产。

牛载坤县长开办的毛业传习所　　拍摄于1932年

民勤街衢窄狭，乡村道路多崎岖。牛载坤组织民众大加修筑，将阻碍交通的文庙凸出部分拆除，使东西大街笔直畅通，不但行走方便，而且整齐美观。并发动群众从县城到柳湖镇修筑马路，长达数百里，便利了湖区和县城的交通。

民勤天花流行不止，危害人民健康。牛载坤托人从兰州采购牛痘苗，亲自动手示范，给群众接种。

牛载坤看到民勤妇女普遍缠足，每到一地，就积极宣传，号召放足，广大妇女颇多响应，解除痛苦。

牛载坤为了民勤的事业，动员在兰州的亲友子侄为之奔波，请教师，购树种，办医药，举家全力以赴。他待人热情真诚。倘部下渎职妄为，则严加训斥，决不姑息。全县士绅，咸敬畏之。他清廉自持，如因公赴乡，百姓款以淡饭，亦必如价以偿。

牛载坤在民勤任职期间，由于爱民心切，办事认真，领导有方，措施得力，不满一年，就开创了政通人和、百废俱兴的良好局面。

那时，国民革命军骑五军有一个团驻在民勤，不时找县政府要粮要款，拉夫派差。牛载坤虚实应付，极力忍耐，而团长得寸进尺，有一次竟无理索要大车200辆、民夫数百人，意在敲诈。牛载坤坚决不派，说："要马车，我有一辆，可以拉走，百姓的一辆也不给。"团长即派一个营长来叫牛县长去团部说话。牛载坤知道去了没有好事。当他走到街十字时，驻足大声向群众说："我是你们的县长，马团长要我派二百辆大车、几百民夫。我没有接到上级指示，有责任保护百姓，坚决不答应。无论我的吉凶如何，我不在乎，请父老乡亲们知道真相。"说毕，坐到地上，把帽子放在旁边，岿然不动。一时围观的人越来越多，议论纷纷。营长慑于群众威力，恨恨而去。牛载坤也回到县府。群众中不少人感动得掉泪，而军阀马步青则怀恨在心。

1934年6月，牛载坤请假回故里安葬父亲。在武威等候了几天，因有人作梗，买不到汽车票。不得已，便雇马车起程。6月5日凌晨，车经永登境内哈家咀，突然遭到暴徒袭击，身中四弹，皆中要害。牛载坤遇难，年仅48岁。

牛载坤遇难后，省府即派汽车把遗体连夜运到兰州，厝于荣光寺。邓宝珊将军亲临吊唁，深表惋惜，说："牛先生太迂了（指刚直不阿，嫉恶如仇），忠厚有余，而应变不足。"在荣光寺举行追悼会时，各界人士纷纷前往吊唁，深表敬仰与哀痛。噩耗传来，民勤人民无不哀伤恸哭。为纪念他的功德政绩，各界人士集资修建一座牌坊，额题"甘棠遗爱"。

（杨立中）

民主志士聂守仁的传说

聂守仁（1865—1936 年），字景阳，镇番（今民勤）县人。清光绪年间生员，岁科两试一等，补为廪生。同盟会会员。甘肃公立法政专门学校毕业。民国初年考授典史一职及优等法官，曾任兰州地方厅帮审。

家世清寒苦发奋

聂守仁的父亲长庚先生，光绪二年（1876 年）考取贡生，终身未仕。平生别无他好，惟以精研书法终其身。他的书法功力极深，通多种笔体，尤擅长颜鲁公真草，曾名噪一时。守仁是其二子，自幼接受其父严格教育和陶冶，有着深厚的文学素养，亦擅长书法。不幸的是，守仁幼时患重病，留下了终身不愈的后遗症，左腿神经麻痹，成了瘸子。这对守仁及其父是不小的打击，可是他们在学业上没有气馁，特别是守仁本人，更加发奋，夜以继日，不稍松懈，练就一手好字。

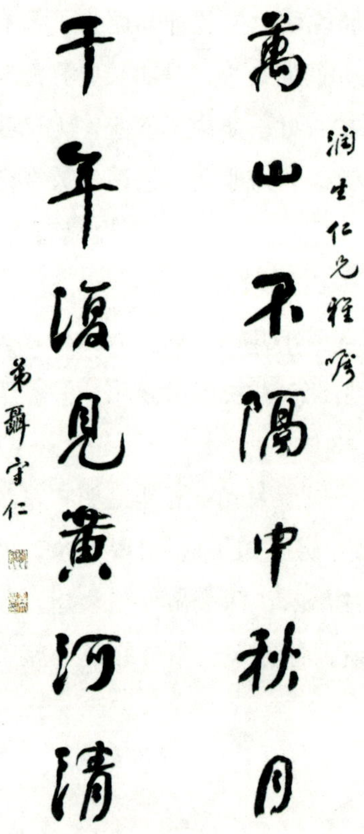

父亲逝世后，家中生活更加窘迫。这时守仁正寓居兰州，不得已只好迁家于兰，岂料城市开销甚大，卖字画所得的几个小钱，难以养家糊口，一家人几至休爨闭灶、逃荒要饭的境地。多亏他在家乡的几位同窗如卢殿元、田毓斑、张锡寿等仗义周济，才使他不致因饥饿而颓废潦倒。他后来在回忆自己的这一段生活经历时说："日月逝矣，时不我与，如驰驹光阴，忽五十四年。念一万八千日中，经艰苦，历魔劫，出万死，得一生，幸有性命于今，不得不谓勇武坚韧，去儒之懦，进墨之侠矣。"（《叶知非斋琐记序》），他用发自内心的语言，概括了自己多半生所经受的悲惨遭遇。

反袁入狱为民主

文才横溢的聂守仁，虽然科场得意，但他目睹清

万山不隔中秋月

润土化元龙咛

千年渡见黄河清

弟聂守仁

聂守仁书法

廷甲午战败、庚子赔款的现实，深感国家的衰颓，民族的危亡，于是，寻求救国救民之道。他告别故乡，奔赴北京，废寝忘食地阅读各种革命书刊和西学书报。仿魏源《海国图志》的体例，编写续集，向国人介绍列国概况。随着时间的推移，他对腐败的清廷日益失望、不满、反感，进而接受了日益高涨的民族革命思想，立志推翻清廷，改革政治。

光绪三十四年（1908 年），聂守仁返抵兰州。宣统二年（1910 年），考入甘肃法政学堂别科，不久加入同盟会。1912 年 2 月 24 日成立甘肃临时省议会，推选李镜清为议长，选举议员 30 余人，聂守仁当选为议员。他们积极开展工作，3 月 15 日甘肃临时议会通电承认共和。

1912 年 8 月，同盟会改组为国民党，随之成立国民党甘肃支部。1913 年 5 月，国民党甘肃支部创刊《大河日报》，"胸有经纶，清辩澜翻""为文千言立就"的聂守仁被推为主笔。这时，他借助报纸，在报上撰文提倡民权，对袁世凯的投机背叛给予尖锐的讽刺和揭露，极力反对窃国大盗袁世凯及其爪牙甘肃都督张炳华。张对此极为不满，怀恨在心，趁 11 月 4 日袁世凯解散国民党甘肃支部之际，查封《大河日报》，将聂守仁逮通入狱。聂守仁在狱中，威武不屈，向狱吏陈述革命之道，慷慨陈词，常使狱吏瞠目结舌，无以言对，狼狈溜之。

聂守仁被捕入狱，对他来说，并不是一件十分痛心的事情。恰恰相反，他竟将此引为自豪，这在他后来所做的《旅雁声诗草》中可以看出，他虽然身陷囹圄，但那种刚毅秉性，却丝毫没有改变，往往是嬉笑怒骂，讽古评今，而矛头所向，非袁世凯即那些昏愦无能的地方贪官污吏。他曾在狱中为一狱吏撰写春联："看此老，泥塑木雕，果犯谁忌来坐狱？如我辈，生龙活虎，应固囹圄常为囚。"反映了他当时感时愤世的不平心情与刚正不阿的反抗精神。

他出狱后不久，袁世凯正式称帝。当时，甘督张广建等带头上表拥戴，并号召全省地方官吏及社会名人随之表示拥戴。此时正在民勤老家养病的聂守仁闻讯后怒气攻心，无法自抑，亲笔上书袁世凯，以顺口溜的笔调，讽刺袁世凯既忠清而又逼宫，爱民国而又称帝，翻手为云，覆手为雨，奸诈窃国的卑劣行径。袁世凯获知后大为震怒，责令张广建严厉查办，聂守仁闻讯后逃到四川。他那种敢于跟反动势力做斗争的精神被时人所称道。

聂守仁因反袁被捕入狱一百天，经过不屈的斗争，终获出狱，回归故里后，在民勤开展尊孔弘儒活动。他先后被聘为甘肃第一中学、甘肃第一师范教员，在教学中，采用寓政治思想于教育教学的方法，向学生灌输要关心国家大事的道理，深受学生欢迎。

知事大通受拥戴

1925年，冯玉祥国民军入甘，段祺瑞免除了陆洪涛省长职务，任冯玉祥部下薛笃弼为甘肃省长。这位富有革新精神的薛省长，与聂守仁素交善，颇为赏识他的才华与为人，遂邀聂守仁出任大通县知事。

10月，聂守仁上任伊始，就整顿吏治，关心民众疾苦。拆除县署大堂"暖阁"，改建"中山堂"，将原挂在二堂前后里外的许多以前历任"县正堂""县知事"的所谓德政匾额取掉，只保留一块清乾隆年间孙捷书写的"天理、国法、人情"的匾额和前知事贾勋书写的"知一县事须敬一县事，贪半文钱不值半文钱"楹联一副。县署头门前大照壁上原画有大幅麒麟和封侯（猴）挂印等图案，一律涂饰后，亲笔书写"勤慎、清廉、刚毅、谦恭"八个大字。他在县政府设立大办公室，所有科室人员都集中办公，严守上下班时间，各办其事，不得分散。上任后，他还废除了县知事出门放炮、坐抬轿、前呼后拥等陋习，出门只骑马。聂守仁在大通任内工作很勤奋，并能珍念民瘼，体恤下情，颇得当地群众拥戴，仅在短短一年时间内，县里就有不少人上书甘肃省府，请求奖励嘉勉。次年10月16日，省长公署以守仁"办事切实"训令"着改代理为署理"。

为了及时了解民间疾苦，洞悉地方利弊，聂守仁在大通任职期间，查阅史料，徒步深入全县各地进行实地调查，仅用一年时间，于民国十五年（1926年）12月，编成《甘肃大通县风土调查录》一书，概括了大通的建置沿革、山川形胜、民族宗教、政治经济、人文社会等方面的情况，是一部珍贵的史料。

大通县系少数民族聚居区，经济文化教育很落后。他本着"十年树木，百年树人，育才养士，开通民智"的为官思想，对教育事业给予高度重视。把全县分为六个学区，各区设学务委员一人，对学校进行调整，合理布局，使全县教育面貌为之一新。

聂守仁在大通工作了两年多时间，严饬全县各堡"男剪辫，女放脚"，改变封建社会遗留下来的旧俗。他力持公道，不畏权势，敢于严惩土豪、恶棍。并立志改革，倡导民权，得罪了一些地方豪绅，引来了这些人的不满和攻击，伺机找他的麻烦。他们当面称"聂掌柜"予以轻视和讥讽，背后则骂"聂瘸子"，对身患残疾的聂守仁进行人身攻击。聂守仁对此却并不理会，只在自己木拐杖上刻了"铁拐"二字，而且还在县署大堂挂了一副对联："你是好人，叫声瘸子也无妨；谁行恶事，小心铁拐打屁股。"一时传为美谈。

主编陇报开先声

聂守仁在大通两年任满返兰以后，正值国民党甘肃省党部创刊《甘肃民国日报》，聂守仁被聘为主编。继而，省府民众联合处将原《甘肃日报》及《国民日报》合刊，改为《新陇日报》，聂守仁又兼任《新陇日报》主编，前后办报三年。

主编《新陇日报》，聂守仁曾发表过不少来自基层的，当时被认为是内容"偏激"的文章，但一定程度上反映了社会下层人们的呼声。因此，他在当时的报界颇具声望，受到正直人士的尊重。他逝世后，《甘肃民国日报》辟专栏刊载纪念文章，赞扬他"学识渊博，品节清醇"。主持《甘肃通俗日报》《新陇日报》和《甘肃民国日报》"持论公正，笔著颖奇"，为他一生"廉介自矢，身后景况萧条"而感到惋惜，同时说明他当年办报，甘为民之喉舌，所以赢得社会的肯定和好评。

著述等身留后世

民国二十年，聂守仁被委任为甘肃省印刷局局长。他才华横溢，著述等身，显示了他在地理学和军事学上的造诣和文学、史学、文字音韵学等领域的建树。聂守仁负责主修的《甘肃通志·物产志》及《甘肃边防志稿·兵制志》，内容比较充实，行文流畅。

聂守仁平生谦虚好学，勤于著述，在学术上颇有成就。有《甘肃近三十年事略》（四卷）《北游记程》《劲草知非琐记》《景阳诗文集》《武技见闻录》《旅雁声诗草》《毋忘斋笔记》《文字源流》《书法问津》《字母易记》《书法训子录》《同庆堂家训》等十多种著述。还纂修过《镇番乡土志》，分上下两册，共13目，包括历史、政绩、兵事、耆旧、人物、户口、氏族、宗教、实业、地理志、道路、物产、商务等。这些著述，大多未刊，并可能还有散失，有待继续发现。

聂守仁的著作在民勤历史上可谓前无古人，他的这些著述为世人留下了宝贵的财富。

聂守仁是民主斗士，是勤廉县官，是激进报人，是饱学史家，是杰出诗人。他的传说在民勤乃至陇原，必将永远流传。

（樊泽民）

红柳和沙枣的故事

在民勤大地上，在风沙前线上，有数不尽的红柳和沙枣，它们如战神，如将士，守护着民勤绿洲，保卫着民勤人民。说起它们的来历，还有一个美丽动人的传说。

很早很早以前，在西部的大沙漠里，有两个国家。一个叫林园国，它的主要地盘在腾格里；一个叫黑风国，它的疆域以巴丹吉林沙漠为主。

林园国国王开明勤劳，皇后能干贤惠，年年风调雨顺，粮足棉裕，林茂果繁，成了名副其实的林园国。黎民百姓，生活富足，欢欣鼓舞，过着太平年月。国王皇后中年得女，甚是高兴。因公主出生时天上现彩虹，地上柳开花，所以，给她起了"红柳"这个名字。桃红柳绿映彩虹——天上光辉灿烂，地上百花盛开，人间欢天喜地，这象征着林园国的昌盛繁荣，吉祥如意。

红柳公主生来活泼可爱，国王皇后视女如宝，教她知书识礼。红柳公主聪明伶俐，勤奋好学，手勤腿快，不仅读书习字，还特别喜爱武艺，挥刀舞剑，耍拳弄棒，骑马狩猎，成了宫内外一把好手。

红柳　李军摄

恰巧，有一武将之子，比红柳大两岁，温文尔雅、文质彬彬，可他偏爱武艺。他出生于武将世家，父亲是林园国赫赫有名的武将。自幼跟父亲习枪法，学剑术，演拳技，练棒艺，五花八门，无不上心。又随父走南闯北，开阔眼界，苦读兵书，竟练得艺高胆大，武艺高强。

这位武将公子深得国王皇后的喜欢，经常出入于朝廷，来往于皇室，从小就跟红柳公主混得很熟，公主拜公子为师，学枪习剑，公子拜公主为师，研读兵书。公子父母看在眼里，急在心头，深感不安，怕出意外，惹恼国王。而国王皇后却暗暗高兴，想招公子为驸马。

　　一日，国王、武将正观看儿女比武，黑风国国王带着王子来到林园国，闯进武场。黑风国多年暗暗练兵，充实国力，欲侵吞林园国，还常来访问，名曰作客，实则是刺探军情。

　　黑风国国王一看两位英俊青年刀光剑影，表面上镇静自若，实际心惊胆战，恨之入骨。他没想到林园国一代强似一代，自己却后继乏人。王子虽被视若宝贝，但却贪恋酒色，不学无术。

　　黑风国王子双眼盯在红柳公主的身上，惊叹不已："多么美貌的公主呀！要是能把她弄到手，家财国宝，全归于她！"一时想得神魂颠倒。

　　黑风国国王一看儿子爱上了红柳公主，便趁势对林园国国王说："林兄，犬子相中令爱了，看来咱们要成亲家了。"

　　林园国国王忍住心中怒火道："小女自小娇惯，放肆任性，她的事一向喜欢自己做主。"

　　黑风国国王厚颜无耻地说："你我两国相邻，正好门当户对，要是再成亲戚，今后两国世代友好相处，为国为民，无不得利。"

　　林园国国王善于察言观色，从黑风国国王的一言一举上看出他的傲慢，知他今天来者不善，便更加提高警惕，尽快结束比武，让夫人领公主回宫。

　　黑风国国王为王子提亲受挫，心中又怨又恨，无趣而回。但他仍不死心。国王看上公主的一身好武艺，要是娶她为儿媳，可以富国强兵，独霸大漠；王子看上了公主的才貌，要是娶她来，可以尽情享受玩乐。

　　黑风国国王派遣得力官员前去林园国提亲，都被林园国国王一一拒绝，可他们仍不罢休，又多次遣派使臣提亲。林园国国王被缠得没办法，最后干脆把话挑明：公主已和本朝武将之子定亲，将招他做驸马。

　　黑风国国王得知这一情况后，除了气恼、怨恨外，更多的是惊恐。在他看来，这一对后代成亲，林园国势必将更加强大，黑风国势必最终被林园国消灭。与其这样，不如现在趁国力充实，一举进攻，消除隐患。他一边派人到林园国刺探军情，一边召集文武大臣商议，做好向林园国发兵的准备。

　　恰好，林园国国王带着文武大臣出巡各地，武将父子随国王而行。

　　黑风国国王得此情况，认为天赐良机，不可坐失。兵贵神速，他连夜出动万骑，向林园国偷袭。

　　林园国守边将士得知敌军进犯消息，星夜集合，迎击顽敌，一场马兵与驼兵之战在两国交界处打响，战马嘶鸣，驼声吼叫，沙尘飞扬，箭飞刀响，马死驼伤，血染沙场……

在宫中的红柳公主得知黑风国兵临国界，立即组织人马星夜驰援。这些男女兵丁，都是她的好友，又是武将公子所训，个个武艺高强，英勇无比。

当林园国公主所带兵马杀上战场时，黑风国王子也带一支骑兵浩浩荡荡向林园国开来。他一心想冲进宫里，把红柳公主抢回去。谁知，狂想变成泡影，士兵伤亡严重，还被对方阻击在国界之外。

黑风国国王得知官兵伤亡惨重，便到祭风台上祭起一股黑风。

这股黑风犹如万马奔腾，顿时，天被黑沙笼罩，伸手不见五指，地上砂石滚动，好似山崩地裂，风头利如刀刃，砂石犹如子弹，扭成一股劲，向林园国官兵猛扑。

林园国官兵得知公主带兵冲杀在前，一个个毫无惧色，英勇杀敌。尽管黑浪铺天盖地迎面而来，冲得人仰驼翻，可是，他们越斗越勇，誓死守卫国界。

由于双方力量悬殊，林园国军寡不敌众，步步败退下来。当黑风国王子带兵冲入林园国，妄想长驱直入冲入宫中抢夺红柳公主时，他的骑兵却受到了密林的阻挡，这条雄伟的林带，犹如绿色屏障，难以越过，就连一股又一股的黑浪也受到阻击，只在它的边上盘旋，拿它无法。

林园国绿色屏障的株株林木，它们也举起武器，奋起反抗——被称为"霸王"的斗着黑风王子；被称为"铁蒺藜"的，刺向敌军马蹄；被称为"花棒"的，举着千钧棒向敌军人马狠狠揍去；被称为"沙打旺"的，越战斗志越旺。

跟随林园国国王巡视的武将公子得知黑风国发兵入侵的消息后，迅速赶到边境，他带的强兵猛将，一举击退黑风国兵马，平息了这场战斗。武将公子找到血染的公主，扑到她身上，哭呀、哭呀，哭了三天三夜，而她最终没活过来。第二天，掩埋她的沙丘上竟长出了一株鲜血淋淋的树

沙枣林　李军摄

苗，人们说是红柳姑娘变的，都亲切地叫它"红柳"。

公子悲痛欲绝，没几天也死了，在掩埋他的沙丘上长出了一株银灰色的苗儿，跟红柳并排而长。人们说是公子变的，都亲切地叫它"沙枣"。

林园国国王为了表彰在阻击战中立功的沙生植物，给它们一一命名。有一种沙生植物，被打弯了，就起名叫"沙拐枣"；有的紧锁马腿，被命名为"梭梭"。如今，挺立在风沙线上的沙生植物，都有一个不同凡响的名字。

（甘　平）

民勤道教音乐

　　民勤道教音乐是当地民间音乐的主要组成部分，主要由诵唱音乐和伴奏音乐组成，常用于祭祀和丧葬礼仪。民勤是历史上典型的移民区，文化融合尤为明显，民勤道教音乐的产生、分布传承与民勤所处的特殊人文地理环境和深厚历史文化积淀有着不可分割的关系。民勤道教音乐历经数百年南北文化的交流和道派仪制融合，既融合各派，博采众长，具备了民族文化和道教文化的普遍性特点，又形成了自己独特的风格特征，是北方宗教音乐中的一朵绚丽奇葩。

　　民勤道教音乐属于中国正一道派道教科仪音乐，也称道场音乐。道教分两大派别，道乐因之也出现了两种不同的风格：全真派重清修，其音乐多清幽出世；而正一派重斋醮与符箓，音乐雄浑、典雅。明初，朱元璋设玄教院统辖全国道教（后改道录司），下令清整道教，命道士编制斋醮仪范，道乐也由此逐渐规范化。明洪武十五年（1382），朱元璋钦定道教科仪乐章。永乐年间，成祖朱棣制《大明玄教乐章》，以"工尺"法记谱，有《醮坛赞咏乐章》《玄天上帝乐章》《洪恩灵济真君乐章》三部分组成，曲目有《迎风辇》《天下乐》《圣贤记》《迎仙客》《步步高》等14首，后收入《正统道藏》。

　　明代规范化后的道教音乐，主要运用于诸如设坛、上供、焚香、升坛、画符、念咒、发炉、降神、迎驾、诵经、赞颂等斋醮仪式中，根据法事情节的需要，组合串联各种道曲。法事不同，音乐的组合也相应发生变化。其使用的音乐有独唱、齐唱、散板式吟唱和鼓乐、吹打、合奏等多种形式。器乐形式常用于法事的开头、结尾、

紧　流　水

唱曲的过门以及队列变化等场面，而且在法事过程中，音乐的演奏可根据主持醮仪的高功在供香、步罡、绕坛、礼拜等许多宗教仪式动作的需要，采取坐乐和行乐的形式演奏，以协调出坛法师的动作。

民勤道教音乐与其道派受明清时期移民影响，逐渐融合了江浙地区和陕西、山西等地的音乐元素，形成了南北兼容的风格特征。清代尤为盛行，诸多道观庙宇相继建成。主要有太清宫、元真观（又名真武庙）、清源观（又名二郎庙）。明、清两代，民勤道教音乐中有一首名为《十二郎》的唢呐曲，据研究它本名《石二郎》，流传中发生音转而成《十二郎》。从两首曲调的体裁和风格上来看，它们似乎并非出于同源。目前流行民勤的《十二郎》从唱词到曲调皆为民歌风，而《石二郎》则是典型的道教音乐类型。民国时期，略有衰退迹象。

苏武庙落成典礼民勤道教音乐表演

民勤道教弟子众多，老中青信众兼济，"吟、唱、吹、打"各有所长，大小道场接连不断。1949年后逐渐衰落，只有个别弟子零星在民间从事道事活动。20世纪80年代起，道教音乐再次复苏，一些传承人积极配合国家十大民间集成《中国民族民间器乐曲集成（甘肃卷）》的搜集，整理了道教音乐部分珍贵资料。

民勤道教音乐组成。民勤道教音乐主要由诵唱音乐和伴奏音乐组成，即"吟、唱、吹、打"为主要形式，诵唱部分主要依道教经卷为主要内容，诵唱时有铛子、木鱼、云锣、法鼓、唢呐、小锣、钹、镲为其伴奏。唢呐作为当地最具代表性的乐器，在道教音乐中有着十分重要的位置，唢呐音色洪亮，其音域宽广、渲染气氛、表现力强的特点，更容易在丧葬道场中达到天遂人愿、尽善尽美的效果。

民勤道教经卷。道教经卷作为诵唱的主要内容，大多采用正统道教经文，少部分为当地历代道士总结而成，流传下来的约30多部80余卷，常用经卷按仪式不同分白事用卷和红事用卷。白事经卷主要有《太上十王拔罪宝忏（10卷）》《太上灵宝超王十献科》《太上灵宝超王渡桥科（上下金银2卷）》《太上灵宝超王招魂科》《太上灵宝魂炼科（发文）》《上老君说常清净妙经（上中下3卷）》《太上灵宝铁冠施食玄科》《太上灵宝诸品仙经（10卷）》《太上灵宝救苦拔罪宝忏（10卷）》《太上灵宝

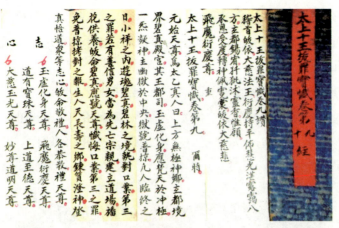

《太上十王拔罪宝忏》经卷

三元灭罪水忏（上中下 3 卷）》《九幽忏（10 卷）》《救苦忏（10 卷）》《三官忏（上中下 3 卷）》《三元灭罪水忏（上中下 3 卷）》等。红事经卷主要有《诸品仙经（10 卷）》《太上灵宝补谢五土五方科》《太上消灾延生集福火燃灯科一宗》《太上说马神牛皇土地妙经》《太上说南斗六司延寿渡人真经》《元始天尊说药王救八十一难真经》《太上老君说中央黄衣土神土德星君》《太上老君说静宅龙虎三生解冤妙经》《太上老君说洞渊解瘟三生解冤妙经》《太上元始天尊说三官宝号妙经》《太上道藏琅极诸品山神地母成皇妙经》《太上玄灵北斗本命延生真经》《元始天尊说十一曜大小消灾神咒经》《高上玉皇满元宝忏（10 卷）》《太上灵宝御制清微朝斗科一宗》《太上灵宝酬恩玄科》《太上老君说补谢土五方土神玄科》等。随着社会变革，生活节奏不断加快，许多仪式逐渐简化，部分经卷逐渐淡出而不被采用，甚至遗失。

民勤道教音乐曲牌。民勤道教音乐在继续沿用西北地区的道教音乐《哭皇天》《满天星》等传统曲牌的同时，又从民间传统音乐民勤民歌和民勤曲子戏中吸收了民勤小调等许多曲牌，从而发展出特殊的音乐形式。道教音乐大多情况下是"歌、乐"一体的艺术形式，部分环节还会在诵唱经文时采用曲调行腔，伴以"歌舞"表演，其旋律宛如众仙飘渺步行虚空，即"步虚"。

民勤道教音乐分类。按形式分声乐和器乐。按用途可分为经牌和曲牌，曲牌分为正曲、耍曲、法器牌子。正曲主要用于为神灵做法事；耍曲主要用于为俗民做道场，也可作为娱乐性演

过 江

1=♭B 2/4

简音作 5

奏；法器牌子主要用于殿堂之外的道场活动。经牌用于诵唱经文，曲牌用于道场空场，声乐部分主要以诵唱为主，诵唱时配以器乐伴奏，颂、赞、步虚、偈等是其主要的表现形式。经牌代表曲目有《满天星》《浪淘沙》《过江》《柳青》《紧流水》等；曲牌代表曲目有《开经偈》《志心朝礼》《天尊》《三皈依》《九九青天上》《玉皇忏》等。此外，还有部分曲牌用于红事，如《仙家乐》《顺心曲》《谢神曲》《回神曲》《五奉献》等。

民勤道教音乐曲调。民勤道教音乐是"南腔北调"的典型代表，民勤道教音乐中的声乐演唱也有两种形式，即道观诵唱和丧葬唱经。道观诵唱一般是由高功、都讲担任独唱及齐唱、散板式吟唱等；器乐形式以合奏和齐奏为主，少见有独奏或重奏形式。丧葬唱经曲调较为复杂，表达的感情色彩也较丰富。通行的模式是道人主唱和领唱，吹匠（俗称吹响）接声和帮腔，突出的特点是统一性和稳定性把握得相当到位。

民勤道教音乐节奏明快、高亢嘹亮、激越祥和。有甜音、苦音之分，甜音常用于红事和重大祭祀仪式，传统曲牌有《放风筝》《纱帽翅》《柳青》等；苦音多用于丧葬仪式悲伤的气氛中，吹奏时把曲牌用得低沉、郁闷、悲切、哀痛。传统曲牌有《祭灵》《哭坟》《哭皇天》《浪淘沙》《孟姜女》《劝亡人吃饭》。

其音乐曲调，基本以"徵"调式结构为主，"宫""羽"调式次之，终止音多落于5、1、6；曲调进行多以上、下行大三度，小三度、级进为最多，纯四度次之，五度以上的大音程跳进居少，由于小音程进行和级进的因素居多，再加大部分曲调多在中音区和低音区往复回旋，故使曲调流畅圆润。所以音乐情绪始终给人以娓娓动听、婉转柔和的感觉。

民勤道教音乐声腔。民勤道教音乐根据演唱或演奏场合与对

浪 淘 沙(一)

1=♭B 2/4   简音作5

5 61 | 27 65 5 | 22 54 | 52 32 12 |

25 65 | 43 21 65 | 11 23 21 | 23 23 25 |

35 32 53 2 | 12 32 1 | 16 12 2·3 | 21 65 |

5 71 1 | 25 21 | 5·6 | 16 65 3 |

23 65 | 5 61 | 27 65 5 | 22 54 |

52 32 12 | 25 65 | 43 21 65 | 11 23 21 |

22 32 1 | 23·5 32 1 | 21 2 | 3·5 32 31 |

2 55 | 65 12 5 | 32 1 | 5·6 16 |

53 23 6 | 5 3·3 32 | 3·5 32 31 | 21 |

3·5 32 3·5 32 | 1·2 32 1 | 25 55 | 65 12 |

1 25 32 1 | 15 16 16 | 53 23 6 | 5 — ‖

象的不同，又将韵腔分为阳韵和阴韵。阳韵，主要用于殿内祀奠，配合课诵、演法，其对象是"神"，是在宗教内部活动中应用的歌曲。阴韵，用于殿堂之外的斋醮道场活动，如赈济、施食等，其对象是"人"，是宗教外部活动中应用的歌曲。韵腔是在法事活动中由讽经、念咒、诵诰、咏唱发展形成的歌腔，道众称为"韵子"，是道教音乐的主体。作为传统音乐中词曲结合的声乐艺术品类，道教音乐韵腔是由道士们一代接一代口传心授保存下来的东西，并在各项法事实践中加以改进和发展。

道教音乐中的不同歌腔形态，是由法事活动的不同科范仪式所决定的，不同的科仪用途形成了讽经腔、念咒腔、诵诰腔、咏唱腔等四种不同的歌腔类型。

讽经腔。讽经腔所讽经文是道教正式的经卷典籍。讽诵经有一定的高低起伏，但并不是成型的韵腔，而是一种类似念白的唱法。与戏曲、曲艺中的念白比较，由于道教音乐中讽经的对象是神仙、鬼蜮及讽持者本人，而不是周围的听众，所以讽经腔不同于戏曲、曲艺中十分夸张的韵白，而恰恰相反，道教讽经讲究的是语调的清幽恬静。道教的正式经典文句多为四言，也有五言、六言、七言的句子。经文格律十分考究，因此在速度的快慢与音调的高低起伏上，讽经仍有一定的规律可循。讽经的速度可慢可快，常由慢而快，节奏规整。每句经文的音律虽然颇不稳定，但句末落韵的字的音律却趋于规范。

念咒腔。在道教的各种法事科范仪式中，为念各种咒语而形成了念咒腔。咒语虽名目繁多，但仍可归纳为两类：一类咒语是符咒，为捉妖驱邪而念咒画符，边念咒边画符，咒语皆为无实际意义的虚字，如"唵哑吽""吽哑利""吽吽吽"等。念此类咒语常一气数遍，音调不稳，未形成歌腔。另一类咒语是无符咒，只念咒不画符，咒文皆为有实际意义之的词。这类咒语每句字数规范，多为四言咒语，亦有少量五言咒

语。念此类咒语，音律音调稳定，节拍、节奏规范，已形成歌腔形态。

诵诰腔。运用于持修法事与纪念法事科范，其旋律简练，不同衬字，衬词没有拖腔，上下句落音规范，即上句常落于商音或羽音，下句则一律落于宫音。诵诰腔各乐句的节奏与诰文句式结合十分紧

诵经

密，诵诰腔的节拍由诰文的句式所决定。诰文的句式虽多以四言为基础，但时常插入一定数量的五言句、六言句、七言句、八言句、还有九言句等。因而在诵诰腔乐句中出现了四言五拍句、五言六拍句、六言七拍句、七言八拍句、八言九拍句、九言十拍句等。其基本规律是一言一拍，句末加拍；上句末延长一拍，下句末就休止一拍。

解 厄 赞

（大圣北斗七元君）

然而，也有例外的情况。在道教的持修法事与纪念法事中，持诵的各种"宝诰"，其目的在于呼唤诸天尊名号。为此，在诵诰时需在诰文中穿插一句"志心腔皈命礼"的诵诰，用来表现持诵者皈命于诸天尊的虔诚之心。这一句特殊的诵诰腔的拍式有"五言七拍句"和"五言八拍句"两种，道众常使用的各种"宝诰腔"中有很多即属此种情形。

咏唱腔。在民勤道教音乐中，咏唱式韵腔是最丰富的韵腔，旋律优美动听，是民间道乐的精华。各种"韵"如《澄清韵》《步虚韵》；"赞"如《铛子赞》《七字赞》《五字赞》《四言赞》《三宝赞》《施食赞》《解厄赞》《老君赞》《骷髅赞》《烧纸赞》《西方赞》《大赞》《小赞》《中堂赞》等；"引"如《天灵接引》《幽魂引》《梅花引》《小救苦引》等；"偈"如《开经偈》《颂经偈》《刀兵偈》以及《步虚》《吊挂》等。由于持修法事与纪念法事中咏唱的对象是诸神诸仙及持修者本人，所以称为阳韵。斋醮法事中咏唱的对象主要是各类鬼魂，所以称为阴韵。阳韵咏唱腔音乐气质较为单一，多为庄严肃穆，飘渺恬静。咏唱腔中衬字、衬词较多，甚至出现比较完整的衬句，旋律迂回曲折、悠扬婉转，常有较长的拖腔。阴韵咏唱腔音乐气质较为多样，悼念亡魂则悲叹哀怨，捉拿妖魔则昂扬激越，仰启神仙则威武雄壮，斋筵施食则喜庆热烈。阴韵咏唱腔中衬字、衬词较少，旋律比较简练，拖腔不多，且较为短小。

民勤道教音乐曲式。民勤道教音乐的曲式结构可分为单曲、双曲和套曲三类。民勤道教乐曲大部分是单曲结构。在实际应用中，吹匠们常按照道士诵唱曲牌进行演奏，在不同经卷的诵唱中会用到许多单曲联奏，如：念《太上十王拔罪宝忏》时，用经牌《稽首皈依》《志心朝礼》来连缀完成。许多单曲都有"引身型"或"身尾型"结构，如《山坡羊》《菩萨登殿》《朝天子》，就是由"引子"和"正身"构成；如《转十献》就是由"正身"和"结束曲"构成，而《一炷真香》就是则由"正身"和"跟曲"构成。双曲是指由二只曲牌连缀而成的乐曲。如《透碧霄》与《一炷真香》连缀联奏，一般不单独吹奏。套曲是指三首以上曲牌按照严格的程式或一定的布局要求组合而成的乐曲。如《三皈依》由三首曲调连缀组合而成。道教音乐通常都有相对固定的曲牌，何时用何曲牌都有一定的定制，不可紊乱，更不得滥用。

民勤道教音乐演奏。道教音乐演奏时主要以民族乐队伴奏为主要形式，主要乐器有铛子、木鱼、云锣、法鼓、唢呐、小锣、钹、镲等，一般用到唢呐为主，少则2把，多则6至8把。特别是民勤唢呐在道教音乐中的应用尤为重要，其演奏技法以循环换气、不控哨为特征。吹奏讲究"换气法"，在吹奏方法上用一种古老的"循环换气法"，为了保持呼气与吸气的连贯性，要求在不断往外吹气的同时进行吸气，即在吹奏进行中换气，俗称"抢气"。这样做的目的是让吹奏延续不断，将一个很长的乐句、乐段，甚至整个乐曲能够连贯不断、毫无间歇地一气吹完。而钹与镲的演奏更是一大亮点，演奏时蹦蹦跳跳，粗犷豪放，更加渲染气氛。

民勤道教音乐传承。民勤道教音乐师承关系甚为严格，奉行正一派教条，主要以家族传承为主要形式，旧时多为"子承父业"和兄弟相传，较少传给外人。中华人民共和国成立后，民勤道教逐渐衰退，参与人员递减，逐渐推行外姓师承关系。由此一来，道教在当地便成了一种职业，一种谋生手段，而职业吹匠正是在这一背景下出现和存在的特殊艺人。民勤道教经卷大都以手抄传承，而音乐部分则采用口传心授为主要传承形式，所以民间"吹响"大多不懂乐谱。

完愿诵经道场　陶积忠摄

民勤道教音乐曲牌流变性较强，湖区和坝区出现许多同名而不同旋律的曲牌，且旋律关联较大。

人的一生离不开礼俗，而礼俗则离不开音乐这个最具艺术性的载体。民勤道教音乐与当地民间习俗仪式之间千丝万缕的联系，为这种古老的习俗文化增添了不少神秘的色彩。道教反映出当地独特的宗教观念和文化特色，道教仪式中使用的音乐，是集古代宫廷音乐、文人音乐、民歌戏曲等音乐之大成的道教音乐，具有其独特的宗教特色和超凡脱俗的品格，它作为传统习俗的灵魂体现，已经成为一个民间音乐艺术的活化石。

道教音乐的传承，历来严谨规范，通行于全真道内的音乐以《全真正韵》亦即教内通称的"十方韵"为范本，各宫观均准规准矩、严格奉行。经韵的传承，全凭上师密传，口传心授，故其音乐形态上有着高度的统一性。从现今各主要全真宫观的音乐上看，各地所诵之"十方韵"无论是韵腔风格，还是具体的旋法、节奏都大同小异，在道内有"死全真"之说，意即全真道音乐是不得随意改动的，因此便形成了全真道音乐固有的统一性和相对稳定性的特征。

民勤道教音乐经韵曲调，兼具"北风南韵"，委婉、俊美、清澈、秀丽而又不失高亢的韵味，不仅仅只是传统文化的一种宣传，还给予人们以心灵上的触动和正能量的激励。面对历史悠久、源远流长的民勤道教音乐，由于古代没有记录、保存音乐的实效技术，因此，挖掘整理民勤道教音乐，对研究中国古代音乐具有重要的参考价值。

（甘　平）

民勤弹词

　　弹词，是集说、唱、弹于一体的传统曲艺形式，是主要流行于南方的用三弦、琵琶伴奏的一种民间说唱艺术。因其以三弦伴奏，又称之为"弦词"。形成于明代中叶，至清代极为繁荣，是清代说唱文学中成就最高、影响最大、流传作品最多的一种。在明代，南方、北方都有弹词流传。到清代，北方仍有弹词。弹词在明嘉靖、万历时已在南北各地演唱，大约自清乾隆年间开始，弹词流行的地区逐渐缩小于江苏、浙江等江南一带。

　　地处西北内陆的民勤之所以会流传弹词这种南音，是因为民勤历史上是一个典型的移民区。明代以来，江、浙、晋、陕等地大量移民迁入，带入各地的民俗风情、俚曲小调，流行于江南的弹词也从其分布的核心地域江浙一带传入民勤。《中国曲艺志·甘肃卷》记载：明朝成化六年至弘治二年期间（1470—1489 年），艺人胡明春自弹三弦演唱《九老品茶》《八仙笑春》《赶骆驼》《苏武山传奇》《走驼城》《采茶女》《笑胭脂》等曲目。弘治七年（1494 年）夏，艺人曹德顺与杨七十一等人采用双档演唱的方式，演唱《双骆驼》《俏媳妇》《盘锅台》等曲目。清朝康熙九年（1670 年），民勤盲艺人胡祥民学得凉州贤孝后，回归乡里，自弹三弦，用〔茉莉花〕〔寄生草〕〔祭腔〕〔哭皇天〕〔红柳根〕〔绕佛堂〕〔甜音柳青〕等曲调，并加入曲胡、二胡、琵琶、竹笛等乐器伴奏，演唱《侯女反唐》《苏武传》《三元记》等长篇曲目，深受观众欢迎。从《镇番遗事历鉴》记载的史料看，乾隆年间民勤有专门从事弹词演唱的歌伎。中国古代文人携伎饮宴，源起江南，盛行唐宋，不想传至明清，竟在镇番这样的边隅小城大行其道，不能不说是文化史上一段别样风景。清代和民国时期，弹词在民勤广为流传。在民勤曲子戏形成之前，民勤地方的文艺娱乐形式主要是弹词。民勤曲子戏形成后，很多艺人既演小曲戏，又唱弹词，也有专事弹词演唱的艺人。

　　弹词由说、表、唱、弹四部分组成。说（说白），即说唱人用曲目中角色的口吻以第一人称来对白；表（表述），即说唱人以第三人称进行叙述；唱（唱词），以七言韵文为主，间或杂以三言衬句，成为三、三、七或三、三、四的句式；弹（弹奏），以三弦、琵琶为主来伴奏。弹词多用第三人称叙述，文字大多很浅近。语言上有"国音"（普通话）和"土音"（方言）之分。民勤弹词用民勤方言说唱，语言上属于"土音"。

弹词的曲目多为长篇，可以说是一种韵文体长篇叙事民歌，语言淳朴，叙事性强，这种特点使之适宜成为家庭的日常娱乐。原生态的弹词作品大多数是长篇的，它的文本也宜于作为一种消遣性的读物。

民勤弹词曲目有记载的有40多种，整理出唱本的有30多种。长篇曲目有《汗衫记》《劝父留母》《王昭君》等，流传较广的是《周月月》，还有民国时期民勤知名文人石关卿创作的《霜毙青枣》。目前整理的唱本有《顶嘴姑娘》《蓝桥担水》《会书生》《姑娘吊孝》《大盼家》《三子分家》《三姐儿》《方四姐》《小老鼠告状》《保柱子借当》《苦媳妇》《鳏夫上坟》《打樱桃》《张毡匠》《刘三吃烟》《卖棉花》《百宝箱》《拉骆驼》《秦雪梅吊孝》等，《尼姑思凡》有两种唱本。

民勤弹词曲调与曲子戏不同，有一抹淡淡的江南丝竹味，是悠扬婉转的南音，南方风味较浓。民勤弹词以弹唱为主，说表为辅，说白唱腔都用民勤方言，多用三弦伴奏，亦可加板胡、二胡、琵琶、竹笛等乐器。后来，琵琶伴奏在民勤失传了。

民勤弹词的演出颇为简单，基本以坐唱形式演出，分为单档（一人）、双档（二人）、多档（三人以上）等几种形式，演员少则一人，多则四五人。多不表演，有些只唱不说；有些间以白口，有些插进数板或韵句，有说有唱。有些是演员自弹（拉）自唱；有些是演员自弹（拉）自唱，又相互伴奏、烘托。单档是单人自弹自唱演出，双档表演时，演员分坐左右，多档表演时，演员或坐或立，相互配合，以不同人物的口吻、声调说唱，曲调、唱腔各异。如《深闺怨》，由一人主唱，乐队三至五人伴唱；《亲家打架》，由三人各执乐器轮流演唱；《郑丹哭祠》，可由五六人演唱，亦可由二人坐唱。

民勤弹词多是一唱到底，很少有插白，这种古老而严谨的形式，仍然保持着一人主唱众人合唱的特点，这里的"合唱"实际上是一种帮腔的形式，众人多是在虚词的托腔时才唱，以衬托气氛，这种风格的出现，是在古老的坐场弹词中才会出现。在民勤小曲戏迄今演唱的剧目中，这种形式依然被广泛使用着。

民勤很多户族来自江南，是江南移民的后裔，因而保留了许多江南的风俗习惯。江南人爱听书、看戏、喝茶，弹词是江南民众休闲生活联系最密切的说唱艺术，这种习俗对民勤有很深的影响。民勤弹词演唱较为简便，一个本子又可以唱得很长，作为一种民间很流行的兼有说唱的偏于消闲娱乐的曲艺样式，这种特点很适宜庭院或地摊演出，其观众主要是"闺中人"和市民阶层，所谓"闺阁名媛，俱堪寓目；市廛贾客，亦可留情"。特别是一些地位较高的家庭妇女，既无劳作之苦，又极少社交活动，生活百无聊赖时，听或读弹词便成为她们生活中的小插曲。清代弹词的兴盛与这一背景颇有关系。

弹词的盛行不衰，也推动了平民文学与平民艺术的发展。毛奇龄《西河词话》云："弹词者，以故事编为韵语，有白有曲，可以弹唱者也。从前有通此技者，多系盲人，每晚黄昏时，怀抱三弦，弹游街肆，招叫生意，皆系此类。"不过在民勤，盲人抱琴而歌的现象极少见，民勤弹词艺人通常所见非但不盲，而且往往都是些聪明伶俐的识字人。

民勤弹词有独特的艺术价值，是民勤曲子戏的雏形，弹词、二人台、曲子戏三种曲艺形式，从其脚本构成、角色设置、表演程式以及曲调风格等多种因素比较分析，三者之间有其必然的联系及其演变规律。可以这样说，先有弹词，在弹词基础上衍生出二人台，在二人台基础上又演变发展为曲子戏。

1981年李百祥在群众剧场演唱民勤弹词《方四姐》，李玉寿二胡伴奏
李万修摄

民勤弹词传统曲目大多讲述才子佳人的悲欢离合，家庭和社会生活故事，扬善惩恶，崇孝敬贤，褒忠贬奸，对于传承孝道、教化人心有着重要的文化传承和精神教育价值。

中华人民共和国成立后，民勤弹词依然传唱不绝，到20世纪80年代初，全县较为有名的弹词艺人有许有刚、李百祥、高培阁等，传唱的弹词曲目有《杜十娘》《方四姐》等20多种。这些弹词艺人先后去世，民勤弹词人去艺绝。

进入21世纪，在市场经济、文化生态、新式娱乐的多重冲击下，民勤弹词后继无人，基本失传，亟待抢救保护。

（樊泽民）

春　歌

　　民勤的春歌，是社火表演开场时行令的春官所唱的祝词或颂词，一般有固定的旋律、句式，即兴创作的填词，内容因场合而异，大多是表示祝福、赞美，表达美好愿景的吉庆之语。

　　春歌的起源与社火紧密联系。相传共工的儿子勾龙为了弥补父亲的罪过，把共工造成的九州大裂缝一一填平。黄帝见状，便封他为"后土"，让他掌管土地，从此勾龙便成为人们祭祀的社神。而共工的另一个儿子死后变成了瘟疫鬼，到处散布瘟疫。这个瘟疫鬼啥都不怕，就怕响器和烟火，故而在祭祀社神时又要击器而歌、燃放烟火、燎天蓬，以求祈福消灾。后来祭祀社神，以求禳灾避难的活动中就逐渐形成了鼓乐喧天、爆竹声声的景象。活动中主持的司仪念念有词，说一些祈求春耕顺利，风调雨顺、庄稼丰收、身体健康等内容的话。由于春节是年之始、春之头，后来这种祈福仪式逐渐发展成了以"春歌"命名的一种表演形式。

　　虽然这样的渊源只是一种传说，但一关系到禳灾避难就宁可信其有，一旦形成了风俗，就成了镌刻在民族心理上的一种文化自觉，代代相传。

　　在民勤，大多数地方春歌一般由社火队的指挥来唱，人们也把他称作"春官"。过去娱乐项目少，每到春节，各个村社都要组织秧歌队营造年节气氛，丰富群众文化生活。

　　民勤的年俗是"初一敬高堂，初二拜岳丈，初三走亲戚，初四秧歌串门忙"，这时春官就带领秧歌社火队到一些单位或居民家中挨个拜年。每到一处，春官手持"伞头"先指挥队伍把场子转圆，然后将伞头高高举起，重重落下，顿

民勤秧歌社火表演中的春官（左）

春 官 曲

1= C 2/4

5· 5 5 5 | 6 5 | 3 5 | 3 2 1 |
抬 起 我 的 头 用 目 观，

5 3 5 | 3 5 3 2 | 1 2 1 6 | 5 — |
大 爷 万 事 如 意 身 体 康 泰，

1· 6 1 | 2 2 2 3 | 5 3 2 | 1· 6 |
你 的 子 孙 们 很 能 干，

5 5 6 | 5 5 3 | 6 1 2 | 1 — ‖
祝 愿 你 当 年 大 发 财。

时乐队人马个个站定、人人肃静，春官面向上房，伴随一上一下的伞头和锣鼓点子，和着流传久远的春歌调，唱出四句或八句一段的祝辞。祝词一般都是因单位性质职能或居民家庭的情况不同而现编现说，触景生情，即兴发挥，朗朗上口，悦耳动听，趣味无穷。大体意思一是夸奖之词；二是表达祝愿；三为搞笑滑稽，活跃气氛，总之就图红火吉庆。例如，见了大爷说"老寿星"，见了当官的说赛"包公"。在饭店酒店门前要社火，就说："你家饭菜十里香，酒像天上琼玉浆，过路君子尝一口，永生永世也难忘。"

有些春官由识文断字的先生担当，现编的春歌也能音韵和谐，辞藻华美，寓意美好，令人回味无穷。如：

抬起头来向上看，紫气降临平安宅。

庭前花木春开早，全年康乐灯火明。

祖荫高德世所钦，家藏万卷腹藏经。

子贤孙孝人丁旺，福寿绵延万年长。

受到褒奖的人家，听了自然喜不自胜，赶紧用纸笔记录下，时时念诵玩味，不胜荣幸。

有时候也会由滑稽搞怪、口齿伶俐的人来担当，这些人虽斗大的字识不了几箩筐，甚至连自己的名字都不会写，但记忆力惊人，思路敏捷，妙语连珠，绘声绘色，令人叹服。

说张家，到张家，弟兄三个本事大。

老大在外擀毡哩，老二窑上搬砖哩。

老三家里炝鲜哩，嫂子怀里撒欢哩。

……

听者自然捧腹大笑，开心至极。

也有难住春官的是时候。有一户人家生活非常困难，空落落的院子只有两间房，非常寒酸。到了这一户人家，村民都不出声了，就看春官的能耐了。这个时候就是考验春官机智的时候，一些经验丰富的春官往往能在极短的时间内编出一段皆大欢喜的唱词：

锣鼓喧天闹新春，唱段秧歌大家听。

两间房，院子敞，四堵墙围成个聚宝盆。

这时候，社火队中锣鼓声又起，吉祥如意送到了，也没有使主人感到难堪。

春官根据各家的情况现编现唱，有时来到一个新庄子，庄子除了四堵墙其余什么都没修。秧歌队伍站定后，春官左看看右看看不知道怎么说，就抖着伞头指挥锣鼓"咚咚锵，咚咚锵"一遍遍敲。围观的人见状轰然大笑，春官灵机一动，唱将起来：

春官曲

1=D 2/4

```
5 5 | 5 5 3 | 5 3 2 | 1 - | 5 5 | 2 3 2 1 |
锣 鼓   声 声 迎   新 春    男 女 老 少

2 3 1 6̣ | 6̣ - | 1 1 | 2 3 2 1 | 5 3 2 | 1 - |
都   康 宁    四 季  发 财   事 业  兴

5 5 | 5 3 2 1 | 6̣ 2 | 1 - ‖
生 活 小 康 好   年 景
```

这个地方好地方，新打的庄子四方方。街坊乡亲笑口开，来日好景定方长。

秧歌队不光要在家户庄院里闹，到村上社上打麦场上也要大闹特闹，这时春歌的内容大多是歌颂好政策、好年景、事业蒸蒸日上、生活红红火火。

锣鼓声声迎新春，男女老少都康宁。

四季发财事业兴，生活小康好年景。

锣鼓敲得震乾坤，扭起秧歌享太平。

日子红火产业兴，党的政策暖人心。

实际上，绝大部分春官并不能现场编词，他们往往将祖先们传下来的春官曲调背熟就行了。铁匠赞、木匠赞等等的三教九流，不同的行业都有不同的赞颂之词。

在春官唱的这些曲调中最为著名的要数《二十四节气歌》这个曲调，流传较为广泛，各地均有传唱，共有 12 段，每个月分为一段，正好唱了两个节气。内容基本上都是些春种秋收、防病治病的基本知识。开头是这样：

正月里立春天文合，节气相连雨水多。

气象更新春富贵，小曲秧歌真红火。

……

三月清明把谷雨送，家家户户选籽种。

春种一粒生万粒，秋收五谷又丰登。

……

春歌唱词由于是现编现唱，所以十分丰富，但也有一定的规则。一般每句七字，四句一段，或两句一韵，或二四句押韵。唱完第一句，锣鼓骤然齐鸣，又戛然而止，紧接着唱第二句，节与节中间稍停顿片刻，由锣鼓奏鸣，然后一口气唱完第二节。鼓乐与歌声之间巧妙配合，形成波澜壮阔、声震霄汉的气势，为整个社火队增添了不少氛围。

春歌的旋律有多种，在民勤流传最为广泛的有五六种。春歌曲调皆为四句，韵律走势符合起承转合的规律。春官根据唱词不同选择不同的曲调，也有些只掌握其中的一到两首，就只能一首曲子唱到底。特别是较长的多段式春歌，大都采用多曲连缀或单曲反复的方式完成。

春官曲

1=D 2/4

5 3 5 | 6 3 5 | 5 3 5 | 3·21 | 1·23 | 5 3 21 |

锣 鼓 敲 得 震 乾 坤，　　扭 起 秧 歌

2 3 1 6 | 5 - | 1 61 | 2 3 23 | 5 32 | 1 6 |

享 太 平。 日 子 红 火 产 业 兴，

3 6 | 3·1 61 | 1 - ‖

党 领 我 们 奔 富 路。

唱春歌在 20 世纪 80 年代早期最为兴盛，后来随着电视、录音机逐渐走进普通农家，人们闹社火唱春歌的兴趣逐渐消淡。到 21 世纪，唱春歌的习俗在民勤几乎绝迹，春歌带来的年俗享受成了一种美好回忆。

春歌作为春节节俗文化的重要部分，具有重要的传承价值和意义。一是民俗、文化价值：春歌承载着乡土节俗文化不断延伸的使命，是民勤人精神、乡土观念认同的纽带。二是文学艺术价值：春歌唱词无论雅俗，大都幽默诙谐，形象生动，关注当下，歌唱生活。春歌的传唱发生在每一个人的身边，贴近人们生活，极大地带动了从文人雅士到普通百姓参与创作传唱的兴趣。春歌曲调朴实优美，也能给传唱者和听众一定的艺术享受。三是现实娱乐价值：这一点是与前两点密切相关的，是在民俗文化认同和文学艺术的享受中产生的能够陶冶情操的一种较为高尚的娱乐享受。

现在，当年的春官大都年逾古稀，春歌逐渐成了镌刻在人们心灵中的文化记忆，春官唱春的节俗濒临失传，保护刻不容缓。

（石　荣）

民勤民间游艺与竞技

民间游艺与竞技，顾名思义，就是娱乐、游玩和一些娱乐性比赛活动，是通过一定的活动或手段，满足人们视听和身心需求，以达到娱心悦目的精神文化活动。

民勤县流传的民间游艺与竞技项目十分丰富，主要有跳方方、藏道道、挤圪巴、抗墩墩、打木牛（赶猪猪）、拧勾勾、吃籽儿、打秋、叼狗娃、弹蛋儿（弹杏核）、火柴枪、跳绳（跳皮筋）、打沙包、打垒球、掀牛九、滚铁环、官兵捉贼等等。这些活动在过去十分流行，其中很多是季节性娱乐活动，也有竞技性的对抗活动，更多的则是不受时间、地点、条件制约的自娱自乐活动。其中有的继承性极强，规则较严格；有的则是无拘无束的即兴自娱。

官兵捉贼。一般有四个人来玩。先写上"官""兵""捉""贼"四张纸条，让四人抽签，然后隐藏起来不让别的人看到。按照游戏规定，谁拿到什么字，谁就扮演什么角色。"官"当然是发号施令的；"兵"是负责执行的；"捉"就是缉拿"贼"的捕快；而"贼"就是盗贼。拿着"捉"字的人可以怀疑任何一个人是"贼"，也可以提审和问讯其中任何一人。但是，另外三个人在接受审问时，都不许透露自己的身份。当然，"贼"这时候就必须刻意伪装自己。这就要求捕快认真观察每一个人的表情和回答做出判断。如果捉对了，那么"官"就作出审判，命令"兵"以一些特殊的方式惩罚"贼"。相反，如果捉错了"贼"，就必须对捕快进行严厉的惩罚。一般情况下，在这个游戏当中遭到惩罚最多的是"捉"，因为猜中的几率本来就只有三分之一，而且"贼"也往往会极力通过伪装使"捉"难以判断。

叼狗娃。实际就是老鹰捉小鸡的儿童游戏。游戏开始前，先有两位大一点孩子以"猜包吃"（也就是石头剪刀布）的方式定出老鹰、鸡妈妈，其他的就都是小鸡仔。然后老鹰和鸡妈妈相对站定，"小鸡"依次抓住鸡妈妈或前面"小鸡"的衣服，跟在鸡妈妈后面。"老鹰"不许推鸡妈妈，也不能抓鸡妈妈，只能跑动避开突破鸡妈妈的防线，依次抓到鸡妈妈后面的"小鸡"，直到"小鸡"都抓尽即为一次游戏结束。鸡妈妈可以抓、拽、推、抱"老鹰"，并张开双臂快速跑动尽量阻挡"老鹰"。鸡妈妈在拦的同时，也可以大声喊着提示后面的小鸡，告诉自己身后的小鸡仔们躲避。在鸡妈妈身体左右移动的同时，鸡妈妈身后的小鸡仔们也随着以相同方向来回转动，由于活

刁狗娃　李文泮摄

动半径不同，往往是鸡妈妈挪一步，小鸡仔跑十步，跑动十分激烈。游戏时，老鹰左突右扑，鸡妈妈左挡右阻，小鸡就疯了似的左右"飞"，飞着飞着个别就飞散了，掉队了，就得退出游戏。万一老鹰突破了鸡妈妈的防线，抓住了最后面的小鸡仔时，小鸡仔立即蹲下，双手抱头，表示投降，退出游戏。就这样直到所有小鸡全部被抓光为止。

火柴枪。20世纪60年代诞生于民间的手工玩具枪，以火柴棍为子弹可以发出响声的非制式玩具枪。曾经广泛流传于中国农村，是六○、七○以及部分八○后孩子们儿时心目中的"神器"。

火柴枪一般由自行车胎气嘴镶车辐条帽做枪头，用8号铁丝手工制作枪身子、扳机、撞针等构件，以橡皮筋做动力驱动撞针。游戏时用手拉起撞针，挂在装有扳机的触发桩上。这时撞针尖刚刚能搭到气嘴内孔边沿，气嘴刚好留有大半孔径用来装火柴。火柴杆子向前穿过气门嘴以及镶在气门嘴前部的辐条帽，使火柴头紧紧地卡在辐条帽上，然后扳动扳机，触发撞针，在皮筋的带动下撞针尖高速撞击在火柴上引起爆炸。火柴枪还有一种形制，是使用自行车链子褙摞在一起，代替气嘴子当枪头，原理一样，构造大同小异。

火柴枪是中国社会在经过长年战乱之后留下的烙印，是时代风尚和娱乐手段贫乏的双重产物。

滚铁环。在20世纪六七十年代盛行于全中国。玩时手持一根顶头是"U"字形的长柄铁钩子，推一个直径60厘米左右的黑铁环向前滚动。有的还在铁环上套两三个小环，滚动时声音更加响亮。

滚铁环的关键之处在于掌握好平衡。孩子手上的长柄就像方向盘一样控制着铁环的方向、平衡和速度。

滚铁环的场地最好选在平坦的路面，或坡度不大的草坡。如果是滚铁环的高手，即使是崎岖的山路或凹凸不平的村巷，亦行走自如。

过去在农村，闲暇时，孩子们就相约在街道、打麦场、原野上，一起来比赛滚铁环。孩子们设定一个目的地，然后一起出发，看谁能最快到达终点。场地上，尘土飞扬，铁环风驰电掣，孩子们大呼小叫，奔走如飞，场面十分热闹。有时故意将铁环互相碰撞，若谁的铁环跌倒在地，则马上被淘汰出局。

打沙包。沙包大多自己缝制，一般是一个正方体布包。内装玉米粒、高粱粒、麦粒、豆粒或细沙粒，边长约 5 至 10 厘米之间。

游戏可以四个人做，也可以六人或八人。以四人为例，分两组，每组两个，两边各一个人（同一组），中间两个人（同一组），两边的人相距 10 米至 15 米用力投沙包，目的是击中中间的人，中间的人要躲避投来的沙包或者将其接住。如果中间的人能躲过沙包，则两边的人捡起沙包后继续投掷。如果中间的人未能躲过沙包，则被击中淘汰出局，若两人都被打中淘汰出局，则站在两边的人赢此局。如果中间的人将沙包接住，未使沙包掉落到地上，则本组淘汰出局者可恢复，再胜则两边的人输此局，中间的人与站在两边的人对换场地，继续投掷。六人或八人游戏则通过淘汰轮换上场。

斗鸡（抗墩墩）。斗鸡，有些地方也叫抗墩墩，大多是小孩子们在冬天玩的一种游戏，这种游戏能在冬天里暖和身子。游戏规则是单腿独立，另一腿用手扳成三角状，膝盖朝外，用膝盖去攻击对方，若对方双脚落地，则赢得战斗。

斗鸡是锻炼平衡和耐力的一种游戏。游戏至少要两个人，一般有五种玩法：单挑、单人守擂、四

斗鸡　李文泮摄

人双擂、三人撞、混战。单挑：只有两个人互相对撞的游戏；单人守擂：由一人出来守擂，其他有不服气的与其对阵。输者淘汰，胜者继续守擂，直到无人挑战为止；四人对擂：双方各两人，一主将一副将，即可捉对厮杀。一般是集中力量攻击对方某一人。待其中一人被击败后，再围攻对方另一人；三人撞：两个实力稍弱者，齐心协力对付一名实力稍强者，就是一蹅二；混战：主要分为两种，其一是对战，双方相隔十余米，一声令下冲向对方，以全歼对方为胜。一是夺旗战：双方各放一砖土块（书包、红领巾）等物作为军旗，混战中先夺得对方军旗为胜。

打木牛、赶猪猪。打木牛有些地方叫赶猪猪、打老牛，通俗的叫法是打陀螺。是 20 世纪七八十年代普遍流行的一种传统体育游戏活动，

工欲善其事，必先利其器。要把一颗木牛打得运转平稳，必须得先做出一颗精致

的木牛和趁手的鞭子。

孩子用一根 60 厘米左右的红柳做鞭杆，一头拴上比鞭杆稍长的一根绳子做成赶木牛的鞭子。用一段很短的圆木头，把它的一头削成圆锥形，圆锥的顶端钉一个铁钉做成木牛。爱好一点的孩子还要在木牛上涂上花花绿绿的颜色，旋转起来煞是好看。也有用圆形的墨汁瓶子做木牛的，将瓶口粘上沥青，中间陷进一颗大一点的钢珠就成了木牛。这样的木牛虽然简单，但是运转十分平稳，耐磨耐玩。

打木牛时先用鞭绳顺时针缠绕在木牛上，扯动鞭绳，用力一丢，陀螺就会在地上转起来，然后用鞭子不停地抽打陀螺，陀螺就会不停地转动下去。

过去，打木牛是较受小孩子喜欢的一种游戏，不仅能单独玩，还能和别人比赛，享受竞争的快感。打麦场、操场、院子或街巷，都可以是游戏的场所。在一声声鞭子的抽打下，木牛不停地旋转着，看谁的转得欢，转得久。

打垒球。民勤的垒球是本地流行的一种儿童游戏，与体育竞赛中的垒球大不相同。

垒球是一种对抗游戏，所以经常是分两组进行，每组 4 人。垒球场一般是相对宽阔的土地或草地，本垒和其他三垒之间要距离相等，所以垒球场一般是正方形。分好组后通过猜拳确定，其中一组 4 人占垒，另一组出一人当投手，其他 3 人站在场外合适的位置捡球并准备截杀对方队员。投球手站在球场中央，为了扰乱击球手，投球手既要投出符合要求的球，又要变换着节奏，投出刁钻难以击打的球，争取使对方失误。击球手三击不中出局，或者球被对方队员接住，就很容易被对方队员截杀出局。击球队员击出球后，同方 4 个队员要马上奔向下一垒，动作慢了就有可能被对方捡球队员截杀。通过截杀逐渐淘汰队员，这时由于队员减少上垒的难度也逐渐增加，直至队员全部淘汰，就换下一组队员守垒。

打尜儿。是一种需多人共同进行的儿童游戏。需要的游戏道具有尜儿、尜儿棒以及一大片活动区域。

尜儿是两头尖中间粗的木棍，长约 3 至 5 寸，尜儿棒是一根用来击打尜儿的光滑木棍，长度和球棒大致相同。

打尜儿前，先选出两个头儿，通过"手心、手背"或者"猜包吃"的方式将人分成两拨，并确定哪方攻垒，哪方守垒。然后在地面上画一个或圆或方的图形，代表"垒"或者叫"城池"。

打尜儿时，守垒方的垒主，将尜儿平放在垒的边缘，用木棍儿轻轻一敲尜儿的一头，尜儿便迅即弹起，随即冲着尜儿的中部用木棍狠狠一击，尜儿便会飞出。

打尜儿很讲究技术，轻击尜儿使之弹起时，用力要适中，这样弹的高度正好。在击出尜儿之前，由于挥手蓄力需要时间，尜儿弹起再落下也需要时间，在这个时间差过后，以木棍恰巧击在柒儿的中部最好。这样击出的柒儿飞行起来不飘，能落得很远。

当然，打柒儿有打空的时候，即木棍没有击到柒儿，它便落地了。为了防止没打到柒儿就下垒，一般约定一个失误次数，以保证每人有一次有效打击。也有打"飞"的时候，木棍击在了柒儿的尖部，柒儿被打转儿，不朝着击打的正前方飞，而是朝上飞去。不过，对于打飞的柒儿，允许在其没有落地之前再击一次，只是这样的敲击力度会小得多。

柒儿飞出时，攻垒的一拨人早已散开，有的会跑出很远，准备捡柒儿，目的就是尽快捡到被击出的柒儿并投回垒中。这需要众人多次配合，最后由攻垒方的头儿将柒儿准确地投进垒中。不过，在投垒的柒儿还没有落地前，垒主可以将其击出，攻垒一方就得重新攻一次垒。这时，守垒方要产生第二个垒主，与前垒主交接班。

如果攻垒方投进垒的柒儿落在了地面上，他们就取胜了。然后，双方要互换角色，重新开始一场。

跳绳、跳皮筋。跳绳，是一人或众人在一根环摆的绳中做各种跳跃动作的运动游戏。

跳绳动作简单易学，但是花样繁多，有单腿跳、双腿跳、双臂交叉跳、空手跳、双人对跳、双人单握并列跳、双人侧跳、双人空手跳、多

跳绳　李文洋摄

人跳、行进跳、逆向跳等等，不胜枚举。还有一些爱好者加入一些高难度杂技或者舞蹈动作，排练成具有观赏性的花样跳绳。

在民勤大多把跳皮筋也叫跳绳，这项游戏几乎是女生的专利，是课间女生最常做的游戏。皮筋一般是用自行车内胎剪成条状相互连接而成的细绳，长二三米。跳皮筋的孩子一般分两组或更多组，以轮流晋级方式来跳，以手心手背或石头剪刀布来分组，胜者为一组，负者为一组，再次分时，则会胜者对胜者，负者对负者，如此循环下去。跳法有挑、勾、踩、跨、摆、碰、绕、掏、压、踢等十余种，跳时姿态优美、动作活泼、花样繁多，十分具有观赏性。

一般情况下，一组先跳，后跳的一组选两个人撑皮筋。无论跳什么花样，皮筋高度都基本要从踝关节跳到头顶，有的还要手撑皮筋，两臂高高举起。跳的一组可以一

跳皮筋　李文泮摄

个一个轮流跳，也可以一起跳，全体顺利跳完一遍，就可以升高度了。哪个人失误，同组的一人可以重跳一遍救他。如果全体失误，就换撑筋的一组跳。跳皮筋时，口中还要唱着自编的儿歌口诀，最常用的有"马兰开花二十一，二五六，二五七，二八二九三十一，三五六，三五七，三八三九四十一……"一直到"九八九九一百一"。

跳绳是一项极佳的健体运动，能有效训练个人的反应和耐力，有助保持个人体态，既能健美又培养协调性。

弹蛋儿、弹杏核。弹蛋儿可两人进行，也可多人一起玩。开始的方式有多种，可根据场地选择。一种是地上画一个标靶，大家站到一根线处抛蛋儿，离得最近的先弹。如果附近有墙，也可画一条与墙平行的线，向墙抛蛋儿，蛋儿弹回，离线最近者先开球。弹球方式有顺地溜滚和凌空点射等方法，击中对方为胜，被击中的球归胜者。击不中，由第二名弹球。如此轮流，最后看谁赢得球多。

弹蛋儿所用的器材也随着时代不断变迁，最早的是用杏核，所以弹蛋儿也叫弹杏核。后来，也有挑选比较规则的圆石子弹的。到20世纪80年代初，很多小孩用砖头碎片磨成规则的圆球弹，磨制起来很是费功夫，每输一个蛋儿哪真叫"蛋"疼，所以弹起来格外用心。再后来，条件好了，每个孩子都是大把的玻璃球，既规则又好看，反而只在乎输赢，并不在乎"蛋儿"的得失。随着时代的进步，器材在变化，不变的是弹蛋儿的乐趣。特别是在"生活紧张"的过去，弹蛋儿的游戏能带来更多的娱乐体验。

跳方方。跳方方、跳房，一般是女孩子比较喜欢的一种游戏。游戏前首先在平地上并排画五六个大方格，二人或四五人参加，依次出场。跳方方用的器材，一般是自制的沙

弹蛋儿　　李文泮摄

包，也有用纸折叠的厚方包跳的。游戏时，首先将沙包抛进第一格，单脚跳动，蹴沙包向前，一格一格跳过，行进中若沙包压线、脚踏线、双脚着地、一格跳动二次，都算犯规，即出局等待下一轮。按规则跳完一个来回，即算跳完一格，再抛沙包于第二格，由第二格蹴沙包向前。跳完全部格子，背对方格，将沙包由头顶向后抛出，落在哪一格，哪一格即为胜者的"房子"，胜者在这一格画上记号，此后胜者在跳至自己"房子"的一格时，可以落脚休息，而别人必须蹴沙包跳过这一处"房子"，若沙包落在别人的房子里，或压了别人"房子"的界线都算犯规。背抛时出界或压线，也算犯规，当次所跳格子无效。最后以盖"房子"的多少排名次。

打秋。也叫打秋千，在民勤是一种年节习俗。因为农村一年四季都比较忙，只有冬闲过年"放长假"，所以过年栽秋，大人小孩都乐一乐。过了元宵节，就又到了"铧头满地走"的节气，秋千也就卸了。

每年栽秋，都是大人小孩齐上阵，东家的檩子西家的梁，凑够了梁柱还要一家家化上把芨芨搓秋绳，搓绳、挖坑、栽柱、搭梁，红红火火一整天就把秋栽好了。栽好后挂红布、贴对纸、秋梁上贴上"千秋万代"表示福寿绵延，

打秋

子孙万代之意。传说秋千本来就叫"千秋"，后为避皇家忌讳改为秋千，但其千秋万代之意却已深入人心。做完这些上炷香就可以开秋了。

栽秋有很多讲究。如选地，一般谁家媳妇没有生娃，就主动要求栽到自家门前，希望襀一襀，引个娃。还有说是春天打秋千，一年不招病。"秋上娃子吊，家里先人笑"，总之在娱乐的同时都要图个吉利。

过去秋千有两种形式，一种就是现在常见的普通秋千，一种叫"转转秋"。听老人们讲，大多是把过去的木轮大车轮子，架在一个立木上，还要装一些稳固和驱动的装置，秋绳拴在四周，然后通过人力推上转动，打起来十分刺激。

荡秋千分单人荡、双人荡、立荡、坐荡、跪荡等，花样繁多。这项运动不光小孩喜欢，青年、老人都踊跃参加。有时还要举行表演比赛。荡得最高最美的人很受乡邻的赞扬。

挤圪巴 李文泮摄

挤圪巴。"挤，挤，挤圪巴，挤死了不要找妈妈。"过去冬天很少有人家能架得起炉火，阳光好的时候，南墙根下晒太阳就是一种不错的享受。要是还不够热乎，那就挨在一起挤圪巴。特别是小孩，挤圪巴不光是为了取暖，更是一种有趣的娱乐和锻炼。挤圪巴时所有的小孩都背靠着墙，两边的人向中间挤。两边的人都各不相让，使出吃奶的力气，嘴里呼哧呼哧冒着热气，挤着挤着就都热乎了。挤的人和被挤走的人都在哈哈大笑，乐在其中。

滑冰车。是一种冬季儿童体育游戏。冰车一般是大人帮忙制作，工艺简单。讲究一些的，就用两根40到50厘米的木条作滑轨，上面钉几块木板坐人，再找两根钢筋做撑杆。实在凑合的就随便找一块木板或者小板凳反扣下当冰车，用两根木棍钉上两根长钉做撑棍。也有不用撑棍相互推着玩的，但还是自己撑滑、你追我赶有乐趣。

丢手巾。也叫丢手绢，是群体性儿童游戏。游戏时，众人围坐一圈，面向圈内，选一人拿手绢在圈外绕行，寻机丢下手绢。有时众人一起唱："丢、丢、丢手绢，轻轻地放在小朋友的后边，大家不要告诉他，快点快点儿抓住他，快点快点抓住他！"也有念诵其它一些乡土儿歌民谣的。行进中，绕行者悄悄将手绢丢于一人背后。如果此人发现，就立即捡起手绢追逐丢手绢者。若追上，丢者需重丢；若追不上或丢者转一圈仍未被发现，则罚被丢者站在圈中表演一个节目，有唱歌的、有跳舞的，甚至也有学驴叫、狗叫的。然后，轮换再来。

狼吃羊。是一种益智博弈游戏，和儿童五子棋有异曲同工之妙。狼吃羊的棋盘是一个大正方形内接一个斜置的小正方形构成。游戏时，找块干净的地画好棋盘，对弈双方各找三个石子或者土块、短木棒作为自己的棋子，材质并无讲究，只要能区分双方棋子就行。然后把棋子种在棋盘自己一边的三个点位上，通过协商、或者猜拳决定谁先开局。每一次走子都只能沿着线路走动一步，已有棋子的点位不能落子。若有棋子被对方两个棋子围堵在一角而无路可走就判为死子，死二子或者一方被围堵的无路可走即为输棋。

掏花绳。也叫"挑花绳""翻花绳""挑花花股"，是一种双人游戏。游戏开始前先找一段绳子两端连接在一起形成绳圈。其中一人以手指将绳圈编成一种花样，另一人用手指接过来，翻成不同的花样，相互交替，直到一方不能再翻下去为止。其中一些常见的花样有"单条面""牛眼睛""花手绢""一堆柴"等。

打三角、打四角。在 20 世纪 90 年代前比较流行，用纸叠成三角形或者正方形，以游戏者用手中的三角扇翻地面上的三角论输赢的一种游戏。

打四角　李文泮摄

四角是一种折纸，用两张纸对折，呈十字压在一起叠制成的，一面折叠穿插四个直角向内的三角形，另一面光滑。三角是用一张纸以斜角对折三次，穿插成三角形。可两人玩也可多人玩。小四角还可以用香烟纸折叠，虽然小一些，因为有图案，也比较受欢迎。四角最常见的是两人玩耍，玩前先通过石头剪子布决出谁先打，输者把四角放到地上，另一方击打，靠手扇出的风力和击打使对方的四角翻身，如把对方的四角拍翻就赢了，那四角也归赢者所有。三角也是一种折纸，玩三角前，必须将三角的顶部折弯、翘起，以利兜风。游戏时两个玩家在自己的背后各拿出一定数量的三角，双方同时将拿出的三角呈现给对方看，查数量，将两人出的三角合到一起，多者先玩。主要玩法是用虎口对准三角的顶端拍，拍翻了算赢，没拍翻换由对方拍。

骑竹马。是锻炼幼儿运动能力、平衡能力、协调能力的一种游戏。一般用一根竹竿或者木棒当马，放在两腿中间，前面用手把牢，后梢拖地，作跑马动作。游戏时，故意做出左手拉缰，右手扬鞭的姿势，嘴里还发出"驾、驾、驾"的声音。骑竹马可单人骑，也可双人骑，还可以分组进行比赛。

走窝窝。可以两人玩，也可以多人玩。玩的时候先在松软的地上用拳头捣出多个"窝窝"，若地面坚硬干净就画圆圈代替。然后每个玩家拿出相同数量的"弹儿"参与比赛，并依次把"弹儿"放入"窝窝中"。过去没有玻璃球就拾石子儿或者拾羊粪蛋充当弹儿。走窝窝时第一个玩家拿第一窝的"弹儿"依次一个一个放入后面的窝窝，全部放完后如果正好下一窝是空窝，则可以收获下下一窝的"弹儿"，如果没有空窝或者空两窝及以上，则不能收获，换下一位进行。依此规则玩家们挨个进行，当全部"弹儿"都被玩家们收入囊中，则游戏结束，以收获多者为胜。走窝窝游戏过去主要流行于民勤湖区。

砸杏核。规则很简单。在土地上挖一个小坑，在坑周围一指左右划出一圆圈。参与游戏者至少要两人以上，每人拿出一定数量的杏核，放进坑里，按杏核的多少来判定游戏的次序，多者优先。轮到上场者就从兜里拿出一个更大的杏核，对着土坑中的一堆杏核狠狠地砸下去。由于激烈碰撞，有的杏核被撞出坑，甚至被撞出周围的圆圈。规则规定，所有出圈者都是击打者的战利品，归其所有。为了增加撞击的力度，大家纷纷寻找又大又重的杏核来撞击，并在上面涂上花花绿绿的颜色，以与别人的有区别，同时给这个杏核起了一个威风的名字"大官"，甚至备有"二官""三官"。有时砸失手，杏核没砸出来，"大官"也掉坑里了，所以就要事先约定好"大官"的身价，如10个杏核，以便发生意外时赎回。

炸油糕。两个小孩面对面双手拉住，嘴里念着"炸、炸、炸油糕，油糕熟了，翻过来瞧了"，然后翻转身体，由面对面变为背对背，接着继续念童谣再翻转。

骑马杀鞑子。有两种玩法，第一种是几个大一些的孩子各背一个小孩子，然后小孩在背上相互"厮杀"，谁先落下"马背"谁就输了。第二种玩法每一组有两个大一些的孩子双手"井"字形交叉连接在一起，小一些的孩子两腿穿插在大孩子两臂之间，屁股坐在交叉连接的手上，然后相互"厮杀"，谁先落地算谁输。

挑棍棍。是一种简单的儿童小游戏。可以两人或多人共同参与，按照获得的小棍多少定胜负，规则简单，易于上手。

以前用的棍棍是冰棍棒，过去的冰棍棒是细而圆的竹棒，每次吃完冰棍后，将冰棍棒洗净收好，就是玩具。持有冰棍棒的多少决定谁先玩谁后玩，但冰棍棒收集有困难，于是，就用竹签子比着冰棍棒切成一根一根的竹棒顶替。

游戏时先由每个人出棍棍，可全出也可出一部分，出得最多的先玩，以此类推。先玩的手持所有人出的棍棍，使劲向地上一撞，棍棍就叠堆在一起，从中拿起一根，从地上那一堆棍棍中一根根挑起棍棍来，既要保证它脱离那一堆，又不能触动其它的棍棍，这就算成功，一直到你全部挑完，或者你中途放弃后边的不要了，你所挑出的签子就都成了你的战利品。但是，这其间如果你哪怕只是轻轻地触动了其它的棍棍一下，你都要将前面挑出的棍棍全部交回，由下一人继续玩耍，直到这一场的棍棍全部被挑光，再开始重新出签，重新玩。

踢毽子。是中国传统体育活动。以鸡毛毽子较多，也有以绒线、皮毛等制作的，甚至还有塑料纸条做的。

过去的毽子都是自己缝制，首先用两块圆形布片包住一到两枚铜钱缝制在一起，然后缝制一根装鸡毛根部的小布筒，垂直地缝在铜钱孔处，再拿鸡毛穿在布筒中，然后用线扎好即可。后来也有用铁质垫片做毽底，直接栽上绒线、皮毛做毽子的。甚至还有将一捋塑料纸条，一头塞进垫片孔，在炉子上烫一下制成毽子的。

拧勾勾　李文泮摄

毽子大多是单人踢，轮换上阵，以计数和比花样多少较胜负。踢毽子的花样常见的有脚内侧踢、脚外侧踢、脚背踢、内外交替踢，还有一种踢法是将毽子高高踢起，然后双脚腾空，从身后踢毽子，民勤人叫"打过儿"。

拧勾勾。参加游戏的双方面对面站立，同时伸出右手，中指伸展，其余四指弯曲收拢。两个中指从指根处互相勾住，互相夹紧。裁判员把两人的拳头摆放平整后发出"开始"指令，两人朝着对方相反的方向使劲。当一方把另一方的拳头拧转九十度时，裁判员下令停止游戏并裁出胜负。此游戏是力量型游戏，具有一定的危险性，一不小心就有可能把指骨拧脱臼甚至拧断。玩此游戏时要做到用力适当，适可而止。

吃籽儿。小石子、杏核或特备的"羊节骨"都可以充当"籽儿"。玩时，一般用5个为多，几个人不限，也不能太多。玩法：用手向上抛起"天籽儿"，从地面再拾一个，拾好再接住空中落下的天籽儿。第一次抛一拾一，第二次抛一拾二，第三次抛一拾三，最多是抛一拾四；然后再变化：抛一拾一，抛一拾二，这个二，要并排三子的两端；抛一拾三，三要摆成三角；抛一拾四，四要摆成三子一列，中间要两子，两端各一子，抛一时，先拾上两端的，再拾上中间二子。这就叫"吃籽儿"，谁先完成谁赢。

藏道道。民勤人把"藏"念作"qiáng"。一群小孩子，五六个或七八个，一人为首坐镇，选一个"捉藏者"，当场将眼睛蒙上，其余人在附近躲起来藏好。捉藏者去掉蒙眼布，到附近寻找躲藏者，很短时间内找到为胜。村子里可藏的地方特别多，草垛下、仓子里、草棚里、麻田中、槽头下……捉藏者可以轮流来当，捉到为赢，捉不到为输。

掀牛九。民勤人俗称其为"挖花花子"，一般三人为一牌局，四人玩时，一人轮流休息，叫坐家。开牌时，翻"十"决定头家。规则是先十没有后十大，黑十没有红十大。玩牌时，三人每人拿牌16张，应注意，发牌时整副牌置于中间，由头家开始

掀牛九　姜爱平摄

依次拿一张牌，不可由一人发牌，拿牌是玩"掀牛九"的重要过程。打牌时，当有人出牌 6 张或以上即为赢（被吃后不算入牌数）。三人共可打满 16 张牌，若其中一人打出 11 张，称"束（cì）牌"，即其他人没有打下去的必要了。头家若没有牌出，或出牌 6 张以上时，头家可扣牌，不打。二、三家可叫掀牌，掀牌时，掀家必须先紧牌，即之前出了几张牌紧几张牌（被吃的不算入牌数）。头家够 6 张牌或 6 张以上时，二家提出要掀牌，够 6 张算赢，即头家二家都赢，三家输。若掀牌失败，则掀牌者承担所有输牌后果。三家也可掀牌，不过容易被二家算计，导致输牌。掀牛九中形成的俗语较多，如"十五个挤一儿""三把一窝鱼，天亮输头驴""四天一只虎，气得肚子鼓"等，不一而足。此类掀牛九，城乡都有，玩者以老年人居多。

这些活动大多各地均有流传，但因地域不同而各具特色。一是竞技性与娱乐性相融合，且以娱乐性为主；二是在娱乐身心的同时，具有很好的体育锻炼、智力锻炼功能；三是使用器材大多因陋就简，场所因地制宜，规则简单好学，适于广泛参与；四是大多都有一定的适用季节，即不同的季节有不同的游戏，每个季节都有合适的游戏。五是儿童是游戏的主体。大多游戏情趣健康，适于儿童，是儿童身心健康成长的很好陪伴。

这些丰富多彩的民间游艺活动使得广大劳动人民特别是青少年无论在精神生活、智力开发还是身体素质诸方面都得到有益的充实和锻炼，也成为最普及的农村文化活动形式。

但随着电子媒体的丰富，现代娱乐形式的多样，这些优秀的传统民间游艺与竞技活动逐渐走向式微。

（石　荣）

民勤民间彩绘

彩绘，是指描绘于传统建筑、家具、棺椁以及工艺品上的装饰画。

民勤的民间彩绘最早可以追溯到沙井文化时期，距今约 2500 至 2800 年。沙井文化的制陶工艺，器物多手绘夹砂红、褐色图案，纹饰以绳纹、条纹、三角形、鸟纹为主。特别是彩陶罐，其纹饰分写实鸟纹和几何图案两大类。所绘的天鹅、大雁、鹤鹳、野鸭等水鸟形象，姿态优美，灵动传神。几何纹图案则喜用连续三角纹、菱格纹、折线纹、平行条纹和交错条纹。尤其是对各种三角纹的使用，同中生变，变中求同，已达到运用自如、出神入化的境界，充分显示出沙井文化彩陶的独特风韵。

民勤民间彩绘主要有建筑彩绘、雕塑工艺品彩绘、棺木彩绘。建筑彩绘又包括门神彩绘、墙壁彩画、栋梁枋拱彩绘等。

门神彩绘常见于寺庙宗祠，有各种门神，会因祀神不同，门神的绘像也不同。墙壁彩绘一般用在宫楼庙宇，用于装饰和表现宗教内容，也有用于一般民宅的，常见于正厅两边的隔板墙，取材常是四季花、四君子、如意等，象征

民勤东镇大庙角楼彩绘   陶积忠摄

富贵吉祥之意。栋梁枋拱彩绘，主要绘于梁和枋、柱头、窗棂、门扇、斗拱、天花、角梁、椽子、栏杆等建筑木构件上，多是先用五彩石色绘制装饰图案，再在显要的位置绘制寓意美好的中国画，两者相辅相成，和谐统一。棺木彩绘在民勤比较普遍，较讲究的还要用弥粉勾线，彩画完成还要描金，显得富丽堂皇。

在民勤最常见的是建筑彩绘和棺椁彩绘，一个是人生前的居所，一个是人死后的归宿，所以，民勤人也把棺椁叫"老房子""寿材"。但无论哪种彩绘，其方法都大同小异。

彩绘首先要用石膏、腻子灰打底。过去的腻子灰是把料浆石用碾子压碎，把麻用刀剁碎，用天然树脂胶加水稀释后将其调和使用。

建筑物表面打底叫"披麻捉灰"，即是先在木材表面抹灰打底，填补裂缝，然后披上麻布（现在用丝网）、刮腻子灰，再上桐油，使得木材表面光滑平整，方便作画，也可防止虫蛀腐蚀。

其他彩绘打底相对简单，不需要"披麻捉灰"，用腻子灰挂光抹平就行，但棺椁彩绘要求相对较高。这是因为：第一，棺椁是老人最终的归宿、永久的居所，作为重视仁孝传统的民族，自然制作棺椁就分外的讲究。第二，棺椁深埋地下，对于防水、防腐、防漏有更高的要求。过去棺椁打底刮腻子灰一般至少要挂三遍，同时每抹一道灰，就要上一遍桐油，必须干好以后再上下一遍，以求不漏底、不起层。

底子打好后要做的是准备颜料。过去没有现成的颜料，大多是用植物提炼或用矿石加工，而且为追求保存久远，以使用矿石颜料为主。矿物颜料多为块状，使用时要经过粉碎、研磨、筛选等程序加工成细腻的色粉，然后用植物树脂或者皮胶加温加水稀释成的胶水调和成糊状备用。为了表现纯净明亮的装饰效果，画面用到的每一种颜色都要用器皿分装，绘画时以罩染和平涂为主，很少随机调和使用。

绘画前还要对绘画表面进行砂平和刷胶，保证表面光滑、牢固，防止脱色，然后再用炭笔描摹底稿。一般画匠都有现成的底样，或者在画前制作好的底样，这时就要通过打点的方式拷贝上去。有些特别熟练的匠人，就根据心中的底样现场描绘或者创作。

民勤的建筑彩绘是对中国南北传统建筑彩绘的混合借鉴，是以传统旋子彩画的形式为基础，借鉴了宫廷和玺彩画的"弥粉""描金"的方法和金龙、彩凤等图案，同时采用了苏式彩画的"包袱"等形式，"包袱"内有国画人物、故事、山水、花卉等内容，总体来说是南北交融且相对简朴。

彩绘方法有平涂、分染、晕染、罩染、勾线几种。平涂是应用最多的一种方法，多用于二方连续、四方连续、线性渐变图案、几何图案、拐子龙、拐子花等图案描绘，要求工整、洁净、均匀。分染、晕染、罩染是借鉴传统中国画技法在彩绘中的应用，大多用在"包袱"内的花卉、人物、故事、山水的描绘上。一般的图案都以色分层，并不勾线，要特别强调的地方才做勾线处理。勾线有墨线、色线勾勒和弥粉描金等方式。墨线、色线勾勒在填色之后进行，这样能顺便修整填色的不工之处。弥粉描金则要分两个阶段：弥粉在填色之前；而描金在填色之后，同样能起到修整不工的作用。弥粉首先要准备皮囊和弥粉浆。过去人造器具贫乏，一般用猪尿脬装弥粉浆，然后扎一根细竹管做笔头，这样做成弥粉皮囊。弥粉浆是用胶水和滑石粉、大白粉调和成的，为增加线条的附着力和硬度，可适当添加石膏和增加胶水浓度，但要综合考虑流动性等因素，太黏稠则容易固化，挤不出来，太稀又会影响线条的精度、立体感。施工时，双手协作，一边把弥粉浆均匀地挤出，一边用笔头在

东镇大庙壁画彩绘　　陶积忠摄

提前画好的草图线条上匀速勾线，弥粉线就匀称地附着了上去。描金就是给弥粉线条涂色，也有在没有弥粉的情况下直接描金勾线的，通过描金的彩绘更能表现出金碧辉煌的效果。

在民国以前，建筑彩绘的图案有严格的规制，要根据建筑的规模、地位确定等级。在设计彩绘的时候，就要根据等级选择相应的图案、做法、设色、题材等，因此，建筑彩绘是一种"规矩活"，不能随便僭越。

清代以后的彩绘就少了这种规矩的限制，如街门楼的彩绘中金龙、金凤图案被广泛应用，弥粉描金的方法也被到处使用，斗拱画枋的层数也不再因主人身份的尊卑而有定数，一切都只考虑经济实力和美观好看。

民勤建筑彩绘中比较有特色的是墙壁彩绘和栋梁枋拱彩绘的"包袱"，除了宗教性质的故事以外，本地的民间传说、故事占了很大的部分。如东镇大庙壁画描绘了民

东镇大庙壁画彩绘　　陶积忠摄

勤八景的传说，苏武庙的壁画反映的是苏武牧羊的传说。还有很多传统建筑壁画，虽不能准确分辨其描绘的故事内容，但细细品读，可以感觉到似在讲述本地发生的民间传奇故事。

棺椁彩绘与建筑彩绘方法大同小异，也有平涂、分染、晕染、罩

染、勾线、弥粉描金等方法，而且随着生活条件的提升，弥粉描金应用越来越多。

过去棺木彩绘图案也有一定的规制，除了经济实力影响以外，死者的身份地位是主要的决定因素，大致可以分为上、中、下三等。民间多采用中档的"前蟒后鹤"穿花龙和百岁福寿图。这是仿照明代官服上的图案演绎而成，棺木象征乌纱帽和地位，前蟒后鹤的图案则是参照了"文禽武兽"的朝服图案。龙是天子的象征，王侯将相只能退而用蟒。前档画蟒怒目吐舌，张牙舞爪，狰狞生动，增加逝者在天堂的威风。后档仙鹤翩然起舞，凌空欲飞，象征逝者得享高寿，灵魂飞升仙界"驾鹤西游"。底座的"海水朝阳"图案与朝服的底彩相同，寓意皇恩浩荡。棺材的侧帮则绘二十四孝图，有的也绘"百寿图"。

低档的棺木就不施彩绘，仅刷红漆叫素材，一般用于贫寒人家或年龄不足50岁、因病灾夭亡的"横死"者。棺材多为大红色，源于明时的甘肃籍大臣彭泽。彭泽官封兵部尚书、太子太保、左都御史等职，病逝后，隆庆皇帝特赐大红棺木以朝礼厚葬，甘肃人即将这一习俗延续下来。另外，中国人的讲究，耄耋老人去世后，丧礼叫"白喜事"，故以代表喜庆的红色刷涂棺材，有喜庆吉祥之意。

现在棺材彩绘没有过去的等级观念，只要条件允许画工到位，金龙彩凤也常常装饰在普通人家的棺材上，但彩绘的图案也有一些相对的规范、格式和讲究。

棺材彩绘匠人一般都有现成的"财头"（民勤人取"材"的谐音）、财尾、两侧的画稿。"财头"是棺材彩绘最出彩的地方，从这里不仅可以看出画匠的彩绘水平，还要体现出亡人生前的功名、身份，以及晚辈们对亡人的祈祷和祝福。"财头"的核心部位即亡人的灵牌，一般画火焰、卷云两种形式牌位，寓意子孙后代高升旺长、生活富有、平步青云。周围下面大多是莲花座、元宝；上面是蓝天祥云；再外面的侧墙沿上大多装饰为五彩的二方连续图案，或者放射状的莲花花瓣图案。现在也有一些画匠在"财头"上画南天门形象，寓意先人们飞升天堂，仙福永享。

棺材的两侧和小头，相对于"财头"的彩画没有那么隆重。两侧的彩绘，简单一些的就只漆不画，要求高一些就绘制一些福寿、松鹤之类的吉祥图案。现在忌讳少了，也有画金龙、彩凤图案的。两侧底部大多延续传统的画法，画"海水朝阳"装饰。小头彩绘男女各有不同，女的画"出水莲花"，男的画"犀牛望月"，这都是一些传统的讲究。

除此而外，棺材盖一般不彩绘。这一方面是下"引钉"的缘故，影响彩绘的完整，所以直接光漆不画；另一方面，也是民勤一般要在棺材上覆盖"棺罩"，棺盖处于遮蔽之下。也有些人家延续传统做法，在棺盖上画"七星闹月"图案，或者写"福禄荣归"金字。大多棺材彩绘为了显得华丽，还要在重点地方弥粉描金，把棺材装饰得既富丽堂皇，熠熠生辉，又使图案层次分明，立体感强，甚为好看。

棺材注重防腐、防水，所以最后上清漆十分重要。过去使用的是桐油，要漆七层之多，加上前面的腻子、绘画，整个漆画的厚度能达到一个麻钱厚。甚至有钱的人家还要用松香从内部涮，以达到防腐防漏的要求。人们为了检验是否达到要求还想出了一种办法：在棺材里倒一层陈醋，存放几天，如不渗漏，则说明符合要求。过去注重礼法，越是大户人家、书香门第，越是重视。家中有老人去世，孝子要守孝一年，棺材要在堂屋停放 365 天，七八月的高温，不能有半点液体渗漏，甚至气味，由此可见对棺材的密封要求很高。

除了建筑彩绘、棺椁彩绘，其他如工艺品彩绘在民勤比较少见，但其方法都大同小异，在工艺要求上要更高、更精细。

民勤民间彩绘是借鉴和再创造的产物，"物有恒姿，而思无定检；或率尔造极，或精思愈疏"，在借鉴和再创造的过程中或是由繁变得简朴，或由朴素而日臻精妙，但总是把中国传统彩绘风格与地域特

民勤沙漠公园卧佛殿彩绘　　石荣创作

色相结合，吸收南北彩绘元素而有所发展创新，这也是民勤民间彩绘的一大特征。

在当代经济社会飞速发展的时代背景下，民间彩绘也不可避免地面临濒危的状况。现代建筑很少有彩绘的需求，彩绘在现代建筑中占有的地位和比重越来越轻；随着现代化进程，人们的审美情趣发生变化，民间彩绘的文化内涵逐渐弱化。同时，精通民间彩绘的艺人越来越少，愿意从事这项工作的年轻人也越来越少，传承人出现了青黄不接的现象，这无疑使民间彩绘的传承和保护，变得刻不容缓。

（石　荣、邸士智）

民勤民间泥塑

　　泥塑是一种古老的传统民间艺术，它是以黏土为原料，以手工捏塑为手段，制作各种形象的一种民间手工艺。

　　民间泥塑的兴起与制陶不无关系，陶制品的产生首先要依赖泥塑工艺的兴起。民勤"沙井文化"遗址出土了大量的陶制品，说明泥塑工艺在民勤有近3000年的历史。

　　明代以来，民勤城乡庙宇遍布，造像艺术成为民勤民间泥塑的主要形式。有人根据《镇番县志》的记载统计，方圆"六里三分二十五步"的民勤县城内就有庙祠寺观65处，全县共有860处。

　　由于修寺造庙风气兴盛，明清时期，民勤民间泥塑造像十分兴盛。泥塑造像种类繁杂、造型丰富，佛教造像有释迦牟尼佛、阿难、迦叶、消灾延寿药师佛、西方接迎阿弥陀佛、韦驮、伽蓝、十八罗汉、倒坐观音、文殊菩萨、普贤菩萨、地藏菩萨、十殿阎君、四大天王、善财童子、龙女等；道教神仙有三清、玉帝、王母、福禄寿星、五德星君、八仙等；民间俗神有龙王、土地、财神、关帝、马祖、水神、火神等，不胜枚举。

　　民勤民间彩塑，除了沙井文化时期的制陶，明清以来的寺庙造像，以及为造像制作的手办模型，还包括儿童捏泥游戏、泥塑艺人泥塑工艺品。民勤人把从事雕塑者称为"塑匠"。

　　泥塑造像和手办模型制作工艺相对复杂，特别是泥塑造像，小到尺余，大至二丈，人物形象逼真，动态丰富、表情生动、个性鲜明，具有独特的艺术风格。泥塑造像的制作更是工艺程序复杂，俗礼讲究繁多。

沙漠公园卧佛殿泥塑彩绘　　刘平、石荣创作

准备泥料。备泥包括备粗制胎胚泥和细雕表层泥，胎胚泥要求相对较低，一般选用带有黏性又细腻的土，粉碎后掺入一定比例的碎麦秆和水充分浸泡，然后反复掺和均匀即可。表层泥因为用于表层精塑，要求要高得多。民勤用于表层泥的黏土有黄泥和红泥两种，黄泥黏土缩水小一些，使用效果好，但纯净的黄泥黏土选取困难，大多伴生有沙土和碱土，影响使用效果。民勤有较为纯净的红泥矿藏，选用较为方便，所以很多表层泥选用红泥黏土。表层泥首先要择选掉杂质，再经过长时间浸泡使其细腻，要求更高的就要通过搅拌沉淀的方法去渣取胶，使其更细腻并减少缩水。制好的细黏土还要加入一定比例的水洗沙、棉絮、纸筋或蜂蜜、米汁等防止缩水开裂。泥和好后，还要用棒槌、木棒反复捣炼捶捏。泥土太湿时，先放在室内通风处，让泥土阴干；而泥太干，可放在容器内，浇上适量的水浸泡，然后再进行捣炼，使泥土达到软硬适度又不粘手为佳。把加工好的泥团放在缸内或其他盛具内，用湿布或塑料布盖好，以保持一定的湿度备用。

搭建骨架。泥塑除了儿童捏泥游戏、泥塑艺人捏的小型泥塑工艺品，其他的都要搭制骨架。过去搭制骨架常用木棍、木板搭建，通过绑扎、卯接等手段，搭建出泥塑作品大致的躯干、四肢、动态等。泥塑的骨架犹如人体骨骼，起支撑和连接作用。所以骨架要牢固，以保证泥塑的稳定，上泥后不露架、不倾斜倒塌。有时为了便于泥巴附着，还要将谷草、麻秆等用草绳绑扎于骨架，使其变粗。一为填充、一为增加附着力，也为取其"骨气"之意。

粗塑泥坯。塑泥坯才是造像真正的开始。为神造像是神圣而庄重的事，所以一般要择黄道吉日，献盘、敬香、化表，甚至要请和尚、道士做一些法事。法事完毕，将预先准备的符纸、五谷杂粮、珍珠、元宝、朱砂、红砂、铜镜、铜铃、历书等物用红线绳绑扎于骨架的胸腹头等部位，意为"五脏六腑"和"七窍"俱全，这叫"安脏腑"。讲究完备，即可动手上泥，先在骨架上喷一次水，以便泥团与骨架能牢固地结合，不易掉落。将泥团用手按紧拍实，与骨架充分结合，甚至要用泥板棒槌砸实贴牢。塑泥坯时要从大处着眼，从整体入手，切忌陷入到局部细节的塑造中。要时时考虑各个视角的造型，不断进行观察比较，相对准确地堆出大形即可。体型较大而造型稳定的造像，也可用土坎堆砌的方式制作泥坯，要注意宁缺勿过，抓大放小，大型砌好了再局部砍削修整。修削完成再包裹粗泥，完善造型。

精塑细节。细节雕塑要在粗泥坯干到八九成以后进行，太湿容易坠落，也容易造成缩水变形；太干又容易脱离。细节雕塑继续要执行整体性原则，先大后小，局部服从整体。在泥塑各大部分大的形体与比例准确把握的基础上，再进入细节的艺术塑造。按照"整体—局部—整体"次序，反复调整和把握整体与局部的关系，局部与细节的关系，随着局部和细节的深入，使泥塑的形象逐渐丰满、明晰，艺术表现丰富、生动起来。五官和双手是雕塑表情达意的关键，也是雕塑艺术表现的精华所在，不可等闲视之。要反复推敲，追求形象惟妙惟肖，神态表达要恰如其分。如观音要有含蓄博爱的笑容，佛祖要有普照天下的气场，每一件作品，皆是匠心独运的创作。另外雕塑的进度不可太快，要使底层的尽量缩水，后塑的造型才不至于过分的缩水变形。同时每一阶段都要保持一定湿度，可适当喷水，使表里湿度尽量一致。每次工作结束以后，要用湿布把泥塑覆盖，使水分不易挥发，泥塑不干裂，以便继续塑造。

调整完善。泥塑造像越到后面阶段，处理难度越大，会出现整体性削弱，局部过分突出，各部分缺乏连贯或处理僵硬等问题。在调整完善阶段就要一一解决这些问题，该强化的强化，该削弱的削弱，该补充的补充。要敢于否定前面的工作，全面关照，细心分析、细致完善，以保证艺术作品的成功。

彩绘装金。泥塑像做好后，要等待慢慢阴干，可适当覆盖，因为表里干湿不一致就容易发生变形、开裂。待完全阴干后，方能上彩鎏金，素有"三分塑、七分彩"之说。一般着色之前先适当刮腻子，沙光，再上一层底色，使表面光洁，便于填涂彩绘颜色。颜料多用石色，并调以水胶，以加强颜色附着力。等颜色涂装完成，根据需要装金。

开光祭神。一般造像都要进行开光才算真正完成。开光仪式一般选在相关的节日，或者初一、十五。开光要请和尚、道士做法事，还要接受香客们的供奉、敬香、礼拜等。

民间泥塑，除了造像艺术，其他如作为造像"小稿"底样的手办模型，程序大致一样，操作相对简单。其他的小型泥塑程序相对更为简单，但这些小型泥塑，却有着更加生动的艺术表现力。

过去泥塑艺人，根据腹稿随手取材，在手中几经拿、捏、搓、揉，并用木雕刀灵活地点、切、刻、划，顷刻之间，栩栩如生的艺术形象便跃然手上。再经过施彩描绘，就是一件精致的工艺品。这完全是长年累月、熟能生巧练就的手上功夫，一般人看着就眼花缭乱，一时半会根本学不来。

另外，还有模制泥塑，模制泥塑的

民间泥塑——福虎　　石荣创作

重点在于制模，一般先要运用雕、塑、捏等手法，塑造好原型，通过浇铸或者压印翻模。常见的有单片模和双片模，也有多片模。有了模具才能进行脱胎，通常是先把和好的泥擀成片状，然后压进模子翻印泥坯，再把两片或多片泥坯粘合在一起，并在胎体上留一个孔，使胎体内外空气流通，以免胎内空气压力变化破坏泥胎。最后再彩绘完成。

至于儿童的捏泥游戏，纯粹是创造天性的自然发挥，但其童心妙趣，却能给人带来别样的审美享受。

民勤民间泥塑艺术在明清时期非常兴盛，代有传人，可惜史志多无记载。民国时期，比较著名的塑匠首推赵玉珍，能书善画，多才多艺，其塑像、壁画惟妙惟肖，栩栩如生。马绪明艺业娴熟，泥塑人物，形象生动，逼真传神。当代民间艺人王曰寿的雕塑，造型生动。甘肃省工艺美术大师刘平，涉猎广泛，也长于泥塑。

民间泥塑——金蟾纳福　　石荣创作

民勤民间泥塑艺术，题材广泛、内容丰富，形式不拘一格，展示出丰富多彩的民间艺术存在形态，具有较高的艺术价值。涉及多种宗教信仰、俗神信仰，反映了民勤人民群众多元化民俗文化形态，具有一定的民俗、文化价值。涉及工艺、宗教、民俗等诸领域，通过鲜活生动的形象，褒扬真善美，鞭笞假恶丑，具有重要的社会教化作用

20世纪60年代以来，民勤境内的庙宇寺院倒塌的倒塌，拆毁的拆毁，神佛造像也不复存在，民间造像艺术也几近消亡。时至今日，传统的民勤民间泥塑艺术已经走进历史。

（石　荣）

木匠技艺

　　木匠，亦称木工，是指专门从事木工工作的人，是建造房屋木结构和打造家具木器的工匠。

　　汉王充《论衡·量知》："能斲削柱梁，谓之木匠。"《百喻经·三重楼喻》："是时木匠，即便经地，垒墼作楼。"宋陶毂《清异录·天文》："木匠总号运金之艺。又曰手民、手货。"可见木匠在古代社会具有重要的作用和地位。

　　木匠的祖师爷是鲁班，春秋时鲁国人，古代著名工匠、建筑家。本公输氏，名般，后人称为鲁班。大约生于周敬王十三年（前507年），卒于周贞定王二十五年（前444年）。鲁班不仅能建筑"宫室台榭"，而且在征战频繁的年代，曾造"云梯""勾强"等攻城器械。相传他创造了"机关备具"的"木马车"；发明锯子、曲尺、墨斗等多种木工工具，还发明磨、碾子等，对后世影响很大，几千年来，一直被奉为木工、石工、泥瓦匠等工艺的共同祖师，被称为"鲁班爷""机械之圣"。由此可以看出，在2500年前，中国的木匠手艺就已经步入辉煌。现实中，木匠的历史更长，考古工作者以前曾在更早的新石器古人类遗址上发现过木建筑的遗迹，证实那就是中国古建筑的雏形。

清末的木匠

　　在古代，木制品应用于各个领域。建筑业的楼台亭阁，交通运输业的车轿舟船，农业的犁等各种农具，军事上的战车战船和兵器，纺织业的纺车和织机，日常生活中的家具，即使到死还得用木制的棺材送走每一个人。总之，古代人的一生离不开木制品。因此，木匠在古代是比较重要的职业。

　　过去在民勤，木器也是最为重要的生活器具，木匠也就成了第一大匠。民勤人尊称他们为"大师"，如"张大师""王大师"。他们以立柱上梁、套门安窗、挂车打箱、桌柜凳椅等为主要营生，但无论是盖木楼，还是打家具，全用卯榫结构，足见他们的心灵手巧、身怀绝技。

　　木匠技艺不但精深复杂，而且很费劳力，所以对木匠学徒也有较高的要求。首先得有副好身板，要四肢健全，身体健康，不然吃不了木匠的苦。其次要眼神好使，思维敏捷，动手能力强。另外，还得有一定的文化程度，能够认字识图。

　　木匠的学习期限至少是学徒三年。以前没有电锯，解板需要人力，因此学徒头一年的主要工作就是解板。通过一年的解板，能够熟练掌握锯的修理和使用、各种板材的规格。第二年才正式学习别的工具的使用，这是木工技艺的基础。第三年才逐渐掌握一些简单木工制品的构造。满三年后出徒，只能说是基本入门。不过，"师傅领进门，修行在个人"。有了扎实的

木匠解板　　摄于民国时期

基本功，以后遇到形形色色的木制品都能够现学现会。刚出徒后这段时间很关键，如果心灵手巧，那么从此就能独自走事主、揽活生；如果学得不好，那么他的木匠事业也就夭折了。有些徒弟为了防止这种现象发生，在出徒后继续留在师傅那里做两年。这两年，师傅会给发工钱，但是不会太多，实际上这两年还是学徒，待把师傅的全部手艺学到后才选择离开。离开后，会遇到更多的师傅，他们各有所长，很多的师傅都有自己的绝活，所以木匠营生是干到老学到老。

　　木匠技艺主要包括木工工具的使用和维护技巧、卯榫结构的制作技艺、常用家具和建筑结构的掌握以及在此基础上的创新能力。

　　木工工具的使用和维护技巧是木匠技艺的基础。

　　木匠的工具主要有：锛子、斧头，用以劈开木材，砍削平直木料。刨子，用于木料表面的刨平刨光；凿子，用以凿孔与开槽；锯子，用来解板开料和切断木料；墨斗，用来弹线与校直等。鲁班尺，用来丈量与校正角度，把握器物尺度以符合对吉数的要求。

　　斧子。斧子是传统木工的必备之物。老话四大娇气："木匠的斧子厨子的刀，光棍的行李大姑娘的腰。"这句话说的就是斧子的重要性。有一些老木匠在做活生的过

程中，其他工具都是哪儿用哪儿存放，唯独斧子随身携带。这是因为斧子对木匠而言就像宝剑至于剑客的作用，绝对是宝贝，容不得有半点闪失。木工的斧顶呈方形，斧顶带钢，兼作锤子使用。斧身呈弧形，刃子呈扇形，刃子偏向一边，斧把安装在斧刃偏向的一面，所以斧子在打制的时候就已经决定左右撇，以后不可更改，但斧子的这种设计更符合力学原理，使用起来十分顺手。斧子的斧身是熟铁打制，有韧性，好磨。斧刃和斧顶是高碳钢，要经过淬火和回火两道工序，保证既要有硬度，还要有韧性。夹钢的方法不同分为双刃斧子和单刃斧子。双刃斧子钢夹到中间，磨制时要两面磨；单刃斧钢铺到斧刃平齐的一侧，磨制时只磨倾斜的一面。这些是木匠必须了解的，这样才能更好地维护使用斧子。一把好的斧子磨快了可以刮胡子，可以一下砍断一根粗铁丝而斧刃无损。斧顶在正常使用若干年后无掉渣，并且棱角分明。

木工斧子的作用：一个是砍，另一个是砸或钉。俗话说"千日斧子当日锛"，说的是锛子可能一天就学会了，而斧子要想学好需要很长时间。先说说砍，在砍之前先画线，并在底下垫上木板保护斧刃。如果木材长度在一人以下，可以直接立起来，用左手扶住，把需要砍掉的一面朝向右面，从底下依次往上砍，深度不超过线，砍出若干个斜口，砍到靠近上边停止，把木材上下翻转，由上到下砍掉已劈开的木材，砍光表面完成。如果木材比较大，就把木材放平，需要砍掉的一面朝右，人蹲在上面，脸朝下开砍。木工斧子不适合平砍，因为木工斧子是单刃，刃子的平面在木材留下的一面，而刃子的斜面在木材需要砍掉的一面。如果你一定要砍，你会发现，你不是在砍，而是在砸，是无法使用的。

再说说砸和钉。砸用得最多的是凿眼和安装。凿眼时，要确保斧顶朝下，上臂基本不动，以胳膊肘为轴，前臂带动手和斧子做弧形运动，这样做才能确保每一下都砸到凿子顶。安装时，斧子不要直接砸到材料上，下面要垫上木块，以防留下斧痕。斧子的钉是指钉钉子，钉时左手拿钉子，右手拿斧子，先轻敲几下，待钉子站稳后，再大力敲入，要确保每一下都是斧顶的正中心打到钉子上，并且斧顶和钉子保持垂直，否则容易把钉子打飞或打弯。

锛。锛主要为大木匠使用，用于房梁和檩条等大件的初期加工。比如，把圆木砍成方形，把弯的砍成直的。大木匠使用的锛子把比较长，大约一米左右，分量比较重，需要双手使用。还有一种是小型的锛子，单手使用，效率稍低，但是方便灵活。锛子的主要构造由锛头、锛体和锛把组成。锛头是熟铁打造，刃部薄而宽，且下面铺钢，后面厚而窄，并有一眼用于安装锛体。锛体是一个20多厘米左右的圆木，略有弯度，两头上翘，一头开榫与锛头连接，中间有一卯眼用于安装锛把，为防止锛体开裂，用两个铁箍将其箍上。锛把通体为适宜抓握的圆柱形，末端常常向内弯曲，方便用手握持。

锛子的使用方法大体有两种方式。一种是站到需要加工的木材上面，以右撇为例（左撇则反之），右脚在前，脚尖微抬，左脚在后。左手握在锛把中上部，右手握在锛把末端，左手控制举起和落下的速度和力度，右手掌握锛子的落点和深浅。锛子的落点要控制在右脚的下面，由于鞋底的阻挡就不会伤到脚，就比较安全。另一种方法是人站在木材旁边，这种方法左右换手比较容易，但如果用力过大，锛子易飞出。实际使用中，为了砍削的精准，一般要把需要加工的木材用墨斗打线。如果需要锛掉的过多，先把要锛掉的地方用截锯截开若干豁口，如果需要锛掉的不多，就用锛子直接砍。有以下几点需要注意：加工两头时，尽量从里面向两头锛，这样更准确些；如果是比较宽的面，要时刻检查平整度，以防中间凹陷；还要及时清走加工面上的木屑，以防挂到锛子上，造成锛子飞出伤人。

锯。锯是木工必备工具之一，主要用来开料、截料和开榫等。从样式上分可分为框锯和板锯两大类；从功能上分可分为截锯和顺锯两类。先说框锯，顾名思义，就是带木框的锯。因为框锯的锯条比较窄，没有硬度，所以必须用木框撑起锯条才能使用。框锯由锯条、锯扭、锯拐子、锯梁和锯绳等组成。在过去，一个木工至少有七把框锯。第一把是大锯，也称二人抬，因为在过去没有电锯，不管多大的料都是用这样的锯手工开。此锯需两人操作，特点是锯齿比较大，锯齿向两面倾斜，此锯只用来开料。第二把是大截锯，这把锯用来截断比较大的料。第三把与第二把大小相当，是顺锯，可以开料，也可以开比较大的榫。第四把锯是第二把锯的缩小版，主要用来断肩和截小料。第五把锯是第三把锯的缩小版，主要用来开榫和开小料。第六把锯是偏脸子截锯，比第四把锯更小，此锯最大的特点是前面的锯拐子上不用锯扭，而是把锯拐子前面截成大约45度，把锯片的一头直接钉到锯拐子上；主要用来断肩，有时需要断斜肩。第七把是曲线锯，主要进行各种曲线的切割。

再说板锯。这种锯锯板比较宽、比较硬，在锯板上安装个锯把就可以用了。板锯有戗锯、鱼头锯、刀锯等。戗锯也有叫手锯、板锯。此锯为截锯，锯齿朝前，以推为主，使用灵活，精度一般，木工主要用来截料和要求不高的断肩。鱼头锯，为截锯，锯齿比较大，锯齿朝后，以拉为主，精度差，过去用来放树或做粗活用。刀锯，两面齿，一面截锯，一面顺锯，锯齿朝后，以拉为主，精度尚可，可以开榫和断肩。

一把锯好使不好使，它的材质只能占三分，修理却能占七分。锯的材质要软硬适度，锯是用锉来伐的，也就是有硬度的同时，得用锉要伐的动。锯修理维护，就是掰料、伐锯，掰料是为了增加料口防止用时夹锯，伐锯是增加锯齿的锋刃度。截锯是左右分齿，顺锯是左中右分齿。掰料可以用专门的掰料工具，也可以自己制作掰料工具，比较简单的是，用一块三毫米厚的铁板，或者是刨刃子用钢锯条锯一个锯齿长的缺口即可。掰料时力度要均匀，不可过力，以免掰断锯齿。如果有能力，用锤子砸料效果更好。砸得料均匀，不易掉齿，使用时间长。掰料以后的锯齿，角度要一致，从一头看截锯是两排齿，顺锯是三排齿，每一排的锯齿都要成为一条直线。再说伐锯，伐锯用三角锉或菱形锉，大齿锯也可以用小型砂轮。如果是旧锯，锯齿不齐，先用板锉在锯齿上面平锉几下，使之所有齿尖高低平齐。锉锯齿时，先可一面开锉，到头后再锉另一面，这样容易使锯齿的角度保持一致。如果是顺锯，可以从一面锉完所有锯齿。但是，截锯必须从两个方向开锉，要顺着斜坡锉。锉完后的锯齿要大小一样，锋利度一样，角度一样，否则锯就会出毛病。

　　凿子。这里所说的凿子，是个统称，包括凿子、凿铲、扁铲。它们之间有很多相似之处，比如，下面都有可以切断木材的刃部，上面都有木把。不过也有一些区别，凿子一般比较厚，大约一厘米左右，木把上有铁箍。扁铲一般比较薄，大约半厘米左右，木把比较长，上面没有铁箍。凿铲介于凿子和扁铲之间，下面铁的部分是扁铲，上面把的部分是凿把，有铁箍。先说凿子，凿子是木工打眼的主要工具，由凿刃、凿身、凿库、凿把和凿箍组成。凿刃是凿子的工作部分，材料一般是好钢，贴于凿身的前面。凿身和凿库为熟铁制作，起着连接凿把的作用。凿把一般为硬木制作，是手持部分，顶端还要承受锤子的敲击。凿箍要比凿把头略低一些，这样才能保证锤子只能砸到凿把而碰不到凿箍。凿子的尺寸从一分到八分和一寸的都有（一分大约三毫米）。一分和二分凿子制作比较精细的家具和制作刨子时使用，三分凿子制作家具常用。四分凿子制作门窗用，五分凿子制作门窗框用，六分以上的基本就只有大木匠在房屋建造中才会使用。

　　凿眼前，先垫一块木板，把几根待凿眼的方木并排放齐，一般用坐姿，人的左臀部把木料坐稳压实，木料太短时也可以用左脚踩稳蹲在上面。凿眼时，左手握住凿子，保持凿子垂直于木料，右手握斧，斧顶向下对准凿顶进行捶打。凿眼人须腰背部立直，头部略向左偏，给右手运斧留开空间。把凿刃放到凿线附近，通过运用凿子的两个方角，像人走路一样呈之字形运动，把凿子运送到准确位置，这种方法就叫运凿。凿眼开始时凿刃朝前，距离眼的后线1毫米左右下凿，打入，前后晃动后拔出。第二凿前行半厘米下凿，打入，前后晃动凿子排出木屑，拔出凿子。重复前面的动作，一直凿到前线附近，然后重复前面的动作凿下一层，一直到合适的深度或者凿透。这时卯眼已基本成形，接下来用凿子细心拾掇卯眼四壁，使卯眼尺寸精准，内壁平整光滑。有时为了结实，把卯眼凿成掐腰形状，也就是两面大中间小。这样的眼安装后相当结实，但是不好安装，容易破裂。所以，要根据实际情况和自己的能力酌情处理。

凿铲，实际上是可以凿的扁铲。由于刃部比较薄，所以不能大力使用，只能凿浅眼或用于表面雕刻。扁铲与凿子和凿铲的最大区别是扁铲的把比较长，不能用锤子凿，用两手或身体的推力来加工，形状各异，宽的窄的、圆的方的、直的斜的都有，多用于表面花纹的雕刻。过去大户人家的门楼、木楼、家具，寺庙建筑、牌坊等大多有雕花装饰，都是用这些凿铲、扁铲加工的。现在留存下来的如瑞安堡、东镇大庙、二分楼子等，雕花装饰随处可见。这些雕花古典而清雅，既是技术活，更是艺术活。那些雕刻在门、窗、檐、枋上的龙凤花鸟，闪烁着工匠们灵魂的光芒，为建筑增添了亮丽的色彩。

刨子。使用刨子首先要学会调整刨刃，出刃的多少关系到刨卷的薄厚和刨面的精度，粗刨出刃多细刨出刃少，要根据情况调整。调整刨刃有三敲，即敲刨脑、敲刃根、敲刃楔。敲刨脑刨刃后退，出刃少，敲刃根刨刃前进出刃多，待调整合适就敲刃楔固定好刨刃。

木工的刨子是样式最多的一种木工工具，没有人能够确切地说出有多少样。按作用大致可分为：平刨、圆刨、裁口刨、槽刨、倒楞刨、线刨等。

先说平刨，平刨的作用是把木材刨平、刨直、刨光。平刨细分可分为粗刨子、二刨子、大刨子、拼缝刨子、榔克等。粗刨子，尺寸较短，长度大约15至18厘米左右，主要作用是刨光。二刨子，长度大约25至30厘米左右，主要作用是毛料的大致刨直、刨平。大刨子，长度大约50厘米左右，主要作用是长料的刨直、刨平，拼接板缝。圆刨，分内圆刨和外圆刨两种。裁口刨、槽刨、倒楞刨、线刨等，顾名思义，各有独特的用处，他们的共同之处是都有特定用途和刨痕，不可有丝毫错乱。

鲁班尺。鲁班尺也称鲁班真尺、鲁班营造尺、八字尺等，相传为我国春秋时期鲁班发明，既是木工工具更是风水工具，古人认为，尺度关系吉凶。鲁班尺长约42.9厘米，后经风水界加入八字，以丈量房宅吉凶，分别为"财、病、离、义、官、劫、害、吉（本）"。其中"财、义、官、吉（本）"四字为吉，"病、离、劫、害"四字为凶。但在实际应用中，古人认为鲁班尺的八个字又各有所宜，如义字门可以安在大门上，但不宜安在廊门上；官字门适宜安在官府衙门，却不宜安于一般百姓家的大门；病字门不宜安在大门上，但安于厕所门反而"逢凶化吉"。一般百姓家安"财门"和"吉门"最好。

过去民勤，大多数木匠并不掌握鲁班尺的使用方法以及诸多讲究，所以所做的活生大多以师傅教授的规制制作，尺寸不做分毫变更，师傅教徒弟时称作"哈数"（指已成定式的模式方法等）。所以虽然使用的尺子大多数也是以普通尺子为主，但规格

瑞安堡双喜楼　李军摄

不可有丝毫更改。若要创造出新的规制和物件来就一定要懂得鲁班尺的使用，使尺寸符合吉数的要求，若是谁由心制造，师傅肯定会骂不懂"哈数"。

会使用工具仅仅是木匠技艺的基本功，要制作各种复杂的建筑、器具还要熟悉各自的构造，而构造的关键在于其卯榫结构。熟练掌握了各种卯榫结构不但有利于了解传统器具结构，而且可以根据需要设计出新的物件来，可见卯榫结构的掌握和应用是木匠技艺的核心。

卯榫，是古代中国建筑、家具及其它器械的主要结构方式，是在两个构件上采用凹凸部位相结合的一种连接方式。凸出部分叫榫（或叫榫头）；凹进部分叫卯（或叫榫眼、榫槽）。

各种榫卯做法不同，应用范围不同，但它们在每件家具上都具有形体构造的"关节"作用。榫卯结构大致可分为三大类型：

一类主要是作面与面的接合，也可以是两条边的拼合，还可以是面与边的交接构合。如槽口榫、企口榫、燕尾榫、穿带榫、扎榫等。这些都比较常用，当然拼板接缝比较常用的还有一种办法是用树胶粘接。

另一类是作为"点"的结构方法。主要用于作横竖材丁字结合、成角结合、交叉结合，以及直材和弧形材的伸延接合。如格肩榫、双榫、双夹榫、勾挂榫、锲钉榫、半榫、通榫等等。

还有一类是将三个构件组合一起并相互连结的构造方法，这种方法除运用以上的一些榫卯联合结构外，都有一些更为复杂和特殊的做法。如常见的有托角榫、长短榫、抱肩榫、粽角榫等。这些都相对比较复杂，在相对复杂的斗拱建筑和比较考究的家具上才会用到，普通木匠很少掌握。

木匠都要熟练掌握以上各种基本功，至于各种建筑、家什、车驾等形制结构，不可能尽数掌握，一般要根据不同的行业分不同种类的木匠。

民勤木匠过去主要分两种：一种是大木匠，主要搞房屋建筑。因为其加工的基本都是大型木材，所以叫大木匠。另一种是细木匠，主要从事家具制作。因为其加工的材料相比之下比较小，要求比较细致，所以叫细木匠。木匠营生逾精则逾专，而有些从事普通木匠营生的，则大小活生都做，甚至车匠营生也学。民勤的大木匠在历史上是相当出名的，民勤的建筑融合了南北传统建筑的精华，并结合塞上地域特征，因地制宜、与时俱进地做了革新，这些开创性的变革就是由民勤木匠智慧的大脑和灵巧的双手创造的。

清末民国时期的四合院　　陶积忠摄

民勤的建筑从整体上讲是堡寨与四合院的结合，四合院内根据条件不同，脊房、卷棚、坡顶房兼而有之，甚至有十分精致的八角攒尖角楼。

脊房。是最高档的，一般是全梁柱构架。大梁上架二架梁起脊，中间两道大梁下用随梁连接。从前到后有五道或七道檩子，檩子之间用格肩燕尾榫连接，连接处镶嵌在梁上安放的蜀柱或者驼峰梁墩上。梁与柱子的连接简单的直接用格肩榫顶戴。复杂一些的就在柱头安装泥拱、华拱、连接柱子的柱头枋，再安装压跳，梁安放在压跳上面并向外延伸几尺撑起撩檐檩，这样雨廊就更宽阔。更复杂的就直接用传统的斗拱结构，只是根据屋檐的深浅斗拱的层数和每一跳的距离有所不同。在墙面方向上柱头依次安装柱头枋、栌斗、泥拱、压槽木、前墙檩子。向前挑出的有华拱、昂头、要头，上面撑起撩檐檩，再出半槽椽子，椽头装飞子撩檐。民勤还有一种拔廊结构的脊房，是在前门墙外留一道走廊，再加一排廊柱。从脊顶来看还是五道或七道檩子结构，只是第一道撩檐檩置于屋外廊柱上，而大梁和上面的二架梁只承担后面的六道或四道檩子，前梁柱和廊柱之间用廊枋穿插连接。廊柱柱头以上依次有额枋、槽木花板，椽子以下是撩檐檩、花板，中间是横拱、竖拱、替木交错的斗拱结构，或者是撑拱花板结

瑞安堡　　李军摄

阁楼穹顶　　陶积忠摄

构。每一个柱头安装一组斗拱或撑拱，两个柱子之间安装两组将额枋和撩檐檩三等分，既起连接作用又起装饰作用。脊房结构整体来看，柱、枋、梁、檩、椽由卯榫结构紧密连接在一起，形成完整的框架结构，门窗、墙壁镶嵌在框架中，主要起封闭遮挡作用。屋顶的两侧，简单的就伸出半截檩子外加护檐做成悬山顶结构，复杂的就从二架梁处向外铺椽子，下面同样用斗拱结构向外挑出撑起屋檐，做成歇山顶结构。脊房结构复杂，造价高，一般用于庙宇、祠堂、堂屋等。现在保存完好的瑞安堡的部分、东镇大庙的大部分就采用了脊房结构形式。对于木匠来说整体结构易于掌握，撩檐斗拱的相互穿插，花板的雕刻才是学习的重点。这些复杂构件的大小尺寸、穿插作用、卯榫结构，要活学活用，没有三五年的功夫是做不到的。等要制作紧密，雕刻精美至少要有十来年的磨炼。若要根据事主的要求，整体设计全新的大殿，其复杂程度不亚于设计一台精密机械，更得有几十年的磨练才能做到。

角楼。其制作复杂程度并不亚于脊房顶的大殿，只是体量较小，施工难度自然要低一些。这类建筑在民勤现存的有瑞安堡的文楼、武楼，东镇大庙的文昌阁、魁星阁等。特别是东镇大庙的东西角楼，整体上是下面四角，上面八角的三层建筑，结构上更为复杂，建筑时间也更早一些。这类建筑变化丰富，有的有回廊，有的没有，有的八角，有的六角，飞檐下花板的层数样式也千变万化、不尽相同。但其梁柱的结构和撩檐的方式和大殿是一样的，还是柱、梁或枋连接撑起大的结构，撩檐也是用撑拱外跳，拱与拱之间多用雀替撑垫、花板连接，通过层层摞摞的雕花花板增加装饰效果。檐角的营造也和大殿

东镇大庙文昌阁　　陶积忠摄

的做法基本一致，都是用大角梁、子角梁挑起。角楼与大殿最大的不同在于穹顶的建造，穹顶又叫藻井，一般八角楼柱与柱之间由额枋连接，柱头到屋檐部分，下有额枋上有檐枋，在外是层层撑拱、雀替、花板，在里面八角形的额枋檐枋内接正方形的双层枋梁，以增加穹顶结构的稳固性。再往上共有三层八角枋梁、斜梁、垂柱结构，由大到小的叠加直至穹顶。特别是连接部位的垂柱，与檐角垂莲柱内外呼应，不但均衡了各部件应力，还具有很强的装饰作用。最后椽子以辐射状镶嵌在枋梁之间，使整个穹顶呈伞盖形。对木匠来说，建造角楼不但要掌握其复杂的结构，还要有高超的木雕技艺，而最大的考验是要精密地制作千变万化、形状各异的卯榫。

窗格雕花　　徐世雄摄

角楼应用柱梁、斗拱、飞檐、攒角、穹顶等复杂紧密的结构，并用雕花、彩绘装饰，具有很高的艺术性，是木匠高超建筑技艺的集中展现。

卷棚。卷棚与脊房的区别从外部来看就是屋顶不起脊，用相对平缓的拱起。卷棚的建造相较于脊顶大殿和角楼要简单一些。整体结构还是梁柱搭建，大梁之上要么用二架梁撑起平圆的拱形顶，要么直接用蜀柱撑起尖圆形拱顶。撩檐的斗拱结构一般用撑拱、花板的形式。侧面要么不出檐，要么用悬山式。檐角一般不攒尖，不翘角。卷棚在民勤传统民居中被广泛应用，现存的瑞安堡应用最多的房屋结构就是卷棚。

坡顶房。坡顶房是传统建筑形式与地域特点调和的产物，是因经济条件所限而对传统建筑所做的应时应地的一种改变。民勤少雨，所以有一到二尺出水的坡顶完全能满足出雨的需要。坡顶房的建造也因条件不同而有高低之别。档次高一些的就全梁全柱，甚至外加拔廊，梁上通过高低不同的

桃木雕花条桌

梁墩撑起檩子营造坡顶。檩子下面还要并一道棱以增加承载力。廊柱上面的额枋与檐檩之间加装几层撑拱花板形式以作装饰。档次低的四面墙上的梁、檩全部取消，以墙承载，不出廊，只伸出半槽椽子做屋檐。斜坡顶在民勤农村被大量应用，20世纪50年代以后的农村民居大多以斜坡屋顶为主。

另外门窗、隔墙的制作也是大木匠的主要工作，过去脊房、角楼、卷棚的建筑门窗要与房屋建造一体考虑，门窗、隔墙的安装与柱子、额枋、大梁相连，风格也要与建筑一致。门的结构有四扇、六扇，窗子有侧开上开的形式。这些对大木匠来说都是简单的事情，真正费工夫的是装饰的营造，如窗子、门、隔断上的花格及雕花。

老式立柜　徐世雄摄

细木匠的活生相对就要简单些，只是床、柜、桌、凳等，都是与人切身接触的家什，制作一定要细致才能有好的使用体验。

民勤的传统家具种类很多，常见的椅凳类有方凳、圆凳、条凳、马扎、坐墩、太师椅、圈椅等；桌案类有供桌、八仙桌、圆桌、几案、炕桌等；柜架类有书架、博古架、衣柜、门书柜、碗橱柜、米面柜等；床榻类有架子床、罗汉榻；杂项类有书箱、衣箱、屏风、衣架、面盆架、镜台、承足脚踏、风匣等；工具类的有织布机、纺线车、传统农具等。

不同家具的制作方法也千差万别，但其基本流程大致一样。首先画设计图和列材料单，木匠大多是心中有图，材料也是心中有数，一般不会画设计图纸，也只在心中列材料清单。其次是选料和开料，先按尺寸开为板状和条状材料再继续加工。第三是刨平，刨平时就要根据家具的最终尺寸基本加工到位，表面加工的平直光洁。第四是开榫凿眼，这时考虑的是整体的结构和各部件连接方式，因为各个部件相互制约，所以部件的尺寸、卯榫的结构、角度等都要统筹考虑，而且力求精确，并适度地为

民国时期寿材店的木匠

下一步调整留有余地。俗话说"短铁匠，长木匠""铁匠短了一锤，木匠短了张嘴"。第五是投卯认榫，每一个卯榫都要投试一下，以纠正错误，为下一步整体安装做准备。第六安装，如个别卯榫结合不够紧密还要加楔以使牢固。最后再次刨光、适当打磨完成。

木匠活生还有挂车，就是木轮大车制作。至于农具的制作，只要了解了其构造，对于木匠来说都是一些简单营生。

木匠的禁忌比较多，如墨斗里不能盛污水，否则是对祖师爷最大的不敬；脚不能踩在锯上；无论在什么地方干活，锛、斧要随身携带，更不能借给外人使用；忌讳外人触摸工具箱等。这些风俗习惯以及上面提到的鲁班尺的应用都涉及趋吉避凶之禁忌，相传都源自《鲁班经》。《鲁班经》有上下两部，上半部分记载的都是一些木工技艺，以及如何趋吉避凶的方法，而下半部记载的却是风水、魇镇、咒语、压胜之法，鲁班也因此成为风水术士的祖师爷。所以对于木匠的禁忌，无论是怎样流传的，大多都是宁可信其有，无条件地遵从，不敢有半点违背和疏忽。

民勤的木匠技艺曾经十分兴盛，这源于两方面原因：一是民勤是移民区，移民来源复杂，随之带来的各地信仰风俗也各不相同，庙宇建筑十分盛行。据考证，1949年前，方圆"六里三分二十五步"的民勤县城内就有庙祠寺观65处，全县更是达到了860处，几乎村村有庙。第二也与移民有关。民勤祖辈都牢记来路，十分重视供奉祖先，族人集中的地方就要修建祠堂，而且各家无论贫富，都要修建堂屋供奉先祖，时时祭拜。由于有大量的建筑需求和由各地传承下来的高超技艺，木匠技艺自然就十分兴盛了。

圣容寺大雄宝殿　　李军摄

中华人民共和国成立后，很多寺庙观祠陆续拆除，也没有了传统建筑的修建需求，木匠技艺有所衰落。

到20世纪80年代，生活逐渐富起来的人们迫切希望改善居住环境，修房子、打家具蔚然成风，木匠生意十分兴隆，但其技艺与兴盛时期已不可同日而语。到80年代后期，江浙木匠进入民勤，制造的家具式样新、轻巧好看，特别是大量地使用钉

东镇大庙　李军摄

子、三合板、五合板，效率高、费用低。相比之下，本地的木匠就显得老旧传统、效率低、费用高，逐渐地被人们嫌弃，逐渐式微。

过去民勤的著名木匠大多淹没在历史当中，《民勤县志》记载的仅有樊毓锦一人，"樊毓锦，生于清朝光绪年间，是清末民初本县能工巧匠。秉性耿直，朴诚无伪，幼时家贫，未能读书，嗜好鲁班技艺。成年时，木工技艺已驰名县内外，他所建的庙宇楼观，设计精巧，构思精奇，坚固耐久，美观大方。如一梁八担的东镇大庙的文昌阁、魁星阁，三环套月的磷潜沟庙宇，明四角的西金庙山门，土山上的水神楼及三级大殿等建筑物，匠心独具，人所共称，遐迩闻名，是本县百年以来的建筑大师，时人称为'鲁班爷'"。

1949年后，较为出名的木匠有双茨科的王国新，曾通过微缩建筑形式，复制双茨科的二分楼子，梁枋檩柱，斗拱飞檐，极尽工巧。也还有一些心灵手巧的细木匠，但总体来说木匠技艺已经式微，不复过去的辉煌。

木匠技艺既是技术历史发展的源头，又是各种技术的基础，同时也是技术和艺术的完美融合。民勤木匠技艺是人民的艺术，它出自民间，服务于民众，始终把实用和审美融为一体，带有物质和精神的双重性质。民勤木匠技艺植根社会基层，自觉自发地在民间生生不息地传承发展，为构筑民勤雄厚的传统文化底蕴提供了物质载体，奠定了深厚基础，并对民勤的传统文化产生了深远的影响。木匠技艺不仅仅是传统文化的重要载体，本身也是传统文化的重要组成部分。从这个意义上讲，保护传承传统木匠技艺具有弘扬传统文化的重要意义。

现在，随着机械加工的崛起，传统木匠技艺由于工艺复杂、效率低下、制品精度相对低等原因逐渐被淘汰，保护刻不容缓。

（石　荣）

铁匠技艺

　　铁匠，也称锻工，是一种古老的职业，指的是过去打铁或锻造铁器的工匠，也是民勤常见的传统工匠。他们以太上老君为祖师，以铁为原料，凭借手中一把小小的铁锤，打造各式各样的生产工具和生活用品。

　　民勤铁匠一般都有一个固定的铁匠铺。所谓"铺"，大都是一间破旧的房屋，屋子正中安放一座用来煅烧铁坯的火炉。炉边架一个大号风箱，风箱一拉，风进火炉，炉膛内火苗直蹿。其主要工具还有：小铁锤、大铁锤、铁夹剪（用来夹烧熟了的铁坯）、铁砧（打铁的平台，方言称"砧子"）等。要锻打的铁器先在火炉中烧红，然后将烧红的铁器移到砧子上，一般由徒弟手握大锤进行反复锻打，师傅左手握铁钳不停地翻动铁料，右手握小锤一边用特定的击打方式指挥徒弟锻打，一边用小锤修改关键位置，改变铁块的形状及长短薄厚。打铁时为了防止锻打铁器时溅出的火星灼伤，铁匠一般都腰扎围裙，并用两块狭长的厚布条分别绑在两腿上，厚布条一直拖到脚面。

　　民勤的铁匠师傅，一般会带一到两个学徒，学徒的主要工作是用一把大铁锤帮助师傅将被炉火烧熟了的铁毛坯打成所需的形状。在最后的成形阶段，主要由师傅来完成。在师傅手中，坚硬的铁块，可按加工铁器的需要，变成方、圆、长、扁、尖等各种形状。锻打的过程中，通常由师傅敲小锤，学徒抡大锤。师傅的小锤又叫"响锤""主锤"，敲到哪里，学徒就打到哪里。恰到好处的火候，毫厘不差的角度力度，大锤小锤轮番上阵，一阵叮当叮当声过后，坚硬的铁块也能变化出各种形状。在铁匠师傅手中，小到一枚铁钉，大到各种农具，都是这样手起锤落锻造出来的。从生产工具到生活用具，各种各样，一应俱全。民勤铁匠打制的铁器主要是与传统生产方

铁匠打铁场景　　何永葆摄

式相配套的农具，如各种锄头、铁耙、耙齿、铁镐、镰刀、斧头、铁铲等，也有部分生活用品，如弯刀、菜刀、剪刀、锅铲、刨刀、火钳、火搭钩等，此外还有门环、铁钉、门插等小铁器。

铁器锻造基本有选料、烧料、锻打、定型、抛钢、淬火、回火、抛光打磨等几个工序。看似简单，但这并不是一个简单的体力活，打好一件铁器每道工序须环环相扣，丝毫不能马虎。

1.选料。挑拣好铁料可以节省煤炭和锻打时间。选料主要靠打铁师傅的经验，通过目测和手掂来挑选合适的铁料。

2.烧料。挑好铁料后，喂入炉灶里，立刻来回拉动风箱手柄鼓风烧旺炉火。铁匠手握长柄铁钳夹住铁料翻动，使铁料充分受热，软化。

3.锻打。将加温到一定程度的铁料夹到铁墩上，举锤敲打。若打制的是小件器具，铁匠一人就可拿着小锤反复敲打定型。若是大件器具，须得两三人抡大锤轮流敲打。

4.定型。锻打后的铁料逐渐失去火红的颜色和足够的温度，需要再次将它喂入火塘里，再次烧料。反复这样烧料锻打，直到初具成品模样。

5.抛钢。铁匠手下的器具，只要是刀具之类的都要抛钢，就是把铁和钢糅合在一起，因为刀具的刀口都是钢的，正如俗话所说的"好钢用在刀刃上"。钢料下在刀具上的多寡与均匀度，也往往成为顾客评定刀具好坏的标准。抛钢有两种方法，一种叫明钢，一种叫暗钢。所谓明钢，就是刀刃上用钢全部包裹铁料；所谓暗钢，就是在刀刃部位将钢与铁混杂敲打在一起。钢和铁虽然都是硬质金属，但材料成分不同，要把它们糅合在一起并不容易。打制刀具糅合钢和铁时，要先将基本打造成型的铁具烧红，放在铁墩子上，将面向刀口的一边或两边弄出一条小沟，然后在小沟内镶上预先打制的与刀口等长的钢片，重新放到炉内再次烧红，达到熔点后，再放到铁砧上继续锻打，通过反复多次的烧红和锻打，铁和钢才会融合在一起，水乳交融，使打出来的刀具天衣无缝。

6.淬火。淬火就是热处理，即把加热好的铁器突然浸到水中使其冷却，以提高铁器的硬度和耐磨性，在所有工序中最为关键。铁器下水淬火，温度的高低、淬火时间的长短、淬火部位的选择全凭实践经验，一般人很难精准把握。如果淬火技术不过关，铁器不是缺口就是卷口。淬火常用的冷却介质有盐水、清水和油三种，最多被采用的是普通的凉水。打制什么样的铁器，需要哪种液体淬火也有讲究。比如菜刀要用油淬火，铁锹、铁锄要用水来淬火。

7.回火。也叫正火，指的是锻件淬火后硬度变高了，但脆性大了，容易变形，甚至出现细小的裂纹，需要将之重新放回火炉加温来调整硬度。回火时将打好了的铁器放回炉子里烧红，然后取出来让它自然冷却以增加韧性。回火也很有讲究，成品烧到什么程度，要根据不同的钢铁材料和铁器的不同用途而定。回火时，温度和时间把控都很重要，把控不好，打制出来的铁器就可能耐看不耐用。

8.抛光、打磨。打制的刀具，在淬火之后，还需要一道磨刀开刃的工序，铁匠要用磨刀石把刀具磨锋利后方可出售。当然其他一些铁器工具也需要适当的抛光、打磨，去除一些粗陋尖利之处，让其外形变得更美观受看。

打铁是个技术活，讲究眼明手快，从备料、烧制、锻打、造型，到成品、冷却等，每一个环节都不能马虎。用料要实在、工艺要精湛，打出来的东西才能经济又适用。打铁，只能是男人的职业。因为没有力量不能打铁，没有胆量

菜刀打制　何永葆摄

不敢打铁，没有吃苦精神不愿打铁。"打铁先要自身硬。"一年四季，师傅左手夹铁器，右手使小锤，还要不停地翻、移、换，引领徒弟操作；徒弟抡起五公斤的大锤，不停地锻打，一天下来累得腰酸背痛，四肢瘫软。师徒俩的汗水混合着灰尘，搞得花眉戏脸。他们不仅苦累相伴，而且生活简单艰涩，一般人都难以坚持下来。

民勤的铁匠，都很讲究诚信。凡加工的铁器，有夹灰、卷口、淬火过硬而"缺口"等现象，找到那家店铺，师傅都会免费整修。因为铁器上打有"印记"，如同书画的"落款"，绝不会赖账。过去，每年庄稼收打过后，好多乡镇都要举办物资交流大会，那可是庄稼人一年里最热闹和期盼的日子。除了邀请秦剧团唱十几天大戏，外省的杂技马戏团、演艺大篷车助兴之外，全县形形色色的小商小贩也都跟着交流会摆摊设点，各县区一些大的百货公司、供销社也会高树招牌，乐此不疲。这些天，铁匠们也会在划定的位置上支摆好家什，搭起炉灶，燃起炭火，拉起风箱，将烧红的铁块放在砧子上，抡起铁锤，叮叮当当地打起铁来，施展各自的手艺，叫卖自己打制的适合庄稼人用的各式铁活。十里八乡的村民，会纷纷拿来自家用坏的农具，找到钟意的铁匠帮忙"夹生"（抹生）、修理。

自20世纪六七十年代起，"小五金"开始走进城乡百姓的日常生活，应时生出新的匠种，他们专门用白铁皮制作畚箕、茶壶、油抽子、舀水勺、水桶、水槽、漏斗、漏勺、烟筒等各种生活用具，民勤人把这种用铁皮制作用具的铁匠叫白铁匠。

白铁匠的工具十分简单，一把钳子，一把大剪，一把钢直尺，一把方尺，一把圆规，一把小锤子，两把錾口榔头（一把铁的，一把木锤），一根卷管棒、几个塑形模

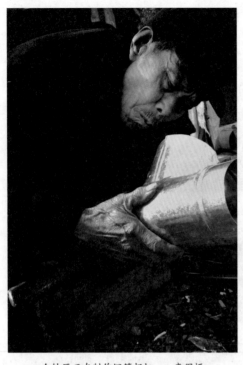

白铁匠正在制作烟筒拐把　李军摄

具等，最重要的一样就是槽钢，大多数匠人是用废旧钢轨代替的。槽钢是敲打折边、卷边的主要平台，锤子是敲打的主要工具，圆规是用来画圆形线条的，卷管棒在敲打卷管时使用，把铁皮放在卷管棒上，用錾口榔头敲打，才能打成卷管，塑形模具是一个中间下凹的圆凳墩，用于制作有凹形的圆形器具，比如街门上用的门钹等。

白铁匠功夫全在手上，无论是什么制品都离不开剪、切、敲、锤等工序。白铁制品的制作过程大致可以分为量尺寸、下料、剪型、敲边、咬合、再敲打等几个程序。工艺不算复杂，但操作每道工序时都要认真对待，不能粗心大意。几道工序中，剪型和敲打最是关键。剪型前，尺寸一定要量准确，不能大，也不能小，它和后面的咬合有直接关系。敲打时，用锤的力度要把控好，什么时候用木锤，什么时候用铁榔头，敲打到什么程度，都是有讲究的。一切都要靠传统手工来完成，借助专用工具的地方很少。少数笨重的工具和沉重的白铁皮全靠人工搬动，大量的剪、切、敲、锤工艺全都靠传统手工来完成，他们的辛苦可想而知。白铁匠虽然工具简单，但他们凭借这几样工具，用灵巧的双手，娴熟地把一块块铁皮、铝皮敲敲打打，就能制作出各种样式廉价、耐用、美观的生活用品。有些手艺高明者，甚至可以利用手中的简单工具，制作出许多具有艺术特色的白铁制品，比如用铁皮錾花镂刻，为木门作角饰、兽首衔环、泡钉，为护栏作花式设计，用铁皮浮雕技艺作各种动物吉兽造型，惟妙惟肖，让人叹为观止。

过去技艺精湛的白铁匠在加工成品时，只进行剪裁敲打，基本不用焊接或铆钉。再后来，许多白铁匠手艺欠缺火候，有的白铁制品制成后，还要焊接才能放心。焊接的方法是：先将要焊接的地方擦拭干净，将烙铁在炉子上烧热后，沾上焊锡，涂抹到白铁皮的接缝处。有时为了防止白铁皮接口脱落，也有用铆钉的。

民勤铁匠一般指的是以锻造为业的铁匠，因为行业和技术相近的原因，很多心灵手巧者除了兼顾白铁匠技艺外，还学会了生铁浇铸的营生，主要浇铸制造人们日常生活需要的一些生铁或铝制品，如烧水壶、锅、火炉、铁鏊、火盆等。他们将左邻右舍回收来的废旧铁制品放入冶炼炉，经过2000多度的高温熔化成铁水，然后除去杂质，提纯后再将铁水倒入所需的模版，便浇筑出一个和模型一样的铁锅、铁盆来。最后清除模芯和铸件表面异物、切除浇冒口、铲磨毛刺和披缝等凸出物，将边缘打磨平整，一个崭新的器具就做好了。这种铁制品的成本低，人们只要拿些废旧的铁或平时积攒的废铝块、铝皮易拉罐等，给手工费就可以做。

民勤铁匠生铁浇铸的方法主要有两种，一种是传统的干模铸造，另一种就是翻砂铸造。传统的干模铸造技艺包括制作内范、外范、减支、合型、浇铸等一系列工艺。以黄土或胶泥制成要铸造的产品外型，谓之制作内范。制作外范时，先在内范表面涂上一层薄薄的蜡，再在外面覆上一层拌有碎麻头的麻刀泥，厚度视铸件大小而定。待外范晾干到一定程度，确定一个分型面，然后用锋利的刀沿分型面切开，刻上记号，使外层麻刀泥与内范脱开。减支是视铸件厚度，用刀、铲、钩、勺等锋利的工具削去内范表层。合型则是将外范按刻好的记号复原到内范外面，中间形成型腔，然后将分型面封死，做好浇铸口。经过长期的实践探索，人们在干模铸造的基础上，发展出了半永久性铸型的硬模铸造技艺，其优点是可以一模多型、多模同铸、连续作业。这种铸造技艺的关键是制作硬模，要求相对较高，好多匠人的技术程度达不到要求，制作的硬模不够精细，铸造效果不佳。

翻砂铸造是将熔化的金属浇灌入铸型空腔中，冷却凝固后而获得产品的生产方法。翻砂铸造的关键在于砂型的制作。砂型的原料以砂子为主，并与粘结剂、水等混合而成，民勤匠人一般采用红砂作为制作砂型的原料。为了使砂型内塑成与铸件形状相符的空腔，必须先用木材制成模型，称为木模。炽热的铁水冷却后体积会缩小，因此，木模的尺寸需要在铸件原尺寸的基础上按收缩率加大，需要切削加工的表面相应加厚。空心的铸件需要制成砂芯子和相应的芯子木模。有了木模，就可以翻制空腔砂型。在制造砂型时，要考虑上下砂箱怎样分开才能把木模取出，还要考虑铁水从什么地方流入，怎样灌满空腔以便得到优质的铸件。砂型铸造时先将下半型放在平板上，放砂箱填型砂，紧实刮平，下型造完，将造好的砂型翻转 180 度，放上半型，撒分型剂，放上砂箱，填型砂并紧实、刮平，将上砂箱翻转 180 度，分别取出上、下半型，再将上型翻转 180 度和下型合好，砂型造完，等待浇铸。这套工艺就是人们常说的"翻砂"。砂型制成后，就可以浇铸，也就是将铁水灌入砂型的空腔中。浇铸时，铁水温度在 1250 至 1350 度，熔炼时温度更高。冷却后还要经过除砂、修复、打磨等过程，才能够成为一件合格铸件。

在制作复杂造型的铁器时，可以采用分铸法。或先铸器身，再在其上合范浇铸附件；或者先铸得附件，再在浇铸器身的时候铸成一体。为了提高浇铸产量，大一些的铁匠工坊采用了叠铸的方法。所谓叠铸就是把许多个范块或成对范片叠合装配，由一个共用的浇道进行浇铸，一次得到几十甚至上百个铸件。20 世纪八九十年代流行于民

浇铸水壶　李军摄

勤城乡的生铁炉子就是采用分铸法分别铸造炉盘、炉圈、炉身、炉脚、炉齿、风门后组装而成的。

制作小型或复杂一些的铸件，民勤铁匠一般会采用失蜡法铸造。用这种方法铸出来的铁器既无范痕，又无垫片的痕迹，用它铸造镂空的器物更佳。通常是用易熔材料制模，在模样表面包覆若干层耐火材料制成型壳，再将模样熔化排出型壳，从而获得无分型面的铸型，经高温焙烧后即可填砂浇铸的铸造方法。由于广泛采用蜡质材料来制造模型，所以把这种熔模铸造称为"失蜡铸造"。这种方法制成的模具可以达到玲珑剔透的镂空效果，可以使任何金属能够完整而忠实地重现其蜡模的样貌。时至今日，这种方法仍然被广泛采用于雕塑、牙科、珠宝加工以及工业复原等领域。

随着经济的发展，人民生活水平不断提高，人们的消费观念和价值观取向都发生了根本变化，再加上工厂化大生产的出现，塑料、不锈钢制品花样繁多，精致便宜，铁匠行业开始走下坡路。由于铁匠又脏又累，现在的年轻人宁愿外出打工也不肯学这门手艺，叮叮当当的打铁声已渐渐从人们的生活中远去，取而代之是电焊、车床、甚至数控机床等新式铁活加工工具，工艺精进，事半功倍，传统意义上的铁匠手艺已经渐趋甚微，面临失传的境地。这是历史不可抗拒的规律，面对这些行将消失的手工艺，让我们多保留一份敬意，这是我们应有的文化情怀。

（杨立中）

石匠技艺

石匠，是指从事采集石料，将石料加工成器物的手工业者。石匠是历史传承时间最长最久的职业，一般分为两种：一种叫粗石匠，一种叫细石匠。粗石匠重在"开山"，即采集石料。细石匠则将料石打磨雕刻成各种器物。石匠技艺多指这些细石匠、巧石匠的雕刻技艺。

民勤地处平原沙漠地带，很少有石质山岭，所以石材都是从"外头"拉运来的。其实民勤西面就有多处采石点，但在交通不发达的过去，也是很遥远的"外头"了。所以在人们的记忆当中，石匠大多是打磨剥碾子的细石匠，对于开山取料的粗石匠没有多少影响。

石磨　徐世雄摄

石匠的工具有大锤、二锤、钢钎、楔子、錾子、手锤、风箱，还有划线的钢尺和弹线用的墨斗。石匠一般会有一个比较结实的木箱子存放工具。用过去柴油机上的那种传动皮带做成背带随身携带。除了大锤、钢钎、风箱等基本都会放在工具箱里。每件工具都有各自的用处：大锤和楔子都是开山下料用的，二锤是砸线用的，钢钎在撬石头会用到，起杠杆作用，省力。錾子的用处最多，剖、削、镂、铲、磨都要用到它。依据用途不同，錾子的分类也不同，例如有长短錾、扁錾之分，还有尖口和平口之分。尖錾一般用于打制家什和打窝掏洞、镂空用，而平錾则是在后期铲平用。

石匠在雕刻之前先要对料石量尺寸，看是否符合需要。在雕刻时，石匠们一般都有画谱或者规制尺寸，根据工程的需要和东家要求对料石进行量材划线、毛坯打造、图形勾勒、精细雕凿等几道工序。量材划线是测量选择尺寸符合的料石，然后在上面画好雕凿所需要的辅助线；毛坯打造是大致雕凿出器物的基本形状；图形勾勒是在毛坯的基础上雕凿图案或拷贝浮雕图案，若是圆雕透雕的继续勾画细节或相关辅助线；最后经过精细雕凿打磨完成作品。

说到石匠的技艺，一言以概之，就是"凿"。因为石头都比较坚硬，对其砍、削、切、割都是无用之功，只有一点一点的"凿"才能久攻成型。过去，无论是大的如开山辟路、凿石架桥，小的如打磨剥碾、镂石雕花，都是一凿一凿凿出来的，可见石匠活生的重要和艰辛。凿法分为刻、镂、剔、雕几类。"刻"一般指画线、刻字、刻纹式等一些浅表加工。"镂"就是根据线条图形先挖掉内部无用的石料。"剔"又称"摘"，就是按图形剔去外部多余的石料。"雕"就是最后进行仔细地琢剁，使雕件成型。

过去石匠的活生，大多雕刻较为精美的如阴宅的墓室、墓碑、建筑门楼、石狮子、桥梁、石碑，还有寺庙的雕像、建筑装饰等。较普通的如家用的器具捣臼、石磨、碾子、石碌子等等，全是石匠一锤一锤凿出来的。特别是石磨、碾子，过去由于使用普遍，频率高、磨损快，所以打凿翻新成了石匠最常干的营生。

手摇磨　　徐世雄摄

石匠这种职业很艰苦，常说一句话："打石又打铁，明日加黑夜。"由于石头对工具的磨损十分严重，石匠是白天采石或凿刻活生，傍晚收工回家后，还要锻打磨损的铁件工具，很累很苦。再说，"力大不孬石"，石头的比重大，力气小的身子弱的根本干不了，所以只有身体壮健的硬汉才能干得了这门苦营生。

石匠雕刻工艺和技术通常是通过师徒相传、父子相继的形式历代传承。以前，谁要想当石匠，只要身体壮，肯学肯干，师傅都愿意收，绝对不收学费。只是第一年没有工资，每天要挑工具箱，帮师傅干活。几年之后，才能出师，凭过硬的技术，更是靠过硬的身板挣钱养家。

石匠是历史传承时间最长最久的职业，可以说人类文明是伴随着石器的制造和使用产生的。石匠对数千年历史文化起到了功不可没的作用。从旧石器时代的简单打磨石头到现代的石雕工艺和艺术的完美结合，离不开一代代石匠们默默地奉献。许多流传千古的碑文，许多精美绝伦的石刻佛像，许多精巧的宝石雕刻，包括那些经典的石桥、家用的许多器物，都凝结着石匠的辛劳和智慧。

弃置的碾坊　何永葆摄

随着技术的进步，采石、雕刻工具层出不群，空压机、冲击机、切割机、火割机、雕刻机等等应有尽有。由于人工的体力与工艺都不如现代工具来得快，传统的石匠技艺渐渐地就被淘汰了。石匠技艺保护传承意义重大，任务艰重。

（石　荣）

泥水匠技艺

在民间，专门从事土坎（民勤人称土坯为土坎）砌墙工作的人被称为泥水匠。起初，砖石等材质没有用于建筑，泥水匠专指用土坎和泥砌墙的人。砖石等材质用于建筑后，泥水匠行当出现分类，一部分人专门从事砖石砌墙，成为瓦匠，一部分人从事土坎砌墙，也有一少部分人两者兼及。

泥水匠的工具有水平尺、卷尺、打刀、镘页、抿页、泥板、搭尺、坠子、阴阳角子等。

水平尺：也叫水平，主要用来检测墙体是否水平，是否垂直。

卷尺：用以测量长度、高度、宽度。

镘页：分铁质和木质，木质较大，铁质大小不一，功用各不相同。主要用于墙壁初期抹灰抹泥和收光。

泥板：木质，面积较大，与铁锹相似，正方形，一边连一长柄作为手柄。匠人一手端泥板，泥板上有泥，一手用镘页将泥板的泥抹于墙上。镘页下的泥渣跌落，泥板接住。泥板是镘页的辅助用具。后来，塑料制品代替木质。

打刀：通过劈、砍土坎或砖块，截取大小、形状合适的材料。

搭尺：木质，2米左右，衡量墙体弯曲度的器具，与水平尺近似。

坠子：铁质圆锥形，上端系长线。匠人用来判断墙体是否垂直。

阴阳角：铁质或塑料质，大小不一，用以判断墙角是否方正。

泥墙盖房要准备土、麦草、土坎，还有其他一些工具。这些东西由主人准备，土是纯土质，不能是沙性土壤。麦草指的是小麦收割后碌碡碾去麦粒后的麦秸。土坎有两种，一种长一些，是较为传统的土坎规格，农村叫"老土坎"，1尺2寸长，主要用来泥外墙，保暖好；一种短一些，宽窄薄厚一样，"倒土坎"时较为节省体力，20世纪80年代开始大量使用，多用于两间屋子之间的跨墙。在薛百河东，在蔡旗、重兴两镇，不倒土坎，直接用垡子干砌，效果特别好，县域内有谚语流传："河东新沟有一宝，垡子泥墙墙不倒。"

接下来是处理屋基。一般庄底子在打庄子时就已经垫平夯实了，在修建屋墙时还要在墙基处进一步夯实、铺沙、找平。

　　泥墙前要立木上梁，柱子立起来，梁架好才能泥墙。立木上梁有许多讲究。木匠用锛、刨把柱子、大梁刨光刨圆。柱子2根，上端做成公卯，呈"凸"形，大梁两端削平，做成母卯，呈"凹"形。柱子立柱碇石上，柱碇石由石匠凿制，上下面平整圆形，作用是增加地面承载力，同时防止柱根受潮腐朽。柱碇石下面埋放五谷杂粮，经济条件允许，会一起埋放金银、珠玉等。柱上贴红纸喜贴，上书"立柱大吉"。大户人家会在大梁中间位置凿一窝孔，里面放元宝、银锞、玉石等，再用木楔楔封。大梁上贴"太公在此"红纸喜贴。若有几道大梁，另一道上贴"上梁大吉"。立柱时，柱子上端公卯擩大梁母卯中，几人强住前后柱子，其他人用粗绳绕过大梁两边拖紧。一边用力拉，一边推抬。待柱子立直，抬起放柱碇石上，用水平尺校直校平。前后各用4根长木椽用绳子绑住架稳大梁，这叫搭剪架。然后，用土坎固定好剪架就可以下基脚了。

　　基脚是房屋基础。依墙根位置，大块山石拼在一起，中间掼入水泥砂浆，上面水泥砂浆抹平，基脚外沿跑一层火砖。有些人家拉不来山石，用水泥、碎石籽预制水泥砖。水泥砖两两相对，中间填入砂浆，基脚外沿仍跑一层火砖。普通人家既无山石，又无水泥大砖，只能用土坎依次码一圈当基脚。

　　泥墙需用人数很多，须有专人泡泥、捯泥、端土坎、搭架，分工协作，紧密配合。往往一个匠人须有两人捯泥，两人端土坎。

　　泥墙开始，人站在地上就能抹泥，放土坎。一般先用打刀把泥平摊在基脚上，然后将土块码放在泥上。砌墙的过程中往往会用到长短、薄厚特殊的土坎，就用打刀随时加工。

　　另外，前后墙和跨墙的规格和砌法也不相同。前墙是外墙，保温要求高，一般用1尺2寸的土坎砌成"斗墙"。斗墙内外不一，一边土坎侧立，另一边平拉两层土坎，中间有一定的空腔，就像现在的空心砖，有利于保温。上面一层就用土坎平铺，使内外连为一体，更加坚固。若是用旧土坎砌墙，半截土坎多，平拉的一面就用半截土坎码放，长短正好合适。细心的匠人砌斗墙时会注意相邻的两层内外调换反向，以达到更坚固的效果。跨墙位于两间屋子之间，保温要求低，但要承受檩子的压力，承重要求高，一般砌垛墙。垛墙一层侧立码放，一层平铺，没有其他格式，所以砌墙效率高，墙也坚固。后墙紧靠庄墙，保暖不成问题，以前有些人家为了省事就直接撑在庄墙上，不另砌墙。后来因为排火炕架烟囱不方便，也不美观，就砌一堵表墙。砌表墙先要留好烟囱，因为庄墙有收分，表墙要求垂直，所以庄墙和表墙之间，越到上面，空隙越大，所以下面就要在庄墙上凿出烟囱的空间来。表墙就一块土坎厚，是土坎侧立叠砌成的。为了坚固要注意两点：一是层与层之间要注意错土坎缝子，二是要在表墙和庄墙之间顶一些连接的土坎。

泥墙是一层一层往上泥，先泥四个墙角，用水平、木尺进行校正，泥直墙角，高度一样。然后拉线，常用的是渔网线，俗名叫"棉线绳子"。拉线的目的一是墙体一层一层泥平，二是保持墙体笔直，不出现凹凸弯曲。匠人的做法是，在放土坎时就注意和拉线一样平，泥完一层再校正拉线，看是否因泥墙时拉线的松紧，或拉线被土坎顶起而造成墙面不平、弯曲，发现问题，及时处理。一堵墙泥完，就挪拉线，再泥相邻一堵。细心的匠人往往会在墙的两头留下卯，泥相邻一堵时用土坎搭上这个卯。再泥另一堵墙，依次顺序，这样，四堵墙就牢牢地连在一起了。匠人行里对这种泥墙方法有个形象的比喻："狗添蒜窝，一圈一圈的来。"搭卯也有讲究，下一层留公卯，上面一级即留母卯。

墙低时，站着泥，一切轻松自如。墙高了，够不着，就得搭架，还需要很多木椽、绳索。匠人站在架上，其他捯泥的、端土坎的小工都在架下干活。架上放个盆匣，泥捯来放在盆匣中，土坎端来放在架上。泥水匠也就是大工，用泥板从盆匣中挖出泥，抹到墙面上，然后放下泥板镘页，再端起架上的土坎放到墙层的泥上。泥墙超过一人高，捯泥的、端土坎的够不着，就把泥锨、土坎往上扔，匠人接住。

泥墙是一层一层转着泥，16层泥完，房子前墙高度达到，后墙还须继续升高，高出前墙两层。两边山墙，则斜放土坎，形成一个斜面，最终使四边墙面处于同一斜面。

泥墙完成，就上檩子（有时檩子细，要在檩子下面沓楼），最后放椽，民勤俗话叫挂椽。这时也有讲究。准备四枚麻钱，二根红筷子，一个红布小袋，小袋放五谷杂粮、碎银、珠玉等，没有碎银珠玉，就装几枚硬币。布袋用红头绳扎口，红头绳绕筷子上，四枚麻钱两两相对钉檩子下面，筷子被麻钱夹紧，布袋下吊。椽子在檩子上依次摆好，楔子楔住，钉子钉住。挂椽结束铺房笆。房笆有芨芨笆、红柳笆，也有用芨芨夹着红柳条编成的。铺上房笆，在上面撒些麦草，麦草上面上泥抹平，上盖工程就算结束。到20世纪90年代，有些人家在麦草上面铺上防雨油毡。也有人家不铺房笆，直接在椽子上铺木板，上面再铺防雨油毡，再上泥。进入21世纪，有些人家不用土坎泥墙，改用砖头，上面搭建预制水泥板，预制板上用水泥封顶，既防雨漏，又坚固耐用。

上盖铺完，接下来是墙内外抹泥皮。墙皮泥一般情况下要上两遍，第一遍粗疏一些，主要起到添缝、补平作用。用的泥也是麦草泥，拉劲大。第二遍比较精细，为了表面光亮，用的是稳子泥或者细碎的麦草泥。上泥皮先用木镘页抹泥，木镘页面积大、摩擦大，容易抹平。第一遍泥皮为了接茬就不进一步收光了，第二遍泥皮还要用铁镘页反复来回抹动，直到墙面光洁平整。

砌砖墙也是泥水匠的主要工作。砖墙全部用火砖，后来是机制砖、夹心砖。饮好砖，使砖吃透水，和好水泥浆。先在墙的两端各砌一层，用水平校好高低，拉上线，砖匠即依线的高低依次放砖。墙上放砖采取错位放置的办法，第二层的砖要放在第一层砖缝的上面，这样，在墙的起头位置或是末尾，就会出现半块的情况，砖匠须用打刀拿整砖打出半块。技术好的砖匠，一刀下去，不多不少，恰尺等寸，功夫全在刀上。

砖墙分两种，一种是清水墙。砌完墙，用捋条喂好砖缝，墙面再不涂抹其他材料。清水墙技术要求高，每块砖的上下左右要对齐，砖与砖之间的缝隙要一样大，否则影响美观。另一种是沙灰墙，砌完墙后不喂砖缝，墙面上抹一层沙灰，沙灰抹平，收光就行。这种墙技术要求相对不高，砖与砖之间出现左右凹凸不平也不碍事，最后用沙灰一抹即可覆盖，看不出来。

收拾地面。20 世纪 70 年代以前，房屋地面是土，不需要特别处理，扫净整平即可，无技术含量，自己人就可完成。80 年代以后，房屋有了基脚，部分人家地面开始铺垫砖窑烧制的火砖。火砖面积小，要在地面上铺出一定形状的花纹，要铺平，需有一定技术，得泥水匠完成。铺砖相对简单，地面上铺上沙，拉好线，把砖铺稳就行。再后来，火砖改成水泥预制大方砖，铺法和火砖一样。铺好砖，修房工作算结束，俗话叫"扫地出门"。

随着社会进步，泥水匠的行当逐渐出现分工，趋向细化，专门从事一种类型的工作。

盘炕。炕分为两种，一种是燎炕。在屋内一定位置泥起炕墙。先是土坎墙，外面泥皮抹光；再是火砖清水墙，再后来是火砖外贴瓷砖的瓷砖墙。与烟囱相对炕墙上留一洞孔，安木制方形或长放形炕洞门框及门扇。炕墙里面安放多处炕脚，炕脚由两块土坎并在一起直立。上面覆盖事先准备好的炕面子，炕面子四角放炕脚上，依次铺满，上面上好泥皮即可。冬天烧炕，麦草、碎稳、秸秆、牲畜粪等由炕洞门送入，引燃，炕内文火煨烧，炕上温暖如春。

另一种是热炕。泥好炕墙，在与烟囱相对的炕墙上留一小洞孔。炕墙里面垫土，土上垫沙，沙上放砖坯炕脚，炕脚上面放炕面子。砖坯相接形成一条条通道，叫火道。为避免炕热不匀，前面炕墙洞孔处几条火道前要用砖坯堵一下。火道常见类型有牛肋巴形，大体形状为"（（丨））"双括号形，中间火道居于炕的中间位置，相对较直。插好火道，炕面子覆于火道之上，上面抹泥。另外一种类型是没有明显火道，称为"花脚"。沙上砖坯乱放，没有章法，炕面覆砖坯上，上面抹泥封严。冬天烧炕，炉子烟嘴撬入炕墙洞孔，炉内炭火旺盛，炉火吸入炕内，炕上热热和和。

盘锅头。锅灶主要是家用小锅头和集体灶房大锅头。家用小锅头体积小，依墙依炕而建，用土坎四周垒起，中间放锅，锅下面是灶膛，前面留一火门，火门对直锅的另一边是烟道，烟道连接烟囱。锅下面是火膛，放一铁箅子，箅子下面是灰膛。火膛旁边留一空道放置风匣，中间有一细孔，风匣嘴通过细孔吹风，风从箅子下面向上吹进火膛。这是老式锅头。现在不用风匣，改为吸风灶。

集体灶房大锅头体积较大，依墙而建，墙上留有烟囱，墙前放锅，火膛口、灰膛口开在墙后。不烧柴，烧有烟煤，是吸风灶。

现在，吸风灶又有改进。原来，烟、火从一个方向经过烟道再向上通过烟囱排出，现在，烟火从四周向下吸入，通过地面烟道排出。这种锅头相比以前，有了质的飞越。现代人追求原生态的柴火饭食，县城的好多饭店都采用了这种方式，都是现场柴火烧煮，很流行，食客很多。

进入现代建筑时代，泥水匠已基本转行成为砖匠，专门从事大型楼体建筑，另一部分则专业从事瓷砖铺贴，完全脱离泥水。泥水匠活生又脏又累，经济效益不高，年轻人多不愿学习，原有的和草泥泥墙的匠人及行当不复存在，泥水匠这一职业淡出建筑历史，渐趋式微。

（邱士智）

箍炉匠技艺

箍炉匠又称小炉匠，是过去走村串巷专门从事修理行业的人。箍炉匠练就了一身补碗、钉缸、锔盆、补锅、锔瓷器、配钥匙、换锅底、修家什的本领，是传统八大匠（木匠、瓦匠、铁匠、石匠、皮匠、毡匠、裁缝匠、箍炉匠）之一。

箍炉匠的称呼，是就其行头和工艺而言的。"箍"是束缚、连接的意思，是指把残破的器具用蚂蟥钉连接在一起。"炉"是指这一行当处处要用到火炉熔化锡、铝、铜等进行修补、焊接，故此称作"箍炉匠"。箍炉匠供奉太上老君为祖师爷，这一点跟铁匠一样，也许都是烧炉子冒烟的行当，所以都拜老君爷。

箍炉匠技艺传承十分久远，很多文学艺术作品多有提及，如《西游记》第二五回："好本事！就是叫小炉儿匠使拣子，便也不像这等爽利！"这说明箍炉匠古已有之，且在人们心目中是技艺高超的行当。民勤曲子戏传统剧目《钉缸》讲的就是关于箍炉匠的故事。明初，民勤移民屯边时很多艺人随着移民"挑担而来"，其中大概就有箍炉匠吧。

箍炉匠修补生意主要有两类：一是金属类，有铁锅、铜壶、洋盆、铁锁、铜锡小物件，还有换铝锅底、铁桶底等。另一类是陶瓷类，如钉缸、补碗、锯盆等。当然心灵手巧的箍炉匠也顺带干一些其他修理活生，如磨剪刀、补镰刀，修闹钟、缝纫机等活生，当然这不是箍炉匠的主业，只是为了挣钱，顺便而为。

箍炉匠如此能干离不了趁手的工具，"没有金刚钻，别揽瓷器活"，说的就是箍炉匠这一行当。箍炉匠与剃头匠一样，为了走村

民勤曲子戏传统剧目《钉缸》

串户方便，都要把所有用到的工具一担挑。他们的挑子也有一个共同点—— 一头热。剃头挑子热的一头是为剃头刮脸烧热水的火罐，小炉匠挑子的一头则是化开锡、铝、铜用的火炉。因为铁的熔点高，故而一般不用铁。除此之外箍炉匠的挑担上还有一个装煤炭的口袋、一个风匣。风匣很特别，上面有两个小抽屉，专门装一些码钉、焊锡之类的小物件，还有一个和风匣大小差不多的工具箱，有四个抽屉，内装修补用的铁片、铝片、锤子、小砧子、钳子、铁剪子、烙铁、焊锡、焊水（镪水）、锉刀、土钻、小坩埚等常用工具，还要另外带一个干活时用的小马扎。

箍炉匠每到一个村子，用不着叫喊，夏天找块阴凉，冬天找个向阳地，放下挑子，铺开摊子，支起炉子、风箱，摆好各种工具、物料，小马扎一坐，抽不完一袋烟，就有人送上活来，很快就传遍了全村。活生一凑一大堆，一干就得大半天。

箍炉匠修补器物大都有打眼、装锔子两个环节，但也不尽相同。金属类器物的修补还要熔化一定的金属进行溜缝焊接修补，甚至有些精细的物件就不用打眼装锔子，直接焊接。陶瓷类的器物大多都要装锔子，然后用石灰等填补缝隙防止渗漏。

打眼首先要通过端详破口，确定锔子的数量。通过比划找准打眼的位置。箍炉匠的钻与木匠的并不一样，木匠的钻是通过压力扯动钻杆，带动钻杆上的陀螺，通过惯性钻木。而箍炉匠的钻除了应用金刚钻头外，钻杆上连接的驱动杆酷似一张弓，弓弦皮条缠绕在钻杆上。通过来回扯动，驱动钻头快速旋转，在缝隙边上钻出孔洞。

打完眼就装锔子。锔是一种弯曲的铁钉，也叫蚂蟥钯、钯锔，形状和用法颇似现在的订书针。大小依据器物大小而定。箍炉匠的工具箱内根据日常情况备有一些锔子，遇到或大或小的器物，就可随时选用。如若没有合适的，就现场升起炉子打造。锔子中间扁平，与器物紧贴，两头弯过去插入洞孔，里面凸出部分用小铁锤敲打使之平滑。

陶瓷一类的器物安上锔子，在缝上抹点石灰就妥了。但金属类的器物还要用熔化的金属溜缝，就得用小火炉。箍炉匠炉里烧的煤一般是烟煤，价格低、热量大，易燃烧，符合箍炉匠的使用要求。美中不足的是烟大，呛人。箍炉匠就地拾些柴渣木棍，点着了在上面压上一铲拌了水的煤渣，用自带的小风匣呼啦呼啦地吹，炉火就很快旺盛了起来。

待火烧旺之后，箍炉匠拿出两个小坩埚，把预先准备好的铝块、麻钱、铜板、废铜打碎了投入坩埚，然后置入火膛熔炼。补铁锅一般用铜，因为铜的熔点相对较高，不会在以后的使用中因高温而熔化。很少有用铁补锅的，因为箍炉匠的小火炉还达不到融铁的温度，但在有了烟煤之后，很多箍炉匠也开始用生铁补锅。一些小器物如茶壶等也可用铝。不在高温环境下使用的一些小器物也可用锡焊接。用锡时就不用熔化，可直接用烧红的烙铁烫化焊接。

铁或铜熔化为液体时，锅匠拿出毛毡卷成的衬垫，在衬垫上放上厚厚的锯末，衬在锅底，然后用一把长柄的铁钳，钳出红红的坩埚，把液体溜到裂缝上，随即用另一个毡卷，把缝上的溶液抹平。溜缝不可能一蹴而就，有时也要反复作业，所以两个坩埚轮流使用，提高效率。有经验的匠人都要根据器物材料的特点区别对待。刚性强的物件溜缝时都要适当加热，以防局部瞬间热涨而破裂。缝隙溜好后，先要冷却一段时间，再用磨石、锉刀、砂纸将粗糙的表面打磨收拾一下。补好的锅经过渗水实验确定不漏后，箍炉匠就算完成了一件活生。

有时，锅上开洞，钯锔就不管用了。若是洞小，就剪一段铁丝，塞进小洞，垫在砧子上翻来翻去连敲，直到严丝合缝才罢手。稍大一点的，就用铜汁填补，方法和溜缝一样。再大的就只能裁剪一块形状符合的铁板，用锔子铆接上去，再用铜汁溜缝。

一些小炉匠还做些铁皮活，包括修铁皮水桶、换钢精锅底等。换钢精锅锅底技术要求很高，不能用胶水，全凭匠人用锤敲出严丝合缝的卷边，而且要保证不能有丝毫的渗漏。

箍炉匠修补的器具，大多是老百姓家每天靠它烧水做饭、自己又不能制作的生活日用品，价钱虽不太贵，但在过去生活紧张的时候，每一件都是家中重要的家当，不能出了毛病就花钱买新的。因此小炉匠也深受老百姓的欢迎。

箍炉匠虽然手艺高超，但也只能是勉强维持生活的穷手艺人。箍炉匠必须走村串户地寻找生意，常常是走路比干活费的劲大。干一件活的收入甚微，因为再高也不能超过所修物品价格的一半，否则人家就去买新的了。再加上煤和焊接材料的消耗，因此箍炉匠只能凭手艺吃饭，而不能靠手艺发财。

箍炉匠高超精湛的技艺，闪现着匠人们的心血与智慧，其丰富的匠心实践，凝聚着岁月与人生的坎坷沧桑，既是箍炉匠曾经的安身立命之本，也是在历史传承中留下的深厚积淀，是传统技艺之瑰宝。在箍炉匠技艺的传承中，良工巧匠们注重细节、追求完美，特别对高超技艺坚守和不懈追求，正是现在所提倡的"工匠精神"之体现。

20世纪七八十年代，民勤乡村还能见到箍炉匠的身影。现在，各种器具琳琅满目，样式新颖，轻巧耐用，价格便宜，老百姓也有了一定的经济实力，再无修补的需求了。从另一角度讲，修补一个瓷器，价格比购买一个新瓷器还要贵，而且一经修补，样式难看。所以，箍炉匠逐渐消失，箍炉匠技艺趋于绝迹。

（邸士智）

锥匠技艺

　　锥匠，过去修补鞋或用皮革制作皮鞋等其它皮具的手工业者，亦称补鞋匠，是民勤常见的传统工匠之一。

　　民勤的锥匠可分为两种，一种是街角的行脚，一种是店面的坐头。避风的街头巷角就是行脚锥匠经常摆摊的地方。一辆三轮脚力车，一个油光铮亮的钉鞋机，大大小小的鞋楦、钉鞋掌的铁砧，还有专供客人歇脚的各式马扎、小木凳。铺开的摊面上摆放着许多形状不一、颜色各异的皮子，被风吹得直打转；几只大小不等的木箱里放着型号不同的鞋跟、铁的牛筋的橡胶的鞋掌、胶水，还有剪刀、锥子、斜铲、钳子、胶线，一块被蜡线不知划过多少次的石蜡。各种鞋钉被一块磁铁紧紧吸住，形成一个球状。鞋匠戴着护胸，套着袖套，蜷坐在小凳子上，膝盖上垫着护布，一双粗糙的大手灵巧专注地做着手里的活生。

20 世纪末的钉鞋匠

　　民勤的锥匠几乎没有女人，他们从早到晚，年复一年，系条脏兮兮的围裙，低头躬背地为顾客绱鞋、修鞋。绱鞋时，把鞋底、鞋帮往两腿中间一夹，锥子在头上"咣"两下，一锥子扎过鞋底、鞋帮，然后拔出，针引着麻线对穿过去，麻线绕在锥柄上用力一收紧，动作流利合拍，节奏均匀紧凑，针脚疏密得当，不消半个钟头就能绱好一双鞋。紧接着将定型的木楦塞进鞋内，叮叮咣咣敲紧，用毛刷蘸点水刷去鞋面上的绒毛，往身后的墙壁上一挂，一般楦一天就可穿了。

　　锥匠除绱鞋外，主要还是修补皮鞋、胶鞋和塑料凉鞋。20 世纪 90 年代以前，人们买回新皮鞋后，都要在鞋底钉上铁掌，一则防止鞋跟磨损，二则走起路来发出"噔噔"的脆响，感觉特别好。即使穿过的皮鞋，鞋底已经磨损变薄，钉掌后就能多穿一段时间。因此，钉掌是当时的时髦之举。在胶鞋和塑料凉鞋问世以后，一度很受人们喜爱。但胶鞋鞋帮易穿眼，凉鞋鞋袢易断裂。一旦坏了，大都要找鞋匠修补。补凉鞋最为有趣，把一块土烙铁、放在煤炉上烧红，拿出来在除铁锈用的铁丝上刷两下，赶紧按在凉鞋的断裂处，两三分钟后，塑料凉鞋居然焊得天衣无缝。有的鞋匠还兼着修自行车、补胎、打气、修拉锁、配钥匙的行当，毕竟艺多不压身嘛。

民勤的锥匠，除了修鞋补鞋之外，还有一个更为重要的职能，就是制作生产生活用的皮具。如牲口套车套犁用的皮拥子，打水用的皮兜子、水囊酒囊等。他们大多有自己的店面，也算是稍有家资的生意人，挂在店里，等客人上门选购。

如今，随着经济的发展和生活水平的提高，很少有人修补穿坏的皮鞋，穿胶鞋、塑料凉鞋的人更是越来越少。二牛抬杠的农耕时代已经一去不复返了，那些曾经精致耐用的皮质家什也都进了博物馆或陈列厅。从事锥匠这一行当的人也随之减少，在繁华闹市几乎绝迹。只在街头巷尾、僻静角落处，偶尔还可见到他们的身影：面前放着一个简陋的工具箱，加上锥子、钉子、锤子和几把裁刀，组成一个养家糊口的摊子。他们常年累月守在摊子边，佝偻着身躯，用那双粗糙的大手给人们擦皮鞋、换鞋跟……就像一幅古老的画。

（杨立中）

剃头匠技艺

剃头匠，又称理发匠，是民间一门历史悠久的古老职业，也是旧时民勤常见的传统手艺人。

剃头匠手艺最基本的技术就是剃头和刮脸，手法要干脆，手腕辗转挪移要平稳均衡，还要学会掏耳朵、剪鼻毛、清眼目、修整胡须和头、面、颈肩部的按摩技术。只有这些手艺都掌握了，才是合格的剃头匠。一把剃头刀、一把修面刀、一条荡刀布整齐地规置摆放着，理的都是老式发型。撑起围布，一把推剪熟练地在手上"上下翻飞"，不一会儿，一个干净利索的平头便理好了。接着不急不慢地将那张老式理发椅的靠背放平，然后又赤手从滚烫的铝锅内捞出热气腾腾的毛巾，拧上几把，敷在顾客脸上。面部涂满皂液后，一把锋利的剃须刀开始"游走"在顾客的脸上，连绒毛也刮得干干净净，每一步都一丝不苟。

过去，民勤的剃头匠，大都有一个坐地经营的剃头铺子。里面陈设简陋，一般摆有一把椅子、一条板凳，墙上挂一面镜子。室内一侧搁着一只大水桶和一个小煤炉，炉上架着一个洗脸洗头的搪瓷盆。另一侧放一张木桌，上面有一只老式皮箱，里面装着剃头工具，还搁着一只塑料碗，用于装肥皂等洗发用品。一切工具都在师傅熟悉的位置摆放，剃刀、粉扑、剪子、剃须刀……椅子靠在桌边，前来剃头的客人就坐在上面。那时人们的发型都很单调，一般老年人剃"和尚头"，年轻人剃"平头"，孩子们则从耳朵以下把头发剃光，再剪短头顶，留个"茶壶盖儿"，民勤俗称"拉莫子"。妇女都留着长辫子，很少找人理发，即使理也只是剪一下刘海。理完发，男性顾客

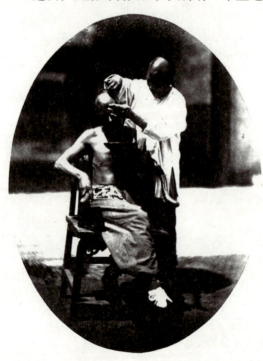

清末的剃头匠

大多会等着净面刮脸，常常由学徒负责为客人洗头，洗好头后，师傅拿出一把刮刀，细心地刮去没有剃干净的毛发，在客人胡子上刷上一层剃须膏，一只手挡住脸的上半部分，用刮刀小心地刮着胡子，将脸部、耳后细微的毛发也一并去掉，再拿出一把剪刀，两只手指捏住客人的鼻子，另一只手用剪子剪掉鼻子里长出的鼻毛，最后撤下围布，剃头的工作就算完成了。

剃孩子头远比给成年人理发复杂，没有多年理发经验的理发师根本不敢剃毛头。孩子每次哭闹容易造成理发师的失误，剃刀会误伤孩子而留下难看的疤痕。剃头师傅每次剃孩子头前会做大量准备工作，或摆弄玩具、或引逗怀中的婴孩，分散孩子的注意力，方便其下刀剃头。就在婴孩玩耍的短暂时间内，用锋利的剃刀来回抚摸过孩子头部，一根根柔软的毛发应声落地。

民勤乡村的剃头匠，大都是挑着担子走村串户，一路走一路给人剃头。他们的担子，一头是木柜子，柜子上面装一把折叠椅；柜子下面是抽屉，抽屉里装有推剪、剪刀、篦子、梳子、剃刀、刷子、扑粉、肥皂等理发工具和洗头用品；椅架旁边悬挂着一根荡剃刀的牛皮或帆布带，剃刀钝了，随时蹭一蹭，便锋利如初。担子的另一头是一个特制的洗脸架，上面搁个铜洗脸盆，盆里放着一条叠得整齐的毛巾；脸盆下则为土炉子、木炭、火钳、扇子等生火工具。正可谓"剃头挑子一头热"。木柜、座凳、洗脸架等都漆成大红色，再配以锃亮的铜饰件，精巧别致耐看，给人以美感。

在不讲究发型样式、没有电力器械辅助的年代，剃头匠全靠手上功夫。一般学徒三年，刚开始的半年时间，根本没有实际操作机会，只能打杂、端水、帮客人洗头。每天都要训练手上的功夫，即操作推子练习手上的感觉和手劲，悬空练习手腕的灵巧，以保证剃刀的平稳和力道。师傅剃头的时候，徒弟要不离左右，仔细观察师傅的一举一动，随时听从师傅的使唤。机灵点的学徒，会在师傅即将剃好头时端上热水，在客人要刮脸时及时递上热毛巾，这样的学徒就会讨得师傅的喜爱。学徒至少要经过半年的基础训练后，才有机会在客人的头上进行实践操作。

剃光头是最检验剃头匠水平的。过去用的剃刀和现在的不一样，现在的剃刀是可更换刀片的新式剃刀，刮在脸上会有刺痛的感觉，而老式剃刀刮在脸上却很舒服。手艺高的剃头匠，让锋利的剃刀在客人头皮上游走，不会让人有刀片接触皮肤的不舒适感。他们的顾客都是年岁大的老人，手中的剃刀是他们的主要工具。这把刀子一般在磨刀石上磨过后，还要在一块浸油的帆布条上来回荡几下，使其锋利而不伤皮肤。除了工具不同外，更多的是手艺的高低。年轻理发师没有经过严格训练，对剃刀的力道、稳定性掌握不到位，一般不敢贸然刮光头。

民勤的老剃头匠，还有一项采耳的高明技术，即掏耳朵。他们有一套专门的工

20世纪80年代的剃头匠 闫益民摄

具，一共五件，分别是小银勺、镊子、竹勺、细刀片、毛球。其掏法是：先将小勺伸到耳朵中，抠出脏物；如遇耳中有炎症结痂者，则用小镊子取出结块；有些人耳毛过长遮挡了视线，则要用细长刀片压住耳毛；取出耳中脏物之后，用小绒毛球伸入耳中，轻轻转动，一种酥痒之感从耳膜附近向外蔓延，先是头皮一阵又麻又痒，然后顺着背脊而下，直至手指脚趾，最后全身一阵轻轻颤栗，舒坦无比。现在年轻的理发师，大都不会这一技艺了。

如今，人们追求健康、时尚、休闲、愉悦的生活方式，理发不再是剃和剪那么简单，早已提升至美发、美容护理、形象设计等时尚的高度。大街小巷的美容美发厅，如雨后春笋，层出不穷，令人目不暇接。老去的剃头匠，已没了往日踪影，取而代之的是新潮时尚的美容美发师。令人眼花缭乱的电动美容美发器械，也取代了原始落后的手动剃头工具。对剃头匠这门技艺来说，或许已经渐渐走向了消亡的终点。

（杨立中）

织口袋技艺

织口袋技艺是流传于民勤的一种古老独特的驼毛纺织技。骆驼客常用的口袋、褡裢、褥底都用驼毛制作的口袋片制成，因而织口袋技艺就成了养驼人和骆驼客的必备手艺。

民勤历史上地处民族交融区域，丝绸之路要道，养驼使驼成为本土习俗。清末民国时期，民勤骆驼养殖达到高峰，达十万峰，家家户户养殖使役骆驼，驼毛成了主要副产品。织口袋技艺是伴随着民勤的骆驼养殖而出现的，距今已有上千年的历史。这原本并不是一个独

民国时期的口袋匠

立的行当，几乎所有的养驼人都会这个手艺。到了近代，随着骆驼运输业艺衰落和农业发展对口袋用量的增加，才出现了走乡串村专门以织口袋为生的口袋匠。

驼毛御寒力强，且牢固耐久。驼毛毛被中含有细毛和粗毛两类纤维，细短纤维构成内层保暖毛被，通称驼绒；粗长纤维构成外层保护毛被，称为驼毛。驼绒细软且保暖好，一般用来填充衣被，纺织呢绒、织毯等。驼毛则大量用于织口袋和单子、编绳、制裁毛褥子等。驼毛口袋、驼毛单子就是民勤人生产生活中应用最广泛的家什。

织口袋用到的工具主要有绞架、绞杆、剁刀、缝针等，其他的如两端的拉架等则因陋就简，以桌子等替代。

织口袋　李军摄

织口袋又叫剡口袋，因为织的过程中用剡刀剡的缘故而得名。共有漂洗、弹毛、打条、打线、织片、缝边等六道工序。

漂洗是将毛中的油脂、杂物洗干净。特别是油脂，若有残留则容易生虫。

弹毛是将毛用柳条、连枷抽打、抖剥干净，再用特制毛弓弹打蓬松。毛弹好后搓捋成毛条绕成团备用。

打线是个技术要求较高而且很费时

绕毛条　李军摄

间的活生，传统的打线工具由线砣和捻线杆组成。捻杆子是由一截一尺多长的木棒上安羊角形铁叉组成，也有直接用一截带叉的木棒代替的。纺坠也叫"拨吊"，绕上线时也叫"线砣子"。较早的拨吊为石质，馒头状，比拳头略小，中间有孔。后来用羊大腿骨中间穿一个铁丝钩替代，用时更为方便。也有用五六寸长的木头棒子做的，用时将打好的线绕在棒子上，然后在钩子上一挂就不会拆开了。但这种拨吊比石质吊坠轻，往往会因为轻而使拧紧的毛线收缩打结。所以后来就干脆用一截钢筋代替木棒绕线并压重，用一根毛针别线防止拆开。过去农闲时，老人们几乎人手一套打线工具，

打毛线　李军摄

一边打线，一边散步、聊天，互不耽误。一手高举捻杆，一手猛转线砣，然后两手配合抽捻毛条，在线砣的带动下捻成粗细均匀的毛线。等捻上一段，就把毛线绕在线砣上用一根针别住，又重复前面的工作。技术难度在于通过抽捻毛条的力度来掌握毛线的粗细匀称。

攒够了毛线就可以开始织料片了。料片长宽按用途不同而定，一般口袋片长度6尺，由于编纬缩经的原因，经线长度达到1丈左右。具体长度还因毛线的粗细、打纬的力度松紧等有所变化，所以口袋匠都是根据自己的经验确定。宽度40至60厘米，口袋匠一般按照事主的要求和毛线的粗细都有定数。比如事主要求1尺8的宽度，匠人根据毛线的粗细就能确定出料片的经数。确定了长宽，匠人就根据所织

料片的长短，在两头各放一个上置石块的不固定的架子，使架子能通过适度滑动来消除刹刀加在经纱上的力量，以避免经纱断裂，如果毛片较短架子就可固定死。架子上要拴滑轴，将经线来回牵引由上而下分别绕过两端的滑轴。然后分绞，从每一根上层经线缝隙穿一根线吊住下层经线，并绕在分绞杆上。绞分好后在分绞杆两

拉经线　李军摄

端用两个叉架把分绞杆架起一尺高，使下层经线高于上层经线并形成穿线打纬的叉

掏综提绞　李军摄

口，然后在分绞杆前绞前面穿一拉绞棍。拉绞棍用15厘米左右粗细的圆木做成，稍长于经线宽度，棍上一般安装一根红柳做的拱形拉手，绑好后将拉手搭在分绞杆上，方便变绞时推拉。最后绕好纬线棒，就可以织口袋了。绕纬线棒是把线疙瘩上的线绕到长1.2尺的木棍上，绕成玉米棒大小粗细，绕好后备用。织口袋时，拉一把拉绞棍，把上层经线抬过下层经线并形成叉口，用刹刀（长2尺、宽6.5厘米、厚4毫米、一边略有弧形的白口铸铁刀）塞进叉口使劲刹实，穿入纬线，再用织刀刹实。推一把拉绞棍，使上层经线回落到原先的位置。这时，分绞杆提起的下层经线就又高过了上层经线。再用刀刹实，再穿入纬线，用刀刹实，再拉一把拉绞棍……如此循环往复，慢慢就织成了料片，成为缝制口袋、褡裢、搭建帐房的原材料。

缝边是织口袋的最后一道工序，有两个步骤。首先将料片对折，沿长边将上下两片缝制在一起，形成口袋状。接着将袋口翻折缝口，使袋口牢固。

驼毛口袋因其牢固透气，贮存

刹纬线　李军摄

粮食不受潮、不霉变、防鼠咬等特点，成了过去民勤农家的重要家什，至今很多农家还有使用。

驼毛料片，除了缝口袋，还可以制成其他生活用品，如制成驼毛单子，缝成驼毛褡裢，制作栽毛褥子，甚至制作驼毛帐篷等。

特别是栽毛褥子，被过去农户家视为传家宝，骆驼客更是将其当

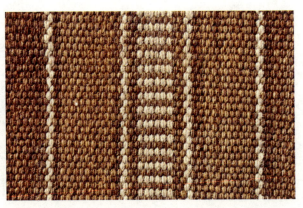

口袋毛片的表面纹理　李军摄

做安身立命的家当。栽毛褥子隔潮御寒是一宝，有了栽毛褥子，生不起炉火的农户过冬就有了依仗，骆驼客冬日走货，夜宿冰湖也不会觉得寒冷。

栽毛褥子制作时先作驼毛料片作为底子，再把漂洗弹好的驼毛捻成缕，一行一行、密密麻麻的，用钩针纳在驼毛料片上。光洁的一面做底子，栽毛的一面做面子。

各式口袋　李军摄

褡裢缝制和口袋大同小异，且构造更为复杂。其构造大体相当于开口相对，一面料片相连的两个小口袋。也有为了分装不同的东西，做成并排多个或者多层口袋的样式。褡裢由于其结构的平衡特点，适于搭在肩头或牲畜背上而被广泛应用，也因此而得名。

织口袋技艺有着鲜明的特征。一是地域性：过去的驼毛制品在民勤被大量应用，与民勤独特的地理环境密不可分，沙漠气候的艰苦酷寒是直接因素，驼业发达是地域性对织口袋技艺的间接表现。地域性是民勤织口袋技艺的最显著特征。二是独特性：这一方面既体现在其独特的技艺形式，也表现在与民勤骆驼客密不可分的关系上。

织口袋技艺是民勤独特的纺织技艺，反映出过去民勤生产生活状况，也是民勤骆驼客这一光辉历史的文化遗留和历史佐证。织口袋技艺是民勤人创造的一项重要的生活技能，是民勤先民们勤劳智慧的结晶。

随着现代质优价廉包装产品的丰富，织口袋技艺已经失去了用武之地，口袋匠这一曾经的行当逐渐退出了历史舞台。

（石　荣、邱士智）

民勤土寨夯造技艺

　　夯土建造技艺是最原始的泥土加工利用方法，它的历史远远早于陶土技艺。民勤的夯土建造在沙井文化遗址中就有遗存。民勤现存西汉时期的武威城（今连城遗址）、宣威城（今县城西南 20 公里处）都是规模宏大的夯土建筑。

　　历史上的民勤处于边陲地带，胡汉交界，战乱频繁，盗匪猖獗。出于安全防御需求，大型的堡寨建筑比较兴盛。另一方面，民勤绿洲位于巴丹吉林和腾格里沙漠之间，是内陆河石羊河的冲积带平原，很少有泥土以外的其它建墙材料，打堡建寨只能选择夯土筑造。如唐朝有白亭古城，早年的东安堡，元朝末年的小河滩城，明朝年间的红沙堡、蔡旗堡、青松堡、黑山驿等，均为大型的防御性夯土建筑。近代有临丰堡、瑞安堡、同庆寨、黄岭寨等，夯筑技术已经相当成熟。

　　明清大规模移民以来，迁至民勤的各姓人众，大多以家族式聚居。所以堡寨的结构多为大型防御性堡寨和内部四合院结合的形式。四合院的庄墙依旧用夯土建造。中华人民共和国成立后，庄院的防御功能不太重要，但夯筑依然是最普遍的打庄建院方式，继续被大规模使用。

　　夯筑之法有板墙椽墙之分，"板"和"椽"都是夯墙分层范筑的工具。板墙墙面平整，易于后期墙面修整，但需要墙柱辅助，无法筑造过于高大的寨墙。椽墙用穿墙的绳索连接固定，没有了墙柱高度的约束，可以筑造两三丈高的寨墙。

一、板筑墙

　　（一）选址。民勤位于石羊河下游，是石羊河水的蓄积区。过去上游没有大型水利设施，大量河水流入，民勤遍地沼泽、碱湖。所以过去打庄修寨时选址要求地势高、不泛

民勤堡寨建筑瑞安堡　　李军摄

夯筑寨墙　李军摄

潮、不泛碱是首要条件。另外还有很多风水方面的讲究，如方向要正，向阳最好，不能建在路的尽头，要避开阴宅等。

（二）奠基。有些庄寨为了拔高地势，先要用夯土将地基垫高，然后在墙基处夯两层土，间包两层沙，防止泛潮泛碱。

（三）请工。打庄建寨，工程浩大，需要集合一村人的力量才能完成。过去物力有限，家家户户总会遇到力所不逮的大事。这时就要发挥互帮互助的精神，以后总有机会用以工换工的方式偿还人情。请的人首先是同一个庄子上的街坊邻居，其次是亲戚朋友。人多了还得有人主事调度，所以还要请一个有威望、熟悉工程事项的人当主事。

（四）备土。夯墙用土要粘性适中，干湿合适，相对纯净无杂物。粘性过于大，收缩率大，容易变形倒伏。沙土过多土质就会松散，不易粘接。干湿的要求以能打散也能粘连为宜。为了土质更为纯净，备土时一般选择合适地块的深层土。打庄子的时间一般选在种麦和种秋收作物的间隙。这时地脉完全上升，土壤粘性大；同时，秋收作物还未种植，不会影响一年的收成。取土、拉土就要全村动员，畜力、人力运输工具全部上阵。取土时先要在地的一边挖开四排锨深的一条沟行，然后从沟行边挖两排锨表层土翻起填进沟行，将下层两排锨土挖出拉来用作夯土。夯土堆放在墙基的外边，要达到能满足夯墙的用土量。主事会同有经验的师傅详查湿度、粘度是否合适均匀，如不合适，就要通过掺兑达到要求，否则打墙的过程中就会出现这样那样的事故。

（五）备工具。备土的同时就要准备好打墙用到的各种器具。

1.制墙梯。是墙两端的拦堵，也是约束墙的收分和垂直的规范。先用椽子制作一个梯形的框，梯形的底边和墙根同宽，顶边和墙头同宽，梯形的高度和墙的高度一致。框内并排钉上多根长短不一的椽子填实椽框，墙梯就制成了。

2.备墙板。墙板一般有1丈、8尺、5尺等几种。板是一根圆木剖成两半捋直刨光而成，每根一头阴卯一头阳卯，用于相互连接。庄墙根据人工多少分段夯建，墙板的多少要根据能动员的人工而定。打墙是三倒板的方式进行，也就是每个板口需要6根板。如果一次夯建7桩6个板口就需要至少36根板。过去墙板用的多，家家户户都会准备上几根，用到时就挨家借来，攒到一起。

3.备桩柱、麻绳。桩柱是夹板的支撑，长度要达到栽进地基并能高过墙头，同时要相对笔直，不然就会影响墙的平整度。麻绳是相对的两根柱子之间的连接，每两根柱子要有两根麻绳，用于打墙过程中替换。

王家寨子

4.削楔子。楔子用在柱子和墙板之间，用来调整间距，保证墙面平整。楔子的数量至少是所用墙板数量加6，因为每个墙板接口处都要用到楔子，墙的两端的柱子上也要用到楔子。楔子一般是双头转向楔，即每端在一个方向上是薄而宽的楔头，在另一个方向上就是厚而窄的楔尾，两头都可用。

（六）栽桩架板。栽桩之前先要校准墙根位置，明确墙根宽窄。过去庄墙寨墙的规格都有一定的"哈数"：庄墙一般有1丈1尺5寸、1丈3尺5寸、1丈5尺5寸三种规格，墙根1丈1尺5寸墙是4尺5寸，1丈3尺5寸和1丈5尺5寸墙是5尺墙根。寨墙有1丈9尺5寸，2丈1尺5寸的一般都是8尺墙根。当然更高大的也就根据需要而定了。

确定好墙根边线就把墙板侧立，平整的一面对准边线向内相对放置，然后确定栽柱子的位置。桩柱栽在两根板的接头处和墙的两端，和板的距离以能楔进一半楔子为宜。"近了大楔子，远了小楔子"，离墙近了越到后面楔口就会越大，反之越小，所以栽柱子时一定要调整好距离。柱子栽好后将相对的两根柱子用麻绳连接，高度超过人的身高。

（七）打墙。为了把墙根夯建的更加结实，开始的5至8板先上半板土，摊平后用花杵夯墙，夯三五遍。花杵穿透性强，夯得瓷实，同时分层接茬好，墙根结实。打满3板再栽墙梯，同时吊线校直墙梯。8板以上开始打满板。每次上土要超过墙板一半多，摊平。杵子夯三遍，头遍用花杵，防止墙土胀板。二遍密杵重夯，三遍收光。打墙分两班人马，从墙两端沿外沿相对轮转夯打，逐渐打至墙芯。为节奏整齐，力度一致，要吼唱打墙号子。

（八）倒板换绳。每打完一层就要倒板，一般是三倒板。将最下层板取下架到上层。架板时要通过墙楔敲打调整墙板位置。墙打到一定高度，柱子的麻绳就会逐渐变

薛百双楼同庆寨　李文泮摄

低影响打墙，这时要用一根新麻绳从上面能够到的高度，将相对的两根柱子重新绊好，卸掉下面麻绳继续打。

（九）接茬。庄墙都是分段夯打，先打与后打之间要注意接茬。在先打的墙上挑2至3道垂直凹槽，夯造时用楔形榔头捶实使接茬严密，整个墙体相互穿插。

（十）收墙头。打到最后一板，墙体只有1尺多厚，这时要分板收头，一人一个板口，骑在墙上，用棒锤捶平捶光，使墙体最上面隆起成高高的脊形，防止雨水渗漏，不使冬雪堆积。

（十一）卸架。受人员与器具数量限制，打墙一般是分段进行。为减少工期，要尽快卸下前面墙体器具，投入下段墙体工程。若天气好，土干得快，头天打完，第二天就可卸下。如若遇上阴天，墙土一时不干，则三天两日也不能卸。最怕出现岔墙的情况。岔墙一般有三种原因：第一是墙基夯筑不结实。第二是墙土干湿不一致，过湿之处就可能出现向下坐落的情况。第三种是"太阳推墙"。先干的一面较硬，后干的一面相对较软，墙体就会倒向后干的一侧。

（十二）铲墙。板墙尽管相对平整光滑，但板口之间也有错落现象，所以在打完之后干到八九成时，要用直板锨铲平铲光。

二、椽筑墙

椽墙因为不受桩柱长度限制，可以夯得更高。注重防御功能的高大寨墙，一般都用椽墙夯筑。椽墙和板墙打法基本一样，只是不用墙柱，用椽子代替墙板，相对的两根椽子之间用细麻绳或芨芨绳连接。麻绳两端分别绕在两边的椽子上，用短红柳棍别住，倒板时抽掉红柳棍，绳子自动拆开，从一边抽出。若用芨芨绳连接，就用柳镰挨墙体割断，取掉椽子。

寨墙又厚又高，打到一定高度，供土存在困难。所以要成阶梯形夯筑，便于从低处向高处运土。大的寨墙，可用车马拉运，小的寨墙，就通过人工挑运和小推车来运土。寨墙注重防御功能，除了高大还要坚固，所以一般夯筑时要在墙体内放置"墙骨"。通常做法是将民勤本地盛产的红柳枝、芨芨、毛条等纵横交错夹在夯土中。为增加夯土粘性，提高夯墙的坚固程度，据传，也有一些经济实力雄厚的财主，用谷米等熬制的汤汁掺土夯建。

三、保养

夯土建筑的墙体最怕雨雪浸蚀，尤其怕雪。雨水冲蚀只能冲去表层部分泥土，干燥后墙体依然坚固。但是雪落在墙体，会融化渗入墙体，结冰后冻渣冻泡墙体，造成墙土脱落，影响使用寿命。特别是墙根处，雪更容易堆积，若不及时清扫，会造成墙根严重损毁。

夯土建筑在民勤应用非常广泛，从普通民宅到政府机关，从关隘要塞到军事机构，夯土建筑得到了广泛应用。

夯土建筑在民勤的历史进程中产生了巨大作用。既具防御功能，又可防风防沙，是民勤人民居住的最佳选择。

夯土建筑在民勤历史上留下了许多著名的人文遗迹，是研究民勤历史的重要物证。最早的如沙井文化遗址，保存相对完整的明长城遗址，建筑精巧的瑞安堡。瑞安堡以其精巧的设计和独一无二的夯土建筑艺术，人称"塞上紫禁城"，2006年6月被国务院公布为全国重点文物保护单位。

随着社会的发展和科技的进步，钢筋混凝土建筑代替了夯土修筑，夯土建筑只在日光温棚墙体中使用。这几年，有些日光温棚墙体也开始用混凝土浇筑，夯土建筑这一技艺面临失传境地。

（邸士智、石　荣）

布鞋制作技艺

　　千里之行，始于足下。鞋是人们生活的必需品。布鞋制作技艺属于传统女工。在男耕女织的小农经济时期，农村妇女必须会纳鞋底、做鞋子和绣鞋垫，以满足一家人的穿用。布鞋制作技艺在跨越千年的民勤历史中，为人们"衣、食、住、行"的生活必需提供了保障。

草编木屐

　　过去条件艰苦，民勤人的鞋，大都相对粗鄙简陋。老年人穿的是高腰半高底子黑平绒靴子或木头底子高跟。妇女们自做黑色瘦尖或绣花鞋。男人们的鞋都是绱帮纳底不分左右的笨鞋，个别古老的，有双捻子牛舔鼻儿鞋，家境好些的，也有布面皮底子鞋。有的青年人还穿皮底子刚挑着脚趾头的下江片子。到了冬季，男人要穿棉鞋，俗称"窝窝"，但能穿得起的不太多，大多数人还是自己做的单布鞋。有一种匠人洗的毡"窝窝"，绱上牛皮底子，相对较好的是大加工、二加工"窝窝"。所谓大加工，是在用细羊毛洗的高底毡"窝窝"上

面绣上色绒万字，再绱上一层牛皮底子，锥上股子皮绡子。所谓二加工，是在大加工的毛坯上绱上普通厚底，鞋口裁上青绒，鞋面贴上云字。春种提犁头的人，要把生牛皮泡软，自己用麻绳纳成匣式鞋坯，每天换垫干麦草，穿上轻便、暖和、隔水。毡鞋和布鞋都要请锥儿匠锥补，困难人家则要反复锥补。天气热了，为

毡靴

了俭省，一般庄稼人和娃娃们基本赤脚而行。总之，过去条件艰苦，对于普通人来说，穿鞋是一件奢侈的事。但相对来说，穿一双布鞋还是大多数人能够企及的愿望。

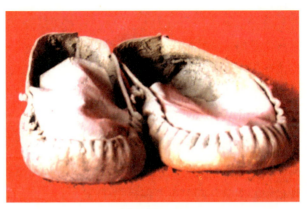

犁地专用皮鞋

民勤布鞋品种相对简单，主要有劳动用男鞋、女鞋，相对精致的绣花鞋、童鞋等。大多以实用为主，朴素耐用、穿着舒适透气。

民勤布鞋制作技艺流程大体可以分为打袼褙（民勤方言读 bo）、剪制样纸、裱制千层底、纳鞋底、剪裁缝制鞋帮、绱鞋、楦鞋、修整等步骤。

打袼褙。选择旧棉布，家中旧衣服拆下的各种废旧布料都行，一般以白色手工棉布最好，柔软透气。然后打浆糊，小米熬的、玉米面打的、白面打的都可，比较好的是用黄蒿籽混合面粉熬的。再找一块平整的木板，铺上报纸，刷一层糨糊，铺一层布，这样裱糊三到五层布。在这个过程中要让每一层布都平展，不能有折纹。然后贴墙上或木板上晒干，这样打数张袼褙以备后用。

选择底样，剪制样纸。一般农家妇女都有型号大小不同的各种底样，做鞋前首先要选择合适的底样，然后照样剪制，再根据脚的肥瘦做适当修改，样纸剪好以备用。

裱制千层底。鞋底分为毛边底和白边底。先比照样纸用袼褙剪出鞋底革层，每只鞋叠五层，女鞋也有四层的，鞋跟处多夹一层。然后，毛边底直接码齐粘到一起，白边底还要给每一层用白布包边再粘到一起。

鞋帮鞋底

纳鞋底。纳鞋底也是制作中的最重要的环节之一。纳鞋底一般用麻线，先围绕鞋底边沿均匀地纳上一圈，然后再纳中间。中间的针脚要密实美观，所以一般要设计针脚样式，用针预先划出针脚线路。针脚要大小一致，排列整齐，横竖间隔均匀，不应有扭曲现象。纳底时用力要适当，鞋底表面不能出现凹凸不平，否则视为不合格。纳好后要用锤子锤平整，这样做是为了锤平针脚，软化鞋底，成鞋后穿着更随脚、舒适。有些为了舒适还要在踩脚的一面缝上一层布料。

剪裁缝制鞋帮。鞋帮用料一般表层为条绒，绣花鞋用丝绸、绣花等，内层为棉布。先比对样纸把衬料裁成帮样，用浆糊把面料和衬料铺平黏合起来，再用专用衬里布将其反面粘合住，进行风干。风干后将帮样的多余部分剪除，再进行包边缝制。缝制时直线走针时要平直，拐弯时要圆滑，针脚均匀。包边条必须按紧，缝边时不能出现松弛和褶皱，同时也要保持沿条清洁。

清末绣花鞋

绱鞋。绱鞋也叫绱帮。绱帮时要把握好鞋帮与鞋底的配合尺度，然后将鞋帮的前后中线与鞋底的前后中线对准固定。缝制时鞋帮边沿与鞋底边沿要齐整，针距均匀，走线要平滑，不可扭曲。

楦鞋。绱好的成鞋必须经过楦头来整形。楦鞋时楦头的规格与鞋的大小必须一致，这样楦出来的鞋既美观又合脚。

修整。修整就是剪去多余的线头，除掉鞋面上的异物。有些还要缝缀鞋带、纽扣、装饰物等。

布鞋制作技艺使用的工具，除了剪刀、针线以外，比较特别的就属楦头、锥子、顶针了。楦头从小到大型号很多，一般每个村庄就那么几套，用到时只有张家王家互相借用。锥子、顶针妇女们人人都备有。因为粘好晒干的鞋底很厚，一般针扎不透，所以要将锐利的钢针固定在钢铁材质的钉把上，这样便于在鞋底上扎眼。即使这样，要使针线从扎眼穿过也十分困难，农村妇女的一般做法是将针尖放在头发上划一划，利用发油润滑，用食指拇指拿针，中指第二节戴上顶针顶住针鼻子，然后针就很轻松地能从针眼中穿过。

心灵手巧的民勤妇女，一到秋冬农闲，就三五人一起，围坐在窗前炕头，打袼褙、剪鞋样、纳鞋底。一边干着手里的活生，一边探讨着式样的肥瘦、拉着家长里短。用她们勤劳灵巧的双手，要做好一家人未来一年四季的布鞋。有时，布鞋还要作为礼品，馈赠亲朋。在没有工业产品的过去，布鞋制作就成了妇女们不可或缺的一项必备技艺。

童鞋　李文泮摄

民勤布鞋多为平底，采用纯棉制作，鞋底用麻线手工纳制，具有透气、休闲、舒适、绿色环保、除汗、除臭、保健、吸潮、轻便等特点，带给大家休闲舒适健康的享受，深受广大百姓喜爱。民勤布鞋寄托了太多乡愁和情怀，老人怀旧，游子思乡，往事、故乡、母亲，最直接的感怀还是那踩在脚下的千层底，那千针万线绱纳成的密密麻麻的针脚。

民勤布鞋制作技艺是民勤传统手工技艺的一部分，维系着民勤人的历史记忆，具有广泛的开发利用价值。现在随着社会的发展，品类纷繁、样式新颖的商品鞋应有尽有，式样陈旧的手工布鞋逐渐淡出人们的生活。手工布鞋的制作技艺在年轻一代人当中鲜有传承。为了不让这项传承久远的手工技艺失传，必须进行保护。

（石　荣）

传统农具制作技艺

传统农具是过去农民在农业生产中所使用的工具，是历史上发明创造并一直承袭沿用的农业生产工具的泛称。

传统农具具有就地取材、轻巧灵便、一具多用、适用性广等特点。民勤的传统农具主要有耕地整地工具、播种工具、除草工具、灌溉工具、收获工具、加工工具、称量工具、运输工具等八大类。

一、耕地整地工具

耕地整地工具用于耕翻、耙糖、平整田地等作业，主要有：犁铧、耙、糖、铁锨、镢头、榔头等。

犁。民勤人叫作"铧"，民勤多用二牛抬杠无床犁。这种犁结构简单，有犁辕、犁身与犁铧三部分。犁身，呈短而肥的勺子形，"勺柄"上部装有一截贯穿横木，叫犁把，是犁地时的扶手；"勺尖"套插生铁铸造的犁铧。犁铧也呈稍尖的勺子形，有刃。犁辕，一般是一根"S"形木头，长过2米，一头从犁身的中部穿插连接，耕地时，另一头系在二牛肩上一根横杠中间，俗称"二牛抬杠"。民勤人把这种犁叫做"老铧"。后来推广的转头犁，也叫山地犁，更加轻便灵活，很快被农民接受，沿用至今。

耙（bà）。把土块弄碎的农具，分木耙、铁耙两种，一般是宽0.6米，长1.5米的长方框形，框下安有前后两排相互错位的耙齿。木耙、框和耙齿全是木质的，粗厚笨重；铁耙相对轻巧但更坚固耐用。犁过的地会翻起大大小小的土块，就用牲畜牵引耙将它们破碎、耙平，起整地保墒作用。耙地有时要用袋子装上适量的土放在耙上，以增加耙的重量，加

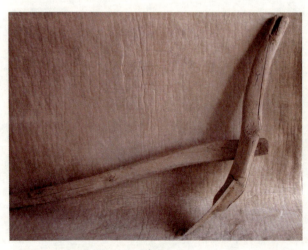

老铧

强耙碎整平的效果。

耙（pá）子。用于表层土壤耕作的农具，常用来耙碎土块，耙平耕地表面，收拢杂物等作业。耙子由耙头和耙把组成，耙头有木质和铁质两种，一般有一尺多长，中间通过卯眼连接 1.5 米多长的耙把，形成"丁"字形，耙头

木齿耙

下面安装一排或五根、或七根、或九根耙齿，耙齿带尖，与耙把呈直角且适当带向内的弧度以增加勾耙的力度。过去种菜翻粪耙子用得最多，种菜时耙子既能耙碎又能耙平，翻粪时耙子勾起粪块然后用耙头反面敲碎，十分方便。

耱。用来碎土、保墒的农具。耱是用三根长约 1.5 米（或 1.8 米）的木棍，平均分布穿插在三个长约 0.6 米长的梭形木上，俗名"耱鱼"，形成长方框架，再用长红柳条，来回对折穿插编织在三根长棍上，长出的条梢留在一边做耱的尾巴，另一边做耱头。使用时，把耱平放在翻耕过的田地上，由牲畜拉着前进，操作者站立耱上，以增大压力，耱碎土块，耱实表土。耱过的土地，起到保墒的作用。播种后，耱平耕地，保持墒情，利于种子发芽和幼苗成长。

铁锨。挖土、翻粪的主要工具，农户家几乎每个劳力都有几张不同类型的铁锨。铁锨是用铁做成锨头，安装在木柄上，分尖头锨、方头锨、大勺锨、直板锨。尖头锨轻巧锋利，用途最广，开沟、挖洞、取土处处使用。方头锨主要用其平口的特点，紧场和平地最常用。大勺锨盛土多，力气大的壮汉使用效率高。直板锨专用于土地深翻，民勤人叫翻大行，在大型耕地机械出现以前，肥力不足的耕地就要通过翻大行来翻下上层乏土，翻起下层肥土，实现土地增收。

镢头。木柄铁头，是刨土、起粪、劈柴的常用工具。木把长 1.5 米左右，有些稍带向内的弧度；铁头呈一拃长的长梯形，刃略宽，脑窄而厚，有一个圆形卯眼用于安装木把。镢头常用于铁锨挖掘不动的地方，使用时两手一前一后，抡臂高举重落，势大力沉，是刨、

耱

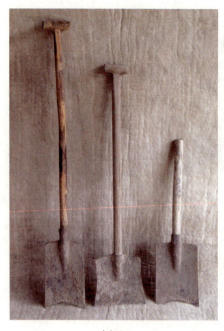

直板锨

挖、砍、掘的利器。

镐。又称洋镐，长 50 厘米左右，铸铁制作，略带弧形，中间开卯眼安柄，一头尖如鸟嘴，一头扁平有两指宽，刨、挖、砍、掘、凿的性能更优于镢头，多用开挖坚硬的土地、凿山取石等。

榔头。有短把与长把两种榔头，短把是锤芨芨或马莲用，长把是地里打土块、翻粪时打粪块用。榔头形状简单，头部是一段长 8 寸左右、直径 4 至 6 寸的圆木，中间凿一个安装木把的卯眼，安上长把或短把。木把以柳木或杨木为佳，木质细腻有弹性，使用起来顺手。

二、播种工具

过去民勤的播种工具主要是耧，由耧架、耧斗、耧腿、耧铧等部分构成，除了耧铧为铁铸造，其他均为木制。耧架是安有两根长辕的框架，上面安装耧斗，后面与耧辕呈"丁"字形安装耧腿。耧腿有两三个，按耕作行距并列，上面安装扶手。耧斗分两部分，前面的大，位置相对高，底部前高后低，用来盛种子。大斗底部后面连接小斗的地方开一个扁平的小口，小口内装一根细棍做拨舌，一头伸进大斗，一头栓一重物并用绳子系在上面的斗口处。小斗通过中空

镢头

榔头

的木管与耧腿连接，耧腿下部中空，最下端安装耧铲。播种时前面由畜力牵引，后面一人扶耧，并不断地左右摇摆。通过摇摆使拨舌左右拨动，控制种子从大斗流入小斗的速度，同时通过晃动使种子平均落入几个耧腿。由于耧的这种操作方式，所以在民勤又称"摆耧"，把播种也叫"摆种"。

摆耧

耧除播种外，还可用于耖地，即在小麦扬花期间，将籽种斗取掉，耕作除草。用耧除草，还可将麦行中的土耘向麦苗根部，防止小麦倒伏。20世纪70年代推广畜力五行播种机，耧逐渐不再用于小麦播种，但其他作物的播种还一直使用，直到20世纪90年代逐渐消失。

三、除草工具

民勤过去的除草工具主要是锄头，有时也用镢头，但镢头相对笨重，浪费体力。过去的锄头呈鸭脖子形，刃子薄，刃口比镢头稍宽。在田间使用，细长的弯脖子能尽可能地变换角度避让，从而不伤害田间作物。后来，由于农田作物种类越来越多，行距也各不一样，就出现了一种双头锄。用两根钢筋夹焊在把裤上，钢筋的两头焊接宽窄不一的两块开刃的薄钢板，就成了双头锄。双头锄可根据行距的不同随时调换，使用起来更加方便。

四、灌溉工具

20世纪50年代之前，民勤的农田灌溉基本是河水灌溉，有个别富户掘土井用斡杆漏斗灌溉，效率很低，是应急抗旱时的无奈之举。50年代后，开始开挖涝池、打井，引进水车灌溉。当时用过的水车有脚踏的链斗水车、人力或畜力驱动的管链式水车等。

斡杆漏斗。斡杆打水在过去人畜饮水中广泛使用，也用于枯水季的农田抗旱，常用来浇菜园子。在水井边栽一根上面带叉的木头做支架，树杈上绑一截横木作支点，横木上搭着一根二丈来长的木头作杠杆，杠杆的大头远离井口，用绳捆绑一块大石头作为压重，另一头对准井口上方，系一根绳子，绳上栓一根一把粗细的长杆，下端拴上漏斗。打水时握住长杆向下拉，待漏斗打满水后松开手，在杠杆后端大石块的重力作用下，就能很轻松地把水提上来。用斡杆打水灌溉效率很低，一般都要把井掘在地块附近，就近灌溉，减少水的渗漏和浪费，一个壮年劳力一天最多可浇地0.5亩，而且掘井要花费更大的劳力和财力，所以只有劳力充足的人家或者富户才会在地边掘井以备抗旱。

脚踏链斗式水车。脚踏链斗式水车长度在 5 米以上，纯木质结构。水车的身子相当于一个半封闭的长木槽，两头都有开口，一头吸水、另一头出水。木槽里面是一块块与木槽截面等大的方形木板，等距离地连接在一节节的活动木连杆上。木槽两头各安装一个可以转动的带有木齿的粗轴。活动木连杆上的木板间距与齿距相等，吻合地镶嵌于木齿之间。吸水那头的粗轴是被封在水车内部沉入水下，而出水这头的粗轴横穿水车头部，搭在导流渠上，两侧各长出一米多，在长出的木轴上均匀地安装了一排排脚踏板。提水时，用脚踩动粗轴旋转，带动木槽中的链板向上运动，水就在木板的推动下源源不断地提了上来，流进导流渠。脚踏链斗式水车效率较低，提水的高度也有限，被后来推广使用的管链式水车替代。

脚踏水车

管链式水车。管链式水车又称"皮钱水车""解放式水车"。一种由机架、锥形齿轮、链轮、链条、圆皮钱、水管和驱动杆等组成的水车。靠畜力或人力通过驱动杆转动顶部的水平齿轮，经变向增速带动垂直链轮，使铁链自水管中上升，借助铁链上比水管断面稍大的橡胶皮钱将水提至地面。管链水车结构紧凑，效率更高。在驱动部分稍加改造，就出现了手摇式、脚踏式、畜力驱动式水车，甚至加装皮带轮用机械动力驱动水车。20 世纪 70 年代开

解放式水车　摄于 1965 年

始，管链水车逐渐被水泵代替，逐渐在民勤消失。

五、收获工具

民勤过去使用的收获工具主要有镰刀、碌子、木掀、杈、刮板、推板、连枷、筛子、扫帚、口袋等。

镰刀。是割麦子、割草、割苜蓿、割柳条、割麻头的主要工具。镰刀结构简

畜力水车

单，由弧形的刀片和木柄两部分构成，但也有不同的形制。在民勤流行的有大刀镰、新月镰、柳镰几种。大刀镰是民勤割麦子使用的老式镰刀。刀头刃面宽阔，长近 1 尺，宽 4 寸多，形状呈粗壮的大刀形。刀把像向外撇开的胳膊，前细后粗，抓手的地方向外向上微翘，下面开有把槽，持握应手，不易脱手。大刀镰刀头略微沉重，但对于壮年劳力来说正好能增加挥镰的惯性，割起麦子反而更为轻松，效率更高。新月镰刀头如新月，窄而尖长，刀把笔直，十分轻巧，女人小孩使用不压手，不累人。柳镰是专用于收割柳条和麻头的工具，刀头较小如半月状，刀把根部下面留有防脱手的木疙瘩。过去民勤东西大河两岸柳条茂盛，人们割柳条编制簸箕、篛篮、筐、篱笆、席子，所以柳镰使用十分频繁，几乎家家户户都有。

碌子。一般用石头制作，又称石碌。一般小石碌是长 1 米多，直径 20 厘米左右，用整块花岗岩做成的六棱体。两头镶上铁碌窝，套上碌架，由牲畜牵引。大碌子有石头剥制的，也有钢筋水泥浇铸的，有六棱形或八棱形，直径 30 厘米左右，由拖拉机牵引。碌子主要用于打场，就是把农作物摊在场上，用碌子碾压，使粮食等脱落。碌子也用于打地和收青苗。在春耕之前，所有土地都要用它镇压一遍，压碎土块、压实土壤保墒；麦苗出全以后用碌子镇压一遍使麦苗安根扎实，麦茬整齐。

木锨

木锨。木锨是扬场的专用工具。木锨用质地坚硬的榆木或木工板制成，先制作方形木板，然后通过烘烤加力使木板微微弯曲成适当的弧形。再制作 1.5 米左右的锨把，掀把与锨头的连接处做成斜面，用胶水粘合在锨头上，再绑或铆接结实，使锨头弧度向上翘起，适于铲起粮食。

权。权是打麦场上常用的一种农具，有木权与铁权两种。木权传承久远，使用广泛，主要用于打麦场上摊场、翻麦草、打草垛等工作。木权分四股权、五股权、六齿权。制权时，先备一根粗细长短适中的杨木或柳木棍作权把，粗的一头开榫，安在一截一尺长的方木中间，方木开凿均等齿槽。齿一般用红柳制作。选用一指粗细的红柳，从中间火烘烤弯曲成"U"形，然后放平，两根权齿通过烘烤弯曲使之向上翘起。

木权

制作好的权齿两两相对，按由外到内的次序安进齿槽，拱起连接的齿根用纴线捆在权把上，权齿镶进齿槽的地方也用纴线扎紧，将权齿的翘起调整到一个平面上就制造完成。四齿权稀，主要用在打麦时挑、抖麦草，不易兜起粮食、稳子。六齿权密，扬场出大杂比木掀"窜实"好使。铁权，权头用铁制造，权齿有实心和空心之分。实心权有一种两股权出现得较早，专用于挑麦捆和挑麦草捆，人们叫"田权"。其他的四股、五股、六股的都有，用途与木权相仿，但由于结实耐用，更多地用于一些挑重的活生，如挑麦捆、码麦垛等。实心铁权也有不足之处，就是权头相对较重，使用时压手。空心铁权轻巧，用途与木权相仿，而且，与木权相比，权齿上少了安齿的木条，使用起来更加利索。权的用途很多，不仅用于打场，还可打籽瓜、饲养牲口、收拾秋田，处处用得到。

刮板。刮板也叫拉板，起场的专用工具。用一块宽约 30 厘米，长一米多的木板，中间安装扶手，拴两根拉绳就成了刮板。起场时，一人扶刮板，两人在前面拉，将铺开的麦子、稳子拉堆。刮板也用于转运散麦秆和其他散落的杂物。

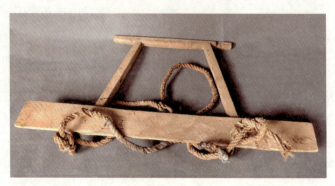

刮板

推板。推板用途和刮板一样，一般刮板干大头，遗留的麦粒、稳子，用扫帚扫起太重，拉板拉起太轻，这时就用推板推。推板的制作简单，一截长80厘米左右宽10多厘米的弧形板，中间安一个向上弯的木把就成了。推板也用于其他杂物的收敛和清理。

连枷。连枷不是家家都有，但也常见。当大批的秋禾已打完，剩下少数一点，动用大的家什划不来，就用连枷去解决。连枷，用一根粗细适中的长木棍作把，一端凿一圆眼，在眼中固定约15厘米长的硬木棍作轴，用红柳条或其他灌木枝条编制的枷条，环套在轴上，轴尖安装阻挡，使枷条能绕着轴转动，但不能脱落。使用时要有一定的技巧：双手上下握柄，适当摆动，使枷板利用离心力绕轴而转。当枷板转到一定部位，要下压握柄，使连枷平而有力地砸在作物上，提起时带动枷板继续旋转，如此周而复始地抽打，使籽粒脱下来。

扫帚。民勤人的扫帚大多是用芨芨草栽成的，把芨芨草根部一缕缕栽进铁箍中，使芨芨自然地张开，并用麻线从芨芨中间绊连，然后从根部插进一根木棒作把，扫帚就栽成了。打麦场上使用的扫帚一般有两种：一种是掠扫，用细长而饱满的长芨芨专门栽制，头小把长，在扬场时用来掠去麦堆表面上的杂头、稳子；一般的扫帚稍短，头部相对较粗，用来清扫场面、清除杂物、收拢粮食等。

口袋。民勤人装粮或外出装东西，都用口袋。口袋多用驼毛或者山羊毛捻线编织而成。过去口袋使用量比较大，几乎民勤所有的骆驼客都会织口袋，也有专门走乡窜村以织口袋为营生的口袋匠人。一般口袋长3到5尺，宽度1至2尺，可装粮食3至5斗，每户人家都要准备十来条甚至几十条。毛口袋因其牢固透气，贮存的粮食不受潮、不霉变、防鼠咬等特点，成了过去民勤农家的重要家什，至今还有很多农家使用。

六、加工工具

加工工具主要是粮食加工工具，也包括牲畜饲养的饲料加工工具，民勤农村的传统加工工具主要有：兑窝、碾子、石磨、箩儿、簸箕、箅篮、铡刀等。

兑窝。兑窝是应用最早的一种粮食加工工具。兑窝由两部分组成：杵与臼。杵是两端粗，中间细的木棒，臼是在石头上掏一个石窝。使用时把东西倒在石窝中，用木杵捣碎。兑窝除了捣碎麦子、米之外也用于捣碎药物。

碾子。用人力或畜力牵引碾磙，通过碾压使谷物脱壳，或把

石兑窝　李文泮摄

米和小麦碾碎的石制工具。碾子由碾台、碾盘、碾磙和碾架等组成。碾盘中心安装竖轴，碾磙子上装有横轴，横轴通过一个方木墩凿眼连接。安装横轴的是方眼，不能转动；安装竖轴的是圆眼，能绕着竖轴转动。碾盘和碾磙上凿刻着很有规则的纹理，其目的是增加碾制粮食时的摩擦力，通过碾磙子在碾盘上的滚动达到碾轧加工粮食作物的目的。过去民勤大多数村子都建有公用的

石磨　徐世雄摄

碾坊，很多地方现在还在使用。

石磨。石磨是把米、麦、豆等粮食加工成粉状的一种工具。石磨由两块圆石制作做成大小一样的上下两扇磨。下扇是不动盘，安装在磨台上；上扇是转动盘，摞放在下扇上。下扇的中间装有一段木桩，套在上扇中心的石窝里使上扇能够绕轴旋转。上下扇都有排列整齐的磨齿，用以磨碎粮食。磨面时由人力或畜力推动磨旋转，堆放在磨扇上的粮食从上方的磨孔进入两层中间，沿着纹理向外运移，在滚动中被磨碎，形成粉末。

箩儿。箩面用的工具就叫"箩儿"，磨碎的麦子要用箩儿将麸皮与面粉分开，用箩儿过面叫"箩面"。箩儿的形状有圆形与方形两种。最早的是圆形，用薄的木片做成箩儿帮，下面用很细的丝网做箩儿网。箩面时，在盛面粉的箱上搁两根特制的滑杆，用手来回推拉箩儿，面粉通过网眼落下，网眼隔下的就成了麸子。后来用方形的箩柜，将四方的箩儿放在柜里吊起，柜外推拉扶手时，柜里"咣当"作响。这样不仅省力，效率也高，同时能减少面粉飘扬。

簸箕。民勤人使用的簸箕是用柳条编织而成的，通过扬簸去除粮食中间杂物的筛选工具。过去民勤东西大河沿岸盛产柳条，很多沿河村落就以编制出售柳编制品为业，

箩儿

如东坝、收成的一些村社，柳编技艺十分兴盛，簸箕就是其中的柳编产品之一。民勤的簸箕一般以麻线为经，柳条打纬，编制成阔口的铲状，然后以薄片柳根做舌，沙竹收沿，有些还要用羊腿骨做个把手。簸箕的使用方法主要有摇和簸，摇就是左右晃动，使轻质的杂物浮起并攒堆，然后用手抓取；簸是通过上下簸动，扬掉粮食里面的轻质杂物。簸箕除了筛选之外，也是撮取、盛放的工具，在生活中应用十分广泛。

箅篮。箅篮是用柳条编织的盛放工具，编制方法和簸箕大同小异，形制较大，长一米多，宽近一米。箅篮用途较多，民勤农家每年拌醋、压麯子的主要用具就是箅篮，还可盛放麸子、馍馍，晾晒枣儿等。

铡刀。铡刀属于农村常备农具，是用来给牲口铡饲料用草的工具。铡刀工作原理虽十分简单，却凝聚了先辈的智慧。铡刀长一米多，由铡框与刀刃两部分组成。刀刃宽大，前端通过铡栓与铡框相连，后面安装木质刀把。铡框中间留有铡缝，两侧各安装一排铁齿，防止铡草时受力滑动。铡刀的动力臂大于阻力臂，属于省力杠杆，比起用刀切要轻松百倍。20 世纪 90 年代之前，畜力是主要的农耕动力，铡刀在农业生产中发挥着极其重要的作用。

七、称量工具

农村常用的称量工具有杆秤、合（gě）、升、斗。杆秤是用于衡定重量的工具，过去的老秤每斤是 16 两，而每斤的分量与现在的秤基本一致，20 世纪 50 年代后逐渐变为现在的规制。粮食主要以体积衡量，用的器具从小到大有合、升、斗，十合为一升，十升为一斗。合、升、斗一般都是用木头制作，形状也基本一样，都是口大底小的倒梯形状，斗口上安装一个横梁做提手，合和升由于相对较小，没有安装把手。

八、运输工具

运输工具比较能反映出民勤近现代农业农村的发展变化，民勤农村传统运输工具主要有：独轮手推车、木

有梁斗

升子

轮大车、架子车、皮车等。

独轮手推车 李军摄

独轮手推车。独轮手推车是过去民勤农村传统的小型运输工具。民勤的独轮手推车，其结构与其他地方的独轮车并不一样。民勤的独轮手推车有一个贯通双辕的平面的车盘，车盘下面安有两个凿有圆眼的"耳朵"，车轴就穿在圆眼里。车轮一般是用整块木头做成的圆形。比起其他地方的独轮车，民勤独轮车具有平面车盘，装载器物更方便，但却由此造成重心更高，驾驭难度更大。独轮车一般两条车辕上装有两条"腿"，平时放置，或者装载器物时，车腿、车轮处于三足鼎立状态。独轮车驾驭十分困难，俗语说"推小车，不好学，只要屁股扭得活"，推车人必须叉开腿走八字步，并随时调整平衡。驾驭熟练了，独轮车就是轻巧灵便的运输工具。独轮车不择路，通过性强，只要有力气，高高低低都能行，农户家里出粪、拉土、运粮，用处很多。

木轮大车。民勤的木轮大车主要由车盘和木轮两个部分构成。与其他地方相比，民勤的木轮大车轮辋更宽厚，车轮更高大，直径甚至可达二米多。另外，车轮辐条有向外的倾斜度。车轮宽大可减轻在沙碛上的深陷度，提高通过性；辐条向外倾斜可提高车辆稳定性，使车轮更加坚固耐用。这些都是适应民勤地域环境所做的改进。相比独轮小推车，木轮大车可以说是大型运输工具，过去农民运粮食、转运麦田、运送货物、拉土拉粪都要用到它。

架子车。架子车是农村一种常用的运输工具。架子车由木质车盘箱和车轮两部分组成。车盘箱大约长 1.2 米、宽 0.8 米、高 0.2 米，底边和车辕一体，车辕长而平直粗壮，车辕上安有辕环，是牵引的地方；盘箱下面通过阴夹木与车轴相连，车轮处于车厢两边；车轴与轮圈、辐条为铁质，橡胶充气车胎。与木轮大车相比，架子车既轻巧又能载重，人力畜力牵引使用都很适宜。20 世纪 70 年代后，架子车代替了木轮大车，成为民勤农村人必不可少的重要运输工具。2000 年后，随着农业机械的应用，架子车逐渐被新的农用运输工具所替代。

皮车。皮车实质还是架子车，但比一般架子车更大更结实，橡胶轮胎也更粗壮，装载能力达到近乎一吨。皮车一般专用于货物运输，为了提高运输安全，皮车车轮中间装有刹车锅子，梁轴上吊了刹车木，遇到紧急情况可以刹车。皮车都有畜力牵引，由于皮车较重，一般驾辕的牲口都是膘肥体壮的骒马，有时甚至还要在前面打稍子（在前面再串连一匹牵引的牲口）。过去民勤皮车最常用到的地方就是商店的货物配送、粮站的粮食运输。在那个时代，皮车就是人们心目中高大上的运输工具。

传统农具大多简陋，注重实用功能，但也不乏构造精巧的设计。它们连接着人类社会技术发展的源头，同时也是技术进步的阶梯。它们是劳动创造了技术、劳动创造了大脑、劳动创造了世界的最好的物证。

传统农具是农耕文明的物证，是技术进步乃至社会发展的物证。传统农具反映了时代特征，反映了每个时代民勤农业生产的面貌，是存放在乡村旮旯里鲜活的历史。

传统农具对民勤的农业生产和社会进步产生了不可磨灭的重要作用，同时也展现了民勤人勤劳智慧的优良品质。

随着社会进步，绝大多数传统农具已失去了作用，被新式农业机械所取代，成为了农耕历史中曾经的路标。

（石　荣）

木轱辘车制作技艺

　　木轱辘车又叫木轮大车，其制作技艺是以木轮的制作技艺为基础，融合了木匠、铁匠、皮匠、绳匠等多个行当的综合技艺。木轮大车看似粗重简单，但要造出坚固耐用的车来有很多严格要求和独特技艺。

旧时的木轮轿子车

　　木轱辘车发明使用的历史悠久而漫长，据《考工记》载，"凡攻木之工七，攻金之工六，攻皮之工五，设色之工五，刮摩之工五，搏埴之工二。""攻木之工：轮、舆、弓、庐、匠、车、梓。"这里把木工排在各工之首，又把轮人排在木工之首，可见对制轮挂车技艺的看重。

　　民勤历史上属于胡汉交界之地。汉武帝时期，民勤归汉，迎来了历史上第一次农业大开发，由原来单一的游牧民族，过渡到多民族逐渐融合，由以畜牧业为主的经济形式，变为农牧业并存的经济形式。木轱辘车制作和使用随着文化的交融已初见端倪。民勤木轱辘车制作和使用的兴盛时期始于明初民勤移民开发，经历了明、清、民国几个时期的发展，形成了品类丰富、技艺独特、形制特别的制作技艺特征。

　　要造好木轱辘车选料非常严格，民勤最常用的是树龄较长的榆木、槐木和枣木，尤以榆木使用最为广泛。这些木料柔韧质密，坚固耐用。在木料的陈放年限上

20世纪70年代乘坐木轮大车赶路的人们

也有具体要求，"隔年的辐条，当年的辋，榆木车头树上长。"意思是说辐条用料宜干，要隔年或存放三五年的为好，不易走工。车辋选当年的木头，要柔韧，好加工。轴头用料选刚伐的木料，凿眼容易，在边用边干的过程中卯榫结构卯合得更紧密。

木轱辘车制作大致分为附件制作、车身构架制作、木轮制作三个部分。

附件主要是一些铁制品，有车钏、键条、铁环、铆钉、辕环等。装备完整的还要用到皮制品和绳子等。制作附件木匠还需要铁匠、皮匠、绳匠配合。也有个别兼具多种技艺的挂车匠自己制作的。

车身构架制作相对简单，只是普通的木匠工艺，分为带车厢与不带车厢的两种，只要按预定的规制尺度制作就好。关键在于车辕和轴梁，由于长期承重，一定要选用质密坚硬的枣木、榆木为佳。轴梁的轴头，要制作得圆滑，并在轴头周圈与车头车钏对应的地方均匀地镶嵌两排铁键，每排 8 根，以加强抗磨能力。

车轮是制造大车的关键部分，技术要求高，做工精细、复杂，分为轮辋、辐条和车头三部分。民勤木轮大车一般车轮直径 5 尺（也有个别直径达到 6 尺多），多为载物使用，载人用小轮车车轮多为 4 尺。但无论大小都是 9 段轮辋，18 根辐条，1 个车头。

车头在整个车上来说是最关键的部件。它用料特别严格，非上等榆木不可。通过刨削，开凿轴眼，最后做成大轮车直径 1 尺，长 1 尺 2 寸；小轮车直径 8 寸，长 1 尺，两头小中间大的鼓形车头。车头两头要各加两道约一寸宽的铁环将车头紧紧箍住。车头轴眼开口处各镶嵌一个铁质车钏以抗磨。车头

大车轱辘

一周的中间，平均开凿 18 个连接辐条的卯眼。特别要注意掌握好卯眼的角度，一般民勤的木轱辘车辐条都有向外 5 度的倾角，所以匠人们凿眼时一般要凿成一面稍有倾角、一面垂直的梯形卯眼，而且卯眼的深度稍大于辐条榫头的长度。这样做的好处是在使用的过程中，随着车轮的碾压，使卯榫结合得越来越紧密。

辐条制作较为简单，重点在于尺寸一致，榫头与车头、车辋铆接紧密，角度合适。

车辋制作技术最为独特，也是挂车匠的拿手绝活，充满了巧妙的力学原理。"木

车头

直中绳，輮以为轮，其曲中规。"
"輮"通"煣"，就是以火烘烤，
使之柔韧，再通过外力使之弯曲。
挂车匠都要事先把选好的轮辋木
料烘烤加力使之弯曲，并用绳带
撬固定成型一段时间。轮辋一般
不能直木取圆，而必须"輮以为
轮"，是因为木头纹路的关系。直
木取圆，纹裂辋毁，而"輮以为
轮"则其纹路随其拱形，承力能

力倍增。同时烘烤的办法也能起到防止木纹开裂的作用。但"輮以为轮"的制作工艺
十分的费时费力，民勤的车匠们还有一种更为省力的土办法。木头大都弯曲，木匠就
随其弧形取材，然后埋进庄前屋后的湿碱土坑中，通过碱的浸润拔除木头的"性子"，
使木纹不易开裂，然后再随其拱形加工成轮辋。轮辋平均分为9段，每段轮辋对应两
根辐条，两端各有一榫一卯，9段首尾相连，形成一个完整的轮。制作每段轮辋的难
度在于：一是两端卯榫的角度与契合，每个接缝都要指向轴心，这样才能形成正圆，
滚动时受力均匀。二是每段轮辋上开凿两个连接轴条的卯眼要符合轴条向外5度的倾
角，还要使卯眼的距离在整个轮辋上平均分布。

轮辋、辐条和车头都制作完成组装在一起车轮就形成了。这个过程叫做"挂辋
子"，民勤人把制作木轮车叫做"挂车""挂大车"就来源于此。"木匠挂辋子，猪
肉刮嗓子"，过去农户家挂大车是一件堪比买房置地的大事，而挂辋子又是关系一辆
大车好用耐用的关键，技术要求十分严格，所以挂辋子当天要宰牲煮肉，好好地招待
木匠师傅，以求师傅拿出绝活，造出轻巧耐用的车来。

挂辋子不仅仅是把轮辋、辐条和车头组装到一起，还要对角度、圆形、接缝等做
适当调整，调整的功夫才是真正考验木匠经验功夫的地方，调整得好，各个轮辋、辐
条受力均匀，车就轻巧耐用。另外车轮的结构讲求"三空"，即车头的中间、车辐和
轮辋间的卯榫，还有轮辋与轮辋连接的卯榫都要留空。车头中空是为了减少摩擦，卯
头留空就会在使用的过程中，随着重力的挤压，铆接得越来越紧密。反之，卯头不留
余量，随着压力铆眼变大，车轮就会越来越松散。

最后将车身与车轮组装起来，插上木栓。也有一些匠人打造两片环形铁质挡片，
然后再插上铁栓。接下来安装好辖桩辕环等一系列附件，一辆木轱辘车就算基本完
工。在车头与轴头的缝隙里滴入一些香油润滑，调试磨合一下就可正常使用了。"好

车四斤半"，民勤过去流传着一种独特的检验木车好坏的办法，就是把大车放在一块平地，前后重量调整平衡，把车辕挂在秤上，以车刚好拉动的称量数值判断车的好坏，小于四斤半为好车，大于四斤半就说明车不够轻巧，使用起来费劲。

民勤的木轮大车与其他地方相比轮辋更宽厚，车轮更高大，直径甚至可达 2 米多。这主要是民勤地域十地九沙，这种高大宽厚的辊辘，可减轻车轮在沙碛上的深陷度。而且车辊辘大了，车脚子就高，装得越重，向前推进的惯性力就越大，通过性就越强。其次民勤的木轮大车与其他地方的相比车轮辐条有向外 5 度的倾角，这样做的好处，一是以防止轮辋和车身离得太近，车轮摩擦装载的货物；二是为了增加轮距提高车辆稳定性；三是符合力学原理，使车轮更加坚固耐用。因为车辆行走的过程中，左右颠簸，车辆重心有向下向外的推力，辐条有向外的倾角正好可以抵消向外的推力，使车身更稳定，车轮更耐用。

民勤木轮大车制作技艺是民勤人民在长期的实践过程中的经验总结，是民勤人民与自然抗争的智慧结晶，是民勤技术历史的代表之作。其次，木工既是技术历史发展的源头，又是各种技术的基础。同时透过木辊辘车的发展历史可以看到民勤历史上经济社会发展的一个重要侧面，是民勤经济社会发展的重要历史佐证。再者，木轮大车在民勤社会发展历史上的贡献功不可没。木辊辘车承受道路的坎坷曲折，承受着物资载重，承载着生活用度，承载着经贸交流，承载着民勤历史的进程，伴随着民勤

1953 年民勤农具厂的制车车间

社会文明进程一路走过来，连接民勤未来。

现在，木轮大车已经完成了它的历史使命，已由架子车、三轮子、手扶拖拉机和汽车所代替。它的雄姿和辙迹，已经在人们的视线和记忆中逐渐消失了，木辊辘车制作技艺也面临失传的窘境，抢救保护刻不容缓。

（石　荣）

民勤纸活制作技艺

纸活，又叫"纸货""纸扎"或"扎纸"，是指用于丧葬仪式和焚烧陪葬的纸质手工制品。

在古代，人们坚信人死后会进入"冥国"，过上另一种生活，所以厚葬风气十分兴盛。明清以来，民勤移民大开发，各地的丧俗文化、纸扎工艺也随之被带入民勤。丧祭除了要用纸钱、纸人、纸马、纸房子、纸供具，以礼待鬼神，更出现了各种招魂、拘魂、礼魂、送魂的丧俗礼仪，相应的纸活内容也更加丰富。到了近代，伴随着社会发展，丧葬习俗的丰富，各种丧葬仪式及纸扎祭品也花样迭出、力求完备、应有尽有。

一、民勤纸活的品类

民勤人丧俗纸活名目繁多，内容丰富。常见的有出纸、引魂幡、铭旌楼、五幡、童男童女、小型纸器（茶具、酒具、烟具）、摇钱树、金银斗和仙鹤等。

（一）出纸。民勤纸活中，有一样是最为重要、也最为好看，就是"出纸"。"出纸"是道家的名称，老百姓则将它称之为"龙幡"。说它重要，是因为在殡棺的同一天就将它挂出来，在丧家门前空旷的场地上，高高竖起，迎风招展，从而告知远亲近邻家中有丧的信息。说它好看，是因为它做工复杂，工艺精巧。"出纸"的结构大致为：最顶部为一白鹤，下方为方形蓝紫色宝盖，宝盖下方中心垂吊白色或黄色鱼鳞纸，然后用红色纸带将鱼鳞纸束成多台，一台高度约为 75 厘米，十岁为一台，年岁高则出纸绵长，年纪较小则出纸稍短。在"龙尾"的位置再挂上正方形的纸圈，这些纸圈的数目以及仙鹤的动作造型，就是死者子女身份的标志。如果死者子女都是普通人，一般只用七道纸圈；倘若死者子女位高权重、家大业大，就可用九道纸圈甚至十一道纸圈。宝

仙鹤

盖下串上6串彩球（民间称为"瓜蛋"），每串6个，共36个为"全出纸"，而无彩球的则为"半出纸"。半出纸的原因是长辈尚在，而晚辈却先去世了。到了坟上，其它纸货都要烧掉，但出纸上的白鹤不能烧，而是要插在坟头上，让白鹤将亡人引向西天，寓意"驾鹤西游"。

（二）引魂幡。民勤民间又称"绕魂幡"，是用白纸或蓝纸剪成一个直径1尺左右、长约1.5米、通体呈圆柱形的幡。一般是将红、白、黄或蓝紫纸条竖向对折剪成渔网状花幡。引魂幡纸条下端呈尖角表示丧男，呈燕尾形表示丧女。纸条多少看年纪大小，年老的座签纸条多，年轻的纸条少。道家的说法是一岁一条，看纸条多少便知亡者长幼。

一通纸幡用一根长长的榆木杆撑起，放在亡人旁边，一直到出殡时由长孙执幡，走在送葬队伍的最前面，其他戴孝人按照与死者关系的亲疏，依次跟在后面。死者下葬以后，就把引魂幡插在坟头之上，以便死者的灵魂走出坟时不会迷失方向，所谓"若还亡人迷了路，抬头只看引魂幡"。

引魂幡这一古老的风俗缘自人们认为一个人死后灵魂不会跟随肉体一起死去，而是在它熟悉的地方飘荡，这样的话，逝者就不能顺利到达阴间。于是，人们就设想制作出引魂幡，用它来控制逝者的灵魂，使得灵魂随肉体一起被送到人们想象的西天极乐世界。

（三）铭旌楼。铭旌，是挂在灵柩前写着逝者姓名身份的长幡。旧时，人死了以后，子女都要请村上有地位、有名望的长者，俗称宾爷，给自己的父母撰写铭旌，即对逝者的人生进行评价。所谓"盖棺定论"，大概就是由此而来。因为是儿女表示孝心的，所以仪式相当隆重。子女端上盘子，盘里放着酬劳宾爷的礼金，捧起铭旌布敬酒三杯后，就由长子说："请宾爷给先父（母）定论书铭。"铭旌用1尺宽，7.5尺长的红绸子或缎子做成。宾爷所作的评论多用四言句，概括逝者一生的德行、作为、特点、优点（不写缺点），借以传承遗志，光大家风，弘扬美德，启迪后人。写好后挂到灵堂前，让众人观看。下葬时，放在棺材盖上，埋入坟墓。

（四）五幡。五幡即雪花幡、莲花幡、瓜锞幡、瓜蛋幡、寿幡。早些年，大户人家的丧事还有童幡和

引魂幡

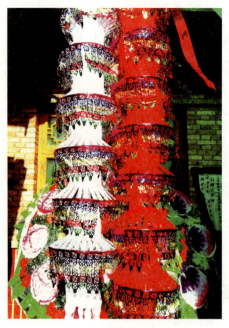

锞幡

灯幡，称为"七幡"。后来因为冥器中已有童男童女，童幡便被省免了。又以材头前放置蜡烛甚多，再挂灯幡显得多余，因此也省了。瓜蛋幡实际是灯幡的原始样貌，它垂直串起的一个个"瓜蛋"本来就是一个个小灯笼，它的作用是在冥国为亡者照明。这几种幡均为孝子、亲属好友等祭奠亡人的纸活，俗称"大纸"。其形状大同小异，在每个幡的装饰上"变中有不变，不变中有变"。

雪花幡是一种用白纸剪成雪花形的纸花缀。

莲花幡，带有佛教色彩，一般用以祭奠女性逝者，意为生前"一尘不染"。

瓜蛋幡，以形状命名的幡。用红纸制成的"瓜蛋"垂直串起一串，并饰以绿叶，挂在灵棚两侧。这是孙子祭奠爷爷奶奶的"专用幡"，有"子孙繁衍，瓜瓞绵长"的意思。

锞幡，俗称"瓜锞幡"。中心和六角用白、黄纸做的"钱"组成，串成一串，意为亡者在阴间有钱使用。

寿幡，专为道人所用的小型纸幡。

（五）童男童女。民勤乡间叫"童男女"，正式的叫法是"金童玉女"。童男童女在民间极受重视，上面写着"金童接引西方路，玉女随行极乐天"。他们出现在丧葬礼仪中，是为了祈求亡魂能升天成仙。送葬前，童男童女放置在棺材上左右分立，直到下葬时再把他们"请"下来，跟其它纸活一起焚烧掉，表示随葬送入了阴间。

（六）摇钱树、金银斗。据说人死后先报知土庙中的土地爷，死者的鬼魂要在土地庙关押三天，才能放行西去。这一去山高水长，雄关险隘，那是要花许多银子的。于是活着的人就为西行的人准备好了一切，摇钱树就是为他们启程西去的路费盘缠。此外，用金箔纸做的金、银斗，也是过关买路的资金，少了不行，得斗金斗银才够用。备足了买路钱，就可以放心上路了。

童男女

（七）罩子。现实生活中的房子，做成纸活后便不再叫"房子"，而是被称为"罩子"。罩子，即亡人在阴间的住宅。其前面还有一对男女"支使人"，按照男左女右的位置分站在门口两边。为了能让死者的灵魂住得进去，要在"送纸"时给罩子"开门""开窗"和"开光"。这个开光的人既非儿子孙子，也非女儿，而是由长子的媳妇率领着一帮女眷共同完成这项任务。给两个支使人"开光"时，大媳妇嘴里念念有词："侍候爹（妈）的事就委托给你们了，从今往后，该吃叫吃上，该喝叫喝上，该穿的叫穿上，大病小疾，药罐子你们给炖上。西方世界冷，亡人怕孤单，你们两个来作伴，大恩大德报不完。啊呀我的爹呀……"

金银斗

（八）轿车子。纸扎的轿车子，有四人抬的轿子，也有马拉的轿车，是死者去往极乐世界必不可少的交通工具，民勤人将这种轿车通称为"轿子"。传统的轿子一般都用于"热丧"，即用于新死亡的人的出殡仪式上。出殡当天，由纸扎艺人或执事人等将扎好的轿子放到死者所在的大门口，待"路祭"之后，将轿子就地焚烧，这样就等于把死者的灵魂送上路了。不过"烧轿子"是有讲究的，通常亡者是年岁大的老人，烧车马要面朝西方；如果死者是年纪较轻的中年人，烧轿子就要面对自家的坟茔，好让他认宗归祖。

轿子车

二、民勤纸活的制作工艺

丧俗纸活是原生态艺术，是通过民间艺人用纯正的手工工艺制作，装饰艺术别具特色，充分体现出民间艺术淳朴的气息和原创性的艺术特征。纸活艺人技艺丰富，扎、编、剪、糊、塑、绘，技艺五花八门，令人叹服。纸活艺人利用木、竹、麻秆、沙竹、纸、布等廉价的材料和简单的工具，在灵巧的双手中魔术般的变成各种形象逼真、精美绝伦的丧葬纸活。制作步骤大致分为选材、下料、扎架、剪纸、裱糊、彩绘、整形等工序。

（一）选材。民间纸扎艺人惯于因地制宜地选用当地产出的材料。纸活的结构框架使用竹制材料是最好的选择，竹制材料硬度好，并具有一定的柔韧性，经过火烤或加热可以弯折出各种弧度，有利于扎制不同的形体。但是民勤并不产竹，买来的更使制作成本增高。于是民勤沙漠里特产的沙竹便成为纸活匠人的首选，不仅成本低廉，而且可塑性极强。其次便是纸张的选择，纸质材料随时代不同而发生变化，通常所用无非皱纹纸、毛边纸、普通白纸、色纸、蜡光纸、金银箔纸等几种。时至今日，物质丰富，各种纸张应有尽有，不愁你买不到，就怕你想不到。

（二）下料。这是技术含量很高的活生，通常只由师傅才能胜任。裁切料材的尺寸，能否与不同物件的尺寸契合，是衡量裁切者技术高低的重要指标。纸活大件的，如楼房、牌楼之类，需要长达 2.5 米的长材，也有中等的，如轿马、箱柜之类，一般尺寸在 0.3 至 0.4 米左右。这些材料必须事先准备停当，扎制时才可信手拈来，按部就班地完成一件件作品。

（三）扎架。是将裁切好的料材按照物体的形状扎成骨架。结扎使用的绳子，过去是用皮纸捻制而成，有很好的拉力，且扎出的结口平整。也有用沙竹劈成篾片，浸软后捆绑的，但结口较大。如今则使用麻线、棉线之类的细线捆扎，效果自然更好。骨架是整个纸活的支撑结构，直接决定了制品的尺寸、形状。

（四）剪纸。作为丧葬用品的纸活，实在是一个剪纸的世界，金山银山、童男童女、摇钱树、铭旌楼，哪一个上不是多种剪纸花样的汇集。五颜六色、花红柳绿的纸活，往往成为亲朋好友、左邻友舍在吊丧之余议论的话题。这里的剪纸包括两部分，一部分是粘贴在骨架上，体现形体结构的裱糊纸。这些裱糊纸以形体结构为依据，不同的块面裁剪成不同的形状，面积比形体块面稍大一点便于粘贴。另外一部分是装饰在裱糊纸表面的附属装饰类剪纸，是用各种色纸剪刻成花纹图案装饰细部。刻纸需要在特定底盘上操作，过去是一只方形木盒，里面铺上用羊油、锯沫、石灰等拌和拍实的垫基。这种垫基如橡皮泥一般，既具有一定的柔软度，刀尖可以在上面刻划，而不伤刀口，又具有一定的硬度和弹性，不会松散开裂。

（五）裱糊。是把扎好的骨架用纸蒙糊起来，再粘上各种装饰剪纸。传统裱糊使用的是面粉做的浆糊，裱糊时不要拉得太紧，以防止骨架变形，先裱糊大的部件，然后再粘贴一些附着的配件和装饰剪纸。根据不同的物体和物体的不同部位，纸张的配色也不尽相同，根据纸活所表现的物件的要求和美观的需要而定。

（六）彩绘。是和剪纸一样用于纸活的表面装饰。绘制的手法有工笔勾线、平涂、渲染等。纸活上的每一个部件都有讲究，每一朵花都有名字，如菊花、缠枝莲、六棱花、八宝、团寿、龙凤、蝴蝶双钱、编磊方、套方、六棱块等。彩绘的颜料使用国画颜料或广告颜料。彩绘分为裱糊前剪纸彩绘和裱糊后纸扎部件的彩绘。彩绘的颜色经常采用对比强烈的色彩，纸俑面部的彩绘多用写实性色彩，衔接柔和，以晕染手法来绘制。其他建筑、雕塑、器物装饰纹样等，彩绘以点缀为主，绘制手法比较随意。

（七）整形。这是纸扎制作的最后步骤，也是很关键的一步。扎骨架时有一些边角突出的部分影响纸扎外形的美观，需要将这部分裁剪掉；有时候因为裁剪的纸张不能够完全符合结构要求，会有一些多余的纸边也要剪掉，从而保证纸扎的美观与整洁。

民勤纸活制作技艺有浓郁的地方特点。一是文化内涵丰富。民勤纸活反映了民勤人"慎终追远""事亡如事存"的孝道丧葬观，认为孝莫重于丧。同时人们认为"灵魂不灭"，纸活便成了亲情传达的载体，以此产生了一系列民俗活动，同时也赋予了更加丰富的文化内涵。二是名目种类繁多。民勤传统的纸活种类有出纸、引魂幡、金银斗、童男女等三四十种，同时随着现代生活用品逐渐成为纸活内容，其种类与日俱增，已不可计数。三是技艺南北交融。民勤先民大多来自于江、浙、晋、陕的移民，其文化民俗自然有南北文化交融的特点，这也是民勤纸活内涵丰富、种类繁多的主要原因。

民勤纸活有其独特的价值。一是民俗文化价值。纸活是用于一系列民俗丧葬仪式的载体，通过这种仪式，赋予了这些纸制品生命，寄托了特殊的象征意义和民俗文化内涵，随着纸活制品的丰富，相关的民俗仪式和文化内涵也在不断丰富，成为了民勤人民一种约定俗成的行为规范、思维方式，乃至于精神文化生活的主要部分。二是艺术价值。民勤纸活种类繁多，传统品类多达三十多种，技艺复杂，制作精美，涉及雕塑、剪纸、折纸、彩绘等众多艺术门类，具有很高的装饰美和独特的艺术性，是众多民间艺术发展的载体，也是研究这些民间艺术很好的切入口。

时至今日，纸活在丧葬场合依然十分常见，随着社会发展，其形式也发生了很大变化，即更趋向于现实生活，具有了现代化的意味。明显的标志是除了传统的纸车纸马、纸箱纸柜外，又出现了楼房、电视机、洗衣机、电脑、空调、桌椅、沙发、小汽车等等。从一定意义上讲，这是社会的进步的表现，但另一方面，纸活内容的现代化使这门艺术失去了它传统的文化内涵，一些技艺高超的纸活艺人和制作精巧的纸活艺术品逐渐地淡出了人们视线，从而使传统文化遭到冲击。

（石　荣）

民勤饭食制作技艺

民勤传统饭食是在上千年沙漠绿洲特殊农业经济的基础上产生、发展、创造出来的具有地域性特征的家常食品。

民勤自古以来就是农耕文化与游牧文化交融、家庭种植与畜牧养殖并存、中原习俗与北方民族习俗相结合的特殊地区。食用农作物以麦类与小杂粮为主，人们的家常食物也主要用这两类作物磨制的面粉制作。民勤饭食经过长期制作经验的积累、制作方式和技艺的不断提高、改进和创新，并与副食品、调味品相搭配，形成了今天技艺精湛、风味各异、美味可口的各色饭食品种，具有营养丰富、保健养人、老少皆宜、色香味俱全的特点。这些具有独特地方风味的各色饭食，已经积淀为民勤民众稳固的饮食习惯，并通过民间家庭式传承世代延续下来。明清时期，民勤饭食已经成为一个独立种类，开始进入市井酒肆。至清代末期，民勤传统饭食品类已有 100 多个，蔚为大观。

民勤人的食品，历来以饭馍为主。这主要跟民勤的地理条件和农作物种植有关。昔日民勤的农作物，多种小麦，但一般人家又用杂粮把锅。经常性的便饭有揪片子、拉条子、碱面或灰面、臊子面、中面条子、斜尖面脐子、米稠饭、米面条子、麨子面条子等。不常吃的便饭有扁豆米面条子、酸胖米稠饭、米糊糊子、麨子（粗碾的大麦或青稞）稠饭、麨子糊糊、大麨子（大麦或青稞脱皮后，碾成麨子前的粗坯）饭、黄米干饭、豆面糊糊、浆水饭、糜面砣砣子饭、拨拉子（多以榆钱儿、槐花、糖菜、苜蓿花、葫芦花等为原料）等。逢年过节、敬神祭祖和招待客人的饭食有挽面、水饺（俗称水馍馍）、疙瘩子汤、会饭（各种庙会、沟会、行会、本家会，主食为羊肉"绑份子"，最后为全羊汤米面条子）、挂面臊子汤、挂面碗碗子等。

民勤传统饭食，从选择原料到制作流程，再到饭食成品，都相当讲究，包含着独特的手工技艺和民勤饭食文化内涵。民勤饭食百面百吃，形味俱佳，其中尤以小麦面最具特色。民勤传统饭食制作技艺花样繁多，各具特色，已成为一种独特的饮食艺术，具有很高的实用性和传承保护价值。

拉　面

先用冷水（秋冬季可用温水）化盐和面，面要软硬适中，不能太软。拉面要有个饧面的过程，面和得硬了拉不开，容易拉断；面软了会在饧面过程中更软，影响口感。面要饧一会儿，再揉一会儿，反复多揉几次拉出的面会更劲道。要揉出光滑细腻的面需要反复饧揉三四次，每次饧面十分钟左右。面揉好后可以有两种选择，一种是将揉好的面剂用面盆盛装，涂抹清油，继续饧面。第二种选择是继续盘面。面饧好后，擀压扁平后切条，一根根搓成圆滚滚的细长面条盘在盘子或面盆里，盘面的过程中要边盘边刷油，这样就不会粘连了。面盘完后再饧面，最少一二十分钟。趁这个时间炒菜。再好的面，没有下饭菜，会美中不足。西红柿炒鸡蛋、白菜粉条肉、农家小炒肉都可以，当然油泼辣子和蒜泥都是不错的搭配。民勤人吃拉面喜欢用香菜、小白菜、萝卜片、西红柿等清淡小菜，勾芡做个酸汤，浇在面上吃，民勤人称为"卤卤子"。在很多民勤人的乡情记忆里，最难忘的还是那一碗猪肉土豆洋葱粉条杂烩的"炒肉拉面"。

　　配菜准备好后，就可以添水下面了。水要多点，水开后加点盐，这样煮出的面会更劲道一些。盘好的面，拉的时候一只手轻轻拈住两头，一只手从面中间拉，拉完再折叠拉一下。或者从盘子里一只手环住面条，一只手往外拉面。民勤人把这个面叫做一根面，就是说一条面如果和好、盘好、饧好，拉长、拉细、拉到位，一根就可以盛一碗。另一种装盆饧好的面剂，只需把饧好的面剂推擀得薄厚适当，菜刀面杖配合切成宽窄适合的长条，两只手各执一端，抖晃拉长，下锅煮熟。捞面出锅，有些人喜欢用凉开水激一下，再捞到碗里开吃；也有人喜欢吃不过水的"热窝子"。有人说，一样的炒菜，加上民勤拉面就会截然不同。好吃的不仅是炒菜，更有民勤的面。

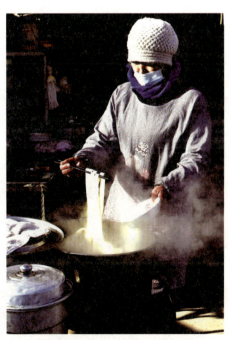

拉面出锅了　李军摄

揪　面

　　揪面的做法和拉面相似，先把面和好揉匀，抹上清油饧到面盆里。因为要把面推拉成条，面要和得相对软一些。任何事都需要技术的掌握和经验的积累。面太软，容易拉开，但下到锅里容易煮烂；面太硬，面不容易拉开，也容易拉断，薄厚不均。面和好后，需要一段时间让面饧开。饧面的时间根据口味备料，准备下面的汤，可荤可素。羊肉、沙米、洋葱、香菇、土豆，茄子、西红柿、鸡蛋等都可以作为下面汤的材

民勤羊肉揪面　李军摄

料。下面汤可以根据口味需要，热锅倒油，下料翻炒，放盐调味，酱油调色。肉揪面首先把肉切膘炒香，再添加其他辅助材料翻炒。原则只有一个，汤要香，还要有嚼头。素揪面可以选西红柿、芹菜、萝卜、土豆等几样喜好的蔬菜，洗干净切碎，直接下锅添水，水开后准备下面。下面水要依据人数相对放多一些，大火烧开。水开后准备下面片，取出先前放在面盆里饧好的面剂子。用菜刀和擀面杖配合，切成二指宽的条子，两只手各执一端拉开，掌握好薄厚，揪成大小适宜的面片。面片下好后用勺子反复抄锅底，防止粘糊。揪面的过程需要适时控制汤面的稀稠程度，可以适当分两三次酌量添加少许凉水，这样煮的面片更顺滑劲道，但要保证揪面的过程火力旺盛，汤水沸腾。揪面完成再次烧开后，下入事先炒好的鸡蛋或肉膘，尝一下汤，淡了可加些盐、醋或酱油，焖煮五六分钟后，调入韭菜、香菜、葱花，熄火出锅。根据菜汤主料的不同，民勤人都有不同的称呼，有鸡蛋揪面、茄子揪面、羊肉揪面、酸揪面、肉米揪面等，不一而足。一碗揪面，汤有色香，面有菜味，食之肠胃舒泰，口舌生津。很多民勤人酒醉之后，大都喜欢吃一碗酸啾啾的素揪面，实在是不错的享受。

羊肉沙米面条子

民勤绵羊由于所食草料生长于富含矿物质的沙漠绿洲，营养独特，造就了民勤羊肉益生矿物质含量高，脂肪胆固醇含量少，鲜美细嫩，不腥无膻的优良特征。沙米取自腾格里沙漠里野生的一种植物，藜科沙蓬属，籽粒像平常所见的粟米一样细小。《本草纲目拾遗》有载："沙蓬米，凡沙地皆有之……枝叶丛生如蓬，米似胡麻大小。作为粥，滑腻可食；成为末，可充饼茶汤之需。"

将新鲜羊肉带骨切成寸许下入凉水，中火烧开，除去浮沫，配以佐料，文火慢炖一个小时，所得高汤叫全羊汤。另外，炖制手抓羊肉所得的汤汁，也叫全羊汤。全羊汤既得，取适量羊腿精肉，去油去筋，切成指甲大小的肉蛋，加调料炒至微糊生香备用。沙米碾制去壳淘洗干净后，于清水中煮绵，加入炒好的肉蛋，添入高汤，文火缓煮，待米粒开花化糊即下入面条。面条制作另有讲究，选用上好小麦粉，精揉、薄擀、细切，面饼环切谓之转刀面，三角斜切谓之斜尖面。等面熟时调入香菜提味，葱韭压腥，文火稍焐即成。

羊肉沙米面，米、面、肉、汤和而不粘，泾渭分明，而又相互渗透，既有素食的清淡明净，又具肉食的稠厚绵长，口味一绝。特别适合老人、孕

羊肉沙米面条子　李军摄

产妇和孩子，身体虚弱，消化能力不强，却又最需要营养补给，全羊汤沙米面条，则是天造地设的绝佳滋补美食。

凉　面

凉面在民勤通常是被当作早饭来吃的。民勤凉面制作方法比较简单。

先说汤卤的制作。把生姜切成末，姜的量可以大一点，准备好葱花，少量蒜片，白萝卜胡萝卜切片。把葱姜蒜倒入油锅炒香，把切好的白萝卜和胡萝卜放入锅中炒软，加入盐，加少量花椒粉，加入开水，等水煮开后，取两勺面粉用水搅拌均匀倒入锅中。再取两勺淀粉用水搅拌均匀倒入锅中。加鸡精，尝一下汤的咸淡，加入油菜、小芹菜等时令青菜，这样卤子就做好了。汤卤呈现一种鲜亮的奶白色，红白萝卜、油白菜、青红椒、小芹菜等这些寻常的菜蔬，在汤卤里达到这样和谐美味的程度，令人赞叹。

民勤凉面多用的是蓬灰水（或食用碱）盐碱拉面。和面是拉面的基础，也是关键。和面自来就有一斤面七两水四克盐两克碱，三遍水三遍灰，九九八十一遍油的说法。盐是骨，碱是筋，盐少灰多面必松，松面不均；盐多灰少面必精，吃进嘴里像根筋。拉面身体要放松，手腕要灵活，五指如弹琴，左手提，右手拉，三点一线取中间。掐面要快、准、狠，下面一定要折叠或平铺。和面、揉面、饧面、捩面、拉面等技巧方法，每一样都包含着从业人口传心授、演习经年的功夫和心得。做凉面要求拉面细长、劲道、浑圆，面煮熟后捞出来过凉开水，捞到案板上风冷晾凉，滴上事先烧熟晾冷的清油，用筷子反复抖拌防止粘连，看起来金黄而富有弹性，最后盛放在专用的托盘里。也有一些商家会根据顾客需求，直接用现拉的热面替代凉面，称为"热凉面"。吃的时候素的直接浇热卤，肉的再加卤肉。根据口味加上油泼辣子、青蒜苗、

蒜泥、陈醋、芥末。按特点和份量称为大热、小热、大素、小素、大肉、小肉等，价格各异。

在民勤，凉面生意是很火的。卖凉面的商户凌晨三四点就起床烹制素卤，和面拉面，拌油风凉，卤肉切片，五六点钟开门应市。民勤人吃凉面不讲究坐在餐桌上细嚼慢咽，台阶上、门槛边，端一个碗就地一蹲，"呼嘶咾塌"吃完了还有正事去办。一碗凉面吃完，再舀上半碗卤汤喝饱喝好，风风火火地去干自己的事，这就是民勤人饮食的风格和习惯。

浆水面

浆水面是以浆水做汤汁的一种面饭。浆水面广泛流行于兰州、天水等地，而民勤浆水面以其独特的制作方法和风味，成为民勤人偏爱的饭食种类，传承不衰。民勤浆水面含有多种有益的酶，能清暑解热，增进食欲，为夏令佳品。三伏盛暑食之，不仅能解除疲劳，恢复体力，而且对高血压、肠胃病和泌尿病都有一定的疗效。夏天的浆水，还常常被民勤人当作预防中暑的清凉饮料，直接饮用。

浆水的制作方法原始而简单。先将苦苣菜、小芹菜、小白菜、包包菜、萝卜樱子等拣洗干净，切碎煮熟，装进盛有"引子"的缸中。再烧开水，用少许小麦面粉勾芡，煮熟晾温后倒进浆水缸，搅匀，密封缸口，两日后就制成了清酸可口的浆水，可以慢慢取用，也可以随时续接。舀浆水的勺子必须要专勺专用，绝对不能沾染荤腥，否则，细心保存的浆水很快就会白化腐臭，不能食用了。

食用前可以把浆水用清油炝一炝。用干净的器皿舀出若干，然后往锅里放入适量植物油，将油烧热，放入蒜片、生姜、辣椒丝等炒煸生香后，及时把浆水倒入锅中，只听"嗞啦"一声，酸香味顿出，稍煮即盛出。

浆水面以小麦面粉擀制为普遍，用豆面、荞麦面、玉米面等杂粮做的浆水面，风味也很独特，深受人们青睐。把炝好的浆水浇在煮好的面条上，调些油泼辣子，爆好的葱花或者韭菜香菜，便是酸香溜爽的浆水面了。把擀制成的细长面条煮好捞出来，盛入碗内，浇上浆水汤，即成浆水面。手工擀制的面条筋丝好，味道正，可按喜好切成三细、二细、韭叶、大宽等各种形状，确实是"下在锅里莲花转，捞到碗里一根线"。把擀好的面切成菱形或短条形的面叶子，一次性下入锅中煮熟，再把提前炝好的浆水全部调进锅中，民勤人把这种面饭叫做"酸饭"。也可揪制，俗称浆水揪面，这样吃起来更加醋畅爽口。再以水煮茄辣、沙葱、咸菜下饭，更是难得的享受。在那些生活艰难的年月里，浆水面在很大程度上承担了改善调剂伙食的角色。

葫芦扁豆面条子

扁豆是西北农村常见的一年生藤本豆类作物，籽粒扁平，小巧。扁豆颜色较杂，粉白、土黄色的居多。葫芦扁豆面条子是民勤人偏爱的一种家常饭食，做法简单讲究。

先取适量扁豆淘洗干净，加少量食用碱，盛碗加清水浸泡。食用碱一方面可以加快扁豆入锅后熟烂的速度，另一方面可以使饭汤呈现出一种诱人的浅红色，味道更佳。接下来取老南瓜（民勤人俗称葫芦）和土豆、洋葱去皮，切块备用。起锅烧油，将浸泡好的扁豆沥水控干下锅，炒煸5分钟左右，增加扁豆的香味，注意防止热油溅水伤人。将切好的洋葱南瓜土豆块入锅，翻炒收油，加适量盐调味。其他调味料尽量少加，有些调料会掩盖南瓜扁豆的本来味道。扁豆南瓜翻炒煸香后，按人数加水烧开，焖煮一段时间后，用长柄勺子挤压南瓜土豆块和扁豆，使其绵烂，汤汁浓稠。面条最好是手擀面，细擀薄切，软硬宽窄可因人而异。面条下锅，因为汤汁较浓，需要酌情加水减火，防止焦糊，但要保证面条的焖煮时间。可提前炒一些熟面，在擀面切面时衬撒一些，既可以防止面条粘连，饭汤味道更能胜出许多。出锅前加香菜提味，如配上油炸葱花，那绝对是锦上添花的美事，最好不过了。葫芦扁豆面条子，饭汤浓稠，面色鲜黄，既有扁豆南瓜土豆的特别香味，又有传统面条的和胃可口，可谓色香味俱佳，是民勤人老少皆喜的传统饭食。

黄米稠饭

对于民勤人来说，黄米稠饭凝聚着时代的深厚记忆，是一种饱含着特殊情感的传统饭食。民勤人对黄米养人、黄米稠饭温胃果腹的偏爱执念是根深蒂固的。旧时生活艰难，粮米缺少，民勤人的先辈们在寒冷的冬春季节，大多会用一年里收成相对较多的黄米作为主食，搭配自家种植的土豆萝卜，做黄米稠饭，养育子女，赡养老人。黄米稠饭是民勤人在那些困难年月里的家常便饭，肉米稠饭更是清贫岁月里的奢侈享受。黄米稠饭是怎么做的呢？

先将萝卜切片，土豆切块。民勤人常把土豆分为两类，一类适合用来炒菜，如酸辣土豆丝，干锅土豆片等，脆香少粘锅；另一类适合煮着吃，炖肉、烧烤或做汤饭，绵软沙糯。做黄米稠饭当然要选沙沙的那种土豆，口感会更好。选新鲜五花肉，切成蛋蛋。起锅烧油，加入肉蛋炒制，待肉色焦黄、微糊生香之时加入姜粉、花椒粉、八角粉、酱油、盐调味，出锅备用。用民勤羊肉，味道更佳。再取黄米适量，淘洗干净。对于干饭，老年人有一碗米三碗饭的说法，稠饭酌减即可。普通碗八分满的米大概可以做出4碗稠饭。锅内加足量水，下入黄米，大火加盖煮开后转中火。放入切好的萝卜和土豆，调入适量的盐，中小火煮到土豆软烂。切适量的蒜末、香菜末、葱花备用。待到黄米米粒开花，汤水浓稠的状态，转小火，放入炒好的肉蛋。调一小勺花椒粉、姜粉、香醋、少许酱油，轻轻搅动。搅动时不要太靠近锅的边缘和底部，只在中间部分搅拌即可。如果抄底搅拌，容易造成粘锅、糊底。等到锅内基本没有汤水，成浓稠的米饭状态，用勺子背顺时针画圈按压米粒和土豆块，让饭更加黏稠、软糯。如果汤水过多，可以在添加肉蛋调味前，用勺子撇掉多余的汤水，这汤水可是不可多得的美味，因为米多汤稠，会有一层米油，味道很不错，不要浪费。也可以用清水加面粉打一些面水，兑入汤锅，几个钟后就可以达到收汤的效果。最后加入葱花、香菜末搅拌均匀，就可以熄火出锅了。黄米肉稠饭出锅盛碗要趁热吃，腌制的咸菜和油泼辣子是标配，鲜香软糯，有几分别样的情绪，情味非常。

民勤传统饭食花样繁多，特色鲜明，除了上面列举的几种外，还有许多深受广大民众喜欢的饭食品类，如民勤手工碱面、民勤挽面、民勤臊子面、民勤凉粉、民勤酿皮等等，在这里不作过多赘述。

在物质条件极大丰富的今天，吃饱吃好早已不是问题，人们饮食需求已经到了追求健康营养的境界层次，而民勤传统饭食仍然备受大众青睐，必然与它讲究的做工、合理的搭配、独特的风味是分不开的，或许更多的原因在于它所传承的文化内涵和精神情怀。民勤传统饭食的工艺与文化特征，对于研究民勤人的体质特点、性格特征、风俗习惯，尤其是研究民勤岁时年节、人生礼仪习俗具有重要意义；对于研究民族习俗融合、古烹遗风和西部边塞农牧发展和民族文化具有一定的学术价值。民勤传统饭食的民间家庭式与行业师徒式传承的口传心授性，制作技法的独特性与相对稳定性，为民俗学和民间艺术的研究提供了重要的研究标本。

受舶来文化的影响，洋式快餐业的发展给民勤传统饭食文化带来了一定的冲击。加之本身技艺繁杂，民勤传统饭食的传承面临衰落的危机。近年来，民勤开始对民勤传统饭食制作技艺进行挖掘、整理。今后，需要对民勤传统饭食制作技艺进行全面系统的经验总结和技艺保护传承。

（杨立中）

糖油糕制作技艺

　　油糕作为一种传统的油炸食品，天南海北，做法千差万别，口味也相去甚远。民勤糖油糕无论做法还是口味都极富地方特色，大大区别于传统意义上的一般油糕，色泽金黄、皮酥肉软、油而不腻，香中有甜、老少皆宜，堪称北方面食门类中的精品。

　　民勤糖油糕的做法简洁而讲究。先取白面、糖、油、水适量作为原料。和面的方法有几种，第一种是先将水烧开，把面倒入锅内，用擀面杖用力搅拌，搅至水与白面和匀为止。烫面硬了可以加水，但软了不能加面。待烫面用手摸着不粘时，翻倒在面案上，拿一块干净湿布把烫面摊开，再用筷子划成小块，叫做放气。烫面凉了以后，1千克烫面兑干面300克，揉匀后堆放起来。天热时放一二个小时，天凉时要放七八个小时，炸出的油糕才能膨起。掺兑干面后必须揉过两次以上，否则容易变成"死面油糕"。在正式包糕以前，每千克烫面还要掺入干面300克，揉匀，揉透，这样可使油糕外皮松脆。1千克烫面包60个糕。这是最常规的做法，但是必须保证干面和烫面混合均匀，否则下锅后会爆油。第二种是直接用沸水烫干面，之后再晾冷。放置时间相同。最保险的方法是第三种，就是在第二种的基础上将烫好的面用盆盛装，放在锅中蒸一段时间，效果更佳。

烫面　　闫长仕摄

　　面烫好稍凉后，揉成一个光滑的面团，饧20分钟。分成大小均等的小剂子，用手压扁，边缘薄一点，中间略厚一点。包糕时，手掌

包油糕　　闫长仕摄

炸油糕　李军摄

要抹上油，面就不粘手了。包糖以后，将糕压扁即可入锅炸制了。炸制要掌握好火候。锅里油花四溅，是火太大了，锅里油平平不动，只冒花眼是火太小了。若看到锅里的油开，平平地翻滚，即可将油糕下锅，会立即漂起来，此时火候最合适。有个方法，插进筷子，周围冒细小气泡，即可放入面坯开始炸制。等面坯中间鼓起，再继续炸一回儿，面坯两面金黄后即可捞出。另外，炸制时一次不宜下糕坯过多，同时要反复翻动，这样能达到糖化、皮脆、色好、味香等效果。炸好的油糕，放在篮子或盘子里，不遮盖，在透风情况下，七八个小时内，仍然保持皮脆。

糖油糕是民勤人最爱吃的特色食品之一，叫卖糖油糕的生意人在民勤的街头巷尾也随处可见。炸卖糖油糕的设备极简单，就一个火炉，一口油锅，旁边放一个面盆，面盆里是早已烫好的面，还有一碗红糖。只见摊主揪一块面下来，在一双沾满油的大手里来回搓，搓光滑之后，用大拇指在中间压一个小坑，放一撮红糖进去，收好口，再放在手心里搓光滑，按成扁圆形。炸好的油糕堆放在油锅上的一个网格铁架上，所以老是热腾腾的。聪明勤快的摊主常常会殷勤地为客人传授制作糖油糕的诀窍：面要和的软些，烫面后面团较粘手，可以在手上抹少许清油防粘。馅料也可以用红糖或者白糖，但是白糖中要加少许糕粉。

炸好的油糕　闫长仕摄

馅料不宜太多，多了容易爆浆……小小的糖油糕儿，圆如饼，形似鼓，色如铜，香味扑鼻，夹起一个放入口中，轻轻一咬，里面的糖浆就流入了口中，香甜丝滑，再细嚼外皮，细腻而不油腻，令人回味无穷。

（杨立中）

民勤拨拉子制作技艺

清代诗人郭诚在《榆荚羹》中写道："阳春三月麦苗鲜，童子携筐摘榆钱。"榆钱也叫榆荚，是榆树的种子，因为酷似古代串起来的麻钱儿，故名榆钱儿。新生出来的榆钱儿脆甜绵软，清香爽口，又因它与"余钱"谐音，村人在房前屋后种榆树也有讨口彩的意思在里面。"榆钱拨拉子"，是将新鲜的榆钱儿采来，用清水淘净，拌以玉米面或者白面粉，放入笼屉中蒸熟。若吃甜食，只需在碗里加放白糖，拌匀，即可食之。若吃咸食，可放入调味品适量，如放入盐末、酱油、香醋、辣油、葱花等，其味新鲜爽口。由此可见，"拨拉子"也

榆钱拨拉子

是我国饮食文化大家庭里的奇葩存在。同一种食物，往往因为地域条件和文化背景的不同，呈现出不同的特色和风味。

"拨拉子"，指的应该是这种食物制作时的主要动作，用手或筷子拨拉的意思。可以说，大多数野菜、花叶都可以作为"拨拉子"的原料，只是味道会千差万别，有的甚至难以下咽。当然，色香味俱佳的上等货也不乏其中。常见的有榆钱、槐花、糖菜、苜蓿花、葫芦花等为原料制作的"拨拉子"。

糖菜"拨拉子"是民勤人常吃的一种"拨拉子"，制作过程比较简单。首先是选料。选取块茎肥大的糖菜，去除根叶，洗干净。用出口稍粗点的礤子把准备好的糖菜礤成条，盛放在大一点的敞口容器里备用。第二步就是拨拉。放入1∶1的面粉，加入盐和鸡精，也可根据个人口味添加其它调味品。随后用筷子或手轻轻拨拉，拨拉均

匀为准。第三步是上笼。准备蒸锅，放适量水，将拨拉好的糖菜均匀地铺在笼布上，盖盖，开锅后30分钟即可开笼出锅。拨拉子出锅后，取少许植物油烧开后晾冷，均匀拌入已经蒸熟冷却的拨拉子，味道更佳。

民勤农耕历史悠久，人口大多以屯边军士及江浙一带谪迁之人为主。人

糖菜拨拉子

们的生产生活受到地域地理环境的极大限制，粮食作物中的一些粗粮品种，自然就成了民勤百姓的主粮，因此出现了一系列流传至今的特殊而简单的吃法或菜品。在物质条件还不发达，生活困难的年月，少得可怜的粮食要想养活一家老小，就得想办法变个花样，拌面汤、青粮食、炒面、米稠饭、麦索，都是先辈们在缺吃少穿的岁月里不得已而为之的创造。今天，当我们再次刻意地复制品尝祖先们遗留下来的特色美食，站的是绿色环保，健康养生的高度，不免要为我们的祖先骄傲，因为这不仅仅是几种食物的简单做法，更是文化和精神的传承，不容忘却。

（杨立中）

民勤腌菜技艺

　　腌菜是一种利用高浓度盐液、乳酸菌发酵来保存蔬菜，进而增进蔬菜风味的发酵食品。明代文学家冯梦龙的《警世通言》《醒世恒言》中就有人们吃腌菜的描写。

　　民勤咸菜腌制自入冬始。天气半寒不寒之时，准备一大缸，洗好菜，控掉水，切碎。同时，盛一大盆开水，放入粗盐，搅动使盐溶解，晾凉。将切碎的菜放入盐水浸泡，用笊篱搭出，放入缸。菜全部浸泡完，剩余盐水倒入菜缸，上面盖大块菜叶，菜叶上压两三疙瘩圆石。移缸至背阴处，半月时日，即可食用。

　　菜的品质，全赖盐分多寡。农户家手巧的媳妇，用盐量不多不少，口感不咸不淡，十分合口。盐量过多，虽可保鲜，但无法入口，民间称齁死人；盐量少，菜变酸，微

民勤咸菜

酸，差可食用；过酸，致菜烂，无法食用，只能倒掉。

　　因地域原因，语言有别，民勤人呼咸菜为咸（hai）菜，入冬腌咸（hai）菜，冬季吃咸（hai）菜。

　　菜的内容，依主人喜好而定。常见为白菜、包包菜、芹菜、茄莲、大葱秧、胡萝卜，此为主菜。辣椒为辅菜，提味，分别与各主菜搭配，即成风味色泽各异的咸菜。时下，白菜、包包菜成为通常菜，芹菜、茄莲、大葱秧、胡萝卜、辣

沙葱　李军摄

酱菜

椒混合菜成为时髦，辣椒红，芹菜绿，胡萝卜黄，茄莲白，色泽多样，味道丰富，很受人们喜欢。有的人家还把最后一茬韭菜、大葱秧单独腌制，也是一种菜。有的还把菜豆汆至半熟，再与上述菜类混合，也成一种。沙葱是民勤特有的沙壤草甸植物，十月时节，雨季过后，去沙漠中㧟来，依法腌制，成为独有菜品。

酱菜属腌菜分支，在腌制基础上加入芥茉、花椒、姜等，使菜有一种呛呛的味道。常有的是酱白菜、酱沙芥。酱白菜只有白菜一种。沙芥与沙葱同类，民勤独有，也是沙壤草甸植物。酱制时先汆至半熟，盐水淘完入缸时，加入大量芥茉，拌以苣莲片，即成冬季抢手菜。

酱辣椒。本地猪大肠辣椒、外来美国红辣椒都可入菜，猪大肠皮薄肉少，酱制后无肉，只剩皮，多不选。每至阴历8月，头茬美国红出售，至阴历十月初，二茬美国红成形，摘下，洗净，空掉水分，摘除把儿，自辣椒把处切开，置阳光下晾晒半个时辰。取上等酱油、醋，油略多醋稍少混合一起滚熬，掺入食用香油炒好的花椒、姜、葱、蒜等。将辣椒放入掺好调料的油醋，淘过，用笊篱搭出，放入缸中。辣椒全部淘完，锅中剩余油醋倒入储菜大缸，上面压大圆石。移缸至背阴处，四五日即可食用。

酱茄子。准备好大蒜、酱油、醋为酱料，大蒜捣泥，酱油、醋按比例掺匀，以不咸不酸为好，蒜泥掺入搅拌均匀。茄子摘把，洗净，切成长条。放蒸屉上入锅蒸，约摸一刻钟取出，可依个人喜好适当缩短或延长蒸的时间。将蒸熟茄条放入搅拌好的酱中搅动一下，取出放碗盆中，待茄条全部搅拌完毕，剩余酱倒茄条上，

酱辣子

即可开吃。若临时吃一两顿，则随时可做。若要冬季长期食用，则选秋季最后一茬茄子酱制，酱油醋须熬制后再搅拌，用罈置于阴冷房间，不使霉变。茄条也可在夏季晾晒成茄干，冬季食用先入水泡软，取出蒸熟，其法一例，成酬客佳肴。

酱萝卜干。多选冬萝卜。洗净、切条，可切片切块。置大盆中，倒入适量盐水，三四日后捞出，纱布包裹，挤去水分，筛子盛放晾一两天，待萝卜条呈半干半柔状态。辣椒面、十三香等按个人喜好掺匀，与萝卜条充分搅拌，用罈盛放置阴冷房间，干净石头压住，六七天即可食用。

酱沙葱。把择好的沙葱放滚水锅中打个滚，晾冷，在熬制好的酱油盐水中淘过，盛入缸中，剩余酱油倒入，干净石头压好，菜缸置背阴处，次日即可食用。酱制沙葱，口感有异，大多数人不喜吃，故范围不广。

泡菜。这是近些年在民勤饮食行业兴起的一种佐菜，亦属腌菜一支。多选用小白菜，民勤人称娃娃菜，有地方种植，多从外地购进。泡料购买成品，多为朝天椒用盐水泡制。拿一小坛，切好娃娃菜置坛内，倒入泡椒液，搅拌使均匀。泡菜腌制量不大，随吃随泡。一般用娃娃菜泡，也用包包菜泡，泡好放三四天，待辣椒味充分渗入菜内，口感最佳。

随着社会的发展，许多南方菜品进入，民勤咸菜随之丰富，腌制技艺亦呈多样。伴随时代的前进步伐，民勤咸菜的腌制必将更加受到人们青睐，以更加多样的形式传承下去。

（邸士智）

民勤土法酿醋技艺

酿醋的历史，可以追溯到远古，《周礼》中有"醯人掌五齐、七菹"的记载，"醯人"即是周王室掌管五齐、七菹的官员，也就是专管制醋的人。《论语·公冶长》记载："孰谓微生高直？或乞醯焉，乞诸其邻而与之。"可见早在2000多年前，醋已被人们普遍食用了。

酿醋工艺，因地域不同而有很大差别。《齐民要术》载"作酢（酢亦醋的古称）法"有22种之多。就酿醋使用原料及质量而言，大体分为南醋与北醋。南醋原料多用稻米糯米，醋味醇正清香；北醋原料多用高粱小米，醋味浓烈醇厚。

有关醋的来历，还有一段传说。相传，商纣王为给妲己治病，在都城朝歌修建"摘心楼"，供摘取亚相比干的七巧玲珑心给妲己吃。食人心需要用山泉水和高粱酒做引子，于是，商纣王下令天下臣民向朝廷进献高粱酒。晋阳之地官员献媚，将出产于晋阳西南40里吕梁山下汾河岸边的高粱酒上供。山高路远，加之天热，未出太行，负责运酒的工匠就中暑病倒。经此耽搁，加上酷热，不几天，就觉得从瓮里散出的不是酒味，众人以为酒味变质，吓得魂不附体。其中一位酿酒师本要逃走，但想想要将亲手酿造的美酒丢弃，有些舍不得，想着带一些走。打开酒瓮，一股撩人的醇香味儿扑鼻而来，远比酒味更浓。尝之，酸酸甜甜。酿酒师心中大喜，逃回家后，将"变质的酒"送给邻居们品尝。众邻居皆说味美。食用一段时间，不但无害，还发现"变质的酒"有治拉肚子和感冒的效用，能增加食欲。加在饭食之中，更是美味。自此之后，人们开始食醋，酿醋之法随之流传。

民勤食醋是民勤人用传统方法手工酿造的，汁浓色正，味厚香醇，是家庭日常生活的必备佐料，在河西地区很有名气。

民勤人习惯上把酿醋称之为"拌醋"，一年两次，分为拌夏醋和拌冬醋。拌夏醋一般在农历五月左右，因夏季气温高，拌夏醋比较难，故大多数人家都拌冬醋。拌冬醋的时间，一般在农历九十月间。

民勤土法酿醋的流程有：

1.压麹子。每年在三伏天高温季节，锅内盛四五碗水，烧至40度左右，入适量青稞（现在青稞种植少，多以粮食代替），加火煮烂，然后晾温，与麸皮搅拌成坯子，用砖块或硬木块压成块状，称为"麹块"，埋在麦糠或麦秸堆里任其发酵，半月后取出晒干存放。在三伏天压的曲子，拌醋保险，容易发酵，味道纯正，香气浓溢。

拌料　陶积忠摄

2.拌料。农历九十月间，碾碎麹子，拌上数量适中的麸皮和水，用笘篮盛放在热炕上，上面放上"醋媳妇"及童子衣。所谓"醋媳妇"，就如同中国戏剧舞台上演员骑的马一样，很简单很象征的，用一束扫帚尖（指米穗子除去米粒）扎上一块红布，意在主司整个拌醋过程。放到热炕上的醋慢慢升温，这时要特别小心，温升至不烫手时就开始煮"醋胚子"，原料多以青稞为主，且不宜煮得过烂。过烂影响发酵。

热醋　陶积忠摄

3.热醋。醋热后移入大箺篮，配料单位以升斗计，一斗麸皮兑二升半青稞，把麸皮、醋胚及"热醋"掺在一起拌匀，大笘篮下面铺上麦秸用来保温，上面盖驼毛单子和棉被等，要厚一点。老年人讲"醋神儿，神醋儿"，此话一点不假。热了的醋要更加小心，过一会儿搅拌一次，连续不断。大约过一个昼夜，醋就渐渐降温，这时间把醋旋几个窝子，撒上许多粉末状的青盐，直到冷透，再开始往大缸里压。

4.压醋。准备一口大缸，把冷却后的醋糟放入缸中，放入一截，压瓷，再放一截，再压，直到把缸压满，上面撒上黑醋皮子，压一块青石头，防止醋反。待第二年再开缸搭醋。

5.搭醋。先将一在下面开小眼的罈子放置于高处，罈内下部放一篱笆，将醋糟装入罈子，倒入适量清水，浸泡一个时辰后，抽开罈子下边小眼，小眼内安一细竹筒，

压醋　陶积忠摄

醋汁从竹筒流出，滴入下面小缸。刚开始醋汁味淡，须再次倒入坛子再溶和再搭。反复三四后即为"酽醋"，酽醋就是成品醋，可直接食用。

民勤民间酿醋有很多禁忌。请醋神时，要庄严肃穆，凝神静气，不能嘻嘻哈哈，否则醋不酸，甚至产生怪味。过去民间到别人家请醋神，要由精干、端庄的年轻媳妇完成。拌醋本来就是妇女的活。有些人家，自家妇女模样欠佳，就让别人家媳妇代替。醋神请回，要在发酵的箩篮上拴一条红布，向人提示，闲杂人等不要靠近，就和妇女生孩子坐月子一样。发酵期间，如果自家女性例假来临，坚决回避；对于外来女性，必须排问："身上干净的没有？"干净，可以进门；不干净，绝对拒之门外。

进入21世纪，民间土法酿醋不再，县城出现几个大规模酿醋作坊，酿醋方法在传统基础上加入很多现代元素，好多环节都用机器操作。

土法酿醋过程繁琐，成本较大，效益又低，成为酿醋技艺传承的瓶颈。必须采取相应措施，开办技艺传承培训班，培养传承人，使民间土法酿醋技艺传承下去。

（邸士智）

烧蓬灰技艺

　　烧蓬灰也叫"烧碱"，不过这里的烧碱不是氢氧化钠的俗名，而是用民勤遍地可见的耐碱性的蓬稞草烧制提炼生物碱的一种方法。

　　民勤位于巴丹吉林和腾格里沙漠之间，气候干旱，蒸发量大，土壤含盐量高，到处是盐碱地。这样干旱的气候和盐碱化的土壤环境，多数植物无法生长，但有一类植物却生长茂盛，翠色欲滴，民勤人称其为"蓬稞"。民勤的"蓬稞"有"水蓬稞"、"刺蓬稞"，都属于滨藜，具有极强的沙漠盐碱地的适应能力。"蓬稞"从土壤里面吸收盐碱，然后以盐晶的形式积聚在叶子表面的特殊细胞里面，由于水分向盐碱浓度较高一侧透析的特点，使它能在干旱的盐碱环境中保留住更多的水分，因此具有强悍的沙漠盐碱地适应能力。

　　俗话说"靠山吃山""一方水土养一方人"。在自给自足的农耕时期，摄取和利用身边的自然资源是人类生存的必备技能。通过蓬稞"烧碱"的方式获取食用碱，既不受限制，又可以节省开支，所以烧蓬灰在民勤历来就十分普遍，逐渐成为民勤人一项必备的生活技艺，在代代传承中形成了固定的程序和丰富的经验。

　　过去烧蓬灰一般是在秋收结束后的深秋初冬的农闲时节。这个时候，农民有了闲暇，天气也不太冷，便于行动。另外，这时的蓬稞草将干未干，既容易点燃，又不至于火势过旺影响了烧碱的积淀和形成。由于采集的量比较大，所以一般要用架子车搭上架来转载运输。蓬稞都是一个主根向四周匍匐生长出一米见方的茂密枝叶，所以采取时用铁锹掀起一边，剁断主根，一大棵蓬稞就整个下来了。然后用铁杈一个个挑起，一层层装车运输到烧蓬灰的地方。烧一灶至少要两三车蓬稞才够用。

　　蓬稞收集完成就该挖烧碱的火窑。挖火窑一般要选择土质坚硬的地方，若是地势平坦，就要紧挨着挖两个坑，一个用来烧碱，一个留灶门。若是有斜坡和高台，就乘势将窑挖在高处，灶门留在窑前的坡下。火窑一般是深、宽80厘米到1米的圆坑，四周窑壁光滑，底部留有风道和灶门相连。灶门和风道的设计很有讲究，"有风没风，灶门朝东"，东向安置灶门，受风的影响小，便于掌握火候。风道的设计要求要处处通透，不易堵塞。所以一般在窑的底部沿坑底挖一圈风道，中间有纵有横，周围侧壁四个方向各向上开一条风道。这样纵横立体的风道与灶门相互连通，才能保证烧碱的过程中火势平稳。为了防止烧制过程中灰烬将风道堵塞，还要在风道上搭上一些砖头、瓦片，这样火窑才算基本完工。

烧蓬灰是一项很花费时间的工作，一窑需要烧一昼夜，而且一旦点火，中间不能停火。火候的控制也很讲究，控制不好，蓬稞就烧成了一坑草灰。祖辈的传承，积累了很多控火的技巧，往往通过降低添加蓬稞的速度，或者添加半干的蓬稞来控制火势。甚至用砖头遮蔽灶门，通过控制空气流速来控制火势。更直接的办法是在火心上洒水，通过洒水，降低火心温度，加速盐碱的凝集、积淀。而且时时不能离人，要小火慢烧。等到蓬稞全部添加完，火势衰落，这时又要灶门大开，在火心中戳几个通风的洞，通过灶门清理风道的方式来增加空气流通，保证充分燃烧。后期充分燃烧才能燃尽杂质，保证烧碱的纯度。一直到窑内再没有火苗，人才可以离开，让凝集的烧碱慢慢地冷却。

等到完全冷却，就用铁锹挖开窑口，把烧碱从窑里挖出来。相对纯净的烧碱呈现翠绿的珊瑚状，凝结比较精密。若是后期燃烧不充分，就会在翠绿的烧碱里夹杂黑色、深灰色的杂质，凝结得也比较松散。收集的过程中，用刷子、筲帚等剥除清理附在烧碱里的杂质，然后用家什储存。

烧制的土碱，里面含有大量的碳酸钠和人体需要的多种矿物质。食用时，要将其敲碎，加水溶解，通过沉淀、过滤，制成干净的生物碱溶液，民勤人叫"蓬灰水"。用蓬灰水和的面更加筋道，更易消化，口感也更好，是不可多得的绿色环保健康食品，独具地方风味。

在民勤，最具特色的烧碱食品有手工碱面和酿皮子。

民勤蓬灰碱面，也叫灰面，是用民勤高筋小麦磨制的精制面粉兑蓬灰水和面，经反复揉压，待饧透后，擀成金黄的面片，再切成细长面条，下锅后用大火水煮，即成黄亮如金的灰面。食用时配上农家的素炒茄辣，佐以民勤土醋与蒜泥，酸辣可口，筋道滑爽，余味绵长。

酿皮子，民勤人叫rang（音同瓢）皮子。民勤酿皮子与周边区域略有

民勤蓬灰酿皮子　　闫长仕摄

不同，正宗的民勤酿皮子也是选用民勤的高筋粉，兑蓬灰水和面，反复揉捏，在清水中揉搓，将面筋洗净取出，汤汁置于容器充分沉淀后，沥去表层清水，再加入适量的蓬灰水调制，然后一一装笼上锅蒸熟。蒸熟的酿皮子色泽晶莹黄亮，透明如玉。面筋亦上笼蒸，洗得越是干净，蒸时越是如海绵状暄起。吃时切成筷子粗细的长条，面筋切成麻将块状。食客们根据口味，加上醋卤汁、蒜泥、辣椒酱、芥末汁、土醋、青蒜叶末等调味品食用。那滋味，清凉爽滑、柔韧细嫩、酸辣可口，极尽味蕾之爽觉，食兴之欲求，令人回味无穷。

除此之外，土法烧碱在食用中的广泛应用，还创造出了其他一些独具风味的特色食品，如将其加入发面中制作出烧碱馍馍，能抵消发酵产生的酸味，食之更加可口，且有助于消化；民勤独有的麻苣苣面条子，加入少量的蓬灰水，麻苣苣更易熟烂，其苦涩味冲淡，味道更加调和。如此种种，不胜枚举。

现在，随着生活条件的提升，人们不再把烧碱当作获取碱的一种方式，家家户户冬日烧蓬灰的境况已经没有了。但烧碱食品留给人们的美好体味却无法令人忘怀，且逐渐成为饭桌上独具地方特色的美味佳肴。因此，很多精于此艺的乡民，利用农闲烧制土碱，拿到市场上叫卖，获取经济收入。

民勤烧蓬灰技艺传承久远，流传广泛，程序科学，经验丰富，是民勤先民们利用自然获取生活资源的生存经验的结晶，也是民勤人不可忘却的历史记忆。

传承民勤烧蓬灰技艺，是传承优秀饮食文化的需要，是发展经济社会的需要，也是为了满足人民日益增长的美好生活需要。

（石　荣）

民勤民间土方验方

民间土方验方属于中医学范畴。民勤县的历代中医在长期从医工作中，积累了丰富的治疗经验，总结出了许多行之有效的土单验方，这些方剂，大多就地取材，药专效优价廉，深受患者青睐，能够很好地治疗各类疾病，有重要的保护传承和学术研究价值。

一、土方

流传于民间，大多使用当地出产的中药材或其它物品，制成独特方剂治疗人体常见病或部分顽固性疾病的方法和方剂。

（一）头痛。生白萝卜汁，每次滴鼻孔两滴（两鼻孔都滴），一日二次，连用四五天，有良效。忌吃花椒、胡椒。

（二）胃肠病。胃痛、吐酸、胃下垂、胃窦炎。大蒜头连皮烧焦，再加一碗水烧开，加适量白糖空腹食用，一日两次，连用 7 天有良效。胃、十二脂肠溃疡。鸡蛋壳炒焦研成粉，适量面粉炒焦，掺匀，饭前服用。开水冲服，一次一汤勺，一日两次，连续几日可痊愈。

（三）关节炎、肩周炎。食用细盐适量，放锅内炒热，再加葱须、生姜各少许，一起用布包好，趁热敷患处至盐凉。一日一次，连用一星期，有追风祛湿之功效。

（四）颈椎痛。羊骨头适量，砸碎炒黄，白酒浸泡，三日后擦颈部，一日三次，效果良好。

（五）除雀斑。杏仁研粉，用鸡蛋清调匀，每晚睡前涂面部，次日清晨温水洗去，一日一次，半月显效，以后不发。

（六）减肥。干荷叶、干冬瓜皮，按 1：2 配好，每日少许，热水泡渴，有去厚腻刮油脂之功效。忌肥肉。

民勤民间土方，涉及内科、儿科、外科、皮肤科、妇科、五官科等，方法多种多样。民勤土方有一优点，所有药物就地取材，无毒无害，只要对症施治，就可收到良好效果。

二、验方

在中医医生中正常使用，药物种类、剂量多少都有明确数量限定的方法和方剂。之所以叫验方，是经过多人多年验证，有较好的临床疗效。

（一）清胃止血汤。由生大黄、丹皮、棕榈炭、赤石脂、乌贼骨、白芍、生山栀、地榆、白芨、干姜组成，水煎浓缩至一小碗，半小时内多次服用。可柔肝，泻火清热，化淤止血。主治消化道溃疡并发大出血，胃脘胀满，呕血，舌淡，苔薄黄，脉细数。

（二）甘草附子汤。由甘草（炙）、附子（炮，去皮，破片）、白术、桂枝（去皮）组成，水煎，去滓，温服，一日三次，初服得微汗则解。温阳散寒，祛湿止痛。主治风湿相搏，骨节疼烦，掣痛不得屈伸，近之则痛剧，汗出短气，小便不利，恶风不欲去衣，或身微肿。

（三）当归六黄汤。由当归、生地黄、熟地黄、黄芩、黄柏、黄连、黄芪组成，水煎服。能滋阴泻火，固表止汗。主治阴虚火旺所致的盗汗，发热盗汗，面赤心烦，口干唇燥，大便干结，小便黄赤，舌红苔黄，脉数。脾胃虚弱、纳减便溏者不宜使用。

（四）葱豉桔梗汤。由葱白、苦桔梗、淡豆豉、焦山栀、薄荷叶、连翘、甘草、鲜淡竹叶组成，水煎服。能辛凉解肌，疏风清热。用于感冒、流行性感冒见上述症状者。

以上方剂，是全县医生自愿所献。有的是古方，经过自己反反复复的验证，有一定疗效。但是，人体有别，患者不同，效果便有区别；使用方法不同，疗效便是相去甚远。古人有话："是药就有三分毒。"所以，一切应在医生指导下进行。

民勤县卫生局在抢救、征集民间方剂上做了大量工作。1959 年编印发行《民勤县中医验方汇编》，当时作为培训乡村卫生员的教材。1964 年编印发行《民勤县中医验方汇集》。1970 年 7 月，卫生局改制为文卫局，又相继编印了《民勤县土单验方汇编》《民勤县土单验方选编》（1979 年）《民勤县中医医论医案验方集》（1988 年）。

为发扬光大民勤的中医事业，民勤县于 1985 年建起了民勤中医院，专门从事中医事业的研究和运用中医药疗法治疗病人。随着社会的发展和全县广大中医工作者对中医研究的深入，还会创造出更多更为精良的方剂，也会不断搜集到散落民间的中医良方。

（邸士智）

民勤土法灸炙技艺

灸炙疗法是一种在人体特定部位或穴位，通过艾火刺激以达到防病治病目的的治疗方法。民勤流传的灸炙疗法与传统中医灸炙疗法一脉相承，但在流传过程中由于条件限制，水土方物各异而应时应地地创造出了一些独特的土法灸炙技艺。

灸与炙是两种治病方法，但都以火，或者热能为治病的媒介，方法也比较接近，所以常常相提并论。

灸，灼也，从火久声，灼体疗病也。据周楣声先生《灸赋》中的考据："灸最初是用物盖塞在器口，或填塞在某一空间的意思。其后对于灸的字义，虽然多用于治病，但是和塞的意思是分不开的。"灸法也是用艾炷塞在孔穴之上，使其停伫而不脱落，令火烧灼肌肉，而相挌拒的一种治疗方法。

炙，炮肉。即将肉放在火上烤。炙疗也一般不直接接触人体表面，作用在人体上的范围也较大，并不局于一穴一点，如艾炙、熏蒸都是如此。

灸炙疗法的治病机理都是通过火的温热刺激，使热力透入肌肤，或者穴位，起到通经活络，温和气血，扶正祛邪，调整内脏的生理功能，从而达到治病养生保健的目的。《灵枢·官能》记载"针所不为，灸之所宜"，可补针药之不足。清代吴亦鼎《神灸经论》载："夫灸取于人，以火性热而至速，体柔而用刚，能消阴翳，走而不守，善入脏腑，取艾之辛香作炷，能通十二经，入三阴，理气血，以治百病，效如反掌。"说明用艾叶作灸料，具有温通经络，行气活血，祛湿逐寒，回阳救逆及防病养生保健的功效。现代医学研究表明，灸炙有温养细胞、促进细胞新陈代谢、旺盛循环、增强抵抗力、调整组织器官平衡功能的作用。

在民勤境内，灸炙治病的方法古已有之，在长期的实践中，民勤人深谙灸炙治疗的原理，受到生活条件的限制，民勤先辈们充分利用环境和自然条件，创造出各种各样独特的土法灸炙技艺。

民勤土法灸炙技艺最具代表性的要数灸娃娃。

灸娃娃属于瘢痕灸的一种，是过去治疗儿童啼哭、发烧惊厥甚至抽风等病症的有效办法。主要是由掌握灸治技艺的年长妇女从事这项职业，过去人称"老娘婆"，也有叫接生婆的。总之是一些既有丰富的接生、养育经验，又掌握一些土法治病经验的老年妇女。

过去条件艰苦，一般生娃娃都是在自己家中，找一个"老娘婆"接生。根据老娘婆的经验，生娃娃前要铺沙炕、燎火炕，这其实也是灸疗的一种方法。中医认为阳气是生命力的基础，阳气充足则生命力旺盛。火为至阳，灸灸以火为媒介，有着提振、扶正阳气的作用。生育之初，大人小孩都非常虚弱，容易使阴邪之气侵袭。沙子铺在火炕上，具有良好的导热效果，能够很好地驱散阴邪，提振阳气。虽然有沙炕灸疗的护佑，也保不准会出意外。特别是刚出生的婴儿，生命力十分脆弱，往往容易受凉、感冒、积食、逆呃、发烧。初生婴儿抵抗力低，一旦生病就可能逐日加重，高烧不退，甚至惊厥，引发更加严重的疾病，甚至后遗症。出现这种情况，过去的土办法就是火灸。这时候老娘婆的经验就起到了决定婴儿生死命运的作用。老娘婆一般找来艾炷，大多数情况没有现成的艾炷，就用艾草捻成柱状代替。艾草有温经、去湿、散寒、止血、消炎、平喘、止咳、安胎、抗过敏等作用。有些老娘婆还能根据症状不同，在艾炷中添加其他一些中药材，以增加灸治的效果，家中常有的姜、花椒等往往就成了常用的填料。有了艾炷，接下来就是取穴，一般情况是在头部取穴。因为头部为身体之阳，在头部取穴实施灸治，提振、扶正阳气的作用就更为明显了。头部的穴位很多，各个穴位都有不同的治疗作用，这也需要老娘婆丰富的经验来判断。一般常用的穴位有口角、眼角、百会等。若还有需要就选取头顶的其他穴位，甚至背部督脉上的腧穴。督脉是人体阳脉中枢，面部和头顶是督脉之始，这些地方取穴效果更好。另外也要考虑美观因素，所以一般首先在口角取穴，将来形成对称的两个酒窝状灸痣，反而成为了一种地方性标志。

确定了穴位，施灸时先将所灸穴位上涂以少量的大蒜汁，以增加粘附和刺激作用，然后将大小适宜的艾炷置于腧穴上，用火点燃艾炷施灸。每壮艾炷必须燃尽，除去灰烬后，方可继续易炷再灸，待规定炷数灸完为止。施灸时由于火烧灼皮肤，因此会产生剧痛，此时可用手在施灸腧穴周围轻轻拍打，借以缓解疼痛。在正常情况下，灸后一周左右，施灸部位化脓形成灸疮，五六周左右，灸疮自行痊愈，结疤脱落后而留下瘢痕。

过去条件艰苦，农民家中往往找不到现成的艾炷艾草可用，但治病救人，不可有丝毫耽误，就只能用其他的材料代替艾炷实施灸治。虽然效果不比艾炷，但也能借助火力，烧灼刺激穴位，扶正阳气，疏通经脉，达到治病救人的目的。常用的替代物有香炷，其他阳性中药材等。有时既无艾炷，又找不到香炷和其他灸治药材，情急之下就抓一把粮食烧上。等粮食燃烧后，就一粒接一粒地捡起置于灸治的穴位上，使其停驻灼烧。这时候婴儿疼痛得不停抽搐，大人们更是揪心，只有见多识广的老娘婆一面镇定地灸治，一面不停地安慰大人。

经过灸治，大多数婴儿都会止住抽风，逐渐好转。其后施治的穴位会留下疤痕，民勤人叫"灸疮疤"。这在现今40岁以上的民勤人身上还比较常见。这种灸治方法虽然有着立竿见影的疗效，但灸治过程太过粗放。另外现在的医疗条件下，也不需要新生儿再受这样的"酷刑"。所以这种灸治办法也逐渐被人们抛弃。

还有一种灸法就相对温和的多了，这种灸法一般不直接接触皮肤，但也是针对穴位实施，其实是针对穴位进行灸疗的一种方法。民勤常见的如婴儿出现上吐下泻的状况，按中医辩证属于中焦脾胃虚弱的表现。这时就用艾条灸娃娃的肚脐眼，每天三次，每次5至10分钟。这时不像发烧惊厥、抽风那么人命关天，施治起来也就可以温和地进行。施治时就要用燃烧的艾炷对准穴位由远及近、由近及远地灸烤，以免烫伤婴儿。

灸治一般都要用到一定的材料做介质，一般有蒜、葱、姜、芹、盐等。这些介质有些时候起粘附作用，有些时候起衬隔作用，防止烧伤烫伤。同时这些介质物也有一定的治疗作用，所以介质物的选择也有很大的学问。

另外在灸治时间上也要一定的讲究。民间信奉阴阳，有着朴素的阴阳哲学理念，这其实也符合中医理论基础，一般是寒病热治，冬病夏治，伏天施治效果更佳。这一原则在灸疗和炙疗中是一样的道理，所以炙疗中也要尽量遵循。另外，由于取穴十分丰富，所以能够治疗的疾病也特别多，基本上常见疾病均有涉及，特别是风湿一类的疾病更是有得天独厚的优势。

如果说灸是针对穴位施治，那么炙就是针对部位的治疗。灸作用于点，炙作用于面。

民勤的土法炙疗在前面已经提到了一种，就是铺沙火炕，这对于产妇和婴儿都有莫大的好处，以至于现在很多农村产妇还要在火炕上坐月子，以防止产后风。

另外民勤比较独特的土法炙疗有沙浴、土浴等。沙浴土浴对于炙疗风湿性疾病有着很好的疗效。

先民们认为：太阳为至阳，月亮为至阴；一年之中，夏为至阳；一天之中，午为至阳。所以在沙浴、土浴的治疗时间选择上一般选在伏天的中午时分实施。另外在方位上南为阳，北为阴，所以沙和土也要从向阳的南面选取。

沙浴一般从沙丘的南坡取沙或者就地治疗，这时候的沙子充分吸收了太阳的精华，温度更是高达七八十度。为了防止烫伤，刚开始进行沙浴的时候要先隔着衣服进行。如治疗腿部的风湿性关节炎，就先穿着裤子将腿逐渐埋进滚烫的沙中。这时要注意不可烫伤，沙子的掩埋要由少到多慢慢进行，逐渐适应。经过一个阶段逐渐适应了，再将沙子直接堆在皮肤上进行沙浴。六七月的的天气，坐在阴凉处都觉得十分闷热，埋在滚烫的沙中，感觉肯定苦不堪言，所以一般要对身体的其他部位，特别是头部采取遮蔽等措施进行防护，防止晒伤、中暑。治疗的部位就要继续暴晒在太阳下，接受太阳的温度，吸收太阳的精华。

土浴的道理和方法和沙浴大体一样，但土浴的用土并不是地上的土，而是墙上的土。老人们认为，向阳一面老墙上的墙头土，在漫长的岁月中，充分吸收了太阳的精华，是实施土浴的好材料。选取时一定要在正午之时太阳最毒的时候，找一处废弃的老墙，将南墙墙头和墙面上晒得发奇的虚土铲下收集到一起使用。土浴时也要在光线充足的地方进行，要通过阳光不断地补充土的热量。

另外，艾灸、熏蒸过去在民勤也普遍使用，但和各地流行的大同小异，并无特殊之处。

灸灸也有一定的禁忌，《圣济总录》指出："若夫阳病灸之，则为大逆。"中医推崇和谐与平衡，而治病则是为达到阴阳和谐，五行平衡的对治之法，所以阳病灸灸，就更加破坏了人体的平衡。另外瘢痕灸除了有特殊的审美需要，要尽量避开外露的部位，以免影响美观。再次皮薄、肌少、筋肉结聚处，还有一些要害部位，如阴部、大血管处、心脏部位，眼部等和关节部位不能直接灸。

民勤土法灸灸技艺与传统中医灸灸技艺一脉相承，是传统中医灸灸技艺本土化的结晶。其创造性传承是与民勤严酷的自然环境，促狭的生活条件，以及民勤人顽强的适应能力和勇敢的开拓创新精神密不可分。民勤土法灸灸技艺的独特性和独有性更是对传统中医灸灸技艺的丰富和完善，也是丰富多彩的中华传统文化的有机组成部分。保护和传承民勤土法灸灸技艺不但有着服务当下、造福人民的作用，更有着振兴中华传统文化的深远意义。

现在由于生活和医疗条件都有了极大的改善，加之土法灸灸技艺本身存在的一些缺陷，所以逐渐被人们所抛弃。随着一些掌握这种技艺的老人的相继离世，土法灸灸技艺也逐渐淡出了历史舞台。

（石　荣）

酸胖茶熬制技艺

　　酸胖是白刺的果实，有健脾开胃、治疗感冒之功效。冬季熬茶饮用，效果奇佳，故人们常在深冬季节用之熬茶以治疗感冒。民勤人用酸胖熬制的酸胖茶，因其地域唯一、用料和熬制技艺的独特而闻名遐迩。

　　民勤地处腾格里和巴丹吉林两大沙漠之间，是典型的沙漠地带。白刺是沙漠地区常见的一种灌木，缘沙而生，有固沙作用。独特的沙漠区域为白刺的生长提供了适宜的自然条件。民勤的沙丘上随处可见密密麻麻的白刺，每到七八月，白刺上就结满了酸胖。白刺的面积大，酸胖的数量广，给人们的生活带来了很大的便利。历史上的民勤，生活条件落后，食物匮乏，人们需要找寻多种代食品来顶替吃粮，以缓解生活压力，几经试验，酸胖成为一种选择。过去，一般群众请不起郎中，遇到一些简单的头痛脑热，只能粗法治疗。

酸胖　李军摄

酸胖茶便逐渐成为普通人家治疗感冒一类疾病的首选。

　　用酸胖熬制酸胖茶在民勤已有几百年的历史。《镇番遗事历鉴》记载，清雍正十三年春（1735 年），"奉文具报各县方物土产。县大令郭公宏甲谕示岁贡马维翰、恩贡段文炳、岁贡曹一鼎、岁贡刘叔堂诸公采方编撰。三月经始，八月竣稿，九月初呈审之。稿略如……白刺，其果色赤，剔透晶莹，直似玛瑙。食之酸甜可口，俗名酸胖。晾干入药，清热解毒，祛除风寒，诚良药也"。

　　熬制酸胖茶的过程主要是：一、簸酸胖，洗酸胖，熬酸胖。取一定数量干酸胖，先用簸箕簸去里面的碎叶和尘土，再用清水淘洗，放入小铁锅中，加入适量水，置炉火上加热熬煮。夏末八月时节，酸胖成熟，捋回家中晾干，深冬使用之时，洗去尘土。若尘土不多，可不洗，只用簸箕簸动几下就行。二、炮姜。依酸胖量取少许生姜，切片，放入小铁勺中，铁勺置炉火上加热，不断摇动铁勺使姜片上下左右翻滚，待生姜呈焦黄爆裂状，取出放入熬制酸胖的铁锅中一起熬煮。放入生姜的时间要在酸胖锅第一次沸腾以后。三、加入大蒜、大葱须。依酸胖茶量，取大蒜十数瓣，剥皮，切下三四根大葱须，一起放入酸胖锅中。待大蒜煮裂，酸胖变烂露出核即可饮用。

熬酸胖茶的干酸胖、大蒜、葱

冬季，民勤人家常常熬制酸胖米汤。酸胖米汤熬制过程主要是：一、选料。依食用量取小米若干，择净；酸胖若干，择净，淘去尘土。两者同时下锅，添水熬煮。小米数量与酸胖数量依食用量和食用习惯酌加。二、熬制。在大火熬制时，每隔一会儿用勺子搅动一下。待酸胖即将开花时，加入少许盐，搅匀，即可饮食。

酸胖米稠饭是民勤农家冬季常吃的一种饭食。制作过程主要是：一、选料。依食用量取黄米若干，择净；酸胖若干，择净，淘去尘土。两者同时下锅，添水熬煮。黄米数量与酸胖数量以三比一搭配为宜，也可依食用习惯对酸胖用量增减。二、搅拌。用大火加热熬煮过程中，须用铁勺不断搅拌，防止炕锅。期间，米油陆续浮于汤面，要撇去米油。三、加入肉料。待酸胖开花后，加入已炒好的羊肉丁或猪肉丁，再次搅拌均匀。此时，停止搅拌，大火变文火。四、加入洋芋。依个人喜好，如果爱吃较稠的米饭，则洋芋可和黄米、酸胖一起入锅，待米饭熟时，洋芋已熬烂，米饭沙沙的、绵绵的。如爱好吃洋芋疙瘩，则和肉丁一起入锅，饭熟时，洋芋虽熟，仍呈块状。酸胖米稠饭的佐料有油泼辣子和家常咸菜，油泼辣子抹在饭上，咸菜另用碗碟盛放。

民勤熬制酸胖茶技艺有着鲜明的特征。一是特殊性：用酸胖熬制，其他东西无法替代。二是季节性：夏季捋晾酸胖，冬季饮用。冬季气候寒冷，人们易患感冒等疾病，为酸胖茶饮用最佳时节。酸胖性热，冬季饮用，可祛体寒。三是大众性：酸胖具有健脾开胃、帮助消化、安神补脑、月妇下乳之功效，男女老少皆可食用。熬制技艺简捷，易于传播。四是地域性：白刺只在沙漠地区生长，民勤为沙漠地区，故白刺在民勤地区生长，酸胖为民勤特有，这决定了酸胖茶鲜明的地域特征。酸胖茶技艺，反映出古时民勤人民生产生活状况和药物学水平。

民勤三面环沙，沙漠区域白刺茂密，酸胖丰稔。生活在沙漠周边的村民，都有夏末捋晾酸胖，冬季食用的习惯。时至今日，这一习惯仍有保留，特别是靠近沙漠的乡村。其治疗感冒的药用价值已退居其次，主要用于小儿老人消化不良、月妇哺乳期下乳。另外，酸胖乃天然食品，无公害，食之为追求一种健康新理念。

今后，要把酸胖茶的食用和白刺的防风固沙与民勤生态治理相结合，使人们保护白刺，多食用原生态无公害的酸胖茶，走进健康新生活。

（邱士智）

枪杆岭山庙会

枪杆岭山在县城东北 90 公里的收成镇附智村，古称"金牛山"，以山形似牛而得名。明朝初期，金牛山匪患猖獗，居民以为金牛招致灾难，遂以意象更名为枪杆岭山，以枪带凶杀之意，寄托保护地方平安之愿。

明永乐四年（1406 年），邑绅王甫等捐赀三千缗，于枪杆岭山筑"凤来""龙堆""浴泉""沐风"四亭，置盘石一方，镌"法界十方" 4 字。清乾隆开垦柳林湖以来，枪杆岭山逐渐发展成为湖区一大游览胜地。山上庙宇甚多，有火神庙、娘娘庙、观音殿、无量殿、百子宫、大戏台、敖包等。每年农历三月清明、四月八、九月重阳等时节，山上举行庙会，数千上万群众拥向枪杆岭山，山上、山下云集如盖，或看戏，或游山，或赶做小买卖，或拜神求佛，非常热闹。

20 世纪三四十年代，西北地区民族杂居，宗教复杂。心道法师利用自己显密兼通的特点，另辟蹊径，创立法幢宗。1942 年 5 月，心道法师到内蒙古阿拉善盟弘法。8 月初，县长咎健行派遣佛教信徒徐开聪等人去阿拉善盟邀请心道法师。9 月初，心道法师骑骆驼从内蒙古巴彦浩特出发，

群众云集枪杆岭山庙会　陶积忠摄

半个月后到达枪杆岭山接引寺。法师认为山名不祥，含凶杀之意，遂更名为金刚岭山，寓金刚有不坏之体意。又依自身教派，改接引寺为"法幢寺"。

金刚岭山法幢寺是心道法师在西北弘法时创建的第一个法幢寺，是法幢宗的发源地，法幢宗祖庭，是二世融开法师的最初出家地，是三世谛显法师的出生地、皈依地，在佛教史上有着非常重要的地位。

金刚岭山的庙会很多，主要形式为农村集市。

群众在枪杆岭山庙会祈福　樊泽民摄

清明节庙会

主要活动为怀念先祖、上坟祭扫、春游踏青。

拜佛许愿。前来庙会游玩的人们，款步进入大雄宝殿，上香完毕，虔诚地跪于释迦牟尼像前，双手合十，口里默念心中愿望。

春游踏青。拜佛毕，三人一群，五人一伙去山间行走。旷野间的行走，视野得以开阔，郁闷的心情得到释放，肌体得到活络。

荡秋千。每至清明庙会，山门前即竖起秋千架，游人争相上前摆荡，欢笑声不绝于耳，热闹异常。

放风筝。小孩在大人的带领下来到山下，依山风放出风筝，天空飞满各式各色风筝，把庙会妆扮得十分靓丽。

四月八庙会

相传四月初八是释迦牟尼的诞辰，故称浴佛节，又叫佛诞日，是佛教传入中国后兴起的一个宗教性节日。

这天，僧尼们备好香烛，置金盆于院中，请出释迦牟尼童年铜像一尊，放入盆中，用五色香水洗浴。浴后，围观者争求浴佛水饮漱，据说可以消灾祛病，保佑平安。

施舍圣水。也叫浴佛水，因游客多，不是浴佛的圣水，是寺中用香药、糖水炮制的药水，具有一定疗效。

吃斋。大雄宝殿前架一大锅，锅内米汤沸腾。僧众居士起动手，和好面，擀好面条，下入锅中，为米面条。住持亲自持勺舀饭，游人纷纷端碗品尝。有时一锅不够，还要再下一锅。若做揪面，须费功夫。下揪面时，僧众素人齐动手，面片飞扬，特别壮观。

放生。佛教主张不杀生，故节日期间，善男信女要将鱼龟等拿到河边放生。此仪式不为所有人做，只为部分人做。有些人求子，有些人求祛病痛，有些人求平安，从集市上买了鱼、蚌等在这天放生。僧众齐声诵念《放生咒》，用拂尘在鱼、蚌及放生人身上拂过，再对放生人进行法力加持，放生人便将鱼、蚌等放入寺内池塘。四月八是妇女们赴庙会求子的日子。

因饮浴佛水、吃斋、放生，四月八庙会成为枪杆岭山所有庙会中最为热闹、最有仪式感的庙会。

端阳节庙会

枪杆岭山庙会中本没有端阳节庙会。法幢寺落成后，由于心道法师的影响，枪杆岭山法幢寺成为全国法幢祖庭，身份名号高于其他寺观，辄逢节日，自是人烟稠密，热闹异常。

系五色丝。寺中备好五色丝绳，前来庙中进香的村民在功德箱中投入一定数量的钱币，寺中师傅拿出丝绳系到村民领来的小孩手臂上。有些稍大些的女孩子也系，以至于后来一些大姑娘、年轻媳妇也系。

画朱砂、挂香包。村民在端阳这天领着娃娃到庙中，请求师傅在娃娃的门额上用朱砂笔点上一个红点，以祈娃娃少病，平安成长。这一习俗发展到后来，不管娃娃有无毛病，都在这天领到寺中让师傅画朱砂。香包中装着艾蒿、菖蒲等香料，这天来到寺中的人，求一个香包挂在身上，希望自己少生疾病，平平安安。香包上写着"五月初五过端午，天师尊神骑艾虎，蒲剑利刃斩百邪，鬼魅瘟神入虎口"。

艾灸。群众来到寺庙，师傅点燃用艾蒿搓成的绳条在来人头顶的百会穴上烫印。被烫的部位自此不再生发，形成一个光洁的圆点。寺内师傅相较周边村民，有一定的中医知识，经常为人把脉，端阳节日，艾灸尤盛，久而久之，成为庙会内容。

重阳节庙会

敬老祭祀习俗不很分明，主要是登高和饮酒。

登高。湖区四乡八邻聚集于枪杆岭山，三五成群，翻山越岭，一天下来，经络活跃，遍身轻松。

饮酒。节前一月时间，寺内师傅用园圃菊花开始泡酒，至节日，周边乡镇村民纷纷前来讨饮，寺中住持亲自持角，一人一角。有些人家老人身体不便，不能前来，儿女们

20世纪90年代的枪杆岭山庙会　　樊泽民摄

便用酒器盛了带回。

庙会还有其他内容，像搭台唱戏，由四邻八乡轮流出资聘请戏班前来演出。其他的商铺设置都是自发行为。但均收取一定摊位费，用以支付戏班演资。

至民国末期，由于资金短缺，庙宇无法修缮，寺内僧侣生活难以维持，僧侣云游他乡，庙会不再继续，法幢寺成为空寺，逐渐破败。

20世纪80年代，湖区一些信奉佛教的人士呼吁重修法幢寺。县宗教局几经协调，多方筹款，陆续修建了大雄宝殿、观音堂、地藏殿、念佛堂、办公室、伙房、接待室、流通处等。

法幢寺玉佛开光法会　陶积忠摄

1998年举行第一次玉佛开光大典法会。2000年农历四月八举办第一期庙会，湖区庙会习俗始得恢复。2004年举办第一次浴佛法会，法幢寺第三代祖谛显法师灵骨塔建成。2009年寺院神泉井修复。2018年5月4日，释延振师傅来寺考察，开展佛法、少林寺文化和少林禅武医文化交流。

如今的法幢寺，红砖碧瓦，威严辉煌。里面梵音阵阵，香气缭绕，使涉足其间的人们无不感到一种肃穆的氛围。每到假日，游人如织，商贾云集，热闹非凡。时有外来僧众前来朝拜，感悟祖庭苍凉历史，接受持法，感受熏陶。沉默了半个世纪的法幢寺重新回归弘法利生的普众道路。

（邱士智）

赛　驼

赛驼是民勤历史上特有的传统习俗，民勤赛驼是中国汉族地区独一无二的风俗。

民勤赛驼之俗的由来与这里所处的地理位置、自然环境及风俗习惯密切相关。民勤地处西北内陆，三面环沙，特殊的自然环境和典型的温带大陆性沙漠气候，广袤的戈壁草原上，生长着大量骆驼喜食的牧草，特别利于骆驼的生殖繁衍，是养骆驼的天然场所，曾经是闻名的"骆驼之乡"。民勤养驼历史悠久，明朝初年开始，政府制订措施，鼓励人们积极牧养骆驼，民勤成了远近闻名的"骆驼之乡"。这不仅可以为人们提供丰富的奶、肉、皮、毛等日常生活用品，而且还给当时丝绸之路上的货物运输带来了巨大的便利。当地出现了大量拉着驼队，奔走四方搞长途运输的"镇番骆驼客"。

民勤位于河西走廊东部的交通要冲，历史上处于胡汉交界之地，多有游牧民族往来奔走或滞留其间，在漫长的岁月里，这一带的文化习俗自然也就会受到其不同程度的熏染。这些游牧民族中所盛行的驼马竞技活动与他们赖以为生的畜牧业经济密切相关。而在这些游牧民族社会中所盛行的"走马""弄橐驼"等群众性的娱乐活动，无疑又会给当时与他们相互频繁接触的西北地区各族人民的生活带来一定的影响。早在唐朝初年，一些奔骑竞技活动就已经在凉州地区开始出现。唐代诗人王维在《凉州赛神》的诗中就曾这样写道："凉州城外少行人，百尺烽火望虏尘。健儿击鼓吹羌笛，共赛城东越骑神。"展现了气氛热烈的赛骑角逐竞技活动场面。加之人们在与骆驼朝夕相伴的生活中，自然也会产生出一定的感情，无论是牧人还是骆驼客，都希望能在紧张奔波劳累之余，驱赶着自己的爱畜参与竞争角逐，在一决胜负的激烈气氛中寻求乐趣。赛驼之风由此兴起。《镇番宜土人情记》载："镇番地方，民风多近胡俗。重阳赛驼，其为一也。今四、九月苏山有驼羊会，疑即源于赛驼。"养驼、使驼、赛驼成了民勤人的传统。

民勤赛驼之俗兴起于明代初年，明清之际甚为兴盛，民国时期依然存在。据《镇番遗事历鉴》卷一记载：明朝"代宗景泰二年辛末（1451 年），是年重阳，邑民于城北教场赛驼，红柳岗牧民刘玑如夺其冠"。这是目前全国发现的一则时间最早、纪年确切、记载较为详细的古代民间赛驼资料。

明清到民国时期，民勤有苏武山朝山会的传统习俗，朝山会期间举行驼羊会，每年在苏武庙举办赛驼活动。当时，苏武山有赛驼场，一年一度的赛驼成为传统，很是兴盛。《镇番遗事历鉴》记载：清朝顺治九年（1652年）"九月重阳，遵古之遗义，恢复'驼羊会'。至时，阖县士庶官民，云集苏武庙前，百乐杂伎，各显其能；车马辐辏，在在成市。驼羊牲畜，蚁集山上山下；叫卖之声，此起彼伏。并有赛驼之举：选精壮骟驼五十峰、列阵如堵，锣声为号，颠狂奔竞，沙尘蔽日，以优胜者为冠。县事为挂缓带，鼓乐演成升平。凡七日"，可谓盛况空前。清仁宗嘉庆元年（1796年）科试贡生卢公荣所编《岁余佳话》云：镇地登高，有在三月清明，俗谓之"踏青""歌山"，在四月八日，谓之"赴男会"，在九月重阳，则谓之"祝秋"。凡上坝民人，登高每诣苏山。苏山之会名曰"橐羊会"。届时，民人驱驼羊争相登山，其势浩荡，连绵数十里。可见，清代中期，赛驼场面宏大，声势浩大，极为壮观。

赛驼习俗在清朝中后期依然存在，人们在历年的赛事活动中积累了丰富的比赛经验。据《镇番遗事历鉴》卷十记载：清宣宗道光九年（1829年）"九月十日，苏武山橐羊会赛驼，武举唐灏国夺魁。其所役之驼，清癯羸瘦，犹有重疴，讵意奔走如飞，四蹄若翅。有询于灏国者，答曰：'驼与马同，竞跑最忌饱食饱饮。意欲夺魁，择健跑者断水草七八日，临赛时饲以精料鸡卵可矣。'同道者以为经验之谈"。

民国初年，每逢四月、九月在苏武山麓按例举办驼羊会，人们多以为这种活动就是由最初的赛驼习俗直接演变而来的。四邻八乡或骑马，或徒步，或坐车，齐聚苏武山赛驼场。节日的赛驼场周围搭起高低错落的毡房，铺上素洁的驼毛单子，摆上醇香的驼奶酒、牛羊肉等食品，人来人往，俨然市井。驼手身着黄马褂和镶着金丝条的箭裤，个个威风凛凛，英姿飒爽，伫立于自己的爱驼之旁，整装待发。比赛开始，选手驾爱驼长驱直入，玩硕肥绵羊于掌股之间，赛场内人头攒动，摇旗呐喊。人们说驼事、论驼道。赛驼结束，集市贸易方才开张，牲畜农具、锅碗瓢勺、针头线脑一应俱全，拨浪鼓、叫卖声、还价声不绝于耳。如此场景，一直延续到民国晚期。后

内蒙古阿拉善赛驼场景　　李军摄

驯驼、赛驼技艺几近失传。

赛驼之俗流传于民勤城乡，主要赛驼场所在苏武山，山麓有赛驼场。赛驼之俗在一定程度上受到了游牧民族的影响，但在形式和内容上又有新的发展，内容更丰富，形式更多样。清代和民国时期，大批民勤人迁移到内蒙古地区，主要分布在阿拉善、河套、巴彦淖尔等地区。民勤赛驼之俗也流传到这些地区，对当地的赛驼产生了较大的影响，现在，阿拉善、巴彦淖尔等地盛行的那达慕大会和赛驼比赛，依然可以看到民勤赛驼的遗风。

20世纪50年代初，苏武庙还香火旺盛，苏武山庙会依然举行，尚有骆驼、牛羊交易活动。然而，赛驼之风消失。

今后，我们将争取恢复苏武山驼羊会，重建苏武山赛驼场，恢复保存苏武山朝山会赛驼的独特形式，让赛驼这一民勤独特的传统民俗留存下去。

（樊泽民）

民勤节日俗仪

民勤旧时民间节日繁多，从正月到腊月，每月或多或少都有节日，每个节日都有习俗礼仪讲究，各具地域特色，纷繁复杂，富有情趣。

正 月

正月，乃是首月，所谓"上正大月"是也。讲究甚多，俗有"天一、地二、猫三、狗四、猪五、羊六、人七、谷八、果九、菜十"之说。

立春，民勤人称"打春"，属正月节。时在正月初四前后，闰年则在腊月二十左右。民勤谚语云："春打六九头，定是好年头。春打五九尾，家家有油水。"

明清至民国前期，先期塑土牛于东郊外。立春前一日，邑宰按例斋戒沐浴，率府衙众官绅迎春于东郊春神坛。老百姓打各色三角小旗，妆扮成社火人物，且吹且弹且歌且舞以迎春。同时观芒神、春牛耕地图，以占本年水旱丰歉。邑宰或知县祀芒神，焚香、化表、奠酒、三拜九叩毕，遂迎土牛、芒神归衙署，安置于大堂。至立春时，邑宰或知县仍率府衙众官绅以"五花棒"或用五色纸裹芦根鞭打土牛，此举谓之打春牛。《白下新春词》云："东郊迎迓土牛回，晓日曈曈曙色开。夹道儿童齐拍手，府衙前看打春来。"四乡农人争取土牛之碎土，带回家中，或以饰园篱，或馒牲口槽，或散于自家地里，以祈六畜兴旺，五谷丰登。

正月初一民间称大年初一，古称元旦，今称春节，俗称天日。

千家万户先是起早燎天蓬。然后是焚香、化表、磕头、拜天、拜地、拜神、拜佛、拜祖先。家家吃肉方块子水饺。拜年先是小辈依次给长辈磕头拜年，然后出门拜亲族、邻里。人不干农活，牲口不使役；妇女不出门，不上井抬水；不食米饭，不动扫把、笤帚；不做针线活，不说脏话，不借用钱物；不得摔坏碗盆杯盘等。

正月初二俗称地日。照例焚香放炮，吃臊子面，俗称"臊蛋子"饭。此日仍不许动扫把笤帚类。年轻男女"出年门"，走亲、访友、打秋千、闹社火。新女婿必须拜岳父母家。社火队也开始走村串户拜年。

正月初三俗称猫日。寻常百姓家于凌晨早起，打扫院落房间，清理牲口粪便。同时在堂屋里上香、化表，并将门窗、柜子、仓子等上面所贴黄表撕下，进堂屋焚化，再打醋炭。

是日吃灰面或挽面，对外可以进行钱财交往。若备耕紧张，可以上地干半天活，商家亦可在爆竹声中开门营业。

正月初四为狗日。献汤饭，焚香化表，禁忌吃米，否则生肝病。

正月初五为猪日，俗称小破日、小破五。各处习俗有异，有的化黄钱，有的打醋炭。此日不吃米饭，不准使用刀剪针锥。凡养猪者甚为重视，还焚香、化表、放爆竹。吃巴掌大的面片子，名补丁，有补天之意。也有部分人家，于清晨燃柴祭天，或烧柏斗。

正月初六为羊日。凡养羊之家，必焚香化表，献长面汤，祈水草茂盛，羊羔成群。禁忌用剪子。

正月初七为人日。焚香、化表、吃长面。企盼天晴日丽，人寿丁旺，耳聪目明。禁忌吃米饭、使用剪子。

正月初八为五谷日。农家献汤饭、焚香表，以祈天朗气清，五谷丰登。最忌刮狂风，禁使刀剪，防弄掉麦花儿。

正月初九为瓜果日。有园子的人家甚为重视，献汤饭，焚香表。不许用剪子，怕生下的儿女是"聋子"。不许捻毛线，否则，传说生下的儿女是"摇头佬儿"。

正月初十为菜日。蔬菜是人们不可缺少的营养品，所以普遍重视此日。不仅献饭汤，亦焚香化表。禁使针用线，怕生下的孩子是"瞎子"。民勤民间传有"九聋子，十瞎（ha 哈）子"及"九摇摇，十瞎瞎（ha 哈）"的谚语，就是由这两日的禁忌来的。

正月十五为元宵节，旧称上元日、灯节，俗称大破五。吃元宵、闹社火，焚香、化钱、献长面、挂灯笼。农村晚上烧柏斗。县城夜晚闹花灯，放烟花，观灯会，猜灯谜。

正月十六游百病，堪为春节之余，亦禁用针线。

"正月十六日，骡马牲口闲一日。"趁元宵夜的闹意还未全消，正月十六，男人不动锨把，女人也不干家务活，全家专事"春游"，促进健康，少生各种疾病，民间称之为"游百病"。据说这一日的远行可以换来一年百病不生。这一天，城乡群众倾家出动，或逛街，或串门，或荡秋千，或看戏；有的上苏武山凭吊古迹，有的登沙窝游玩，有的到观音堂去钻"关煞洞"。传说由于观音娘娘显灵，钻"关煞洞"能祛病消灾。这就更吸引人去"游百病"了。因为观音堂也有送子观音，借着游百病，也有人去求子的。人们焚香、化表、燎擦、说吉利话，情况大体相同。

正月二十为女娲补天日。民间各家烙煎饼食之，曰补天补地耳。

正月二十三为火神节。禁食米饭。城乡火神庙于此日献牲醴、供盘馍，并颂曰：

"赫赫明明，功崇炎帝；轰轰烈烈，德配燧人。"祈免除火灾，佑四季平安。

正月二十七家家炒食五谷杂粮，民间所谓"炒七死八活儿"，意思是把复活之前的害虫炒死。如炒麻籽食之，谓之杀跳蚤。

二 月

二月初二俗称二月二。在惊蛰节前后，是百虫复活之时，故有"二月二，龙抬头"之谚。也是土地神出门上地管田禾之时。农家献牲醴、大盘馍或做祭汤饯行，并祈土地神曰："馒头蒸得大大的，土地爷吃得饱饱的，汤水喝得好好的，粮食打得多多的，仓子为我装得满满的。"相传，升斗是土地爷的帽子，不许男女当凳子坐。很多人家在此日让孩子去理发，以借"龙抬头"之吉语。

花朝节是纪念百花的生日，简称花朝，俗称"花神节""百花生日""花神生日""挑菜节"。流行于东北、华北、华东、中南等地，各地时间不同，一般于农历二月初二、二月十二或二月十五举行。民勤在二月十五举行。

《乾隆镇番县志·风俗志》载："花朝，亦有张灯之举，但逊于元宵。是日，各街庆赞土神。"

惊蛰日，各家喝鸡蛋汤，或麻腐汤，清肺脏之秽气。

二月二十九俗传为观音圣诞。信佛者以"八仙过海""鱼龙变化"为"烟火盒子"去寺院拜贺。

三 月

寒食节，在清明节前一日。旧俗不动烟火，只吃冷食，故为"寒食"，是汉族传统节日中唯一以饮食习俗来命名的节日，是为纪念春秋时期抱木焚骸而死的介子推。此节文化人较为重视，乡村则较冷淡。

清明节又称"上巳节"。《乾隆镇番县志·风俗志》载："上巳，三月三日，修禊踏青事甚少，惟真武诞辰，建醮颇盛。清明，纷错郊野祭坟，自七八日前至清明日至。"

清明日，无论城乡还是寓居异乡者，通行扫墓礼，为春祭。是日清晨日未出时，乃请人在坟冢上添土，俗称攒坟。焚香表，献包包子15个，烧纸和烧金银锞子，并磕头作揖、低首默念，有放声痛哭者，以寄哀思。情景如宋代诗人所云："南北山头多墓田，清明祭扫各纷然。纸灰飞作白蝴蝶，泪血染成红杜鹃。"

这一天，邑人舁城隍庙像，吹吹打打游四大街，而后供于厉坛，县宰设馔致祭，百姓共礼之。客居者，以楮帛盛于封袋内，赴坛焚之，谓之"带包"。剪裁缝纫者至三皇庙或其他庙殿焚香表祀之。城中男子邀友至田野修禊郊游，名曰"踏青"；女子步郊外寻春，享春之阳气，采野花插在头上，或带回家，名曰"花胜"，也称"拾翠"。

上辰日，坝区首脑、农官及水老，皆前往东关龙王庙祭龙神，同时商谈各坝浇春夏水之事。

三月二十城乡妇女前往娘娘庙焚香表，为圣母挂红袍，敬送花儿和绣花鞋。也有用红头绳串铜钱或纸币挂在泥娃娃脖子上，求子拴娃娃的。

四　月

四月初八简称四月八。为浴佛之期，是如来佛诞辰。举行龙华会，也称"佛会"，县人一般叫"四月八庙会"。届时，各地均有集会活动，较著名者一为湖地的枪杆岭"男会"，一为川地的苏武山"朝山会"。城乡善男信女，赴寺庙拜佛祖。不少求子有灵、儿女广盛的善男信女到本沟村庙中娘娘殿，献盘馍，焚香化表，为三霄娘娘、投生奶奶挂大红纸袍，穿纸绣鞋及衣裳等，并献人工花枝。也有孩子种火花或牛痘花出得好娃娃乖爽的人家，为花痘娘娘按前例挂袍、送花、献供、焚香表的。此日，断屠禁荤，禁杀生，更有邑宰、乡绅大会求雨的习俗。

四月二十八为药王诞辰。各沟村庙宇或寺院，作花会庆祝。乡村还献牲、焚香叩拜，祈求佑黎民平安，祛病延年。

五　月

五月初五端阳节，又名端午、重五节。家家门上插艾蒲、柳枝，孩童穿戴一新，并在手腕、脖颈、脚腕上戴露过露水的花绳子，也佩戴香囊艾虎和灵符柳圈帽，大人饮雄黄酒或青稞酒，以避五毒。

端阳节吃油饼卷粽子，也吃扇子。据传，原先的扇子粽子皆为三角形状。这是因为爱国诗人屈原，本乃楚国的忠臣基石，却遭贬谪。当楚国被秦国灭亡之时，遂于五月五日怀石投汨罗江而死。屈原之死，犹如大厦抽去一角的梁柱或基石。后世为汲取历史教训，纪念屈原，故将扇子粽子缺一角。

民国时期，曾以此日为诗人节，举行赛诗会。市民于下午登高。

五月十三相传为关公磨刀过江赴会之日。俗有"五月十三磨刀雨"之说。据传，此日大多有雨，民谚云："大旱不过五月十三。"过去有不少村庙，佛家诵经，道家吹吹打打，会总献牲、百姓献供品、焚香化表，以祈上苍佑下民、降甘霖、除旱魃，五谷丰登。

五月二十八相传为城隍圣诞。有府城隍、县城隍之分。是日，举办城隍庙会，地方绅士、长官、文社斋长及黎民百姓献牲、献供品、焚香表。间或也有为城隍唱戏、答醮之年的，其庙会热闹非凡。1948年庙会，城隍爷出巡，仪仗金鼓，灯彩陈设，甚为华丽；戏醮相连，曲乐和鸣。戏台与庙门上贴有对联，有"善报恶报，终须有报；天知地知，何谓不知？""善报恶报，循环果报，早报晚报，如何不报；名场利场，无非戏场，上场下场，都在当场"等等。

六 月

六月初六为天祝节。清晨，乡农采百草沿街叫卖，白艾蒿更佳。据说，以艾草煎汤，大小人等沐浴，不出疮疖。也有风干后存贮，并弄绵做捻子而灸病的。农民也贮存艾蒿子。还有晒腰腿病及曝晒书画、衣服、毛皮、毡毯者。寺院做晾经会。

此日，农家普遍做发酵糟子，简称糟子，有点心大，为蒸馍发面的引子。同时还压麹子，按家业人口实际，用若干净色麸皮，搅拌适量清水，搁在净色麦草中包好，上压土块。过若干时间，生出白黑细毛，干后如豆饼即成，是拌醋用的引子。

六月二十四坝区乡绅、各大会总于本城西门外雷台庙开会，献牲羊、供品，焚香表，祭雷祖诸神。也有不少善男信女来参拜，祈风调雨顺。

七 月

七月初七的七夕节，俗称"乞巧节"，简称七月七。相传为牛郎织女星夜渡鹊桥相会之日，故乞巧者于当夜对月穿针，穿入者则称为"巧娘"。唐林杰诗云："七夕今宵看碧霄，牛郎织女渡河桥。家家乞巧望秋月，穿尽红丝几万条。"时姑娘、少妇在星月普照下，院中陈列瓜果，对着上苍祈求心灵手巧。同时将新购绣花针、扣线等物，或漂浮于水盆中，或借月光用扣线穿绣针，以证婚事成否或手巧否。老人还为孩子讲牛郎织女渡鹊桥相会的故事，让女孩穿针，让男孩子藏在葡萄架下或瓜田里，静听天上牛郎织女的窃窃私语，谁能听到谁就会交上好运气。

这日，农民到仙姑庙、殿焚香表。让小儿呼吓麻雀而追逐之，则麻雀不食麦子、糜子、谷子，收获必丰。

七月十五为中元节，民间称"七月半"。清晨吹吹打打，迎城隍像游四大街，而后供于厉台，献牲醴，唱戏。各家上坟墓，设供馔（多是葫芦麻腐包子及瓜果类），焚纸线、金银锞子，以祭祖先。本家户族还上老坟，献牲羊、设供盘，或在本家府祠设供献牲、焚香表，此举也称"本家会"。由族长讲家史，处罚违犯族规与不孝顺父母者。有趁此开家谱者。也有因修坟山、儿子升高官、得大功名者请道人吹吹打打祭坟的。

七月三十妇女到寺庙礼拜地藏菩萨，设供焚香，以超度幽魂。

八 月

八月初三相传为灶君诞辰。时家家户户焚香、化表、设供、宰鸡、献长面，祭灶神圣诞。此习明清时甚隆重，民国时逐渐消失。

八月十五为中秋佳节。家家做月饼。孩子出门在外者，各蒸一小月饼。亲戚相好以瓜果、葡萄、月饼相馈赠。

至晚，月上沙山，陈牲醴、月饼、百果于庭前祀月。小儿祭泥塑兔儿，可避免月宫玉兔捣散瘟疫。自古官员、文士多赏月、吟诗、填词。

八月二十七为儒家始祖孔子诞辰。是日，城内各学校师生及各界代表皆致祭于东街孔庙，向至圣先师行三拜九叩之礼，焚香、献牲醴。农村学校师生照例致祭于文昌阁，亦行三拜九叩大礼。同时，各沟村文会会长主持向孔子像、文昌阁神像、魁星阁神像献牲醴、焚香表，名曰祭孔、吃文会。

九　月

九月初五为魁星献牲醴、焚香表。

九月初九为重阳节，古时以九代表阳数，故称"重阳"，又叫重九。《乾隆镇番县志·风俗志》载："重阳，登高讯菊者少。婚姻家多以是日赠节。"

各地习俗有异。旧时，文人雅士在此日结伴登高，作"北斗会"，设宴饮酒，赋诗歌咏，称为"重阳会"。老人赏菊花，饮菊花酒，可祛病消疫，强身益寿。民间以糖、油、麦面、大枣做糕食之，俗称"重阳糕"，人们吃糕登高。农家蒸盘馍、献长面、焚香表，为土地神胜利回府而洗尘。土地神自二月二日出门，到九月九日进门，历时七个月，风风雨雨，十分辛苦，所以千家万户热烈欢迎。

另外，九月初一至九月初九，本邑善男信女"朝斗"做善事，清朝时非常隆重，民国时消失。

九月十七为祀财神日，名曰事财神会。各沟会总于财神楼子上献牲醴、供品。与此同时，商界、富家更重视，俱献牲醴供品，以求财运亨通。

十　月

十月初一简称十月一，为下元节，又称地腊节。邑人抬城隍爷像，先游四大街，后出城至厉台祭之，并献牲醴供品，还唱戏。大户族于祠堂设祭敬祖先，寻常人家皆供麻腐包子，并烧金银锞子及纸钱，俗称"送寒衣"。这就是所谓的"十月里，十月一，麻腐包包献龙天，家家户户送寒衣"。

十一月

冬至节，在阳历 12 月 20 日前后，俗称亚岁，又名长至节。《乾隆镇番县志·风俗志》载："冬至，晨起，以肉羹酌酒，名曰'投醪'。绅士间有行拜贺礼者。"

亲邻往来拜谒行大年礼，家家食肉疙瘩面（肉方块子），加豆腐，名曰"投醪"，民间俗称"头脑"。取冬至阳生，一年之首，做事有头脑之意。唐杜甫《小至》诗云："天时人事日相催，冬至阳生春又来。"宋人程垓《一剪梅》词云："只喜人间，一线添长。"民勤民谚云："冬至当日回，一天长一线。"

冬至日，学生为先生送节礼。每生一个肉方子，约两斤重。也有送钱者，与两斤肉价相当。送礼视家庭情况而定，不送的，先生一般也持无所谓态度。读私塾的学生交学粮也在这一天，学生来交学粮，先生往往以疙瘩子汤加点窝窝面或肉方块子招待。

十一月二十九为太阳神诞。此日城乡各家供献油饼子，礼仪甚是简单。

腊　月

农历十二月为腊月，腊月初八为腊八节，又称腊八日。善男信女称之为洗佛日。乡绅、保正操办佛会，特别热闹。农村有抢"金马驹"之俗。凌晨各家煮"腊八粥"，做"腊八饭"，预示庄稼茂盛、丰收。

腊月二十三祭灶，叫过小年。相传这一日灶老爷要上天，家家祭灶。在灶神两边贴"上天言好事，回宫降吉祥"的对联，给灶老爷献"灶卷儿"，还有灶书、灶马。

凡出嫁的姑娘一定要回娘家。下午在灶龛前供饴糖、灶干粮，宰鸡、献长面。过去人家都有灶书，祭过灶之后焚化。

腊月二十四，旧时，这一天长工都结账回家。若继续为旧掌柜家中干活，则于正月初六或初八必须上工。

除夕，腊月二十九或三十，由大小月而定。这一天，首先要搞好卫生，贴春联、福字、门神等。此外，还要在斗上贴"金斗可也""招财进宝""元亨利贞"及寿字等套字，俗称"斗方地"。另在碾子、磨盘、车辆、粮仓、米柜、牛角及井台上，都要贴吉祥语。后晌，到门外路上或地里祭拜，迎祖先回来过年。返回后，挂索网式黄钱，断绝钱财来往，有讨账者，也只好望而止步。堂屋里上香、化表、燃爆竹，陈祭品于天地、日月、福、禄、寿、土神、牛王、马祖及祖先诸神位前。

之后全家吃团圆饭，民勤称为"装仓"。晚上"熬寿"，文墨好的人家，通宵读名人诗文，或挥毫写字。

民勤的民间节日习俗礼仪是由当地的自然、地理、历史、人文等诸多因素综合形成的，内容纷繁，形式多样，具有独特的地域特色，有着鲜明的南北交融的特点。保护传承民勤民间节日习俗礼仪，对于研究南北文化交流、东西民俗融合有着独特而重要的历史、文化、学术价值。

随着时间的推移和时代的发展，人们的生产生活环境发生了巨大变化，生活方式和人文观念也随之改变，民勤民间的一些传统节日渐趋消失，许多节日习俗礼仪已经消亡或濒临失传，挖掘、整理，保护、传承民勤民间节日习俗礼仪非常必要且任重道远。

（樊泽民）

民勤春节习俗

春节，是中国最盛大、最隆重的传统节日。在民勤，民间俗称"过年"，实际上是人们一年来春耕、夏耘、秋收、冬藏后的一次总修整。春节习俗以祭祀神仙、祭奠祖先、除旧布新、迎禧接福、祈求丰年为主要内容。

进入腊月，人们就开始忙"年事"，尤其是地方安宁、农业丰盈之岁，腊八过后，各家扫房除尘，缝制新衣，做年馍、炸油馃馓儿，置办各种吃食（俗称办年食），碾米推磨，杀猪宰羊，买炮备酒，购置各种应用物品（俗称办年货），做好过年的准备。民勤俗话说"宁穷一年，不穷一节"，家家都舍得花钱过个富裕年。大人小孩都要剃头理发修面，俗话说："有钱没钱，剃个光头过年。"到腊月二十三日祭灶，就进入过年阶段了。真的是"过个大年，忙乱半年"。

在民勤，过年从腊月二十三日开始，到元宵节结束，其中以除夕和正月初一为高潮。有许多具有典型地方特色的习俗讲究。

腊月二十三

农历腊月二十三日是民勤正式的"祭灶日"，要"送灶爷"，俗称"小年"，从此拉开了春节的序幕。相传这一日灶老爷要上天，家家祭灶。旧时，家家灶间设有"灶王爷"神位，人们称这位尊神为"司命菩萨"或"灶君司命"，传说是玉皇大帝封的"九天东厨司命灶王府君"。这天在灶神两边贴"上天言好事，回宫降吉祥"的对联，将专门做上鏊出来的祭灶用的"灶卷儿"献上，让灶神享用，以示堵口。还有灶书、灶马。

相传这一天灶老爷要"点兵点将"，就是清点家里的人数，因而，凡出嫁的姑娘一定要回娘家。下午在灶龛前供饴糖、灶干粮，宰鸡、献长面。过去人家都有灶书，祭过灶之后焚化。也有元旦黎明烧香迎灶神者。若灶君彩色像纸已破旧，就于除夕换新灶爷。未换前用新红扣线穿针先开光，就是由家长在左眼仁上扎一针，随口道："左眼开了?"另一个答道："开了!"再依例扎右眼、左右耳、左右鼻孔及嘴等，再焚表请入厨房供之。

祭灶与过年有密切的关系。相传在七天后的大年三十晚上，灶王爷便带着一家人应得到的吉凶祸福，与其他诸神一同来到人间，灶王爷为天上诸神引路，因而除夕都要灯火通明，迎来诸神一起过年。过年的时候，婆媳做饭时要说说笑笑，要长幼有序，对老人不能恶言，不能不敬，就是让灶神爷知道一家过的和睦幸福。对上门的人不论贵贱要笑脸相迎，做到谦恭谨慎。传说灶神爷时时观察你的一举一动，否则会得报应。

此外，在"小年"后人们上坟烧纸敬祖先。

"过了二十三，糊里糊涂到年前。""小年"一过，人们就全力以赴地做过"大年"的准备。

除　夕

除夕在腊月二十九或三十，由大小月而定。是腊月的最后一天，春节的前夜。旧时，又称"除日""除夜""岁除""岁暮""岁尽""暮岁"，也叫"大年三十"。除夕之义就是旧岁至此夕而除，新岁自明晨开始，有除旧布新之吉兆，是冬去春来、辞旧迎新之时。这天，人们正式开始过大年。

《乾隆镇番县志·风俗志》载：除夕，扫除庭院，挂黄钱，贴门神、门对等物，以迎春禧，间用桃符。诣茔焚纸。亲族之最长者辞岁，至晚，爆竹，焚香、礼神、拜祖与元旦同。守岁者间亦有之。

贴春联。午饭后，做一年最后一次整洁庭院，开始贴春联。前后街门贴较长的大对子，堂屋门贴中对子，小屋门贴一般的对子，廊柱上贴较短的"抱柱子"。过了丧事的人家，头年贴白对子，二年贴黄对子，三年贴绿对子，到第四年开始贴红对子。门上贴福字，门楣上挂门头子（彩色纸刻花纹的装饰品）和黄钱（黄纸上刻的花纹），窗子上贴窗花。

贴门神。在大门或街门的门扇上对称贴上门神，通常是秦琼和敬德的画像。门神两旁贴的对联是："昔为唐朝将，今做镇宅神。"

贴斗方。所谓斗方，旧时指像民勤老斗那样四方的纸。除了贴春联、门神、福字、寿字外，还要在斗上贴"金斗可也""招财进宝""元亨利贞"及寿字等套字"春书"，俗称"斗方地"。在上房的供桌上贴金钱、挂银钱。将

临近春节，人们购买门神、斗方　李军摄

车辆农具搁置顺当，在碾子、磨盘、车辆、粮仓、米柜及井台上，都要贴上写着吉祥语的红纸。甚至在牛角上，也要挂上喜庆的红纸条，骡马牲畜，挂戴红布条。在牲畜的圈门上贴"六畜兴旺"，大车辕上贴"日行千里，夜走八百"，牲畜槽头贴"槽头兴旺"，石磨上贴"乾坤万福"，石碾上贴"青龙大吉"。在箱子、柜子上贴"金满箱""粮满柜"的红纸庆条，衣柜上贴倒"福"字，表示福到，盛贵重物品的柜上贴"黄金萬（万）两"结合体的"斗方"，米面柜上贴"吉庆有余"，面箱子上贴"米山面海"，油醋桶上贴"油泉醋井"。大门顶上贴"大吉大利"，门扇上贴"万事如意"，炕头上贴"身康体泰"。

傍晚临近除夕时，放眼望去，各家的春联、门神、门花……红艳艳，光闪闪，一派喜庆的新春节日景象。

敬先人。后晌，由一家的长者率领家中男子，端着猪头肉、点心等祭品，上坟祭奠先人，焚香、烧纸、放炮。傍晚，端上祭品，拿上纸钱，在家门口路上或地里，朝着祖坟的方向，画十字，先点香烧纸，再致祭品，后放炮，叫"迎先人"，意思是请先人们回家来与大家一起过大年。返回后，挂索网式黄钱，断绝钱财来往，有讨账者，也只好望而止步。日落之前，长者领着衣帽齐整的所有男人（妇女在过年期间，不能进堂屋），到堂屋里（院落中的上房，一般不住人，只供祖先牌位及先祖画像等），净洗神座，将先人们的神柱牌位摆正，遗像依次悬供，陈祭品供物于"天地日月福禄君亲三大财神诸神之位，牛王土主，龙王马祖"及祖先诸神位前，点烛上香，焚表化钱，三拜九磕，祭祀诸神及祖先。从除夕开始，每次饭做好了都要先到祖先遗像及各处门上献饭，然后才能开饭，这叫"敬先人"。

祭奠过后，平辈的老人，互相作揖贺年，小辈的按辈分磕头贺年。

放爆竹。相传为了驱赶一种叫"年"的怪兽，人们燃放爆竹，把"年"惊吓过去，就叫"过年"。家家户户过年都要放鞭炮、冒花炮、放烟花，气氛非常热烈。声声爆竹寄托了民勤人一种祛邪、避灾、祈福的美好愿望。

装仓。祭奠完祖先，全家人室，以长幼辈分和大小列坐炕上，团团圆圆吃年夜饭，民勤人叫"装仓"。"装仓"本是"年""装藏"，而后变为"人""装藏"，后演变为"装仓"。有"天上金满斗，人间仓箱满"的说法。"装仓"，将肚子填得饱饱的，一年不饿。民谚说"要饱头夜饱"。除夕是新一年的头夜，这年的年夜饭吃饱吃好，象征来年都能吃饱吃好。"装仓"吃的是大骨头肉（最好是猪头肉）煮粮食。煮熟后，捞上一碗肉，再舀上一碗肉汤子煮粮食，吃得尽饱，才算"装仓"了。不能全吃完，要留一点，表示年年有余。在喜庆中，全家人能喝的开怀畅饮，能吃的，要尽情吃饱，装满仓，象征明年风调雨顺、五谷丰登、仓满斗满。

拴压岁钱。吃完"装仓饭"后，上香拜神，晚辈给长辈磕头拜年，长辈受拜后，都要给小辈拴压岁钱。压岁钱用红纸包好，因而又称红纸包，也叫"散福钱"意在祝福晚辈又长了一岁，在新的一年里，健康、长进。

压岁，岁是新岁，也就是新的一年。"压"，是压制、驱赶邪气之意。"压岁钱"，可以镇岁、祛邪、祈福，意味着老人用钱币把小孩的岁"镇"住，在新的一年里不染晦气、不犯煞气。也表达了长辈们希望子孙后辈珍惜时光、努力向上的殷切期盼。

熬寿。也叫守岁、熬岁。民勤人相传，大年三十守岁时间长，人寿就能长。新旧年交界时，也就是从旧年到新年的一刹那，那才是真正地、名副其实地"过年"。吃过年夜"团圆饭"后，家家户户明灯高照，男女老少有说有笑，讲故事、拉家常，掀牛九、打扑克，放鞭炮、玩游戏，兴的是一夜不睡，直到新年的到来，终夜守岁，俗称"熬寿"。文墨好的人，通宵读名人诗义，或挥毫写字：新春降吉祥，乾坤日月祥光照，龙虎风云瑞气生，雨顺风调，五谷丰登，年顺时序，全家平安，开门利市，出门大吉大利等吉语。

民间有种说法是"除夕"是熬寿的时间，谁睡得最迟，谁的寿命就越长。还有种说法就是守岁既是对即将逝去的旧岁留恋之情，也是对即将来临的新春怀着希冀，如果彻夜不眠，毫无倦意，就是预兆来年精力充沛。

抢年。人们认为大年三十夜里旧年已尽，新年开始的那一刹那，才是名副其实的"过年"。因而，就在新旧年交替的一刹那放鞭炮"抢年"。这一刻，大家都等着看谁最先放鞭炮。谁最先放，就算谁抢上年了，谁就吉祥，谁就幸运，大家都是希望抢个好彩头。"抢年"紧张而又欢乐，往往是等不到倒数至"新年的钟声"敲响，已是鞭炮齐鸣、礼花满天了。声声爆竹昭示人们：新的一年开始了！

正月初一

正月，乃是首月，所谓"上正大月"是也。讲究甚多，每日各异，民勤民间有"天一、地二、猫三、狗四、猪五、羊六、人七、谷八、果九、菜十"之说。

正月初一日，古称元旦，民间称大年初一，俗称"天日"，这一天是年、月、日三者的开始。因为这一天是一年的头一天，春季的头一天，正月的头一天，所以称为"三元"；因为这一天还是岁之朝，月之朝，日之朝，所以又称"三朝"；又因为它是第一个朔日，所以又称"元朔"。

《乾隆镇番县志·风俗志》载：元旦，先于除日净拂神座，设天地位于中庭，历代祖先遗像以次悬供，陈设油、糁、枣糕、猪、羊、鸡、兔等物以献岁昧爽。男女盛服罗拜，卑幼以次第拜家长，进茶奉酒，出拜亲族邻里。凡三日，彼此交酬，随便留茶。三日后焚纸马谢神后，互相招饮，名曰"年酒"，盈月而止。

正月初一，大喜大庆。千家万户先是起早燎天蓬。然后焚香、化表、磕头、拜天、拜地、拜神、拜佛、拜祖先、放炮。爆竹声后，碎红满地，灿若云锦，称为"满堂红"。这时满街瑞气，喜气洋洋。再出门拜早年。家家吃肉方块子水饺。俗语云："大年初一日，骡马闲一日。"人不干农活，牲口不使役；妇女不出门，不上井抬水；不食米饭，不动笤帚扫把，不倒垃圾，否则会扫走运气、破财，忌揭炕席；不做针线活，不说脏话，不借用钱物；不得摔坏碗盆杯盘等，打碎了是破产的预兆，得赶快说声"岁（碎）岁平安"或"落地开花，富贵荣华"。正月是个首月，要有一个良好的开端。

燎天蓬。又叫迎喜神。大年初一拂晓，男女老少早起，更换新衣，洗漱干净，端上供盘，孩子们怀揣年馍馍（多揣包子、小馒头、油馃子、果子等），出户迎接喜神。长者按照历书上或圈里牛的头所指（没有牛就看羊，不看驴。民勤民间认为牛是"神"，羊是"财"，驴是"鬼"）的喜神方向，出门选一块空地，带领家人献盘上香，"燎天蓬"，迎喜神。抱上事先备好的麦草柴火，堆起点燃，火堆周围较远处献上供盘，待火焰升起，辈分最大的长者点燃香烛，"噗"几口醋水，压压火焰，也为驱邪。然后带头从火堆上跳过去，大家跟着跳。每跳一次，长者领着大家祝颂："东去东成了！"大家齐颂："东去东成了！"长者再跳过："西去西赢了。"大家跳过回应："西去西赢了。"一直在火堆上跳来跳去，将"骡马成群了，牛羊满圈了，粮食满仓了，百病燎散了，坏人远离了，好人相逢了，空怀出门了，满怀进门了"等等祝词全部颂完。跳完后，向着喜神方位磕头祭拜，燃放鞭炮。最后每人拣一根未烧完的柴带回家去，恭迎喜神进家。"柴"取"财"意，"柴"进门"财"也就进家门了。包子取"宝"意，是"招财进宝"之意，到家后每人都要吃一口包子。

燎天蓬，就是"燎"去灾病，相传能祛病健身，延年益寿，大吉大利，也预示着全年五谷丰登，日子红火。

拜年。燎完天蓬，人们穿戴一新，洗漱完毕，到堂屋燃烛化钱，焚香拜祖。之后开始拜年。先由小辈按辈分依次给自家长辈磕头拜年，敬茶奉酒。然后，出拜亲族、邻里。同族晚辈聚在一起去各家拜年，先从家族最长者开始，磕头拜问，祝福长寿，其场面甚是宏大。磕拜后，长辈为了表示关怀和祝福，要给小辈压岁钱。平辈相遇，拱手作揖，相互道贺。也有大家族聚在一起互相拜年祝贺的，称为"团拜"。各家都在客房里摆着油馃、馓儿、果子和酒菜招待。这一天，人人见面都要互相问"过年好"，祝福每个人全年大吉大利。

拜完年，人们聚在一起，暄谎玩牌，划拳喝酒，有的唱小曲儿，有的打秋千，整

春节全家包饺子　姜爱平摄

天都沉浸在欢乐的气氛之中。

吃饺子。过年是一定要吃饺子的，民勤人把饺子俗称"水馍"。饺子有肉饺子、菜饺子，还有麻腐饺子、沙葱饺子，这是民勤的特色。做麻腐饺子关键是"点麻腐"。饺子花样繁多，有元宝、鱼娃儿等等。饺子的做法有水煮饺子、炕饺子、蒸饺子。

新年的饺子要早吃，日出时就要吃完。有的饺子里包上硬币，吃到包钱饺子的人，预示新岁大吉，有好运气。初一吃饺子时，要吃大蒜，老年人说初一日吃蒜，一年账算清。

正月初二

正月初二日，俗称地日。焚香放炮，吃臊子面，俗称"臊蛋子"饭。此日仍不许动扫把笤帚类。年轻男女"出年门"，走亲、访友，打秋千、闹社火。社火队也开始走街串户拜年。

拜外父。民勤有个乡俗，大年初二，已婚男子携妻挈儿，带着烟、酒、饼干、罐头、面包、蛋卷等"六礼"，拜岳父岳母，特别是新女婿头年必须去拜，俗称"拜外父"。未婚青年也要带礼拜娘舅。主人家用长面招待客人。

农村秧歌社火闹起来　李军摄

正月初三

正月初三日，俗称猫日。寻常百姓家，凌晨早起，照例上香、礼拜，并将门楣、窗子、箱柜子、仓子上挂的黄钱、贴的黄表扯下来，进堂屋焚化，叫做"化钱"，意谓先祖来家过年，现在欢送他们回去。打扫院落房间，清理牲口粪便，还要放炮、打醋炭。

这天吃灰面或挽面。饭后，可访亲探友，俗称"走亲戚家"。也可到户外，或看戏、或踏青、或荡秋千。若备耕紧张，可上地干半天活，商家亦可在爆竹声中开门营业。

打醋炭。初三清早，家家都要"打醋炭"。家中长者用铁勺盛上调好的带油花的陈醋，在火盆上或火炉里烧一块石炭，烧红后捡在铁勺里，把油醋分多次浇在石炭上，散发出扑鼻的浓烈油醋香味，端着铁勺快步走遍各屋，将家里的角角落落包括床下、桌凳上，厕所、畜圈都蒸薰一遍。边走边念叨："妖魔快去，全家安康！""大吉大利、无灾无难""人无疾、畜无病、粮无虫！""全家康健，福泰齐天！"打完醋炭，把剩下的醋和石头倒在大门外，相传能驱瘟除邪，消除一年的灾祸疾病。然后拿一张黄表纸铺在桥头或挂在树杈上，以表吉利。这既是为了除邪，更是用醋炭消毒杀菌防病，因之又名"除百病"。

打完醋炭，再把房间、院落打扫一遍，"三天年"就算基本上过完了。但年味未尽，一直持续到正月十五过后。

正月初四

正月初四，为狗日。献汤饭，焚香化表，禁忌吃米，否则生肝病。

正月初五

正月初五，为猪日，俗称小破日、破五。要"赶五穷"，包括"智穷、学穷、文穷、命穷、交穷"。各处习俗有异，有的化黄钱，有的打醋炭。人们黎明即起，放鞭炮，打扫卫生。鞭炮从里往外放，边放边往门外走，说是将一切不吉利的东西都轰将出去。此日不吃米饭，不准使用刀剪针锥。凡养猪者甚为重视，还焚香、化表、放爆竹。吃巴掌大的面片子，名补丁，有补天之意。也有部分人家，于清晨燃柴祭天，或烧柏斗。

正月初六

正月初六，为羊日。凡养羊之家，必焚香化表，献长面汤，祈水草茂盛，羊羔成群。商铺酒楼正式开张营业，要大放鞭炮。传说这一天最受欢迎的是当年满12岁的男孩，因为12是6的二倍，这叫六六大顺。这一天，每家每户要把节日积存的垃圾扔出去，这叫送穷鬼。禁忌用剪子。

正月初七

正月初七，为人日。焚香、化表、吃长面。企盼天晴日丽，人寿丁旺，耳聪目明。禁忌为不吃米饭，不使用剪子。

正月初八

正月初八，为五谷日，也叫顺星节，传说是诸星下界的日子，天空星斗出得最全。农家献汤饭、焚香表，以祈天朗气清，五谷丰登。最忌刮狂风，禁使刀剪，防弄掉麦花儿。

正月初九

正月初九，为瓜果日。有园子的人家甚为重视，献汤饭，焚香表。不许用剪子，怕生下的儿女是"聋子"。不许捻毛线，否则，传说生下的儿女是"摇头佬儿。"

正月初十

正月初十，为菜日。蔬菜是人们不可缺少的营养品，所以普遍重视此日。不仅献饭汤，亦焚香化表。禁使针用线，怕生下的孩子是"瞎子"。民勤民间传有"九聋子，十瞎子"及"九摇摇，十瞎瞎"的谚语，就是由这两日的禁忌来的。

正月十五

元宵灯山会　李军摄

正月十五，是元宵节，旧称上元日、灯节，俗称大破五。吃元宵、闹社火，焚香、化钱、献长面、挂灯笼。农村晚上烧柏斗。县城夜晚闹花灯，放烟花，观灯会，猜灯谜。

过完元宵，年就算过完了。

过年期间，有许多禁忌讲究，不能说粗野话，更不能打架、吵嘴、骂仗，也不能说带"破""死""亡"等等字眼儿的话。大多是图吉利、祈安乐，寄托人们对美好生活的愿望。

随着时代的发展，民勤春节的传统习俗礼仪有了较大的变化，过年的一些习俗礼仪已经消亡或濒临失传，亟需挖掘、保护、传承、弘扬。

（樊泽民、姜清基）

民勤元宵节习俗

　　正月是农历的元月，古人称夜为"宵"，农历正月十五日晚上叫"元宵"，因而称
"元宵节"。民间有观灯的风俗，故又叫"灯节"。这天是道教上元天官大帝圣诞，为
天官赐福之辰，古称"上元节"。民间俗称大破五。正月十五日是一年中第一个月圆
之夜，也是一元复始，大地回春的夜晚，人们对此加以庆祝，也是庆贺新春的延续。

　　在民勤，元宵节有许多习
俗讲究。《乾隆镇番县志·风
俗志》载：正月十四日黄昏
后，里门竖坊悬灯，迤逦连
接，三夕乃已。烟花、局戏间
有。又云：元宵节，旧称上元
日、灯节。这一日，闹社火、吃
元宵、献长面，晚上观焰火、
挂灯笼、游行逛灯、猜灯谜。

第38届元宵灯山会　　李军摄

　　焚香化钱。城乡各家皆焚
香、化金钱。金钱是用黄白两种颜色的纸，裁成七寸宽三尺长，印上龙凤图案等，农
户自制或买来金钱，将上边贴于供坛，自然垂下。焚三炷香插在供坛中，在供桌上用
碗献上长面，以祭奠先祖、神灵，祈求护佑全家全年安康如意。

　　吃元宵。这一日，城乡百姓多吃元宝（饺子），或吃长面。后来，演化为吃元宵。
元宝是把饺子包成元宝状，元宵由糯米制成，或实心，或带馅，馅有豆沙、白糖等，
又叫"汤团"或"汤圆"。元宝、元宵，取团圆之意，象征全家人团团圆圆，和睦幸
福，人们也以此怀念离别的亲人，寄托了对未来生活的美好愿望。

　　闹社火。白天，城乡各处闹社火。主要有扭秧歌、踩高跷、跑旱船、耍狮子、舞
龙灯等。多以锣鼓伴奏，排场大的还有唢呐吹奏。秧歌社火有多种阵势，在喧天的锣
鼓声中，好乐的男男女女兴致高时，可以随时加入秧歌队的行列。

　　耍狮子常有一对狮子，每个狮子由三人完成，二人装扮成狮子，一人充当狮头，
一人充当狮身和后脚，另一人当引狮人。舞法上有文武之分，文舞表现狮子的温驯，

耍狮子　李军摄

舞龙　李军摄

有抖毛、打滚等动作，武狮表现狮子的凶猛，有腾跃、蹬高、滚绣球等动作。

龙灯一般由竹木、彩纸、布等扎成，节数为单数，长达数丈，节内能燃烛的称"龙灯"，不能燃烛的称"布龙"。舞龙时，一个持绣球引龙，领舞者手持龙头，数十人举起紧连龙身的木棍，随于其后，整条龙在鼓乐声中沿着规定的路线和队列奔跑，龙就像活了一样。民间以此祈求风调雨顺，五谷丰登。

闹完社火，下午，社火角子到庙上磕头谢身子（脱去戏衣），锣、鼓、钹等入库，不准再敲打。

灯山会。正月十五日晚上称"元宵"，又称"元夜""元夕"。元夕是元宵节的高潮，依旧俗要放灯三日。正月十四黄昏，城乡家家户户挂花灯，入夜之后，点燃灯烛，万家华灯齐放。县城则盛行燃放烟花、游行逛灯。

旧时县城东北隅有"灯山楼"，自明代以来，每年举行盛大的灯山会。元夕之夜，不论商铺字号、机关学校，还是豪门大院、寻常人家，都点亮彩灯，大街小巷被五彩的华灯照得一片通明。晚上，群众各提一盏灯笼，从四面八方汇集灯山楼下，结成游行队伍，锣鼓开道，游街串巷。街市万头攒

灯山楼　李军摄

动，移灯耀晖，人流成河。绕城一周之后，人们又集结于灯山楼前，把手中的彩灯依次悬挂到灯楼上。无数灯盏从楼顶一直垂到地面，层层落落，将一座巍峨的高楼装点成灿烂的"灯山"，故名之为"灯山会"。

与此同时，事先预备好的千百只焰火次第点燃，空中顿时腾起无数姿态纷呈、七彩绚烂的金花银朵，群众也纷纷从小商贩手里买来烟花爆竹，就地燃放助兴，整个灯山楼前便成了"火树银花不夜天"。更有儒雅之士，将谜语写在灯笼上，供观灯的群众竞猜，灯海云影之中，游人如织，三教九流，意气相投者三五结伴，一边赏灯，一边猜谜，欢声雷动，人语如潮。

烧柏斗。元宵这天，在农村，本沟会总，请木匠做一至两个柏木斗，如同市斗大小。将村民表诚心、求好运而敬送到庙里的香、表纸、枣儿、年馍及铜钱，让年长有经验的村民，在庙宇大殿门前设坛，上摆柏斗，用长短不

灯谜会　李军摄

一的香，一把子一把子地层层交错，竖装于柏斗中，并装入钱馍等。底座方而小，身首圆而粗壮，犹如宝塔，其大者高约六米左右，甚是壮观。

柏斗装好，月亮已爬上树梢。庙院中人山人海，诸会总村民代表，皆叩头焚表，以求在新的一年风调雨顺，五谷丰登；百病不生，物阜民康；皇天保佑，万事如意！在噼噼啪啪的鞭炮声中，从柏斗顶端以碎柏枝引火点燃。之后，越燃越旺，火舌卷天，香烟缭绕，光芒照得庙院内外如同白昼，那情景既肃穆，又热闹！

烧柏斗，从晚上七点点燃，至夜里十二点才烧完。当会总将香灰烬以木棒搅开时，村民们不论男女老少，俱扑上去抢拾铜钱，或者香烧枣儿。相传凡拾到者，就可圆发财得子的好梦。

另外，还有敬佛祈福、观鳌山、唱小曲、荡秋千等习俗。

闹罢元宵，一年一岁的春节就在这欢乐、吉祥的气氛中过完了。

随着时代的发展，烧柏斗、观鳌山的风俗和灯山会的部分习俗逐渐失传。元宵节的特有习俗需要保护、传承下去。

（樊泽民）

民勤清明节习俗

清明节又叫踏青节，在仲春与暮春之交，是中国传统节日，也是最重要的祭祀节日之一，是祭祖和扫墓的日子。

清明，原本只是农历二十四节气之一。其形成大约始于周代，《历书》记载："春分后十五日，斗指丁，为清明，时万物皆洁齐而清明，盖时当气清景明，万物皆显，因此得名。"

清明由一种节气的名称，变成纪念祖先的节日与寒食节有关。据史籍记载：春秋时期，晋国公子重耳为躲避祸乱而流亡他国长达 19 年，大臣介子推始终追随左右、不离不弃。重耳励精图治，成为一代名君"晋文公"。但介子却与母亲归隐绵山，晋文公为了迫其出山相见而下令放火烧山，介子推坚决不出山，最终被火焚而死。晋文公感念忠臣之志，将其葬于绵山，修祠立庙，并下令在介子推死难之日禁火寒食，以寄哀思。

寒食所代表的忠诚、廉洁、政治清明，为人们所接受。伴随着岁月的流逝，寒食、清明因时序相连，寒食节的一些习俗逐渐地融入了清明节，这一天吃冷食、祭祀、踏青等习俗也一直流传下来。

清初汤若望历法改革以前，清明节定在寒食节两日之后。汤氏改革后，寒食节定在清明节之前一日。现代二十四节气的定法沿袭汤氏，因此寒食节就在清明节前一日。

清明节的习俗较为丰富，例如讲究禁火、扫墓，还有踏青、荡秋千、蹴鞠、打马球、插柳等一系列民俗活动。

民勤民众也十分重视清明节，有扫墓祭祖、踏青、植树、放风筝等活动。

民勤人做事总是"赶早不赶晚"，清明节烧纸一般不在清明这一天，而是春分一过就陆续开始了。如果谁家快到清明了还没有烧纸，就会被别人笑话"忘了先人"。在民勤人的观念中，清明节是"先人们"的节日，早早把纸钱烧给"先人"，是让"先人们"好好的过个节，烧得迟了就显得有些"忘祖"了。七月半、十月一烧纸也是一样。

上坟烧纸前要早早地蒸好包子、制作纸钱。敬献先人的包子大多是油瓤包子，多以熟油拌面做馅，封口向上捏出漂亮的花纹。也有扁豆馅包子、封口在底下的倒口包

子。制作纸钱是上坟烧纸的另一项主要工作。过去做纸钱有一种特制的"阴钱錾子"，其形制是一个"白圆"大小的铁筒，一头的边沿留两个豁口，并磨出锋刃，中间安一根与边沿齐平的铁针；另一端是实心铁头。纸钱一般用麻纸制作，把整张的麻纸裁成四开大小，然后取上一摞放在木头板上，用斧头和"阴钱錾子"在麻纸上錾出一排排"金元"来。有些人家没有"阴钱錾子"，就把麻纸对折，用剪刀剜出一个个"金钱"图案来。纸钱的折叠也很有讲究，一般两张一叠，两张的角度要错开四五十度摞在一起，然后从两张都不平行的角度折叠卷起为五厘米宽窄的纸卷，然后压平就完成了一份。一份份叠好摞在一起，制作的多少由需要祭奠的"先人"数量确定，总之要人人有份，不可缺漏。后来有了纸钞以后，纸钱也与时俱进了，出现了各种各样的"冥币印版"。印版上刻有"冥府银行""冥司钱庄""冥国银行"等字样，刻有币值，甚至有元宝图案，还有其他一些装饰花纹。印阴币一般用蓝色墨汁，过去多是用土法提取蓼蓝草叶的色素制成蓝色墨汁，刷在印版上，然后拓印在裁好的白纸上制成阴币。到现在纸钱大多是市场上买的，各种各样的都有，币值也有多大写多大。

除了包子、纸钱，其他的献祭品如酒肉果品不一而足，总之是为了表达对先人的纪念和孝心，各色各样都有。有时也要带上一些炮竹纸钱烧完了放，说是"后人不放炮，先人不知道"。

一切准备妥当，就要在清明节前的某一天，选一个阳光明媚的日子去上坟。按照旧的习俗，如果没有大的祭祀活动，清明节上坟烧纸，一般都是家里男人们的事，老的小的都有。上坟时男人们带上酒食果品、油瓤包子、纸钱等物品，先到自己最亲近的先人墓前祭拜烧纸，然后一一给其他先人烧纸，要人人有份，不可遗漏。上坟时要看清坟圈，从预留的"院门"而入，不可随便逾越。进门后其他人要一一跪在坟前，主持烧纸的长辈先到坟茔后面的"坟山"上香，然后才能烧纸。烧纸时将食物供祭在亲人墓前，再将纸钱焚化，每个人都念念有词地呼唤着已逝的亲人"收钱""享祭"。大多数情况供祭的实物献完了还要收起，后人们分吃掉，只是在每一个上面象征性地掐一点丢在燃烧的烧纸中，谓之"醮奠"，所以又有句不敬的玩笑话说"先人闻的点气，后人放开了吃"，这也许是过去生活紧张形成的节约粮食的传统。烧完之后，每个人都要恭恭敬敬地三叩头，拜一次，起身放炮，告知先人一声，从"院门"离开。有的先人坟茔离得远，一时走不到，或者年代久远，坟地位置不清楚，烧纸时，就找个路口，划个大圈，中间划个十字，烧纸时，念叨先人，把纸烧到圈内就能收到。烧完后在圈外烧三五张纸，谓之"打发过路的"，图个吉利。

如果祖先坟墓年久失修，趁着清明节烧纸就要芟除坟茔上的杂草，掊添新土，谓之"攒坟"。攒坟一般邀请外姓人攒，攒好后，开始祭奠，坟山上上好香，按规矩献上

15个包包子，全体后人都要烧纸、跪拜。若是新坟，后人们思亲心切，有的就放声痛哭一场。由于清明与墓连在一起，所以人们或整治，或迁葬，或合葬，都放在清明节举行。有些人家又要立碑、修坟山、打坟墙，则要请匠人，在清明祭祖后修建。

三月清明，春回大地，自然界到处呈现一派生机勃勃的景象，正是郊游的大好时光。男性邀友至野外游玩，叫做"踏青"；女性到野外采野花野草插头，叫做"拾翠"。这些都是时节适宜而自发的游玩活动，久而久之就形成了一种习俗。

另外，清明前后，春阳渐骄，雨水始降，种植树苗成活率高。因此，自古以来，就有清明植树的习惯，植树风俗一直流传至今。民勤干旱少雨，十地九沙，风沙影响大，植树在民勤有着十分重要的意义。所以植树历来就是民勤人在清明节进行的一项主要活动。过去在庄院、地头自发地栽种白杨、沙枣，防风沙保庄稼。后来每年清明节，政府都要组织大规模的压沙育林活动。压沙格、栽梭梭是每年清明的一项任务。

放风筝也是清明时节人们所喜爱的活动。过去没有现成的风筝卖，小孩们就用芨芨自己扎风筝骨架，然后用牛皮纸糊风筝。虽然自己做的风筝稳定性差，放飞困难，但孩子们总是乐此不疲，真是"儿童散学归来早，忙趁东风放纸鸢"，不仅白天放，夜间也放，夜里风速稳定风筝飞得高、飞得远。

在民勤，清明节还有一项特殊的工作——灌牲畜。庄稼人种地，牲畜是最大的助力，所以牲畜要精心饲养。饲养过程中，不能等得了病以后再用药物治疗，最好在没得病以前就要用药物进行预防，特别是在每个季节的开端时灌服具有调理作用的中草药，效果会更好。春天气候多变，冷热温差较大，畜禽容易发生流感、伤风、消化不良、便秘等疾病。所以要在清明节气灌些驱邪解毒、发表散寒、健脾开胃的药物，可防止疾病的发生。春灌可增强家畜体质，有利于春耕生产和一年的使役。

此外，清明节气也是"骟"牲畜的节气。牲畜"割骟"后，容易驯化，体力好。春季是生发的季节，割骟后利于生长，适于调训。

清明节是中国最重要的传统节日之一。它不仅是人们祭奠祖先、缅怀先人的节日，更是一个远足踏青、亲近自然、催护新生的春季仪式。民勤的清明节习俗，反映了民勤人民的礼俗和孝义观念，也反映了民勤人热爱自然、热爱生活的情怀，以致形成一种简单朴素的价值观、人生观。经过历史的积淀，清明节已经成为文化认同、民族认同的纽带。

（石　荣）

民勤中秋节习俗

农历八月十五日为中秋节。这时是一年秋季的中期，所以称为中秋。中国的农历，一年分为四季，每季又分为孟、仲、季三个部分，因而中秋也称仲秋。八月十五的月亮比其他几个月的满月更圆、更明亮，因而又叫"月夕""八月节"。此夜，人们仰望天空如玉如盘的朗朗圆月，自然会期盼家人团聚。远在他乡的游子，也借此寄托自己对故乡和亲人的思念之情，故又称"团圆节"。民勤人俗称为"八月十五"。

在传统的中秋佳节，民勤有传统的习俗。《乾隆镇番县志·风俗志》载："中秋，比户以月饼、瓜果等物献月。街坊社集赏月，有至深更者。"主要有两大习俗。

赏月。中秋节赏月的习俗由来已久，《礼记》中就记载有"秋暮夕月"，即祭拜月神。到了周代，每逢中秋夜都要举行迎寒和祭月。唐代，中秋赏月、玩月颇为盛行。宋代，中秋赏月之风更盛。明清以后，中秋节赏月风俗依旧。

民勤是"瓜果之乡"，当地有句俗话："五月端午穿出来，八月十五端出来。"在民勤城乡，中秋之夜，当月上中庭时，家家庭院摆设香案供桌，献月饼、西瓜、苹果、李子、葡萄等时令百果祀月。小孩祭泥塑兔儿，可避免月宫玉兔捣散瘟疫。西瓜要"剜月牙"，就是用刀剜成月牙形。接着就是"数月牙"。想生孩子的人，赶紧抱着就数，若数的是单数，就会生男孩；若数的是双数，生的就是女孩子。不要孩子的人也抱着数：数单，运气不佳；数双，运气一定好。然后，全家人一起拜月、祭月、赏月。祭毕，一边团坐共享美食，一边赏月。兴致来时，老人们给孙子讲嫦娥与玉

八月十五献月亮　　陶积忠摄

民勤月饼

兔的故事、吴刚伐桂的传说。也有街坊聚集赏月之习。还有一些文人墨客，中秋雅集，赏月、吟诗、填词。年轻人约上心爱的人一起赏月，这是中秋节最浪漫的事。在外的人们，"举头望明月，低头思故乡"，在中秋赏月之时，思念家乡，思念亲人。

吃月饼。中秋节吃月饼的习俗各地都有，月饼最初是用来祭奉月神的祭品，最早见于南宋吴自牧的《梦粱录》，那时，它也只是一种饼形食品。后来人们逐渐把中秋赏月与品尝月饼结合在一起，寓意家人团圆，以月之圆兆人之团圆，以饼之圆兆人之常生，用月饼寄托思念故乡、思念亲人之情，祈盼丰收、幸福。月饼还当做礼品送亲赠友，联络感情。

民勤月饼不同于其他地方的点心式月饼，是家家户户自己蒸的一种花馍馍，是名副其实的大月饼。一个民勤大月饼是用半袋面粉蒸出的，小户人家够吃一个月，是实实在在的"一月之饼"。

蒸月饼是个艺术活，有一套规矩和经验。做民勤月饼一般在中秋节的前两天，用糟子把面兑的发好，发面经五接、五兑、五饧，分成面剂子饧好，用擀杖擀成薄厚合适的圆饼，先擀个底子，然后四五层逐层抹上胡麻油，再分层撒上姜黄、红曲、薄荷、胡麻盐等多种香料，红、黄、青（黑）、绿，一层一种颜色，每层边缘翻成一圈猫耳朵状的花瓣，精雕细琢、层层错落。再一层一层摞好，越往上面饼略微小些，最上层的饼盖铺一层有花牙的盖面，中间用桃红色水画个月亮型圆点，或点画成群星拱月，或用面捏成各种花样，有花朵，有小动物，粘在四周。最后盛在蒸篱子上，放在大铁锅上用柴火蒸出来。

民勤月饼猫耳朵　　李军摄

蒸好的月饼像一轮圆月，又像一个巨型葵花花盘，是一件面制艺术品，非常好看。

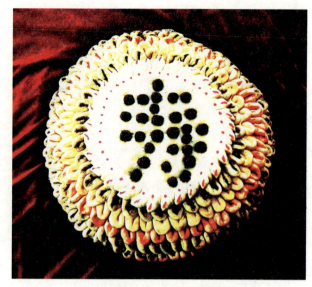

民勤中秋大月饼　　李军摄

月饼出了锅，不是立即就吃的，要在中秋节当晚，在一轮圆月横空之时，把最大最好看的月饼作为供品敬献月神，意在企盼家人团圆安康、来年五谷丰登。天上月圆，人间饼圆，全家团圆，真是良辰美景。祭完月神后，用刀如切瓜般把大月饼切开，吃一口满嘴清香。中秋一过，民勤人家走亲访友的最好礼品便是相互赠送一牙月饼，意在祝福对方生活如圆月般美满。

月饼可大可小，大的大如锅盖，小的小如圆盘，也叫花馍子，还有的人家做些小刺馍。孩子出门在外者，各蒸一小月饼留下。这些小月饼、小刺馍，精致可爱，既是小花馍，又是小玩具，是孩子们的最爱。大人们分给自家的孩子，也送给亲戚朋友的娃娃，用以祝福孩子们鸿运当头，一生圆满。

在民勤，月饼还有一种吃法，就是西瓜泡月饼，这是民勤中秋节最诱人的吃头。

"开轩面场圃，把酒话桑麻。"中秋节实是农民大半年辛劳后，难得的放松与享受。

赏月、吃月饼的习俗在民勤代代相传，为人们喜爱，能够久远地流传下去。

（樊泽民、姜清基）

民勤腊八节习俗

农历十二月称腊月，十二月初八称"腊八节"，又称"腊八日"，简称"腊八"，也叫"装仓节"，善男信女称之为"洗佛日"，是中国特有的传统节日。

民勤的腊八节有其特别的习俗，主要有两种。

抢"金马驹"。民勤有句俗话："腊八节起得早，全家人都勤劳。"民勤农村有抢"金马驹"之风俗。腊八这天拂晓，最早到井里打上水，同时丢下去一个小馒头，捞上或者砸上冰块放到桶里者，便谓抢到了"金马驹"，这桶水要一点不落地担回家里，来年就有好运，就要发财。所以，这天家家户户争先恐后地早起去抢金马驹儿。

吃"腊八饭"。民勤人在腊八要吃"腊八饭"，也叫"腊八粥"。凌晨早起，各家用大豆、豌豆、黄豆、扁豆、小麦、青稞、玉米、黄米等五谷杂粮混在一起熬煮成粥，再下宽面条，就做成了民勤传统的腊八饭。腊八饭一定是素的，不放任何菜蔬，也不放肉。做腊八饭用的水，须是凌晨的井水。腊八粥要煮得好，民勤俗话说："腊八粥，稠敦敦，麦子长得牛腰深。"饭要在天未亮吃罢为好，也有句俗话："腊八饭，黑洞洞，田苗长得黑沉沉。"认为谁家吃得早，来年谁家的庄稼就成熟得早，还茂盛、丰收。腊八饭不掺菜，认为掺了菜，庄稼地里草多。

腊八饭讲究要做得多，象征粮食丰收，食用不尽。做好后，先用来敬门神、灶神、土神、财神等诸神，祈求来年风调雨顺、五谷丰登。然后一家大小一起欢欢喜喜、团团圆圆地享用。全家人吃饱后，大人小孩各端一碗，一手拿筷，在各种家具、箱柜、门窗、仓子上边涂边说吉利话。涂门扇时说："门扇吃得饱饱的，门户看得牢牢的。"涂仓子时说："仓子吃得饱饱的，粮食装得满满的。"涂箱子时说："箱子吃

腊八粥用料

得饱饱的，衣裳装得满满的。"将腊八饭涂在门、窗、车、仓子上，叫喂饭；给牛羊猪鸡吃，叫喂食；还用少许腊八饭掺入粪中，撒到田间，叫喂土。擀好的面条要剩下一些，意思是吃食有余，以后每天做饭时掺一点，一直能吃到除夕更好，预示来年家里不缺粮。民勤俗话说："馋嘴子望节下，大肚子望腊八。"大肚子指孕妇及饭量大的人，因腊八饭做得多，大肚子也能吃饱。腊八这一天，来了讨吃（乞丐），要让他吃饱喝好。

腊八粥

吃过腊八饭，大人娃娃们还要去沟渠或涝池中拾来冰块，插在粪堆上和田地里，放在院墙角落里，期盼来年雨水充沛、庄稼丰收。

腊八这天有雪最宝贵，传说腊八降雪，来年老鼠少，民勤有句谚语："腊八的雪，老鼠的药。"

扫房。腊八过后，民勤有一大乡俗就是扫房，也叫扫尘。按例要择吉日扫房除尘，去残布新，家家户户要把铺盖、毛毡、桌椅等家当搬动出来，做一次最彻底的清扫和整理。由结了婚的人，拿个大扫帚，在房顶上、墙上、墙角、炕上、地上统统扫一遍。扫干净后把毡条、炕席的土打掉，重新铺好，换上新炕单。其意是要把一切穷运、晦气统统扫出门。还要打扫环境卫生，清洗各种器具，拆洗被褥炕单，寄托着破旧立新的愿望和辞旧迎新的祈求。都要在腊月二十三日祭灶前清扫完毕，这也是过年前的一项准备工作。

"腊八"是春节前的第一个节令，过了"腊八"，就拉开了过年的序幕，年味也日渐浓郁起来。

（樊泽民、姜清基）

民勤生育习俗

过去孕妇临产前，先备"沙炕"，就是将火炕撤去毡褥，铺以绵沙，烧热待用，再请接生婆、奶娘婆。产后，若是男则用苃苃扎成弓箭悬挂于门，以寓习武之义；若是女则绾系红布，以寓女红之义。三日为小儿洗身，谓之"洗三"。届期做长面"汤"，请亲邻老人吃喝。客人与会之际，给孩子压钱，表示庆贺。小儿满月，抱出户外，到大路上拣些柴火，俗称"出月"。旧时宽裕之家，还要设筵请客，大摆排场。百日时又复宴宾，谓之"百日"。至时，外婆为孩子缝做全套衣服鞋袜，蒸上盘供花卷，游集外家所属亲眷，同样携带衣物食品，前来为孩子作贺。双方亲戚与会，均有贺仪。至今，民勤还是盛行这一习俗。

诞生。在民勤，与诞生仪礼有关的习俗自婚嫁之日即已开始。当女儿出嫁时，母亲会在包袱中包好红枣、桂圆、莲子、核桃等物品，取早生贵子之意；进婆家时要跨火盆、过马鞍，以寓日后红红火火，鞍前马后，子孙繁衍之意；新婚之夜，婆婆要为新人铺床，将包袱中的红枣、桂圆、莲子、核桃、粮食等撒至婚床之上，在被窝里放一馒头（当地俗称"墩墩"），并有"新媳妇怀里揣个墩墩，当年抱个孙孙"的民间俗语；次日清晨，会有亲属的小孩敲开婚房门，俗称"踏门"，并向新人扔几个大白萝卜，嘴里念叨："送大头儿子来了。"

旧时，则有生殖崇拜及岁时节日中的求子习俗，如民勤元宵节，城区人要去圣容寺观音堂为新人礼拜求子；坝区人常去苏武山娘娘庙求子；湖区人常去枪杆岭山娘娘庙求子。

新妇怀孕，俗称"怀娃娃"，期间凡事需小心在意，有诸多禁忌，红白喜事须回避，否则会"冲"，很不吉利，会流产或生个怪胎来。妇女在怀孕期间还有不少禁忌，如不能跟孕妇并行、对坐，家里不能动土、拆房建房，不能搬迁，移动床位，更不能在墙上钉钉子，孕妇不能坐门槛、檐下，上屋顶、爬树，不能跨秤杆、牛绳等。

孕妇要注意营养，多吃鸡鸭鱼肉、猪肝猪肾等补养身体，促使胎儿健壮。

娘家于孕妇临产前，通常要送鸡蛋、长面条、鸡等物品到男家，俗称"催生"，祈望外孙降生顺遂，倾注着深厚的戚族情谊。

旧时月婆子分娩都在家里，称"坐沙炕"，俗称"养娃娃"。只要人口稍多一点的村子都有接生婆，比较方便。但技术设备有限，不少新生儿死于破伤风，产妇死于产后风或大出血是常事。对产妇来说，生产就跟过鬼门关一样，要么大喜，要么大悲。民勤人把产房叫"小房"，一般人不进产房，怕惹祸上身，其实有它的好处，不会把细菌带进产房。现在不管生男生女都会在房门上系有红布，驱邪扶正，通告外人。之后派人向产妇娘家"报生"，娘家要送来小米汤，有的人家会在汤中加蕨麻等礼品，以示庆贺，并让产妇补养身体。

胎盘俗称"衣胞子"。月婆子分娩后，胎盘随同小孩离开母体，接生婆会将脐带剪开盘好，用"裹腰子"细心包裹，并将胎盘交予孩子父亲，一般将男孩的衣胞子深埋到炕沿下或者门背后，取顶天立地，执掌门户之意；将女孩的衣胞子深埋于后墙根，取深阁闺藏之意。

洗三。婴儿出生三天叫"做三日"，给婴儿沐浴叫"洗三"。家里要用花椒或者艾草煮水，用量要少，以免损伤孩子皮肤。洗三讲究时辰，俗语有"早洗晚不洗，娃娃长大有出息"，所以一般都在巳时（早上9点至11点）完成。

满月。在民勤，孩子过满月通常要提前一日举行仪式。要用艾叶、花椒等煮水，浴盆内还有要放置金银器，如银元等，俗称"沾财气"。沐浴后给婴儿剃去胎发，即"沐儿毕，落胎发"，洗净胎毛，攥成毛毛虫状后晾干，红布包裹留作纪念。外婆要送来衣服、童被、披

满月剃头　李文泮摄

风、摇篮和银项圈、脚环、手镯等避邪饰品等，意在锁住小孩，不让其受灾受难，永保长命。旧时还有保干爹干妈的习俗，若孩子体弱经常啼哭不止，或是与父母八字不合，不顺，便要找算命先生推算方位和属相，为孩子寻找名相适宜的干爹干妈。

这一天要宴请亲友，亲朋好友要回赠衣物和礼金等。满月这一天，婴儿就可以离开母亲的身边，开始睡摇篮，俗称"挪窝"。

命名。旧时在婴儿诞生后三个月，即由父母为其命名，多以父亲的意见为主。也有请爷爷或村中长者、族中有威望者为之命名。但实际上，无论古今对于命名的时间都没有严格的规定。

乳名也叫"小名字"，是人们小时候的非正式名字，其取名时间，或早于正式名

字，或同时取定。旧时乳名可取虎、猫、狗等易俗的文字为昵称，年长后即不用，只让家里人或亲戚呼唤，外人及晚辈均不称呼，以示尊重。

学名及孩子大名字，是孩子今后的正式用名，讲究的人家会请当地文人按照孩子的生辰八字为其取名。

百日。孩子出生100天即"百日"，百日同满月通常提前一天举办仪式。民勤有满子到顶的说法，不管是老人过寿还是孩子满月，百日都要提前，取留有余地，大吉大利之意，百日99天过，也寓长久之意。"百日宴"是当地常见的风俗，宴请亲朋好友的同时，亲朋也会有礼相送，特别是姑姑和姨娘要为孩子准备新衣服，民间有"姑穿上，姨戴上，一活活到百岁上"的俗语。亲人蒸卷子送祝福，寓意孩子健康苗壮，衣食无忧，长命百岁。

周岁。孩子满一岁为"周岁"，其仪俗与满月大同小异。这一天有"抓周"的习惯，也就是在八仙桌上铺红单子，放上书、笔、算盘、秤、尺、皮球、玩具枪、糖果、玩具等等，令婴儿任其抓取一物，以卜未来前途兴趣。如抓书、笔，主善于读写，将来可望成为文人学者；抓算盘，主精于计算，将来是个经商的料子；抓枪则志在习武，会成为武夫；抓糖果，则以后是个贪吃好玩

抓周物

的人，要先教育好，免得日后走上邪路……此外，还要抱婴儿磕灶头，将来才不会挑食；让婴儿吃肉皮，此后才不怕跌撞；要在婴儿额、鼻子、颊、颏等处点红（称点龟、点桃），日后才会健康长寿，成才成器……

外婆家于外孙周岁时所送的礼品甚为丰厚，有衣帽鞋袜、披风、童被、布料，以及八卦项链、长

抓周

命锁链、手镯、脚环等金银饰品，其中缀绣虎头图案的虎耳帽、虎仔鞋等颇有特色，寓有避邪，吉庆、长寿之意。

做十二。"做十二"其实是在做十二周岁的生日，当地说法是十二生肖一轮到。做十二周岁生日相对来说要简单得多，一般不用宴客。另外，家长要特别煮一碗面线或面条，外加煮熟的鸡蛋和鸭蛋各一个，以祝孩子日后长寿百岁。

少年儿童、中青年做生日叫做小寿。做小寿很简单，早上用寿面、红鸡蛋敬神祭祖，然后一家人吃寿面和鸡蛋、鸭蛋，即所谓的"食鸡食鸭，食到一百"。有的经济条件好、有地位的人家，也会摆酒席宴客，或利用这个机会跟亲朋好友联络感情。

成人礼。旧时孩子一到虚岁十六岁，也叫"做十六"，都要在生日那一天（也可另择吉日）"做成人礼"。是日，家里要备办酒菜宴请亲朋，要用寿面、三牲、鸡蛋等烧香酬谢神明。外婆家要准备"头尾"祝贺，即衣服鞋帽、各色布料，家庭条件好的，也送金链等。小孩做了十六岁，等于向众人宣称，他已是成人了。现在成人礼都在十八周岁做。

（甘　平）

民勤保娃娃习俗

保娃娃是一种在民勤流传比较普遍的生养习俗。是为娃娃求好生好养，给娃娃祈福禳灾而进行的认干亲仪式，也叫"拴娃娃"。

保娃娃习俗起源于原始的自然信仰和阴阳五行等一些朴素的哲学思想，在悠远的传承中逐渐演变为一种生活习俗。

过去保娃娃有很多讲究，首先要看小孩是否"犯保"，若不"犯保"，就不能随意保人。犯保有几种情况：一是体弱多病，"驳杂"多；二是娃娃顽劣，难管教，"不上路"；三是娃娃命相、八字等与家中大人不合。凡此种种都必须通过算命先生"驳劫"弄清缘由，找一对命相或相生相符、或相克制平、或反侮压制的干爹干妈来平衡。其实质是一种原始的和谐思想。

一般来说，娃娃"犯保"对干亲家有以下几个程序：首先是给犯保的娃娃掐八字，确定需要找的干亲家的条件；然后寻找合适的干亲家人选；找到合适的人选后确定日期、敲定讲究的仪规和准备的物品；最后举行认干亲家仪式。

娃娃犯保掐八字有很多讲究，娃娃的命不一样，保给的对象就不同。有的娃娃命重，得保给读书人或者有功名的人方可压制；有的娃娃五行不平，则得按五行方位命相找，或东方或西方，或金命或水命的干爹来克补才行；有的娃娃婚太硬，得在出门人中寻个干爹，这样才可找上对象；有的女娃，因妨害男娃娃，需要保给儿子多的人家，方可生男孩子；有需要保给老君爷管教，就找个打铁烧炉子的替代；有的五行缺木，于是拜村口的一棵树为干爹；有的需要认吃四方饭的人方保平安，便认化缘的和尚为干爹……情况各种各样，理由各不相同，其反映的是先民们朴素的和谐理念。

条件确定以后，就要按条件寻找合适的人选。若自己身边有合适的人，双方关系也比较好，就自己联系，双方议定日子、讲究，按期举行仪式。若自己熟悉的人当中没有合适人选，就得托人打听介绍，寻找合适人家，然后双方了解后都有结成干亲的意愿，就按"讲究""哈数"完成认干爹程序。保娃娃习俗多在五六岁以下娃娃身上发生。也有十三四岁，甚至二十多岁的成年人，但不多见。

确定日期也叫作择日子。多数情况下是由道人、巫婆神汉掐算。要考虑孩子属相、生辰八字、日常表现，亲家属相、生辰八字等。若是双方熟悉，只是为关系更进一步，择日期就无太大玄机，双方商议确定吉日举行仪式。多是农历三、六、九，或者选择双日，俗语说"三、六、九，往前走""农民不识字，择个双双日"，取个吉庆之意。也有破格的，选定初四、初七等，但不多见。

日期确定后，保娃娃的一方要蒸盘馍，数量为16个，备红蜡烛一对，香、表纸若干。这是基本要求。若是自身条件好，还可准备其他礼品，如烟、酒、猪羊肉、现金等。对方有小娃娃，也要准备一身穿戴，以及相应物品。若是对方老人尚在，就给对方老人准备适当礼物，总之礼数要周到。

接受干儿子干女儿的一方，要按照神汉巫婆算定的去办，多为银手镯、项链、保带、上衣、裤子、鞋袜等，叫做"身命"。这是必备物品。其余的根据自身经济条件，或双方关系亲疏，准备适当礼品。

到了日子，保儿女的一方领着孩子到干爹干妈家。对方准备好供桌香笼，摆在厨房的锅台前。保儿女的一方献好盘馍，摆好香笼，燃香焚表。然后和孩子一起对着供桌叩头行礼，此为拜谢天地神灵。接下来，干爹干妈端坐上位，干儿子、干女儿给干爹干妈叩头行礼认干亲。干爹给娃娃塞礼钱，干妈为娃娃穿衣裳，勒保带。较为讲究的人家，还要请一位德高望重的老人见证结干亲仪式。这时老人家口中念念有词："天保三十年，地保三十年，干爹干妈各保二十年。祝娃大吉大利，百病不生，长命百岁！"或者说："扣的是升子，坐的是斗，干爹干妈保到九十九！"如果干亲家抓不住子女（子女多夭折）或身子多病，干爹干妈就将一长命金锁或银锁挂到娃娃的脖子上，寓意锁住拴住。

仪式完毕，干亲家做长寿面招待，一则祝福干儿干女一生平安，长寿百年，二则用长面系住两家，以后时常走动，关系不疏。干亲家回去时，回赠盘馍两个。

以后的日子，两家关系确定了下来，保娃娃的一方，是下亲；收娃娃的一方，是上亲。过年过节，下亲要主动到上亲门上拜访。

多数情况，保娃娃意在祛除娃娃身上毛病。如果娃娃身上毛病仍然很多，就会继续请神汉巫婆掐算，另外寻找，直到大体满意。故此，有的孩子会有好几个干爹干妈。

干亲家结成后，有的双方来往频繁，关系很好，一直延续向前。有的不亲不疏，在节假日礼节性往来。有的只图一时，时间一长，不再往来。民勤有句俗语："干亲家，湿亲家，认过三年不认他。"这是一句玩笑话，却也是实话。

保娃娃习俗，寄托着民勤人对美好生活的向往，随着社会发展能传承下去。

（邸士智）

民勤婚娶礼俗

婚娶是人生中最为重要的一项礼仪活动。民勤地处古丝绸之路北路的交通要冲，土著与移民为邻，胡人和汉族杂居，礼仪习俗无不烙印着多民族和睦相处、同舟共济、和谐发展的鲜明特点。民勤婚娶礼仪既不同于其他民族婚礼的程序，也与其他地区的汉文化传统婚礼有别，既吸收了汉民族传统婚礼中最具特色、最有吸引力、最隆重的形式，也凝聚了民族礼仪风俗的精华，成为保留较为完整、内容较为丰富的一部民俗文化融合演变的风情画卷，场面热烈欢快、诙谐喜庆，内容健康，品格高雅，突出表现了传统文化在民勤的深厚积淀和蕴藏，也体现出历史民族交融的鲜明特点，成为儒家文化传播发展与西部民俗文化交融课题研究的有益参考。

一、订婚

订婚意为男女婚事初定。旧时，先由媒人互相串通，就说想对亲戚，男方家就请算命先生"合婚"。如"合"，男女双方就互换庚帖，媒人便将彩礼、衣物、妆奁送往女家。聘礼一般是 2 石 4 斗小麦，24 块银圆。男女两家商定吉日后，便举行结婚仪式。也有不写庚帖，单凭媒人口头说媒定亲的。后来逐渐变成由介绍人架桥引线，男女见面，初步同意后互赠礼物，女方家属赴男方看家。经过一段时间的互相了解，若情投意合，双方偕同介绍人购买衣物，约定日期，举行订婚仪式。订婚时，一般是男方到女方家，请来亲朋好友设席款待。从此，婚事既定，年时节下，礼尚往来。有的婚姻完全自主，自由恋爱，无需媒人说合，也有不收彩礼或不举行订婚仪式的。

明清时期，民勤男女结婚年龄都比较晚。"男三十而娶，女二十始嫁"，男数奇，女数偶合五十，应"大衍"之数，"元亨利贞"。至晚清、民国年间，一些豪门富户奢望"早生贵子""四世同堂"，甚至"五世同堂"，婚龄逐渐提前，男子"弱冠"（廿岁左右）而婚，女子"双九"当嫁。求婚一般经过四道程序。

（一）央媒。未婚男子相中或访及适配女郎，禀明父母许准，即备酒菜，央请媒人，到女家提婚，这就是所说的"父母之命，媒妁之言"。媒人，又称"冰贡"，也称"月老"，视年岁老少称谓，老者称"月老"，少者称"冰贡"。"冰贡"意为传言之人。源于晋人令狐策梦见自己站在冰上与冰下人对语，占得"男阳与女阴，婚事可成，大吉"。"月老"就是月下老人。相传月下老人，宣"天下婚书"，以"赤绳系足"，男婚女配，成双成对，无旷夫怨女。

（二）许字。男家称"问庚"。女家在媒人提婚后，对男方进行详细访询，认为合适，承应合婚，将生辰属相告知男方。

（三）卜吉。就是合婚。男女双方请识易知相者以金木水火土五行相生相克之理演占，相生婚合，相克避之。有情意款蜜者，可不避，"禳魇"亦大吉，使婚姻达到美满。

（四）换帖。合婚圆满，男方书写"庚帖"，置于"红叶"（用纸剪代）之上，用"礼盒"盛装，由媒人捧送女家。女家同样书写盛装，赠予男家，以示"缔结良缘，义无反顾"。用盒子盛装捧送，取意"天作之合"；庚帖置于"红叶"之上，取男女情意款蜜之说。唐时，有翠翘和于佑喜结良缘，媒于"红叶"，婚成。翠翘执酒筵宾赋诗云："一联诗句随流水，十载幽思满素怀。今日喜结鸾凤友，方知红叶作良媒。""红叶题诗"被后人用作赞颂美满的婚姻生活。换帖就是定婚。是日，男女家各使冰媒及亲友数人，共进油饼，取喜庆圆合之意。男女家各使冰媒互赠"份饭"，多则6份，少则4份，每份8块油饼。份饭赠予祖父母（有的也赠外祖父母）、父母、舅父母，意请大人照应完婚，其他人一般不敢接受。

二、成婚

成婚就是结婚（包括婚前诸事）。婚成六礼，仪尊喜贺，简而无华，雅而不俗。所谓六礼即：

（一）纳采。就是过礼。最丰厚的是"两石四，廿四"，即食粮两石四斗，分糜、谷、麦、豆，各6斗；钱币24元，回6斗6元。平常人家，送粮1石6斗，币20元，回4斗4元。索礼过多，超过两石四、24者，要受到社会舆论的谴责。所谓"夷房畜媾，不类人伦"，意思是把买卖婚姻比作牲畜交媾，不配做人。明清时期，对买卖婚姻要行没财、杖责、服役等处罚。过礼通常与送衣料并行。衣料通常是6件、8件，绝不能超过9件。女家受过聘礼，母为女梳头，扎辫子系上缨，意示"女已适人"。俗谓"女系缨，有了人"，任何男家，不得再来提婚。

（二）送奁。俗称送什（杂）事。明清时专指送妆奁。妆奁台（匣）内装首饰、脂粉、菱花（照脸镜）、铜镜（一式分乾、坤两枚，用精铜铸成），面携"同心"、背制"永结"字样，围以龙凤并莲图案，男执乾、女佩坤，各执其一，坚贞不二，爱情永固，如患难分离，相逢时以镜宣照。清末民国年间，把送奁改为送杂事和衣料，铜镜衍为玻璃镜代替。明清时盛行男家给女家送羊一只（以黑头、红头母羊为佳），以应"乌羊提壶，古凤田礼"之庆。此俗至今仍有之。

（三）请期。就是定结婚日期。男家以奇择吉，女家卜偶匹配，经媒人协调商通，择吉完婚。

（四）迎亲。就是娶媳妇，也称"迎新"，原意是"亲迎"。事出鲁哀公问礼于孔

娶亲

子："大婚，冕而亲迎，不亦重乎？"孔子曰："合二姓之好，君何为重焉！"

1.娶亲。8至10人，即新郎、驭者、娶亲娘娘、压轿童儿、前导、后卫、侧御数人。新郎由导、卫骑马护拥前行，车轿随后，卫御紧伴。至女家，亲友恭贺，先下茶。据传，民勤人先祖，大都请男家对女家先行下茶礼。清代中叶，茶价昂贵，以饼代之，后沿用"茶饼"。行礼少则12块，多不超过24块，女家回赠2至4块。再举出阁礼，筵饮毕，鸣炮三通，抱轿出阁起程。男家导路，排路障、除阻险，遇艰难行处，作路标以示御者，后衍为红纸贴。

2.送亲。女家请能言快语、办事利落且有声誉的中年妇女（俗称送亲奶奶）偕女出阁，登轿起程，照应新婚三日各事；女家并邀8至10人，轻车简随，载嫁妆护送新郎新娘至男家，搬妆奁、换地毯（或毡），待新人拜堂、成礼、合卺、宴席毕，留二人观礼，其余返回。若当日完婚，送亲吃酒一次毕，人数多则60人（八桌），少则16人（两桌）不等。

（五）成礼。男家邀集亲邻宾友举行婚礼，多则200人，少则数十人。若超过200人，须功名学士官宦之家，并告请地保得行，否则以辱法乱礼论处。成礼通常要履行下轿、迎新、挑盖头、换喜花、拜天地、拜先祖、拜父母、夫妻互拜等程序。男执壶，女携巾，送亲、娶亲者陪随，由司仪唱礼引导进行。新人下轿所以执壶者，谨作壶范，克守内则；所以携巾者，执奉箕棜，佐助家务；意承乾刚坤顺、贤妻良母，女中楷模；新人进门水火同进，兼入柴米油盐酱醋茶，示意妇主中馈，烹治食当先；拜天地：山海永固，地久天长；拜爹娘：光前裕后，继往开来；夫妻互拜：和衷共济，相敬如宾。礼成、入洞房。

（六）合卺。即入洞房。

1.吃交宾斋。或称交怀斋。取晋文公求贤事：冀郤缺夫妻，每餐相敬如宾，文公嘉其行曰"有敬必德，有德必贤"，拜为丈夫。

2.饮齐眉酒。效孟光梁鸿之贤。

3.闹新房。又称"当咻""嚷床"。从掌灯"看酒"、说"赞词"开始，到新郎新娘答谢、送针扎、荷包、喜糖结束，情趣交融，雅俗兼收，答语轻歌，馨香沁心，极尽洞房花烛之乐。譬如说赞词，有诗歌、文辞、绕口令等。还有裱天棚，拔花儿、抓鲫鱼等。这些新婚赞词，雅俗共赏，妙趣横生，寓教于乐，风行甚著，后有曾任镇番教谕的周树清收辑成册，题名《镇番婚赞》，流传很广，惜今已散失。

4.洞房花烛夜。花烛多以油灯代替，灯捻与床齐长，夫妻同床，花烛相伴，行云作雨，蜜意绸缪。成婚当晚还有"铺床""听窗"一说，隔日一早"踏门"，礼法甚多，不一而足。

三、婚后

结婚三日，新娘入厨行参灶礼，新妇调羹，并敬祖先公婆等人。是日，亲友作贺，东家酬以酒馔，尽欢而罢。婚后"倒箱""谢媒""归宁"等活动，还有"觅缘""吃年酒""打千秋"（后沿为晚育者专举）诸仪，颇多讲究，难尽其详。

婚俗传至民国中叶，如换庚帖、行彩纳币等仪，逐渐消失。中华人民共和国成立后婚俗大改，繁礼缛节，大都取消。男女到法定结婚年龄，持介绍信到乡（镇）政府登记，领取结婚证书，选定日期举行结婚仪式。婚前仍有"添箱"之俗，男方向女方送箱柜、衣物、棉花、钱币等。迎亲时，新郎新娘多乘自行车、手扶拖拉机或汽车（轿车）。结婚仪式较简单，一般为参加婚礼者入席，宣读结婚证书，主婚人讲话，新郎新娘向来宾致敬（鞠躬）、介绍恋爱过程，亲友赠送礼品。主人设席，新郎新娘斟酒敬宾客，女家向帮事每人赠一手帕或一双鞋垫，表示谢意。是晚，仍有"闹洞房"的习惯。此时，小伙姑娘们俱来闹洞房，多以要喜物（红头绳、荷包、香袋、鞋垫等）、打趣、猜谜等方式取闹，有些中老年的亲友也会加入取闹的行列，点烟、敬酒、"捉虱子"、吃苹果等花样百出。取闹时不拘礼节，习惯上有"三日不空房、三日不熄灯、三日无大小"之俗。

时至今日，民勤的婚娶习俗已经发生了许多变化，如很多乡镇在新娘子进街门前，亲戚朋友们会就地取材，用萝卜、皮袄、纸盒、棉帽、牙膏、茄子、各色墨水等，精心打扮公婆哥嫂叔伯婶子拦门，向新娘讨要鞋垫、手帕、喜糖，喜庆热烈；孩子们身单力薄，大多会把洞房门反锁，从窗子里伸手伸头，讨要他们想要的东西，谁也不会在意一个门上会挂那么多把锁，一间屋子里竟然会有那么多人。总之，这一天热热闹闹，留下幸福难忘的记忆，也算是长大成人的重要一课。

拦门闹公婆

吃回门饭

当然，也有一些具有历史和文化意义的婚娶习俗被逐渐淡化或省略，如三日回门。现在新媳妇迎娶到家后的当日下午，一般在邻居当中选择女方本家或男方异姓人家，准备香案、誓词、食物供品等仪式用品。新娘新郎在亲人陪同下，上香化表，祭拜天地，朗诵誓词，给长者敬酒，然后吃回门饭，回门是表示新娘不忘娘家之意。女主人会用棉线或者麻线给新娘子净面，轻轻绞去脸上的细小乳汗毛，也算是女子简单的成年礼吧。回来后，新郎新娘必须上水井抬水，夫妻双双合抬一桶水，叫新人抬水。以示新郎已正式开始行施主人翁义务权力，抬水是夫妻二人共同生活生产的开始。这时候，顽皮的孩子们往往会悬吊在抬水的杆子上，故意给新郎新娘增加点分量。抬回来的水会送去厨房，因为接下来公婆叔伯婶子等亲戚长辈们还要品尝新媳妇端送的饭汤，当然长辈们会把老早就准备好的红包礼品当面送给新人。

民勤人的婚娶习俗，以幸福、吉祥、喜庆、热烈的情绪贯穿始终，表达人们追求幸福生活的美好愿望，具有丰富而深刻的文化内涵。民勤婚礼中保留的会盟、卖毡、跨骡鞍等古老的少数民族婚礼习俗，大多已在少数民族后裔的生活中绝迹，却在时间和空间上远离少数民族文化圈的民勤婚俗中得以传承，堪为研究中国北方民族融合及民俗文化交融演变的活化石。近百年来，由于社会演革，婚期缩短，民勤婚娶的有些表现形式已不复存在，整个婚娶礼仪程序也有了很大变化，传承体系零散不完整，对其记录、整理、保护刻不容缓。

（杨立中）

民勤寿诞礼俗

　　民勤历来崇文尚礼，人生礼仪受到人们的普遍重视。寿诞是重大的人生礼仪，人们比较重视，仪式非常隆重。

　　按照民间传统，年轻人逢生辰只能称"过生日"，不能说"祝寿"，原因是怕"折寿"。一般五六十岁的老人才开始有资格在生辰接受祝寿。

　　按照过去人们的寿数，一般父母年满 50 就可以做五十寿庆。从 60 岁开始，祝寿要隆重些，60 岁是花甲之禧，要大庆。80 岁的高龄，场面就更大了，俗称"庆八十"。岁数逢十，是大寿，要举行较为隆重的寿诞仪式。故有"六十大寿""七十大寿"，直至"百岁大寿"。

　　寿诞庆祝仪式之前要准备祝寿物品。主要有：

八十大寿寿诞典礼　　李军摄

　　寿酒。祝寿必敬酒，"祝酒"谐音"祝久"。寿酒饮时例先敬寿星，然后宾客同饮。

　　寿面。凡做寿，必定吃一顿长面饭，这叫做"长寿面"。传统食物中面条最为绵长，祝寿吃面，表示祈求延年益寿之意。

　　寿桃、寿糕。是寿礼中必不可少的物品，这种习俗起源于《汉武内传》中的西王母送汉武帝"仙桃"的故事，从此以后以桃献寿的习俗就逐渐流传开来。寿桃一般为 9 个，一个象征长寿，8 个象征八仙，寓意是"八仙庆寿"；9 个寿桃相叠一盘，共摆 3 盘，陈列在寿堂几案上。寿桃不可能终年都有，民间采用面粉做成寿桃模样来代替，从而形成了寿礼寿宴上的各种糕点，叫做寿糕。

　　寿幛、寿幔。从明代起开始流行幛词，并在此基础上逐渐形成寿幛。既是一种祝寿礼物，又是布置寿堂时的一种装饰。一般是在整幅或大幅的红色或金色布帛上写上吉祥的祝贺词，表示祝贺寿辰。也有制作寿幔的，和寿幛类同。

寿屏、寿匾。是作祝寿礼物的书画条幅，上面题写吉语贺词或画八仙寿星等内容。寿屏有两种，一种是四条屏、六条屏或八条屏，联列组成，挂在墙上。另一种是雕刻或镶嵌的祝寿用座屏或插屏，陈列在几案上，或摆放在堂屋中。也有制作寿匾、寿联的。

百寿图。明代已经有此习俗。是专用于祝寿的礼品形式，既可用于寿幛，也可用于寿屏，一般是在一个大"寿"字的笔画中，布满一百个字体各不相同的小寿字。墨写或朱书，或用泥金书写。

寿烛。是寿礼专用的蜡烛，红色，蜡烛面上印有金色"寿"字或"福如东海""寿比南山"一类的吉祥祝语。寿礼开始，点燃蜡烛。现在流行一种音乐蜡烛，利用先进的技术，在点燃蜡烛后，播放诸如生日歌这样的音乐，既有祝贺的意思，又增添了许多欢乐的气氛。

寿诞之日，女儿要备置寿礼回娘家拜寿。寿庆人家还要邀请亲戚、朋友、邻居来贺寿，亲友也要出寿礼或送礼金。祝寿亲友宾客的寿礼一般要先行送到，也可来时携带。寿礼有寿桃、寿糕、寿面、寿烛、寿屏、寿幛、寿联、寿画等，字画多以松、鹤为内容；也可以送象征长寿图案的艺术品。当然，还可以送好酒、好茶、手杖等老年用品或服饰。现代社会，人们时兴送鲜花、花篮和盆花等，也有赠送代表健康长寿的文竹、万年青、罗汉松以及菊花的。儿子则要为父母置办寿宴，招待所有宾客。寿诞之日，家里要设"寿堂"，寿堂中间挂祝寿中堂，两边挂祝寿对联，正中供寿星象，摆寿烛。豪门望族及富有之家，张灯结彩，还常常请戏班演出，以示隆重热烈。

寿诞当日，贺客盈门，贺仪山积，寿匾、寿幛、寿幔、寿联等，应有尽有，不一而足。来拜寿的宾客或亲朋好友要注意衣冠整洁，最好穿色调明快的服装。寿宴举行前，有祝寿拜寿仪式。"寿星"坐于寿堂上首正中，倘若寿星夫妇都健在，应同坐。其余客人，按照年龄辈分就座。"寿星"座椅前面摆置一张寿桌，陈设寿盘、寿面、寿桃、寿果、寿酒等物。现在，还有生日蛋糕。然后点燃寿烛，开始拜寿。拜寿礼，有主持者喊礼，辈分不同，拜礼也有区别。平辈只是做揖或鞠躬，儿孙晚辈为尊长庆寿要四拜。先是家中儿孙小辈依次向上座"寿星"鞠躬或叩头拜寿，"寿星"向晚辈发放红包。再由客亲晚辈照例拜寿。通常还要由儿孙及宾客代表致祝寿辞，向寿星道贺。贺寿拜寿仪式完毕，亲朋好友论辈入席，开寿宴，饮寿酒，吃寿面。寿宴上，要对"寿星"敬寿酒，讲祝寿、祝福、开心的话，使其愉快、长寿。敬酒时要顾忌到老年人的酒量和身体状况，忌强行劝酒，以免伤害老人身体。寿宴尽欢而罢。亲友宾客辞别时，要向"寿星"及其家人致谢，并再三祝老人健康长寿。散宴后，做寿人家要向亲友回赠寿面、寿糕、寿桃等。同时，还要向邻居赠送寿面。

民勤寿诞礼俗讲究颇多，是人生礼俗的重要组成部分。特别是寿宴文化，是长寿文化和饮食文

家庭拜寿仪式　　姜爱平摄

化结合的产物，寿宴是寿礼的一个重要组成部分，洋溢着浓郁的祈寿色彩。庆寿拜寿对于传承礼俗文化，弘扬优秀家风，密切家人情感，增进亲友和睦有着积极而重要的意义。

现代人对寿诞礼仪不太重视，常常以聚会的形式对寿星表示祝贺。如今，人们的生活条件越来越优裕，子女们应当重视父母的生日寿诞，作为大事来看待，为长辈祝寿庆寿，传承寿诞礼俗，弘扬孝道文化。

（樊泽民）

民勤丧葬礼俗

丧葬习俗指白事，在民间因地域和民族不同而各有讲究。民勤丧葬习俗以礼为先，孝字为首，注重长幼顺序，悲泣的音乐和撕心的哭声贯穿始终，仪式庄严，念祖怀德，为当地礼俗礼仪之最。民勤受胡汉交融、边夷杂处的历史渊源和崇文尚义的人文传统影响，形成了一整套地域特色鲜明的丧葬习俗。民勤丧葬礼仪相对较为复杂，章法规矩繁多，但每一种礼仪都体现了民勤人尚礼重德的思想，成为民勤地方传统文化的重要组成部分。

20世纪70年代的民勤乡村葬礼

准备。旧时，老人年逾六旬，就开始购备殓衣，民勤人俗称老衣。一般由亲人为其制作，也有自己制作的。现在多数由专业的寿衣店订制，分五件、七件、九件，都是单数。男人一般穿长棉袍、马褂、瓜皮小帽等服饰；女人穿老式服装。不穿皮衣，大小衣都不用钮扣，只缝缀飘带，"带子"取带有子孙，后继有人之意，缝纫时不可用口水粘线头穿针。老衣面料不用缎子，因缎子音同"断子"，故有所禁忌。很多家族对坟地的选择和棺木也很重视，请阴阳先生下罗盘看风水，择坟地。棺木以松、柏为上，柳木次之，榆木顽硬，且"榆""愚"音近，故民勤人做棺椁少用榆木。讲究的会在做棺材的木料里加点能结果实的木料，称为"结宿木"，如沙枣木。棺木结构用木扣榫卯连接，不用铁钉。棺材前大后小，前高后低，前宽后窄，棺内用松香包面，内外用漆，防止渗漏。民勤人油漆棺椁大都用大红底色，很少有漆成黑色的。在底色上，男性寿材两帮画龙或螭虎，女性寿材两帮画丹凤朝阳或凤凰展翅，"材头"画魁龙抱寿或云纹山水，"材尾"画荷莲。当然也有只简单油漆底色，什么也不画的。

小殓。老人落脉弥留之时，家中亲人请同宗年龄较大者为其剃须、洗脸、擦身

（多用白酒兑水擦洗）、修剪指甲，并为其穿好寿衣寿鞋，称"穿老衣"。老衣须在人未断气之前穿好，俗谓"得济"，实际上考虑的是人死后身体僵硬不易穿戴的原因。死者入殓也称"入服"，亲人要在其口内放一点玉或金银、铜钱等物，以示来世富贵，或将米、茶叶、少许杂粮用红纸包好放进死者嘴里。总之，不能让死者张着空嘴，到阴间去受罪而成为饿死鬼。尸体入棺之前，孝子用清水擦拭死者额头及眼皮，称为"开眼光"。"入服"一般在亲人去世当天，亲属请年长者将死者放入棺材，停放于堂屋或上房。旧时有男停中堂，女停内室的讲究。人咽气之后，从炕上抬到搭设的灵床（板铺）上。灵床的高度，依死者年纪而定。但是最高不能超过炕沿，民间有"死人再大也不能压过活人"的说法。尸体的停放方向，一般是头西脚东，直身仰卧，脸上盖上黄纸，在两袖子里塞上馒头并扎住，叫"打狗馍"，用红头绳捆住双脚腕，叫"三米脚头绳"。入殓后，在灵前点一盏油灯（现在多用蜡烛），昼夜不熄，为亡灵照明，俗称"长明灯"。灵前放夹生黄米饭一碗，其上竖插筷子一双，俗称"到头饭"。老人去世后，要第一时间安排人在门外"烧斗纸"，用一个排粮米用的斗，在斗里烧纸，说是供亡人上路用的盘缠。"烧斗纸"时，讲究要儿女哭喊出声，送亡灵上路，也称为"烧到头纸"。

大殓。小殓完毕，按男左女右，门外挂纸撮，大门旁立丧牌（讣文），上书死者生死时辰、孝子姓氏。当日向主要亲戚报丧。与此同时，由护丧带领孝子向家族邻舍逐户叩头报丧，家中诸仪则由"主丧"善理。主丧常由村中老成懂事者担任。亲友闻悉，带烧纸前来吊丧。各方到齐，将尸入棺，称作"大殓"。随后，将棺柩放在灵堂、围孝帘、挂魂幡、立铭旌、祭饭菜。孝子守灵，通宵不眠，俗称"爬草窝"。"爬草窝"期间，无论春夏秋冬要在灵柩两侧铺麦秸做成"巢"，孝子孝孙跪于其中守灵，取反哺之意。

烧夜纸。在人死的当天晚上，死者的儿子、儿媳、女儿等由族内长者带着，朝着坟茔的方向，开始烧夜纸：第一天走到离家近一些的地方烧，第二天比第一天稍远一些，一天比一天走得远一些。烧纸要避开别人家的大门，民勤人普遍忌讳。天黑了烧纸叫"烧夜纸"，天亮了再烧一次，叫"烧亮纸"，"夜纸"和"亮纸"性质相当，统称为"烧

乡村灵堂

夜纸"。从人去世的当天晚上到出殡的前一天每天都要"烧夜纸",意在为亡人灵魂指路,也算是活着的人们对亲人不期然的寄托吧。

搭设灵堂。在停放遗体的棺椁或灵床前拉一块幕布,上写一个大的"奠"字,在幕布上方写"哀悼××仙逝",灵堂两边贴上"一生俭朴留典范,半世勤劳传嘉风"之类的挽联。在棺材前的灵桌上点上蜡烛或者油灯,叫"长明灯"。旧时,没有现在特制丧白事用的巨型蜡烛,要用和好的面像包包子一样捏一个面灯出来,中间添上香油,放上灯捻子;幕布也是用纸张粘接在一起代替。灵桌是幕布前放的一张桌子,除了点灯,主要是放置"到头饭""盘馍"、包包子、水果、点心等各种供品。还要放上逝者遗像和香炉,香炉大多用升子盛装小麦代替。灵桌下面放一个烧纸盆。盆上用木棍搭一个"十"字,能让纸烧完,纸灰落进盆子里。将做好的五色幡和魂幡挂起来,童男童女、仙鹤、金银斗等纸活都摆出来,灵堂就算布置好了。灵柩两边铺上麦草,谓之"草窝",是给孝子守灵准备的。

做纸活。纸活大概是由古人殉葬、陪葬习俗嬗变而来的,这里指的是用纸做的陪葬品。旧时民勤人丧葬用的纸活,一般是由请的道人主持指导,众人搭手帮忙做。以前白事处做纸活可是大工程,大人娃娃齐上手,火钳压花儿,翻瓜蛋儿,打糨子,劈沙竹……需要做好几天。纸活品类繁多,如雪花幡、瓜锞幡、仙鹤、童男女、金银斗等。引魂幡是必不可少的,而且必须要由道人做,是开列着死者生卒年月日时、忌避等事的纸幡。出殡时由长孙执引魂幡于灵前,为亡灵引路;下葬时,要抽取引魂幡中间的文书芯子压在棺材上,剩余部分要插在坟头,算是通达阴阳两界的身份路引。

制孝服。一般老人去世第三日制孝服。制作孝服一般用的是那种颜色老旧的土制白色棉布。在民勤,孝男孝女因为长幼亲疏关系的不同,孝服尺寸、样式、规格都不尽相同,讲究甚多。如孝子要着孝衫,腰系麻绳、孝带,头戴孝帽,前遮眼罩,手拉丧杖,弯腰缓步轻声,以免惊扰亡灵,也喻亲人去世如天塌地陷,心力交瘁,不能轻身直腰;孝女、媳妇头戴孝圈,戴搭眼罩。孝圈下面缀接长长的孝带,长出来的部分用麻绳收束折叠于腰间,被称为"长孝",说法是棺材有多长,孝就有多长,长女的孝最长,二女儿的孝比长女的短一两寸,三女、四女的也是一个比一个短一些。和以上的"重孝"相比,弟、堂侄、婿、外孙等都着"轻孝",男性只需头戴孝帽、腰系孝带即可;孙子辈的大多会在孝帽上缀一星红布,有的甚至会用赤色绸缎被面挂红,给后辈添喜;长子、长孙的孝服孝带用的布就比其他子孙的要多;未成年的女娃娃一般只戴个孝圈。孝衫、孝圈、孝帽、孝带、长孝等,民勤人都统称为"孝",缝制穿戴都用麻线连接束缚,真正是披麻戴孝。

盖棺。第三日"盖棺",民勤人多叫"弇棺"。一般要停放五天、七天不等,期间棺材不封盖，一是等外地亲属赶回瞻仰死者遗容，二是防止死者假死复活。弇棺的时候，请来道人、木匠、女儿、族人亲友等，孝子请一位老人为逝者清洗脸面，然后亲人们最后瞻仰逝者遗容，观瞻者不得啼哭，更不得将眼泪滴入棺椁内。待孝子亲友们看过逝者遗容，孝子们披麻戴孝跪于灵柩前面，头顶条盘，盘里放五个包包子、一块孝布、一些照例的酬金和准备好的引钉。所谓"引钉"，是指棺盖上面用以连接棺体的木扣，添加木楔就可以把棺盖和棺体锁牢锁死，严丝合缝。下引钉，就在木扣上添加木楔。"盖棺"，一般来说，男姓由户族家长下引钉；女要由娘家舅属下引钉。现在多请木匠用特制木楔钉严棺盖，不得用金属钉子。钉棺盖时，众人齐哭，并喊"某某（死者称谓）躲钉"，也有"多丁"一说，寓意显然。现在很多时候，因为天气原因等，主家会租借冰棺，把亡人停放到冰棺里，直到出殡之日，再转挪到木质棺椁中。一般说来，"弇棺"后，给亡人烧纸祭奠都要求孝男孝女着孝服。"孝子"穿孝衫，搭孝布，系孝带，以麻绳牵曳"丧杖"，意为"孝子"哀伤过度，需扶杖而行。

发矧前一天，村中人及亲邻朋友开始送丧礼，献挽幛、挽联、花圈，女儿送大斋、纸幡，并一一在灵前烧纸叩头，焚香奠酒，请道士诵经。不论对于亡人，还是看客，这天是殡葬仪式中最隆重精彩的部分，仪式感很强。

迎斋。斋分为小斋、大斋。小斋指的是一般亲属、邻舍供奉的祭品。一般用三两左右或素或荤的包子15个（现在多用饼干、蛋糕、面包等代替），民勤人叫做包包子。姑娘、女婿或至亲供奉的祭品，一般用一斤重的大馒头15个，还有周边剪成刺状的小"刺馍"15个，被称为大斋。生活困难时，也有人为了节省点米面，把大馒头中间樿空成倒置的碗状，看起来和实心的并无区别，民勤人称为"大馍碗碗"。按照民勤风俗，女儿的祭品是最讲究、最隆重的。除了15个大斋外，还有45个油馃子、45把油徽儿、纸幡、挽幛、毛毯、献席（糖果、面包、点心、饼干等）若干，外孙也有献匾的。女儿大多准备全席，宰杀整羊整鸡献祭，在羊脖子下面用红线牵挂数额不等的钱币。女儿来祭奠是要出门远迎的，叫"迎大斋"。女儿带着祭品，站在村口街头，孝子穿着丧服，拉着丧杖，猫着腰，孙子举着引魂幡，后面跟着迎斋队伍。

迎斋

孝子和孝女相对而跪，点纸后返回，来到灵前再烧纸，并行跪拜礼。东家们把大斋等祭品放在专门准备的方桌上抬回。说法是，从迎斋到老人下葬，孝子走路都要猫着腰，意思是父或母去世，犹如天塌，压弯了腰。一般来说，死者的侄女也要蒸大斋，拿幛子，做纸幡。孙女也带纸幡、红色幛子。除了女儿，其他人的大斋也有用面粉、小麦代替的，叫"干斋"。迎斋是出殡前一天一项主要的丧事活动，是需要吹响师傅全程陪同应承的，有些地方在祭品下压一二十元钱，作为酬谢，叫"压例事"。

致祭祭品

致祭。致祭是民勤丧葬习俗中较为铺张的重要仪程，在民勤，致祭基本上是专属出嫁女儿的孝心仪式。一般灵柩停在正厅上房（民勤人习惯叫堂屋），灵前设灵堂，中间供死者遗像和灵主（牌位），供桌上供点心果品之类。两旁置童男童女、金银斗，堂屋门前搭灵棚。致祭仪式，排场较大，灵棚空间不足，一般会选择灵棚前的空地。放三五张方桌，一字排列数样祭品。第一样是大斋一副，15个面蒸馒头，呈覆盂形，民勤人俗称大馍碗碗或大馒头；第二样是油馃子45个；第三样是油微儿45把。方桌左旁放一小条桌，上献牲羊（宰杀好的羊，去首、剥皮、去除内脏及四蹄）一只。牲羊以轻口肥硕羯羊为上。也有在羊背上爬伏公鸡的。羊脖子上挂一串百元大钞。这个仪式，很大程度上讲的是排面，排面在旁人看来，就是孝心的体现。致祭仪式在出殡的前一日下午晚些时候举行。届时，整个院子里肃静无哗，亲朋好友、街坊邻居及观礼者，大都会肃立聚拢于灵棚前三面廊下。主持祭礼的一般是事前请好的丧事班子，道爷在祭桌前左方特设的椅子上坐定，几个吹响打镲敲锣的分立于祭桌两旁，一人助祭唱礼，相当于司仪。

致祭牲羊

　　致祭仪式开始，大宾起立，立于祭桌前拜毯上，燃香三炷，插于香炉内，灵柩前有专事烧香点纸的族亲也在香炉中插香三炷。焚化表纸，主祭人端起酒杯，将酒沥于祭桌前地上，行叩拜礼。一叩首，再叩首，三叩首，大宾起立，坐回在椅上。助祭人引着孝子拽着丧杖躬身弯腰从灵棚出来，跪在祭位前，行跪拜礼，三拜九叩。接下来要为亡灵"祭食"。"祭食"也称"报恩"。事先会于灵前设案，"孝子"领头，其他晚辈依长幼辈分顺序于其后跪成一列。道士诵经，伴以唢呐鼓乐。由主事者持条盘，盛饭食祭品，递于最后一位属眷，由其双手承盘从头顶递于上一位，依次递于"孝子"，献于案上，行献礼以谢先人养育之恩。分三次敬献爵、帛、肴、馔、羹，献礼过程，需要道士诵经，吹响伴奏，鼓乐不停。献礼完毕，引着孝子回到祭位前跪下。按照仪程接下来是孝子孝孙致祭文，表达极尽哀伤，忧思百转，抑扬顿挫。助祭引孝子到灵位前跪下，焚化祭文，阖家孝眷一起伏地哀哭。哀止，后主祭人起立宣读告文，后将告文焚化。民勤也有一些乡村，将写好的告文张贴在停放灵柩的上房房门外偏下位置的墙上，前面放一小桌子，供奉小斋香烛。出灵时连同纸活一并焚化。

　　致祭的附带仪程很多，名目、次序先后、讲究仪程等也会因地因人而多有不同。一般来说，祭食献礼结束后，要行侑食礼。引孙儿孙女辈到灵位前跪下，垂下帘子，或由两人各提帘布一角，遮住孙子辈，旁有一人将三献中的菜肴夹入小碗，赐孙子辈吃。帘外奏侑食乐，重复三次。唢呐吹奏一段凄凉哀婉、缠绵悱恻的曲子，俗名《劝亡人吃饭》，颇为感人。吹奏结束，卷起或撤走帘子，引着孝孙辈回到祭位前跪下。引孝子到祭位前三拜九叩，谢主宾、谢来宾，引孝子孝孙回到灵柩旁的草窝子，男左女右分跪在棺椁的两侧。致祭仪式结束。

　　点主。主即死者的牌位，俗叫神主或灵主。点主仪式不可缺少，也颇为隆重。点主开始，仍由礼宾一人唱礼。堂前设一案，大宾坐在案后，案上有主家准备的崭新毛笔、墨汁、缝衣针等物件。大宾就坐。助祭引孝子等捧灵主到点主案前跪下。礼宾将灵主捧于案上，掸去灵主上的尘灰，去掉灵主上裹的红布，启开灵主外壳，置于大宾前。研墨、开笔、濡墨、刺红（礼宾用针刺破孝子等左中指，取血一滴濡于笔尖上），把笔呈给大宾。一点内主通灵。灵主分两层，内层写显考［妣］ＸＸ公［夫人］之灵位，一旁写死者生卒年月日时，一旁写孝子ＸＸ等奉祀。大宾用笔在主字上点一点，灵字上划一划。二点外主通神。灵主外层写显考［妣］ＸＸ公［夫人］之神位。阖上灵主，在外面一层主字上点一点，神字上划一划。点耳。灵主左边有一耳字，在耳字上点一点。三点窍。灵主右侧有一窍字，在窍字上点一点。点主完成后要阖匣、复红，意思就是仍裹上红布，放在孝子端的盘内。孝子叩首，助祭引着孝子回到灵棚下，点主完成。

诵经

诵经。诵经是道士超度亡灵的基本手段，民间认为诵经能祈求阎罗王和各路神仙宽宥逝者在人间的各样过错，使其超度。在逝者停灵的屋里或者灵棚下支摆桌椅，道士头戴五方帽，身穿黑青道服，盘腿坐炕上，炕桌上放经本和木鱼，炕桌旁放一个尺许木柄的方鼓。道人左手拿宝塔长柄铜铃，右手拿着鼓棒。地下设一高桌，高桌上摆放"十王真君"神位，大多只象征性地摆一个真君画像，神位前放一个盛粮食（小麦）的升子，升子里上三炷香，旁边点一盏灯。道人起经开念时，一边有节奏地敲木鱼，时而摇铜铃，时而敲小鼓，并有两个吹响师傅随时配合起吹，诵经组合里还有专事打镲的。孝子跪在高桌前，手端条盘，条盘里放着一位"大王"或"真君"的文书。道人将一折经卷诵完，让孝子将相应的文书焚化。这一过程民勤人称之为"端文书"，说是逐一祈告"真君"，焚化文书，能让亡魂超度，不入地狱，再入轮回。道士诵的经有《解罪消愆皇经》《消劫救世真经》《十王真君宝经》等经、赞、偈、诰、咒等近百卷，数十万字，内容大多以劝人向善为主。一般来说，丧白事要念三卷忏悔经：《清净经》《三官经》《胆破经》，还要为亡魂念消灾灭祸，安慰亡魂方面的经，同时还要念一些劝世人积德行善的经文，少则七八卷，多则十几卷。道士每念一道经，每行一次文，道士和吹响班子必有一段吹打合作，鼓镲铿锵，唢呐凄怨，念念唱唱，吹吹打打，紧凑热烈。唢呐曲调如《祭灵》《辞朝》《抱灵碑》等，高亢哀婉，动人心魄。

审文。审文是道士超度亡魂的重要仪程。在灵堂前的院子中央，摆一张方桌，方桌前铺一条白毛毡，道人背对灵堂面对桌子站定，桌子后放一个旧时用的高衣架，上面搭一块红毛毯护着，上供东西南北中五方神台。方桌上摆上盛满粮食的升子，升子里上三炷香。道士头戴五方帽，身穿大红蟒袍，足登双脸云转鞋，手持一尺多长的法板站在方桌前，其余按吹奏乐或打击乐，分坐两边，有的吹唢呐、有的敲锣、有的打镲打鼓、有的手摇宝塔铜铃，每吹完一段曲子，道士就念诵一段经文。孝子们在道士身后跪着听道士诵经。道士时而软语祷告，时而重击惊堂木，厉声呵斥；一会儿放下法板，左手端起半碗点着了的白酒，右手拿着桃木或者镔铁剑，剑柄上拴着老长的红色剑穗子。每走几步，就用剑尖挑洒几下碗里的酒。一步一顿，摇摇晃晃，步伐奇异，有人说道人足下踏的是八卦步，走的是八卦阴阳鱼转换路线。时而弯腰打躬作揖，时而焚表化纸，时而对着方桌扑倒在铺好的毛毡上，五体着地。审文是丧事仪程里最能吸引人的，有的地方流行两个道人同时审文，道士的道袍颜色和装束也有差别，场面更大。

撒灯。出殡前一天黄昏，长孙执"引魂幡"导引，孝子端死者生前衣物或遗像率孝眷随后，道人穿戴齐整，唢呐鼓

审文 陶积忠摄

镲，吹吹打打，亲朋乡邻高擎火把开路。主家事先安排专人，准备破棉布或棉花，用细铁丝绑扎结实，留一根长长的抓手，蘸饱柴油，称为"油蛋儿"。离开村舍、走上大路后，把数十上百蘸饱柴油的"油蛋儿"分发给孩子们和村民。点火后，抓住预留出来的铁丝一端，边跑边抢。几十号人，呼来喊去，一路火光摇曳，远远看去，甚为壮观。火灯一直扰要至坟茔，墓地太远的也有选十字路口的，烧纸化表为亡灵"明路"，意为亡灵指引去往墓地的路。

扯桥

跑桥。跑桥又称"扯桥""过桥"。"撒灯"回来，就要举行扯桥过桥仪式。民勤人家大多选用整匹的土质白布，从材头位置开始扯出，穿过门头顶上的窗子，斜向上一直扯到对面的房顶上面，用重物把剩余的布匹压牢固定。一道白练悬于空中，引渡亡灵西去极乐。在院中以十数个板凳倒置对接，搭成桥状，凳子四足用红绳前后链接，凳子足上点49支蜡烛或油灯。道士诵经，伴以鼓乐；长孙持幡导引，孝子及孝眷端遗像或者拿着一炷点燃的香火紧随其后，随桥绕行，反复再三，前慢后紧，循环转弯处焚香化表，或许有为亡灵买路通关之意，陪护亡灵渡过"奈何桥"，早登仙界。

　　奠酒。出殡前一天晚，死者至亲好友，以及乡邻都来到丧家。晚饭（一般为全羊肉汤黄米面条子）后，祭奠烧纸，俗称"奠酒"或"辞灵"，民勤好多地方也称为"看酒"。一般依亲疏次序，两人一组，于灵桌前左右跪好，桌上有准备好的酒和黄表纸。斟酒三次，每次一杯，分别浇奠于地。再次把酒杯斟满，两人各取黄纸一表。烧纸点燃，一手端酒盅，一手拿烧纸，起身后两人互换位置，弯腰，双手沿棺头往下，顺下边沿至棺尾往上，再从后向前，酒盅烧纸绕棺边框一周至引钉处，把未烧完的纸和酒杯里的酒都浇注在引钉位置，顺手抬一下棺帮。交错互换位置后，跪回原来位置，放回酒杯，对灵柩三拜九叩后，转身向吹响左右拱手作揖。奠酒时，烧纸点燃后要向上，免得不等绕棺完成就烧到了手。孝子孝女不看酒，要在亲友"奠酒"时，陪着磕头。"奠酒"是对逝者最后的告别仪式，看酒不停，吹响不停。

出殡

　　出殡。发丧出殡的时间在早晨，有些乡村有在日出之前安葬逝者的讲究。届时，参加葬礼的来宾及村社邻里会主动至死者灵前烧化自己带来的纸钱，并行跪拜礼。"孝子"跪在灵侧陪祭，如祭者是长辈或异姓亲属，孝子要叩头致谢。棺前放置的供家人及亲友烧纸祭祀的瓦盆，俗称"丧盆"。出殡时，"孝子"要将"丧盆"摔碎。"抬灵"出殡，按规矩棺材须由人肩抬步行，不用车拉，不然则被人骂"死了没人抬"，寓意其生前寡德。抬棺者多为乡邻亲友，4人抬"一杠"，8人或16人轮换扛抬，但途中不可停歇。出殡时，用白布三丈，由棺材头扯出，"孝子"们在他人搀扶下，手持"丧杖"，肩背白布，在前牵引而行，民勤人叫"背材头"。出殡时，一般由长孙执引魂幡于灵前，为亡灵"引路"。引魂幡一般放于死者灵前，或在院庭一侧（男左女右）。发葬之时，村人起灵，孝子扯纤，孝女扶棺，鼓乐开路，疾趋而行。沿途扔撒纸钱，鸣鞭炮，遇十字路口则甩纸盆。"埋人"出殡前日，请外姓人为亡者先挖好墓穴，谓之"打坑"。民勤人办丧白事"打坑"也有很多讲究，如"领牲"、规避"土旺"、勾穴等。棺入穴后，引魂幡中间的文书芯子要抽出来平铺在棺顶，放好"到头饭"，也有放摇钱树，撒斋馍、钱币的。孝子象征性地用衣襟兜土或手抓填几把土，然后由众人填土成坟。填土过程中不得踩锹挖土，意恐伤及亡灵。也不可把填土所用铁锹直接递于他人，意为"己所不欲，勿施于人"。殡日，主理丧事的人会合理调配人手，除抬埋上坟的人员外，会适当留几个年长体弱跟不上出殡队列的人手打扫内外卫生，准备清水毛巾，焚草于门，等待送葬人员归来。

安葬　李军摄

复山。也称"圆坟"。下葬后第三天，家人要到墓地请外姓人为新坟掊土圆墓，俗称"复山"。之后，"孝子""孝女"等拆开孝帽、孝服带回。"孝子"把"丧杖"插于坟头。死者下葬后，从墓主人过世之日算起，以七计数称为"头七""二七""三七"，直至"终七"。每逢"七"要到坟地请灵祭奠，俗称"办七"或"烧七"。特别是"三七""百日""周年""三年"，亲友都来祭奠。旧时，父母之丧，必持服三年，士不应试，官不莅任。

中华人民共和国成立后，国家对丧葬制度进行了一些改革。国家干部、职工过世后，一般都进行吊唁仪式，亲友臂戴黑纱，胸佩白花，俯首志哀、绕灵柩一周，与遗体告别。机关单位多送花圈、挽幛，并召开追悼会，致悼词，以土葬火化为主。农村中虽还有旧俗，但仪式已大简，但还有好多丧事中的小细节很好地保存传承了下来，如很多人会在灵柩前的供桌上，抓包包子揣在怀里，回家让孩子吃，说是吃了睡觉不咬牙，没毛病，添阳寿草料；也有人会在缠绕高寿老人棺椁的红绳上绾尽量多的疙瘩子，说是可以长寿；也有在出殡之日，用新买的瓦盆替换棺头灵桌旁用来烧纸的纸盆子，说是可以给人带来更多子嗣。丧白事开销花费也大有改变。条件不好的人家一天三顿羊肉黄米面条，没有人说差；条件好一些的人家，黄焖手抓、大肉烩菜，好烟好酒，随东待客，大家早就习以为常了。以前参加丧白事，都会得到事主家回礼的一块孝布，回家可以让老婆做个衣兜里子，可谓物尽其用；现在孝布基本上没有什么用处，早用毛巾替代了，也算是与时俱进，移风易俗。

在民勤的殡葬习俗中，有一样特别的禁忌，需要特别说明，那就是"出殃"。"出殃"也叫"回煞""回魂"或"回殃"。"出殃"一般在人死后七天发生。具体"出殃"时间是由道士根据死者咽气的时辰推定的，只要看死者的手形便知，人刚死手形就是他死的时间。男看左手，女看右手，口诀曰："子午卯酉掐中指，寅申巳亥掌直舒；丑未辰戌紧握拳，察看之时要仔细。”按照这个口诀，就能推断出死者的死亡时间在什么时候了。按死的时辰，再批出“出殃”的时辰和“出殃”的方位，口诀是：“避殃之法何须难，月将加到死时间。男落辰位女戌地，落到某日某时某方出。”意思是已死去亲人的灵魂会在某个夜晚从堂屋东面进来，回家探望，与牲畜、庭院、树木等作别，之后永别人世，转入轮回，此谓之“出殃”。据说“殃”十分厉害，民间也有许多关于“出殃”的传说，说“殃”是死人的“恶气”，如果被殃打到，不死也要大病一场，这就是“中恶”，或变成“小花脸”或“阴阳脸”；花草、树木被殃打到，也会枯死。所以“出殃”时需要避开，称为“避煞”或“避殃”。不仅人要躲避出去，离开所在的院子，就连附近的树木也要采取预防措施，拴上红布条，以避开殃煞。家里养的家禽牲畜都要牵出“避殃”。为了防止外人碰上了“殃”，白天在家门口插上纸制的白旗；晚上挂起白纸灯笼，好让人们望而避之。对着“出殃”的方向若有人家，就要告知他们防避。办法是在院子里挂上一块红布或一张面箩就可以安然无事。因此，“出殃”的时辰（两小时）过后，人也不能直接回家。要先在墙外往院里丢进扁担、榔头等重物，发出“呕啷”声，或敲打铜器，惊走全部“余殃”。否则，“殃”出不尽，造成“囚殃”，家里就不得安宁。民勤许多地方在“出殃”后，大都会打火把，烧石头打醋炭，请道人杀鸡化符，消毒杀菌，除浊气，煞有其事。时代在发展，就民勤来说，对于寿终正寝的老年人，人们对于“避殃”的习俗的确没有过去那么讲究了；但是对于年轻早逝或是非正常死亡的逝者，“避殃”的习俗时时有人在耳提面命，不敢大意。

令人欣慰的是，有一些饱含人文关怀的优良传统被传承了下来，如闻丧会、下汤、抬灵等。民勤人重视敬畏新生命的孕育诞生，也敬畏重视老人们的寿终归天。一家老人寿终正寝，沟头沟尾的人们闻丧而会，动辄数十上百人，肃穆而立。年长者为亡人洗凡身，穿寿衣，抬头抱脚，殓入棺内，待道场超度仪式后，入土为安。入殓后的道场或简约或隆重依具体情况而定，但有一样风俗——下汤，却雷打不动，不折不扣。下汤即闻丧而来帮丧的沟头沟尾的人们，各人必须带着一份口粮，以备丧事道场的吃喝用度。因一般要求口粮必须是米面，而这些米面至少可以做一顿足以让抬灵队员产生足够体力的饮食汤饭，以保证出灵仪式顺利进行。抬灵出殡是丧事中最关键的活动，抬灵人的资格要求严格，必须是结过婚的成年健康男子。未婚青壮男子倘若自愿，也会被破例选用，只能允许他们拿拿花圈，举举纸幡；因为他们的另一项“生育”的重要使命尚未进入角色。“下汤”而今已没有物质资助功能的重要意义，但作为一种风俗礼仪已与时俱进反复强化。随着物质条件的极大宽裕，事主家早已不缺粮米，用来帮丧用的粮食米面，很多地方都改换成了钱，简单实用。但不得不说的是，丧闻而奔，帮丧的习俗在民勤传承得还是比较好的，已成为一方水土团结互助、凝聚人心的重要方式，不可或缺。

　　丧葬习俗和丧葬文化是社会习俗和文化的一部分，是生者为死者而建立、形成、发展起来的习俗和文化，也是社会礼仪的一个重要内容。民勤丧葬整个过程都伴着孝子的哭声，配以旋律悲痛如泣如诉的唢呐声，充分宣泄人们丧失亲人应有的悲伤苦痛和人伦情感。"礼"是民勤丧葬风俗的核心，与丧事有关的诸多风俗，都是民勤人用"丧尽礼，祭尽诚"的古训，诠释"孝悌、亲情、道德、崇拜"的表现，让人感慨，回味无限。

（杨立中）

民勤农耕习俗

农耕习俗，是指由农民在长期农业生产中形成的以服务农事活动为主的知识、经验、风俗、习惯等，它是中国农耕文明的主要组成部分。

民勤地处石羊河下游，腾格里、巴丹吉林沙漠之间的绿洲地带，受沙漠性气候影响，民勤农耕习俗较周边地区有较大的不同。《镇番县志·风俗志》载：民勤"幅员狭隘，十地九沙。民习勤劳，率力耕自食。岁二月先种青稞，次大、小麦，为夏种。四五月种糜谷，为秋种。布〔播〕种稠密，禾深以手去莠，无耘锄之具。六月夏禾俱收，八月西成告竣。边地寒冷，田不两收，农鲜余三、余九之蓄"。这里大致反映了过去民勤耕作时节和作物种类，可见民勤历来受沙漠性气候影响，农事在节气上较同纬度其他地方稍微偏后，习俗也有所不同。

农村有句话："三年学不出个庄稼人。"民勤的农耕习俗内容十分丰富，从春播、夏耘，到秋收、冬藏，涉及到牲畜饲养、植物栽培、天文、地理、水文、季候，以及相关的习俗等，总有学不完的东西，所以"家有一老，如有一宝"，很多时候种地都要遵从老人们的经验。

一、春播

一年之计在于春。春天主要的农事活动就是播种，乡人谓之"种田"。

（一）春播准备。春播通常在每年的"春节"后展开，"九九加一九，犁铧遍地走"，也就是说"下种"到三月中旬左右了。但它的准备工作却远远不在此时，"一年庄稼两年务"，事实确实如此，农民春播准备从前一年收获时就已经开始了。另外，过去相关春耕的一些仪式，春节期间就已经开始了。

1.打春牛。据《乾隆镇番县志》载："迎春，先期塑土牛于东郊外。立春前一日，知县迎春于东郊，祀芒神毕，迎土牛、芒神于县署。各街张乐结彩。立春时，知县率合属鞭土牛毕，里人争取其土，以饰园篱，为六畜兴旺之兆。"

2.选种。"好种出好苗，坏种光长草""三年不选种，增产要落空"。过去农民几乎都要留种、换种。留种是在自己庄稼地里挑选。这就要在收割时，将颗粒饱满、秆壮叶茂的庄稼单收单打，扬场时收集上风最饱满的颗粒单另储存，留作种子。另外就是换种，根据检验，"古浪的烂山药，拉到民勤就成好种子了"，小麦也一样。所以，隔上几年，就要和稍远一些的亲友倒种、换种，以图更好的收成。

3.备地。虽说"一年之计在于春"，但种庄稼，从夏收、秋收时就要考虑第二年的种植安排。比如哪些地要拉沙，哪些地需要平整，需不需要调茬等等，要早早统筹考虑。民勤土地碱性大，有些地块要拉沙中和碱性，有利于农作物生长。"随收随犁有三好，肥田灭虫又除草"，所以收完庄稼的土地，都要尽早犁过。从哪儿下犁，要与去年衔接，若去年从东面开始犁，今年就不能从同一个方向入犁。有时地不平，还要从头一年的放水中观察，地中哪块高、哪块低，要用锨花花提土后再犁，这样是为了让地更平整，适于灌溉。犁过后让它一直晒到十一二月份，然后大水漫灌泡地，谓之"浇冬水"。有些年份，没有冬水浇，只能等立春以后"浇春水"了。春水地和冬水地有很大差别，冬水的底涝好，土壤绵，收成更有保障。春水地底涝差些，土壤容易板结，所以备地时要通过耙、糖、放底肥等相应的计划应对。这也就是"一年庄稼两年务"，头一年务的庄稼活。次年春季，用石碌子镇压一两次，压碎土块，收紧裂缝，这叫"打地"。打地后，要及时"耙地"，俗话说"犁轻、糖重、耙死牛"。耙地要压载重物，或者站人，以求深耙重糖。这些都是为了土地保墒，更是为春播准备好前提条件。

4.积肥。在普遍使用化肥之前，农民积肥其实就是积粪。俗话说"种田不要问，深耕多上粪""冬天看粪堆，秋天看麦堆"。民勤以前都用的农家肥，包括绿肥及其他肥，也就是群众说的"土粪"。关于土粪，民勤的农谚很多："庄稼一枝花，全靠肥（粪）当家""种地不上

打地　徐世雄摄

粪，等于瞎胡混""若要庄稼好，肥粪是个宝""春天粪堆密，秋后粮铺地"。其中有很多知识和经验："牛粪凉来马粪热，羊粪啥地都不错""人黄有病，苗黄缺粪""庄户地里不要问，除了浇水就是粪""底肥金，追肥银，肥多不如巧上粪"。正因为粪的重要，对积肥的重视就非同一般了。积肥方式主要有：一是积圈粪。这个圈粪是指人、畜、家禽的粪便，是民勤土肥的主体部分。二是积累草木灰。炕洞里、灶火里的草木灰，也是好肥料。三是"拾散粪"，简称"拾粪"。这种"拾粪"，是常年性的。

很多老人常年提个芨芨筐子，手里拿把粪叉，在庄子周围、田间地头拾粪。拾来的粪大多做了地里的肥料，少作为做燃料。四是"拉城粪"。以前在城里，每个院子都有圈（厕所），城里人有圈需垫、不需粪，农民拉来土帮忙垫圈，垫到一定时候拉回来积粪。

5.翻粪。民勤人很讲究粪的生与熟。凡发过酵的，都称为"熟粪"；凡未发过酵的，统称为"生粪"。生粪，一者不能在预期内发挥肥效；二者生粪容易"生蛆"和残留草种，来年还得除草除虫。因而民勤农家，把粪都要堆在一起加湿捂一段时间，"黄金难买雨淋粪"，通过淋水能更好的发酵。在深秋初冬季节，农活闲了，也是准备肥料的时节，就可以翻粪了。所谓翻粪，就是各家把堆在一起的各种粪堆翻两三遍。翻粪一方面是为了粉碎粪块，混合均匀便于施放，另一方面也是为了充分发酵。冬天天气凉，发酵效果不好，有些人家就把粪堆攒高下面垫上麦草、稳子，堆底部和顶部都预先留好通风口，然后点着火慢慢地煨，通过加温让粪堆充分发酵。经过夏、秋、冬地累积与翻倒，农家肥便都捣细发好，春耕后的庄稼，只等它去"当家"了。

6.拉粪。拉粪就是把翻好的农家肥运到田地里去，一般在头一年冬天运粪，这是冬天的主要农活。将砸绵的圈粪，用架子车或拖拉机拉到地里，堆成堆，犁地时撒开翻到地里。放粪有"上放粪"和"下放粪"的区别，一般冬水地"上放粪"，及水浇完放粪，犁地时翻到地里；春水地是"下放粪"，因为春季冰雪消融，地面湿软，无法拉运，所以要在浇水前把粪撒到地里，等犁地时翻到地里。

（二）开始春播。

1.拌种。要春播了，对已选好的种子，要适当的择选，拣出里面压扁的、石头、坏的等，使其纯净。有时还要将精挑细选的种子拌上农药，提高发芽率。

2.关注气候。俗话说："老人梦种田，小孩梦过年。"春播对农人来说是头等大事。播种也是很大的学问，根据老人们的经验，"惊蛰地开，就要动弹"。惊蛰这一天，民勤乡间人们要吃开水泼鸡蛋，据说吃了不咳嗽。到春分节气，小麦就基本播种完成。过去由于浇水的原因，种植时间也有很大差异，特别是浇春水，浇得迟，种得也迟，甚至有些地，到"树叶儿圆，才种田"。总之，要根据地脉、气候情况略作调整。小麦耐寒，种得相对较早，其它作物相对较晚。要考虑防备霜冻，影响出苗。不过"早种三分收，晚种三分丢"，只要气候适合，赶早不赶晚。特别是"春水地"，有些年份浇得迟，种得迟，"底涝"又赶不上"冬水地"，就有可能"夏至不出头，拔了喂老牛"，有种没有收。

3.红寺农耕。明清时期，朝廷皇帝要祭农神、地神，地方行政官吏依例遵行。明洪武初年，朱元璋派大将军冯胜平定河西后，设置镇番右卫，统领军政要务。起初，驻军五千六百人，屯扎校尉营，实行军屯。营区建寺庙，例行祭农神、土神事宜。至嘉靖年间，军屯改为民屯，庙宇装潢更新，指引四方香客游人焚香朝拜，商贸货运，物产聚散，盛极一时。至乾隆年间，庙宇扩建，新修神殿、太岁祠，牛王、马祖、龙王、土主等陪殿，庙宇墙壁，红粉涂刷，盛称红寺儿。每年惊蛰至清明，每日寅时鸣钟二十四响，十里内外可闻听，号令民众抢时抢墒播种，不得延误时令，不可荒废分厘耕地。春分前，县官老爷亲临红寺儿屯田，掌锄扶犁，栽种劝耕："春种一粒籽，秋收万石粮。"秋分前后，县官老爷又到红寺儿肋收快藏，与民同庆丰收之年。为此，红寺儿建有观耕台，专供知县老爷、衙门官员、各乡农官、地保聚会祭农神、地神、栽种、观耕、农官献祭之用。红寺儿虽为庙宇，因系民建官办，气势宏廓，巍峨壮观，商贸浏览，庙会兴隆，为"镇番八景"之最。可惜不幸于同治年间被抢匪烧毁，成为一片焦土。晚清时，乡民重建红庙子，由于庙小神微，气势凋零，远远不及初建时的盛况和香火旺盛，从此，八景之盛名，销声匿迹，不复有人问津焉。

4.祭土地神。民间奠祭土地神有多种形式。一般在播种的前一天早早起床蒸面桃或馒头做献席。面桃或馒头都不能裂开口子。蒸好后带上献席、香烛、表纸，赶着牲口，到土地庙前，将献席供在神位前，点烛、上香、化表、放炮，祈祷土地爷保佑"风调雨顺年年有，五谷丰登岁岁安"。也有人二月二这天在自家堂屋祭土地神的，这在坝区比较盛行。过去民勤家家户户都建有堂屋，堂屋里除了供奉先人牌位，也供奉土地神。还有些人家干脆就在自家地里祭祀土地神，祭祀仪式都与庙里一样。祭完后，套好牛马，象征性地犁上几沟，表示春播开始了。

5.犁地。地，是指临春播时要下种子的地块。虽然上年夏、秋时已作了前瞻性的安排，但是，在临春播时，还是要进一步作细致的准备。等到气温适宜，地面解冻且干湿适宜就要撒粪、犁地，耙平、糖平。"农民犁好地，就得走个鸽鸽步，猫杆（脊梁杆）曳哩，肚肚贴哩"，道出了农民犁地时的样子。这是春播前的最后一次"梳妆打扮"。

6.播种。播种是要探查土壤湿度，太湿太干都不利于种子发芽。过去播种有撒种和"摆耧"播种两种形式。撒种，即用手撒，要撒播均匀，是一项要求很高的技术活。"摆耧"，一个漏斗下面连接播种用的小犁头，中间漏斗口处装一个摆子，前面有辕，后上方有扶手。播种时使用人力或畜力拉摆耧，通过扶的人左右摇摆控制下种的多少，摇得快，播得多，反之则少。"脚踏土块手摇耧，两眼看着稀与稠，嘴里骂着挨刀的牛"，十分费力费神。一般一亩地播种约 40 至 60 斤（小麦），播完后再糖平，等待出苗。"麦苗上脐、收苗不迟"，这里说的是磙子脐，等麦苗长到磙脐高，用牲口套上石磙子，镇压一遍，这叫"收青苗"。收青苗的好处是压实表土保墒，同时苗茬也整齐。麦子种完后，其它作物也就相继开始播种了。民勤先民对各种作物的播种时间，都有精辟的农谚："春分麦，芒种糜，小满种谷正合适""豆麦不过春分，胡麻不过清明""豆子种在冰上，荬荬结到根上""谷雨种棉花，七股八丫杈；立夏种棉花，头顶一枝花""清明的茄子立夏的瓜，小满的萝卜娃娃大""清明早，立夏迟，谷雨的棉花正当时""谷雨地化透，栽子（栽树）不能留""（大蒜）三月不在家，七月不在地""沙枣花儿呛鼻子，收拾上种糜子""种糜见麦穗，割麦见糜穗"。这些农谚，成了农家春播指南。

民勤气候、土壤利于瓜果生长，被誉为"瓜果之乡"。种瓜就成了除了种麦子以外另一项主要的春耕活动。一般从立夏前十天开始，太早地温低，种子容易"粉"掉（冻成水），太迟又赶不上节气，歉收。开瓜沟、浇水、备种、备地膜，一番准备后，一家老小全体出动，人人上阵。耙沟的耙沟，点种的点种，铺地膜的铺地膜。"童孙未解供耕织，也傍桑阴学种瓜"，上到古稀之年的老人，小至牙牙学语的幼童，都在充满泥土芬芳的田地里各有分工。

二、夏耘

庄稼种下地，仅是第一关，此后的耕耘管理不可少。农民务习庄稼就像对待自己的孩子一样，精心呵护，疼爱有加。夏耘，包括薅草、治虫、挡雀、浇水等，农民在长期的实践中总结出很多行之有效的方法。

（一）薅草。用小铲子除去田里的杂草，民勤人叫它"薅草""薅田"，薅去田间杂草。薅草贯穿了麦子的整个成长过程。最使农民厌烦的是"燕麦"。当小麦未出穗时，它已出穗了；小麦尚未成熟，它已高出小麦头顶，一阵风来，籽粒落地，明年又会萌发。因而，人们对它深恶痛绝，力求尽早铲除。不幸快长熟的，拔出后将它们埋掉，或倒在荒滩里，或晒干焚烧，以免除害不尽。薅草工作，每一季庄稼都要反复多遍，俗话说"立了夏的苗，大大小小都不饶""走不尽天下的路，薅不尽地里的草"，那些麦地里明明拔得干干净净的，可浇了一两次水，草又长上来了。若土肥苗壮，它也成不了气候；若土瘦苗弱，可就要"草盛苗稀"了。碰到这种情况，无论苗弱苗壮，都得再拔一次草。

（二）除虫。虫害也是庄稼的大敌。过去科技落后，当地里发现了虫，农民心急如焚，但又无医治良方，只好家家蒸盘馍、炸油饼，到土地庙摆上虫王牌位，敬献并焚香化表，或以白公鸡祭之，叫"报虫王"。再把献席拿到生了虫的地上，从上风放火"打油香"，叫做"送虫神"。送虫神时，一边往火里扔油货，一边喃喃念叨："虫王爷，吃油香，吃了油香过河蹚，对岸青山绿汪汪，任啃任吃任你尝。"也有村社集体请师公子到庙上做法事，奉虫王牌位、贴酬神对联、献盘馍供品、焚香、化表、领牲、跳大神。后来有了农药，农人用喷雾器打药杀虫。

（三）赶雀。主要是"赶麻雀"。当糜、谷成熟时，妇女、儿童上地赶麻雀。这很费事，后来发展成为"草人"，也就是在地当中绑个草人，穿上破旧衣服，戴上草帽子，手持长杆，惊吓麻雀。一时奏效，时间长了，麻雀也能识破"天机"，照样来啄食。

（四）浇水。水，是农业生产的第一要素。民勤有"有收无收在于水""有水就收，无水就丢"的说法。民勤地处两大沙漠之间，全年降雨稀少，加上过去掘井困难，且没有高效的灌溉设备，大多是引石羊河水灌溉。河水水量有限，丰水年份，麦子也只能浇上两到三个"牌水"，甚至有些年份，一季庄稼就只浇了一个"安种水"，剩下能不能长成就全看天气了。乡民之间常常为争水发生口角，甚至打架事件。有农谚说"水利不让亲父子"。20世纪50年代，政府引导大量开挖"涝池"，用人力、畜力推动的水车提水灌溉，其辛苦可想而知。再后来水库建成，及至70年代末，大规模打井抽水灌溉，情况才大大改善。大多数作物都能灌溉四到七个水，当然也要看"底涝"，"底涝"好些就可少浇一个水，反之就得多浇。

（五）求雨。有些年份，雨水稀少，庄稼没有保障，就只有求老天开恩了。过去农民普遍认为，天旱是因为得罪了龙王爷。为求得龙王爷开恩，赐雨人间，要举行一系列形式各异的祭祀、祈祷仪式来求雨。旧时民勤城乡都建有龙王庙，就是民勤人盼水求雨的历史见证。

三、秋收

秋收，指秋季收获农作物。广义的秋收也包括夏粮作物的收获。无论夏收秋收，都是农民经历千辛万苦、一颗汗珠摔八瓣的劳动成果。有了收获，生活才有了奔头。

（一）收田。民勤人习惯把长在地里的小麦叫"田"，把夏天割麦子叫"收田"或"割田"。

1.割田准备。"芒种刮热风，旱断青苗根"，越到临近收割越让人操心。小麦灌浆时刮热风

割麦子　陶积忠摄

"青秕"了，灌浆饱满刮风又怕倒伏。小麦到成熟时，变化很快，"小暑大麦黄，大暑小麦捞上场"，有"田黄一夜，人老一年"的说法。小麦作物的品种不同，有的"口紧"（麦粒抱穗紧），有的"口松"（麦粒抱穗不紧）；口松的不及时收，麦粒易掉地，实在可惜。一旦狂风大作，麦子就遭了殃；或是阴雨绵绵，人们就得吃芽面。所以要抓紧时间抢收。群众都说"田黄一时，龙口夺食"。夺龙口的食，要夺得好，

草葽子　李文泮摄

磨镰刀　陶积忠摄

还要夺得巧，"田黄七分收九分，田黄九分收七分""八成熟，十成收；十成熟，二成丢"。要完全而顺利地收回家，就要充分做好夏收准备。一是准备捆麦子的"草葽子"。"草葽子"一般是用沙竹篾子泡软搓成的，民勤人割麦前都要"搓葽子"。二是准备镰刀，家家户户都要检查镰刀，缺了、老了就要及时购买或者修整。

2.割田。抢收割田，就得起早贪黑。清晨割田，天气凉快，蚊子也不来骚扰，正是割麦的好时候。到太阳出来了，吃些馍馍，喝口水，喘口气，磨磨刀。"磨刀不误割田工""长犁地，短割田"，割麦子都割较短的一段距离重新回到地头开始割新的一趟，这样人不太累。"不怕慢，就怕站"，每一趟都要一鼓作气。到中午，一直烈日当头才回家吃饭。稍作休息顶着依旧火辣辣的烈日，继续割麦子。割麦子也是男子汉显示本事的时候。俗话说"崴汉子（强汉子）割折镰把，汉子（弱汉子）别折锨把"。崴汉子发威，一天能割一亩麦子（常人一天割五六分地）。割麦中，有时一个人感到寂寞冷清，往往几个人搭起来干。割头趟（第一趟）的人，当开路先锋，要使出浑身解数，试图遥遥领先。后面的人，紧追不舍，都力图超过。俗话说"前头的肉浪子，后头的扯趟子"。割在前面的刚直直腰，撩起衣襟擦把汗，后面的就大喊："快，（我的）镰刀砍到（你的）脚巴骨（脚后跟）了！"如果遇到了倒伏的麦子就不分趟

了，几个人围起来大砍大伐，一会儿就解决了，不像一个人那样费时费事。从吃晌午到晚霞收尽最后一抹余光，割麦人才回家。如果有月光，还要在月光下再割一阵子，才上炕休息。真是最苦莫过于收田打场。

捆麦子　　陶积忠摄

3.捆田。麦子割倒后，必须趁其柔软时打捆，以便拉运。捆田一般有两种办法：一种用"草葽子"捆。两手分别拉住草葽子的两头，再用膝盖向下一压，顺手将绳头绾住就成了。草葽子用途也多，捆了麦子捆麦草，夏天用了秋天用，今年用了明年用。另一种是用"麦葽子"捆，用刚刚割下的麦秆，抓一把，分为两股，从麦穗的下方处交互缠绕，就变成了一根"麦葽子"。用此麦葽子，将割倒的麦子拦腰捆住，平放或根部朝下直立放在地里。俗话说"麦子入捆子，银子上戥子"，意思是：田禾只要捆成捆子，就能估量出每亩地的产量，判定今年收获的丰稔，银子就拿定了。

4.转田。把捆好的麦子转运到场上，乡人谓之"转田"。"六月的天，妖婆子的脸——说变就变"。割下的麦子最怕雨淋，农人要赶在变天之前将麦捆搬运到场上。"早烧（早霞）阴，晚烧（晚霞）晴"，夏收的农人只盼着天天有火烧似的晚霞。转田至少要有两人才能完成，一个人在地下拿着杈（两根铁杈齿），挑起麦捆，递到车上，一个人在车上装车，把车装得方方挺挺，再用煞车绳煞得紧紧实实，然后吆车送到麦场上。若是遇上五彩朝霞，或浓云滚滚，大雨即将来临，割麦子的就不再割了，赶紧将麦捆或三个或五个，麦根朝风来的方向一堆堆"码"在地里。等雨过天晴，人们再把麦捆竖起来，晒干了再

摞麦垛　　陶积忠摄

打场　陶积忠摄

拉运。

5.摞垛。摞，民勤方言，将麦捆一个个按一定的规则垒起来，垒高成垛，叫"摞垛"。为什么要摞垛？原因有二：一是麦捆都转运到了场上，一时来不及打，摞成垛，不占场地，即使下雨了也不会淋湿，麦子就不会生芽；二是为了让麦子"出汗"（后熟），出了汗的麦子，磨成的面粉筋道大，拉的面条长。摞的垛底子最大，上面一层比下面一层小，每一层都是麦根儿朝外，麦穗儿朝里，最上一层收顶，用散麦盖在上面。摞好的麦垛远远望去就像一个"金"字，金灿灿矗立在麦场上，一年种庄稼的希望就在这里，农人看着心里美滋滋的。

6.拾田。拾田就是拾麦穗。在没有机械收割机的年代，收麦子全凭镰刀，收割完的田地里不免会落下很多的麦穗，常言道"打牛千鞭，不见一米（黄米）"，这些成熟的麦穗怎能让它白白溜走，当然要颗粒归仓。拾田的事主要是小孩子和妇女做，男劳力一般是顾不上这些清闲活的。

（二）打场。打场的日子对于农民有着临近收获的喜悦，但也是一年当中最辛苦的日子。

1.选场。"过日子先盖房，打麦子先安场"。安场首先就要选场，耕地少的地方，没有专门的场地，要每年计划选种大麦、青稞等早熟作物的田地紧场。有些乡村，地方宽展，就可预留永久性打麦场。打麦场一般选在高处，最好能在水沟旁，下

摊场　陶积忠摄

20世纪70年代打场情景

雨不致积水；要便于拉麦子、堆麦草。还要离村庄稍远处，以防火灾。

2.紧场。无论是新选麦地，还是永久性麦场，都必须先紧场才好用。新场等麦子一割完，马上放水润地，地稍干，就用碌子反复碾压紧场，把地上的裂缝压掉，高低压平，趁湿用方头铁锨铲去麦茬子，打扫干净，再用碌子碾压几遍才算紧好了，晾晒一两天，即可用来打场。永久性场用时也要浸水后紧一下，不然用时就"塘土"飞扬，不好使用。

3.摊场。将麦捆解开，按一定的顺序平铺在场上叫"摊场"。有两种摊法：第一种是用手铺，左手抱着麦捆子，右手将麦子麦穗向上压在前面麦秆上，看上去全是麦穗。这种摊场的方法速度慢，但打场时麦粒容易打下来。第二种是用权挑着摊，先用权把麦子打散，然后依次撒开摊匀，使薄厚一致。这比手铺速度快、但哪种摊法都要在场上找出中线分两面按逆时针方向摊，顺时针打场才不会"反架"。

4.打场。以前靠畜力牵引石碌。若是力量大一些的牲口，比如骡子，一头拉一条石碌；若是力量小一些的牲口，比如驴，则一对驴拉一条石碌。不管什么牲畜拉，都要有一个人牵着牲口，顺时针方向反复碾压。20世纪六七十年代民勤有了拖拉机，就用拖拉机拉着大石碌子反复碾压，这比牲口打场快多了。等碾熟一碌子就让半碌子继续碾，要防止有夹漏，造成半生不熟的现象。等全部打熟了，就"刮头麦"。用四股权沿着碾转的方向，把"熟了"的麦草刮堆，由小孩抱到场边，或合力用权推到场边。剩下的"生麦草"用权翻抄一遍，继续碾轧，这时就叫二麦了。一般打完二麦，麦草上就没有麦粒了。挑尽麦草，就该"起场"了。

5.起场。起场就是用推板推，用扫帚扫，将这些带有稳稳子的麦子，推

扬场　陶积忠摄

打掠扫　陶积忠摄

装粮食　陶积忠摄

到场的中心，堆成大大的"印堆"。

6.扬场。要将带有稳子与秸秆的麦粒分出来，最早只能借助自然风的力量将杂物吹走，这就叫扬场。扬场用木锨，要有很高的技巧。扬场人斜迎着风，手握木锨，铲起带稳子的麦粒，逆着风扬去，较重的麦粒，迎风向前；较轻的麦稳碎草，被风吹向另一边，麦粒与麦穗、碎草就分离了。扬得好的"把式"，人说"木锨头上有风呢"。他们能在风不好的情况下，撒开麦子的同时，精准地控制麦粒迎风落下，自然地分开粮食和稳子。当然，有一点脱离不尽的麦穗不好分离，因而，在扬场时，在麦堆的边上，有一个人戴着草帽，用长苠苠扫帚轻轻地掠扫到下风，这叫"打掠扫"。扬场要出两遍"大杂"，抢二至三遍"细子儿"，才算干净了。扬净的麦子，要及时装走，一则是一年收获的至宝，要珍藏，再则也必须及时腾出场地，打下一场。

7.意外。天有不测风云。打场时节，雨水较多，人们争分夺秒"龙口夺食"。如果打碾中天边翻起了乌云，就得做出判断，及早防备，"云走东，刮场风；云走西，下场雨；云走南，泡塌岸""瓜趟子云，淹死人"，这些农人们总结的经验，虽说不一定准确，但在没有天气预报的时代，也不失为一种参考。知道雨快来了，就顾不得打碾，大家齐力起场：挑麦草的挑麦草，扫的扫，把连麦稳子与没有碾干净的麦秸分别堆起来。如果只是一时的过雨，雨过天晴，等晒干了场皮，人们又抖开麦秆，晒干了再打。或摊开连糠麦堆，晒干了再扬。如果是连续阴雨三五天，麦粒便会生出麦芽，但尚且能吃芽面。如果阴雨七八天，则满场成了绿茵茵的麦苗，一年辛苦，就白忙乎了。那衣食靠什么？农民望着无奈，瞧着心焦，真如"汤煮"一般。

8.捆麦草。麦子入仓了，要把场上的麦草捆起来。捆麦草之前先要把麦草统统抖一遍，抖出藏在麦草中间的麦粒。抖过之后，要用杈将麦草摅紧。把两根草萋子的一头穿到麦草底下，抓住草萋子的另一头，将麦草扳起，乘势用膝盖使劲压下，迅速将草萋

晒麦子　　陶积忠摄

子两头搭扣绾住，再顺势捆好另一根草萋子。一般一个捆子20多斤，捆得好的也有30多斤的，也有捆不好冒掉的，就得重摅重捆。捆好的麦草要码垛。这些麦草，或铡碎喂牲口，或用来砌墙压沙，用处还是很多的。

9.谢磙。谢磙，也叫落磙，实际上就是粮食获得丰收后的祭神、谢神。按传统的观点，粮食丰收，都是诸路神仙保佑的结果，打完场要感谢他们。怎么谢？用头一场麦子磨成的面粉，叫"新麦子面"，蒸"盘馍"献土地、敬祖先，也有做长面献汤的做法，总之就是表示收获了不忘神仙与祖宗保佑。现在举行的丰收节实质上与过去谢神庆丰是一个道理。

（三）收秋粮。秋粮主要指玉米、糜子、谷子、高粱等。收获这些作物，只动用男劳力收割就可以了。妇女们的主要任务之一就是掐谷子，将运到场上的谷捆，用刀铡下谷头，谷草另捆；任务之二是选谷种，将穗头最大的拣出来，留作籽种，吊挂起来；任务之三，就是选糜种、打笤糜，将杆粗穗大的糜子撅下来另打，糜粒留作籽种，叫"选糜种"，将打过糜子的糜秆叫糜秧，用它来扎笤帚，叫"打笤糜"。秋粮的收割打碾，一般只用10至15天即可完成。九月底、十月头，挖洋芋，挖胡萝卜，除秋菜外，一年庄稼，至此收获完毕。

四、冬藏

"寒来暑往，秋收冬藏。"冬藏，藏是储备的意思。民勤一年只有一熟，也就是庄稼只能收获一次。这一次，要供全年的吃食，不储备显然是不行的。所谓"养儿防老，积谷防饥"。如何珍藏？大致有以下几种方法。

（一）仓子藏。仓子是用土块与泥建成的储藏粮食的建筑物。仓子每家每户都有，有的砌在炕的另一边，有的砌在粮房里，有的砌在厨房内，有的砌在院子的凉棚

下，随各家的方便而定。若在炕上，约一米宽，二米深，一面靠屋墙，其余三面另砌墙。若在别处，至少一面靠墙，仓底用砖支起的双层炕面子打成，其余三面用土块围砌，在一面墙的下部，安上木闸板，取粮时，抽开闸板，粮食自然流出，无须进仓挖取；取够了，推上闸板，粮食不流，很是便利。

（二）夹墙藏。有些囤粮积谷的富户人家，为防止粮食发霉与被窃，在屋墙或庄墙的夹墙里，铺一层草灰（隔潮气），草灰上铺一层糜草（防腐烂），糜草上再盖一层粗麻纸，再将粮食倒入，差不多了，再铺一层糜草，用泥巴封顶，顶端一定要略高于粮顶，以便淌出雨水。此法须先将粮食晒干，方无后患。

（三）袋子藏。有些人家打下粮食，装在麻袋或原来装化肥的袋子里，码在藏粮的房子里。

春播、夏耘、秋收、冬藏，在岁时节令的递进中，一年又一年地循环。在这循环中镌刻着民勤农民的生活轨迹；在这循环中创造了民勤的农耕习俗乃至农耕文化；甚至，对于以农耕文明为主的民勤，这循环就是民勤鲜活的历史。

民勤的农耕习俗决定了民勤社会文明的基本特征，民勤历来就是农业社会，农耕文明孕育的自给自足的生活方式、文化传统、农政思想给民勤社会打下了深深的烙印。同时，这种民间乡土的历史传承，也是民勤社会文明生生不息、绵延不断的重要原因。

民勤农耕习俗蕴含着优秀的思想精华和文化品格，是民勤传统文化价值观的重要精神来源，也是"人勇而知义，俗朴而风淳"的社会根源。

民勤农耕习俗包含了丰富的生活、生产、气候、农事活动知识，是一座丰富的知识宝藏。

民勤农耕习俗创造了长盛不衰的民勤文化。同时，灿烂的民勤文化又促进和丰富了民勤农耕习俗的内涵。利用好丰富多彩的农耕文明对建设美好家园、激发爱国热情和丰富人民群众的文化生活具有十分重要作用。

现在，社会在变革，文化在进步，但"俗朴风淳，人民勤劳"依然作为民勤的文化基因代代相传。

（石　荣）

谢　土

谢土是房屋盖成后酬谢土神的一种祭奠形式。民勤习俗，新房落成入住要谢土；或新房落成已入住多年，儿媳、孙媳要在房中坐月子，便请道士谢土，以图吉利。

谢土仪式由来已久，明代李贽的《移住上院边厦告文》写道："今尚未塑佛，未敢入居正室，且亦未敢谢土。"清代顾张思的《土风录》卷二记载："《东观汉记·钟离意》：'出奉钱，使人作市屋，既成，谓解土，祝曰。'按：即今所谓谢土也。"

谢土仪式不是人人可为，须由专人操持。民勤民间盛行的师公子就专门以给打庄盖房的人谢土跳神为主要行当。随着时间推移，师公子已不多见，谢土行当多为道士代替。谢土仪式大致分为邀请道士、张贴对联、献盘、请土神、念经安神，开门宰鸡、打醋炭、插旗还土等环节。

请道士。主人述说自己建房情况、生辰八字，道士根据天干地支，合计生辰八字，算定某一日期举行仪式。日期中避开农历初五、十四、二十三这 3 个忌日，其他日子，依据实际情况择定算定，无定数。

张贴对联。主人家准备好红纸墨水。道人进门后，拿出毛笔，书写对联。因长期书写，很多道人成为不错书家。常用对联有：

谢土仪式　李军摄

唪演真经酬土德；拜表进香报神恩。横批：集福迎祥

奠安土部臻百福；新居落成赐千祥。横批：补土安神

献盘。盘馍是供品，献给桌上供奉的土神。盘馍献于酒桌上土神像前。盘馍比平常馍头大出许多，数量 16 个。摆成塔形，底层摆放 7 个，中间放 1 个，其余 6 个围绕中间馍形成圆圈。上层放 4 个，第三层 3 个，第四层放 1 个，馍顶朝下，置于下层 3 个馍顶形成的空隙中。最上层 1 个，馍顶朝上，底与四层馍底相接。

盘馍摆好，前面放一香笼，若无香笼，可用碗、小盆代替，里面放入适量粮食或大米等。主人拿香在手，点燃，对着前面土神作揖，把香插入香笼。第一炷香敬天神，插中间；第二炷敬地神，插右边；第三炷敬家神，插左边。然后跪下，依次点燃黄表纸三张，黄表纸燃尽，对着土神

献盘　李军摄

像叩头三个。黄表纸为普通黄纸裁成小张，每一小张按任意方向卷折，即成一张黄表纸。

上香。堂屋正中摆一方桌，桌上放一升子，升内盛满粮食。现在人家无升，多用盆替代。内插五炷香，代表东西南北中，意谓答谢五方土神之意。

请土神。在主人家院内中心地带取土，盛满升子。若宅基地土质不好，则在主人家庄稼地里取。现今楼盘盛行，无土可取，就在楼区绿化区取。若无升子，亦可用盆替代，土置盆中。升子置于插香升子后面，土上撒黄米、小米、麦子、大豆、麻籽等五谷，一个鸡蛋。里面插五方旗，分别是东方黑色，南方红色，西方白色，北方蓝色，中间黄色。前面升子里盛满粮食或米，插上土神像。

请土神　陶积忠摄

念经安神。桌前面地上放两块棉垫，道士跪右边棉垫上，主人跪左边棉垫上。道士前面放木鱼、九寸书鼓。念经开始，主人化表；道士右手敲击木鱼和书鼓，左手摇金铃，口中念曰：

太上老君说，安土地妙经。

元始安镇，普告万灵。岳渎真官，土地祇灵。左社右稷，不得妄惊。回向正道，内外澄清。各安方位，备守坛庭。太上有命，搜捕邪精。护法神王，保卫诵经。皈依大道，元亨利贞。急急如律令……

土皇九垒，千二百神。闻经补谢赴坛庭，值年太岁尊，除邪补宅，永世保安宁。

道士念经完毕，主人化表结束。

开门、宰鸡。谢土之前，主人家要准备好一只大白公鸡。道士念完经，来到门外，关上街门。现今楼房谢土，则关闭楼门。主人递过公鸡，道士拿出随身携带的小

念经安神　陶积忠摄

镇木，在鸡身上拍几下，吹几口气，然后一刀砍下鸡头。道人开门，到院内各处、各个房间走转一圈，楼房一例。边走边甩马鞭，口中念念有词。主人提着公鸡，紧跟道人，鸡血滴落各处、各个房间。鸡血有警示、凶煞作用，鸡血滴落，各种妖魔鬼怪不敢前来，主人住在房内即可安定。

打醋炭。滴完鸡血就打醋炭。找一块拳头大小的石头，烧红，放在铁勺里，再倒上醋，醋遇石头高温蒸发，屋里瞬间醋汽蒸腾，酸酸的，呛呛的，人闻到很舒服，又想打喷嚏。同样，道人前边走，边走边念经文，主人端醋炭勺子紧跟后面，迅速到院内各处，各个屋子走一遍，薰上醋炭烟气，意为安神清煞。

还土、插旗。打完醋炭，道士取出粮食升中的四色旗，登上主人家房顶，依旧按前面顺序，黑色旗插在东方墙顶，红色南方，白色西方，蓝色北

谢土后事主家钻官煞　李军摄

方。楼房无顶，插于阳台两边、阴台两边，以示房屋四方。同时，主人要把黄旗和盛土升子，连同五谷杂粮，一起拿到原先挖土的地方，倒掉土，烧掉黄旗，是谓"还土"，然后端着空升子回来。道士在主人注视中把鸡头钉在院门正中中槛上，楼房谢土，则钉到楼门上面。

有些时候，事主家大人孩子毛病较多，家道不顺，还要请道士或师公子驱劫禳魔，以求诸事顺遂，民间称之为钻官煞。至此，谢土程序全部完结。道士或师公子收拾锣镲鼓钹及诸神画像，主人根据家庭经济状况和社会行情，付给道士或师公子一定数量钱币，装上盘馍、粮食，拿上宰杀公鸡，算作程序报酬。

谢土仪式用于房屋新建和娶媳妇生孩子。新的房屋不断建成，媳妇必须娶孩子必须生，谢土仪式便代代传承。

（邸士智、杨立中）

民勤许愿完愿习俗

民勤人许愿完愿的习俗由来已久。民勤地理位置偏远，历史悠久，在漫长的历史沿革中，农耕文明和游牧文明相撞，地域文化和移民文化相融，形成了独具特色的民勤文化。民勤旧时先民们的生活条件落后，战乱频仍，自然灾害时有发生，民众生活困难。人民保持了汉民族崇德报恩、祈福消灾的祀神祭祖传统，信仰神灵的风气很浓重，希望神灵带来风调雨顺和好的收成。趋利避害是人类最本能的思维方式。人们在遇到危难病灾，一筹莫展，无可奈何之时，往往会乞求上苍保佑，在乞求的同时许愿：如大慈大悲观世音，保佑弟子。菩萨大恩大德，弟子没齿不忘，倘若今日无事，弟子定重塑金身。当愿望实现，自然就要进行完愿。完愿，也叫还愿，就是使自己所许之愿兑现。失信于人，虽然欺心，尚无大碍；失信于神，则要时刻提防神的报应。

民勤人许愿场所主要是在寺庙，大有讲究。

农家请道士完愿　　陶积忠摄

一、进门

寺庙建筑都有许多道门，从哪一道门进入都是有讲究的。正中间的三道门，才是供人出入的。凡俗之人进门只能走左边的那道门，中间那道门叫空门，只有天子、宰相、出家人才可以出入的。进门时，男客先迈左脚，女客先迈右脚，而且步子迈得越大越好。同时进庙宇时，应遵循左门进右门出的原则。注意，不能踩踏在门槛（门槛代表佛祖的肩膀，不能踩踏）之上。而登临第一和第六个台阶行礼，意味着一心一意和六六大顺。

二、拜佛

拜佛前，先要净（洗）手。香不能叫"买"叫"请"。普通人敬香要用左手持

（右手不净，普通人杀生大多用右手）。三炷为自己祈福，六炷为两辈人祈福，九炷为三代人祈福。而十三是一个极致，十三炷香就是功德圆满的高香。

先烧香再叩头。左手拿香，右手拿烛。烧香时，先用自己的火点燃香，要越旺越好，香火旺盛嘛。左手在上，右手在下握住香，高举过头顶作揖。作揖后，把香插在香灰里，就可以进门叩头了。

叩头要认准佛祖菩萨或罗汉。上香以三炷为宜，此表示"戒、定、慧"三无漏学；也表示供养佛、法、僧常住三宝。这是最圆满且文明的烧香供养。上香不在多少，贵在心诚，所谓"烧三炷文明香，敬一片真诚心"。香入香炉时应呈水平角度，曰平平安安。

再说跪拜姿势。双膝跪在蒲团上，双手合十。双掌合十要注意手心处呈空心状，高举过头顶，向下至嘴边停顿，可许愿；再向下至心口，默念，再摊开双掌，掌心向上，上身拜倒。许愿一次只能许一个愿，千万不要贪心许很多愿。

三、上香

上香烧香的礼法讲究较多，用自己的火将香点燃；用两手的中指和食指夹着香杆，大拇指顶着香的尾部；安置胸前，香头平对菩萨圣像；再举香齐眉；之后，放下安置胸前，香头平对菩萨圣像；开始用左手分插：第一支香插中央，第二支香插右边，第三支香插左边。上完香后，正对佛像，肃立合掌，恭敬礼佛。

如果是上环香，就要以点燃之处向佛，两手像持长香的方式一样。要是上檀香时，要用双手大拇指和食指拿着香的两头，中指、无名指、小指都张开伸直，高举齐眉，前后放进香炉：第一根檀香用左手拈起，右手接过送入；第二支则利用右手拈起，左手送入；第三支又和第一支一样。烧香就是供养，烧檀香最好。

四、许愿

许愿就要拜菩萨，在菩萨面前发愿，祈求菩萨保佑达成心愿。菩萨们也是各司其职、各有特点的，不同的祈愿拜不同的菩萨才会更灵验。

观音菩萨，又被称为大慈大悲观世音菩萨，法相为世人所熟知。慈是使他人快乐，悲是帮助他人解脱烦恼和痛苦，普渡众生。因此求解脱、求安

信众在法幢寺庙会许愿　　陶积忠摄

乐、求姻缘、求孩子可参拜观音菩萨。

文殊菩萨是释迦牟尼的左胁侍，右手持智慧剑，左手持的莲花上放置般若，骑乘狮子，比喻以智慧利剑斩断烦恼，以狮吼威风震慑魔怨，代表聪明智慧，因德才超群，善于洞察纷繁世理、引导教化，居菩萨之首。因此，需要为求学、升学、考试等祈福，参拜文殊菩萨是最适合的，可以祈求开启智慧，德才超群。

普贤菩萨是释迦牟尼的右胁侍，头戴五佛金冠，身披袈裟，手执如意，神态庄重，坐骑为白象。象征着理德和行德，代表愿行广大、功德圆满。因此，参拜普贤菩萨就是为了让自己的为人处世圆满，凡行必成，通常以求工作、事业为主。

地藏菩萨，或称地藏王菩萨。左手持宝珠右手执锡杖，或坐或立于莲花上，其坐骑为"谛听"，又称"独角兽"。地藏菩萨表示的是孝亲尊师，象征无尽的孝道，受菩萨护佑先世亲人不堕地狱，来世不堕恶道。因此拜地藏菩萨多数是为了替双亲、师长祈求身体安康、福寿无疆。

四大菩萨是释迦牟尼佛的四大胁侍，帮助释迦牟尼佛弘扬佛法，令无数众生同登快乐彼岸。悲、智、行、愿是四大菩萨之标征，观音表慈悲、文殊表智慧、普贤表行践、地藏表愿力。还有很多其他菩萨，如求欢喜求包容的弥勒佛菩萨、求正义求正法的韦驮菩萨等等，只要虔诚、恭敬，做一个有福德的人，不论拜哪一位菩萨，都能得到诸佛菩萨的庇佑。

人们烧香礼佛的目的大多是为了表达虔心，寄托愿望，祈求神灵庇佑。许愿要明确自己的愿望。如祛病强身，事业顺利，邻居和睦，多纳钱财等种种正善愿求，怎么想就怎么说。许愿后就要至诚恭敬读诵《普门品》，也可读诵其他佛经，或是专念佛菩萨名。众善奉行，诸恶勿作。求其他愿望，也是这样，比如求病好，就多读诵抄写《药师琉璃光如来本愿功德经》《佛说疗痔经》等。净念思维，愿解如来真义，功德回向。只要相信，坚持读诵抄写，得到正果智慧，一切都会好的。因众生业力不同，所显相就不同。若依自己业力显相，一时没满愿，不能怨怪佛菩萨，或怨怪其他。若自己所做还不合因缘法则，坚持读诵，

备好供品宪愿　　陶积忠摄

或是放弃，都是自己的业，佛菩萨只是明讲法性，众生闻法后，从无知，变知道，所做如法，就会满愿。

许愿成功之后，一定要还愿。如果过了许愿期限之后，愿望成真了，就要选个日子去还愿。最好的还愿方法是存好心，说好话，做好事，当好人。这从许愿之时开始就可施行。许愿后没有规定多长时间要去还愿，原则上是愿望达成后要在一年内还愿。如果在许愿期限内没有顺利成就愿望，则是不需要还愿的。

许愿之后应该如何还愿，民勤人也有讲究。

在去寺庙还愿时可以准备当季水果、饼干等三五样供品，但必须是单数（因为单数为阳数）；另外也可准备香、金纸等等，适合上供的水果有苹果、桃子、李子、枣子、葡萄、柚子、橘子等。不能上供的水果有西红柿、石榴、榴莲等。

信众在枪杆岭山法幢寺拜佛还愿

先把佛事做完，该上香的上香，再回到还愿的那个神明、菩萨面前。先三跪九叩，然后心中默念自己的姓名、年岁，几时来许过愿，什么样的愿，为了什么事情来还愿。如果会经文的就诵念经文，然后回向给众生以及许愿的那个神明，再三跪九叩就结束了。

在还愿拜佛磕头的时候，左手拿香，而且手一定要干净。烧香时，香要一次性点燃，要越旺越好；上香的时候右手在下握住香，高举过头顶作揖，作完揖后就可把手中香置于香炉中。佛前点灯，可以点一对，也可以点三六九个，或九的倍数，象征祈福，心明眼亮。敬香，表示对佛菩萨

请师公子完愿　　陶积忠摄

的尊敬，虔诚恭敬供养三宝；传递信息于虚空法界，感通十方三宝加持，旨在与佛菩萨心意相通。还愿是因人而异，因地而定的，应该根据你当时许愿的环境、地点、许愿的情况来还愿。在当初许愿的时候，自己说过的什么承诺，在愿望成真之后就一定要按照自己说的去做。

人生不如意者十之八九，没有人不愿意自己百病不侵，万事顺意。民勤许愿祈福的习俗很多。除了去寺庙外，还找神婆、师公子、卦师，他们在占卜、看相、看风水、请神、出神之外，还消灾祛病，化解禳魇，帮人指点迷津，达成愿望。

对树许愿是民勤人许愿祈福方式里很特殊的一种。民勤人很早就有对树许愿的习俗，人们会把树当成偶像来供奉，在古老的大树下烧香点烛或默默祈祷许愿。人们把树当成偶像来供奉，一方面是表达人民对大自然的敬畏之心，另外人们把树作为精神寄托，是相信古老的树木有顽强的生命力，会给自己带来好运气。民勤被历史上誉为"塞上奥区"，钟灵毓秀，有好多古树名木闻名远近，如昌宁古榆、孙家台"飞来柏"、红沙梁古槐等。但有期许，那些虔诚朴实的善男信女就去对树许愿，挂红烧香，蒸盘摆祭，层层叠叠，披拂摇曳，殊为壮观。

民勤人的许愿完愿仪式规整、成熟，带有明显传统宗教文化的印记。许愿、完愿是先辈对美好生活的热情追求，也是宗教消灾祈福在民间的深入与传播的表现，不能以迷信和科学的框框简单评价。随着时代的发展，一些旧有的宗教礼制在简化演变，一些新鲜的规制仪程也在衍生流行，成为宗教文化和民俗民风的重要部分。

（杨立中）

附 录

民勤县非物质文化遗产项目名录

序号	项目名称	级别	项目类别	公布批次	公布时间
1	民勤曲子戏	国家级	传统戏剧	第五批	2021
2	民勤唢呐艺术	省级	传统音乐	第二批	2008
3	苏武传说	省级	民间文学	第三批	2011
4	民勤民歌	省级	传统音乐	第三批	2011
5	民勤毛毡制作技艺	省级	传统技艺	第三批	2011
6	民勤骆驼客	省级	民俗	第三批	2011
7	民勤驼队传说	省级	民间文学	第四批	2017
8	驼夫号子	省级	传统音乐	第四批	2017
9	民勤皮活制作技艺	省级	传统技艺	第四批	2017
10	民勤元宵灯山会	省级	民俗	第四批	2017
11	民勤皮影戏	市级	传统戏剧	第一批	2007
12	民勤剪纸	市级	传统美术	第一批	2007
13	民勤民间谚语歇后语	市级	民间文学	第三批	2010
14	打夯号子	市级	传统音乐	第三批	2010
15	民勤刺绣	市级	传统美术	第三批	2010
16	民勤花灯制作技艺	市级	传统技艺	第三批	2010
17	民勤纺棉织布技艺	市级	传统技艺	第三批	2010
18	民勤雕版印刷技艺	市级	传统技艺	第三批	2010
19	民勤秧歌社火	市级	传统舞蹈	第三批	2010
20	苏武山朝山会	市级	民俗	第四批	2015
21	民勤端阳节赛诗	市级	民俗	第四批	2015
22	民勤民间谜语	市级	民间文学	第五批	2022
23	民勤儿歌童谣	市级	民间文学	第五批	2022
24	民勤民间传说故事	市级	民间文学	第五批	2022
25	蔡旗鼓子舞	市级	传统舞蹈	第五批	2022

26	民勤沙雕	市级	传统美术	第五批	2022
27	民勤柳编技艺	市级	传统技艺	第五批	2022
28	民勤街门楼建造技艺	市级	传统技艺	第五批	2022
29	民勤羊毛毯织造技艺	市级	传统技艺	第五批	2022
30	民勤花馍制作技艺	市级	传统技艺	第五批	2022
31	民勤碱面制作技艺	市级	传统技艺	第五批	2022
32	沙米凉粉制作技艺	市级	传统技艺	第五批	2022
33	麦索制作技艺	市级	传统技艺	第五批	2022
34	民勤羊肉宴制作技艺	市级	传统技艺	第五批	2022
35	骨膏熬制技艺	市级	传统技艺	第五批	2022
36	民勤古法制茶技艺	市级	传统技艺	第五批	2022
37	民勤手工挂面制作技艺	市级	传统技艺	第五批	2022
38	油饼卷粽子制作技艺	市级	传统技艺	第五批	2022
39	芨芨编扎技艺	市级	传统技艺	第五批	2022
40	民勤端阳节习俗	市级	民俗	第五批	2022
41	民勤家谱编修习俗	市级	民俗	第五批	2022
42	民勤方言	县级	民间文学	第一批	2007
43	宗族郡望典故	县级	民间文学	第一批	2007
44	民间雕刻	县级	传统美术	第一批	2007
45	民间彩绘	县级	传统美术	第一批	2007
46	布贴	县级	传统美术	第一批	2007
47	染布技艺	县级	传统技艺	第一批	2007
48	草编技艺	县级	传统技艺	第一批	2007
49	婚娶礼俗	县级	民俗	第一批	2007
50	丧葬礼俗	县级	民俗	第一批	2007
51	春节习俗	县级	民俗	第一批	2007
52	清明节习俗	县级	民俗	第一批	2007
53	蔡旗堡的传说	县级	民间文学	第二批	2007
54	连城的传说	县级	民间文学	第二批	2008
55	枪杆岭的传说	县级	民间文学	第二批	2008
56	神沙窝的传说	县级	民间文学	第二批	2008
57	金日磾的传说	县级	民间文学	第二批	2008

58	卢翰林的传说	县级	民间文学	第二批	2008
59	谢氏一门三知县的传说	县级	民间文学	第二批	2008
60	翰林知县周兆锦的传说	县级	民间文学	第二批	2008
61	实业县长牛载坤的传说	县级	民间文学	第二批	2008
62	春歌	县级	曲艺	第二批	2008
63	板歌	县级	曲艺	第二批	2008
64	民间游艺与竞技	县级	体育、游艺与杂技	第二批	2008
65	传统农具制作技艺	县级	传统技艺	第二批	2008
66	木匠技艺	县级	传统技艺	第二批	2008
67	铁匠技艺	县级	传统技艺	第二批	2008
68	石匠技艺	县级	传统技艺	第二批	2008
69	泥水匠技艺	县级	传统技艺	第二批	2008
70	油漆匠技艺	县级	传统技艺	第二批	2008
71	箍炉匠技艺	县级	传统技艺	第二批	2008
72	剃头匠技艺	县级	传统技艺	第二批	2008
73	锥匠技艺	县级	传统技艺	第二批	2008
74	织口袋技艺	县级	传统技艺	第二批	2008
75	布鞋制作技艺	县级	传统技艺	第二批	2008
76	赛驼	县级	民俗	第二批	2008
77	中秋节习俗	县级	民俗	第二批	2008
78	腊八习俗	县级	民俗	第二批	2008
79	生育礼俗	县级	民俗	第二批	2008
80	寿诞礼俗	县级	民俗	第二批	2008
81	民勤古树传说	县级	民间文学	第三批	2010
82	民勤小曲戏故事	县级	民间文学	第三批	2010
83	母子树传说	县级	民间文学	第三批	2010
84	马永盛的传说	县级	民间文学	第三批	2010
85	栅子沟的传说	县级	民间文学	第三批	2010
86	莱菔山的传说	县级	民间文学	第三批	2010
87	镇国塔的传说	县级	民间文学	第三批	2010
88	双茨科的传说	县级	民间文学	第三批	2010

89	红柳和沙枣的故事	县级	民间文学	第三批	2010
90	泉山的传说	县级	民间文学	第三批	2010
91	瓜牙儿的传说	县级	民间文学	第三批	2010
92	王扶朱的传说	县级	民间文学	第三批	2010
93	民主志士聂守仁的传说	县级	民间文学	第三批	2010
91	老爷庙的传说	县级	民间文学	第三批	2010
95	张舍儿的传说	县级	民间文学	第三批	2010
96	石关卿的传说	县级	民间文学	第三批	2010
97	千户学粮的传说	县级	民间文学	第三批	2010
98	农耕谚语	县级	民间文学	第三批	2010
99	灵潭卧龙	县级	民间文学	第三批	2010
100	红崖隐豹	县级	民间文学	第三批	2010
101	黑山积雪	县级	民间文学	第三批	2010
102	莱菔闲云	县级	民间文学	第三批	2010
103	小河垂钓	县级	民间文学	第三批	2010
104	红寺农耕	县级	民间文学	第三批	2010
105	平湖叠垒	县级	民间文学	第三批	2010
106	照人碑的传说	县级	民间文学	第三批	2010
107	三眼井的传说	县级	民间文学	第三批	2010
108	潮水石的传说	县级	民间文学	第三批	2010
109	九音钟的传说	县级	民间文学	第三批	2010
110	关煞洞的传说	县级	民间文学	第三批	2010
111	走马灯的传说	县级	民间文学	第三批	2010
112	回音壁的传说	县级	民间文学	第三批	2010
113	翰墨林的传说	县级	民间文学	第三批	2010
114	毛线吊斗的传说	县级	民间文学	第三批	2010
115	民勤道教音乐	县级	传统音乐	第三批	2010
116	扬调板胡	县级	传统音乐	第三批	2010
117	说书	县级	曲艺	第三批	2010
118	民勤弹词	县级	曲艺	第三批	2010
119	民勤朝阳棍	县级	体育、游艺与杂技	第三批	2010

120	博弈游戏	县级	体育、游艺与杂技	第三批	2010
121	技巧游戏	县级	体育、游艺与杂技	第三批	2010
122	智力游戏	县级	体育、游艺与杂技	第三批	2010
123	助兴游戏	县级	体育、游艺与杂技	第三批	2010
108	民间泥塑	县级	传统美术	第三批	2010
124	民间绘画	县级	传统美术	第三批	2010
125	木轱辘车制作技艺	县级	传统技艺	第三批	2010
126	土寨夯造技艺	县级	传统技艺	第三批	2010
127	打炕技艺	县级	传统技艺	第三批	2010
128	纸活制作技艺	县级	传统技艺	第三批	2010
129	民勤馍馍制作技艺	县级	传统技艺	第三批	2010
130	民勤饭食制作技艺	县级	传统技艺	第三批	2010
131	糖油糕制作技艺	县级	传统技艺	第三批	2010
132	民勤拨拉子制作技艺	县级	传统技艺	第三批	2010
133	民勤腌菜技艺	县级	传统技艺	第三批	2010
134	土法榨油技艺	县级	传统技艺	第三批	2010
135	烧蓬灰技艺	县级	传统技艺	第三批	2010
136	吉兽制作技艺	县级	传统技艺	第三批	2010
137	民勤土法灸炙技艺	县级	传统医药	第三批	2010
138	张氏中医正骨法	县级	传统医药	第三批	2010
139	酸胖茶熬制技艺	县级	传统医药	第三批	2010
140	民勤民间土方验方	县级	传统医药	第三批	2010
141	沙浴	县级	传统医药	第三批	2010
142	打铁花	县级	民俗	第三批	2010
143	祭祀礼俗	县级	民俗	第三批	2010
144	保娃娃习俗	县级	民俗	第三批	2010
145	访亲待客礼俗	县级	民俗	第三批	2010
146	饮酒习俗	县级	民俗	第三批	2010

147	农耕习俗	县级	民俗	第三批	2010
148	灌溉习俗	县级	民俗	第三批	2010
149	民间禁忌	县级	民俗	第三批	2010
150	民勤节日俗仪	县级	民俗	第三批	2010
151	道人	县级	民俗	第三批	2010
152	许愿完愿习俗	县级	民俗	第三批	2010
153	谢土	县级	民俗	第三批	2010
154	饲养习俗	县级	民俗	第三批	2010
155	商贸习俗	县级	民俗	第三批	2010
156	人生礼俗	县级	民俗	第三批	2010
157	元宵节习俗	县级	民俗	第三批	2010
158	四月八习俗	县级	民俗	第三批	2010
159	七月半习俗	县级	民俗	第三批	2010
160	重阳节习俗	县级	民俗	第三批	2010
161	祭灶	县级	民俗	第三批	2010
162	红崖山传说	县级	民间文学	第四批	2015
163	石羊河传说	县级	民间文学	第四批	2015
164	民勤八景传说	县级	民间文学	第四批	2015
165	青土湖传说	县级	民间文学	第四批	2015
166	民勤食醋酿造技艺	县级	传统技艺	第四批	2015
167	民勤掐花布技艺	县级	传统技艺	第四批	2015
168	枪杆岭山庙会	县级	民俗	第四批	2015

主要参考文献

《民勤县志》,《民勤县志》编纂委员会编,兰州大学出版社,1994 年 5 月第 1 版。

《中国民间歌曲集成·甘肃卷》,《中国民间歌曲集成》全国编辑委员会、《中国民间歌曲集成·甘肃卷》编辑委员会编,人民音乐出版社,1994 年 7 月第 1 版。

《中国戏曲志·甘肃卷》,中国戏曲志编辑委员会、《中国戏曲志·甘肃卷》编辑委员会编,中国 ISBN 中心出版,1995 年 12 月第 1 版。

《中国民族民间器乐曲集成·甘肃卷》,《中国民族民间器乐曲集成》全国编辑委员会、《中国民族民间器乐曲集成·甘肃卷》编辑委员会编,中国 ISBN 中心出版,1997 年 6 月第 1 版。

《刘魁立民俗学论集》,刘魁立著,上海文艺出版社,1998 年 10 月第 1 版。

《中国歌谣集成·甘肃卷》,中国民间文学集成全国编辑委员会、中国民间文学集成甘肃卷编辑委员会编,中国 ISBN 中心出版,2000 年 6 月第 1 版。

《镇番遗事历鉴》,谢树森、谢广恩等编撰,李玉寿校订,香港天马图书有限公司,2000 年 11 月第 1 版。

《阿拉善右旗志》,阿拉善右旗地方志编纂委员会编,内蒙古教育出版社,2000 年 11 月第 1 版。

《阿拉善左旗志》,阿拉善左旗地方志编纂委员会编,内蒙古教育出版社,2000 年 11 月第 1 版。

《中国民间故事集成·甘肃卷》,《中国民间故事集成》全国编辑委员会、《中国民间故事集成·甘肃卷》编辑委员会编,中国 ISBN 中心出版,2001 年 6 月第 1 版。

《中国乡土手工艺》,高星著,陕西师范大学出版社,2004 年 1 月第 1 版。

《执命向西》,高星著,中国社会科学出版社,2004 年 4 月第 1 版。

《民勤方言与普通话》,吴开华、赵登明著,甘肃民族出版社,2006 年 1 月第 1 版。

《中国戏曲音乐集成·甘肃卷》(上下册),《中国戏曲音乐集成》编辑委员会、《中国戏曲音乐集成·甘肃卷》编辑委员会编,中国 ISBN 中心出版,2006 年 7 月第 1 版。

《民俗学概论》,钟敬文主编,上海文艺出版社,2006 年 11 月第 1 版。

《武威通志·民勤卷》,武威通志编委会编纂,甘肃人民出版社,2007 年 7 月第 1 版。

《中国曲艺志·甘肃卷》,中国曲艺志全国编辑委员会、《中国曲艺志·甘肃卷》编辑委员会编,中国 ISBN 中心出版,2008 年 5 月第 1 版。

《中国谚语集成·甘肃卷》,中国民间文学集成全国编辑委员会、中国民间文学集成甘肃卷编辑委员会编,中国 ISBN 中心出版,2009 年 8 月第 1 版。

《民勤史话》,甘肃文化出版社,2010 年 9 月第 1 版。

《天下民勤》,李玉寿著,敦煌文艺出版社,2011 年 12 月第 1 版。

《武威非物质文化遗产概览》,武威市地方志编纂办公室编纂,新华出版社,2012 年 8 月第 1 版。

《花灯制作技艺》,刘平著,中国致公出版社,2012 年 10 月第 1 版。

《民勤小曲戏》,李玉寿编著,甘肃文化出版社,2015 年 2 月第 1 版。

《民勤县志——历代方志集成》,邸士智、邸玉焜校注,甘肃文化出版社,2016 年 11 月第 1 版。

《甘肃民族民间歌曲全集》,甘肃省文化艺术档案馆编,甘肃文化出版社,2016 年 12 月第 1 版。

《民勤民俗》,姜清基编著,团结出版社,2018 年 4 月第 1 版。

《民勤民歌》,民勤县文化馆编,敦煌文艺出版社,2019 年 3 月第 1 版。

《民勤端阳节赛诗会作品选》,民勤县文化馆编,敦煌文艺出版社,2020 年 8 月第 1 版。

《民勤唢呐艺术》,民勤县文化馆编,敦煌文艺出版社,2021 年 6 月第 1 版。

《民勤骆驼客》,民勤县文化馆、重庆一钵影视传媒有限公司联合摄制,甘肃音像出版社,ISBN　978-7-88616-518-4。

《民勤毛毡制作技艺》,民勤县文化馆、民勤汇聚传媒有限公司联合摄制,甘肃音像出版社,ISBN　978-7-900890-04-7。

《民勤皮活制作技艺》,民勤县文化馆、民勤汇聚传媒有限公司联合摄制,甘肃音像出版社,ISBN　978-7-900890-12-2。

《民勤文史资料(1-7)》,民勤县政协文史资料委员会编。

后　记

天宝孕物华，地灵毓人杰。神奇灵秀的民勤大地千百年来留下了丰厚的非物质文化遗产，这是民勤人民宝贵的精神财富。但是，随着时代的发展变迁，城市化步伐的加快，生活方式的嬗变，多元文化迅猛发展，那些与我们息息相关的文化记忆和民间传统，正在离我们远去，很多日渐萎缩和消失，被现代化这块巨大的"橡皮擦"不断"擦"掉。

为了将民勤的传统文化精华保存下来，传承开去，我们决定编撰出版《民勤非物质文化遗产》，目的在于抢救、挖掘、整理、研究、保护、传承、发展、弘扬民勤优秀的非物质文化遗产，全方位呈现民勤非物质文化遗产的丰富多样和绚丽多彩，更好地展示民勤文化的独特魅力，让历史的记忆跃然纸上，使民勤历史悠久、种类繁多、内容生动、特色鲜明的非物质文化遗产焕发生机，让这些"飘移的文化"根植人们的心灵，传承弘扬，与时俱进，流传千古。这对于推进民勤非物质文化遗产的保护与发展，延续民勤文化基因，传承民勤深厚文脉，守住人民精神家园，弘扬优秀传统文化，提升"文化之乡"品位，推动民勤文化繁荣兴盛有着重大而深远的意义。

《民勤非物质文化遗产》定位于文化科普类读物，兼顾权威性、史料性、知识性、通俗性、普及性，做到图文并茂，文献性和文学性兼顾，学术性与可读性俱佳。文稿撰写注重记述事实，力求史实严谨，文字精要通俗。正文编写体例首先是项目概述、历史渊源和地理环境。第二是项目基本内容，包括表现形式、技艺特点、工艺流程和文化空间等。第三是代表作品及传承脉络。第四是主要特征和重要价值。第五是传承状况、已采取的保护措施及成效。第六是保护计划和措施。编辑顺序按照国家、省、市、县级次序和国家非物质文化遗产项目申报书类别次序排列，系统介绍民勤非物质文化遗产项目，集中展示民勤非物质文化遗产普查、保护、研究成果，追根溯源揭示民勤非物质文化遗产的悠远历史与发展现状，以文字记载的方式将其转化成全面、真实、系统的，可供保存、传承和弘扬的有形资料。

毫无疑问，本书的编撰是一件难事。要从浩瀚无边、尘封久远的历史文化资料信息中撷取精华，既要反映全貌又要突出重点，既要尊重历史又要面向未来，其难度之大不难想像。为此，我们以尊重历史、尊重文化传承的严肃、客观态度，一丝不苟地如实采录和编写，尽量做到项目收录基本齐全、文稿论述基本准确。本书酝酿策划始于 2014 年，撰稿编辑启动于 2016 年 1 月，大体经过三个阶段：在搜集采录阶段，讨论制定编辑出版方案，形成撰稿编辑凡例，组织业务人员深入全县乡村走访普查，采访专业人员和非遗传承人，挖掘、搜集、采录民勤有代表性的非物质文化遗产项目，查阅征集资料，进行史料考证，撰写项目文稿，拍摄征集图片；在整理编辑阶段，组织编辑人员，借鉴各地成功经验，认真细致地进行文稿、图片整理、编辑，形成初稿，反复讨论修改，邀请专家指导审定；在出版发行阶段，向出版社报送选题，多次审阅修改，精心设计版式，认真校对，印刷出版。经过七年艰辛努力，终于付梓。

非物质文化遗产保护传承是一项全民的事业。在本书资料征集和编撰过程中，各级领导、专家、摄影工作者和非遗传承人给予热心关注、指导和支持，他们都是非物质文化遗产默默无闻的守护人，没有他们的辛勤劳动、悉心指导，我们的工作必然举步艰难，难有成效。甘肃省文化和旅游厅非遗处历任处长张书勇、王爱萍、安明文，甘肃省非遗保护中心主任刘卫华，敦煌文艺出版社总编杨继军等领导和专家一直给予关心和指导。民勤县政协原副主席李玉寿给予热情指导，并提供了部分图片。一些关心支持民勤非遗保护工作的摄影家积极为本书拍摄、征集、提供图片。同时，本书参考引用了一些有关民勤非物质文化遗产的文献资料。在此，谨向他们致以敬意和谢意！

民勤非物质文化遗产项目众多，内容庞杂，风格多样。尽管我们做了大量艰辛、细致、谨慎的工作，并有许多专业人士和非遗传承人热心参与支持，但由于采录编辑出版《民勤非物质文化遗产》是一项综合多学科、多专业的系统工程，加之我们对民勤非物质文化遗产涉及的历史、文化、艺术、科学及民俗风情、社会生活等诸多领域的知识、研究不足，我们的编辑工作经验和水平有限，因而，书中错误疏漏和不足之处在所难免，个别图片、引用文献作者无法考证，未能一一注明，恳请这些作者和专家学者、民间艺人及广大读者朋友谅解、批评、指正，待再版时能够得到补充更正和完善。

愿民勤非物质文化遗产的丰厚蕴藏和独特风韵，在政府的支持、社会的关注、文化工作者的保护和民间艺人的传承下，永远保持其生生不息的繁衍力和长青不衰的艺术魅力！

文兴逢盛世，花艳满园春。民勤优秀的非物质文化遗产，是大漠绿洲上竞相绽放的奇花，是中华文化百花园中争芳斗艳的异葩。愿越来越多的人们真心喜欢它，悉心浇灌它，热心呵护它，使它芳华常吐，让它常开不谢！

民勤县文化馆

2022 年 7 月